**자바/스프링 개발자를 위한
실용주의 프로그래밍**
객체지향부터 스프링과 테스트까지,
다시 제대로 배우는 애플리케이션 개발

자바/스프링 개발자를 위한
실용주의 프로그래밍

객체지향부터 스프링과 테스트까지,
다시 제대로 배우는 애플리케이션 개발

지은이 김우근

펴낸이 박찬규   엮은이 이대엽   디자인 북누리   표지디자인 Arowa & Arowana

펴낸곳 위키북스   전화 031-955-3658, 3659   팩스 031-955-3660

주소 경기도 파주시 문발로 115, 311호 (파주출판도시, 세종출판벤처타운)

가격 32,000   페이지 496   책규격 188 x 240mm

초판 발행 2024년 06월 11일
ISBN 979-11-5839-515-5 (93000)

등록번호 제406-2006-000036호   등록일자 2006년 05월 19일
홈페이지 wikibook.co.kr   전자우편 wikibook@wikibook.co.kr

자바/스프링 개발자를 위한 실용주의 프로그래밍

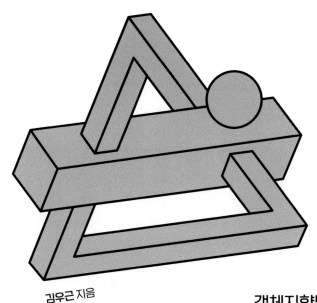

김우근 지음

객체지향부터
스프링과 테스트까지,
다시 제대로 배우는
애플리케이션 개발

위키북스

서문

제가 책에는 견문이 적어, 원고를 모두 정리하고 나서야 서문을 쓰지 않았다는 사실을 깨달았습니다. 그래서 어떤 이야기를 쓰면 좋을지 뒤늦게 고민하기 시작했는데, '하고 싶은 대부분의 이야기는 이미 책에 다 썼구나'라는 생각이 들더군요. 그래서 서문은 예비 독자님이 미리 알아야 할 주의 사항과 이 책이 다른 책과는 어떤 점이 다른지 설명하는 데 활용하려 합니다.

첫째로 이 책의 예비 독자님에게 미리 드리는 당부입니다. 이 책은 독자 여러분이 자바, 스프링, JPA와 관련된 지식을 이미 어느 정도 갖추고 있다고 가정하고 쓰여졌습니다. 그래서 스프링이나 JPA 관련 지식이 없다면 코드를 이해하기가 어려울 수 있습니다. 되도록 배경 지식이 없어도 이해할 수 있는 책이 되고자 노력했으나, 책에서 사용한 몇몇 어휘들은 누군가에게는 완전히 새로운 내용일 수 있습니다. 그러니 다음과 같은 선수 조건을 먼저 읽어보고 이 책을 읽을지 말지 결정하길 바랍니다.

- 스프링의 컨트롤러, 서비스, 리포지터리 같은 기본 컴포넌트가 무엇인지 알고 있다.
- JPA를 한 번이라도 다뤄보고 Entity나 JpaRepository 같은 개념을 알고 있다.
- Lombok을 다뤄봤다. 또는 게터/세터가 무엇인지 알고 있다.

둘째로 이 책이 다른 책과 차별화되는 점입니다. 이 책은 '객체지향', 'SOLID', '디자인 패턴', '테스트' 같은 내용을 다루고 있습니다. 1부 '객체'에서는 객체지향이 무엇인지 살펴보고 SOLID와 디자인 패턴을 해석하는 방법을 알려줍니다. 그리고 2부 '스프링과 객체지향 설계'에서는 1부에서 배운 이론이 스프링에서 어떻게 활용될 수 있는지 알려줍니다. 나아가 3부 '테스트'에서는 1부, 2부를 통틀어 테스트가 객체지향이나 설계와 어떻게 연결돼 있는지를 설명합니다.

누군가 이 책의 목차만 보곤 '다소 진부한 내용 아닌가?'라고 느낄 수 있습니다. 왜냐하면 아시다시피 이러한 개발 이론을 설명하는 자료와 책은 이 책 외에도 정말 많기 때문입니다. 그래서 이 책만이 갖고 있는 차별점을 예비 독자 여러분에게 어필하자면 다음과 같습니다. 이 책에서는 방금 이야기한 개발 이론을 백과사전식으로 설명하는 것을 지양했습니다. 각 개념이 실무에서 어떻게 해석되고 적용될 수 있는지 설명하려 했습니다. 덕분에 책을 읽고 난 독자분들은 객체지향 설계에서 이야기하는 의존성, 클린 아키텍처, 테스트, Mock, Stub 등의 원리를 이해할 수 있습니다.

이 책의 목적은 스프링이나 자바를 알려주는 것이 아닙니다. 소프트웨어 공학에서 사용되는 개발 이론을 이해시키고 그것을 실제로 어떻게 활용할 수 있을지 알려주는 데 있습니다. 이것이 이 책의 강점이며, 다른 책과 차별화되는 포인트입니다.

그래서 이 책을 다음과 같은 분들께 추천합니다.

- 설계에 관심 있으신 분
- SOLID를 무작정 암기해 본 분
- 디자인 패턴을 무작정 암기해 본 분
- 스프링의 특징을 기계적으로 외운 분
- 스프링을 제대로 다루고 있는 것인지 궁금한 분
- 테스트를 왜 작성하는지 궁금한 분
- 성장하고 싶은 개발자

마지막으로 이 책이 나오기까지 도움을 준 모든 분께 감사의 인사를 드리려 합니다.

무한한 지지를 보내준 사랑하는 여자친구 서수연 감사합니다. 서로 상대방의 꿈을 응원할 수 있고 자극을 주는 존재이기에 항상 고맙고 감사합니다. 피드백을 요청했을 때 귀찮아 하지 않고 성심성의껏 받아준 이상규, 이기문 감사합니다. 여러분은 저에게 여러모로 많은 영감을 줍니다. 개발 및 업무적으로 많은 가르침을 주신 김은경 님 감사합니다. 진정으로 스승이라 생각합니다.

다음으로 집필 기회를 준 위키북스와 담당자인 이대엽 님 감사합니다. 출간을 망설일 때 위키북스라서 결심이 섰습니다. 더불어 이대엽 님이 편집해 주시는 글을 볼 때마다 매번 진심으로 감탄했습니다. 커리어 확장을 지지해 준 김용훈 님 감사합니다. 그리고 실제 커리어 확장의 기회가 된 인프런에게도 감사합니다. 정말로 인프런은 IT 교육을 위한 최고의 플랫폼이라 생각합니다. 이외에도 감사할 사람이 참 많습니다. 인프런의 MD인 권지혜 님, 영상 편집이 필요할 때 도움을 줬던 장원영, 직장은 다르지만 개발자 동료이자 친구로서 각별히 든든한 김상민, 이대근, 최대묵. 모두 감사합니다. 미처 언급하지 못한 친구들과 직장동료에게도 감사의 말씀을 전합니다.

마지막의 마지막은 역시 사랑하는 저의 어머니, 아버지, 형입니다. 모두 항상 고맙고 사랑합니다.

김우근

표기 관례

다이어그램 표기

이 책에서는 독자의 이해를 돕기 위해 다이어그램으로 많이 사용합니다. 그래서 데이터 모델 또한 다이어그램으로 많이 표현하는데, 이때는 가급적 UML 표기에 맞춰 그리려 노력했습니다.

하지만 일부 다이어그램은 UML의 일부 주요 개념인 '협력 화살표'와 '상속 화살표' 같이 일부 주요 개념만을 차용하고 나머지는 UML 표기를 따르지 않습니다. 이는 UML 표기를 온전히 따를 경우 UML에 익숙하지 않은 독자분들이 UML 표현 방식에 집중하느라 더 중요한 정보를 놓치게 되는 상황을 염려했기 때문입니다.

UML과 관련된 더 자세한 정보를 얻고 싶다면 아래의 문서에 잘 정리돼 있으니 읽는 데 참고하길 바랍니다.

- UML 다이어그램: https://en.wikipedia.org/wiki/Unified_Modeling_Language
- 클래스 다이어그램: https://en.wikipedia.org/wiki/Class_diagram

아이콘 표기

이 책에서는 본문 내용과 더불어 알아두면 좋은 정보나 강조하고 싶은 내용을 나타내기 위해 정보 블록을 많이 사용합니다. 그리고 각 정보 블록은 아이콘과 함께 사용돼 해당 블록이 어떤 유형의 정보인지를 표현합니다. 정보 블록과 함께 쓰인 아이콘과 각 의미는 다음과 같습니다.

인용: 다른 책이나 참고 문헌에서 발췌한 내용을 나타냅니다.

중요: 본문 설명 중 정말로 중요해서 강조하고 싶은 부분을 나타냅니다.

주의: 선수 지식을 나타내거나 본문 설명을 읽고 독자가 오해할 수 있는 내용을 풀어서 설명하고 싶은 부분을 나타냅니다.

노트: 본문 내용을 부연 설명하는 내용을 나타냅니다.

정보: 본문 내용과 관련해서 추가로 알아두면 좋은 내용을 나타냅니다.

체크: 내용을 시작하기 전 독자가 미리 생각해 보거나 대답해 보면 좋은 체크리스트를 나타냅니다.

질문: 저자가 독자에게 건네는 질문, 혹은 독자가 궁금해할 법한 질문을 나타냅니다.

저자 소개

김우근

컴퓨터 공학을 전공하고 카카오에서 백엔드 엔지니어로 근무하고 있다. 현재는 에러 및 로그를 수집하는 옵저버빌리티 플랫폼을 만드는 일에 집중하고 있다. 취미가 개발이라고 당당하게 말할 수 있을 만큼 소프트웨어 개발을 사랑하며, 퇴근 후에는 그림을 그리거나 개인 프로젝트를 진행한다. 2020년에는 공개 SW 개발자 대회에서 정보통신산업진흥원장상을 수상했다.

1부

객체지향

들어가며

개발을 배워야 한다

기술 vs. 개발

개발자는 개발을 먼저 학습해야 합니다. 이는 당연한 말처럼 들리지만 최근의 개발 학습 문화를 보면 이 말이 마냥 당연하게 들리진 않습니다. 모두들 어딘가 피상적인 지식을 쌓는 데 혈안이 된 것 같습니다. 많은 사람들이 겉으로 보기에 훌륭해 보이는 기술의 사용법을 외우는 데만 급급합니다. 개발 방법을 고민하기보다 라이브러리 사용법이나 인터페이스를 외우는 데 집중하고 있는 것입니다.

조금 더 구체적으로 설명하면 이렇습니다. 개발을 공부하고 있는 분들에게 무슨 공부를 하고 있냐고 물으면 흔히들 다음과 같은 것들을 공부하고 있다고 답변합니다.

1. **특정 라이브러리**
   - 웹 프런트엔드 개발자라면 리액트(React), 뷰(Vue), 앵귤러(Angular)
   - 웹 백엔드 개발자라면 스프링(Spring), JPA
   - 게임 개발자라면 언리얼 엔진(Unreal Engine), 유니티(Unity)
   - 인공지능에 관심이 있다면 텐서플로(TensorFlow), 파이토치(PyTorch)

2. **최신 프로그래밍 언어**
   - JVM 언어인 코틀린(Kotlin)
   - 함수형 프로그래밍 언어인 엘릭서(Elixir)
   - 자바스크립트의 슈퍼셋인 타입스크립트(TypeScript)
   - 다중 패러다임 언어로 알려진 러스트(Rust)

3. **인프라 기술**
   - 쿠버네티스(Kubernetes), 도커(Docker)
   - 카프카(Kafka), 엘라스틱서치(Elasticsearch), 레디스(Redis), 몽고DB(MongoDB) 등

4. **컴퓨터 공학**
   - 3대 전공 과목인 알고리즘, 자료구조, 운영체제
   - 선택 과목으로 네트워크, 시스템 프로그래밍, 데이터베이스

어떤 공부든 각자의 성장에 도움이 될 테니 모두 좋은 답변입니다. 하나라도 더 알고 있는 것은 분명 커리어에 이득이 될 테니까요. 그런데 이러한 답변을 보고 있자면 조금 이상하지 않나요? 과연 '특정 라이브러리', '최신 프로그래밍 언어', '인프라 기술' 같은 것을 공부하는 것을 두고 개발을 공부하고 있다고 말할 수 있을까요?

개인적으로 긴가민가합니다.[1] 왜냐하면 자바 개발자가 코틀린을 배웠다고 해서 개발을 더 잘할 수 있게 되는 것도 아니고, 스프링을 배웠다고 해서 개발을 더 잘하게 되는 것도 아니기 때문입니다. 단적으로 말해서, 이미 자바를 잘 다루는 개발자가 코틀린을 추가로 다룰 수 있게 된다고 해서 전문성이 깊어졌다고 말할 수 있을까요? 그렇지 않을 것입니다. 새로운 프로그래밍 언어를 학습하면 그냥 사용할 수 있는 프로그래밍 언어가 하나 더 늘어날 뿐입니다. 프로그래밍 언어를 학습했다고 해서 개발 능력이 더 나아지는 것은 아닙니다. 그러므로 이러한 내용을 학습할 때 얻을 수 있는 효과는 단지 사용할 수 있는 기술이 하나 더 늘어난다는 것 그뿐입니다.

저는 그러한 이유로 이러한 '1. 특정 라이브러리', '2. 최신 프로그래밍 언어', '3. 인프라 기술' 같은 것들을 '기술'이라고 분류합니다. 그리고 이러한 기술을 학습하는 것은 여러분을 매력적인 개발자로 성장시켜주지 못한다고 생각합니다. 왜냐하면 기술은 알고 나면 사소하고 당연한 게 많기 때문입니다.

---

[1] 여기서 4번째 답변인 '컴퓨터 공학'을 공부하고 있다는 대답은 논외로 분류했습니다. 왜냐하면 일반적인 개발자 루트를 따른 개발자라면 컴퓨터 공학 지식은 학교에서 배운 것으로 충분할 테니 말입니다.

이게 무슨 이야기인지 조금 더 현실감 있게 설명해 보겠습니다. 독자 여러분이 이제 막 스프링/JPA를 공부한 분들이라면 배워야 할 게 너무 많아 보이고 외워야 할 게 너무 많다고 느낄 수 있습니다. ControllerAdvice, IoC 컨테이너, Filter, 영속성 컨텍스트 등 외울 게 많겠죠. 그런데 딱 1~2년만 더 공부해 보세요. 그동안 공부했던 내용들을 돌이켜보면 느낌이 다를 것입니다. 그리고 이렇게 생각할 것입니다. '이렇게 당연한 걸 외우느라 그동안 왜 고생했지?'라고요.

그래서 조금 노골적으로 말해서 저는 이러한 기술 숙련도는 현업에서 1년 정도만 일하면 누구나 같은 수준이 된다고 생각합니다. 기술 공부는 단순 암기인 경우가 많기 때문입니다. 기술을 학습하는 것은 생각보다 난도가 높지 않습니다. 그리고 그 쓰임새도 한정적입니다.

그러한 이유로 저는 스프링 같은 기술의 사용법을 학습하기보다 제대로 된 개발 능력을 갖추는 것이 먼저라고 생각합니다. 그리고 문제를 소프트웨어로 해결할 수 있는 능력이 더 중요하다고 생각합니다.

그렇다면 개발자라면 어떤 것을 먼저 공부하는 것이 좋을까요? 개발자가 개발자로서 실질적인 성장을 하고 싶다면 '기술'을 공부하는 것도 아니고, '컴퓨터 공학'을 먼저 공부하는 것도 아니고 5번째 부류인 '개발'을 먼저 공부해야 합니다! 그리고 개발을 공부한다는 것은 다음과 같은 키워드를 공부한다는 의미와 같습니다.

- **OOP(Object-Oriented Programming: 객체지향 프로그래밍)**

  TDD(Test-Driven Development: 테스트 주도 개발), DDD(Domain-Driven Design: 도메인 주도 설계), EDP(Event-Driven Programming: 이벤트 주도 프로그래밍)를 돌고 돌아 결국 OOP입니다. 객체지향을 이해하고 있어야 협업이 가능하고 유지보수가 가능한 좋은 코드를 작성할 수 있습니다.

- **테스트**

  테스트가 중요하다는 이야기를 많이 들어봤을 것입니다. 혹시라도 들어보지 못했어도 괜찮습니다. 지금부터 학습하면 됩니다. 테스트는 유지보수 가능한 시스템을 만들기 위한 가장 확실한 방법이며, 그 자체로 시스템적인 해결책입니다.

- **아키텍처**

  아키텍처는 코드의 전체 구조와 상호작용을 설계하는 것을 의미합니다. 잘 설계된 아키텍처는 유지보수와 확장성을 보장하며, 대규모 시스템에서도 안정적으로 동작할 수 있습니다.

이 세 가지 키워드 말고도 앞에서 언급한 4가지 부류에 더해 '5. 개발'에 들어갈 수 있는 다른 키워드가 분명 더 있을 것입니다. 그렇지만 개인적으로 이 세 가지가 좋은 개발자로 성장하기 위한 최소 조건이라 생각합니다.

어떤가요? 여러분은 OOP나 테스트, 아키텍처에 관해 잘 알고 있나요?

장담하건대 아마도 독자 여러분은 'OOP', '테스트', '아키텍처' 같은 키워드를 모두 어디선가 한 번쯤 접하고 공부해 본 적도 있을 것입니다. 그래서 '알고 있다'라고 대답하고 싶지만, 동시에 알고 있는 바가 모두 추상적이라서 이 질문에 선뜻 '모두 제대로 알고 있다'라고 답변하기 힘들 것입니다.

그래서 'OOP', '테스트', '아키텍처'에 대한 이해도가 어느 정도인지 평가할 수 있도록 다음과 같이 자가 점검 리스트를 준비해 봤습니다. 각 항목들을 천천히 읽어보고 스스로 답변해 보길 바랍니다.

개발 능력 자가 점검 리스트

- OOP

  1. 객체지향의 핵심 가치인 역할, 책임, 협력을 들어봤나요?

  2. 여러분이 진행하는 (또는 진행했던) 프로젝트는 어떤가요? 객체지향적인가요? 객체지향적이라 생각한다면 왜 그렇다고 생각하나요?

  3. 객체지향이 무엇인지 설명할 수 있나요? 혹시 '클래스를 이용해서 프로그래밍하는 방법' 이상의 답변을 못 하고 있지 않나요?

  4. 객체와 클래스의 차이점은 무엇인가요? 설마 붕어빵과 붕어빵 틀의 관계라고 설명할 건 아니죠?

  5. 메서드는 왜 메서드라고 부르는 것일까요? 메서드는 함수와 어떤 차이점이 있나요?

- 테스트

  1. 테스트를 학습한다는 것은 무슨 의미일까요? 혹시 Mockito, JUnit, H2의 사용법만 학습하고 있지 않나요?

  2. 단위 테스트, 통합 테스트, E2E(end-to-end) 테스트의 차이점을 설명할 수 있나요? 설명할 수 있다면 단위 테스트에서 말하는 단위는 무엇이고, 통합 테스트에서 말하는 통합은 무슨 의미인가요?

  3. 만약 Mockito, JUnit, H2 없이 테스트를 작성해 보라고 하면 여러분은 스프링 프로젝트에 테스트를 넣을 수 있나요?

- 아키텍처

  1. '아키텍처'라고 하면 떠오르는 것이 무엇인가요? SOLID? SOLID를 알고 있다면 '의존성 역전'과 '의존성 주입'이 어떻게 다른지 설명할 수 있나요?

  2. 의존성이란 무엇인가요?

일부러 대답하기 어려운 질문 위주로 골라봤습니다. 그러니 답변을 완벽하게 하지 못했어도 괜찮습니다. 솔직히 말해서 이 질문에 모두 제대로 답변할 수 있는 개발자는 현업에서도 찾기 힘듭니다.

혹은 질문에 모두 답했나요? 만약 이 질문에 모두 답할 수 있고, 본인의 답변에 만족한다면 이 책을 여기서 덮으셔도 괜찮습니다. 왜냐하면 이 책은 앞의 질문 리스트에 대해 제 나름의 해답들을 정리한 책이기 때문입니다. 반면 그렇지 않다면 이 책을 끝까지 따라와주길 바랍니다. 이 책을 읽고 나면 질문에 어느 정도 답변할 수 있게 될 것입니다.

이 책의 1부 '객체지향'에서는 객체지향이 절차지향 패러다임과 어떤 차이가 있는지 지적하는 것부터 시작해서 객체지향과 관련된 내용을 다시 한번 짚어봅니다. 2부 '스프링과 객체지향 설계'에서는 1부에서 학습한 객체지향과 관련된 내용이 어떻게 스프링으로 연결되는지 함께 살펴봅니다. 나아가 마지막 3부 '테스트'에서는 현대 소프트웨어 프로젝트에서 테스트를 강조하는 이유와 테스트를 이용해 설계를 개선할 수 있는 방법에 관해 살펴봅니다.

개발 능력을 길러야 하는 이유

앞에서 개발자는 기술, 개발 능력, 컴퓨터 공학과 같은 내용을 학습할 수 있음을 설명했습니다. 그러면 이 이야기를 연장해 봅시다. 기술, 개발(=개발 능력), 컴퓨터 공학에는 어떤 상관관계가 있을까요? 이를 설명하기 위해 각 주제를 다음과 같이 도식화해 보겠습니다.

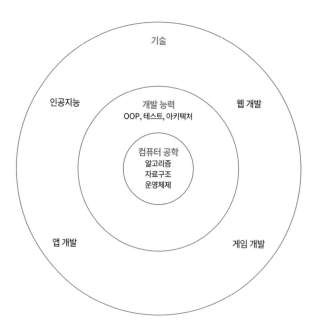

그림 1 컴퓨터 공학, 개발 능력, 기술의 상관관계

그림 1의 도표를 이용하면 개발자의 학습 스택을 시각화할 수 있습니다. 예를 들어, 코딩학원에서 양성된 개발자들의 학습 스택을 표현해 봅시다. 아마 다음과 같은 형태가 될 것입니다.

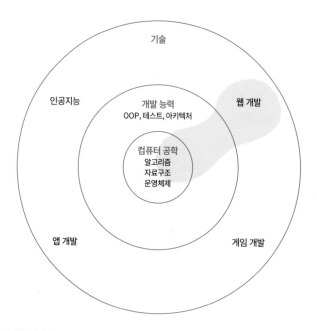

그림 2 코딩학원에서 양성된 개발자의 학습 스택

일반화해서는 안 되지만 코딩학원에서 양성된 개발자의 학습 스택은 대부분 그림 2처럼 갖춰진 경우가 많습니다. 웹 개발 지식에 치우쳐 있고, 개발 역량(능력)이 부족하며, 컴퓨터 공학에 관련된 지식도 일부만 알고 있을 뿐, 깊이나 스펙트럼이 넓지 못한 상태인 겁니다. 그리고 이는 코딩학원이 커리큘럼을 보통 6개월 ~ 1년 정도로 설계되는 것을 생각하면 어찌 보면 당연한 결과입니다.

그래서 안타깝게도 이러한 개발자는 스프링을 이용해 웹 애플리케이션을 만드는 것 외에 다른 것을 개발할 능력이 부족합니다. 스프링을 사용해 웹 API 서버를 개발하는 것 외에 다른 것을 할 능력이 부족합니다. 그러니 사실상 '스프링 개발자'인 셈입니다.

반면 컴퓨터 공학을 나온 개발자는 학습 스택 구조가 어떤 양상을 보일까요? 컴퓨터 공학을 충분히 공부했다는 전제하에 보통 다음과 같은 학습 스택을 보입니다.

그림 3 컴퓨터 공학을 충분히 배운 개발자의 학습 스택

컴퓨터 공학과 출신 개발자는 4년 내내 컴퓨터 공학을 학습한 터라 좋든 싫든 그 중심이 탄탄히 잡혀 있습니다. 한편 특별히 관심이 있는 분야가 있는 것이 아니라면 학부 시절에 기술을 학습해본 적은 없을 터라 기술에 대한 학습 스택은 조금 부족한 모습을 보입니다.

이러한 이유로 학부 시절에 웹 개발을 경험해 본 적이 없는 개발자는 단기적으로 코딩학원 개발자보다 웹 개발을 못할 수도 있습니다. 하지만 이렇게 동심원의 중심이 탄탄한 사람은 기본기를 바탕으로 영역을 확장하는 속도가 빠릅니다. 즉, 조금만 공부해도 금세 웹 개발자가 될 수 있습니다. 그래서 6개월만 지나도 그림 2 같은 학습 스택을 갖춘 개발자를 능가합니다. [2]

이것이 IT 업계에서 코딩학원 출신 개발자보다 컴퓨터 공학과 출신 개발자를 조금 더 선호하는 이유입니다. 컴퓨터 공학 지식은 학습하는 데 난도가 있고, 개발 능력은 실습으로 체득해야 해서 배우기가 어렵다는 점을 상기해 보세요. 그림 3과 같은 학습 스택을 갖춘 개발자가 그림 2 같은 개발자보다 훨씬 채용 시장에서 매력적일 겁니다. 왜냐하면 기술은 이미 시중에 수많은 자료가 널려있어 교육하기 쉬운 반면, 컴퓨터 공학 지식과 개발 능력은 그렇지 않고 교육할 시간도 부족하기 때문입니다. 그렇기 때문에 회사 입장에서는 기술만 쌓은 개발자보다 컴퓨터 공학 지식과 개발 능력이 탄탄한, 기본기가 충실한 개발자를 더 선호하는 것입니다.

그러므로 시간적 여유가 충분하다면 장기적인 관점에서 웹 개발과 관련된 기술 스택을 키우기보다 중심원에 있는 주제를 공부하고 탄탄히 다져놓는 편이 유리합니다. '컴퓨터 공학'은 기술과 개발의 근간이 되는 지식을 알려주고, '개발 능력'은 컴퓨터 공학 지식과 기술을 연결해 주는 역할을 합니다. 그리고 이 책에서는 개발 능력의 크기를 키우는 데 집중합니다.

책 서두부터 취업과 관련된 이야기가 나와서 당황했을 수도 있습니다. 하지만 이 도표만큼 개발 능력을 키워야 하는 이유를 설명하기에 적합한 자료가 없어서 설명하게 됐습니다. 취업 관련 내용은 이 이상으로 제가 함부로 말할 수 있는 영역이 아니고 시대에 따라 원하는 인재상이 다르니 더는 언급하지 않겠습니다.

스프링과 JPA는 기술이다

한 번 더 강조합니다. 스프링과 JPA는 기술입니다. 그러므로 스프링과 JPA를 공부하는 것은 동심원 가장 바깥에 있는 기술을 학습하는 것이고, 이로 인해 소프트웨어 개발의 전반적인 이해도와 깊이가 떨어질 수밖에 없습니다. 그래서 개발 능력과 컴퓨터 공학 지식은 반드시 함께 학습해야 합니다.

그렇다면 기본기 없이 스프링과 JPA 위주로 공부했을 때는 어떤 문제가 생길까요? 다시 말해 누군가 다음과 같은 학습 스택을 갖추고 있다면 어떤 문제가 발생할 수 있을까요?

2　더불어 이러한 개발자는 탄탄한 중심원을 바탕으로 어느 기술 스택으로든 본인의 영역을 확장할 수 있습니다. 그래서 컴퓨터 공학과 출신 개발자의 커리어는 단순히 웹 개발자에서 끝나지 않을 수도 있습니다.

그림 4 웹 개발 기술에만 집중한 개발자의 학습 스택

이를 설명하기 위해 예를 들어 보겠습니다. 자바를 다루는 백엔드 개발자에게 '자바로 백엔드 개발을 하기 위해 사용할 프레임워크를 떠올려보세요.'라고 물으면 어떤 대답이 돌아올까요? 아마도 대부분 스프링과 JPA라고 대답할 것입니다. 그리고 이 외에 다른 프레임워크를 사용해 백엔드를 개발한다는 생각을 쉽게 하지 못할 것입니다.

하지만 이 물음을 그대로 자바스크립트 개발자에게 하면 어떨까요? 자바스크립트를 다루는 백엔드 개발자에게 '백엔드 개발을 하기 위해 사용할 프레임워크를 떠올려보세요.'라고 물으면 정말 다양한 프레임워크를 나열할 것입니다. Express, NestJS, Fastify... 모두 자바스크립트의 백엔드 프레임워크들입니다.

이는 자바스크립트의 백엔드 시장에는 자바의 스프링 같이 시장을 확실히 점유한 주류 기술이 없기 때문입니다. 앞서 이야기한 Express, NestJS, Fastify 모두 우열을 가리기 힘들 정도로 좋은 프레임워크입니다. 그리고 장단점도 명확한 프레임워크입니다. 그래서 자바스크립트로 백엔드 개발을 할 때는 프로젝트의 성격과 개발자들의 선호도에 따라 정말 다양한 백엔드 프레임워크가 사용됩니다.

어떻게 보면 선택지가 많은 자바스크립트 백엔드 업계가 축복받은 것처럼 보이기도 합니다. 하지만 이러한 축복받은 상황과 모순되게도 업계에 몸을 담고 있는 개발자들은 고민이 많습니다. 왜냐하면 개발자들은 경력을 쌓아가며 다양한 프로젝트를 접하게 되는데, 접하는 프로젝트마다 사용하는 프레임워크가 달라서 자칫 잘못하면 경력의 대부분이 이 프레임워크 저 프레임워크를 건드려보기만 하다 끝나는 경우가 많기 때문입니다.

그래서 어떤 개발자는 이런 하소연을 합니다. '연차는 쌓였지만 개발이나 설계를 더 잘하게 된 것이 아니라 특정 프레임워크의 일부 인터페이스만 많이 외우게 된 것 같다'라고요. 본의 아니게 개발, 설계 역량을 쌓지 못한 결과입니다.

이 안타까운 이야기는 먼 나라 이야기처럼 들리지만 유사한 문제를 자바/스프링 개발자도 그대로 겪을 수 있습니다. 왜냐하면 극히 적은 확률이지만, 천년만년 사용될 것 같은 스프링일지라도 10년 뒤 다른 프레임워크에 의해 대체될 수도 있기 때문입니다. 그런데 만약 그런 상황이 벌어진다면 기본기 없이 스프링 지식을 암기한 개발자의 경력은 통째로 날아갈 것입니다.

그러니 우리는 기술을 암기하는 데 집중할 게 아니라 설계나 개발 역량 같은 좀 더 추상적이고 보편적으로 어디서든 사용할 수 있는 지식을 학습하는 데 더 집중해야 합니다.

이러한 맥락을 이해한다면 프로그래밍 언어를 학습하는 것 역시 단순히 기술을 학습하는 것이며, 얼마든지 쉽게 증발할 수 있는 기술이라 말하는 것을 이해할 수 있을 것입니다. 자바를 다룰 줄 아는 여러분은 아마 최근에 '코틀린을 공부해야 하나?'라고 고민하고 있을지도 모르겠습니다. 코틀린이 JVM 언어의 최신 트렌드를 이끌고 있으니 코틀린을 학습하는 것은 분명 괜찮은 선택일 것입니다. 그런데 지금이야 코틀린의 JVM 시장 점유율이 높으니 그렇게 말할 수 있을 뿐이지, 얼마 전까지만 해도 JVM 환경에서 자바를 이을 다음 언어는 무엇이 될 것이냐를 두고 코틀린, 스칼라(Scala), 그루비(Groovy), 클로저(Clojure)가 박 터지게 싸우고 있었습니다. 그러니 코틀린에 익숙해질 때쯤에 갑자기 새로운 프로그래밍 언어가 나와서 코틀린을 대체해야 한다고 이야기할지도 모를 일입니다. 그러면 그 언어를 또 다시 처음부터 공부해야 하는 것이죠.

다만 오해는 하지 마시길 바랍니다. 최신 지식을 꾸준히 공부하는 것은 개발자에게 분명히 필요한 덕목입니다. 그러니 어떤 공부든 꾸준히 하는 것은 안 하는 것보다 훨씬 낫습니다. 하지만 기술은 정말 빠르게 바뀝니다. 중심점 없이 기술만 쫓아가다 보면 깊이를 쌓을 수 없게 됩니다. 한편 객체지향, 테스트, 아키텍처 같은 개발 관련 이론은 수십 년간 검증되고, 지금도 중요한 개념으로 남아 있는 것들입니다. 그러므로 이러한 개념을 이해하고 활용하는 편이 기술의 사용법을 배우는 것보다 중요합니다. 게다가 이러한 개념은 프로그래밍 언어나 프레임워크에 종속되지 않는 범용적인 성격을 띠므로 다른 기술이 나오더라도 계속해서 유용하게 활용할 수 있습니다.

다시 말하면 객체지향, 테스트, 아키텍처를 잘 이해하는 백엔드 개발자는 '자바, 스프링, JPA'가 아니라 '파이썬, 장고[3]'로 개발하라고 해도 잘 할 것입니다. 마찬가지로 '타입스크립트[4], NestJS, TypeORM[5]'으로 개발하라고 해도 잘 할 것입니다. 이것이 바로 기술 이전에 개발 능력을 길러야 하는 이유입니다.

이 책을 출간하게 된 이유

어찌 보면 지금까지 이야기한 내용은 누구나 아는 바일 것입니다. 누가 봐도 객체지향, 테스트, 아키텍처 등을 배우는 것은 전체적인 소프트웨어 개발과 관련된 이해도를 높이는 데 도움을 줄 것입니다. 그리고 그런 것들이 중요하다는 사실은 모두가 알고 있습니다. 저도 이 사실을 독자 여러분들이 모르고 있으리라 생각하지 않습니다. 그래서 이런 이야기를 하면 항상 뒤따르는 질문이 있습니다.

[?] 객체지향, 테스트, 아키텍처는 어떻게 공부하면 될까요?

이 질문의 이상적인 답변은 '정말 많은 프로젝트를 경험하고 체득한 후에 객체지향, 테스트, 아키텍처에 존재하는 이론적인 내용을 학습하는 것'입니다. 하지만 아시다시피 현실적으로 프로젝트의 '개발–배포–운영'이라는 사이클을 여러 번 경험하는 일은 매우 드문 일이며, 이를 통해 깨달음을 얻기까지 너무나 많은 시간과 노력이 필요합니다. 더군다나 각 주제를 학습할 수 있는 적절한 학습 자료를 찾는 것 또한 쉽지 않습니다. 왜냐하면 대부분의 학습 자료가 실무와 동떨어진 내용을 다루거나, 이미 개발 경험이 있는 사람들에게는 너무 기초적인 내용을 답습하는 경우가 많습니다.

예를 들어 일부 객체지향 책에서는 클래스, 캡슐화, 상속 등의 이론을 다루지만, 우리가 객체지향을 이해하지 못하는 이유는 '클래스나 캡슐화, 상속 같은 것이 무엇인지 몰라서' 때문이 아닙니다. 그러니 이러한 내용은 우리에게 불필요합니다.

또 어떤 학습 자료는 주제에 관한 이론적 배경보다는 연관된 기술을 소개하다 끝나는 경우도 허다합니다. 예를 들어, 일부 테스트 관련 책은 테스트에 관한 깊이 있는 이야기를 하기 전에 JUnit이나 Mockito만 설명하다 끝나는 경우도 많습니다. 그리고 이 또한 우리가 원하는 방향은 아닙니다.

---

3   파이썬의 백엔드 프레임워크입니다. 참고: https://github.com/django/django
4   자바스크립트에 타입을 지원하는 언어입니다. 참고: https://ko.wikipedia.org/wiki/타입스크립트
5   타입스크립트에서 사용하는 ORM 라이브러리입니다. 참고: https://typeorm.io/

그래서 이 책에서는 여러분의 효율적인 공부를 돕고자 여러분이 자바, 스프링, JPA를 이미 어느 정도는 알고 있다고 가정합니다. 곧장 객체지향, 스프링 안티패턴, 테스트, 아키텍처 같은 주제를 다룰 것이며, 이를 위해 스프링이나 JPA, 자바와 관련된 기본적인 지식은 모두 생략합니다. 그러니 아래 주의사항을 먼저 읽고 아래에 나열된 기본적인 지식을 갖추고 있는지 판단해 보기 바랍니다.

⚠ 이 책은 독자 여러분이 다음과 같은 기본적인 지식을 갖추고 있다고 전제하고 쓰여졌습니다.

1. 자바의 기본 문법을 숙지하고 있어야 합니다. 대부분의 코드는 자바 8을 기준으로 작성됐습니다.
2. 스프링 프레임워크로 간단한 CRUD(Create, Read, Update, Delete) API를 작성할 수 있어야 합니다.
3. JPA에 관해 알고 있고, 간단한 테이블—객체 매핑을 할 수 있어야 합니다. 이 책에서는 JPA의 기능을 설명하지 않습니다.
4. 롬복(Lombok)[6]을 알고 있어야 합니다. 이 책에서는 예제 코드의 양을 줄이고자 롬복을 자주 활용합니다. 그 대신 가능한 한 기본적인 롬복 애너테이션(@Getter, @Setter, @NoArgsConstructor, @RequiredArgsConstructor, @Builder)을 주로 사용해 코드를 작성했습니다. 모르는 애너테이션이 나온다면 롬복의 가이드 문서[7]를 참고하길 바랍니다.

다음으로 이 책에서는 여러분에게 특정 지식을 전달하기보다 무엇을 왜 그렇게 해야 하는지 설득하고 이야기를 풀어가는 방식으로 구성했습니다. 이렇게 구성한 이유는 독자 여러분이 이 책을 단순히 딱딱한 지식들이 나열된 백과사전처럼 느끼지 않았으면 하기 때문입니다.

그래서 질문이 먼저 나오고, 질문에 관한 저의 주장과 나름의 근거가 무엇인지를 계속해서 이야기할 것입니다. 내용 중 일부가 독자 여러분을 온전히 설득하지 못할 수도 있을 것입니다. 게다가 '나는 이렇게 하는 게 더 좋아 보이는데?'라는 생각이 들 수도 있을 것입니다. 그런데 저는 그것도 바람직하다고 생각합니다. 그렇게 나름대로 생각을 정립해가면서 본인만의 개발 철학이 만들어지는 것이라 생각하기 때문입니다.

이 책은 결국 저의 개발 노하우와 철학을 담은 책일 뿐입니다. 그래서 이 책이 여러분이 앞으로 개발을 공부하거나 체득하는 데 있어 사고의 폭을 조금이라도 넓혀줄 수만 있다면 그것만으로 충분합니다. 이 책이 여러분에게 한 번이라도 더 고민할 수 있는 기회를 제공한다면 저자로서, 그리고 개발 문화를 사랑하는 한 명의 개발자로서 너무나 뿌듯하고 행복할 것입니다.

---

6   https://projectlombok.org/
7   https://projectlombok.org/features/

1부

객체지향

객체지향 프로그래밍은 현실 세계의 복잡성을 풀어내는 방법 중 하나로, 현재 가장 인기 있는 프로그래밍 패러다임이라고 해도 과언이 아닙니다. 객체지향에서는 복잡한 문제를 역할과 책임에 따라 개별 '객체'로 분해합니다. 그리고 그렇게 분해된 각기 다른 특성과 기능을 가진 수많은 '객체'들이 상호작용하고 협력해 소프트웨어가 당면한 문제를 해결합니다.

지금부터 객체지향에 관해 살펴볼 텐데, 먼저 객체지향 프로그래밍 언어가 갖고 있는 문법적인 요소는 모두 넘어가고 실제로 소프트웨어에 객체지향을 어떻게 적용할 수 있는지 살펴보겠습니다.

1부에서 다루는 내용

- 순차지향, 절차지향, 객체지향 프로그래밍이란?
- 객체지향 프로그래밍에서 역할, 책임, 협력을 강조하는 이유가 뭘까?
- VO, DTO, DAO, 엔티티란 뭘까?
- 행동이 강조되는 이유가 뭘까?
- SOLID와 디자인 패턴은 어떻게 이해하는 게 좋을까?
- 순환 참조를 피해야 하는 이유가 뭘까?

CHAPTER

01

절차지향과 비교하기

우선 객체지향을 이해하기에 앞서 절차지향을 먼저 설명하려고 합니다. 다음과 같은 표현을 보고 어떤 의미인지 곰곰이 생각해 보기 바랍니다.

☆ 자바를 사용하면서도 절차지향적인 코드가 나올 수 있다.

이 말을 완전히 이해할 수 있나요? 자바는 객체지향 언어인데, 절차지향적인 코드가 나올 수 있다니 무슨 말일까요? 조금 더 구체적으로, 절차지향적인 코드란 무엇일까요? 객체지향에 관해 이야기하기 전에 절차지향을 먼저 이해할 필요가 있습니다. 왜냐하면 대부분의 개발자들이 절차지향이 무엇인지 모르기 때문입니다.

아마 프로그래밍을 공부해본 적이 있다면 절차지향이라는 패러다임을 들어봤을 것입니다. 그리고 '절차지향(procedure oriented)' 이전에 '순차지향(sequential oriented)'이라는 패러다임이 있었다는 말도 들어봤을 것입니다. 그런데 패러다임이라 할 정도면 어떤 개발 방법론이 한 시대를 풍미했다는 뜻입니다. 그렇다면 여러분은 한 시대를 풍미했던 순차지향 프로그래밍과 절차지향 프로그래밍의 다른 점을 설명할 수 있나요?

[?] 순차지향 프로그래밍과 절차지향 프로그래밍의 차이는 뭘까요?

대부분의 개발자가 순차지향 프로그래밍을 코드가 위에서 아래로 순차적으로 실행되는 프로그래밍 방식 정도로 이해합니다. 맞습니다. 순차지향 프로그래밍에서는 코드가 위에서 아래로 순차적으로 실행됩니다. 그런데 이렇게 되면 뭔가 이상합니다. 상식적으로, '순차'라는 말과 비슷하게 '절차'라는 말도 위에서 아래로 순서대로 진행하겠다는 의미이기 때문입니다.

그렇다면 순차지향과 절차지향은 사실상 같은 말입니다. 그런데 왜 이 둘은 다른 패러다임일까요? 그리고 순차지향 프로그래밍과 절차지향 프로그래밍에는 어떤 차이가 있는 걸까요?

궁금증을 해소하기 위해 관련된 글을 구글에 검색해 보지만 '순차적으로 프로그래밍한다' '절차적으로 프로그래밍한다' 같은 동어반복적인 설명만 나올 뿐입니다. 심지어 어떤 글에서는 순차지향과 절차지향을 똑같이 설명하는 글도 있습니다. 하지만 이것은 틀린 설명입니다. 둘은 엄연히 다른 패러다임입니다.

이 질문의 답은 각 패러다임의 원래 명칭을 보면 쉽게 얻을 수 있습니다. 순차지향 프로그래밍의 원래 명칭은 'Sequential oriented programming'이고 절차지향 프로그래밍은 'Procedure oriented programming'입니다. 순차지향 프로그래밍의 'Sequential'이 '순차적으로'라는 뜻이니 말 그대로 코드를 위에서 아래로 읽겠다는 의미가 맞습니다.

그런데 절차지향에서 말하는 절차인 'Procedure(절차)'는 조금 다른 이야기입니다. 'Procedure'는 직역하면 '절차'라는 의미가 맞지만 컴퓨터 공학에서 말하는 'Procedure'는 사실 함수입니다. 그래서 절차지향 프로그래밍은 사실상 '함수' 지향 프로그래밍이라고 볼 수 있습니다. 다시 말해 절차지향 프로그래밍은 함수 위주로 생각하고 프로그램을 만드는 패러다임인 것입니다.[1]

☆   절차지향 프로그래밍은 함수(procedure) 지향 프로그래밍이다.

단적인 예로 순차지향 언어와 절차지향 언어를 대표하는 두 개의 프로그래밍 언어에서 그 차이점을 찾을 수 있습니다. 다음은 같은 동작을 하는 프로그램을 순차지향 언어로 유명한 어셈블리어와 절차지향 언어로 유명한 C 언어로 만든 예시입니다.

코드 1.1 어셈블리어에는 함수가 없으며 jmp나 goto 같은 명령어를 이용해 흐름 제어를 한다.

```
add:
        subq    $8, %rsp
        leaq    16(%rsp), %rax
        movq    %rax, 0(%rsp)
```

---

1   개인적으로 절차지향 프로그래밍이라는 표현 자체가 오역이라고 생각합니다. 원문의 표현 그대로 명확하게 '프로시저 지향 프로그래밍'이라고 부르는 편이 더 낫지 않을까 싶습니다.

```
        leal    0(%edi,%esi,1), %eax
        addq    $8, %rsp
        ret
main:
        subq    $8, %rsp
        leaq    16(%rsp), %rax
        movq    %rax, 0(%rsp)
        movl    $2, %edi
        movl    $3, %esi
        addq    $8, %rsp
        jmp     add
```

순차지향 언어인 어셈블리어로 작성된 코드에서는 함수의 개념이 존재하지 않습니다. 그저 코드를 위에서 아래로 순차적으로 읽을 뿐입니다. 대신 목적지 주소를 나타내는 레이블이라는 개념과 jmp나 goto 같은 명령어가 지원됩니다. 프로그램 실행기가 위에서 아래로 코드를 순차적으로 실행하면서 '**jmp <목적지_주소>**' 같은 키워드를 만나면 프로그램의 실행 위치를 해당 주소로 옮기는 방식으로 코드가 동작하는 것입니다.

한편 절차지향 언어인 C로 작성된 코드 1.2에는 함수가 있습니다. 코드 1.1과 코드 1.2는 논리적으로 동일한 코드입니다.[2]

코드 1.2 C 언어에서는 main 함수로 시작하고 다른 함수를 호출하는 방식으로 프로그램을 만든다.

```
int add(int a, int b) {
    return a + b;
}


int main() {
    int a = 2;
    int b = 3;
    return add(a, b);
}
```

정리하자면 이렇습니다. 절차지향 프로그래밍은 함수를 만들어서 프로그램을 만드는 방식입니다. 복잡한 문제를 개별 '함수'로 분해하고, 여러 함수를 이용해 문제를 해결하는 방식입니다. 그러므로 여러분이

---

2   최근에는 다양한 개발 도구가 많이 생겨 C 언어 코드가 어셈블리어로 어떻게 바뀌는지 시각적으로도 확인할 수 있습니다. 코드 1.1은 코드 1.2를 https://godbolt.org에서 X86_64 CompCert 3.12로 변환한 결과입니다.

자바나 코틀린 같은 언어를 쓰고 있더라도 함수 위주의 사고 방식으로 프로그램을 만든다면 여전히 절차지향 패러다임으로 개발하고 있는 셈입니다.

☆ 프로그래밍 언어가 곧 프로그래밍 패러다임인 것은 아니다.

이해를 돕고자 코드 예제를 들어보겠습니다. 어떤 클라이언트가 자바 개발자에게 음식 체인점을 관리하는 프로그램을 개발해 달라고 의뢰합니다. 음식 체인점 프로그램의 주 요구사항은 체인점의 매출과 순이익을 관리하는 것입니다. 그래서 이 의뢰를 수락한 자바 개발자는 우선 다음과 같은 방식으로 클래스를 작성합니다.

코드 1.3 음식 체인점 관리 시스템을 개발하기 위한 데이터 구조

```java
class RestaurantChain {

    private List<Store> stores;
}

@Getter
class Store {

    private List<Order> orders;
    private long rentalFee; // 임대료
}

@Getter
class Order {

    private List<Food> foods;
    private double transactionFeePercent = 0.03; // 결제 수수료 3%
}

@Getter
class Food {

    private long price;
    private long originCost; // 원가
}
```

이제 개발자는 매출과 순이익을 계산하는 코드를 다음과 같이 작성합니다.

코드 1.4 매출과 순이익을 계산하는 코드

```java
class RestaurantChain {

    private List<Store> stores;

    // 매출을 계산하는 함수
    public long calculateRevenue() {
        long revenue = 0;
        for (Store store : stores) {
            for (Order order : store.getOrders()) {
                for (Food food : order.getFoods()) {
                    revenue += food.getPrice();
                }
            }
        }
        return revenue;
    }

    // 순이익을 계산하는 함수
    public long calculateProfit() {
        long cost = 0;
        for (Store store : stores) {
            for (Order order : store.getOrders()) {
                long orderPrice = 0;
                for (Food food : order.getFoods()) {
                    orderPrice += food.getPrice();
                    cost += food.getOriginCost();
                }
                // 결제 금액의 3%를 비용으로 잡는다.
                cost += orderPrice * order.getTransactionFeePercent();
            }
            cost += store.getRentalFee();
        }
        return calculateRevenue() - cost;
    }
}
```

RestaurantChain 클래스에 매출과 순이익을 계산하는 코드를 추가한 것입니다. 어떤가요? 코드 1.4는 객체지향적으로 작성된 코드라고 할 수 있나요?

아닙니다. 안타깝게도 calculateRevenue, calculateProfit 같은 코드는 모두 절차지향적인 코드입니다. 왜냐고요? 클래스와 객체들이 RestaurantChain 클래스에 있는 calculateRevenue, calculateProfit 함수를 실행하기 위한 데이터로서 존재할 뿐이기 때문입니다. 코드 1.4에서 Store, Order, Food를 클래스로 표현했지만 이 클래스에는 아무런 책임이 존재하지 않습니다. 그냥 데이터를 실어 나르는 역할 정도만 할 뿐입니다. 이래서는 C 언어에서 말하는 구조체(struct)와 사실상 다를 바 없습니다. 게다가 이런 클래스는 오히려 멤버 변수들이 모두 private으로 선언돼 있어 구조체보다 사용하기 불편합니다.

'절차지향 프로그래밍은 함수(procedure) 지향 프로그래밍이다'라고 했던 말이 이해가 되나요? 여러분이 만드는 시스템의 주체는 무엇인가요? 코드 1.4처럼 사실은 함수가 아닌가요?

혹시 '에이, 나는 이렇게 작성 안 해'라고 생각하실지도 모릅니다. 네, 최대한 간단한 사례를 들고자 다소 억지스러운 사례를 만들었습니다. 저도 비슷한 의뢰가 독자 여러분에게 갔을 때 여러분이 이 정도로 억지스러운 코드를 작성할 것이라 생각하지 않습니다. 하지만 참으로 희한하게도 이런 사실을 알고 있는 개발자분들도 스프링을 쓰기 시작하면 절차지향적인 코드를 작성하게 되는 경우를 많이 봐왔습니다.

그래서 이쯤에서 여러분이 지금껏 해왔던 스프링 프로젝트를 한 번 돌이켜보면 좋겠습니다. 그동안의 프로젝트를 돌이켜봤을 때 혹시 모든 비즈니스 로직이 서비스(Service) 컴포넌트에 들어가 있진 않았나요? 그리고 사실상 스프링은 서비스에 있는 전지전능한 함수를 실행하기 위한 껍데기처럼 동작하지 않았나요? 다시 말해, 그동안 다음과 같은 코드를 작성해 본 적 있지 않았냐는 말입니다.

코드 1.5 절차지향처럼 동작하는 RestaurantChainService

```
@Service
@RequiredArgsConstructor
public class RestaurantChainService {

    private final StoreRepository storeRepository;

    public long calculateRevenue(long restaurantId) {
        List<Store> stores = storeRepository.findByRestaurantId(restaurantId);
        long revenue = 0;
        for (Store store : stores) {
            for (Order order : store.getOrders()) {
```

```
            for (Food food : order.getFoods()) {
                revenue += food.getPrice();
            }
        }
    }
    return revenue;
}


public long calculateProfit(long restaurantId) {
    List<Store> stores = storeRepository.findByRestaurantId(restaurantId);
    long cost = 0;
    for (Store store : stores) {
        for (Order order : store.getOrders()) {
            long orderPrice = 0;
            for (Food food : order.getFoods()) {
                orderPrice += food.getPrice();
                cost += food.getOriginCost();
            }
            // 결제 금액의 3%를 비용으로 잡는다.
            cost += orderPrice * order.getTransactionFeePercent();
        }
        cost += store.getRentalFee();
    }
    return calculateRevenue() - cost;
}
}
```

코드 1.5는 앞에서 설명한 것과 같은 이유로 절차지향적인 코드입니다. RestaurantChainService 클래스에 있는 calculateRevenue, calculateProfit 메서드를 실행하기 위해 Store, Order, Food가 존재할 뿐이기 때문입니다.

여러분의 코드는 어떤가요? 만약 이런 코드를 작성하지 않았다면 너무나 다행입니다. 이미 잘하고 계신 겁니다! 그런데 안타깝게도 제가 봐온 몇몇 프로젝트들은 레이어드 아키텍처(layered architecture)[3]라는 미명하에 절차지향적인 코드에서 벗어나지 못하는 경우가 많았습니다. 서비스에 모든 비즈니스 로직이 들어가고, 클래스는 그저 데이터를 저장하는 용도로만 사용되고 있었습니다.

---

3   8장 '레이어드 아키텍처' 참조

스프링을 사용하면서 절차지향적인 코드가 나오는 사태에 관해서는 2부 '스프링과 객체지향 설계'에서 본격적으로 다룰 것입니다. 그리고 6장 '안티패턴'에서는 대다수의 스프링 사용자가 잘못 쓰고 있는 스프링 안티패턴이 무엇인지 집중적으로 조명해 보려 합니다.

다시 원래 이야기로 되돌아와서, 우리는 지금 객체지향이 무엇인지 알아보고 있었습니다. 그리고 객체지향을 알아보기 위해 절차지향은 어떤 것인지를 잠깐 알아보고 있던 중이었습니다. 그래서 이제 절차지향 같은 코드 1.3, 코드 1.4를 객체지향적으로 바꿔봅시다.

코드 1.6 비즈니스 로직을 객체가 처리하도록 변경

```java
class RestaurantChain {

    private List<Store> stores;

    public long calculateRevenue() {
        long revenue = 0;
        for (Store store : stores) {
            revenue += store.calculateRevenue();
        }
        return revenue;
    }

    public long calculateProfit() {
        long income = 0;
        for (Store store : stores) {
            income += store.calculateProfit();
        }
        return income;
    }
}

class Store {

    private List<Order> orders;
    private long rentalFee; // 임대료

    public long calculateRevenue() {         비즈니스 로직을 객체가 처리하도록 변경
        long revenue = 0;
        for (Order order : orders) {
            revenue += order.calculateRevenue();
```

```
        }                              비즈니스 로직을 객체가 처리하도록 변경
        return revenue;
    }


    public long calculateProfit() {
        long income = 0;
        for (Order order : orders) {
            income += order.calculateProfit();
        }
        return income - rentalFee;
    }
}

class Order {

    private List<Food> foods;
    private double transactionFeePercent = 0.03; // 결제 수수료 3%

    public long calculateRevenue() {          비즈니스 로직을 객체가 처리하도록 변경
        long revenue = 0;
        for (Food food : foods) {
            revenue += food.calculateRevenue();
        }
        return revenue;
    }

    public long calculateProfit() {           비즈니스 로직을 객체가
        long income = 0;                       처리하도록 변경
        for (Food food : foods) {
            income += food.calculateProfit();
        }
        return (long) (income - calculateRevenue() * transactionFeePercent);
    }
}

class Food {

    private long price;
    private long originCost; // 원가
```

```
public long calculateRevenue() {          비즈니스 로직을 객체가 처리하도록 변경
    return price;
}

public long calculateProfit() {           비즈니스 로직을 객체가 처리하도록 변경
    return price - originCost;
}
}
```

비즈니스 로직을 객체가 처리하도록 변경했습니다. 그러자 Store, Order, Food 클래스가 갖고 있던 데이터를 그대로 전달하기만 하던 객체가 행동을 갖게 됐습니다. 각 객체는 매출과 순이익을 계산해달라는 요청이 들어왔을 때 어떻게 처리해야 할지 알고 있습니다. 이것은 생각보다 굉장히 큰 변화입니다. '어떤 요청이 들어왔을 때, 어떤 일을 책임지고 처리한다'라는 책임이 생긴 것입니다. 다시 말해 '어떤 메시지(필요한 값이나 목표)를 받았을 때 어떤 일을 책임지고 처리한다'라고도 표현할 수 있습니다. 정리하면 다음과 같습니다.

- 객체에 어떤 **메시지**를 전달할 수 있게 됐다.

- 객체가 어떤 **책임**을 지게 됐다.

- 객체는 어떤 책임을 처리하는 **방법**을 스스로 알고 있다.

이 세 가지 변화를 꼭 이해하고 다음 내용으로 넘어가기 바랍니다.

코드 1.6이 코드 1.4에 비해 어떤 점이 달라졌는지 좀 더 구체적으로 살펴봅시다. 코드 1.4를 보면 주문(Order)에서 결제 수수료를 구하는 로직을 RestaurantChain이 처리하고 있습니다. 그런데 제가 보기에 결제 수수료(transactionFeePercent) 정보를 갖고 있는 것은 Order인데, 비즈니스 로직은 RestaurantChain이 갖고 있는 것이 매우 부자연스러워 보입니다. RestaurantChain에 부적절한 책임이 할당된 것입니다.

반면 코드 1.6을 보면 결제 수수료를 계산하는 로직을 더 이상 RestaurantChain에서 처리하지 않습니다. 데이터와 비즈니스 로직이 한 곳에 잘 들어 있습니다. 즉, 데이터 측면에서 봤을 때도 어떤 행위를 하기 위해 만들어진 행동과 데이터가 한 곳에 잘 응집됐다고 볼 수 있습니다. 그래서 이런 경우를 가리켜 응집도(cohesion)가 높다고 할 수 있습니다.[4]

---

4   엄연히 말하면 응집도는 모듈 시스템과 연관되는 말입니다. 응집도와 관련해서는 4.1.4절 '인터페이스 분리 원칙'에 더 자세한 내용이 나오니 이를 참고해 주세요.

코드 가독성은 어떨까요? 이에 관해서는 갑론을박이 있을 것입니다. 논리 흐름상 코드 1.6이 훨씬 보기 좋다고 주장하고 싶지만 솔직히 절차지향적으로 작성된 코드 1.4가 개인적으로 조금 더 잘 읽히는 것 같습니다. 코드의 양도 코드 1.4가 훨씬 적고요. 절차지향적으로 작성된 코드 1.4는 모든 코드가 온전히 내 손 안에 있는 기분입니다. 게다가 모든 흐름 제어를 한 곳에서 관리하니 편하다는 생각도 듭니다. 하지만 다행히도 이렇게 느낀다 해서 이상한 것은 아닙니다. 왜냐하면 애초에 가독성의 기준은 사람마다 다르고, 객체지향으로 코드를 작성하는 이유가 '가독성을 높이기 위해서'가 아니기 때문입니다. 그래서 종종 어떤 코드들은 오히려 객체지향으로 바꿨을 때 시스템 전체로 봤을 때 가독성이 더 떨어지는 경우도 있습니다.

객체지향은 가독성보단 책임에 좀 더 집중합니다. 그리고 이 말은 코드 1.6을 다시 보면 더 잘 이해할 수 있습니다. 코드 1.6의 객체들을 보면 제각기 맡고 있는 책임에만 집중합니다. 객체들은 각자의 책임을 수행하기 위한 협력 객체가 무엇인지를 알고 있으며, 그 밖에 필요한 값은 모두 각자가 갖고 있습니다. 본인이 해야 할 일을 본인이 제일 잘 알게 된 것입니다.

물론 다른 객체와의 협력이 강조되면서 전체 로직은 분산됐습니다. 그리고 협력 객체들의 내부 동작이 어떤지는 알 수 없게 됐습니다. 하지만 믿는 것입니다. 내가 어떤 요청을 했을 때 이 객체가 알아서 업무를 잘 처리하고 데이터를 잘 돌려줄 것이라고요. 그리고 믿고 있기 때문에 협력 객체가 '어떻게' 일을 하는지 신경 쓰지 않습니다. 제대로 해왔는지만 신경 씁니다. 그렇기 때문에 **캡슐화**인 것입니다.

클래스와 객체는 그 자체로 온전할 때 다루기 쉽습니다. 비즈니스 로직에 필요한 데이터가 잘 모여 있어야만 문제가 발생했을 때 추적하기 쉽습니다. 책임을 제대로 다하지 못한 객체를 특정하면 되기 때문입니다. 즉, 책임이 중요합니다. 소프트웨어가 달성하려는 거대한 목적을 위해 객체들이 책임을 나눠 가져야 한다는 말입니다.

☆　**책임을 객체가 나눠 가져야 합니다.**

더 나아가 이런 방식으로 작업해야 업무 효율도 올라갑니다. 객체들이 어떻게 협력할지, 어떤 책임을 맡을지 결정하고 나면 작업을 병렬로 처리할 수 있게 되기 때문입니다. 세세한 구현은 나의 동료들이 제대로 만들어 줄 것이라고 믿고 작업할 수 있게 됩니다. 개개인은 자신이 담당하는 객체의 책임만 제대로 구현하면 됩니다. 그래서 객체지향 프로그래밍에서는 책임이 강조됩니다. 책임을 기반으로 동작하는 것이 객체지향이기 때문입니다.

그렇다면 객체지향을 다루는 상황에서 동료가 업무를 제대로 했는지 어떻게 확인할 수 있을까요? 동료와 협업해본 적이 있는 분들이라면 종종 그런 경험을 해봤을 것입니다. 분명 A를 개발하기로 했는데, A'를 개발해 놓고 딴소리하는 경우 말입니다. 또는 어떤 컴포넌트를 개발할 때 협력 객체가 어떤 책임을 제대로 수행할 것이라고 가정하고 개발했는데, 어느 순간 이 가정이 깨지면서 시스템 전체의 버그로 이어지는 경험도 있을 것입니다.

책임은 계약입니다. 수많은 객체가 협력하는 객체지향 프로그래밍에서는 협력 객체들이 계약을 제대로 지키는 것을 가정하고 프로그램을 만들게 됩니다. 그리고 그럴 때 사용할 수 있는 것이 **테스트 코드**입니다. '최초의 요구사항을 충족하는지?', '기존 요구사항을 여전히 만족하는지?'를 검사할 수 있는 테스트 코드는 책임을 계약으로 만드는 가장 확실한 방법이자 시스템의 계약 명세입니다. 테스트와 관련된 내용은 3부 '테스트'에서 더 깊이 살펴볼 것입니다.

1.1 책임과 역할

그런데 절차지향이라서 책임을 제대로 구분할 수 없는 것일까요? 그렇지 않습니다. 절차지향적인 코드를 통해서도 책임을 분할할 수 있습니다. 절차지향에서는 함수 단위로 책임을 지면 됩니다. 그래서 오해의 소지를 줄이고자 확실히 말하겠습니다. 코드 1.4에서 Store, Order, Food에 '책임이 없다'라는 말은 객체지향 관점에서 '객체에 책임이 없다'는 의미인 것입니다. 책임은 객체지향에서 굉장히 중요한 부분이지만 객체지향만의 특징은 아닙니다. 일반적인 함수에도 책임은 존재합니다.

코드 1.7 절댓값을 반환하는 함수. 항상 양수로 값을 반환한다는 책임을 지고 있다.

```
int absolute(int a) {
    return a < 0 ? -a : a;
}
```

코드 1.7을 보면 절댓값을 반환하는 absolute 함수는 입력값을 항상 양수 값으로 반환한다는 책임을 갖고 있습니다. 이처럼 C 언어로 작성된 코드로도 책임을 설명할 수 있습니다. 반드시 객체를 통해서만 책임을 설명할 수 있는 것은 아닙니다.

그러므로 단순히 책임이 있다고 해서 객체지향이 되는 것도 아닙니다. 그보다는 책임을 어떻게 나누고 어디에 할당하느냐가 더 중요합니다. 다시 말해 객체지향에서는 '책임을 함수가 아닌 객체에 할당'하는 것이 중요한 것입니다.

절차지향에서는 책임을 프로시저로 나누고 프로시저에 할당합니다. 객체지향에서는 책임을 객체로 나누고 객체에 할당합니다. 이것이 객체지향에서 말하는 책임입니다.

그렇다면 '책임을 객체에 할당한다.' 이 한마디로 객체지향을 설명할 수 있게 됐을까요? 아닙니다. 아직 약간 부족합니다. 책임을 객체에 할당하는 것이 객체지향의 가장 큰 특징이라면 C 언어도 객체지향이 될 수 있습니다. 구조체를 만들고 함수 포인터로 구조체에 함수를 넣으면 구조체 단위로 책임을 할당할 수 있게 되기 때문입니다.

코드 1.8 x, y 좌표계의 점을 표현할 수 있는 Point 구조체

```c
#include <stdio.h>

typedef struct Point {
    int x, y;
    void (*print)(struct Point *);
} Point;

void print_coordinates(Point *self) {
    printf("x: %d, y: %d\n", self->x, self->y);
}

Point newPoint(int x, int y) {
    Point result = {x, y, print_coordinates};
    return result;
}

int main() {
    Point point = newPoint(3, 4);
    point.print(&point);
    return 0;
}
```

따라서 구조적 단위인 객체에 책임을 할당하는 것이 객체지향이라면 C 언어도 객체지향 언어라고 부를 수 있어야 합니다. 그런데 우리는 C 언어를 객체지향 언어라고 부르지 않습니다. 그렇다면 절차지향과 객체지향을 구분 짓는 또 다른 요인은 무엇일까요?

이를 이해하기 위해 질문을 바꿔서 생각해 봅시다. C 언어는 왜 객체지향 언어가 아닐까요? C 언어를 객체지향 언어라고 부를 수 없는 데는 사실 결정적인 문제가 하나 있습니다. 그리고 그 이유는 'class를 문법적으로 지원하지 않으므로' 같은 이유가 아닙니다.

다시 앞의 음식 체인점 예제를 한 단계 더 발전시켜 보겠습니다. 이번에는 다음과 같은 인터페이스를 추가하고 기존 클래스들이 이 인터페이스를 구현하도록 변경하겠습니다.

코드 1.9 매출을 계산하는 인터페이스와 순이익을 계산하는 인터페이스를 추출

```
interface Calculable {
    long calculateRevenue();
    long calculateProfit();
}
```

코드 1.10 기존 코드에서 인터페이스를 구현

```
class RestaurantChain implements Calculable {          역할을 구현

    private List<Calculable> stores;          역할에 의존하도록 변경

    @Override
    public long calculateRevenue() {
        long revenue = 0;
        for (Calculable store : stores) {
            revenue += store.calculateRevenue();
        }
        return revenue;
    }

    @Override
    public long calculateProfit() {
        long income = 0;
        for (Calculable store : stores) {
            income += store.calculateProfit();
        }
        return income;
    }
}

class Store implements Calculable {          역할을 구현

    private List<Calculable> orders;          역할에 의존하도록 변경
    private long rentalFee; // 임대료
```

```java
    @Override
    public long calculateRevenue() {
        long revenue = 0;
        for (Calculable order : orders) {
            revenue += order.calculateRevenue();
        }
        return revenue;
    }

    @Override
    public long calculateProfit() {
        long income = 0;
        for (Calculable order : orders) {
            income += order.calculateProfit();
        }
        return income - rentalFee;
    }
}

class Order implements Calculable {      역할을 구현

    private List<Calculable> foods;       역할에 의존하도록 변경
    private double transactionFeePercent = 0.03; // 결제 수수료 3%

    @Override
    public long calculateRevenue() {
        long revenue = 0;
        for (Calculable food : foods) {
            revenue += food.calculateRevenue();
        }
        return revenue;
    }

    @Override
    public long calculateProfit() {
        long income = 0;
        for (Calculable food : foods) {
            income += food.calculateProfit();
        }
```

```
        return (long) (income - calculateRevenue() * transactionFeePercent);
    }
}

class Food implements Calculable {      역할을 구현

    private long price;
    private long originCost; // 원가

    @Override
    public long calculateRevenue() {
        return price;
    }

    @Override
    public long calculateProfit() {
        return price - originCost;
    }
}
```

객체에 할당돼 있던 책임을 인터페이스로 분할해서 역할을 만들었습니다. 그리고 객체들이 인터페이스라는 역할을 구현하게 했습니다. 쉽게 이야기하면 객체지향에서 흔히 말하는 추상화의 원리를 이용해 다형성을 지원하게 한 것입니다.

- 매출 계산과 관련된 역할
- 순이익 계산과 관련된 역할

여기서 '역할'의 개념이 나옵니다. 엄밀히 말하자면 객체지향에서는 책임을 객체에 할당하지 않습니다. 객체를 추상화한 역할에 책임을 할당합니다. 그리고 이는 분명히 C 언어 같은 언어에서는 지원하지 못하는 기능입니다. C 언어의 구조체(struct)는 추상의 개념을 지원하지 못합니다.[5] 그러므로 이러한 기능을 자연스럽게 지원할 수 없는 C 언어는 절차지향 언어인 것입니다. 그래서 객체지향 언어의 특징 중 하나로 다형성이 있는 것이지요.

---

5   물론 누군가 구조체에 '이렇게 저렇게 하면 책임을 할당할 수 있는데요?'라고 반론할 수도 있습니다. 맞습니다. 어떻게든 하려고 하면 할 수야 있을 것입니다. 하지만 어떤 것을 '그냥' 할 수 있는 것과 '어떻게든' 할 수 있는 것은 다릅니다. 애초에 구조체의 목적은 데이터를 한곳에 모으는 것입니다. 구조체는 추상화를 지원하기 위해 만들어진 기능이 아닙니다.

구현과 역할을 분리하고 역할에 책임을 할당하는 과정은 객체지향에서 정말 중요한 부분입니다. 왜냐하면 이 과정을 통해 어마어마한 장점을 하나 얻게 되기 때문입니다. 역할을 이용해서 통신하면 실제 객체가 어떤 객체인지 상관하지 않아도 됩니다. 내가 부탁한 책임과 역할을 할 수 있는 객체라면 협력 객체가 구체적으로 어떤 객체인지 신경 쓰지 않아도 된다는 의미입니다. 따라서 확장에도 유연해집니다. 새로운 요구사항이 생기면 그 역할을 다하는 새로운 구현체만 만들어서 주면 되기 때문입니다.

예제를 확장해 봅시다. 음식 체인점의 규모가 커지면서 그 자체로 브랜드가 됐습니다. 그래서 음식점에서 브랜드 굿즈 같은 것을 팔게 됐고, 사용자는 주문할 때 음식 말고도 열쇠고리 같은 브랜드 상품(BrandProduct)을 주문할 수 있게 됐습니다.

역할을 분리하지 않은 코드 1.11에서는 이 같은 요구사항을 반영하기 위해 다음과 같이 멤버 변수를 추가하고, 계산 로직을 변경해야 합니다.

코드 1.11 calculateRevenue 메서드와 calculateProfit 메서드에 BrandProduct를 위한 for 루프를 추가

```java
class Order {

    private List<Food> foods;
    private List<BrandProduct> brandProducts;    새로운 요구사항에 따라 코드를 추가
    private double transactionFeePercent = 0.03; // 결제 수수료 3%

    public long calculateRevenue() {
        long revenue = 0;
        for (Food food : foods) {
            revenue += food.calculateRevenue();
        }
        for (BrandProduct brandProduct : brandProducts) {
            revenue += brandProduct.calculateRevenue();
        }
        return revenue;
    }

    public long calculateProfit() {
        long income = 0;
        for (Food food : foods) {
            income += food.calculateProfit();
        }
```

```
        for (BrandProduct brandProduct : brandProducts) {
            income += brandProduct.calculateProfit();
        }
        return (long) (income - calculateRevenue() * transactionFeePercent);
    }
}
```

반면 구현체가 아닌 역할에 집중하는 코드는 조금 더 유연한 방식으로 확장할 수 있게 됩니다.

코드 1.12 역할에 의존하므로 요구사항이 바뀌어도 전체적인 코드 구조에는 큰 변화가 없음

```
class Order implements Calculable {

    private List<Calculable> items;    앞으로 다양한 제품이 들어올 수 있으므로 이름을 변경
    private double transactionFeePercent = 0.03; // 결제 수수료 3%

    @Override
    public long calculateRevenue() {
        long revenue = 0;
        for (Calculable item : items) {
            revenue += item.calculateRevenue();
        }
        return revenue;
    }

    @Override
    public long calculateProfit() {
        long income = 0;
        for (Calculable item : items) {
            income += item.calculateProfit();
        }
        return (long) (income - calculateRevenue() * transactionFeePercent);
    }
}
```

코드를 추가하면서 기존 코드에서 부적절해 보이는 변수 이름만 바꿨습니다. 역할에 집중하니 코드를 크게 변경하지 않고도 기능을 확장할 수 있게 된 것입니다. 이는 곧 구체적인 것(클래스)이 아닌 추상적인 것(역할, 인터페이스)에 집중할 때 유연한 설계를 얻을 수 있게 된다는 뜻입니다.

여기까지 이해했다면 지금까지 살펴본 코드를 복기해 봅시다. 객체가 책임을 갖게 됐고, 객체의 역할이 정해졌으며, 어떤 목표를 달성하기 위해 서로 다른 객체와 협력하게 됐습니다. 그래서 객체지향의 본질은 사실 언어나 문법, 특징에 있는 것이 아닙니다. 오히려 그보다는 '역할', '책임', '협력'이 더 중요합니다.

더불어 추상화, 다형성, 상속, 캡슐화도 본질이 아닙니다. 이러한 문법적 기능들은 역할, 책임, 협력을 잘 다루기 위해 존재하는 프로그래밍 언어적 기능일 뿐입니다. 따라서 추상화, 다형성, 상속, 캡슐화가 객체지향을 대표하는 기능적인 특징은 될 수 있지만 핵심이 될 수는 없습니다.

더 나아가 객체지향에서 말하는 객체는 실세계를 반영하지 않습니다. 객체가 만약 실제 세계를 반영한다면 음식(Food)이 스스로 가격을 계산할 수는 없을 것입니다. 생각해 보세요. 원가가 얼마냐고 물어보면 대답할 수 있는 음식이라니, 이상하지 않나요?

그림 1.1 사물과 대화하는 객체지향

따라서 객체지향은 실세계를 반영하는 패러다임이 아닙니다. 그보다 오히려 자아를 가진 객체들이 서로 협력하는 방식으로 개발되는 것에 가깝습니다.

> 🗨 이상한 나라를 창조하라.
> – 조영호[5]

끝으로 절차지향에 관한 오해도 풀고 가겠습니다. 절차지향은 절대 객체지향에 비해 뒤떨어진 방법론이 아닙니다. 객체지향이 없던 시절에도 훌륭한 프로그램들이 만들어졌고, 지금 이 순간에도 절차지향을 이용한 훌륭한 프로그램들이 만들어지고 있습니다. 심지어 소규모 프로젝트에서는 절차지향을 이용한 개발이 훨씬 빠르고 효율적일 수 있습니다. 오히려 객체지향적인 코드가 복잡하고 읽기 어려울 수 있습니다. 객체지향을 하면서도 모든 코드가 다 객체지향적일 수는 없습니다. 일부 간단한 코드에서는 절차지

---

6 출처: 《객체지향의 사실과 오해》(위키북스, 2015), 70쪽

향적으로 코드를 작성하는 편이 유리할 수도 있습니다. 각 패러다임에는 저마다 장단점이 있으므로 이를 이해하고, 문제를 해결하는 데 어떤 방법을 어떻게 사용해야 할지는 그때그때 정해야 하는 것입니다.

1.2 TDA 원칙

그렇다면 어떻게 해야 절차지향적 사고에서 벗어나 객체지향적인 사고 방식을 가질 수 있을까요? 개발자들이 객체지향적인 사고를 하도록 만들 수 있는 가장 쉬운 방법은 TDA 원칙을 지켜가며 개발하게 하는 것입니다. 여기서 TDA 원칙이란 'Tell, Don't Ask'의 줄임말입니다. 말 그대로 '물어보지 말고 시켜라'라는 원칙입니다. 객체에게 값에 관해 물어보지 말고 일을 시키라는 의미인데, 예시를 먼저 보겠습니다. 다음은 TDA 원칙을 따르지 않는 코드입니다.

코드 1.13 Shop은 Account와 Product에 모든 값을 물어보면서 로직을 처리한다.

```java
public class Shop {

    public void sell(Account account, Product product) {
        long price = product.getPrice();
        long mileage = account.getMoney();
        if (mileage >= price) {
            account.setMoney(mileage - price);
            System.out.println(product.getName() + "를 구매했습니다.");
        } else {
            System.out.println("잔액이 부족합니다.");
        }
    }
}

@Getter
@Setter
class Account {

    private long money;
}

@Getter
@Setter
```

```
class Product {

    private String name;
    private long price;
}
```

어떤 사용자가 물건을 가게에서 구입할 때 물건값을 계산하는 코드입니다. 가게에서 사용자의 잔액을 물어보고 잔액이 물건값보다 큰지 판단합니다.

이어서 TDA 원칙에 따라 변경한 코드는 다음과 같습니다.

코드 1.14 Shop에 있던 일부 로직을 Account에 물어봐서 처리하도록 변경

```
public class Shop {

    public void sell(Account account, Product product) {
        if (account.canAfford(product.getPrice()) {
            account.withdraw(product.getPrice());
            System.out.println(product.getName() + "를 구매했습니다.");
        } else {
            System.out.println("잔액이 부족합니다.");
        }
    }
}

class Account {

    private long money;

    public boolean canAfford(long amount) {      TDA 원칙에 따라 잔액이 물건의 가격보다 큰지 확인
        return money >= amount;
    }

    public void withdraw(long amount) {
        money -= amount;
    }
}

class Product {
```

```
    private String name;
    private long price;

    public long getPrice() {
        return price;
    }

    public long getName() {
        return price;
    }
}
```

TDA 원칙에 따라 사용자의 잔액을 물어보지 않고, 잔액이 물건의 가격보다 큰지 확인하고 일을 시키고 있습니다. 이렇게 하는 것만으로도 Account 클래스로부터 만들어진 객체는 훨씬 능동적으로 바뀝니다. Account 클래스는 더 이상 수동적인 데이터 덩어리가 아니며, 이 클래스로 만들어진 객체는 어떤 책임을 가진 객체가 된 것입니다. 이는 사실상 앞에서 살펴본 RestaurantChain 예시와 같은 맥락입니다.

단편적으로 이야기하자면 TDA 원칙은 무분별하게 사용되는 게터(getter)와 세터(setter)를 줄이라는 의미로 해석될 수도 있습니다. 그리고 실제로 게터와 세터는 개발자가 객체지향적인 사고를 못하게 하는 방해 요인 중 하나이자 절차지향적인 사고를 하게 만드는 대표적인 원인이기도 합니다. 게터와 세터가 무분별하게 남발되는 객체는 외부에서 모든 데이터에 접근할 수 있게 됩니다. 그 결과, 개발자들은 비즈니스 로직을 작성할 때 Manager라는 컴포넌트를 만들고(예: 스프링의 서비스 컴포넌트 또는 각종 유틸 클래스) 여기서 모든 일을 처리하게 합니다. 그렇게 개발하는 편이 쉽고 빠르기 때문입니다. 결과적으로 프로젝트에는 Manager나 Utility 같은 이름을 가진 클래스가 무수히 늘어나게 됩니다.

객체지향을 실천해 보고 싶다면 이 단순한 원칙을 적용해 보는 것을 추천합니다. TDA 원칙은 간단하면서도 객체지향을 꽤나 관통하는 원칙이기 때문입니다.

☆ 객체를 데이터 덩어리로 보지 말고 객체에게 책임을 위임하세요.

객체는 마치 자아를 가진 것처럼 움직여야 합니다. 객체는 단순히 데이터를 나르기 위한 수동적인 존재가 아니며 능동적으로 움직이는 존재여야 합니다.

⚠ 그렇다고 객체에게 모든 일을 시킬 수만은 없습니다. 게터는 분명 필요한 메서드이며, 객체에게 일을 최대한 시키려 해도 어딘가에서는 협력을 위해 게터를 사용해야 하는 상황이 분명 나옵니다. 예를 들면, 코드 1.13에서 Product의 getPrice 메서드는 그 자체로 Product가 가진 '가격을 알려줘야 하는 책임'입니다. 따라서 이 메서드는 결국 지울 수 없습니다.

객체의 종류

2장에서는 스프링이나 JPA를 다뤄본 개발자들이라면 한 번씩 들어봤을 법한 객체의 종류에 관해 설명하려고 합니다. 특히 객체의 여러 종류 중에서도 유명한 VO, DTO, DAO, 엔티티(Entity: 개체)에 관해 함께 살펴볼 것입니다.

그런데 스프링을 다루는 개발자라면 VO, DTO, DAO, 엔티티 같은 용어를 이미 접해보고 이와 관련한 본인만의 정의가 있을 수도 있습니다. 그래서 이 이야기를 시작하기 전에 각 용어에 대한 본인만의 정의는 어떤지 미리 생각해 보고 아래 질문에 답해보길 바랍니다.

- VO(Value Object: 값 객체)란 어떤 객체일까요?

- DTO(Data Transfer Object: 데이터 전송 객체)란 어떤 객체일까요?

- DAO(Data Access Object: 데이터 접근 객체)란 어떤 객체일까요?

- 엔티티(Entity: 개체)란 어떤 객체일까요?

그리고 다음은 각 질문을 저연차 개발자에게 물어봤을 때 들을 수 있는 일반적인 답변입니다.

표 2.1 VO, DTO, DAO, 엔티티가 무엇인지 저연차 개발자에게 질문했을 때 얻을 수 있는 답변

질문	저연차 개발자의 답변
VO	Value Object입니다. '값 객체'라는 뜻인데, 쓰기 작업이 불가한 읽기 전용 객체를 VO라 부릅니다.
DTO	계층 간 데이터 교환에 사용되는 객체입니다. 대표적인 예로 데이터베이스에 데이터를 넣을 때 DTO를 이용합니다. 그리고 데이터를 불러올 때도 DTO를 사용합니다.

질문	저연차 개발자의 답변
DAO	데이터베이스에 접근하는 데 사용되는 객체입니다.
엔티티	JPA의 @Entity이며, 테이블에 1:1로 대응되고, 각각을 구분할 수 있는 식별자를 갖고 있습니다.

그리고 이러한 질문을 인터넷에서 검색해보면 표 2.1과 같은 답변이 마치 정답인 것처럼 알려주는 글을 많이 볼 수 있습니다. (직접 검색해서 확인해봐도 좋습니다!) 하지만 안타깝게도 이러한 답변 중 대부분은 모두 충분하지 못한 설명이며 심지어 어떤 답변은 틀리기까지 합니다.[1]

그럼 어떤 설명이 어떻게 틀렸을까요? 예를 들어, 엔티티는 JPA의 엔티티라고 설명한 내용이 있는데, 이 설명은 올바른 설명일까요? 이 설명에 따르면 엔티티는 JPA가 없으면 설명할 수 없는 개념이 됩니다. 하지만 우리는 JPA가 없는 프로젝트에서도 엔티티라는 개념을 가져다 잘 사용합니다! 그러니 '엔티티는 JPA의 @Entity다'라는 식의 답변은 틀렸습니다.

이러한 문제는 개념을 이해하지 않고 외우려고만 할 때 곧잘 발생합니다. 납득이 안 가는 설명이 있음에도 암기해야 하는 게 많아 일단 외우는 데 집중하다 보니 정신을 차리고 보면 누군가 설명해둔 내용을 그대로 읊을 줄밖에 모르게 되는 것입니다. 그 결과, 질문에 답하면서도 자신도 무슨 말을 하는지 모르게 됩니다. 그리고 VO나 DTO를 왜 써야 하는지도 모르겠지만 일단 좋다고 하니 진행 중인 프로젝트에 적용해 봅니다. 그다음 이런 걸 VO, DTO라고 부른다고 하니까, 그러려니 하고 클래스를 만들며 클래스 이름 뒤에 접미어로 VO, DTO를 넣습니다. 그러니 다음과 같은 코드가 만들어지는 것입니다.

코드 2.1 이게 VO가 맞나요?

```java
@Getter
public class UserInfoVo {

    private final long id;
    private final String username;
    private final String password;
    private final String email;
}
```

그래서 지금부터 이러한 용어 정의에서 어떤 내용이 잘못됐고, 어떤 내용이 충분하지 못한지 이야기해 보겠습니다. 그래서 앞으로 각 용어에 대해 차례로 설명하려고 하는데, 시작하기에 앞서 미리 생각해 보면 좋을 법한 질문을 몇 개 준비해 봤습니다.

---

1   어떤가요? 여러분의 답은 이 답변과 다른가요? 여러분의 답은 만족스럽나요? 혹시 이와 비슷한 답을 하진 않았나요?

- VO를 설명하기 위한 키워드로 '읽기 전용'이라는 특징이 전부인가요?

- VO를 쓰는 이유는 무엇이고, 왜 읽기 전용으로 만들려는 걸까요?

- 코드 2.1은 VO인가요? VO라면 왜 그렇고, 아니라면 왜 아닌가요?

- DTO를 설명해달라고 하면 대부분 데이터베이스와 연관된 사례를 예시로 듭니다. 데이터베이스를 예시로 들지 않고 설명할 수 있나요?

- DTO는 DAO를 이용해 데이터베이스에 저장하기 위한 객체라고 봐도 될까요?

- DTO와 DAO는 긴밀하게 관련된 객체일까요?

- 엔티티는 JPA의 엔티티(@Entity)와 1:1로 대응되는 개념인 게 맞나요?

- 엔티티가 JPA의 엔티티라면 JPA가 없던 시절에 엔티티라는 개념은 존재하지 않았을까요?

- 도메인 엔티티라는 용어와 DB 엔티티(database entity)라는 용어가 있는데, 둘의 차이는 무엇일까요?

더불어 미리 말씀드리자면 이러한 개념적 용어는 개발자마다 미묘하게 다르게 이해하고 있기도 합니다. 그래서 이 같은 내용을 두고 맞다, 틀리다를 이야기하기가 상당히 조심스럽습니다. 이 책에서는 보편적으로 받아들여지는 내용으로만 구성하려고 했으나 이 책의 내용과 충돌하는 다른 의견도 있을 수 있음을 감안하시길 바랍니다.

2.1 VO(Value Object: 값 객체)

우선 간단한 VO 예시를 보고 갑시다.

코드 2.2 값 객체로 선언된 Color 클래스[2]

```
public final class Color {

    public final int r;
    public final int g;
    public final int b;
```

---

2 public으로 선언된 멤버 변수가 불편하게 느껴지나요? 자바에 익숙한 개발자는 멤버 변수를 반드시 private으로 선언하고 이에 대응하는 게터와 세터를 만들어 사용하는 방식에 익숙합니다. 그래서 public으로 선언된 멤버 변수를 보면 참지 못합니다. 그런데 일단 넘어가 주세요. 이 코드에서 r, g, b가 public으로 선언된 이유는 2.2절 'DTO(Data Transfer Object: 데이터 전송 객체)'에서 알 수 있습니다.

```
public Color(int r, int g, int b) {
    if (r < 0 || r > 255 ||
        g < 0 || g > 255 ||
        b < 0 || b > 255) {
        throw new IllegalArgumentException("RGB should be 0 to 255");
    }
    this.r = r;
    this.g = g;
    this.b = b;
}

@Override
public boolean equals(Object o) {
    if (this == o) {
        return true;
    }
    if (o == null || getClass() != o.getClass()) {
        return false;
    }
    final Color color = (Color) o;
    return r == color.r &&
        g == color.g &&
        b == color.b;
}

@Override
public int hashCode() {
    return Objects.hash(r, g, b);
}
}
```

코드 2.2에 선언된 Color 클래스는 값 객체, 즉 VO(Value Object)입니다.[3] [4] 일반 객체와 어떤 차이점이 있는지 보이나요? VO라는 것은 대체 무슨 의미일까요?

---

[3] 재미있는 점은 코드 2.2의 UserInfoVo는 스스로를 VO라고 주장하지만 VO가 아닌 한편, 코드 2.2의 Color는 이름이 ColorVo가 아님에도 VO라고 부른다는 것입니다. 다시 말해 VO는 클래스 이름으로 결정되는 것이 아닙니다.

[4] 더 엄밀히 말해 Color 클래스는 객체가 아니므로 Color 클래스가 VO인 것은 아닙니다. Color 클래스로 만들어진 객체가 VO입니다. 다만 이하의 내용에서 이를 일일이 구분해서 말하는 것은 어려운 일이므로 편의상 클래스를 VO, DTO, DAO 등으로 표현하겠습니다.

Color 클래스가 VO라는 것은 Color 클래스로 만들어진 객체를 숫자 1, 2, 3, 4 같은 값(value)과 같이 볼 수 있다는 의미입니다. 즉, Color는 객체지만 동시에 값입니다. 그래서 값 객체라고 부릅니다. 그렇다면 이제 '값'이 무엇인지 생각해 봐야 합니다. 값이란 무슨 뜻일까요? 그리고 1, 2, 3, 4 같은 숫자를 왜 값이라고 부르는 걸까요?

이를 설명하기 위해 값에 관한 사전적 정의를 활용할 수도 있을 것입니다. 하지만 우리가 궁금한 것은 값의 사전적 정의 같은 것이 아닙니다. 값이라고 부르는 것의 특징과 이것이 '소프트웨어 관점에서 어떻게 해석되는가'입니다. 그러니 먼저 값의 특징이 무엇인지 살펴볼 필요가 있습니다. 이 특징을 파악한다면 이 특징들을 만족하는 객체를 만들어 그 객체를 '값 객체'라고 부를 수 있을 것입니다.

그럼 값에는 어떤 특징들이 있을까요? 소프트웨어 설계자 입장에서 값은 불변성, 동등성, 자가 검증이라는 특징이 있습니다. 따라서 어떤 객체가 이 세 가지 특징을 만족할 때 VO라고 부릅니다.

표 2.2 값의 특징

값의 특징	설명
불변성	값은 변하지 않습니다. 예를 들어, 숫자 1은 영원히 숫자 1입니다.
동등성	값의 가치는 항상 같습니다. 예를 들어, 모든 숫자 1은 적혀 있는 위치나 시간과 관계없이 항상 같은 숫자 1입니다.
자가 검증	값은 그 자체로 올바릅니다. 예를 들어, 숫자 1은 그 자체로 올바른 숫자입니다. 이는 '1은 사실 1.01이지 않을까?'와 같은 고민을 할 필요가 없다는 의미입니다.

이 같은 정의가 수학적으로 얼마나 괜찮은지보다 '객체를 값으로 만들려면 이러한 특징들이 필요하다'라고 생각해 주시길 바랍니다. 그럼 이제부터 각 특징을 더 깊게 살펴보겠습니다.

2.1.1 불변성

불변성(immutability)이란 말 그대로 '변하지 않는다'라는 의미입니다. 값은 변하지 않습니다. 예를 들어, 숫자 1은 언제나 영원불변하게 항상 숫자 1입니다. 이 값은 3,000년 전에도 1이었고 1만 년 뒤에도 1일 것입니다. 1이라는 값이 변하지 않기 때문입니다. 그래서 마찬가지로 값 객체를 뜻하는 VO는 불변성을 특징으로 갖습니다.

'변하지 않는다'라는 이 간단한 개념은 시스템의 복잡도를 획기적으로 낮출 수 있는 개념이라서 소프트웨어 설계에서 정말 정말 중요한 개념입니다. 왜냐하면 이 불변성이라는 특징 덕분에 소프트웨어 중 일부를 예측할 수 있고 신뢰할 수 있게 만들 수 있기 때문입니다.

소프트웨어는 불확실성으로 가득한 복잡계입니다. 이는 우리가 작성한 코드에 불확실한 점이 너무 많다는 의미입니다. 예를 들어, 웹 서버를 만들면서 다른 서버의 API를 호출하거나 데이터베이스에서 데이터를 가져오는 동작을 합니다. 그런데 이러한 네트워크 호출은 불확실합니다. 코드는 정상일지 몰라도 사용자의 네트워크 환경에 따라 프로그램이 예상하지 못한 동작을 할 수 있습니다. 게다가 일부 코드가 병렬로 동작할 경우 프로그램이 어떻게 동작할지 불확실합니다. 같은 객체를 참조하고 있더라도 내부에 변수가 있다면 그 값이 언제 변경될지 모르기 때문입니다.

이처럼 소프트웨어에는 불확실한 요소가 너무 많으므로 믿을 수 있고 확실한 영역을 최대한 많이 만들어내는 것이 중요합니다. 그리고 여기서 믿을 수 있는 코드란 항상 변하지 않고 똑같은 결과와 똑같은 값만 돌려주는 코드를 의미합니다.

다시 불변성이라는 개념에 집중해서 생각해 봅시다. 불변성은 '변하지 않는' 특성이라고 했습니다. 그렇다면 자바에서 어떤 값을 변하지 않게 하려면 어떻게 구현해야 할까요? 자바에는 변수 값을 변하지 않게 하고 싶을 때 사용할 수 있는 예약어가 있습니다. 바로 `final`입니다.

코드 2.3 멤버 변수에 `final`을 적용한 Color 클래스

```java
public class Color {

    public final int r;
    public final int g;
    public final int b;

    public Color(int r, int g, int b) {
        this.r = r;
        this.g = g;
        this.b = b;
    }
}
```

코드 2.3에서 r, g, b 변수는 `final`로 선언됐습니다. 그럼 이제 이 값들은 불변값이 됩니다. 즉, 한 번 생성된 Color 인스턴스의 r, g, b 값은 변하지 않을 것입니다.

VO는 이러한 불변성이라는 특징을 갖고 있는 객체를 말합니다. VO는 불변이어야 합니다! 객체가 생성된 이후 거기에 내재된 값이 변경돼서는 안 됩니다. 그래서 VO로 선언된 모든 멤버 변수는 불변(`final`[5])으로 선언돼 있어야 합니다.

---

5 `final`은 자바에서만 쓰는 예약어이고 언어마다 변수를 불변으로 만드는 방식은 다릅니다. 예를 들어, C#에서는 `final`이라는 예약어 대신 `readonly`, `const` 같은 예약어를 활용해 값을 불변으로 만듭니다.

'VO는 불변이어야 한다'는 사실은 단순하면서도 직관적이이므로 모두가 바로 납득할 수 있는 명제입니다. 그래서 'VO가 무엇이냐'라는 질문을 했을 때 가장 먼저 나오는 답변이 '객체가 불변 상태여야 한다'라는 답변입니다. 좋습니다. 그런데 애석하게도 이 말을 오해해서 '모든 멤버 변수가 final로 선언돼 있으면 VO다'라고 답변한다면 이는 틀린 설명이 됩니다. 왜냐하면 모든 멤버 변수를 final로 선언하더라도 다음과 같이 원시 타입이 아닌 참조 타입인 객체가 있다면 불변성이 보장되지 않을 수 있기 때문입니다.

코드 2.4 가변 객체를 참조하는 final 변수

```
@Getter
public class FilledColor {

    public final int r;
    public final int g;
    public final int b;
    public final Shape shape;    FilledColor는 지정된 Shape에 들어가는 색상을 의미하는 클래스입니다.

    public FilledColor(int r, int g, int b, Shape shape) {
        this.r = r;
        this.g = g;
        this.b = b;
        this.shape = shape;
    }
}

@Data
class Rectangle extends Shape {

    private int width;    하지만 Shape에 들어갈 수 있는 Rectangle 클래스의 멤버 변수가 불변이 아닙니다.
    private int height;

    public Rectangle(int width, int height) {
        this.width = width;
        this.height = height;
    }
}
```

위와 같이 FilledColor 클래스의 모든 멤버 변수는 final로 선언됐을지라도 참조 객체의 불변성이 지켜지지 않는다면 객체를 final로 선언해도 불변성이 깨질 수 있습니다.

```
Rectangle rectangle = new Rectangle(10, 20);
FilledColor filledColor = new FilledColor(1, 0, 0, rectangle);

// filledColor의 내부 값이 변경돼 불변성이 깨졌습니다.
filledColor.getRectangle().setWidth(20);
```

코드 2.5를 보면 filledColor의 내부 값이 변경돼 rectangle의 불변성이 깨졌습니다. 즉, 불변 객체 안의 참조 객체가 불변이 아니라면 그 객체는 불변이 아닌 것입니다.

또한 불변성은 변수에만 적용되는 개념이 아닙니다. 불변성은 함수에도 적용될 수 있는데, 입력값이 같을 때 항상 같은 값을 반환하는 함수를 가리켜 함수 또는 순수 함수라고 부릅니다. 그래서 '모든 멤버 변수가 final이면 불변이다'라는 명제는 틀렸습니다. 멤버 변수와 마찬가지로 VO 안의 모든 함수는 순수 함수여야 합니다.

```
public class Color {

    public final int r;
    public final int g;
    public final int b;

    public Color(int r, int g, int b) {
        this.r = r;
        this.g = g;
        this.b = b;
    }

    public Color randomColor() {
        Random random = new Random();
        int r = random.nextInt(256);
        int g = random.nextInt(256);
        int b = random.nextInt(256);
        return new Color(r, g, b);
    }
}
```

코드 2.6의 Color 클래스는 불변이 아닙니다.[6] 그렇다면 멤버 변수와 보는 메서드가 불변이면 불변성이 지켜질까요? 아쉽게도 아닙니다.

코드 2.7 상속으로 설계 의도인 '불변성'이 깨지는 예

```java
public class Color {

    public final int r;
    public final int g;
    public final int b;

    public Color(int r, int g, int b) {
        this.r = r;
        this.g = g;
        this.b = b;
    }
}

class AlphaColor extends Color {

    public int a;    상속된 클래스의 멤버 변수가 불변이 아닐 수 있다.

    public AlphaColor(int r, int g, int b, int a) {
        super(r, g, b);
        this.a = a;
    }
}
```

코드 2.7을 보면 불변 클래스로 만들려고 했던 Color 클래스의 파생 클래스인 AlphaColor가 등장합니다. 그런데 AlphaColor는 불변이 아닙니다. AlphaColor는 Color이면서도 더 이상 불변이 아닌 것입니다. 그리고 이는 명백한 초기 설계 위반입니다.[7] 불변의 가치는 이런 식으로 상속에 의해서도 쉽게 깨질 수가 있습니다. 그러므로 VO 클래스는 final 클래스로 선언돼야 합니다. 아예 해당 클래스를 상속하지 못하게 해서 불변성이 유지되게 만드는 것입니다.

---

6   마땅한 예시가 떠오르지 않아 랜덤 함수를 만들어서 불변성을 깨트렸습니다. 조금 치사한 방법이긴 합니다만 메서드로 인해 불변성이 깨지는 사례를 보여드리고 싶었습니다.

7   이는 4장 'SOLID'에서 소개할 리스코프 치환 원칙을 위반한 사례이기도 합니다.

다시 원래 이야기하려던 주제로 돌아와서, 모든 멤버 변수를 `final`로 만든다고 해서 불변이 되는 것은 아닙니다. '객체가 불변이다'라는 것은 단순히 '객체가 갖고 있는 값들이 변하지 않는다'에서 끝나지 않습니다.

물론 객체의 불변성은 이렇게까지 복잡하고 어렵게 생각할 개념이 아니기도 합니다. 왜냐하면 객체를 진정한 의미의 불변으로 만들려고 노력하는 것은 그것 나름대로 에너지 낭비이기 때문입니다. 노골적으로 말해서 VO의 불변성이라는 특징을 완벽하게 지키는 100점짜리 VO를 만들려고 노력할 필요도 없습니다. 중요한 것은 100점짜리 VO를 만드는 것이 아니라 불변성이 지닌 '가치'를 좇는 것입니다.

따라서 'VO가 갖고 있는 특징 중 하나인 불변성'이 아니라 '불변성' 자체에 주목해야 합니다. 불변성을 강조하는 이유는 간단합니다. 객체를 신뢰할 수 있게 만들기 위함입니다. 불변성을 가진 객체는 내부 상태가 변경되지 않습니다. 덕분에 다른 객체와 협력하는 과정에서 항상 예측 가능한 방식으로 동작합니다. 그렇다면 이와 반대로 협력하는 과정에서 예측할 수 없게 동작한다는 것은 무슨 의미일까요? 예를 들어 봅시다.

코드 2.8 가변 객체는 메서드의 호출 결과를 예측할 수 없습니다.

```java
public class AccountInfo {

    private long mileage;

    public AccountLevel getLevel() {
        if (mileage > 100_000) return AccountLevel.DIAMOND;
        else if (mileage > 50_000) return AccountLevel.GOLD;
        else if (mileage > 30_000) return AccountLevel.SILVER;
        else if (mileage > 10_000) return AccountLevel.BRONZE;
        else return AccountLevel.NONE;
    }

    public void setMileage(long mileage) {
        this.mileage = mileage;
    }
}
```

`AccountInfo`는 `mileage` 변수에 따라 다른 `AccountLevel` 열거형(enum)을 반환합니다. 그런데 만약 이 객체를 참조하는 스레드가 여러 개 있다면 어떨까요? 두 개의 스레드가 있고, 두 스레드에서 하나의 객체를 참조할 때 어떤 일이 벌어질지 생각해 봅시다.

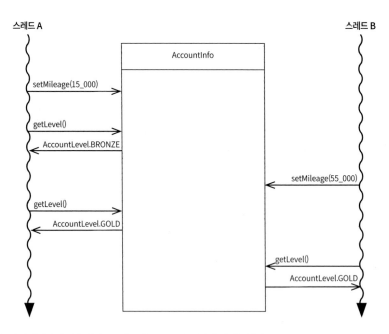

그림 2.1 B 스레드의 마일리지 변경에 의해 A 스레드의 getLevel 결과가 바뀌는 현상

A 스레드와 B 스레드가 AccountInfo라는 같은 객체를 두고 협업할 때 벌어지는 상황을 그림으로 표현해 봤습니다. 최초에 A 스레드에서는 객체에 마일리지를 할당하고 계정의 레벨 정보를 가져옵니다. 그래서 처음에는 이 코드가 의도한 대로 잘 동작합니다. 그런데 시간이 지나 B 스레드에서 마일리지를 변경합니다. 그리고 얼마 후 A 스레드에서 똑같은 객체에 똑같은 메서드를 호출합니다. 그런데 getLevel의 호출 결과가 이전과 달라졌습니다. 시점에 따라 다른 결과를 반환하는 메서드가 되버린 것입니다. 따라서 A 스레드 입장에는 이 객체가 불확실합니다. 메서드 호출의 결과가 호출할 때마다 달라지므로 굉장히 큰 문제입니다. 가령 이 메서드를 이용해 만들어진 비즈니스 로직이 있다면 BRONZE 로직과 GOLD 로직이 섞여서 이도 저도 아닌 결과가 나올 것입니다.

그런데 만약 AccountInfo를 불변으로 만든다면 어떻게 될까요?

코드 2.9 멤버 변수를 불변으로 만들었다.

```
@AllArgsConstructor
public class AccountInfo {

    private final long mileage;    final로 선언하고 @AllArgsConstructor 애너테이션을 지정

    public AccountLevel getLevel() {
        if (mileage > 100_000) return AccountLevel.DIAMOND;
```

```
        else if (mileage > 50_000) return AccountLevel.GOLD;
        else if (mileage > 30_000) return AccountLevel.SILVER;
        else if (mileage > 10_000) return AccountLevel.BRONZE;
        else return AccountLevel.NONE;
    }

    public AccountInfo withMileage(long mileage) {    세터가 사라진 대신 변경 요청이 들어올 때
        return new AccountInfo(this.id, mileage);     새로운 객체를 반환하는 메서드를 추가
    }
}
```

코드 2.8의 멤버 변수를 불변으로 만들어 코드 2.9처럼 만들었습니다. 이제 getLevel은 어떻게 동작할까요? 코드 2.8과 다르게 항상 같은 결과를 반환합니다! 그래서 이 객체는 멀티 스레드 환경에서도 항상 일관되게 동작합니다.

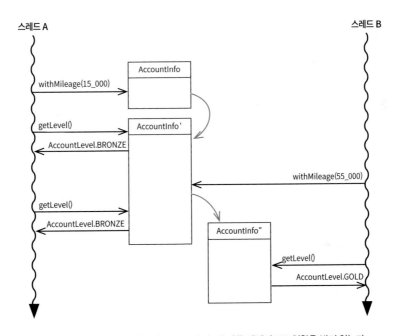

그림 2.2 B 스레드의 마일리지를 변경했지만 A 스레드의 AccountInfo와 다른 객체이므로 영향을 받지 않는다.

그림 2.2를 그림 2.1과 비교해 봅시다. 뭔가 굉장히 많이 변한 것처럼 보이지만 A 스레드와 B 스레드의 실행 과정은 달라진 바가 없습니다. setMileage 메서드가 withMileage라는 이름으로 변경된 정도입니다. 하지만 내부 동작은 변했습니다. 객체가 불변으로 변경됐고 그로 인해 변경 메서드가 새로운 객체를 반환하도록 바뀌었기 때문입니다.

그러면서 A, B 스레드에서 각각 getLevel을 호출했을 때의 결과도 어떻게 변했는지 주목해 봅시다. 그림 2.2는 그림 2.1과 다르게 같은 객체에 같은 메서드를 호출하면 항상 같은 결과를 받을 수 있습니다. 프로그램이 예측 가능한 형태로 바뀐 것입니다.

이처럼 불변 객체를 사용하면 프로그램의 신뢰성이 높아집니다. 왜냐하면 불변성이 소프트웨어가 갖고 있는 불확실성을 제거함으로써 시스템이 예측 가능하도록 바뀌기 때문입니다. 그래서 불변성을 추구하는 것은 시스템에서 확실한 부분을 늘려가는 행위이므로 신뢰성 있는 시스템을 만들어나가는 데 큰 도움이 됩니다.

한편 불확실성은 소프트웨어가 겪는 논리적 혼란 말고도 개발자가 겪는 '인지 불확실성'과도 연관됩니다. 다시 말해 굳이 멀티 스레드 같은 복잡한 상황이 아니더라도 소프트웨어의 불확실성이 개발자가 코드를 이해하는 것을 어렵게 만든다는 것입니다.

예를 들어, 프로그램을 개발하는 과정에서 객체를 다른 메서드의 매개변수로 넘겨주기도 하고 값을 돌려받기도 합니다. 그런데 이러한 과정을 거치면서 객체의 상태가 계속 변한다면 나중에는 이 객체에 어떤 값이 어떻게 변경됐는지 알 수 없어지는 상태에 이릅니다. 그러다 보니 다양한 메서드를 호출한 이후에 객체의 상태가 여전히 그대로인지 확인하는 코드를 만듭니다. if 문을 통해 일일이 코드를 검증하는 것입니다. 그런데 객체가 불변이라면 이러한 불안함을 겪지 않아도 됩니다.

따라서 불변성을 추구하고, 불확실성은 제거하는 편이 좋습니다. 물론 이 말을 오해해서는 안 됩니다. 즉, 모든 객체와 함수를 불변으로 만들어야 한다는 말이 아닙니다. 애초에 소프트웨어에서 불확실성을 없애는 것은 불가능합니다. 왜냐하면 소프트웨어 개발 자체가 불확실성을 전제로 이뤄지며, 대부분의 소프트웨어는 상태 변화에 따라 다르게 동작하도록 만들어지기 때문입니다. 그러니 소프트웨어가 상태에 따라 다르게 동작하고, 동작을 다르게 하기 위해 상태를 바꾸는 것은 너무나 자연스럽습니다.

불확실성을 없애는 것은 불가능합니다. 하지만 최대한 줄일 수는 있습니다. 그래서 불확실성을 제거할 수 있는 부분과 불확실성을 안고 가야 하는 부분을 나누는 것을 시작으로 시스템에서 확실한 부분을 최대한 늘려야 합니다. 그것이 바로 불변성이 추구하는 목적입니다.

> 소프트웨어 설계는 복잡성과의 끊임없는 전투다. 그러므로 우리는 특별하게 다뤄야 할 부분과 그렇지 않은 부분을 구분해야 한다.
> – 에릭 에반스[8]

---

[8] 출처: 《도메인 주도 설계》(위키북스, 2011), 100쪽

2.1.2 동등성

코드 2.2를 복기해 봅시다. Color 클래스가 equals와 hashCode 메서드를 오버라이딩하고 있습니다. 이 작업은 왜 하는 것일까요? 이는 값이 갖고 있는 동등성(equality)이라는 가치 때문입니다. 그렇다면 동등성은 무엇이고 왜 추구해야 하는 것일까요?

예를 먼저 들어봅시다. 만약 Color 클래스가 코드 2.2가 아닌 다음과 같은 모습이었다고 가정하겠습니다.

코드 2.10 equals, hashCode 메서드가 없는 Color 클래스

```java
public class Color {

    public final int r;
    public final int g;
    public final int b;

    public Color(int r, int g, int b) {
        this.r = r;
        this.g = g;
        this.b = b;
    }
}
```

그럼 다음 코드의 실행 결과는 무엇일까요?

```java
Color green1 = new Color(0, 1, 0);
Color green2 = new Color(0, 1, 0);
System.out.println(green1 == green2); // 지금 이 코드는 false를 반환합니다.
```

이때 green1 == green2는 true를 반환해야 할까요, false를 반환해야 할까요? 두 개의 초록색 객체가 있고 두 객체가 같은 것인지 아닌지 확인하는 코드입니다. 두 객체는 같다고 봐야 할까요, 다르다고 봐야 할까요? 의미론적으로 초록색이라는 색상은 같은 것이므로 누군가는 같다고 대답할 것입니다. 하지만 누군가는 다른 참조 값을 갖는 객체이니 다르다고 볼 것입니다. 그리고 둘 다 일리 있는 말입니다.

결과적으로 green1 == green2의 결과를 예측할 수 없게 됐습니다. 안타깝게도 이로 인해 또 다른 불확실성이 생긴 것입니다. 한편 VO는 이러한 불확실성을 해결하고 일관된 객체를 만들려고 탄생한 개념입니다. 그렇다면 VO는 이 불확실성 문제에 어떻게 답할까요? VO는 이 경우에 다음과 같이 결론 내립니다.

☆ 어떤 객체가 값이고 상태가 모두 같다면 같은 객체로 봐야 한다.

즉, 값은 내재된 의미가 같다면 같은 것입니다. 예를 들어, 어느 날 누군가 서울 근교 카페에서 메모장에 숫자 1이라고 적습니다. 그리고 10년 뒤 유럽 어딘가에서 누군가 메모장에 숫자 1이라고 적습니다. 이 두 값은 다른 값인가요? 아닙니다. 열이면 열, 모두가 두 숫자는 같은 값이라고 말할 것입니다. 왜냐하면 값이 가지고 있는 동등성이라는 가치 때문입니다. 1은 어디서나 1입니다. 값의 가치 판단 기준은 내적 상태에 있습니다.

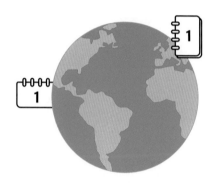

그림 2.3 시간과 장소에 상관없이 의미가 같다면 '값'은 같다.

따라서 VO를 만들기 위해 자바에서는 객체 간 비교에 사용되는 equals나 hashCode를 오버라이딩할 필요가 있습니다. 오버라이딩하지 않는다면 equals와 hashCode 메서드는 객체의 참조값, 즉 메모리상의 주솟값을 이용해 비교합니다. 이는 VO의 설계 의도와 일치하지 않습니다. 그래서 equals와 hashCode 메서드를 오버라이딩해서 상태를 비교하는 코드로 바꿔야 하는 것입니다.

그러나 아쉽게도 많은 프로젝트에서 VO를 만들려고 노력하지만 'VO는 동등성을 지켜야 한다'라는 가치는 반영하지 않는 경우가 많습니다. 귀찮아서 반영하지 않는 경우도 있겠지만 조금 더 근본적으로는 프로그램을 개발하면서 객체를 비교해야 하는 상황이 그렇게 많지 않기 때문일 것입니다. 심지어 equals와 hashCode를 군이 오버라이딩하는 것을 번거롭고 잘 읽히지도 않는 지저분한 코드를 만드는 일로 여기기도 합니다. 그래서 '이렇게까지 해야 하나?'라고 원칙의 실효성에 의문이 생기는 것이지요. 그리고 저 또한 이러한 의견에 공감합니다. 결국 VO가 동등성을 추구하는 것은 소프트웨어의 또 다른 예측 불가능성을 해결하기 위함입니다. 그러므로 신뢰할 수 있는 객체를 만들 수만 있다면 군이 불필요하게 느껴지는 작업은 하지 않아도 괜찮습니다.

대신 이렇게 생각하는 분들에게 개인적으로 제안드리는 바는 롬복의 @Value 애너테이션을 사용해 보는 것입니다. (스프링의 @Value 애너테이션이 아닙니다.) 당연하게도 이 제안은 여러분이 현재 프로젝트에 롬복을 사용하고 있는 경우에만 해당됩니다. @Value 애너테이션은 이름에서도 알 수 있겠지만 값 객체를 만들 때 유용하게 활용할 수 있습니다. 이 애너테이션이 지정된 클래스에는 다음과 같은 기능이 자동으로 추가됩니다.

1. equals와 hashCode 메서드가 객체의 상태에 따라 비교하는 메서드로 자동 생성됩니다.

2. 멤버 변수가 final로 선언됩니다.

3. 클래스가 final로 선언됩니다.

더불어 이 애너테이션을 사용하면 해당 객체를 명시적으로 VO로 나타낼 수 있다는 점에서도 유용하다고 할 수 있습니다.

> **동등성 vs. 식별자**
>
> 동등성에 관해 알아봤으니 VO의 또 다른 특징을 하나 짚고 넘어가려 합니다. 바로 'VO에는 식별자를 넣어서는 안된다'라는 특징입니다. 즉, VO는 id 같은 식별자 필드를 멤버 변수로 가지고 있어서는 안 됩니다. 그래서 코드 2.1의 UserInfoVo는 VO라고 보기 어렵습니다.
>
> 그렇다면 이렇게 이야기하는 이유는 무엇일까요? 그것은 '식별자의 정의'와 'VO의 동등성 개념'이 서로 충돌하기 때문입니다. 예를 들어, 계정 정보를 알려주는 클래스가 하나 필요해서 AccountInfo라는 클래스를 만들기로 했습니다. 그리고 초기 설계자의 의도는 이 AccountInfo를 VO로 만드는 것이었습니다. 그런데 여기에 식별자로 id 필드가 들어가게 됐다고 가정해 봅시다.

코드 2.11 식별자가 추가된 AccountInfo

```java
@AllArgsConstructor
public class AccountInfo {

    private final long id;    // AccountInfo에 id가 있다고 가정
    private final long mileage;

    public AccountLevel getLevel() {
        if (mileage > 100_000) return AccountLevel.DIAMOND;
        else if (mileage > 50_000) return AccountLevel.GOLD;
        else if (mileage > 30_000) return AccountLevel.SILVER;
        else if (mileage > 10_000) return AccountLevel.BRONZE;
        else return AccountLevel.NONE;
    }
}
```

```
    public AccountInfo withMileage(long mileage) {
        return new AccountInfo(this.id, mileage);
    }
}
```

그렇다면 이 코드는 다음과 같은 상황에서 어떻게 동작해야 할까요?

```
AccountInfo account1 = new AccountInfo(1, 20_000);
AccountInfo account2 = account1.withMileage(70_000);
System.out.println(account1 == account2); // 지금 이 코드는 false를 반환합니다.
```

이때 account1 == account2의 결과는 true를 반환해야 할까요, false를 반환해야 할까요? 식별자의 정의에 따르면 account1과 account2는 id 값이 1로 같으므로 같은 객체로 판단해야 합니다. 반면 VO의 정의에 따르면 두 객체는 상태가 다르므로 다른 객체라고 봐야 합니다.

이처럼 식별자가 존재하는 순간 이 객체에 존재하지 않았던 예측 불가능성이 다시 생깁니다. 이러한 문제가 발생한 이유는 단순합니다. VO로 적합하지 않은 객체를 VO로 만들려 했기 때문입니다. 동등성과 식별자는 의미상 충돌이 생길 수밖에 없습니다. 따라서 식별자를 갖고 있는 객체는 VO가 될 수 없습니다.[9]

2.1.3 자가 검증

자가 검증(self validation)이란 말 그대로 클래스 스스로 상태가 유효한지 검증할 수 있음을 의미합니다. 즉, 유효하지 않은 상태의 객체가 만들어질 수 없다는 것을 의미합니다.

☆ 한번 생성된 VO의 멤버 변수에는 이상한 값이 들어 있을 수 없다.

VO의 목표가 신뢰할 수 있고 예측 가능한 객체를 만드는 것이라는 점을 알고 있다면 이 특징이 얼마나 중요한지 이해될 것입니다. 객체가 아무리 불변이고 동등성을 보장한다고 해도 값 자체에 잘못된 값이 들어가 버리면 해당 객체는 신뢰할 수 없습니다. 자가 검증이 완벽한 객체라면 외부에서 이 객체를 사용할 때 상태에 이상한 값이 들어 있지는 않을지 노심초사하지 않아도 됩니다. 상태 검증을 위해 if-else 문, try-catch 문을 사용하지 않아도 된다는 것입니다.

따라서 VO의 생성자에는 반드시 유효한 상태 값이 들어오는지 검증하는 코드가 있어야 합니다. 이러한 이유로 코드 2.2에 나오는 Color 클래스의 생성자에는 매개변수가 적절한지 확인하는 코드가 들어 있는 것입니다.

---

9 대신 AccountInfo가 불변성을 추구하는 것만으로도 바람직합니다. 꼭 VO가 아니어도 됩니다.

이러한 자가 검증이란 특징은 VO에서만 사용할 수 있는 것이 아닙니다. VO로 선언한 객체든 아니든, 자가 검증이 완료된 객체는 사용하기가 매우 편리합니다. 특히 개발자들이 얻을 수 있는 심리적 편안함은 이루 말할 수 없습니다. 예를 들어, Color 클래스에 RGB 값에 해당하는 Hex 문자열을 반환하는 메서드를 만들어달라는 요구사항이 있다고 가정해 봅시다. Color가 자가 검증이 안 된 클래스였다면 어땠을까요? 다음 코드는 적합한 코드일까요?

코드 2.12 불변성과 동등성을 지키는 Color 클래스

```java
@EqualsAndHashCode
@RequiredArgsConstructor
public class Color {

    public final int r;
    public final int g;
    public final int b;

    public String toHex() {
        // int 값을 16진수로 바꾸는 포맷을 사용했습니다.
        // %02x는 숫자를 최소 2자리의 16진수로 출력하는 형식 지정자입니다.
        return String.format("#%02x%02x%02x", r, g, b);
    }
}
```

아쉽게도 코드 2.12의 Color 클래스가 자가 검증을 하지 않으므로 Color 클래스로 만들어진 객체의 신뢰성을 아직 확보하지 못했습니다. 왜냐하면 객체가 잘못됐을 때 응답 결과 역시 잘못되기 때문입니다.

```java
System.out.println(new Color(300, 0, 0).toHex()); // #12c0000
```

위 코드의 실행 결과, Color 객체의 toHex 메서드를 실행한 결과는 잘못됐습니다. 왜냐하면 색상 표기를 Hex 표기로 변환하면 값은 '#'을 포함해 7자리여야 하지만 8자리 문자열을 반환했기 때문입니다. 그리고 이는 멤버 변수 r 값이 색상 값을 표현하는 범위인 0~255를 벗어난 300으로 들어갔기 때문입니다.[11]

---

10 롬복의 @RequiredArgsConstructor와 @EqualsAndHashCode를 활용해 불필요하게 중복되는 코드를 제거했습니다.

11 멤버 변수 r에 대응하는 문자열이 "12c"를 만들고, 멤버 변수 g 값이 "00", 멤버 변수 c 값이 "00"을 만들어 최종적으로 "#12c0000"이라는 문자열이 만들어진 것입니다.

상기하는 차원에서 다시 한번 말씀드리자면 VO의 목적은 신뢰할 수 있고 예측 가능한 객체를 만드는 것입니다. 따라서 자가 검증이라는 특징 역시 VO를 정의하는 데 필요한 소건입니다. 자가 검증하는 코드가 없다면 우리는 여전히 VO를 믿지 못합니다. 그 결과, VO를 사용하면서도 유효한 값이 들어 있는지 확인하기 위해 외부에서 일일이 if 문으로 감싸서 예외 처리를 해야 할 것입니다.

지금까지 VO를 이해하기 위해 객체지향에서 중요한 몇 가지 특징들을 살펴봤습니다. 그런데 이렇게 개념을 이해하는 것도 중요하지만 실제로 개발할 때 중요한 것은 '그래서 이 객체가 VO냐 아니냐'가 아닙니다. 더 중요한 것은 VO의 목적을 고민해보는 과정입니다. 신뢰할 수 있는 객체를 어떻게 만들지, 어떤 값을 불변으로 만들지, 어디까지 값을 보장해야 할지 등을 고민하는 과정이 개발에 더욱더 도움이 됩니다. VO를 추구하기보다 불변성, 동등성, 자가 검증, 신뢰할 수 있는 객체를 추구하길 바랍니다.

2.2 DTO(Data Transfer Object: 데이터 전송 객체)

VO에 이어서 이번에는 DTO를 살펴보겠습니다. DTO를 직역하면 '데이터 전송에 사용되는 객체'를 의미합니다. 다음은 대표적인 DTO의 예입니다.

코드 2.13 간단한 DTO 예시

```java
public class UserCreateRequest {

    public String username;
    public String password;
    public String email;
    public String address;
    public String gender;
    public int age;
}
```

이렇게 만들어진 클래스는 다음과 같이 메서드를 호출할 때 매개변수로 사용할 수 있습니다.

```java
userService.create(userCreateRequest);
```

즉, UserCreateRequest 클래스는 메서드를 호출할 때 데이터를 전송할 목적으로 만들어진 클래스로서, 이 클래스로부터 만들어진 userCreateRequest 객체는 DTO라고 볼 수 있습니다. 그리고 이러한 클래스를 만들어서 사용하는 이유는 간단합니다. 다른 객체의 메서드를 호출하거나 시스템을 호출할 때 매개변수를 일일이 모두 나열하는 것이 불편하기 때문입니다. 즉, DTO는 다른 객체나 시스템에 데이터를 구조적으로 만들어 전달하기 위한 객체입니다.

이러한 이유로 DTO는 객체라고 보기에도 애매합니다. 왜냐하면 이름에서부터 '이 객체는 데이터 덩어리입니다'라고 어필하고 있기 때문입니다. DTO는 오롯이 데이터를 효과적으로 전달하는 데만 집중합니다. 그 밖의 능동적인 역할이나 책임을 갖고 있지 않습니다. 그러므로 DTO에는 데이터를 읽고 쓰는 것 외에 다른 비즈니스 로직이 들어가서는 안 됩니다.

정리하자면, **DTO는 그저 데이터를 하나하나 일일이 나열해서 전달하는 게 불편해서 데이터를 하나로 묶어서 보내려고 만들어진 객체입니다.** 그 이상, 그 이하의 의미도 없습니다. 그런데 DTO를 잘못 해석한 글을 보면 꼭 다음과 같은 내용이 나오곤 합니다.

> **? DTO에 관한 오해**
>
> **1.** DTO는 프로세스, 계층 간 데이터 이동에 사용된다.
>
> **2.** DTO는 게터, 세터를 갖고 있다.
>
> **3.** DTO는 데이터베이스에 데이터를 저장하기 위해 사용되는 객체다.

DTO에 관한 설명은 이미 끝났습니다. 그래서 지금부터는 이러한 DTO에 관한 오해들을 하나씩 살펴보고자 합니다.

오해 1. DTO는 프로세스, 계층 간 데이터 이동에 사용된다.

DTO에 관한 첫 번째 오해는 DTO를 프로세스나 계층 간 데이터 이동에만 사용되는 객체로 인식하는 것입니다. 일부 맞는 설명이긴 하지만 불충분합니다. 이 설명에 따르면 DTO는 API 통신이나 데이터베이스 통신 같은 곳에서 사용하는 객체를 의미합니다. 분명히 DTO는 API 통신이나 데이터베이스 통신에 사용할 수 있습니다. 하지만 그것이 DTO의 목적은 아닙니다.

DTO는 조금 더 단순하고 범용적인 개념입니다. DTO의 목적은 데이터를 전달하는 것입니다. 그러므로 데이터를 전달하고 싶은 상황이라면 어디서든 사용될 수 있습니다. 메서드를 호출하는 데 필요한 데이터를 전달할 때 매개변수를 일일이 나열하는 것이 부담스러워서 DTO를 사용할 수도 있고, 원래라면 여러 번 호출해야 하는 메서드를 한 번의 메서드 호출로 바꾸기 위해 DTO를 사용할 수도 있습니다.

따라서 DTO가 어디에서 사용되느냐는 중요하지 않습니다. 데이터 전송이 필요한 모든 곳에서 사용할 수 있습니다.

⚠️ 하지만 매개변수가 너무 많아서 객체로 한번 감싸는 것은 일반적으로 추천되는 방식은 아닙니다. 메서드에 필요한 매개변수가 무엇인지에 관한 의존성을 감추기 때문입니다.

오해 2. DTO는 게터, 세터를 갖고 있다.

DTO에 관한 두 번째 오해는 DTO가 반드시 게터, 세터를 갖고 있어야 한다고 생각하는 것입니다. 저장한 데이터를 읽고 쓰기 위해서는 게터, 세터가 필요하다고 생각하기 때문에 이러한 오해가 퍼진 것으로 보입니다. 하지만 게터, 세터는 내부 데이터를 전달하기 위한 방법 중 하나일 뿐입니다. 게터, 세터 없이도 내부 데이터를 전달할 수 있습니다. 바로 멤버 변수를 public으로 선언하는 것입니다. 코드 2.13을 보면 모든 멤버 변수가 public으로 선언돼 있습니다. 그리고 이 클래스는 데이터를 전달한다는 DTO의 목적을 달성하기에 부족함이 없습니다.

그런데 이런 이야기를 하면 이런 의문이 듭니다.

💬 멤버 변수를 public으로 선언해도 괜찮을까요?

자바가 익숙한 개발자라면 본능적으로 멤버 변수가 public으로 선언된 것을 참지 못합니다. 왜냐하면 대부분의 자바 프로젝트가 '모든 멤버 변수는 private으로 선언돼 있어야 한다'라는 규칙을 관행적으로 따르고 있기 때문입니다. 그리고 이러한 관행은 객체지향이 추구하는 캡슐화의 가치를 지키기 위해 사용됩니다. 즉, 어떤 객체의 속성값을 모두 감춤으로써 직접 접근을 막고 메서드를 통한 간접 접근으로 안정성과 유연성을 확보하려는 것입니다.

이 관행은 쉽게 적용할 수 있으면서도 캡슐화의 가치를 지키는 데 어느 정도 효과가 있기 때문에 정말 많은 조직에서 이 같은 관행을 따르고 있습니다. 그래서 언뜻 보면 관행을 무조건 따르는 것이 좋아 보이기도 합니다. 그런데 문득 다음과 같이 작성된 코드를 보면 '이게 맞나?'라는 의문이 들 수 있습니다.

코드 2.14 멤버 변수가 private으로 선언됐지만 게터, 세터가 존재하는 상황

```java
@Getter
@Setter
public class UserCreateRequest {

    private String username;
    private String password;
    private String email;
    private String address;
```

```
    private String gender;
    private int age;
}
```

이 코드는 괜찮은 코드인가요? 아마도 여러분은 높은 확률로 이런 식의 코드를 접해본 적이 많을 것입니다. 그런데 이런 코드를 만드는 것이 무슨 의미가 있을까요?

완전히 무의미한 행동입니다. 멤버 변수를 private으로 선언했는데 게터, 세터를 만들어 사용하다니요. 이러면 private 선언이 대체 무슨 소용이죠?

질문을 바꿔봅시다. 코드 2.13과 코드 2.14는 차이가 있다고 볼 수 있나요? 아니면 코드 2.14가 코드 2.13보다 캡슐화가 더 잘 돼 있다고 말할 수 있나요? 아닙니다! 모든 멤버 변수를 private으로 선언했지만 게터, 세터가 남발됐기 때문에 사용자는 게터, 세터를 이용해 모든 데이터에 접근하고 수정할 수 있습니다. 그러니 캡슐화 관점에서 두 코드는 사실상 차이가 없습니다.

즉, 코드 2.14에서 모든 멤버 변수는 사실상 public으로 선언한 것과 다름없습니다. 오히려 데이터에 접근하고 수정하기가 더 불편해지기만 했습니다. 그냥 바로 접근하면 되는 것을 메서드 호출을 통해 접근하게 만들었으니까요. 이런 코드를 작성해서 얻을 수 있는 가치는 아무것도 없습니다. 그나마 얻을 수 있는 것이라곤 '모든 멤버 변수를 private으로 만들었다!'라는 뿌듯함 정도겠네요.

그렇다고 public 선언을 남발하라는 의미도 아닙니다. 필요에 따라 public 선언을 활용할 수도 있다는 의미입니다. 예를 들면, 다음과 같은 코드를 작성해 DTO로 활용할 수 있을 것입니다.

코드 2.15 강박적으로 멤버 변수를 private으로 감추지 않아도 된다.

```java
class UserCreateRequest {

    public final String username;
    public final String password;
    public final String email;
    public final String address;
    public final String gender;
    public final int age;

    @Builder
    public UserCreateRequest(
        @JsonProperty("username") String username,
        @JsonProperty("password") String password,
        @JsonProperty("email") String email,
```

```
        @JsonProperty("address") String address,
        @JsonProperty("gender") String gender,
        @JsonProperty("age") int age) {
        this.username = username;
        this.password = password;
        this.email = email;
        this.address = address;
        this.gender = gender;
        this.age = age;
    }
}
```

이 코드에서는 데이터를 JSON 같은 형식으로 직렬화(serialize)/역직렬화(deserialize)할 수 있으며, 최초에 데이터가 할당된 이후 변경이 불가능하게 해서 데이터를 보호하고 있습니다.

게터와 세터는 DTO를 정의하는 데 필수 조건이 아닙니다. 데이터를 전달한다는 본연의 임무를 다한다면 DTO라고 볼 수 있습니다. 그리고 데이터는 public으로 선언돼 있더라도 주고받을 수 있습니다. 더나아가 JSON 같은 형식을 활용해 문자열로 데이터를 주고받을 수도 있습니다.

⚠ **public 변수**

그렇다고 앞으로 멤버 변수를 public으로 지정하라고 권장하는 것은 아닙니다. 예를 들어, 사용자의 이메일 주소를 가져오기 위해 user.getEmail() 메서드를 호출하는 것과 user.email로 변수에 직접 접근하는 것은 분명히 다릅니다. 왜냐하면 email은 속성에 의존하는 것이고 getEmail()은 행동에 의존하는 것이기 때문입니다. 더불어 캡슐화의 주요 목표 중 하나인 '정보 은닉'을 달성하기 위해서라도 모든 멤버 변수는 private으로 선언하되 일부만 게터를 제공하는 방향으로 가는 것이 유리합니다.

오해 3. DTO는 데이터베이스에 데이터를 저장하는 데 사용되는 객체다.

DTO에 관해 널리 퍼져 있는 또 다른 오해는 DTO를 데이터베이스에 데이터를 저장하고 불러오는 데만 사용하는 객체로 알고 있는 것입니다. 이런 오해가 퍼지게 된 이유를 추측하자면 아마도 DTO에서 언급하는 '데이터'를 '데이터베이스'의 데이터로 착각하고 있기 때문일 것입니다.

하지만 당연하게도 그렇지 않습니다. 데이터라는 말은 컴퓨터 공학 어디서든 사용되는 개념입니다. 그리고 DTO는 이름에서부터 그것의 역할과 목적을 너무나도 잘 설명하고 있습니다. 말 그대로 '데이터를 전송하기 위한 객체'인 것입니다. 그 이상, 그 이하의 의미도 없습니다. API 통신에 사용되는 요청 본문

(request body), 응답 본문(response body)을 받는 데 사용되는 객체도 DTO고, 데이터베이스에서 데이터를 불러오고 저장하는 데 사용되는 객체도 DTO입니다. 그리고 객체 간에 데이터를 주고받기 위한 목적으로 만들어진 객체도 DTO입니다.

> ⓘ **@Data**
>
> 롬복의 대표적인 애너테이션 중 하나인 @Data[12]는 DTO를 정의하는 데 사용할 수 있는 애너테이션입니다. 그리고 그 이름과 동작을 생각해 보면 @Data는 DTO를 표현하려고 만들어진 것임을 쉽게 떠올릴 수 있습니다. 이 애너테이션을 사용하면 클래스에 @Getter, @Setter, @ToString, @EqualsAndHashCode 같은 애너테이션이 한 번에 지정되는데, 귀찮은 일을 한 번에 처리할 수 있게 도와주니 특히나 자바 개발자들이 애용하는 기능이기도 합니다.
>
> 그런데 일반적으로 @Data 애너테이션을 자주 사용하는 것은 자연스러운 객체지향 코드를 만드는 데 방해가 됩니다. 왜냐하면 이 애너테이션을 사용하는 순간, '이 객체는 말 그대로 객체가 아니라 그저 데이터 덩어리다'라고 선언하는 것과 같기 때문입니다. 그리고 이는 곧 개발자들이 데이터 위주의 사고를 하도록 만듭니다. 행동 위주의 사고를 추구하는 객체지향과 멀어지는 것입니다.[13]

2.3 DAO(Data Access Object: 데이터 접근 객체)

DAO는 데이터베이스 접근과 관련된 역할을 지닌 객체를 가리키는 용어입니다. 그래서 DAO는 이러한 정의에 따라 다음과 같은 역할을 담당합니다.

1. 데이터베이스와의 연결을 관리
2. 데이터베이스에 연결해 데이터에 대한 CRUD 연산을 수행
3. 보안 취약성을 고려한 쿼리 작성

즉, DAO는 말 그대로 데이터에 접근하기 위해 만들어진 객체입니다. 복잡하고 번거로운 데이터베이스 접근 관련 로직을 전문적으로 처리하기 위해 만들어진 객체로서 스프링 개발자에게 친숙한 리포지터리(Repository)와 같은 개념이라 보면 됩니다.[14] DAO는 앞에서 서술한 역할 외에도 다양한 역할을 가질

---

12 https://projectlombok.org/features/Data

13 이 말의 의미는 3장 '행동'에서 더 살펴보도록 하겠습니다.

14 더 정확히 말해 DAO는 EJB(Enterprise Java Beans)에서 시작한 개념이고 리포지터리는 도메인 주도 설계(DDD: Domain-Driven Design)에서 출발한 개념이므로 이 둘은 다른 개념이기는 합니다. 하지만 '도메인 로직과 데이터베이스 관련 로직을 분리한다'라는 같은 요구사항에서 파생된 개념이므로 이름만 다를 뿐 역할 측면에서는 거의 같다고 봐도 됩니다.

수도 있습니다. 하지만 이를 전부 나열하지 않은 이유는 DAO를 바라볼 때는 DAO의 역할보다 DAO가 만들어진 목적을 생각하는 편이 더 바람직하기 때문입니다. 그럼 DAO가 만들어진 목적은 무엇일까요? 단순합니다. **도메인 로직과 데이터베이스 연결 로직을 분리**하기 위해서입니다.

스프링을 다루는 개발자들은 높은 확률로 데이터베이스와 관련된 로직을 작성해야 할 때가 있습니다. 그 과정에서 데이터베이스에 연결하고 쿼리를 작성하고 응답 결과를 객체에 매핑합니다. 이러한 과정은 서비스를 구현하는 데 필요한 부분이므로 피할 수 없습니다. 그런데 애석하게도 이러한 작업이 애플리케이션의 핵심은 아닙니다. 데이터베이스와의 상호작용은 데이터를 저장하고 검색하는 기술에 불과합니다. 실제 애플리케이션의 핵심은 요구사항을 해결하는 비즈니스 로직이고 도메인입니다.

비즈니스 로직과 데이터베이스 관련 로직이 섞여있는 코드를 상상해 봅시다. 끔찍하지 않나요? 코드를 볼 때 데이터베이스와 관련된 로직 때문에 비즈니스 로직이 눈에 들어오지 않을 것입니다. 실제 비즈니스 로직은 단순한데 쿼리를 생성하고 매핑하는 코드에 가려져서 핵심이 눈에 안 들어오게 되는 것입니다. 이러한 이유로 개발자들은 비즈니스 로직과 데이터베이스 관련 로직을 분리하고 싶어 했습니다. 그래서 만들어진 것이 DAO입니다.

그렇다면 여러분의 프로젝트는 어떤가요? 여러분의 프로젝트는 DAO의 최초 목적인 비즈니스 로직과 데이터베이스 관련 로직의 분리가 제대로 이뤄지고 있나요? 아래에 여러분의 코드가 이 목적을 달성하고 있는지 확인할 수 있는 자가 진단 리스트를 준비해 봤습니다.

> 자가 점검: 프로젝트에 도메인 로직과 데이터베이스 관련 로직이 제대로 분리되었는가?
> - [ ] 서비스 컴포넌트(@Service 애너테이션이 지정된 컴포넌트)에서 SQL 쿼리를 만든다.
> - [ ] 서비스 컴포넌트에서 LIKE 검색을 위해 "%" 문자열을 앞뒤로 붙인다.
> - [ ] 서비스 컴포넌트에서 EntityManager를 활용해 어떤 로직을 처리한다.
> - [ ] 서비스 컴포넌트에서 JPA 관련 클래스나 인터페이스를 임포트한다.
> - [ ] 주 데이터베이스로 관계형 데이터베이스를 사용하고 있을 경우 서비스 컴포넌트의 코드를 변경해야만 도큐먼트 데이터베이스(예: MongoDB)로 전환할 수 있다. (없다면 체크)

하나라도 해당하는 사항이 있다면 프로젝트에서 도메인 로직과 데이터베이스 관련 로직을 제대로 분리하지 못하고 있다는 의미입니다.

이에 관해서는 하고 싶은 이야기가 정말 많아서 이후의 2부 '스프링과 객체지향 설계'에서 다루고자 합니다. 지금 당장은 객체의 종류에 관해서 설명하고 있으니 DAO에 관한 설명은 일단 여기까지 하고 엔티티에 관한 설명으로 마저 이어가고자 합니다.

혹시 엔티티를 JPA의 **@Entity** 정도로 알고 있지 않나요? 개인적으로 JPA가 유명해지면서 개발 세계에 거대한 오해가 하나 생겼다고 생각합니다. 그 오해는 바로 엔티티를 JPA 엔티티와 동일시한다는 것입니다. 어디서부터 시작된 것인지 모를 이 오해는 확대재생산되어 다음과 같은 수많은 블로그 글에 퍼져 있습니다.

그림 2.4 구글에서 '스프링 엔티티'를 검색했을 때의 결과

전부 검색 결과의 최상위 랭크에 기록된 글들입니다. 모두 엔티티 개념을 설명하면서 '엔티티는 DB에 매칭될 개념이고, JPA의 **@Entity** 애너테이션을 붙인 클래스다'라고 설명하고 있습니다. 그리고 다음은 오라클 공식 사이트입니다. 엔티티를 관계형 데이터베이스에 저장하려고 만들어진 도메인 객체라고 설명하고 있습니다.[15]

---

15 이는 오라클이 자바와 오라클 데이터베이스를 함께 운영하기 때문에 내릴 수 있는 정의라고 생각합니다.

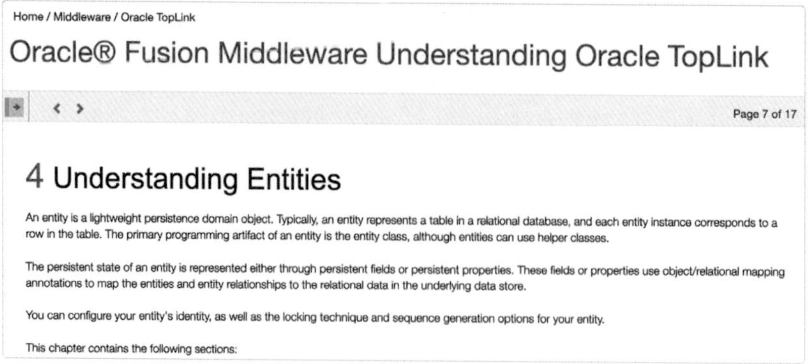

Oracle® Fusion Middleware Understanding Oracle TopLink

4 Understanding Entities

An entity is a lightweight persistence domain object. Typically, an entity represents a table in a relational database, and each entity instance corresponds to a row in the table. The primary programming artifact of an entity is the entity class, although entities can use helper classes.

The persistent state of an entity is represented either through persistent fields or persistent properties. These fields or properties use object/relational mapping annotations to map the entities and entity relationships to the relational data in the underlying data store.

You can configure your entity's identity, as well as the locking technique and sequence generation options for your entity.

This chapter contains the following sections:

그림 2.5 엔티티에 관한 오라클의 정의[16]

> 엔티티는 경량화된 영속성 도메인 객체입니다. 일반적으로 엔티티는 관계형 데이터베이스의 테이블을 나타내며 각 엔티티 인스턴스는 테이블의 행(row)에 해당합니다.[16]

그런데 애석하게도 이런 식의 접근은 틀렸습니다. 왜냐하면 엔티티는 JPA에서 만들어진 용어가 아니기 때문입니다. 엔티티라는 개념은 JPA가 없던 시절부터 존재했던 개념입니다. 그리고 JPA의 엔티티는 엔티티라는 개념을 표현하기 위한 수단 중 하나일 뿐입니다. 그래서 엔티티를 JPA와 엮는 것은 옳지 않습니다. 엔티티를 JPA 엔티티라고 암기하는 것은 처음 공부할 때는 쉽게 받아들일 수 있을지 몰라도 시간이 지날수록 혼란만 야기합니다. 그래서 개발에 관심을 갖고 공부하다 보면 이러한 설명으로는 납득할 수 없는 여러 말들을 보게 됩니다.

> 경력을 더할수록 도메인 모델에 대한 이해가 쌓이면서 실제 도메인 모델의 엔티티와 DB 관계형 모델의 엔티티는 같은 것이 아님을 알게 되었다.
> – 최범균[17]

이 말이 무슨 뜻인지 이해되나요? 《DDD START!》의 저자 최범균 님은 '도메인 엔티티'와 'DB 엔티티'는 다르다고 이야기하고 있습니다. 그런데 엔티티를 JPA 엔티티 정도로 인식하고 있다면 이 말은 이해가 되지 않습니다. 우선 엔티티에 도메인 모델 엔티티와 DB 관계형 모델의 엔티티가 존재한다는 것부터가 해

---

16 출처: "Understanding Entities", Oracle Help Center, https://docs.oracle.com/middleware/1212/toplink/OTLCG/entities.htm#OTLCG94277 (accessed February 4, 2023)

17 원문: 'An entity is a lightweight persistence domain object. Typically, an entity represents a table in a relational database, and each entity instance corresponds to a row in the table.'

18 출처: 《DDD START!》(지앤선, 2018), 55쪽

석이 안 됩니다. 그래서 지금부터 오해를 바로잡고, 엔티티가 무엇인지를 함께 파악해 보면서 최범균 님의 말을 해석해 보겠습니다.

우선 엔티티를 설명하기에 앞서 헷갈리기 쉬운 세 가지 엔티티를 소개하겠습니다.

1. 도메인 엔티티
2. DB 엔티티
3. JPA 엔티티

이름에서도 알 수 있겠지만 원래 엔티티라는 것은 조금 더 보편적인 개념입니다. 그리고 이 개념이 어디에서 사용되느냐에 따라 도메인 엔티티가 되고 DB 엔티티가 되고 JPA 엔티티가 되는 것입니다. 즉, '엔티티'라는 용어는 소프트웨어 설계 분야에서 널리 사용되며, 그 쓰임새는 문맥에 따라 다르지만 기본적인 의미는 비슷합니다.

2.4.1 도메인 엔티티

도메인 엔티티를 이해하려면 도메인이 무엇인지부터 이해해야 합니다. 하지만 여기서 도메인을 설명하기 시작하면 이야기가 다른 길로 새 버립니다. 그러니 이를 상세히 설명하기보다 약간의 첨언만 하겠습니다. 도메인을 모르는 분들은 일단 도메인을 어떤 '비즈니스 영역(domain)' 정도로 이해하면 됩니다.

이것이 무슨 의미인지 예를 들어 보겠습니다. 가령 은행에서 사용하는 소프트웨어를 만들기로 했다면 은행이 도메인입니다. 왜냐하면 소프트웨어가 은행이라는 비즈니스 영역을 다루기 때문입니다. 그러면 이 소프트웨어에는 어떤 개념이 사용될 수 있을까요? 은행 소프트웨어는 Account, Transaction, Money 같은 개념이 사용될 수 있습니다. 그리고 이 개념을 클래스로 만들 수 있습니다. 이때 이렇게 만들어진 개념 모델들을 '도메인 모델'이라고 부릅니다. 즉, 도메인 모델은 어떤 도메인 문제를 해결하고자 만들어진 클래스 모델입니다.

그런데 이러한 도메인 모델 중에는 유독 특별한 모델이 있습니다. 예를 들어, 도메인 모델 중 Account나 Transaction 같은 모델을 생각해 봅시다. 이 모델들은 Money 같은 모델과 약간 다릅니다. Account나 Transaction은 식별자가 존재할 수 있으며, 도메인 모델에 걸맞는 조금은 특화된 비즈니스 로직을 가질 수 있습니다. 나아가 생애주기(lifecycle)를 가질 수도 있을 것입니다. 그래서 도메인 모델 중에서도 이렇게 특별한 기능을 갖고 있는 모델들을 도메인 엔티티라고 부릅니다. 즉, 도메인 엔티티에는 다음과 같은 특징이 있습니다.

1. 식별 가능한 식별자를 갖는다.

2. 비즈니스 로직을 갖는다.

즉, **도메인 엔티티는 식별 가능하고 비즈니스 로직을 갖고 있으며, 조금 특별하게 관리되는 클래스로 만들어진 객체**라고 볼 수 있습니다.[19] 그리고 일반적으로 소프트웨어 개발 분야에서 말하는 엔티티는 이 도메인 엔티티를 뜻합니다. 왜냐하면 소프트웨어를 개발한다는 것 자체가 어떤 비즈니스 영역의 문제를 해결하고자 하는 것이기 때문입니다. 따라서 소프트웨어 개발의 세계에서 '엔티티를 개발한다'라는 말은 '도메인 엔티티를 만든다'라는 의미로 볼 수 있습니다.

그림 2.6 도메인 엔티티는 도메인 모델에 포함되는 개념입니다.

소프트웨어를 만드는 이유는 어떤 도메인에 존재하는 문제를 해결하기 위해서라고 했습니다. 그래서 소프트웨어를 개발할 때 '모델링한다'라는 말은 '도메인을 모델링한다'를 뜻합니다. 그리고 도메인 모델링의 주산물은 도메인 모델입니다. 도메인 모델에는 다양한 객체들이 존재할 수 있고, 여기에는 도메인 엔티티가 포함될 수 있습니다.

2.4.2 DB 엔티티

그렇다면 DB 엔티티는 뭘까요? 사실 정답은 간단합니다. 이 용어는 도메인 엔티티의 개념과 상관없이 원래 관계형 데이터베이스 분야에서 어떤 유무형의 객체를 표현하는 데 사용했던 용어입니다.

> 데이터베이스 분야에서 개체 또는 엔티티(Entity)라고 하는 것은 데이터베이스에 표현하려고 하는 유형, 무형의 객체(object)로써 서로 구별되는 것을 뜻한다.
> – 이석호[19]

바로 이해가 안 될 수 있지만 이와 관련해서는 잠시 뒤 더 자세한 설명이 이어질 예정입니다. 그러니 DB 엔티티는 데이터베이스 업계에서도 원래 사용하던 용어이며, 유무형의 객체[20]를 표현하기 위한 수단으로 사용된다는 정도로만 이해하고 넘어가겠습니다.

---

19 물론 도메인 엔티티를 해석하는 방식도 개발자마다 다릅니다. 하지만 '도메인 엔티티는 식별자를 갖는다', '도메인 엔티티는 비즈니스 로직을 갖는다'라는 두 가지 사실에 대해서는 다들 별다른 이견 없이 받아들입니다.

20 여기서 말하는 객체는 객체지향에서 말하는 객체와는 조금 다릅니다. 정보를 담고 있는 데이터 모델에 가까운 개념으로 이해하면 됩니다.

2.4.3 JPA 엔티티

다음으로 JPA의 엔티티를 살펴봅시다. 관계형 데이터베이스에 있는 데이터를 객체로 매핑하는 데 사용되는 클래스를 JPA 엔티티라고 부르는데, 이때 클래스에 @Entity라는 애너테이션을 지정합니다. JPA 엔티티를 도메인 엔티티나 DB 엔티티와 비교하자면 DB 엔티티에 더 가까운 개념으로 이해할 수 있습니다. 왜냐하면 JPA가 관계형 데이터베이스에 뿌리를 두고 있기 때문입니다. 실례로 JPA에서는 관계형 데이터베이스에서 사용하는 용어를 그대로 가져와 사용하고 있습니다.

예를 들어, 코드 2.16을 보면 Table, Column 같은 용어가 사용되는 것을 볼 수 있습니다. 그리고 이는 모두 관계형 데이터베이스에서 사용하는 용어이기도 합니다.

코드 2.16 JPA 엔티티 예시

```
@Data
@NoArgsConstructor
@Entity(name = "user")
@Table(name = "user")
public class UserJpaEntity {

    @Id
    private String id;
    @Column
    private String name;
    @Column
    private String email;
}
```

그래서 제가 '엔티티는 JPA의 @Entity로 선언된 클래스다'라는 식의 답변은 틀렸다고 말하는 것입니다. 소프트웨어 개발 분야에서 말하는 엔티티는 도메인 엔티티입니다. 반면 JPA의 엔티티는 DB 엔티티에 뿌리를 두고 있습니다. 둘은 유사하면서도 혼용될 때가 많지만 엄연히 다르므로 무분별하게 섞어쓰기에는 수많은 오해를 양산합니다.

물론 이러한 개념적 불일치가 별것 아닌 것처럼 보일 수 있습니다. 그렇지만 이를 제대로 구분하는 개발자와 그렇지 못한 개발자는 개발 결과물에서 명확한 차이가 드러납니다. 단적인 예로 엔티티를 JPA 엔티티라고 인식하는 개발자는 관계형 데이터베이스에 종속되는 프로그램을 만들 확률이 높습니다. 엔티티를 JPA 엔티티로 인식하는 개발자가 관계형 데이터베이스에 종속된 프로그램을 만드는 예시는 이후에 있을 2부 '스프링과 객체지향 설계'에서 다루겠습니다.

2.4.4 해석

이야기를 계속 이어가 봅시다. 지금까지 도메인 엔티티, DB 엔티티, JPA 엔티티를 살펴봤습니다. 그런데 이렇게 설명하면서도 아직까지 엔티티가 무엇인지 상세하게 설명한 적이 없습니다. 이 세 가지 개념들은 모두 엔티티라는 큰 카테고리의 하위 개념일 뿐입니다. 그러니 엔티티가 무엇인지 알아볼 필요가 있습니다. 엔티티란 정확히 무엇이고 이 복잡하고 헷갈리는 개념들을 어떻게 받아들이면 좋을까요?

그래서 이번에는 엔티티를 설명하고 도메인 엔티티, DB 엔티티, JPA 엔티티가 어떻게 연결되는지 이야기의 형식을 빌려 설명해 보겠습니다.

최초에 프로그래밍 언어를 연구하는 사람들과 데이터베이스를 연구하던 사람들에게는 한 가지 고민이 있었습니다. 바로 '어떤 유무형의 자산을 데이터로 어떻게 표현할 것이냐'입니다. 이 고민을 해결하려면 우선 용어 정리가 필요한데, 유무형의 자산을 뭐라고 부르면 좋을까요? 예를 들어, '사용자'라는 데이터를 표현하려고 하는데, 사용자는 아이디, 이메일, 이름 같은 정보를 갖고 있다고 합니다. 그렇다면 이때 '사용자' 같은 자산 정보를 뭐라고 불러야 할까요?

프로그래밍 언어와 데이터베이스 분야에서는 이처럼 표현하고 싶은 유무형의 자산 정보를 지칭하는 데 개체(entity)라는 용어를 사용하기로 했습니다. 왜 이런 용어를 사용하게 됐는지 의도를 명확히 알 수는 없습니다. 하지만 추측하기로 개체라는 명칭보다

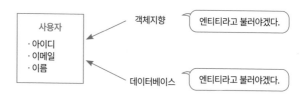

그림 2.7 객체지향과 데이터베이스 분야 모두에서 유무형의 자산 정보를 엔티티라 부르기로 했다.

더 적절한 용어를 찾지 못했기 때문이었을 것입니다.

이제 용어를 정의했으니 다음으로 이 엔티티를 어떻게 표현할지 고민할 차례입니다. 각자 비슷한 고민을 하고 비슷한 용어를 정의했지만 엔티티를 표현하는 방법은 미묘하게 달랐습니다. 객체지향 진영에서는 엔티티를 표현하는 데 '클래스'를 사용했고, 데이터베이스 진영에서는 '테이블'을 사용해 데이터를 표현하기로 한 것입니다.

이렇게 다른 선택을 내린 것은 어찌 보면 당연합니다. 왜냐하면 객체지향에서 추구하는 바와 데이터베이스 진영에서 추구하는 바가 달랐기 때문입니다. 객체지향에서는 온전한 객체와 객체들과의 협력을 추구하는 반면 데이터베이스에서는 데이터의 정합성, 중복 제거와 같은 부분을 신경 쓰고 있었으니까요.

그럼에도 실제 두 표현 방식을 보면 실제로 상당히 비슷합니다. 양쪽 모두 정보를 저장하기 위한 공간(멤버 변수 vs. 칼럼)이 있고, 이러한 공간들이 정형화되어 하나로 묶여있는 묶음(클래스 vs. 테이블)이 존재합니다. 고민이 비슷했기에 생김새가 비슷하고, 목적이 달랐으니 해결책이 다른 것입니다.

이렇게 표현된 두 데이터는 각자의
세계에서 잘 적용돼 나름의 세상을
구축하고 있었습니다. 그러다 시간
이 흘러 실세계의 서비스를 만들어야
하는 상황이 생겨났습니다. 서비스를
만들기 위해 양쪽이 협업할 필요가
있었던 것입니다. 그런데 서로 비슷

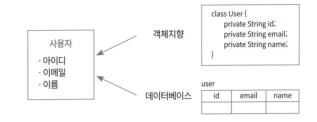

그림 2.8 객체지향 분야와 데이터베이스 분야에서 엔티티를 표현한 방식은 달랐다.

한 고민에서 출발했을지 몰라도 둘의 결과물이 너무도 달랐기에 양쪽을 그대로 1:1 매핑하는 데는 무리
가 있었습니다.

결과적으로 개발자는 데이터베이스에서 데이터를 가져와 도메인 모델에다 데이터를 잘 옮기는 작업
을 해야 했습니다. 그래서 이러한 작업을 대신하고자 다양한 라이브러리가 만들어졌는데, 대표적으로
MyBatis²¹ 같은 라이브러리가 있습니다. 개발자들은 MyBatis 같은 라이브러리를 이용해 DB에 쿼리를
던지고, 필요한 데이터를 선택적으로 읽어 왔습니다. 그리고 쿼리의 결과를 도메인 모델에 매핑했습니
다. 꽤나 번거로운 작업이었지만 오랫동안 아주 훌륭한 해결책으로 잘 활용돼 왔습니다.

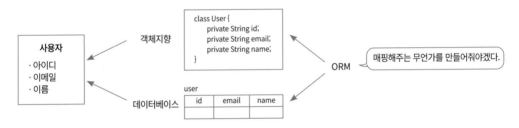

그림 2.9 정보 매핑이 지루해질 때 쯤 등장한 ORM

하지만 이러한 매핑 작업이 지루해지면서 ORM(object–relational mapping: 객체–관계 매핑)이라는
솔루션이 등장합니다. 이름에서도 알 수 있듯이 ORM은 관계형 데이터베이스에 있는 데이터를 객체에
매핑하는 솔루션입니다. 일일이 SQL 쿼리를 작성하고, 쿼리 결과를 객체에 매핑하는 작업이 번거로우니
이를 자동으로 처리하는 해결책을 만든 것입니다. 이러한 ORM 솔루션 중 자바 진영의 대표적인 솔루션
이 바로 JPA(Java Persistence API)와 하이버네이트(Hibernate)입니다.

---

21 MyBatis는 자바 언어를 위한 SQL 매핑 프레임워크로, XML 또는 애너테이션을 사용해 SQL과 객체 간 매핑을 정의하고 데이터베이스와 상호작용하
는 기능을 제공합니다. 출처: https://mybatis.org/mybatis-3/ko/index.html

이미 잘 알려진 사실이지만 JPA는 그저 기술 명세일 뿐입니다. JPA라는 껍데기에 하이버네이트가 실제 구현체로 사용된 것입니다. 하이버네이트는 JPA에서 정의한 `@Id`, `@Column`, `@Entity` 같은 애너테이션을 참조해서 이를 기준으로 쿼리를 생성하고 데이터를 가져오는 역할을 하는 것입니다.

이러한 기술 명세와 구현체가 따로 있는 이유는 단순합니다. 언제든 구현체를 바꿀 수 있게 하기 위해서입니다. 필요에 따라 구현체를 바꿈으로써 변화에 유연하게 대처하기 위해서인데, 예를 들어 하이버네이트가 갑작스럽게 유료화된다거나 더 이상 관리하지 못하게 된다면 어떻게 될까요? 더 이상 자바 진영에서 ORM 기술을 사용하지 못하게 되는 것일까요? 아닙니다. 의외로 생각보다 큰 문제는 없습니다.

왜냐하면 하이버네이트를 대체할 여러 다른 구현체(예: EclipseLink, DataNucleus)가 있기 때문입니다. 따라서 하이버네이트를 쓸 수 없어서 라이브러리를 교체해야 할 경우 어쩌면 설정 하나만 바꾸는 식으로 대처가 가능할 수도 있습니다.[22]

이처럼 유연하고 의연하게 대처할 수 있는 이유는 기술 명세와 구현체를 따로 분리했기 때문입니다. 즉, 역할과 구현을 분리해서 구현체에 종속되는 상황을 피한 것입니다. '역할과 구현의 분리', '책임을 위임'을 설명한 초반부터 계속 이야기했던 것과 같은 맥락입니다. 즉, 이는 객체지향에서만 적용되는 원리가 아니고 시스템 설계에서도 적용되는 덕목입니다.

그러면 이쯤에서 JPA 엔티티를 한번 살펴보고 넘어가도 좋겠습니다. JPA 엔티티는 결국 뭘까요? 객체지향 프로그램에서 사용되니까 객체인 것 같으면서도 관계형 데이터베이스에 뿌리를 둔 엔티티라는 용어를 사용하고 있습니다. 그래서 설명하기가 참으로 애매한 개념입니다. 정리하면 다음과 같습니다.

1. JPA의 엔티티는 관계형 데이터베이스의 엔티티를 지칭하는 것이다.

2. JPA의 `@Entity` 애너테이션이 적용된 객체는 '영속성 객체(PO: persistent object)'다.

3. JPA의 `@Entity` 애너테이션은 영속성 객체를 만들기 위한 도구일 뿐이다.

JPA 엔티티를 설명할 때는 엔티티라고 설명하는 것보다 '영속성 객체'라고 설명하는 것이 맞다고 생각합니다. 왜냐하면 이것만큼 완벽한 정의가 없기 때문입니다. JPA의 이름 자체가 '자바 영속성 API(Java Persistence API)'라는 이름에서 출발한 것이고, 영속성(persistence)이란 말 자체로 데이터가 영원히 이어지도록 어딘가에 저장하고 불러오는 것을 의미합니다. 그리고 JPA의 `@Entity` 애너테이션이 지정된 클래스는 완벽하게 이 같은 역할을 수행합니다.

JPA 엔티티는 영속성 객체를 만들기 위한 도구일 뿐입니다. 그래서 JPA의 `@Entity` 애너테이션이 지정된 객체를 소프트웨어 개발 분야의 엔티티라고 볼 수 없습니다. 소프트웨어 개발 분야의 엔티티는 도메인

---

22 물론 호환성을 보장하기 위한 작업을 일부 해야 할 수도 있지만 더 이상 ORM을 못 쓰는 정도의 수준은 아닐 것입니다.

엔티티입니다. 그리고 도메인 엔티티는 기능적으로 분류되어 엔티티로서의 역할이 할당되는 것이 아닙니다. 엔티티는 역할과 책임에 의해 '결정되는 것'일 뿐입니다.

그래서 지금까지 설명한 내용을 다음과 같이 정리할 수 있습니다.

- 엔티티는 데이터로 표현하려는 유무형의 대상이다.

- DB 엔티티는 데이터베이스 분야에서 데이터로 표현하려는 대상이다.

- 소프트웨어 개발 분야에서 말하는 엔티티는 도메인 엔티티다.

- 도메인 엔티티는 도메인 모델 중에서도 식별 가능하고 비즈니스 로직을 갖고 있으며, 조금 특별하게 관리되는 객체다.

- JPA의 엔티티는 관계형 데이터베이스의 엔티티를 지칭하는 것이다.

- JPA의 @Entity 애너테이션이 적용된 객체는 '영속성 객체'다.

- JPA의 @Entity 애너테이션은 영속성 객체를 만들기 위한 도구일 뿐이다.

- 도메인 엔티티와 DB 엔티티는 다르다.

📄 **MongoDB를 쓰는 상황이라면?**

최근에 MERN(MongoDB, Express, React, Node.js) 스택이 유행하면서 관계형 데이터베이스를 쓰지 않고 MongoDB를 주 데이터베이스로 사용하는 조직이나 회사가 많아졌습니다. MongoDB를 잘 모르는 분들을 위해 잠깐 소개하자면 관계형 데이터베이스의 복잡도와 용량 한계를 극복하고자 나온 NoSQL 솔루션 중 하나로, 도큐먼트(document: 문서) 지향 아키텍처를 통해 데이터를 저장합니다. MongoDB는 JSON과 유사한 BSON[23] 형식으로 데이터를 다루며, 고성능, 확장성을 추구하는 데이터베이스입니다.[24]

쉽게 이야기해서 MongoDB는 JSON 데이터 하나하나를 도큐먼트로 보고 이를 저장하고 불러오는 데이터베이스라고 생각하면 됩니다. 그래서 이러한 데이터베이스를 도큐먼트(document) 데이터베이스라 부릅니다.

이러한 도큐먼트 데이터베이스는 태생적으로 관계형 데이터베이스의 문제점을 극복하고자 만들어진 솔루션이다 보니 그 행보가 관계형 데이터베이스와 사뭇 다릅니다. 따라서 사용하는 용어 측면에서도 큰 차이를 보입니다. 예를 들면, 관계형 데이터베이스에서 사용하는 엔티티라는 용어는 도큐먼트 데이터베이스에서 도큐먼트라는 용어에 대응됩니다. 그리고 테이블이라는 용어 대신 컬렉션(collection)이라는 용어를 사용합니다.[25]

---

23 Binary JSON의 약자로, MongoDB에서 사용되는 이진 형식의 데이터 표현 방식입니다. JSON과 유사하지만 더 많은 데이터 타입을 지원하고, 데이터를 더 효율적으로 저장합니다. MongoDB의 데이터 저장과 직렬화에 사용되며, 네트워크 전송 및 저장 공간을 절약할 수 있도록 설계됐습니다.

24 https://www.mongodb.com/ko-kr

25 개념적으로 완벽히 같은 개념은 아니지만 양측 모두 고민과 해결 방안이라는 점, 해결책이 크게 다르지 않다는 점에서 1:1로 대응해서 이해할 때가 많습니다.

다음은 spring-boot-starter-data-mongodb를 사용한 영속성 객체의 예입니다.

```
코드 2.17 spring-boot-starter-data-mongodb를 사용한 영속성 객체 예시
@Data
@Document(collection = "user")
public class UserDocument {
    @Id
    private String id;
    private String name;
    @Indexed
    private String email;
}
```

이러한 도큐먼트 데이터베이스는 JPA를 사용하지 않습니다. 애초에 JPA는 관계형 데이터베이스만을 상정하고 만들어진 기술 명세입니다. 따라서 용어부터 다른 도큐먼트 데이터베이스가 JPA의 기술 명세를 따를 수 없는 것은 당연합니다. 즉, @Entity, @Column, @Table 외에도 대다수의 용어가 관계형 데이터베이스에서만 사용되며, 도큐먼트 데이터베이스에서는 이 같은 용어가 사용되지 않습니다.

그렇다면 이쯤에서 생각해 봅시다. 만약 엔티티를 JPA 엔티티와 같다고 이해하고 있다면 MongoDB를 사용하는 애플리케이션은 엔티티가 존재하지 않는다고 봐야 합니다. 그런데 과연 이 말이 맞는 말일까요? 고작 JPA 엔티티 애너테이션을 사용하고 있지 않다는 이유만으로 그렇게 이야기할 수 있을까요? 당연히 아닙니다. 이미 여러 프로젝트에서 엔티티라는 개념을 잘 사용하고 있으면서 MongoDB를 주 데이터베이스로 사용하고 있습니다. 특히나 도메인 주도 설계를 적용하고 있는 조직의 프로젝트라면 더더욱 그렇습니다.

엔티티는 절대 데이터베이스와 직접적으로 관계가 있는 개념이 아닙니다. 그 자체로 이해해야 하는 개념입니다. 도메인 엔티티와 DB 엔티티를 명확히 구분할 수 있어야 합니다. 그래야만 앞으로 소프트웨어를 개발하거나 설계할 때 애플리케이션이 특정 기술이나 특정 데이터베이스에 종속되는 상황을 피할 수 있습니다. 그리고 이러한 종속을 피해 개발할 수 있을 때 애플리케이션은 외부 세계의 변화에 유연해지고, 항상성을 유지할 힘을 갖게 됩니다. 참고로 스프링을 이용해 프로젝트를 개발하면서 이러한 목표를 어떻게 달성할 수 있을지는 2부 '스프링과 객체지향 설계'에서 다루겠습니다.

2.5 객체의 다양한 종류

지금까지 대표적으로 잘 알려진 객체의 종류를 살펴봤습니다. 그리고 당연하게도 객체의 종류에는 VO, DTO, DAO, 엔티티만 있는 것이 아닙니다. 이 외에도 다양한 종류의 객체가 있습니다. 앞서 소개했던 영속성 객체(PO: persistent object) 역시 객체지향에서 자주 활용되는 객체 종류 중 하나입니다. 영속

성 객체는 데이터베이스와의 연동을 추상화하고, 데이터 액세스를 담당함으로써 애플리케이션의 비즈니스 로직과 영속성 로직을 분리하려는 목적으로 사용되곤 합니다.

이 외에 SO(service object)라는 개념도 있습니다. SO는 DAO 같은 영속성 객체를 통해 도메인을 불러와 도메인에 업무를 지시하기도 하고, 비즈니스 로직이라 불리는 애플리케이션의 코어 로직을 처리하는 객체를 의미합니다. 눈치채셨겠지만 SO는 스프링의 서비스(@Service) 컴포넌트와 같은 개념입니다. 뒤에 Object라는 명칭만 붙었을 뿐입니다. 실은 스프링에 존재하는 대부분의 컴포넌트 역시 객체지향 언어에서 특수한 역할을 갖고 태어난 객체들일 뿐입니다.

이미 우리는 은연중에 정말 많은 타입의 객체를 활용하고 있습니다. 따라서 VO, DTO, DAO, PO, SO 같은 이름과 정의를 외우고 용어에 따라 객체를 분류하려고 시도하는 것은 크게 의미가 없습니다. 이미 잘 사용하고 있는 UserService 같은 클래스를 SO라는 개념을 배웠다고 해서 UserSo로 바꿔서 부르는 게 무슨 의미가 있을까요?

더불어 역할을 칼같이 구분하는 것도 그다지 바람직한 자세는 아닙니다. VO는 DTO가 아니니까 데이터 전송에 사용될 수 없나요? PO는 불변성이라는 특징을 가지면 안 되나요? 이제껏 VO라고 부르는 객체에서 자가 검증이라는 특징을 지키지 않았는데, 그럼 더 이상 VO라고 불러서는 안 되는 것일까요?

모두 아닙니다. 개념을 외우고 엄격한 기준을 적용하는 것보다는 각 개념이 만들어진 이유와 목적을 생각하는 것이 바람직합니다. 개념에 프로젝트를 끼워 맞추려는 시도는 의미 없습니다. VO를 만들면서 UserVo 같은 이름을 짓는 것도 의미 없습니다. 개념은 그저 개념일 뿐입니다. 우리가 집중해야 하는 것은 그 안에 숨겨진 소프트웨어 설계가 추구하는 가치들입니다. 그리고 지금까지 배운 가치는 다음과 같습니다.

- 불변성
- 예측 가능성
- 역할의 분리
- 항상성

그저 이름을 붙이는 것이 아닌 실제로 각 개념을 이해하고 적용하는 과정에서 소프트웨어 개발 역량이 향상되리라는 점을 강조하고 싶습니다. 따라서 프로젝트에서 객체의 타입을 분류하는 데 치중하기보다 위와 같은 가치들을 프로젝트에 지속적으로 적용해 보길 바랍니다. 그러면 개념이 그저 개념이 아닌 실제 개발의 도구로 작용하게 될 것이고, 더 나은 소프트웨어를 만드는 데 도움이 될 것입니다.

자바 14에 프리뷰 기능으로 도입되어 자바 16부터 정식으로 사용할 수 있는 키워드 중 record라는 키워드가 있습니다. record는 데이터를 담는 간단한 클래스를 만들 때 사용할 수 있는 키워드로서 이 키워드를 사용해서 만들어진 객체는 VO의 특징을 갖습니다. 예를 들어, 코드 2.2의 Color 클래스는 레코드를 이용해 다음과 같이 작성할 수 있습니다.

코드 2.18 레코드를 이용한 VO 생성

```java
public record Color(int r, int g, int b) {

    public Color {
        if (r < 0 || r > 255 ||
            g < 0 || g > 255 ||
            b < 0 || b > 255) {
            throw new IllegalArgumentException("RGB should be 0 to 255");
        }
    }

    // 레코드에서는 equals()와 hashCode()가 자동으로 만들어집니다.
}
```

레코드를 이용해 만들어진 객체의 변수는 final 선언을 하지 않아도 final을 선언한 것과 같이 동작합니다. 또한 equals, hashCode, toString 같은 메서드가 자동으로 만들어집니다. VO를 만들 때 이 키워드를 사용하면 반복적인 코드 작성을 줄일 수 있는 것입니다. 더불어 레코드 객체의 변수들은 public 게터 메서드가 자동으로 만들어져서 다음과 같이 사용할 수 있습니다.

코드 2.19 레코드 객체 사용하기

```java
Color color = new Color(2, 4, 8);
System.out.println(color.r());
System.out.println(color.g());
System.out.println(color.b());
```

【참고 자료】

- https://www.baeldung.com/java-record-keyword
- https://docs.oracle.com/en/java/javase/16/language/records.html

행동

객체는 단순한 데이터 덩어리가 아니며 마치 자아를 가진 것처럼 동작해야 한다고 이야기한 바 있습니다. 이 말은 곧 객체가 데이터로서 존재하는 것이 아니라 '행동'하는 것이 중요하다는 것을 의미합니다. 그렇다면 객체가 행동해야 한다는 것은 무슨 의미이며, 어떻게 해야 객체를 행동하게 만들 수 있을까요? 사실 우리는 이미 가장 쉽게 객체를 행동하게 만드는 방법을 배웠습니다. 바로 TDA 원칙을 적용하는 것입니다.

TDA 원칙은 객체를 행동하게 만듭니다. 그리고 TDA 원칙이 객체를 행동하게 만든다고 말하는 이유는 간단합니다. '묻지 말고 시켜라'라는 말 자체가 객체에 어떤 행동을 하라고 조언하는 것이기 때문입니다.

TDA 원칙은 속성을 이미 갖고 있는 객체가 있을 때 사용하기 좋은 원칙입니다. 그런데 TDA 원칙은 수동적인 객체를 능동적인 객체로 바꾸는 방법입니다. 그러므로 객체가 이미 존재한다는 것을 전제로 사용할 수 있는 원칙입니다. 그렇다면 아직 정의된 속성도 없고, 이제 막 객체를 설계하는 단계라면 어떻게 행동에 집중하는 객체를 만들 수 있을까요? 이번에도 내용을 시작하기에 앞서 질문을 하나 하겠습니다. 여러분에게 다음과 같은 요청이 들어왔다면 여러분은 이를 어떻게 구현하실 건가요?

> 🔲 자동차 클래스를 만들어 줄 수 있나요?

이 질문에 개발자 A는 다음과 같이 생각했습니다.

자동차는 바퀴, 프레임, 엔진, 방향, 속도 값들을 깇고 있어야겠다.

그림 3.1 자동차에 필요한 속성을 먼저 떠올린 개발자 A

자동차에 필요한 부품과 구현에 필요할 것으로 예상되는 속성들을 떠올린 것입니다. 그래서 개발자 A는 다음과 같은 자동차 클래스를 작성합니다.

코드 3.1 개발자 A가 만든 Car 클래스

```java
public class Car {

    private Frame frame;
    private Engine engine;
    private List<Wheel> wheels;
    private float speed;
    private float direction;
}
```

반면 개발자 B는 이 질문에 다음과 같이 생각합니다.

자동차는 탑승할 수 있어야 하고, 달리고 멈출 수도 있어야 해. 현재 속도가 몇인지도 알려줬으면 좋겠어.

그림 3.2 자동차에 필요한 행동을 먼저 떠올린 개발자 B

자동차가 어떤 행동을 해야 하는지를 먼저 떠올린 것입니다. 그래서 개발자 B가 작성한 자동차 클래스는 다음과 같습니다.

```
코드 3.2 개발자 B가 만든 클래스
public class Car {

    public void drive() {}
    public void changeDirection(float amount) {}
    public void accelerate(float speed) {}
    public void decelerate(float speed) {}
}
```

두 코드가 얼마나 설계적으로 말이 되고 적합한지는 무시합시다. 대신 여기서는 개발자 A와 B가 어떻게 다르게 생각했고, 그 결과로 어떤 결과물이 만들어졌는지 이해할 필요가 있습니다. 먼저 개발자 A는 데 이터 위주의 사고를 했습니다. 반면 개발자 B는 행동 위주의 사고를 했습니다. 그리고 어떤 식으로 사고 하느냐에 따라 이처럼 다른 결과가 나왔습니다.

데이터 위주의 사고 방식으로 만들어진 코드 3.1의 클래스를 먼저 보겠습니다. 이 클래스에는 필요한 속 성들이 정의돼 있습니다. 즉, 어떤 객체를 정의하는 데 필요한 속성으로만 묶여 있습니다. 그리고 이러한 클래스는 절차지향 언어에서 구조적인 데이터 덩어리를 만드는 데 사용하는 구조체와 다를 바 없습니다. 전혀 객체지향스럽지 않은 것입니다.

반면 행동 위주의 사고 방식으로 만들어진 코드 3.2의 클래스는 벌써부터 객체가 어떤 동작을 하는지 알 수 있습니다. 코드 3.2를 보면 이 클래스의 객체가 어디에 어떻게 쓰일지 눈에 보일 것입니다.

물론 행동에 집중한 코드 3.2가 데이터에 집중한 코드 3.1보다 더 좋은 코드라고 단정 지을 수는 없습니 다. 분명 클래스를 만드는 목적에는 데이터를 구조적으로 만드는 것도 포함되기 때문입니다. 하지만 객 체지향을 논할 때는 조금 다릅니다. 코드 3.2는 코드 3.1보다 객체지향적으로 나은 코드입니다. 왜냐하 면 객체지향 관점에서 객체는 서로 협력해야 하기 때문입니다. 협력을 하려면 상대방에게 행동을 요구할 수 있어야 합니다. 따라서 행동 위주의 사고를 하는 편이 객체지향에서는 훨씬 유리하다고 볼 수 있는 것 입니다.

객체를 구분 짓는 요인은 데이터가 아닙니다. 행동입니다. 우리는 객체를 만들 때 데이터보다는 행동에 집중해야 합니다. 데이터가 객체를 결정하지 않습니다. 행동이 객체를 결정합니다. 예를 들어, 다음과 같 은 코드가 있다고 가정해 보겠습니다. 다음 코드의 클래스는 어떤 이름으로 짓는 것이 적절할까요?

```java
public class ??? {

    private float speed;
    private float direction;
}
```

지금까지 계속 자동차 예시를 들어왔으니 Car라고 대답할지도 모릅니다. 하지만 냉정하게 생각해 보면
이 클래스의 이름을 짓는 것은 매우 어렵다는 것을 알 수 있습니다. 속도와 방향을 갖고 있는 개체는 너
무나도 많기 때문입니다. 이 클래스는 자동차가 될 수도 있고, 자전거가 될 수도 있고, 사람이 될 수도 있
고, 새가 될 수도 있습니다.

반면 다음과 같은 클래스가 있다고 한다면 이 클래스에는 어떤 이름을 지을 수 있을까요?

```java
public class ??? {

    public void ride() {
        // do something...
    }

    public void run() {
        // do something...
    }

    public void stop() {
        // do something...
    }
}
```

저라면 탑승할 수 있고 달릴 수 있으니 '탈것'을 뜻하는 Vehicle이라고 이름 짓겠습니다. 어떤가요? 꽤
타당하지 않나요? 이처럼 객체가 갖고 있는 속성이나 세부 구현에 집중하기보다 행동에 집중할 때 더 자
연스러운 모델링이 될 수 있습니다. 데이터로는 객체를 정의하기 어렵지만 행동을 보면 객체를 정의하기
쉽기 때문입니다.

행동과 역할

여기서 하나 더 주목할 것이 있습니다. 행동을 먼저 고민했더니 Car나 Bicycle 같은 구체적인 이름보다 Vehicle(탈것)이라는 역할이 나왔다는 것입니다. 행동을 고민하는 것은 자연스럽게 역할을 고민하게 만듭니다. 따라서 어떤 행동을 할 수 있는지가 곧 역할을 만듭니다. 그리고 이러한 여러 역할이 모여 객체를 정의하는 것입니다.

3.1 덕 타이핑

객체지향은 행동을 강조합니다. 그리고 이 사실을 뒷받침하는 데 사용하기 좋은 용어가 하나 있습니다. 바로 '덕 타이핑(duck typing)'입니다. 덕 타이핑의 개념은 덕 테스트에서 유래했습니다.

💬 덕 테스트: 만약 어떤 새가 오리처럼 걷고, 헤엄치고, 꽥꽥거리는 소리를 낸다면 나는 그 새를 오리라고 부를 것이다.[1]

개발자 관점에서 이 말을 해석하자면 **'행동이 같다면 같은 클래스**로 부르겠다'라는 의미입니다.

그런데 이 말을 처음 들으면 크게 와 닿지 않을 수 있습니다. 왜냐하면 자바 같은 정적 타입 언어를 다루고 있는 입장에서는 이 말을 쉽게 체감할 수 없기 때문입니다. 그래서 자바와 최대한 비슷한데 덕 타이핑을 지원하는 대표적인 언어인 타입스크립트를 이용해 이게 무슨 뜻인지 확인해 보겠습니다.

먼저 다음과 같이 Duck(오리)이라는 클래스를 타입스크립트로 만들었습니다.

코드 3.5 걷고 수영하고 꽥꽥거리는 Duck

```
class Duck {

    walk = (): void => {
        // do something...
    }

    swim = (): void => {
        // do something...
    }

    quakquak = (): void => {
```

---

1   출처: "덕 타이핑," 위키백과, https://ko.wikipedia.org/w/index.php?title=덕_타이핑&oldid=31557825 (2024년 5월 13일에 접근).

```
        // do something...
    }
}
```

이어서 다음과 같은 UnknownBird(알 수 없는 새)라는 클래스도 만들었습니다.

코드 3.6 걷고 수영하고 꽥꽥거리는 UnknownBird

```
class UnknownBird {

    age: number;

    walk = (): void => {
        // do something...
    }

    swim = (): void => {
        // do something...
    }

    quakquak = (): void => {
        // do something...
    }
}
```

문법적으로 이 코드가 어떤지는 굳이 설명하지 않아도 이해할 수 있을 것입니다. Duck과 UnknownBird 클래스는 walk, swim, quakquak 메서드를 갖고 있습니다. 그리고 UnknownBird는 Duck에는 없는 age라는 멤버 변수가 있습니다. 그게 이 코드의 전부입니다.

우선 자바 개발자의 관점에서 이 코드를 평가해봅시다. Duck과 UnknownBird는 완전히 다른 클래스입니다. 왜냐하면 두 클래스 사이에 어떠한 상속 관계도 없기 때문입니다. 그리고 UnknownBird에는 age 같은 Duck 클래스에는 없는 속성이 들어 있습니다. 따라서 데이터 관점에서도 이 두 클래스는 완전히 다르다고 볼 수 있습니다.

하지만 타입스크립트에서는 다음과 같이 상속 관계를 맺지 않은 객체를 할당할 수 있습니다.

```
const duck: Duck = new UnknownBird();
```

즉, Duck 타입 변수인 duck에 UnknownBird 타입의 객체를 생성해서 할당할 수 있습니다. 이것이 가능한 이유는 타입스크립트가 행동이 같은 두 클래스를 같은 클래스로 보겠다는 덕 타이핑의 개념을 지원하기 때문입니다. 알 수 없는 새(UnknownBird)가 어떤 새인지는 정확히 모르겠지만 그 새가 오리처럼 걷고 수영하고 꽥꽥거리므로 그냥 오리(Duck)라고 봐도 된다는 것이죠.

자바 개발자의 상식에서 벗어나 '행동이 같으면 같은 클래스로 보겠다'라는 덕 타이핑의 개념이 다른 언어에서는 어떻게 구현됐는지를 보고 확인하면 좋을 것 같습니다. 행동이 곧 역할을 정의하고, 역할이 곧 객체를 정의합니다.

3.2 행동과 구현

자동차 이야기로 다시 돌아오겠습니다. 행동이 중요하고 행동 위주의 사고를 해야 한다는 사실을 알았고, 코드 3.2 같은 코드를 생각할 수 있게 됐습니다. 그러면 이제 된 걸까요? 코드 3.2는 정말로 괜찮은 코드일까요? 아직 아닙니다. 조금만 더 고민해 봅시다.

우선 코드 3.2는 미완성된 코드입니다. 메서드의 구현이 없습니다. 그래서 비교적 간단해 보이는 changeDirection 메서드를 구현해 보겠습니다. 이 메서드는 방향을 바꾸는 메서드인데, 이 메서드를 호출하면 그 결과로 자동차의 각도를 변경합니다. 변경 가능한 각도는 0도 ~ 360도이고, 북쪽을 기준으로 얼마만큼 시계방향으로 기울어져 있는지를 나타냅니다. 그리고 각도를 0도 ~ 360도로 유지해야 하므로 값이 지정된 범위를 벗어날 때 값을 재조정하도록 만들겠습니다.

코드 3.7 changeDirection 메서드의 구현

```java
public class Car {

    private int degree; // 자동차의 각도(0도 ~ 360도)    구현을 고민했더니 속성이 생김

    public void drive() {}
    public void changeDirection(float amount) {
        float result = (degree + amount) % 360;
        if (result < 0) {
            result += 360;
        }
        return result;
    }
}
```

```
        public void accelerate(float speed) {}
        public void decelerate(float speed) {}
    }
```

어렵지 않은 코드이니 쉽게 이해할 수 있을 것입니다. 그런데 어떤가요? 어떤 점이 달라졌는지 보이나요? 그리고 어떤 문제가 발생했는지 눈치챘나요?

Car 클래스에 속성이 생겼습니다! 메서드를 구현하려고 했더니 데이터 위주의 사고로 돌아온 것입니다. 여기서 한 가지 사실을 알 수 있습니다. 행동의 구현을 고민했더니 결국 이 클래스가 어떤 값을 갖고 있어야 하는지를 고민하게 됐다는 것입니다. 그리고 이는 그다지 반가운 현상이 아닙니다. 기껏 행동 위주로 사고하겠다고 다짐했었는데 구현을 고민했더니 곧바로 데이터 위주의 사고로 되돌아왔습니다. 결과물이 똑같다면 앞에서 했던 고민들이 무력해집니다.

이러한 현상이 일어난 이유는 명확합니다. 구현을 고민했기 때문입니다. 행동을 고민하면서 구현이나 알고리즘을 고민해서는 안 됩니다. 행동을 고민하는 순간에는 순수하게 이 클래스에 어떤 동작을 시킬 수 있을 것인지만 고민하는 것이 좋습니다. 오롯이 어떤 메시지를 처리할지만 고민하는 것입니다. '어떻게'는 그다음 문제입니다.

그러면 어떻게 해야 구현에 구애받지 않고 행동만 고민할 수 있을까요? 메서드의 본문(body)을 그냥 비워두기만 하면 될까요? 그런데 반환형이 있는 메서드라면 어떡하죠? 반환값이 없다면 컴파일 에러가 날 것입니다. 그냥 임시로 아무 데이터나 반환하도록 만들어 둘까요? 하지만 그렇게 만들면 나중에 이 코드를 다시 봤을 때 해당 코드가 개발이 완료된 것인지 아닌지 헷갈릴 것입니다. 그래서 이럴 때 사용할 수 있는 최고의 문법이 하나 있습니다.

코드 3.8 행동을 표현하는 인터페이스

```
public interface Car {

    void drive();
    void changeDirection(float amount);
    void accelerate(float speed);
    void decelerate(float speed);
}
```

바로 인터페이스입니다. 자바의 인터페이스를 활용하면 구현 없이도 메서드를 정의할 수 있습니다. 아니 심지어 인터페이스는 구현을 가질 수 없게 강제해 놓았습니다.[2] 인터페이스에는 오롯이 어떤 행동을 어떻게 시킬 수 있는지만 선언할 수 있는 것입니다. 덕분에 개발자는 메시지를 전달하는 방법만 신경 쓸 수 있습니다. 그러면서도 컴파일하는 데 문제가 없는 코드를 얻을 수 있습니다. 인터페이스는 그 자체로 완성된 코드이기 때문입니다.

그런데 이런 이야기를 들으니 이쯤에서 약간 불안해집니다. 구현은 정말 하나도 신경 쓰지 않아도 괜찮은 걸까요?

네, 초기 설계 단계에서는 상세한 구현은 무시해도 괜찮습니다! 자동차를 예로 들면, 자동차는 원하는 속도와 방향으로 안전하게 굴러가기만 하면 됩니다. 내부 구현은 솔직히 알 게 뭔가요?[3] 내부의 상세 구현은 Car 인터페이스의 구현체를 개발하는 분이 협의한 요구사항에 맞춰 알아서 개발할 것입니다. 우리는 하기로 한 것을 제대로 해왔는지만 평가하면 됩니다. 구현에 관해 욕심을 부리기 시작하면 결국 처음부터 끝까지 모든 프로그램을 다 만들어야 합니다.

그런데 어떤가요? '남이 알아서 개발해 줄 테니 상관없다'라는 자세가 너무 무책임해 보이진 않나요? 그런데 의외로 그렇지 않습니다. '알 게 뭐냐?'라는 조금 격한 말로 표현했지만 실은 동료를 믿는 것입니다. 누군가 알아서 잘 개발해 줄 것이라고요. 그리고 이러한 믿음의 자세는 오히려 바람직하기까지 합니다. 왜냐하면 이 같은 방식이 다른 개발자들과의 협업을 용이하게 만들기 때문입니다.

상상해 봅시다. 시스템을 개발하는 초기에 팀원과 모두 모여 역할과 행동을 기반으로 인터페이스를 정의하는 것입니다. 그다음 각 객체들이 어떻게 협력할지를 합의합니다. 모든 합의가 끝났다면 인터페이스를 이용해 개략적인 코드가 나올 수 있을 것입니다. 그렇다면 그다음은 간단합니다. 각자 자리에 가서 본인이 맡은 부분을 구현하면 됩니다. 즉, 구현 단계부터는 병렬 작업이 가능해지는 것입니다. 개발자 개개인은 각자가 맡은 객체의 구현에만 집중하면 됩니다. 협력 객체의 복잡한 구현은 팀원이 잘 해줄 것입니다!

물론 이러한 작업 방식은 협력 객체를 개발하는 팀원이 인터페이스를 제대로 지켜오지 않을 때 문제가 발생합니다. 그렇다면 이런 경우는 어떻게 해야 할까요?

답은 '그래서는 안 된다'입니다. 왜냐하면 우리는 이미 인터페이스를 기반으로 협력 방식을 정해 놓았기 때문입니다. 이럴 때는 이해관계자들이 모여 설계를 다시 해야 합니다. 인터페이스는 반드시 지켜져야 합니다. 그래서 '인터페이스는 곧 계약이다' 같은 말이 있는 것입니다. 계약이 깨지면 시스템이 무너질 수

---

2   물론 default 메서드나 static 메서드를 이용해 인터페이스에 구현이 있는 메서드를 넣을 수도 있긴 합니다.
3   차를 좋아하는 분들은 이 발언에 불같이 화를 낼 수도 있겠네요.

있습니다. 따라서 계약을 제대로 지켜왔는지 확인할 필요가 있고, 계약이 언제나 유지되고 있는지도 감시할 필요가 있습니다. 그리고 이럴 때 사용할 수 있는 것이 테스트입니다. 테스트에 관한 상세한 내용은 이후 3부 '테스트'에서 살펴볼 예정입니다.

ⓘ **인터페이스와 메서드 구현**

종종 개발자 커뮤니티를 보면 자바 인터페이스에 본문이 들어간 메서드를 넣는 방법을 묻는 질문이 올라오곤 합니다. 그런데 이제는 알 것입니다. 이런 질문은 인터페이스의 탄생 목적에 반하는 질문입니다. 자바의 인터페이스는 구현과는 독립된 역할에 집중하겠다는 선언입니다. 따라서 인터페이스에 본문이 들어가는 메서드가 있는 것은 설계가 무언가 잘못됐다는 신호입니다.

3.3 인터페이스

이쯤에서 오해할 만한 여지를 하나 해결하고 가겠습니다. 바로 **인터페이스와 행동은 다르다**는 것입니다. 행동에 집중하다 보니 인터페이스에 관한 설명으로 이어졌지만 행동이 곧 인터페이스는 아닙니다. 이 둘은 구분할 필요가 있습니다. 인터페이스는 외부에서 어떤 객체에게 행동을 시키고자 할 때 메시지를 보낼 수 있는 창구일 뿐입니다. 조금 더 딱딱한 표현으로는 '어떤 행동을 지시하는 방법의 집합' 정도로 표현할 수 있겠네요.

설명이 아리송한가요? 저도 이런 딱딱한 설명은 좋아하지 않습니다. 그래서 저는 인터페이스를 설명할 때 다음과 같이 구어적으로 표현하는 것을 좋아합니다.

☆ 인터페이스란 '나를 조작하고 싶다면 이런 메시지를 보내면 된다'라고 외부에 알려주는 수단입니다.

말 그대로 인터페이스는 '나를 사용하려면 이렇게 이렇게 사용하면 돼'라고 외부에 알려주는 것과 같습니다. 여기서 '나'는 객체가 될 수도 있고, 시스템이 될 수도 있습니다. 그리고 이 정의는 인터페이스라고 불리는 대부분의 용어를 설명하는 데 적용될 수 있을 만큼 꽤 그럴싸합니다. 예를 들어볼까요?

대표적인 인터페이스로 API(Application Programming Interface)가 있습니다. API는 애플리케이션을 조작하고 싶을 때 어떻게 메시지를 보내면 되는지 알려주는 것입니다. UI(User Interface)는 사용자가 프로그램을 조작하고 싶을 때 어떻게 메시지를 보내면 되는지 알려주는 것입니다.

이와 마찬가지로 자바의 인터페이스는 어떤 객체를 어떻게 사용하면 되는지 외부 객체에게 알려주는 것과 같습니다. 다시 말하면 인터페이스는 어떤 행동을 지시하기 위해 사용할 수 있는 행동들의 집합인 것입니다. 객체들끼리 서로 협력하려면 행동을 지시해야 하고, 필요에 따라 물어보기도 해야 할 것입니다. 인터페이스는 협력을 위한 창구이며, 협력을 위해 객체들은 인터페이스를 통해 메시지를 주고받습니다.

그리고 재미있게도 이러한 맥락에서 봤을 때 쉽게 이해되는 사실이 두 가지 있습니다.

- 자바 인터페이스에는 private 선언이 불가능하다. 인터페이스에 private 선언이 있으면 컴파일 에러가 발생합니다.[4]

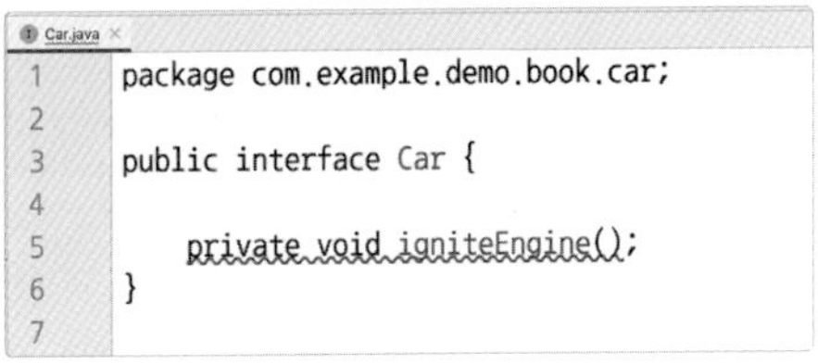

```java
package com.example.demo.book.car;

public interface Car {

    private void igniteEngine();
}
```

그림 3.3 자바 인터페이스에서 private이 사용되면 오류가 발생합니다.

- 인터페이스의 메서드에 public을 지정하면 IntelliJ IDEA 같은 IDE(Integrated Development Environment: 통합 개발 환경)에서는 public으로 선언할 필요가 없다고 안내합니다. 왜냐하면 인터페이스에 선언되는 메서드는 별도의 지시자가 없어도 public이 기본이기 때문입니다.

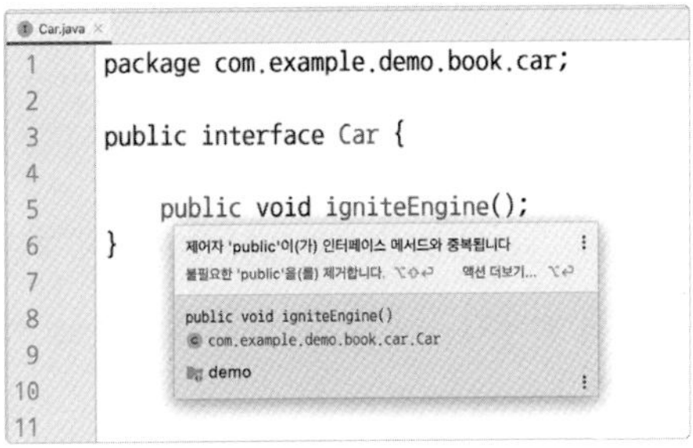

```java
package com.example.demo.book.car;

public interface Car {

    public void igniteEngine();
}
```

제어자 'public'이(가) 인터페이스 메서드와 중복됩니다
불필요한 'public'을(를) 제거합니다. ⌥⇧↵   액션 더보기... ⌥↵

public void igniteEngine()
⊙ com.example.demo.book.car.Car

🔚 demo

그림 3.4 자바 인터페이스에서는 public을 지정하지 않아도 됩니다.

인터페이스는 외부 세계에 '나'를 다루는 방법을 알려주는 것입니다. 그러므로 '나만 아는 사용법'이 존재한다는 것은 부자연스럽습니다. 따라서 인터페이스에 private 메서드가 존재한다는 것 자체가 이상하니

---

4   이 오류는 자바 8 이전 버전에서 발생합니다. 자바 9 버전부터는 인터페이스에도 private 메서드를 사용할 수 있게 바뀌었습니다. https://openjdk.org/jeps/213

다. 더불어 인터페이스의 목적이 '외부 세계'에 나를 다루는 방법을 알려주는 것이므로 별도의 지시자가 없어도 public으로 동작합니다.

객체들이 인터페이스를 통해 통신하게 하면 객체 간의 결합도를 낮출 수 있습니다. 그 결과, 유연성과 확장성을 얻을 수 있습니다. 인터페이스를 사용하는 코드는 재사용성도 높아지고 유지보수성도 올라갑니다. 모듈화도 가능해집니다. 이외에도 인터페이스를 사용하는 코드의 이론적인 장점을 더 나열할 수도 있습니다. 하지만 그런 것을 다 떠나서 인터페이스는 행동과 역할을 고민할 수 있게 도와줍니다. 그러므로 인터페이스는 중요합니다.

3.4 행동과 역할

이쯤에서 고백할 것이 있습니다. 앞서 저는 '자동차 클래스를 만들어 줄 수 있나요?'와 같은 요청이 들어왔다면 여러분은 이를 어떻게 구현하실 것이냐 물어본 적이 있습니다. 그리고 행동을 강조하면서 행동에 집중하는 개발자는 코드 3.2처럼 개발한다고 이야기했습니다. 하지만 사실 이런 유형의 요청은 요청부터가 적절하지 않습니다. 왜냐하면 이런 요청을 듣고 행동 위주의 사고를 할 수 있는 사람은 많지 않기 때문입니다.

그래서 고백하겠습니다. '자동차 클래스를 만들어 줄 수 있나요?'라는 요청은 여러분이 데이터 위주의 사고를 하도록 유도한 유도 요청이었습니다. 그러니 행동 위주의 사고를 하지 못했다며 자책할 필요가 없습니다. 그렇다면 우리는 왜 '자동차 클래스를 만들어 줄 수 있나요?'라는 말을 듣고 데이터 위주 사고를 할 수밖에 없었던 걸까요?

이유는 간단합니다. '자동차 클래스를 만들어달라'라는 요청에 포함된 '자동차'라는 용어 때문입니다. 우리는 '자동차'라는 용어 때문에 데이터 위주의 사고를 합니다. 그 이유는 '자동차'가 역할보다는 구현에 가까운 용어이기 때문입니다.

아직 우리는 자동차가 어떤 행동을 할 수 있을지 모릅니다. 그러니 '자동차 클래스를 만들어달라'라는 요청을 받고 '자동차에 필요한 부품이나 구현하는 데 필요한 속성은 뭐가 있을까?' 정도밖에 떠올릴 수 없습니다. (물론 누군가는 자동차라면 모름지기 갖춰야 할 행동을 먼저 생각하고, 이를 실제로 몇 가지를 뽑을 수도 있을 것입니다.)

그렇다면 어떤 유형의 요청을 하는 것이 좋을까요? 그래서 요청을 다음과 같이 바꿔보겠습니다.

? 탈것 클래스를 만들어 줄 수 있나요?

어떤가요? 탈것을 상상하니 조금 다르지 않나요? 이제는 이 클래스가 어떤 행동을 가져야 하는지부터 상상할 수 있을 것입니다. '탈것에 필요한 데이터는 무엇이지?' 같은 질문보다 탈 것은 '탑승할 수 있어야 하고, 달릴 수 있어야 하고, 멈출 수 있어야 한다' 같은 행동에 대한 정의가 먼저 떠올랐을 것입니다.

이러한 사고의 차이가 발생한 것은 '자동차'는 실체이고 '탈것'은 역할이기 때문입니다. 우리는 실체에 집중할 때 데이터 위주의 사고를 하고, 역할에 집중할 때 행동 위주의 사고를 합니다. 왜냐하면 실체는 곧 구현이기 때문입니다. 메서드의 구현을 고민했더니 데이터 위주의 사고를 했던 것처럼 구현을 고민하는 것은 데이터 위주의 사고를 촉진합니다.

게다가 실체만으로는 어떤 역할을 하는 클래스를 만들어달라는 것인지 알 수 없습니다. 누군가에게 자동차는 탈것이겠지만 누군가에게는 그저 관상용일 것입니다. 또 다른 누군가에게는 바퀴 달린 집이겠지요. 즉, 역할을 고민하지 않고 구현체에 집중하면 해당 클래스를 개발하는 개발자만의 생각이 반영된 클래스가 나오게 됩니다.

따라서 '자동차 클래스를 만들어 줄 수 있나요?' 같은 요청을 받았을 때 다음과 같은 질문을 역으로 했다면 더 좋았을 것입니다.

- 자동차는 어떤 행동을 하는 객체인가요?
- 꼭 자동차이어야 하나요?
- 자동차라는 클래스를 만들어서 달성하려는 목표가 뭐지요?

이러한 역질문을 받는다면 클라이언트가 다음과 같이 대답할 것입니다.

💬 '탑승할 수 있고, 달릴 수 있으면 좋겠네요.'

그렇다면 여러분은 그제야 클라이언트가 진짜로 원하는 것은 '탈것'이라는 사실을 알게 될 것입니다. 그리고 다음과 같은 인터페이스를 만들 수 있을 것입니다.

코드 3.9 역할에 집중하면 행동이 나온다.

```java
public interface Vehicle {

    void ride();
```

```
    void run();

    void stop();
}
```

역할에 집중하면 훨씬 유연한 설계를 얻을 수 있습니다. 그래서 역할과 구현은 반드시 구분해야 하며, 이 같은 구분을 위한 출발점은 어떤 질문을 하느냐입니다. 이름을 짓는 것 역시 역할과 구현을 구분하는 데 지대한 영향을 줍니다. 왜냐하면 우리의 사고 흐름이 이러한 사소한 단어 몇 가지에 영향을 받기 때문입니다.

데이터와 구현에 집착했을 때 발생할 수 있는 문제를 한 번만 더 상상해 봅시다. 어느 날 클라이언트가 '자동차'를 만들어달라는 요청을 합니다. 무슨 행동을 하는지는 잘 모르겠습니다. 그런데 아무튼 '자동차'라는 클래스를 만들어 달라고 합니다. 그래서 필요해 보이는 데이터를 멤버 변수로 갖게 하고, 달릴 수 있는 행동도 할 수 있게 만들었습니다. 그런데 알고 보니 클라이언트가 원했던 것은 자동차에 탑승도 할 수 있어야 한다는 것이었습니다. 그래서 ride라는 메서드를 추가합니다.

그로부터 두 달이 지난 시점에 클라이언트가 갑자기 '자전거도 만들어 주세요'라고 요청합니다. 그런데 자동차야 필요한 기능이 있을 때 메서드를 추가했으면 됐겠지만 자전거는 아예 다른 클래스입니다. 그래서 자전거에 필요한 코드를 새로 작성합니다. 자동차를 탈 수 있는 사용자는 자전거도 탈 수 있어야 하므로 자동차를 사용하는 코드를 모두 찾아 자전거도 탈 수 있게 호환성을 보장하는 작업을 합니다. 그래서 다음과 같은 끔찍한 코드가 만들어집니다.

코드 3.10 switch 문으로 확장되는 코드

```
class User {

    public ride(String type, Object object) {
        switch (type) {
            case "CAR":
                ((Car) object).ride();
                break;
            case "BICYCLE":
                ((Bicycle) object).ride();
                break;
        }
    }
}
```

이렇게 하면 안 된다는 걸 알면서도 시간이 부족해서 if 문과 switch 문을 이용해 자전거도 탈 수 있게 만든 것입니다. 그래도 백번 양보해서 이 정도는 괜찮다고 합시다. 분기문 몇 개 추가한다고 소프트웨어 전체가 엉망이 되는 것은 아니니까요. 그런데 이처럼 자전거도 탈 수 있게 코드를 만들어 놓으면 다음번에는 '말'도 탈 수 있게 만들어 달라고 요청할 것입니다.

구현에 집중한 코드는 확장되는 요구사항에 유연하게 대처할 수 없습니다. 역할에 집중해야 유연한 설계를 얻을 수 있습니다. 하지만 아쉽게도 우리는 구현체를 먼저 상상하는 데 익숙합니다. 탈것보다는 자동차를 먼저 떠올립니다. 따라서 역할에 집중하는 사고 방식을 익히기 위해서는 꾸준한 훈련이 필요합니다. 반복적이고 의식적으로 객체가 어떤 행동을 해야 하는지 고민해야 합니다. 더 나아가 어떤 행동들을 모아 구조적으로 타당한 역할을 만들 수 있을지 계속해서 고민해야 합니다.

⚠ 여기서는 의도적으로 '추상화'나 '다형성'이라는 용어를 일부러 피해서 설명했습니다. 왜냐하면 여러분이 이 설명을 듣고 '아, 그러면 추상화를 많이 사용하면 되겠구나' 같은 단순한 결론으로 이어지지 않기를 바랐기 때문입니다. 행동과 역할에 집중하라는 것은 단순히 추상화를 많이 하라는 뜻이 아닙니다! 역할과 추상은 같은 말이 아니기 때문입니다.

3.5 메서드

이 책 초반부의 '기술 vs. 개발'에서 저는 메서드를 메서드로 부르는 이유에 관해 물어본 적이 있습니다. 메서드는 왜 메서드(method)라고 부르는 것일까요? '방법'을 뜻하는 메서드와 함수(function)에는 어떤 차이점이 있는 것일까요? 함수가 클래스 안으로 들어온다고 해서 메서드가 되는 이유는 무엇일까요?

3.3절에서 인터페이스를 설명하면서 인터페이스를 다음과 같이 정의한 바 있습니다.

> 인터페이스란 '나를 조작하고 싶다면 이런 메시지를 보내면 된다'라고 외부에 알려주는 수단입니다.

즉, 어떤 객체나 시스템을 다루는 외부 세계는 협력 대상과 소통하기 위해 메시지를 이용합니다. 객체는 협력 객체에 메시지를 건네고, 협력 객체는 메시지를 수신해서 행동을 하는 것입니다.

우리는 어떤 객체가 협력 객체에 요청을 보낼 때 어떤 특정 메서드나 함수를 실행한다고 생각합니다. 하지만 사실은 그렇지 않습니다. 실제로는 인터페이스를 이용한 통신에서는 메시지를 보내면서도 어떤 메서드가 실행될지는 모릅니다.

```
class Car implements Vehicle {

    void ride() {}

    void run() {}

    void stop() {}
}

class Bicycle implements Vehicle {

    void ride() {}

    void run() {}

    void stop() {}
}

class User {

    void ride(Vehicle vehicle) {
        // User 클래스는 어떤 객체의 메서드를 실행하게 될까요?
        // Car 객체의 ride() 메서드? Bicycle 객체의 ride() 메서드?
        // 실제로 코드가 실행되기 전까지는 알 수 없습니다.
        vehicle.ride();
    }
}
```

코드 3.11에서는 vehicle.ride()를 호출하지만 코드가 실행되기 전까지는 실제로 어떤 메서드가 호출될지 모릅니다. 어찌 보면 이 같은 당연한 사실 때문에 메서드와 함수는 다른 개념이 됩니다. 함수의 개념으로는 메서드를 정의할 수 없기 때문입니다.

이게 무슨 뜻인지 이야기하기에 앞서 중학교 수학 이야기를 잠깐만 해봅시다. 과거의 기억을 끄집어내서 함수의 정의가 어땠는지 한번 떠올려 보시기 바랍니다. 제가 기억하는 함수의 정의는 다음과 같습니다.

함수는 입력값(input)과 출력값(output) 사이의 대응 관계를 나타냅니다. 함수의 각 입력값은 정확히 하나의 출력값으로 대응됩니다.

이 내용 중 유독 눈에 띄는 특징이 하나 있습니다. 바로 '함수의 각 입력값은 정확히 하나의 출력값으로 대응됩니다'라는 내용입니다. 함수는 같은 입력에 대해 항상 같은 출력을 해야 합니다. 같은 입력값으로 함수를 실행했을 때 다른 출력값이 나와서는 안 됩니다. 즉, 같은 입력에 대해 두 개의 출력을 갖는 함수가 있어서는 안 됩니다.

따라서 함수를 실행하면서도 실제로는 어떤 함수가 실행될지 모른다는 말은 부적절합니다. 왜냐하면 함수를 실행한다는 것은 고정적이고 특정하게 지정된 절차를 수행한다는 의미라서 그렇습니다. 따라서 어떤 클래스의 어떤 메서드가 실행될지 모르면서 함수를 실행한다고 표현하는 것은 불가능합니다. 그리고 이는 객체지향에서 추구하는 방향과 반대됩니다. 객체지향에서는 특정한 구현에 의존하는 상황을 피하고자 합니다. 그래서 객체지향에서는 협력 객체에 어떤 일을 요청할 때 '함수를 실행한다'라는 말 대신 '메시지를 전달한다'라고 표현합니다.

객체지향에서 객체들은 메시지를 통해 소통합니다. 이를 좀 더 쉽게 말하자면, 이러이러한 인수를 건네줄 테니 알아서 일을 해달라고 부탁하는 것입니다. 즉, 객체는 협력 객체에 메시지만 보낼 뿐입니다. 실제로 **어떤 방법**(method)으로 일을 어떻게 처리할지는 객체가 정합니다. 그래서 객체지향에서는 객체가 수행하는 함수를 메서드라 부릅니다. 메서드란 어떤 메시지를 처리해 달라는 요청을 받았을 때 이를 어떻게 처리하는지 방법(method)을 서술하는 것입니다.

따라서 메서드를 어떻게 구현할지에 집중하는 것은 그다지 좋은 방법이 아닙니다. 왜냐하면 메서드란 결국 어떤 메시지를 어떻게 처리하는지를 서술하는 것이므로 알고리즘에 가까운 것이기 때문입니다. 알고리즘을 고민하면 결국 구현에 집착하게 됩니다. 그러면 결국 객체의 메서드를 작성하는 행위가 함수를 작성하는 것과 다를 바가 없어지고, 절차지향적인 코드가 나오게 됩니다. 객체지향에서 진짜 중요한 것은 책임을 나누고 메시지를 통해 협력 관계를 구축하는 것입니다.

명시적 입력과 암묵적 입력

함수를 실행할 때는 크게 두 가지 종류의 입력이 있습니다. 바로 명시적 입력과 암묵적 입력입니다. **명시적 입력**은 함수의 매개변수를 통해 직접 전달되는 입력을 말합니다. 예를 들어, add(x, y) 같은 함수가 있을 때 x와 y는 명시적 입력입니다. 반면 암묵적 입력은 함수에 명시적으로 전달되지 않지만 함수의 동작에 영향을 미치는 입력을 말합니다.

예를 들어, 외부 시스템을 호출하는 webClient.get(...) 같은 메서드는 함수의 매개변수 외에도 네트워크 상태 같은 시스템 바깥의 상태도 추가적인 입력이 될 수 있습니다. 즉, 네트워크 연결이 정상이면 함수 실행이 성공하겠지만 네트워크 연결이 끊어져서 실패할 수도 있기 때문입니다. 그래서 이러한 입력들은 메시지를 건네는 시점에는 알 수 없는 입력이라서 암묵적 입력이라고 합니다.

이외에도 암묵적 입력은 함수가 전역 변수나 클래스의 인스턴스 변수를 참조할 때 자주 나타납니다. 그리고 암묵적 입력은 시스템의 복잡도를 높이는 요인 중 하나입니다. 그래서 시스템에서 암묵적 입력을 최대한 줄이기 위해 노력해야 합니다.

그런데 만약 모든 입출력이 명시적이면서 같은 입력에 대해 항상 같은 출력만 주는 함수가 있다면 어떨까요? 그렇다면 이 함수를 가리켜 불변하다고 할 수 있을 것입니다. 예를 들어, Math.add(2, 3)에는 명시적 입력만 있으며, 결과가 항상 5일 것입니다. 그래서 이렇게 불변한 함수를 가리켜 '순수 함수'라고 부릅니다. 정리하면 객체에 불변성이 적용되면 '불변 객체'가 되는 것이고 함수에 적용되면 '순수 함수'가 됩니다. 그리고 이러한 불변성에 집중해 객체를 만들고 함수를 만드는 방식의 프로그래밍을 함수형 프로그래밍이라고 합니다.

SOLID

객체지향에서 좋은 설계와 아키텍처를 이야기하면 빠지지 않고 나오는 개념이 있습니다. 바로 SOLID입니다. SOLID는 로버트 C. 마틴(Robert C. Martin)이 2000년대 초반에 고안한 5가지 원칙을 지칭하는 말입니다. 5가지 원칙은 아래와 같이 구성돼 있는데, 각 원칙의 앞 글자를 따면 SOLID라는 단어가 만들어지기 때문에 이 5가지 원칙을 통칭해서 SOLID 원칙이라 부릅니다.

- 단일 책임 원칙(SRP: Single Responsibility Principle)

- 개방 폐쇄 원칙(OCP: Open-Closed Principle)

- 리스코프 치환 원칙(LSP: Liskov Substitution Principle)

- 인터페이스 분리 원칙(ISP: Interface Segregation Principle)

- 의존성 역전 원칙(DIP: Dependency Inversion Principle)

각 원칙은 객체지향 언어에서 좋은 설계를 얻기 위해 개발자가 지켜야 할 규범과 같은 것을 이야기합니다. 그리고 각 원칙의 목표는 소프트웨어의 유지보수성과 확장성을 높이는 것입니다.

그렇다면 소프트웨어의 유지보수성을 높인다는 것은 무슨 뜻일까요? 어떻게 코드를 작성해야 유지보수가 가능한 코드가 되고, 어떻게 작성하면 유지보수하기가 힘든 코드가 되는 것일까요? 유지보수는 사람이 하는 것이니까 가독성이 좋은 코드를 목표로 코드를 작성하면 유지보수성이 높은 것일까요?

물론 그럴 수도 있습니다. 하지만 설계 관점에서 코드의 유지보수성을 판단할 때 사용할 수 있는 조금 더 실무적인 세 가지 맥락이 있습니다.

1. **영향 범위**: 코드 변경으로 인한 영향 범위가 어떻게 되는가?
2. **의존성**: 소프트웨어의 의존성 관리가 제대로 이뤄지고 있는가?
3. **확장성**: 쉽게 확장 가능한가?

즉, SOLID는 이 질문의 답을 알려주는 원칙인 것입니다. SOLID를 따르는 코드는 코드 변경으로 인한 영향 범위를 축소할 수 있고, 의존성을 제대로 관리하며, 기능 확장이 쉽습니다. 그래서 코드의 유지보수성이 올라갑니다.

그렇다면 SOLID의 각 원칙은 구체적으로 어떤 내용일까요? 이를 모르는 분들을 위해 5가지 설계 원칙을 간략하게 소개한 후에 이 책에서 하고 싶은 이야기를 이어가보겠습니다.

4.1 SOLID 소개

4.1.1 단일 책임 원칙

> 클래스를 변경해야 할 이유는 단 하나여야 합니다.[1]
> — 로버트 C. 마틴[2]

가장 먼저 소개할 원칙은 단일 책임 원칙(SRP: Single Responsibility Principle)입니다. 단일 책임 원칙은 클래스에 너무 많은 책임이 할당돼서는 안 되며, 단 하나의 책임만 있어야 한다고 말합니다. 클래스는 하나의 책임만 갖고 있을 때 변경이 쉬워집니다.[3]

단일 책임 원칙을 이해하기 위해 먼저 이 원칙과 관련된 단편적인 예시를 하나 들겠습니다. 프로젝트를 경험하다 보면 한 클래스에 굉장히 긴 코드가 들어간 경우를 보게 됩니다. 제가 본 가장 긴 클래스는 8,000라인으로 구성된 클래스였습니다. 어떤가요? 여러분은 클래스 하나가 8,000라인인 코드를 감당할

---

1 원문: "A class should have one, and only one, reason to change."
2 출처: http://butunclebob.com/ArticleS.UncleBob.PrinciplesOfOod
3 이 원칙은 SOLID로 소개되는 다른 원칙에 비해 이름만 들어도 어떤 목적을 갖고 만들어진 것인지 이해하기 쉽습니다. 그래서 '당연히 그래야지'라면서 넘어가기 쉽지만 실은 알고 보면 5가지 원칙 중 가장 이해하기 어려운 원칙에 해당합니다. 왜 그런지 4.1.1절 '단일 책임 원칙'을 끝까지 읽어봐 주세요.

수 있나요? 코드의 양이 곧 책임의 크기는 아니지만 보편적으로 긴 코드는 책임이 제대로 분할되지 않은 경우가 많습니다. 긴 코드는 그 자체로 가독성도 떨어집니다. 더불어 어떤 메서드가 어디까지 영향을 주고 있는지 알 수 없게 만듭니다. 그래서 문제가 됩니다.

8,000라인이나 되는 클래스라면 사실상 프로그램에 존재하는 모든 내용이 이 클래스에 적혀 있고, 그렇지 않은 다른 클래스도 모두 해당 클래스를 참조하고 있을 것입니다. 또 반대로 해당 클래스도 프로그램에 존재하는 모든 클래스를 참조하고 있을 것입니다. 따라서 이렇게 복잡하고 과한 책임이 할당된 클래스는 코드를 변경하려고 할 때 문제가 됩니다. 영향 범위를 알 수 없으니 코드 변경 자체가 어려워지는 것입니다.

따라서 과하게 집중된 책임은 피하고 분할해야 합니다. 이러한 맥락에서 단일 책임 원칙을 따르라는 말은 클래스가 특정 역할을 달성하는 데만 집중할 수 있게 하라는 의미입니다. 클래스에 할당된 책임이 하나라면 코드를 이해하는 것도 쉬워집니다. 코드 수정이 필요하다면 특정 클래스나 모듈만 수정하면 됩니다. 수정하는 것도 쉬워지는 것입니다. 유지보수가 필요할 때 다른 책임과의 충돌을 걱정할 필요가 없습니다. 하나의 문제에만 집중하면 되고 이미 그렇게 만들어져 있기 때문입니다. 결과적으로 단일 책임 원칙을 추구하면 변경으로 인한 영향 범위를 최소화할 수 있습니다.

다시 말하면 단일 책임 원칙은 결국 '변경'과 연결됩니다. 변경으로 인한 영향 범위를 최소화하는 것이 이 원칙의 목적입니다. 그래서 단일 책임 원칙을 소개할 때 '클래스는 하나의 책임만을 가져야 합니다' 같은 말 대신 '클래스를 변경해야 할 이유는 단 하나여야 합니다'로 소개되는 것입니다. 소프트웨어는 복잡계이므로 빈번하게 들어오는 요구사항 변경을 효율적으로 처리하는 것이 중요합니다. 따라서 외부의 변경 요청에도 소프트웨어의 항상성을 유지하려는 것이 이 원칙의 가장 큰 목적입니다.

그런데 잠깐 짚고 넘어갈 것이 있습니다. 지금 이렇게 자연스럽게 말하는 '책임'이란 무엇일까요? 우리는 '책임'이라는 말에 관해 좀 더 생각해 볼 필요가 있습니다. 왜냐하면 책임이라는 단어의 의미는 사실 지나치게 추상적이기 때문입니다. 지루한 이야기지만 조금만 더 파고 들어가 봅시다. 단일 책임 원칙이 말하는 책임은 무엇이며 어떨 때 이 원칙에 위배되는 걸까요?

예제를 보면서 단일 책임 원칙에서 말하는 '책임'이 무엇인지 살펴봅시다. 다음과 같은 Developer라는 클래스가 있습니다.

코드 4.1 개발자를 표현하는 클래스

```
class Developer {

    public String createFrontendCode() {
```

```
        // 프런트엔드 코드를 만듭니다.
    }

    public String publishFrontend() {
        // 프런트엔드 서비스를 배포합니다.
    }

    public String createBackendCode() {
        // 백엔드 코드를 만듭니다.
    }

    public String serveBackend() {
        // 백엔드 서비스를 배포합니다.
    }
}
```

Developer는 우리와 같은 소프트웨어 개발자를 표현하는 클래스입니다. 코드를 작성하는 사람으로, 코드 4.1을 통해 확인한 개발자는 프런트엔드 코드를 만들기도 하고, 백엔드 코드를 만들기도 하며, 프런트엔드 코드를 배포하고, 백엔드 코드를 배포하기도 합니다. 어떤가요? 이 코드는 단일 책임 원칙을 위배하고 있나요?

이에 대한 의견은 분분할 것입니다. 왜냐하면 누군가는 단일 책임 원칙을 위배하고 있다고 말할 것이며 누군가는 단일 책임 원칙을 지키고 있다고 말할 것이기 때문입니다. 왜 그럴까요? 각자의 주장을 한 번 들어봅시다.

먼저 단일 책임 원칙을 위배한다고 보는 입장입니다. 보편적으로 이 질문을 현업에 있는 개발자에게 던지면 '이 클래스는 단일 책임 원칙을 위배하고 있다'라고 답합니다. 왜냐하면 개발자 시선에서 봤을 때 개발자는 프런트엔드 개발자와 백엔드 개발자로 분류되고, 그렇기 때문에 두 역할을 모두 하고 있는 코드 4.1에는 두 개의 책임이 있다고 보기 때문입니다.

케이스 1: **책임을 프런트엔드 개발자와 백엔드 개발자로 분류**

1. 프런트엔드 개발자의 책임
   - createFrontendCode
   - publishFrontend

2. 백엔드 개발자의 책임
   - createBackendCode
   - serveBackend

그렇기 때문에 프런트엔드 개발자의 책임과 백엔드 개발자의 책임을 모두 갖고 있는 코드 4.1은 단일 책임 원칙을 위배합니다.

좋습니다. 그렇다면 코드 4.1을 케이스 1처럼 프런트엔드 개발자와 백엔드 개발자의 책임으로 분류해 클래스를 분할하면 문제가 해결될까요? 글쎄요. 그랬으면 좋겠지만 누군가는 그렇게 분류해도 단일 책임 원칙이 지켜지고 있다고 말하지 않을 것입니다. 왜냐하면 누군가는 코드 4.1을 보며 다음과 같이 책임을 세분화할 수 있다고 볼 수도 있기 때문입니다.

케이스 2: 책임을 프런트엔드 개발자, 백엔드 개발자, 시스템 운영자로 분류

1. **프런트엔드 개발자의 책임**
   - createFrontendCode

2. **백엔드 개발자의 책임**
   - createBackendCode

3. **시스템 운영자의 책임**
   - publishFrontend
   - serveBackend

이들은 코드 4.1의 `Developer` 클래스에 총 3개의 책임이 있다고 생각합니다. 프런트엔드 개발자, 백엔드 개발자, 시스템 운영자로서의 책임 말입니다. 코드 4.1이 원칙을 위배하고 있다고 생각하는 사람들끼리도 생각이 조금씩 다를 수 있는 것입니다!

그렇다면 이번에는 단일 책임 원칙을 지킨다고 보는 사람의 주장도 한 번 들어 봅시다. 이들은 개발자를 프런트엔드, 백엔드, 운영자로 특별히 구분하지 않고 하나의 '시스템'을 개발하는 사람으로 봅니다. 그래서 코드 4.1에는 하나의 책임이 잘 들어가 있다고 봅니다.

케이스 3: 책임을 시스템 개발자로 분류

1. **시스템 개발자의 책임**
   - publishFrontend
   - createFrontendCode
   - createBackendCode
   - serveBackend

언뜻 보면 이 말도 맞는 말입니다. 왜냐하면 개발 생태계를 모르는 사람이 봤을 때 프로그램은 프런트엔드와 백엔드로 나뉘지 않기 때문입니다. 일반인이 바라보는 프로그램은 그냥 하나의 시스템입니다. 그래서 이런 주장을 하는 분들은 '개발자니까 뭐가 됐든 코드를 짜고 배포, 운영까지 해야 하는 게 당연한 거

아니야?'라고 생각할 것입니다. 그러므로 이런 분들의 기준으로 봤을 때 코드 4.1의 Developer 클래스는 단일 책임 원칙을 지키고 있다고 볼 수 있습니다.

이처럼 하나의 클래스를 보고도 각자 의견이 다를 수 있습니다. 이러한 이유로 단일 책임 원칙은 굉장히 단순한 원칙처럼 보이지만 협업하는 실무 레벨에서 이 원칙을 적용하는 것은 꽤나 어렵습니다. 왜냐하면 책임은 문맥을 포함하는 개념이기 때문이며, 그로 인해 '책임'이라는 개념은 그것을 바라보는 개인이나 상황마다 다르게 해석될 여지가 있기 때문입니다.

따라서 책임이란 무엇이고 이를 어떻게 나눌지 기준이 필요합니다. 이 같은 배경에서 SOLID의 창시자인 로버트 C. 마틴은 단일 책임 원칙에 다음과 같이 첨언합니다.

> 하나의 모듈은 하나의, 오직 하나의 액터에 대해서만 책임져야 한다.[4]
> – 로버트 C. 마틴[5]

책임을 설명하기 위해 새로운 개념이 등장했습니다. 바로 **액터**(actor)입니다. 액터는 메시지를 전달하는 주체입니다. 그리고 단일 책임 원칙에서 말하는 책임은 액터에 대한 책임입니다. 메시지를 요청하는 주체가 누구냐에 따라 책임이 달라질 수 있습니다.

즉, 단일 책임 원칙을 이해하려면 책임이 무엇인지 이해하려 노력하기보다는 오히려 액터에 집중해야 합니다. 시스템에서 어떤 모듈이나 클래스를 사용하게 될 액터가 몇 명인지를 먼저 확인해야 합니다. 똑같은 코드일지라도 시스템에 따라 액터가 다를 수 있습니다. 즉, 어떤 클래스를 사용하게 될 액터가 한 명이라면 단일 책임 원칙을 지키고 있는 것이고 여럿이라면 위반하고 있는 것입니다.

다시 Developer 예제로 돌아와 봅시다. 똑같은 Developer 클래스일지라도 시스템에 따라 이 클래스를 바라보고 이해하는 액터 객체는 달라질 수 있습니다. 따라서 시스템에서 Developer 객체를 사용하는 액터를 백엔드 개발을 시키는 액터와 프런트엔드 개발을 시키는 액터로 분리한다면 이 클래스에는 책임이 두 가지가 존재한다고 볼 수 있습니다. 반대로 시스템에서 Developer 객체를 사용하는 액터가 풀스택 개발을 시키는 액터로 하나만 있다면 책임이 하나만 존재한다고 볼 수 있습니다.

- 어떤 모듈이나 클래스가 담당하는 액터가 혼자라면 단일 책임 원칙을 지키고 있는 것입니다.
- 어떤 모듈이나 클래스가 담당하는 액터가 여럿이라면 단일 책임 원칙에 위배됩니다.

---

4   원문: "A module should be responsible to one, and only one, actor."
5   출처: 《클린 아키텍처》(인사이트, 2019), 66쪽

따라서 단일 책임 원칙을 이해하려면 시스템에 존재하는 액터를 먼저 이해해야 합니다. 그리고 그러기 위한 문맥과 상황이 필요합니다. 단일 책임 원칙에서 말하는 책임은 결국 액터에 대한 책임이기 때문입니다.

그리고 액터가 하나일 수 있다면 클래스를 변경할 이유도 하나로 고정됩니다. 바로 해당 액터의 요구사항이 변경될 때입니다.

버그나 시스템 성능 개선을 제외하고, 클래스를 변경할 이유는 유일한 액터의 요구사항이 변경될 때로 제한되어야 합니다. 이는 최초에 이야기했던 '클래스를 변경해야 할 이유는 단 하나여야 한다'라는 설명과도 이어집니다. 반대되는 경우를 생각해 볼까요? 액터가 여럿이라면 클래스를 변경해야 할 이유가 여럿일 것입니다. 여기저기 존재하는 여러 액터들의 요구사항이 변경될 때마다 해당 클래스가 영향을 받기 때문입니다.

> ⓘ **단일 책임 원칙의 목표**
>
> 클래스가 변경됐을 때 영향을 받는 액터가 하나여야 합니다.
>
> 클래스를 변경할 이유는 유일한 액터의 요구사항이 변경될 때로 제한되어야 합니다.

4.1.2 개방 폐쇄 원칙

> 🗨 클래스의 동작을 수정하지 않고 확장할 수 있어야 합니다.[6]
> – 로버트 C. 마틴[7]

개방 폐쇄 원칙(OCP: Open-Closed Principle)은 주로 확장에 관한 이야기를 다룹니다. 그래서 이 원칙은 "확장에는 열려 있고(open) 변경에는 닫혀 있어야(closed) 한다"라는 말로 표현되기도 합니다. 이 원칙의 주된 목적은 기존 코드를 수정하지 않으면서도 확장이 가능한 시스템을 만드는 것입니다.

그렇다면 기존 코드를 수정하지 않으면서도 확장이 가능한 시스템을 만들어야 하는 이유는 무엇일까요? 간단합니다. 시스템을 운영하면서 코드를 변경하는 것은 매우 위험한 일이기 때문입니다. 작은 프로젝트에서야 코드 수정이 자유롭지만 규모가 큰 시스템에서는 코드를 변경하는 것이 쉬운 일이 아닙니다. 특히나 변경하려는 코드를 사용하는 액터가 여럿이라면 더더욱 그렇고요.

---

6   원문: "You should be able to extend a classes behavior, without modifying it."

7   출처: http://butunclebob.com/ArticleS.UncleBob.PrinciplesOfOod

따라서 코드를 확장하고자 할 때 취할 수 있는 최고의 전략은 기존 코드를 아예 건드리지 않는 것입니다. 그렇다면 코드를 확장할 때 기존 코드를 수정하지 않아도 된다니 이게 무슨 말일까요? 이게 가능하기나 할까요?

사실 이 주제에 관해서는 이미 예시를 통해 한 번 경험한 바 있습니다. 바로 1.1절 '책임과 역할'에 나왔던 '음식점 체인점 사업 확장' 예제입니다(코드 1.11, 코드 1.12). 예제가 기억나지 않는다면 앞 페이지를 펼쳐서 다시 한번 보고 오는 것도 좋지만 여기서 다시 한번 복기해보는 것도 좋겠습니다.

1.1절 '책임과 역할'에서는 음식점 체인점을 운영하다가 규모가 커져서 체인점에 브랜드 상품(BrandProduct)을 팔게 되는 상황을 가정했습니다. 그리고 이와 관련된 추가 요구사항이 들어왔을 때 코드가 어떻게 설계돼 있는지에 따라 요구사항을 만족시키려면 코드를 각각 어떻게 변경해야 하는지도 알아봤습니다. 기억이 안 나는 분들을 위해 정리해 보겠습니다.

- 케이스 1: 주문(Order) 클래스가 음식(Food)이라는 구현체를 직접 사용했던 코드

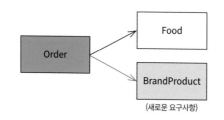

그림 4.1 새로운 요구사항이 들어오자 Order 클래스가 영향을 받는다.

이때 새로운 요구사항이 들어오면 코드 1.11처럼 브랜드 상품을 팔고자 Order 클래스를 변경해야 했습니다. 즉, 구현에 의존하는 코드를 만들었더니 새로운 요구사항이 생기자 새로운 구현을 지원하는 코드로 변경해야 했던 것입니다.

- 케이스 2: 주문(Order) 클래스가 '계산 가능한'(Calculable)이라는 역할을 사용했던 코드

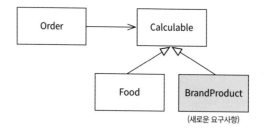

그림 4.2 역할에 의존했더니 새로운 요구사항이 들어와도 Order 클래스가 영향을 받지 않는다.

이번 케이스에서는 역할에 집중해 간접적으로 구현체를 사용하도록 만들었습니다. 그랬더니 새로운 요구사항이 들어와도 코드 1.12처럼 기존 코드를 크게 변경하지 않고도 요구사항을 처리할 수 있었습니다.[8] 심지어 코드 1.12는 앞으로 생길 또 다른 요구사항 확장 요청에도 열려 있습니다. 단적인 예로 음식점에서 브랜드 상품이 아닌 가전제품을 팔아달라는 뜬금없는 요청이 와도 프로젝트를 확장할 수 있는 것입니다. 방법은 간단합니다. 가전제품이라는 클래스를 만들고 Calculable이라는 역할을 구현하기만 하면 됩니다.

OCP의 목표는 확장하기 쉬우면서 변경으로 인한 영향 범위를 최소화하는 것입니다. 그리고 이 목표는 소프트웨어 설계에서 매우 중요한 가치로서, OCP 원칙은 '확장에는 열려 있고 변경에는 닫혀 있다'라는 말로 굉장히 간결하고 명확하게 표현하고 있습니다.

또한 OCP 원칙은 코드를 추상화된 역할에 의존하게 만듦으로써 이를 달성할 수 있습니다. '추상화된 역할에 의존한다'라는 말에 관해서는 조금 더 설명할 내용이 있지만 뒤이어 나올 의존성과도 상당 부분 겹치는 내용이므로 여기서 설명하는 내용으로 마칩니다.

4.1.3 리스코프 치환 원칙

> 파생 클래스는 기본 클래스를 대체할 수 있어야 합니다.[9]
>
> – 로버트 C. 마틴[10]

바바라 리스코프(Barbara Liskov)에 의해 고안되어 리스코프 치환 원칙(LSP: Liskov Substitution Principle)이라고 불리는 이 원칙은 한 문장으로 정의하면 '기본 클래스의 계약을 파생 클래스가 제대로 치환할 수 있는지 확인하라'는 원칙입니다. 다음 예제를 봅시다.

코드 4.2 Rectangle을 상속하는 Square

```
@Getter
@Setter
@AllArgsConstructor
class Rectangle {

    protected long width;
    protected long height;
```

---

8   변수 이름이 변경됐지만 이는 사소한 변경이니 넘어가겠습니다.

9   원문: "Derived classes must be substitutable for their base classes."

10   출처: http://butunclebob.com/ArticleS.UncleBob.PrinciplesOfOod

```java
    public long calculateArea() {
        return width * height;
    }
}

class Square extends Rectangle {

    public Square(long length) {
        super(length, length);
    }
}
```

보다시피 직사각형(Rectangle)이라는 클래스와 정사각형(Square)이라는 클래스가 있습니다. 그리고 정사각형은 직사각형을 상속합니다. 코드 난이도가 높지 않으므로 바로 이해할 수 있으리라 생각합니다.

그런데 이 코드에는 잠재적인 버그가 하나 있습니다. 혹시 눈치채셨나요?

```java
Rectangle rectangle = new Square(10);
rectangle.setHeight(5);

// 다음 코드의 실행 결과는 50이 나올 것입니다. 원하는 결과가 맞나요?
System.out.println(rectangle.calculateArea());
```

기본 클래스 Rectangle로 만들어진 rectangle 변수에 파생 클래스인 Square의 인스턴스를 할당했습니다. 10×10 크기의 정사각형을 만들어 넣어준 것입니다. 그리고 곧바로 높이를 5로 변경합니다.

그런데 어떤가요? 이럴 때 정사각형은 어떻게 동작해야 할까요? 5×5로 크기가 바뀌어야 할까요? 아니면 10×5로 바뀌어 더 이상 정사각형으로 취급하지 않아야 할까요?

또 마지막 코드에서 넓이를 출력하는 메서드를 실행하는데 어떤 결과가 나와야 할까요? 현재의 코드대로라면 넓이는 50이라고 나올 것입니다. 그런데 원하는 결과가 맞나요?

이 예시는 리스코프 치환 원칙을 설명하면서 보여주는 대표적인 리스코프 치환 원칙의 위반 사례입니다. 리스코프 치환 원칙에 따르면 파생 클래스가 기본 클래스의 모든 동작을 완전히 대체할 수 있어야 합니다. 그런데 현재의 정사각형 클래스는 직사각형 클래스의 모든 동작을 완전히 대체하지 못합니다. 그렇다면 이 문제는 어떻게 해결하면 좋을까요? 우선 파생 클래스가 기본 클래스를 대체할 수 있는지 파악하기 위해 기본 클래스에 할당된 의도가 무엇인지를 먼저 파악해야 합니다.

[Rectangle 클래스에 할당된 의도]

- getWidth를 호출하면 너비 값을 반환한다.

- getHeight를 호출하면 높이 값을 반환한다.

- setWidth를 호출하면 너비 값을 변경한다.

- setHeight를 호출하면 높이 값을 변경한다.

- calculateArea를 호출하면 넓이 값을 계산한다.

파생 클래스는 기본 클래스에서 정의한 의도를 모두 지킬 수 있어야 합니다. 그래서 이 의도를 지키고자 setWidth와 setHeight를 오버라이딩해 보겠습니다.

코드 4.3 파생 클래스가 기본 클래스에서 정의한 의도를 지키도록 메서드를 오버라이딩

```java
class Square extends Rectangle {

    public Square(long length) {
        super(length, length);
    }

    @Override
    public void setWidth(long width) {
        super.width = width;
        super.height = width;
    }

    @Override
    public void setHeight(long height) {
        super.width = height;
        super.height = height;
    }
}
```

어떤가요? 이제 이 코드는 앞에서 도형의 높이를 변경하고 넓이를 계산하는 코드에서도 그럴싸하게 동작할 것입니다. 즉, 높이를 5로 변경하면 너비와 높이가 모두 5로 변경되면서 5×5인 정사각형으로 변경될 것입니다. 그렇다면 이제 Square는 기본 클래스를 대체할 수 있게 될까요?

아닙니다! 왜냐하면 사실 코드 4.3마저도 기본 클래스의 의도를 위반한 것일 수 있기 때문입니다. 일반적으로 세터는 다른 속성은 건드리지 않고 내가 원하는 특정 속성 값만 그대로 치환하는 역할을 합니다.

그러니 setHeight 메서드를 호출했을 때 width 변수까지 함께 바뀌는 것은 기본 클래스의 의도가 아닐 수 있습니다. 다음 예제를 봅시다.

setHeight 메서드가 width 변수에도 영향을 주는 경우

```java
public void myFunction(Rectangle rectangle) {
    rectangle.setHeight(100);
    // 아래 코드의 실행 결과로 100이 출력됩니다.
    System.out.println(rectangle.getWidth());

    rectangle.setHeight(50);
    // 아래 코드의 실행 결과로 50이 출력됩니다.
    System.out.println(rectangle.getWidth());
}
```

어떤 개발자가 rectangle이라는 객체를 매개변수로 받아 이 객체의 setHeight 메서드를 실행해 도형의 높이값을 변경합니다. 그런데 그러고 보니 결과가 좀 이상합니다. 높이를 변경하는 메서드를 실행했을 뿐인데 뜬금없이 너비까지 변경되는 것입니다. 곰곰이 생각해보면 이상하지 않나요?

전후 사정을 알고 있는 우리야 '이 메서드를 실행할 때 Square 객체가 매개변수로 들어갔겠구나'라고 추론할 수 있을 것입니다. 하지만 맥락을 모르는 개발자가 코드 4.4를 보면 분명 이상하다고 느낄 것입니다. 왜냐하면 코드 4.4에는 그 어디에도 Square 객체가 사용됐다는 말이 없기 때문입니다.

게다가 다음과 같이 상상해 봅시다. myFunction 메서드 뒤에 width 변수를 사용하는 다른 코드가 있다면 어떨까요? setHeight 메서드 호출이 연쇄적으로 다른 코드에도 영향을 줘서 버그가 생길지도 모릅니다. 그리고 그렇게 발생한 버그는 재현하기도 힘들고 원인을 찾기도 힘들 것입니다. setHeight 메서드를 호출한 결과로 width 변수도 값이 변하는 것은 정사각형(Square) 입장에서는 의도하는 바가 맞을지라도 직사각형(Rectangle) 입장에서는 의도하는 바가 아닐 수 있습니다.

결국 이 예제에서 Square가 온전히 리스코프 치환 원칙을 지키도록 바꾸는 것은 어렵습니다.[11] 파생 클래스가 기본 클래스를 대체하려면 기본 클래스에 할당된 의도와 계약이 무엇인지를 먼저 파악할 수 있어야 합니다. 그런데 이 코드만 보고는 초기 코드 작성자의 의도를 알 수 없습니다.

그렇다면 초기 코드 작성자의 의도를 파악하려면 어떻게 해야 할까요? 원시적으로는 코드 작성자에게 직접 물어보는 방법이 있습니다. 규모가 크지 않은 조직이라면 통하는 방법이겠지만 이 방법에는 명백한

---

11 가장 확실한 방법은 세터를 지우는 것이겠네요.

한계가 있습니다. 직접 물어보는 것은 불필요한 커뮤니케이션 비용을 발생시킵니다. 심지어 초기 코드 작성자가 이미 퇴사한 상태일 수도 있습니다.

따라서 직접 물어봐서 문제를 해결하는 것은 그다지 좋은 방법이 아닙니다. 대신 코드 작성자의 의도를 드러낼 수 있는 조금 더 세련된 방법이 있습니다. 바로 테스트 코드를 사용하는 것입니다. 즉, 초기 코드 작성자가 생각하는 모든 의도를 테스트 코드로 만들어 두는 것입니다. 그렇게 할 수만 있다면 파생 클래스를 작성하는 개발자는 테스트를 보고 초기 코드 작성자의 의도를 파악할 수 있을 것이고, 기본 클래스로 작성된 테스트에 파생 클래스를 추가해 테스트해 볼 수도 있을 것입니다. 인터페이스는 계약이며, 테스트는 계약 명세입니다.

4.1.4 인터페이스 분리 원칙

클라이언트별로 세분화된 인터페이스를 만드세요.[12]
– 로버트 C. 마틴[13]

인터페이스 분리 원칙(ISP: Interface Segregation Principle)은 클라이언트가 자신이 사용하지 않는 인터페이스에 의존하지 않아야 한다는 원칙입니다. 즉, 어떤 클래스가 자신에게 필요하지 않은 인터페이스의 메서드를 구현하거나 의존하지 않아야 한다는 말입니다. 이를 통해 인터페이스의 크기를 작게 유지하고, 클래스가 필요한 기능에만 집중할 수 있습니다.

이 원칙은 개발자들이 하나의 인터페이스로 모든 것을 해결하려고 할 때 위배됩니다. 그러므로 이 원칙은 단일 책임 원칙과도 밀접한 관련이 있습니다. 다른 원칙과 마찬가지로 이 원칙도 코드를 보면서 이야기하는 편이 이해하는 데 도움이 될 것입니다. 다음 코드를 봅시다.

코드 4.5 스프링 프레임워크의 LifecycleBean

```java
public class LifecycleBean implements
    BeanNameAware,
    BeanFactoryAware,
    InitializingBean,
    DisposableBean {

    // ...
}
```

---

12 원문: "Make fine grained interfaces that are client specific."
13 출처: http://butunclebob.com/ArticleS.UncleBob.PrinciplesOfOod

스프링 프레임워크의 LifecycleBean이라는 클래스의 코드 일부입니다.[14] 보다시피 Lifecycle Bean 클래스는 총 4개의 인터페이스를 구현하고 있습니다. 그런데 간혹 이런 오픈소스 코드를 보다 보면 다음과 같은 생각이 듭니다. 이렇게 인터페이스를 세분화한 이유가 무엇일까? BeanNameAware와 BeanFactoryAware 인터페이스는 BeanAware라는 인터페이스로 합칠 수 있을 것 같은데 이를 굳이 분리한 이유가 있을까?

이를 이해하기 위해 또 한번 다른 상상을 해 봅시다. 앞에서 이야기한 대로 BeanNameAware와 BeanFactoryAware 인터페이스를 BeanAware라는 인터페이스로 합쳤다고 가정하는 것입니다. 그리고 나서 다음과 같은 코드를 봅시다.

코드 4.6 스프링 프레임워크에 있는 AnnotationBeanConfigurerAspect

```
public aspect AnnotationBeanConfigurerAspect
    extends AbstractInterfaceDrivenDependencyInjectionAspect
    implements BeanFactoryAware, InitializingBean, DisposableBean {

    // ...
}
```

이 역시 스프링 프레임워크에 있는 코드입니다.[15] AnnotationBeanConfigurerAspect 클래스는 BeanNameAware와 BeanFactoryAware 인터페이스 중 BeanFactoryAware 인터페이스만 구현합니다. BeanNameAware 인터페이스는 구현하지 않고 있는 것입니다.

추정하건대 이렇게 개발한 이유는 단순합니다. 실제로 구현해야 하는 기능이 BeanFactoryAware 인터페이스만으로 충분했기 때문일 것입니다. 그런데 만약 인터페이스를 분리하지 않고 BeanAware라는 형태로 통합했다면 어땠을까요? AnnotationBeanConfigurerAspect 클래스를 작성하는 개발자 입장에서는 구현할 수도 없고 구현할 필요도 없는 BeanNameAware 인터페이스의 메서드를 추가로 구현하느라 애를 먹었을 것입니다.

통합된 인터페이스는 구현체에 불필요한 구현을 강요할 수도 있습니다. 따라서 범용성을 갖춘 하나의 인터페이스를 만들기보다 다수의 특화된 인터페이스를 만드는 편이 더 낫습니다.

---

14 출처: https://github.com/spring-projects/spring-framework/blob/69bc4e2828c493807a222bf9aa6e2b25afa3d69b/spring-beans/src/testFixtures/java/org/springframework/beans/testfixture/beans/LifecycleBean.java#L35, 단축 URL: https://bit.ly/Lcbjava

15 출처: https://github.com/spring-projects/spring-framework/blob/69bc4e2828c493807a222bf9aa6e2b25afa3d69b/spring-aspects/src/main/java/org/springframework/beans/factory/aspectj/AnnotationBeanConfigurerAspect.aj#L47, 단축 URL: https://bit.ly/Anbca

그렇다면 통합된 인터페이스를 만드는 것이 세분화된 인터페이스를 만드는 것보다 좋지 않은 이유에 대해서 조금만 더 이야기해 봅시다. 통합된 인터페이스를 만드는 것이 좋지 않은 이유는 일반적으로 인터페이스가 통합되면 인터페이스의 역할이 두루뭉술해지기 때문입니다. 그렇다면 BeanAware와 BeanNameAware 사례를 두고 비교해보면서 이를 이해해 봅시다.

우선 스프링에서 Aware가 어떤 의미인지부터 설명하겠습니다. 일반적으로 스프링 프로젝트에서 이름에 'Aware'라는 단어가 포함된 인터페이스는 앞에 나온 타깃에 변화가 있을 때 실행되는 콜백 메서드를 구현하는 데 사용됩니다. 예를 들어, BeanNameAware로는 빈(bean) 이름과 관련된 활동이 있을 때 실행되는 콜백 메서드를 구현할 수 있습니다. 즉, setBeanName 메서드를 오버라이딩해서 빈 이름이 지정될 때 특별한 절차를 수행할 수 있습니다.

그렇다면 BeanAware라는 인터페이스는 무슨 의미일까요? 그리고 이 인터페이스의 역할은 무엇일까요? 이 맥락에서 BeanAware는 빈(Bean)과 관련된 모든 활동을 구독하겠다는 의미가 돼버립니다. 그래서 Bean*Aware 패턴을 따르는 모든 인터페이스가 이곳으로 모이게 되고 그로 인해 변경이 어려워집니다. 이는 인터페이스의 정의가 지나치게 넓어 역할이 모호해지면서 여러 액터들을 상대하기 때문입니다. 이러한 이유로 인터페이스 분리가 제대로 지켜지지 않은 코드는 단일 책임 원칙도 위배하고 있을 확률이 높습니다.

그런데 이런 설명을 듣고 있으면 뭔가 이상하다는 생각이 들 수도 있습니다. 저는 지금 '비슷한 인터페이스를 하나로 통합해서 관리해서는 안 된다'라고 말하고 있습니다. 그런데 '비슷한 인터페이스를 하나로 통합하겠다'라는 말을 언뜻 들었을 때는 그렇게까지 부정적인 의미로 들리지 않습니다. 오히려 개발을 조금 공부해 본 분들이라면 '인터페이스를 통합하고 한곳으로 모은다는 건 응집도가 높아지는 것이니 더 좋은 거 아닌가?'라고 반문할 수 있습니다.

맞습니다. 실제로 인터페이스를 통합하려는 시도는 응집도를 추구하는 행위일 수도 있습니다. 하지만 그것이 곧 응집력이 높아지는 결과로 이어지는 것은 아닙니다. 왜냐하면 응집도라는 개념은 '유사한 코드를 한곳에 모은다'에서 끝나는 것이 아니기 때문입니다. 응집도의 종류는 다양하며, 좀 더 세분화된 수준으로 다음과 같은 응집도가 있습니다.[16]

1. **기능적 응집도(functional cohesion)**: 모듈 내 컴포넌트들이 같은 기능을 수행하도록 설계된 경우를 말합니다. 즉, 모듈이 어떤 목적을 가지고 있고 컴포넌트들은 그 목적을 달성하기 위해 협력하며, 오직 관련된 작업만 수행하는 경우입니다. 예를 들어, 모듈을 구성할 때 '주문'이라는 모듈을 만들기보다는 '주문 처리'라는 모듈을 만들어 컴포넌트를 구성할 수 있을 것입니다. 이는 '주문'이라는 범용적인 도메인을 다루기보다 말 그대로 '주문을 처리'하는 것만을 목적

---

16 응집도에 관한 더 자세한 내용은 https://en.wikipedia.org/wiki/Cohesion_(computer_science)를 참조하세요.

으로 만들어진 모듈입니다. 이럴 때 기능적 응집도를 추구했다고 할 수 있습니다. 따라서 기능적 응집도는 데이터보다 역할과 책임 측면에서 바라보는 응집도라 할 수 있습니다.

2. **순차적 응집도(sequential cohesion):** 순차적 응집도는 모듈 내의 컴포넌트들이 특정한 작업을 수행하기 위해 순차적으로 연결된 경우를 말합니다. 즉, 어떤 컴포넌트 출력이 다음 컴포넌트의 입력으로 사용되는 형태를 말합니다. 예를 들어, 데이터베이스에서 데이터를 검색한 후에 검색 결과를 가공하는 모듈이 있다면 이는 순차적 응집도를 따라 모듈을 구성한 것입니다.

3. **통신적 응집도(communicational cohesion):** 통신적 응집도는 모듈 내의 컴포넌트들이 같은 데이터나 정보를 공유하고 상호 작용할 때 이에 따라 모듈을 구성하는 경우를 의미합니다. 즉, 모듈 내 컴포넌트들이 메시지를 주고받는 형태나 공유 데이터에 따라 구성되면 통신적 응집도를 추구했다고 합니다. 예를 들어, 이메일 전송 모듈을 구성할 경우 이메일은 통신에 사용되는 특수한 프로토콜이 있고, 데이터의 형식도 발신자, 수신자, 제목, 본문 등으로 어느 정도 정해져 있습니다.

4. **절차적 응집도(procedural cohesion):** 절차적 응집도는 모듈 내의 요소들이 단계별 절차를 따라 동작하도록 설계된 경우를 나타냅니다. 즉, 모듈의 요소들이 단계별로 연결돼 전체적인 기능을 수행하는 것입니다. 예를 들어, 계산기 모듈에서 입력을 받는 단계, 연산을 수행하는 단계, 결과를 출력하는 단계 등으로 구성하는 경우가 있습니다.

5. **논리적 응집도(logical cohesion):** 논리적 응집도는 모듈 내의 요소들이 같은 목적을 달성하기 위해 논리적으로 연관된 경우를 말합니다. 즉, 모듈의 요소들이 서로 관련된 동작을 수행하지만 특정한 순서나 데이터의 공유가 필요하지는 않습니다. 예를 들어, 회원 관리 모듈에서 회원 등록, 회원 정보 업데이트, 회원 삭제 등의 작업을 수행하는 요소들이 있다면 논리적 응집도를 추구했다고 할 수 있습니다.

일반적으로 기능적 응집도 〉 순차적 응집도 〉 통신적 응집도 〉 절차적 응집도 〉 논리적 응집도 순으로 응집도가 높다고 평가합니다. 그렇다고 모든 프로젝트에서 이 순서가 보장되는 것은 아닙니다. 프로젝트의 목적과 요구사항에 따라 이 순서는 달라질 수 있습니다. 따라서 순서를 외우고 각각을 구체적으로 완벽하게 이해할 필요는 없습니다.

대신 여기서 이야기하고 싶은 바는 다음과 같습니다. '유사한 코드라서 한곳에 모아놓겠다'라는 접근은 '논리적 응집도'를 추구하는 방식이며, 이는 다른 종류의 응집도보다 낮은 수준의 응집도를 추구하는 결과를 낳는다는 것입니다.[17]

반면 인터페이스 분리 원칙이 추구하는 것은 무엇일까요? 한 가지 강조하자면 '클래스' 분리 원칙이 아닌 '인터페이스' 분리 원칙입니다. 그리고 인터페이스는 곧 역할이라고 부를 수 있다고 했습니다. 그러므로 인터페이스 분리 원칙은 역할과 책임을 분리하고 역할을 세세하게 나누라는 의미입니다. 따라서 인터페

---

17 응집도라는 개념은 엄연히 모듈 시스템에서 컴포넌트들이 어떻게 구성돼 있는지를 평가하는 데 사용되는 개념입니다. 그래서 인터페이스나 클래스를 어떻게 분리하고 합칠지 고민할 때 사용할 수 있는 개념은 아닙니다. 다만 개념은 개념이고, 응집도가 추구하는 가치는 클래스나 인터페이스를 분리하거나 병합할 때 활용할 수 있습니다.

이스를 분리하라는 말은 '기능적 응집도'를 추구하는 것이라 볼 수 있습니다. 즉, 인터페이스 분리 원칙은 응집도를 높이라는 말과 같습니다.

객체지향 설계에 익숙하지 않은 우리는 본능적으로 데이터 위주로 사고하고 이름에 따라 비슷한 것을 하나로 묶고 싶어 합니다. 세분화하는 것보다 통합하는 것에 익숙합니다. 그래서 그런지 인터페이스 분리 원칙은 생각보다 지키기 어려우며 놓치기도 쉽습니다. 예를 들어, JPA를 사용할 때 Repository라는 인터페이스를 정말 많이들 만들고 사용합니다. 하지만 Repository는 그 자체로 너무 많은 역할을 갖고 있는 인터페이스입니다. 그래서 CQRS(Command and Query Responsibility Segregation: 명령과 조회의 책임 분리) 설계에 따라 Repository를 Reader와 Writer로 인터페이스를 세분화할 수도 있을 것입니다. 어쩌면 더 나아가 Repository를 CRUD를 기준으로 세분화할 수도 있겠네요.

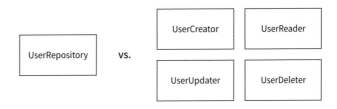

그림 4.3 UserRepository vs. UserCreator, UserUpdater, UserDeleter, UserReader

'범용적인 인터페이스를 만들어서는 안 된다.' '세분화된 인터페이스를 만드는 것이 좋다.' '인터페이스를 분리했을 때 코드의 재사용성이 높아진다.' 모두 말하기는 쉽고 이해하는 것도 어렵지 않습니다. 하지만 실천하기는 어렵습니다. 또한 그렇다고 무작정 인터페이스를 분리하는 것이 좋은 것도 아닙니다. 왜냐하면 우리는 Repository라는 인터페이스를 통해 여전히 개발을 충분히 잘 해오고 있기 때문입니다. 그렇다면 또 굳이 Repository를 분리할 필요가 있을까요? 인터페이스를 분리했을 때 얻을 수 있는 장점은 분명 많겠지만 결국 원칙은 원칙일 뿐입니다. 설계는 줄다리기와 같아서 원칙과 효율성 사이에서 잘 저울질해야 할 것입니다.

ⓘ **인터페이스와 코드의 재사용성**

인터페이스를 분리하는 것이 왜 코드의 재사용성을 높인다는 말인지 이해되지 않을 수 있습니다. 왜냐하면 인터페이스는 아무런 구현이 없는 껍데기일 뿐인데, 이런 인터페이스를 재사용하는 것이 무슨 의미가 있냐고 생각할 수 있기 때문입니다. 그런데 '인터페이스를 이용해 코드의 재사용성을 높인다'라는 말의 의도는 '인터페이스 자체'의 재사용성을 높이려는 것이 아닙니다. 오히려 그보다 '인터페이스를 사용하는 코드'의 재사용성을 높이려는 것입니다. 인터페이스를 사용하는 코드는 구현에 의존하지 않으므로 바뀌지 않는 비즈니스 로직을 여러 곳에서 재사용할 수 있습니다. 필요에 따라 구현체만 바꾸면 되기 때문입니다. 이에 관해서는 4.2절 '의존성'에서도 계속 이야기할 예정이고, 이 책을 관통하는 주제라서 지금은 여기까지만 설명하겠습니다.

4.1.5 의존성 역전 원칙

> 📧 구체화가 아닌 추상화에 의존해야 합니다.[18]
>
> — 로버트 C. 마틴[19]

의존성 역전 원칙(DIP: Dependency Inversion Principle)을 설명하려면 의존성이란 무엇인가부터 이해해야 합니다. 하지만 앞에서 설명해온 흐름을 무시할 수 없으니 먼저 의존성 역전 원칙에 관해 흔히 들을 수 있고 따분한 설명을 하겠습니다.[20]

> 📧 첫째, 상위 모듈은 하위 모듈에 의존해서는 안 된다. 상위 모듈과 하위 모듈 모두 추상화에 의존해야 한다.
>
> 둘째, 추상화는 세부 사항에 의존해서는 안 된다. 세부 사항이 추상화에 의존해야 한다.

이미 알고 계실 테지만 이런 이야기만 들어서는 의존성 역전 원칙이 정확히 어떤 의미인지 이해하기가 어렵습니다. 그래서 이야기를 시작하기에 앞서 주요 포인트를 몇 가지 다시 정리해 보겠습니다.

1. 고수준 모듈은 추상화에 의존해야 한다.

2. 고수준 모듈이 저수준 모듈에 의존해서는 안 된다.

3. 저수준 모듈은 추상화를 구현해야 한다.

즉, 의존성 역전 원칙은 고수준/저수준 모듈이 추상화에 의존해야 한다는 원칙입니다. 물론 이 이야기가 곧바로 와 닿지 않을 수 있습니다. 그래서 일단 넘어가고, 의존성이 무엇인지부터 살펴보겠습니다.

4.2 의존성

의존성 역전에 관해 알아보기 전에 의존과 의존성이 무엇인지 먼저 알아봅시다. 먼저 의존을 정의하면 다음과 같습니다.

> ☆ 의존: 다른 객체나 함수를 사용하는 상태

---

18 원문: "Depend on abstractions, not on concretions."

19 출처: http://butunclebob.com/ArticleS.UncleBob.PrinciplesOfOod

20 출처: "의존관계 역전 원칙," 위키백과, https://ko.wikipedia.org/w/index.php?title=의존관계_역전_원칙&oldid=31527077(2024년 5월 13일에 접근).

다시 말해 어떤 객체가 다른 코드를 사용하고 있기만 해도 이를 가리켜 의존하고 있다고 볼 수 있습니다. 다음 예제를 봅시다.

예시 1: Printer 클래스가 Book 클래스를 사용한다.

```java
class Printer {

    public void print(Book book) {
        // do something
    }
}
```

Printer 클래스는 print 메서드의 매개변수에서 Book 클래스를 사용합니다. 따라서 Printer 클래스는 Book 클래스에 의존합니다.

예시 2: Book 클래스가 Writer 클래스를 사용한다.

```java
class Book {

    private String content;
    private Writer writer;

    // ...
}
```

Book 클래스는 Book 클래스로 만들어진 객체가 어떤 데이터를 가질 수 있는지 표현하기 위해 String과 Writer라는 클래스를 사용합니다. 따라서 Book 클래스는 String, Writer 클래스에 의존합니다.

예시 3: Car 클래스가 Vehicle 인터페이스를 사용한다.

```java
class Car implements Vehicle {

    // ...
}
```

Car 클래스는 역할을 정의하는 데 Vehicle 인터페이스를 사용합니다. 따라서 Car 클래스는 Vehicle 인터페이스에 의존합니다. 그래서 이 개념을 확장해서 생각하면 상속이나 구현 관계도 의존 관계라는 사실을 알게 될 것입니다.

'의존'이라는 말을 들었을 때 우리는 무언가 두 클래스가 강하게 연관된 상태를 생각합니다. 하지만 앞에서 봤듯이 의존의 정의는 의외로 단순하고 명확합니다. **사용하기만 해도 의존하는 것입니다.** 그렇기 때문에 소프트웨어는 의존하는 객체들의 집합이라고 볼 수 있습니다. 객체지향에서 객체들은 필연적으로 협력하는 데 서로를 사용하기 때문입니다. 의존이야말로 소프트웨어 설계의 핵심이며 이 책을 관통하는 주제입니다.

컴퓨터 공학에는 의존을 표현하는 또 다른 용어가 있습니다. 바로 결합(coupling)이라는 용어입니다. 그래서 이제 여러분은 의존에 이어 결합이 무엇인지도 설명할 수 있게 됐습니다. 의존과 마찬가지로 어떤 객체나 코드를 사용하기만 해도 결합이 생긴다고 할 수 있습니다. 결합은 결합이 어떻게 되어 있느냐에 따라 강결합으로 평가되기도 하고 약결합으로 평가되기도 합니다. 그리고 이처럼 결합이 얼마나 강하게 돼 있는지를 평가하는 지표가 있는데, 이를 '결합도'라고 합니다. 마찬가지로 결합도는 의존성과 같은 말입니다. 일반적으로 소프트웨어 세계에서는 결합도가 약하면 약할수록 좋다고 평가합니다.

이처럼 의존성 자체는 어려운 개념이 아닙니다. 그러나 약한 의존 상태로 만들고 유지하기는 어렵습니다. 따라서 우리는 어떻게 하면 의존성을 약화시킬 수 있는지를 고민해야 합니다. 그런데 이쯤에서 또 의문이 듭니다. 약한 의존 상태라는 말은 또 무슨 말일까요? '의존'은 무언가를 사용하는 상태라고 했는데, 약하게 사용하는 상태라는 게 존재할까요? 객체를 사용하면 사용했지 약하게 사용한다는 말은 또 뭐죠?

놀랍게도 객체를 사용하면서도 약하게 사용할 수 있는 방법이 있습니다. 왜냐하면 응집도와 마찬가지로 결합에도 다양한 종류가 있으며, 결합을 어떻게 하느냐에 따라 결합도를 다르게 평가받기 때문입니다. 그래서 소프트웨어 엔지니어는 시스템에 있는 결합도를 낮추고자 강한 의존 관계에서 약한 의존 관계로 새로 설계하기도 합니다. 불필요한 의존 관계는 제거하기도 합니다.

그래서 지금부터 의존성과 결합도를 낮추기 위한 몇 가지 기법을 소개하겠습니다. 이 기법 중에는 여러분들도 잘 알 법한 기법이 하나 있습니다. 바로 의존성 주입(dependency injection)입니다.

ⓘ **불필요한 의존**

불필요한 의존은 다양한 문제를 만듭니다. 따라서 코드를 작성하면서 불필요한 의존성이 있지는 않은지 끊임없이 질문해야 합니다. 예를 들면, 예시 코드를 읽고 다음과 같은 질문을 하고 생각을 발전시킬 수도 있을 것입니다.

- 예시 1에서 Printer 클래스가 Book 클래스에 의존하는 것은 자연스럽나요? 만약 Printer 클래스에 Paper(논문)도 출력할 수 있게 printer.print(paper) 같은 메서드를 개발해 달라는 요구사항이 생기면 어떻게 해야 할까요? Printer 클래스에 새로운 메서드를 만들어야 할까요?

- 예시 1에서 Book 클래스가 변경될 때 Printer 클래스는 영향을 받지 않는다고 보장할 수 있나요? 전혀 관계없는 줄 알았던 코드가 알고 보니 연관돼 있어 에러가 났던 경험이 다들 있지 않나요?

- 예시 1을 개선한다면 어떻게 하면 좋을까요? String content만 받게 한다면 어떨까요? 아니면 Printable이라는 인터페이스를 만들어 이를 print 메서드의 매개변수로 받게 한다면 어떨까요?

4.2.1 의존성 주입

의존성을 약화시키는 기법으로 잘 알려진 의존성 주입은 스프링을 배울 때 특히나 자주 언급되는 개념입니다. 그래서 스프링을 다루는 개발자라면 아주 친숙한 개념입니다. 그러면서 동시에 어렵게 느껴지는 단어이기도 합니다. 왜냐하면 의존성 주입을 스프링의 특정 기능들과 연결해 이해하기 때문입니다. 일부 개발자는 의존성 주입을 '@Autowired 애너테이션을 사용하는 것' 정도로 이해하기도 하고, 스프링의 도움 없이는 '의존성 주입'을 사용할 수 없다고 오해하기도 합니다.

하지만 그렇지 않습니다. 의존성 주입은 개념적으로 정말 단순한 기법입니다. 더불어 스프링의 도움 없이도 사용할 수 있는 기법입니다. 의존성 주입은 말 그대로 **필요한 의존성을 외부에서 넣어주는(주입) 것**을 의미합니다.

예를 들어, 햄버거를 만드는 HamburgerChef라는 클래스가 있습니다.

코드 4.7 햄버거를 만드는 셰프 코드

```
class HamburgerChef {

    public Food make() {
        Bread bread = new WheatBread();
        Meat meat = new Beef();
        Vegetable vegetable = new Lettuce();
        Sauce sauce = new TomatoSauce();
        return Hamburger.builder()
            .bread(bread)
            .meat(meat)
            .vegetable(vegetable)
            .sauce(sauce)
            .build();
    }
}
```

코드 내용은 어렵지 않습니다. HamburgerChef(햄버거 요리사)는 햄버거를 만드는 데 Bread(빵), Meat(고기), Vegetable(채소), Sauce(소스)를 사용합니다. 더불어 각각 필요한 객체를 직접 만들어서 사용합니다. 예제에서는 HamburgerChef가 WheatBread(밀빵), Beef(소고기), Lettuce(양상추), TomatoSauce(토마토 소스)를 만들고, 마지막에는 이것들을 조합해 Hamburger(햄버거)를 만듭니다. 그리고 Hamburger를 반환할 때 Hamburger를 표현하기 위해 Food(음식)로 반환합니다. 따라서 HamburgerChef 클래스는 총 10개의 클래스와 추상에 의존하고 있다고 볼 수 있겠습니다.

그런데 코드를 다음과 같이 작성한다면 어떨까요?

코드 4.8 햄버거에 필요한 재료를 외부에서 전달받는다.

```java
class HamburgerChef {

    public Food make(
            Bread bread,
            Meat meat,
            Vegetable vegetable,
            Sauce sauce) {
        return Hamburger.builder()
            .bread(bread)
            .meat(meat)
            .vegetable(vegetable)
            .sauce(sauce)
            .build();
    }
}
```

메서드가 필요한 협력 객체를 외부에서 전달받아 사용하도록 바뀌었습니다. 외부에서는 협력 객체를 넣어줄 수 있으니 이러한 객체를 주입할 수 있게 됐습니다. 이런 상황을 가리켜 의존성 주입이 사용됐다고 합니다. 더 나아가 메서드의 매개변수로 의존성을 주입받고 있으므로 코드 4.8과 같은 형태를 '파라미터(매개변수) 주입'이라고 합니다.

그리고 의존성 주입에는 코드 4.8 같은 형태 외에도 다양한 형태가 있을 수 있습니다. 예를 들어, 코드 4.9처럼 생성자를 이용해 의존성을 주입받으면 이를 '생성자 주입'이라고 합니다.

코드 4.9 HamburgerChef 객체를 생성할 때 협력 객체를 전달받는다.

```java
class HamburgerChef {

    private Bread bread;
    private Meat meat;
    private Vegetable vegetable;
    private Sauce sauce;
```

```
    public HamburgerChef(
            Bread bread,
            Meat meat,
            Vegetable vegetable,
            Sauce sauce) {
        this.bread = bread;
        this.meat = meat;
        this.vegetable = vegetable;
        this.sauce = sauce;
    }

    public Food make() {
        return Hamburger.builder()
            .bread(bread)
            .meat(meat)
            .vegetable(vegetable)
            .sauce(sauce)
            .build();
    }
}
```

또는 코드 4.10처럼 세터(수정자)를 이용해 멤버 변수 값을 수정할 수 있도록 하면 이를 '수정자 주입'이라고 합니다.

코드 4.10 협력 객체를 세터를 통해 전달받는다.

@Setter 롬복의 @Setter 애너테이션을 활용해 세터를 생성

```
class HamburgerChef {

    private Bread bread;
    private Meat meat;
    private Vegetable vegetable;
    private Sauce sauce;

    public Food make() {
        return Hamburger.builder()
            .bread(bread)
            .meat(meat)
            .vegetable(vegetable)
```

```
            .sauce(sauce)
            .build();
    }
}
```

그렇다면 의존성 주입이 왜 의존성을 약화시키는 기법일까요? 의존성 주입이 의존성을 어떻게 약화시키는지 생각해 봅시다.

일단 코드 4.7과 코드 4.8 사이에서 확인할 수 있는 눈에 띄는 변화가 있습니다. 의존하는 클래스의 개수가 줄어든 것입니다. 코드 4.8은 더 이상 WheatBread, Beef, Lettuce, TomatoSauce 같은 구체적인 클래스에 의존하지 않게 됐습니다. 덕분에 의존성은 10개에서 6개로 줄어듭니다. 반이나 줄어들었으므로 확실히 의존성이 줄어들었다고 할 수 있습니다.

그런데 나머지 6개의 의존성은 괜찮을까요? 코드 4.8을 보면 알겠지만 HamburgerChef는 여전히 Food, Hamburger, Bread, Meat, Vegetable, Sauce를 사용합니다. 그렇다면 이 의존성들은 남아있어도 괜찮은 걸까요?

네, 보편적으로 괜찮습니다.[21] 왜냐하면 의존성 자체를 완전히 제거하기란 불가능하기 때문입니다. 남은 6개의 의존성은 객체가 협력하는 데 필요한 의존입니다. 그러니 이는 지극히 자연스럽습니다. 애초에 객체지향 소프트웨어는 객체와 시스템의 협력으로 만들어집니다. 그러므로 의존성 자체를 완전히 제거하려는 시도는 소프트웨어 개발에서 협력 자체를 전면 부정하는 말이 됩니다. 의존성 주입은 의존성을 제거하지 않습니다. 의존성을 약화시킬 뿐입니다.

☆　의존성 주입은 의존성 자체를 제거하지 않습니다. 의존성을 약화시킵니다.

의존성 주입은 의존성을 제거하는 기법이 아닙니다. 의존 관계를 부정하지도 않습니다. 그보다는 의존하는 형태를 바꿔서 의존성을 약화시키는 기법입니다. 앞에서 무언가를 사용하는 것만으로도 의존하는 것이라고 했습니다. 우리의 코드는 목적을 달성하고자 여전히 협력에 필요한 클래스나 추상들을 사용하고 있습니다. 그러므로 의존성이 사라지지는 않았습니다.

그렇다면 의존성 주입은 의존 개수를 줄여주기만 하고 끝날까요? 아닙니다. 의존성 주입은 의존 개수를 줄이는 것 외에도 불필요한 강한 의존이 생기지 않게 해줍니다.

---

21 이는 노골적인 저의 대답이고, 정석적인 대답이라면 '시스템 설계가 어떠냐에 따라 다르다'일 것입니다.

그래서 의존성 주입이 시스템에 불필요한 강한 의존을 피하게 해주는 데 도움을 준다는 것을 설명하려 하는데, 그에 앞서 개발하면서 자주 마주하는 유명한 격언을 함께 살펴보겠습니다.

📋 'new 사용을 자제하라'

자바를 다뤄본 분들이라면 이 격언을 한 번쯤 들어봤을 것입니다. 코드를 작성하면서 **new**를 사용하는 것을 최대한 뒤로 미루고 자제하라는 것인데, 왜냐하면 **new**를 사용하는 것이 사실상 하드 코딩이고 강한 의존성을 만드는 대표적인 사례라서 그렇습니다.

앗, 그런데 방금 지나칠 수 없는 이야기를 하나 했네요. 방금 전에 **new**를 사용하는 것이 사실상 하드 코딩이라고 말했습니다. 이건 또 무슨 말일까요? 이 말을 이해하기 위해 간단한 예를 하나 생각해 봅시다.

어떤 추상 타입의 변수가 하나 있을 때 그 변수에 **new**를 통해 파생 클래스를 인스턴스화해서 할당한다면 어떨까요? 이는 해당 변수는 추상 타입과 관계없이 고정된 객체를 사용하겠다는 의미가 됩니다. 즉, **new**를 사용하면 더 이상 다른 객체가 사용될 여지가 사라집니다.

예를 들어, 코드 4.11의 HamburgerChef 클래스에서 만드는 햄버거는 소고기밖에 사용하지 못합니다. Meat이라는 추상(혹은 상위) 클래스를 사용하고 있음에도 가능성은 하나로 고정되는 것입니다.

코드 4.11 고기에는 소고기를 사용하도록 고정했다.

```
class HamburgerChef {

    public Food make(
            Bread bread,
            Vegetable vegetable,
            Sauce sauce) {
        Meat meat = new Beef();   소고기를 사용하도록 고정
        return Hamburger.builder()
            .bread(bread)
            .meat(meat)
            .vegetable(vegetable)
            .sauce(sauce)
            .build();
    }
}
```

반면 코드 4.8의 meat 변수에는 소고기가 들어갈 수도 있고, 돼지고기가 들어갈 수도 있고, 새우가 들어갈 수도 있습니다. 코드 4.11처럼 직접 인스턴스화한 객체를 사용했더니 이러한 선택의 여지가 사라진 것입니다.

따라서 new를 사용한 코드는 하드 코딩입니다. new를 사용하는 순간 구현에 집중할 수밖에 없게 됩니다. 앞에서 '의존은 결합과 같은 말이다'라고 했습니다. 그리고 '결합에는 다양한 종류가 있고, 각 결합마다 결합도를 다르게 평가받는다'라고도 했습니다. 이 가운데 new를 사용하는 것은 여러 결합 유형 중 'Content coupling'에 해당하는 결합이며[22], 정보 은닉이라는 설계 목적을 위반하는 사례입니다.

물론 프로그램을 개발하다 보면 결국 코드 어딘가에서는 new를 사용할 수밖에 없습니다. 어딘가에서 객체를 인스턴스화하지 않는다면 시스템은 아무런 동작도 하지 않을 테니까요.

그런데 이 격언은 new 키워드 자체를 부정하는 것이 아닙니다. 이 격언에서 하고 싶은 말은 상세한 구현 객체에 의존하는 것을 피하고 구현 객체가 인스턴스화되는 시점을 최대한 뒤로 미루라는 것입니다.[23]

마지막으로 의존성 주입과 관련해서 풀고 싶은 오해가 하나 있습니다. 의존성 주입을 스프링 같은 프레임워크의 도움을 받아야만 쓸 수 있는 기술이라고 생각하는 분들이 있습니다. 그런데 의존성 주입은 @Autowired 애너테이션으로만 사용할 수 있는 기법이 아닙니다. 이전까지의 내용을 읽어봤으면 알겠지만 의존성 주입은 프레임워크의 도움 없이도 사용할 수 있습니다. 딱히 어려운 개념도 아닙니다. 그냥 필요한 객체나 값을 외부에서 넣어주면 의존성 주입입니다.

의존성 주입은 어렵지 않은 개념이며, 어느 도메인에서나 사용할 수 있는 개념입니다. 게임 개발에서 사용될 수도 있고, 프런트엔드 개발에서도 사용될 수 있으며, 하물며 인공지능을 개발할 때도 사용될 수 있습니다. 전달하는 의존성이 꼭 객체일 필요도 없습니다. 람다식을 건네줄 수도 있습니다. 의존성은 어떤 것을 사용하는 것이고, 의존성 주입은 어떤 것을 외부에서 넣어주는 것일 뿐입니다.

4.2.2 의존성 역전

다음으로 소개하고 싶은 것은 의존성 역전입니다. 의존성 역전은 SOLID 원칙 중 5번째 원칙에 해당하며, '대부분의 소프트웨어 문제는 의존성 역전으로 해결이 가능하다'라는 말이 있을 정도로 5가지 원칙 중에서도 가장 중요한 원칙이라고 생각합니다.

---

22 참고: https://ko.wikipedia.org/wiki/결합도
23 그리고 이런 인스턴스화를 프로그램 실행 전까지 최대한 뒤로 미루고, 심지어는 알아서 의존 관계를 추적해 주입까지 수행하는 도구가 있습니다. 그것이 바로 스프링 프레임워크인 것입니다.

그런데 의존성 역전에 관해 설명하기에 앞서 미리 알려드려야 하는 사실이 하나 있습니다. 종종 의존성 주입과 의존성 역전을 혼동하는 분들이 있습니다. 그런데 이 둘은 엄연히 다른 개념이며, 반드시 구분해서 따로 이해해야 하는 개념입니다.

이 둘을 헷갈려하는 현상이 이해되지 않는 것은 아닙니다. 단어의 생김새도 비슷하고 영어로 풀어서 보면 각각 Dependency Injection(의존성 주입)과 Dependency Inversion(의존성 역전)이라서 똑같이 DI로 줄여 쓸 수 있습니다. 그래서 이 둘은 실제로 해외에서도 많이 헷갈려 합니다.[24]

다시 한번 강조하자면 의존성 주입과 의존성 역전은 다른 개념입니다. 이를 구분하는 것은 무척 중요합니다. 앞에서 의존성 주입은 살펴봤으니 이제 의존성 역전을 함께 살펴볼 차례입니다. 의존성 역전은 무슨 의미일까요? 이를 이해하기 위해 우선 의존성 그래프라는 것을 먼저 그려봅시다. 객체 A가 객체 B를 사용한다고 했을 때 다음 그림과 같이 표현할 수 있을 것입니다.

그림 4.4 객체 A가 객체 B를 사용한다.

A가 B를 사용한다는 의미를 표현하기 위해 A에서 B로 이어지는 화살표를 그려 도식화했습니다. 따라서 화살표의 방향은 의존 방향이라고 할 수 있습니다.

그러면 앞에서 활용했던 예시를 확장해 봅시다. `Restaurant`(식당)이라는 클래스가 있고, 여기서 `HamburgerChef` 클래스에 햄버거를 만들어달라는 지시를 내립니다. 그리고 이 관계를 도식화하면 다음과 같은 그림으로 표현할 수 있을 것입니다.

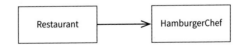

그림 4.5 `Restaurant` 클래스가 `HamburgerChef` 클래스에 의존한다.

그런데 이 그림을 이렇게 만들면 어떨까요?

---

24 이러한 이유로 이 둘을 줄여서 쓸 때 의존성 주입은 DI(Dependency Injection)라고 부르고, 의존성 역전은 DIP(Dependency Inversion Principle)라고 부르기도 합니다. 의존성 역전은 SOLID 5원칙 중 하나이므로 맨 마지막에 Principle을 붙여서 부르는 것입니다.

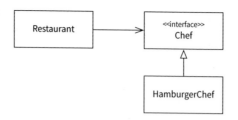

그림 4.6 Chef라는 인터페이스를 추가했다.

Chef라는 인터페이스를 만들고 Restaurant 클래스가 Chef 인터페이스에 의존하도록 바꾼 것입니다. HamburgerChef 클래스는 Chef 인터페이스를 구현하므로 Chef 인터페이스에 의존합니다. 상위 인터페이스를 만들고 기존의 두 클래스(Restaurant, HamburgerChef)가 인터페이스에 의존하도록 바꾼 것입니다. 이를 다른 말로 '추상화를 이용한 간접 의존 형태로 바꿨다'라고 표현할 수 있습니다. 그리고 이 같은 상황을 가리켜 '의존성을 역전시켰다'라고 합니다.

그런데 의존성을 역전시켰다는 것은 무슨 의미일까요? 그림 4.5에서 그림 4.6으로 바꾸는 것을 보고 왜 의존성을 역전시켰다고 말하는 걸까요? 이를 이해하려면 HamburgerChef 클래스에 주목해야 합니다. 먼저 그림 4.5를 봅시다. HamburgerChef 클래스 입장에서 화살표가 들어오는 방향입니다.

이번에는 그림 4.6을 봅시다. 그림 4.6에서는 앞선 상황과 반대입니다. HamburgerChef 클래스로 들어오던 화살표가 그림 4.6에서는 Chef로 나가는 방향으로 바뀌었습니다. 이게 중요합니다. **화살표가 들어오는 방향에서 나가는 방향으로 바뀌었습니다.** 앞에서 화살표는 의존 방향을 나타낸다고 했습니다. 그러니 이 같은 상황을 보고 의존의 방향이 역전됐다고 할 수 있는 것입니다.

이러한 이유로 **의존성 역전인 것입니다.** 의존의 방향이 바뀌었으니까요. 추상화를 사용하고 추상을 사용하도록 코드를 변경했을 뿐인데, 원래는 의존을 당하던 객체가 의존을 하는 객체로 바뀌었습니다. 이것은 정말로 어마어마한 변화입니다. 왜냐하면 의존성이 갖고 있는 '의존성 전이'라는 특징 때문에 그렇습니다.[25]

☆ 의존성 역전은 '화살표의 방향을 바꾸는 기법'입니다.

4.1.3절 '리스코프 치환 원칙'에서 '인터페이스는 계약이다'라고 말씀드린 것을 기억하나요? 그렇다면 의존성 역전이 무엇인지도 배웠으니 이를 바탕으로 한 단계만 더 나아가 봅시다. 인터페이스는 계약이라 했

---

25 의존성 전이는 4.2.4절 '의존성이 강조되는 이유'에서 설명할 예정입니다. 의존성 역전은 의존성 전이로 발생하는 수많은 문제들을 해결할 수 있습니다.

으니 인터페이스를 정책이라고 부를 수 있습니다. 그렇다면 인터페이스를 구현하는 객체는 세부 사항으로 볼 수 있을 것입니다. 인터페이스는 규격이고 객체는 그 규격에 맞춰 만들어진 구현체이기 때문입니다. 여기까지는 모두 어렵지 않게 받아들이리라 생각합니다.

그렇다면 의존성 역전 원칙을 살펴봅시다. 의존성 역전을 적용하고 나면 어떻게 되나요? 코드가 추상에 의존하는 형태로 바뀝니다. 그래서 의존성 역전 원칙은 '세부 사항에 의존하지 않고 정책에 의존하도록 코드를 작성하라'라는 말로 바꿔 말할 수 있습니다. 이 또한 의존성 역전 원칙을 설명할 때 자주 쓰이는 표현이므로 기억해두길 바랍니다.

여기까지 이해했다면 이제는 '의존성 역전이 경계를 만든다'라는 말도 이해할 수 있을 것입니다. 의존성 역전은 경계를 만드는 기법이며, 모듈의 범위를 정하고 상하 관계를 표현하는 데 사용할 수 있는 수단입니다.

의존성 역전이 왜 경계를 만드는 기법인지 이해해 봅시다. 의존성을 역전한 그림 4.7을 봅시다. 그리고 그림 4.7을 보면서 Restaurant과 HamburgerChef 클래스의 의존 관계를 나타내는 화살표가 둘 다 나가는 방향으로 밀어내고 있는 것에 주목합니다. 두 화살표가 인터페이스를 향해 의존 관계를 밀어내고 있기 때문에 인터페이스를 중심으로 경계를 만들 수 있습니다.[26]

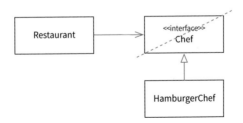

그림 4.7 Restaurant과 HamburgerChef의 의존 방향이 서로 밀어내어 경계를 만듭니다.

그러면 이 경계로 무엇을 할 수 있느냐면 경계를 기준으로 모듈을 나눌 수 있습니다. 그리고 모듈의 상하 관계를 파악할 수 있게 됩니다. 다음 그림을 봅시다.

---

26 무슨 말인지 이해하기 어렵다면 반대 방향에서 오는 두 개의 파도가 만나 서로를 밀어내는 모습을 상상해봐도 좋습니다! 파도와 파도가 부딪혀서 부딪힌 부분에 경계가 생긴 것입니다.

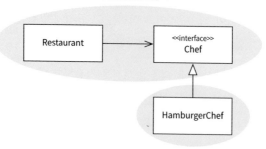

그림 4.8 경계를 기준으로 restaurant 모듈과 hamburger 모듈을 만들었습니다.

의존성 역전을 통해 생긴 경계는 곧 모듈의 경계로 사용될 수 있습니다. 그림 4.8에서는 의존성 역전이 만든 경계를 기준으로 모듈을 분리했습니다. 그리고 이 그림에서 restaurant 모듈은 상위 모듈, hamburger 모듈은 하위 모듈이 됩니다.

hamburger 모듈은 restaurant 모듈을 사용합니다. 따라서 hamburger 모듈은 restaurant 모듈에 의존합니다. 반대로 restaurant 모듈은 hamburger 모듈을 사용하지 않습니다. hamburger 모듈은 restaurant 모듈에 의존하지 않습니다. 즉, 하위 모듈은 상위 모듈에 의존하지만 상위 모듈은 하위 모듈에 의존하지 않는 것입니다.

모듈 간 의존 관계를 굳이 한 번 더 짚어서 이야기한 이유는 모듈 간 상하 관계에 따른 의존 방향이 굉장히 중요하기 때문입니다. 그러니 조금 더 분명하게 이야기하자면, 시스템을 설계할 때 상위 모듈은 하위 모듈에 의존해서는 안 됩니다. 그리고 의존성 역전은 상위 모듈이 하위 모듈에 의존하지 않게 하고 싶을 때 사용할 수 있는 기법 중 하나입니다.

방금 설명한 내용은 이해하기는 어렵지 않지만 사실 굉장히 중요한 포인트입니다. 왜냐하면 모듈의 상하 관계를 나누고 의존 방향이 하위 모듈이 상위 모듈을 바라보게 만듦으로써 restaurant 모듈 같은 상위 모듈의 재사용성이 높아지기 때문입니다. 예를 들어, 그림 4.8 같은 설계에서는 하위 모듈인 hamburger 모듈을 koreandish 모듈로 손쉽게 교체할 수 있습니다.

그림 4.9는 하위 모듈을 교체해서 햄버거를 파는 식당에서 한식당으로 변경한 상황을 보여줍니다. 즉, 상위 모듈을 그대로 재사용하고 하위 모듈을 교체해서 새로운 기능을 제공하도록 변경할 수 있는 것입니다.

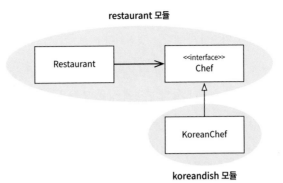

그림 4.9 상위 모듈을 그대로 재사용하고 하위 모듈을 교체해서 새로운 기능을 제공

이처럼 의존 방향을 고려해 의존성 역전을 적용하면 시스템을 플러그인처럼 어떤 모듈을 꽂느냐에 따라 다르게 동작할 수 있게 만들 수 있습니다. 그림 4.9와 같이 restaurant 모듈을 사용하면 이 모듈을 사용하는 시스템은 지금처럼 햄버거를 파는 식당이 될 수도 있지만 한식당이 될 수도 있고, 양식당, 일식당이 될 수도 있는 것입니다.

그런데 여기서 이런 의문이 들 수 있습니다. 의존성 역전으로 경계가 생긴 것은 그렇다 치고, 모듈의 경계를 꼭 그림 4.8처럼 나눠야 할까요? 다시 말해 Chef 인터페이스가 꼭 restaurant 모듈에 있어야 할까요? restaurant 모듈과 chef 모듈로 나누어 chef 모듈이 Chef 인터페이스를 갖게 하는 것은 어떨까요?

그림 4.10은 이에 따라 chef 모듈을 만들고 Chef 인터페이스와 HamburgerChef를 chef 모듈에 포함되도록 구성한 결과입니다.

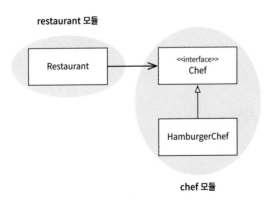

그림 4.10 같은 클래스도 모듈을 다르게 구성할 수 있다.

이것도 괜찮은 방법일 수 있지만 이 경우 커다란 문제가 하나 생깁니다. 바로 상위 모듈인 restaurant 모듈이 하위 모듈인 chef 모듈에 의존하게 된다는 것입니다.

모듈이 서로를 의존하는 것은 그렇게까지 이상한 현상은 아닙니다. 하지만 상위 모듈이 하위 모듈에 의존하는 것은 이상합니다. 왜냐하면 하위 모듈의 변경에 상위 모듈이 영향을 준다는 의미가 되기 때문입니다. 그러면 더는 플러그인처럼 restaurant 모듈의 기능을 자유롭게 변경할 수가 없습니다.

즉, koreandish 모듈로 교체했을 때 restaurant 모듈이 영향을 받지 않고 여전히 항상성을 유지할 수 있을까요? 그림 4.10에서 chef 모듈이 사라지면 Chef 인터페이스도 함께 사라집니다. 그러면 restaurant 모듈에서 컴파일 에러가 쏟아질 것입니다. 물론 다행스럽게도 koreanchef 모듈에 Chef 인터페이스가 있을지도 모릅니다. 그런데 koreanchef 모듈에 있는 Chef 인터페이스는 기존에 사용하던 인터페이스 규격과는 다를 수 있습니다. 혹시나 규격이 같더라도 참조하던 import 문을 전부 koreandish 모듈의 Chef 인터페이스로 변경해야 합니다. 어떤 식이든 상위 모듈이 하위 모듈에 영향을 받는 것입니다. 따라서 이런 식으로 모듈 관계를 구성해서는 안 됩니다. 즉, 상위 모듈은 하위 모듈에 의존해서는 안 됩니다. 그래야 변경에 유연하고 재활용 가능한 코드를 만들 수 있습니다.

그렇다면 원래 주제인 SOLID의 마지막 원칙인 의존성 역전 원칙을 다시 살펴볼 때가 된 것 같습니다.

> 첫째, 상위 모듈은 하위 모듈에 의존해서는 안 된다. 상위 모듈과 하위 모듈 모두 추상화에 의존해야 한다.
> 둘째, 추상화는 세부 사항에 의존해서는 안 된다. 세부 사항이 추상화에 의존해야 한다.[28]

전부 지금까지 했던 이야기입니다. 추가로 로버트 C. 마틴은 저서인 《클린 아키텍처》에서 의존성 역전 원칙에 관해 '자바 같은 정적 타입 언어에서는 import 구문에 오직 인터페이스나 추상 클래스 같은 추상 선언만이 있어야 한다'라고 말했습니다. 구현보다 추상에 의존하는 것이 좋습니다. 추상에 의존할 때 설계는 유연해지고, 변경에 자유로울 수 있습니다.

4.2.3 의존성 역전과 스프링

이쯤에서 질문을 한번 드리겠습니다.

---

27 출처: "의존관계 역전 원칙," 위키백과, https://ko.wikipedia.org/w/index.php?title=의존관계_역전_원칙&oldid=31527077(2024년 5월 13일에 접근).

정답부터 말하자면 스프링은 의존성 주입을 지원하는 프레임워크이지만 의존성 역전 원칙을 지원하는 프레임워크는 아닙니다. 스프링을 사용한다고 해서 의존성 역전 원칙이 지켜지는 것은 아닙니다. 의존성 역전 원칙은 설계의 영역입니다. 따라서 의존성 역전 원칙을 지키고 싶다면 설계 부문에서 개발자들이 능동적으로 신경 써야 합니다.

지금 진행 중인 스프링 프로젝트가 있다면, 혹은 과거에 진행했던 프로젝트가 있었다면 프로젝트 구조를 돌이켜 보길 바랍니다. 의존성 역전이 이뤄지고 있나요? 컴포넌트가 아무런 추상화 구조 없이 바로 다른 레이어의 컴포넌트를 호출하는 구조는 아니었나요?

혹시 여러분의 프로젝트에서 컴포넌트 간 호출 관계가 그림 4.11처럼 컴포넌트를 직접 호출하고 있지 않나요? 어떤가요? 이는 좋은 방향인가요?

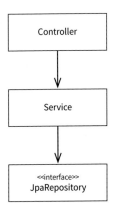

그림 4.11 레이어드 아키텍처

의존성 역전을 이해했다면 이제 이 같은 질문에 답할 수 있습니다. 그림 4.11에서 의존성 역전은 찾아볼 수 없습니다. 그러니 SOLID 관점에서 그림 4.11과 같은 설계를 보고 좋은 설계라 말하기 어렵습니다. 그럼에도 안타깝게도 여러 스프링 강의나 책에서 스프링 코드를 그림 4.11처럼 작성하는 방식으로 알려 줍니다.[28]

---

28 어쩔 수 없다는 것은 압니다. 스프링의 기능을 소개하기도 바쁜데, 설계적으로 옳고 그름을 설명하기에는 지면이 턱없이 모자라고 스프링이라는 주제에서 크게 벗어난 이야기라서 그럴 것입니다.

반면 제가 제안하는 설계 구조는 다음과 같습니다.

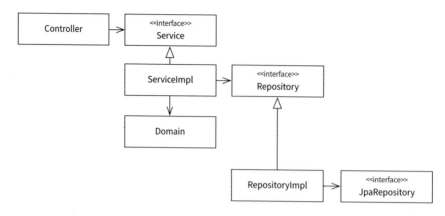

그림 4.12 제안하는 아키텍처

이 구조가 어떻게 해서 나오게 됐는지는 이후의 2부 '스프링과 객체지향 설계'에서 설명하겠습니다. 그러므로 이 구조를 보면서 의존성 역전이 어디에 어떻게 적용됐는지 확인하면서 보는 편이 더 좋을 것입니다. 그리고 조금은 이르지만 왜 의존성 역전을 사용했는지도 미리 고민해 보면 좋을 것입니다.

4.2.4 의존성이 강조되는 이유

이번 장을 시작하면서 설계 관점에서 유지보수성을 판단할 때는 크게 세 가지 맥락이 있다고 이야기했습니다. 그리고 각 맥락에 관해 어떤 식으로 고민해 보면 좋을지도 이야기했습니다. 이를 다시 한번 복기해 봅시다.

1. **영향 범위**: 코드 변경으로 인한 영향 범위가 어떻게 되는가?

2. **의존성**: 소프트웨어에서 의존성 관리가 제대로 이뤄지고 있는가?

3. **확장성**: 쉽게 확장 가능한가?

지금까지 다룬 내용을 잘 쫓아왔다면 이제는 이 세 가지 맥락에 문제가 있을 때 어떻게 해결할 수 있을지 대답할 수 있을 것입니다.

1. 영향 범위에 문제가 있다면 응집도를 높이고 적절히 모듈화해서 단일 책임 원칙을 준수하는 코드를 만든다.

2. 의존성에 문제가 있다면 의존성 주입과 의존성 역전 원칙 등을 적용해 약한 의존 관계를 만든다.

3. 확장성에 문제가 있다면 의존성 역전 원칙을 이용해 개방 폐쇄 원칙을 준수하는 코드로 만든다.

더 나아가 이러한 맥락을 곰곰이 생각해 보면 사실 모두 비슷한 말을 하고 있다는 사실을 알게 될 것입니다. 결국 소프트웨어 설계를 잘하고 싶다면 **코드를 변경하거나 확장할 때 영향받는 범위를 최소화할 수 있어야 합니다.** 그리고 코드의 영향 범위를 최소화하려면 의존성을 잘 다뤄야 합니다.

> ☆ 변경으로 인한 영향 범위를 축소하는 것이 목표이고, 의존성을 잘 관리하는 것은 이 목표를 달성하기 위한 방법입니다.

그렇다면 의존성을 잘 관리한다는 것은 무슨 의미일까요? 앞에서 말했듯이 의존성은 다른 객체나 시스템을 사용한다는 의미입니다. 이는 객체 간의 협력과 시스템 간의 협력이 곧 의존성이라는 뜻입니다. 그러므로 소프트웨어에서 의존성 자체를 없애는 것은 불가능합니다. 따라서 의존성을 잘 관리한다는 것은 '불필요한 의존성을 줄인다'라는 목표를 포함하지만 의존성을 없애는 것이 목표는 아닙니다. 그보다는 '의존성을 끊는 것'이 목표입니다. 그러면 의존성을 끊는다는 것은 또 무엇일까요?

이를 이해하려면 의존성이 갖고 있는 특징을 하나 이해해야 합니다. 바로 '의존성 전이'라는 특징입니다. 의존성은 컴포넌트 간의 상호작용을 표현하는 것이므로 한 컴포넌트가 변경되거나 영향을 받으면 관련된 다른 컴포넌트에도 영향이 갈 수 있습니다. 그런데 이렇게 영향을 받은 컴포넌트는 연쇄적으로 또 다른 관련 컴포넌트에 영향을 줍니다. 이를 가리켜 '의존성이 전이된다'라고 표현하는데, 그림으로 간략하게 표현하면 다음과 같습니다.

그림 4.13 의존 관계에 있는 컴포넌트는 변경에 영향을 받는다.

C 컴포넌트를 변경했을 뿐인데 이 컴포넌트의 코드 변경에 실제로 영향을 받는 컴포넌트는 훨씬 더 많을 수 있습니다. 왜냐하면 의존성은 전이되기 때문입니다. C 컴포넌트를 변경한 결과, B가 영향을 받고, B가 영향을 받는 결과, A도 영향을 받습니다. 여기서 알 수 있는 사실이 하나 있는데, 바로 **'의존성은 화살표의 역방향으로 전이된다'**라는 것입니다.

그리고 이러한 '의존성은 전이된다'라는 특징 때문에 소프트웨어 설계가 중요해집니다. 코드 변경에서 자유로워지려면 연결을 최소화하고 어쩔 수 없이 존재하는 연결마저도 약한 연결 상태로 만들어야 합니다. 그렇다면 여기서 C 컴포넌트에 의존

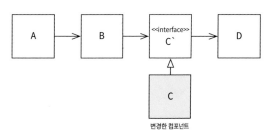

그림 4.14 C 컴포넌트에 의존성 역전을 적용

성 역전을 적용하면 어떻게 될까요? C 컴포넌트에 의존성 역전을 적용해서 의존성 역전이 의존성 전이를 끊는 방식을 이해해 봅시다.

C 컴포넌트에 상위 인터페이스인 C'을 만들고 C가 이를 구현해서 C가 C'에 의존하도록 바꿨습니다. 그랬더니 C 컴포넌트의 코드 변경에도 아무 컴포넌트도 영향을 받지 않게 됐습니다.[29]

이것은 굉장한 변화입니다. 변경으로 인한 영향 범위를 최소화한 것입니다. 따라서 '의존성 역전을 적용했다', '추상화를 적용했다'라는 말은 '변경으로 인한 영향 범위를 축소했다'라는 말과도 같은 것입니다. 그래서 의존성 역전은 경계를 만드는 기술입니다. 코드가 변경되더라도 경계 밖으로는 영향이 가지 않게 하기 때문입니다.

이러한 맥락을 이해하면 자바 인터페이스가 구현을 가져서는 안 되는 이유도 설명됩니다. 추상에 구현이 들어가서 변경이 잦아서는 안 되기 때문입니다. 추상이 자주 변경되면 전이되는 의존성으로 인해 영향을 받는 클래스가 너무 많아지게 됩니다.

소프트웨어 설계는 복잡도와의 싸움입니다. 복잡한 의존성과 정리되지 않은 의존성은 스파게티 코드로 이어집니다. 스파게티 코드는 코드를 제멋대로 작성해서 발생하는 문제가 아닙니다. 변수 이름이 지저분해서, 메서드 분할이 제대로 안 돼서 발생하는 문제도 아닙니다. 의존 관계 관리가 제대로 안 되고 있으므로 발생하는 것입니다. 그래서 스파게티 코드처럼 의존 관계를 제대로 다루지 않는 상황을 보고 'Big ball of mud(엉망진창)'라고 표현합니다. 커다란 진흙 덩어리 같은 코드가 생긴다는 의미입니다.

더불어 소프트웨어 개발과 관련된 격언 중 의존성에 관해 소개하고 싶은 격언이 하나 있습니다. 바로 '순환 참조(circular reference)를 만들지 말라'라는 격언입니다. 이 격언은 '의존성은 전이된다'라는 특징을 이해하면 이해할 수 있습니다. 왜냐하면 순환 참조는 의존성 전이의 영향 범위를 확장시키는 주범이기 때문입니다.

이를 이해하기 위해 예시를 하나 준비했습니다. 화살표가 의존의 방향임을 잊지 말고 순환 참조가 있는 상황과 없는 상황을 비교해 봅시다.

우선 순환 참조가 없는 상황입니다. 그림 4.15를 보면 A, B, C, D, E가 단방향으로 의존 관계를 유지하고 있음을 알 수 있습니다.

---

29 단, C 컴포넌트가 상위 컴포넌트인 C'의 계약을 이행하지 못하게 변경된다면 이야기가 달라집니다. 왜냐하면 그렇게 된다면 변경한 컴포넌트가 C와 C'이 되는 것이고, 이로 인해 영향을 받는 컴포넌트가 A, B가 되는 것이기 때문입니다.

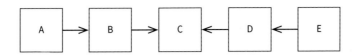

그림 4.15 순환 참조가 없는 상황의 의존 관계

이런 구조에서 B나 C가 변경되면 어떤 컴포넌트들이 영향을 받게 될까요?

- B 컴포넌트가 변경되면 A가 영향받는다.

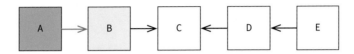

그림 4.16 B 컴포넌트가 변경됐을 때의 영향 범위

- C 컴포넌트가 변경되면 A, B, D, E가 영향받는다.

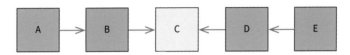

그림 4.17 C 컴포넌트가 변경됐을 때의 영향 범위

B 컴포넌트의 영향 범위는 좁은 편이지만 C 컴포넌트의 영향 범위는 상당히 넓습니다. 그러면 이번에는 순환 참조가 있는 코드를 상상해 봅시다. 그림 4.15와 같은 상황인데 B와 C 사이에 순환 참조가 있는 경우입니다.

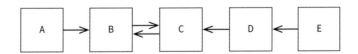

그림 4.18 순환 참조가 있는 상황의 의존 관계

그림 4.18을 보면 양방향 참조가 만들어져 순환 참조가 생긴 것을 확인할 수 있습니다. 이제 마찬가지로 같은 질문을 해봅시다. 이런 구조에서 B나 C가 변경되면 어떤 컴포넌트들이 영향을 받게 될까요?

- B 컴포넌트가 변경되면 A, C, D, E가 영향받는다.

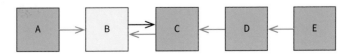

그림 4.19 B 컴포넌트가 변경됐을 때의 영향 범위(순환 참조가 있을 때)

- C 컴포넌트가 변경되면 A, B, D, E가 영향받는다.

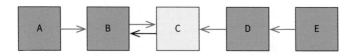

그림 4.20 B 컴포넌트가 변경됐을 때의 영향 범위(순환 참조가 있을 때)

C 컴포넌트의 영향 범위는 여전히 상당히 넓습니다. 그런데 B 컴포넌트의 변경으로 영향을 받을 컴포넌트의 범위는 사뭇 다릅니다. B 컴포넌트의 영향 범위가 C만큼 넓어졌습니다. 참조가 하나 더 생기면서 영향받는 범위가 함께 늘어난 것입니다.

이처럼 순환 참조는 의존성 전이 범위를 확장시킵니다. 이는 지금까지 함께 살펴본 '변경으로 인한 영향 범위를 축소하라'라는 목표에 반합니다. 그래서 '순환 참조를 만들지 말라' 같은 격언이 있는 것입니다.

그런데 여기서 끝일까요? 아닙니다. 이 사례를 통해 얻을 수 있는 또 다른 재밌는 인사이트가 하나 있습니다. 혹시 다음과 같은 말을 들어본 적이 있나요?

☆ 순환 참조는 사실상 같은 컴포넌트라는 선언입니다.

이제 여러분은 이 말도 이해할 수 있습니다. 순환 참조가 있다는 것은 순환하는 의존성을 갖고 있는 컴포넌트들이 같은 컴포넌트라는 선언과 다를 바 없습니다. 왜냐하면 순환 의존하는 컴포넌트의 영향 범위가 같아지기 때문입니다.

앞에서 그림 4.15를 그림 4.18처럼 변경하자 어떤 일이 발생했나요? B, C 컴포넌트에 순환 참조가 생기자 B 컴포넌트의 영향 범위는 C 컴포넌트만큼 늘어났습니다. B가 변경되면 A, C, D, E가 영향을 받고 C가 변경되면 A, B, D, E가 영향을 받습니다. 순환 참조하는 두 컴포넌트를 제외하면 공통적으로 A, D, E까지 영향이 가도록 바뀐 것입니다. 그로 인해 영향받는 컴포넌트들의 범위는 같아졌습니다. 그래서 순환 참조를 만들고 있는 B, C는 사실상 같은 컴포넌트라고 볼 수 있는 것입니다.

조금만 더 이야기를 확장해 봅시다. 순환 참조는 꼭 양방향 참조에서만 일어나는 일이 아닙니다. 그림 4.21처럼 사이클이 생기면서 순환 참조를 만들 수도 있습니다. 어떤가요? A나 B, C 중 하나만 변경돼도 모든 클래스가 영향을 받게 됩니다. 따라서 같은 논리로 A, B, C는 사실상 같은 컴포넌트입니다.

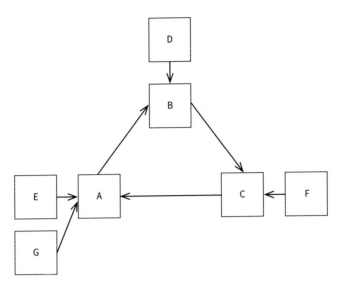

그림 4.21 회전교차로 같은 컴포넌트

순환 참조가 설계에서 해롭다는 말이 여기서 나옵니다. 순환 참조는 복잡한 의존성 그래프를 유도하고, 의존성 전이 범위를 넓히는 주범입니다. 의존 그래프에 사이클이 생겨서는 안 됩니다. 순환 참조를 만들지 않으려면 양방향 참조를 끊어내고 단방향으로 만들어야 합니다. 시스템에 존재하는 모든 의존 방향을 단방향으로 만들어 문제가 발생했을 때 원인이 어디인지 추적 가능할 수 있게 해야 합니다. 순환 참조에 관해서는 이후에 더 다룰 예정이라 여기까지만 설명하고 넘어가겠습니다.

4.3 SOLID와 객체지향

SOLID에 관한 이야기를 슬슬 정리하면서 또 한 번 질문하겠습니다. 다음 문장은 맞는 말일까요?

> SOLID한 코드는 객체지향적인 코드다.

얼추 맞지만 조금 다릅니다! 엄격하게 말하자면 SOLID와 객체지향은 추구하는 바가 약간 다르기 때문입니다. 다시 한번 강조하자면 SOLID 원칙이 추구하는 것은 객체지향 **'설계'**입니다. 그래서 SOLID가 추구 방향과 객체지향이 추구하는 방향은 조금 다릅니다.

객체지향의 핵심은 역할, 책임, 협력입니다. 한편 SOLID는 객체지향 방법론 중 하나로, 변경에 유연하고 확장할 수 있는 코드를 만드는 데 초점을 둡니다. 쉽게 말해 SOLID는 설계 원칙이고, 설계 원칙은 응집도를 높이고 의존성을 낮추는 방법에 집중합니다.

그래서 엄밀히 말해 SOLID를 추구하는 것이 곧 객체지향으로 이어지는 것은 아닙니다. 따라서 SOLID를 무작정 따르기보다 객체지향의 본질인 역할, 책임, 협력을 제대로 이해하고 적절한 구현을 함께 고려해야 합니다.

우리는 원칙이나 패턴에 맞추는 것에 익숙합니다. 그래서 SOLID를 암기하려 하고 디자인 패턴을 외워서 현재 개발 중인 시스템에 이를 그대로 적용해 보려고 시도합니다. 하지만 소프트웨어는 복잡계입니다. 그래서 요구사항과 100% 일치하는 해결책은 존재하지 않는다는 점을 항상 상기해야 합니다. 사정에 맞지 않는 패턴이나 원칙을 억지로 적용하다 보면 조금 시도해 보다가 큰 차이를 느끼지 못하고 원래 방식대로 복귀할 확률이 높습니다. 따라서 SOLID를 외우려 노력하기보다 SOLID가 해결하려 했던 문제와 추구했던 목표가 무엇이었는지 고심하는 편이 더 낫습니다. SOLID의 목표는 높은 응집도와 낮은 결합도였습니다.

4.4 디자인 패턴

이번 절에서는 디자인 패턴에 관해 짧게 이야기하려고 합니다. 소프트웨어 설계에 관심이 있는 분들이라면 디자인 패턴을 한 번쯤 접하고, 공부도 해봤을 것입니다. 디자인 패턴은 소프트웨어 설계를 하면서 자주 만나게 되는 문제 상황을 정의하고, 이를 해결할 수 있는 모범 설계 사례를 모아놓은 것입니다. 1994년에 4인조(GoF; Gang of Four)라 불리는 컴퓨터 공학자에 의해 고안된 디자인 패턴은 총 22가지가 있습니다.

이 23가지 패턴은 크게 생성 패턴(creational pattern), 구조 패턴(structural pattern), 행동 패턴(behavioral pattern)으로 분류할 수 있습니다. 생성 패턴은 객체 생성을 유연하고 효율적으로 처리하는 방법을 소개하며, 구조 패턴은 객체를 조합해서 더 큰 구조를 형성하는 방법을 소개합니다. 마지막으로 행동 패턴은 객체 간의 행위와 역할을 조정하는 방법을 다루는데, 이를 통해 객체 간의 상호작용을 개선하고 유연성을 높이는 것을 목표로 합니다.[30]

이러한 디자인 패턴을 보고 모두가 입을 모아 '범용적이고 흔히 볼 수 있는 문제 상황과 이를 해결하는 모범 사례'라고 소개합니다. 그래서 처음 디자인 패턴을 공부하면 모든 프로그램을 디자인 패턴을 이용한 모범 사례로만 개발할 수 있을 것 같다는 착각에 빠지곤 합니다.

---

30 아쉽게도 이 책에서는 디자인 패턴을 자세히 설명하지 않겠습니다. 3가지 패턴 분류에 어떤 패턴이 있고 각 패턴이 어떤 목적으로 만들어진 것인지 소개하는 것은 이 책의 범위를 벗어납니다. 디자인 패턴에 관한 더 자세한 내용이 궁금하다면 https://refactoring.guru/ko/design-patterns를 참고하세요.

저도 그랬습니다. 그래서 디자인 패턴을 외우고, 코드를 실제로 따라 해 보고, 상황을 최대한 이해하려고 노력해 봤습니다. 그런데 이러한 노력에도 암기한 디자인 패턴들을 실무에 적용하는 것 자체가 힘든 경우가 많았습니다. 어떻게 해서라도 적용한 디자인 패턴들은 그 효용성을 느끼는 것조차 어려웠습니다. 디자인 패턴을 적용한 덕분에 코드의 재사용성이 높아졌다고 느끼거나 확장성, 유지보수성이 높아졌다고 느끼는 일은 없었습니다. 오히려 코드가 더 읽기 어려워졌다는 생각이 들기도 했습니다.

디자인 패턴에 실망하고 회의감이 들기 시작한 것입니다. 그래서 결국 저는 프로젝트에 디자인 패턴을 적용하는 것을 포기했습니다. 그 대신 의존 관계를 고민하기 시작했습니다. 모듈의 경계를 나누고 의존 관계를 정리하고 순환 참조를 없애기 위해 노력했습니다. 그런데 길은 하나로 통한다고 하던가요. 역설적이게도 디자인 패턴을 포기한 채 의존성을 고민하기 시작했더니 디자인 패턴이 적용되는 신기한 경험을 했습니다.[31] 그리고 그렇게 적용된 디자인 패턴이 실제로 코드의 재사용성과 확장성, 유지보수성을 높이는 것을 체감할 수 있었습니다.

디자인 패턴을 공부해 본 분이라면 분명 한번쯤 '이걸 외우는 게 대체 무슨 의미가 있지?'라는 생각을 해봤을 것입니다. 원리를 단번에 이해하는 분들도 있을 테지만 아마 대다수의 개발자가 디자인 패턴을 공부하면서 머릿속에 온통 물음표를 그리고 있을 것입니다. 왜냐하면 대다수의 개발자가 의존성을 크게 고민하지 않은 채 디자인 패턴을 접하고, 패턴을 공부하면서 도식화된 생김새를 무작정 외우려고 하기 때문입니다.

디자인 패턴이 어떤 식으로 생겼고 예제를 외우려 하는 것은 좋은 공부 방법이 아닙니다. 물론 이렇게 외운 것들이 제가 겪은 것처럼 언젠가 되돌아오기도 할 것입니다. 하지만 디자인 패턴을 학습하는 더 효율적인 방법은 디자인 패턴이 어떤 상황에서 어떤 문제를 어떻게 해결하는지 이해하는 것입니다.

예를 들어, 다음은 디자인 패턴 중 하나인 어댑터 패턴을 소개하는 그림입니다.

어댑터 패턴은 호환되지 않는 코드(adaptee)가 있을 때 기존 코드를 크게 변경하지 않고도 해당 코드를 사용할 수 있는 방법입니다. 어떤 기능이나 인

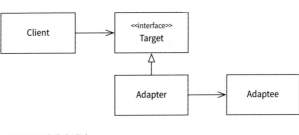

그림 4.22 어댑터 패턴

---

31 더 정확히 말해 실은 코드를 작성하는 순간까지도 이게 디자인 패턴을 적용하고 있는 것인지도 몰랐습니다. 몇 개월 개발하고 코드를 돌이켜봤더니 '아, 이게 알고 보니 디자인 패턴 중 하나였구나'라고 깨달은 것입니다.

터페이스를 기존과 다른 형태로 제공하는 데 사용되며, 주로 외부 라이브러리나 서비스를 내부 시스템과 연동할 때 쓰입니다. 그런데 어떤가요? 이제는 이 패턴에서 의존성 역전이 보이나요?

의존성이 무엇인지 맥락을 모르고 어댑터 패턴을 보면 'Adaptee가 호환되지 않는다면 그것을 래핑하는 Adapter 클래스만 있고 Client가 Adapter를 직접 사용하면 될 것 같은데, 왜 굳이 Target 같은 인터페이스를 둬서 추상화하지?'라고 생각할 수 있습니다. 하지만 의존성과 의존성 전이가 무엇인지 파악한 우리는 이제 이 패턴을 이렇게 이해할 수 있게 됐습니다.

1. 설계자는 클라이언트와 어댑터 사이의 연결을 끊고 싶었구나.

2. 클라이언트가 어댑터에 의존하는 상황을 피하고 싶었구나.

3. 어댑터가 변경돼도 클라이언트의 코드가 변경되지 않길 원했구나.

4. 추상화를 통해 클라이언트 코드의 재사용성이 높아졌구나.

이러한 이유로 의존성 역전은 실제로 포트-어댑터 패턴이라고도 불립니다.[32]

그래서 디자인 패턴을 공부할 때 유의해서 볼 만한 새로운 공부 방법을 제시하겠습니다. 도식화된 패턴의 생김새를 외우기보다 의존 그래프를 파악하고, 변경으로 인해 영향을 받는 범위가 어디까지인지 확인해 보며 공부하는 것입니다.

패턴은 '문제 인식', '해결 과정', '해결 방법'을 정리한 것입니다. 그래서 패턴 자체를 미리 외워두는 것이 문제를 해결하는 데 도움이 될 수 있습니다. 하지만 반대로 문제를 맞닥뜨렸을 때 중간중간의 해결 방법만 알고 있다면 패턴은 자연스럽게 따라옵니다. 따라서 억지로 외울 필요도 없습니다.

더불어 패턴이 무조건 최선인 것도 아닙니다. 왜냐하면 패턴을 사용하는 것이 문제의 규모에 비해 지나치게 과할 수도 있기 때문입니다. 패턴을 적용하고자 문제 상황을 억지로 변경할 이유도 없습니다. 개발자의 업무는 문제를 해결하는 것이지 패턴을 적용하는 것이 아닙니다. 패턴은 도구일 뿐이며, 실제로 더 중요한 것은 패턴에 담긴 '문제 인식', '해결 과정', '해결 방법'입니다.

---

32 부록 A '포트-어댑터 패턴' 참조

순환 참조

순환 참조는 두 개 이상의 객체나 컴포넌트가 서로를 참조함으로써 의존 관계에 사이클이 생기는 상황을 말합니다. 예를 들어, 객체 A가 객체 B를 참조하고, 객체 B가 다시 객체 A를 참조하는 양방향 참조는 대표적인 순환 참조의 예입니다. 그리고 이러한 순환 참조는 소프트웨어 설계에서 자주 볼 수 있는 대표적인 안티패턴 중 하나입니다.

순환 참조가 어떤 문제를 만들고 왜 안 좋은지는 4.2.4절 '의존성이 강조되는 이유'에서 짧게 다룬 바 있습니다. 그래서 이번 장에서는 이를 더 상세히 살펴보고 해결책까지 제시해 보려 합니다. 이야기를 시작하기에 앞서 개발자들이 흔히 만드는 순환 참조 상황을 먼저 함께 살펴봅시다.

코드 5.1 순환 참조가 존재하는 Team 클래스와 Member 클래스

```java
@Data
class Team {

    private long id;
    private String name;
    private List<Member> members;
}

@Data
class Member {
```

```
    private long id;
    private String name;
    private Team myTeam;
}
```

코드 5.1은 팀과 팀원의 관계를 표현한 클래스입니다. 팀은 팀원 목록을 갖고 있고, 팀원은 자신이 소속된 팀을 참조합니다. 따라서 코드 5.1에는 명백하게 순환 참조가 생겼습니다. 4.2.4절 '의존성이 강조되는 이유'에 따르면 이는 안티패턴입니다.

어떤가요? 여러분의 프로젝트에는 다행스럽게도 이런 코드가 없나요? 그러면 다음과 같은 코드는 어떤가요?

코드 5.2 순환 참조가 존재하는 TeamJpaEntity 클래스와 MemberJpaEntity 클래스

```
@Data
@NoArgsConstructor
@Entity(name = "team")
class TeamJpaEntity {

    @Id
    private String id;
    @Column
    private String name;
    @OneToMany(mappedBy = "myTeam")                Team -> Member
    private List<MemberJpaEntity> members;
}

@Data
@NoArgsConstructor
@Entity(name = "member")
class MemberJpaEntity {

    @Id
    private String id;
    @Column
    private String name;
    @ManyToOne                              Member -> Team
    @JoinColumn(name = "my_team_id")
    private TeamJpaEntity myTeam;
}
```

Team과 Member 클래스에 JPA의 @Entity 애너테이션을 적용하고 @OneToMany와 @ManyToOne 애너테이션을 이용해 양방향 매핑(bidirectional mapping)을 적용했습니다. 그리고 코드를 보면 알겠지만 이 코드에서도 TeamJpaEntity와 MemberJpaEntity 클래스가 서로를 참조합니다. 따라서 이 역시 순환 참조가 있는 상황입니다. 그런데 혹시 제가 하고 싶은 말을 눈치챘나요?

⚠ JPA의 양방향 매핑은 순환 참조입니다.

정말 많은 자료에서 JPA의 양방향 매핑을 설명하는 데 이와 같은 Team-Member 사례를 이용합니다. 그 때문인지 JPA를 사용할 때 순환 참조를 거리낌 없이 만드는 실수를 하곤 합니다.

이러한 실수는 연차와 관계 없습니다. 순환 참조가 좋지 않다는 것을 이미 알고 있는 고참 개발자도 유독 JPA만 사용하면 이런 실수를 합니다. 추측건대 '양방향 매핑'이라는 개념이 순환 참조라는 죄악의 면죄부처럼 사용되고 있는 것이 아닌가 싶습니다. 양방향 매핑이라고 부른다고 해서 순환 참조가 아닌 것은 아닙니다. 양방향 매핑은 수많은 순환 참조 사례 중 하나입니다.

다음은 또 다른 순환 참조의 예입니다.

코드 5.3 스프링의 서비스 컴포넌트에 생긴 순환 참조

```
@Service
class TeamService {

    @Autowired                              TeamService -> MemberService
    private MemberService memberService;
    @Autowired
    private TeamJpaRepository teamJpaRepository;

    public TeamJpaEntity getMyTeam(long memberId) {
        return memberService.getById(memberId).getMyTeam();
    }

    public TeamJpaEntity getById(long id) {
        return teamJpaRepository
            .findById(id)
            .orElseThrow(() -> new EntityNotFoundException("Team " + id));
    }
}

@Service
```

```
class MemberService {

    @Autowired                              MemberService -> TeamService
    private TeamService teamService;
    @Autowired
    private MemberJpaRepository memberJpaRepository;

    public MemberJpaEntity getById(long id) {
        return memberJpaRepository
            .findById(id)
            .orElseThrow(() -> new EntityNotFoundException("Member: " + id));
    }

    public List<MemberJpaEntity> findByTeamId(long teamId) {
        return teamService.getById(teamId).getMembers();
    }
}
```

코드 5.3을 보면 스프링의 서비스 컴포넌트가 서로를 참조합니다. 혹시 여러분의 프로젝트에도 이런 코드가 있지 않나요? TeamService 컴포넌트가 MemberService 컴포넌트를 참조하고, MemberService 컴포넌트가 TeamService 컴포넌트를 참조합니다. 순환 참조가 발생한 것입니다. 이와 마찬가지로 희한하게도 순환 참조가 좋지 않다는 것을 알고 있는 개발자도 스프링만 사용하면 이처럼 서비스에 순환 참조를 넣는 실수를 합니다.[1]

그래서 이쯤에서 한번 환기하겠습니다. 순환 참조는 소프트웨어 설계에서 피해야 하는 잘 알려진 대표적인 안티패턴입니다. 순환 참조가 발생한다는 것은 서로에게 강하게 의존한다는 의미입니다. 사실상 하나의 컴포넌트라는 의미이며, 책임이 제대로 구분돼 있지 않다는 의미입니다. 따라서 순환 참조가 있는 컴포넌트는 SOLID하지도 않습니다.

다시 한번 물어보겠습니다. 여러분은 어떤가요? 여러분의 프로젝트에도 이 같은 코드가 있지 않나요? 부끄럽게도 저는 이러한 코드를 만드는 실수를 꽤 자주 했었습니다. 만약 여러분의 프로젝트에 이 같은 코드가 없다면 너무나 잘하고 계신 것입니다!

---

1   물론 이 코드는 정상적으로 동작할 테니 프로그램에 큰 문제가 되지 않습니다. 그런데 여기서는 동작의 여부보다 '참조 관계가 이대로 괜찮은가?'를 이야기하고 싶은 것입니다. 코드 품질에 관해 이야기할 때 코드가 동작하고 안 하고는 배제하고 이야기가 진행돼야 합니다. 왜냐하면 코드는 당연히 잘 동작해야 하기 때문입니다.

5.1 순환 참조의 문제점

그렇다면 순환 참조는 왜 나쁘다고 하는 것일까요? 순환 참조가 나쁜 이유에 관해서는 4장에서 '의존성 전이 확장 문제'로 잠깐 살펴봤습니다. 그러면 지금부터 순환 참조가 가진 문제를 몇 가지 더 알아보겠습니다.

5.1.1 무한 루프

순환 참조가 있다는 말은 시스템에 무한 루프가 발생할 수 있다는 말입니다. 그리고 아마도 '순환 참조로 인해 무한 루프가 만들어지는 상황'은 쉽게 상상할 수 있을 것입니다. 객체 A가 객체 B의 메서드를 호출하고 객체 B가 객체 A의 또 어떤 메서드를 호출해서 무한 루프가 만들어지는 것입니다.

그런데 순환 참조로 무한 루프가 생길 수 있다는 게 그렇게까지 큰 문제일까요? 상식적인 개발자라면 개발할 때 이러한 상황이 발생하지 않게 조심할 것입니다. 그래서 순환 참조가 있어도 왠지 조심하기만 하면 무한 루프가 만들어지지 않으리라 생각할 것입니다. 그런데 무한 루프 문제는 단순히 개발자의 실수로 만들어지는 것이 아닙니다. 의외로 이보다 더 예상치 못한 곳에서 문제가 발생하기도 합니다.

예를 들어, 코드 5.2의 Team-Member 케이스를 다시 한번 살펴봅시다. Team 클래스와 Member 클래스에는 @Data 애너테이션이 만들어내는 게터와 세터를 제외하고 특별히 이렇다 할 메서드가 없습니다. 그렇다면 이 두 클래스에는 특별히 구현된 메서드가 없으니 무한 루프를 만들어 내지 않는다고 볼 수 있을까요? 아쉽게도 코드 5.2에는 이미 무한 루프를 만들어 낼 수 있는 잠재적인 버그가 있습니다.

예를 들어, 코드 5.2로 만들어진 객체를 다음과 같이 JSON 형식으로 직렬화해야 한다고 가정해 봅시다. 결과가 어떻게 나와야 할까요? 결과를 보기 전에 미리 상상해 봐도 좋겠습니다.

```java
// 객체 할당
Team developerGroup = new Team(1, "developerGroup", new ArrayList<>());
developerGroup.getMembers().add(new Member(1, "foobar", developerGroup));
developerGroup.getMembers().add(new Member(2, "helloworld", developerGroup));

// 직렬화 실행
ObjectMapper objectMapper = new ObjectMapper();
String result = objectMapper.writeValueAsString(developerGroup);
System.out.println(result); // 어떤 값이 출력될까요?
```

보다시피 상호 참조가 있는 객체를 만들고 이를 직렬화했습니다. JSON 직렬화에는 자바의 대표적인 JSON 직렬화/역직렬화 라이브러리인 Jackson을 사용했습니다. 실행 결과로 어떤 값이 출력될까요?

【 실행 결과 】

```
com.fasterxml.jackson.databind.JsonMappingException: Infinite recursion
(StackOverflowError) (through reference chain:
com.example.demo.Team["members"]->java.util.ArrayList[0]
->com.example.demo.Member["myTeam"]
->com.example.demo.Team["members"]->java.util.ArrayList[0]
->com.example.demo.Member["myTeam"]
->com.example.demo.Team["members"]->java.util.ArrayList[0]
->com.example.demo.Member["myTeam"]
이하 생략 ...
```

정답은 '직렬화가 불가능해서 오류가 발생한다'입니다. 당연한 이야기입니다. Team 객체 입장에서는 Member 객체 리스트를 직렬화하려고 하는데, Member 객체는 Team 객체를 참조하고 있으니 직렬화 과정에서 무한 루프에 빠지게 되기 때문입니다. 따라서 순환 참조가 있는 객체를 직렬화하려 하면 프로그램은 콜 스택이 한계에 다다라 개발자에게 너무나도 익숙한 에러인 StackOverflow 에러가 발생합니다.

이처럼 순환 참조가 포함된 객체를 직렬화하는 것은 어렵습니다. 물론 어렵다고 해서 도저히 방법이 없는 것은 아닙니다. Jackson처럼 훌륭한 라이브러리에서는 이러한 상황을 대비해 @JsonIdentityInfo 같은 애너테이션을 마련해뒀습니다. 그럼 @JsonIdentitfyInfo 애너테이션을 이용해 직렬화가 가능하게끔 만들어 보겠습니다.

```
@Data
@AllArgsConstructor
class Team {

    private long id;
    private String name;
    private List<Member> members;
}


@Data
@AllArgsConstructor
@JsonIdentityInfo(
```

```
    generator = ObjectIdGenerators.PropertyGenerator.class,
    property = "id",
    scope = Member.class)
class Member {

    private long id;
    private String name;
    private Team myTeam;
}
```

수정된 코드를 대상으로 이전과 같이 동일하게 테스트해보면 이번에는 실행 결과가 다음과 같습니다.

【 실행 결과 】

```
{
  "id": 1,
  "name": "developerGroup",
  "members": [
    {
      "id": 1,
      "name": "memberA",
      "myTeam": {
       "id": 1,
       "name": "developerGroup",
       "members": [
         1,
         {
           "id": 2,
           "name": "memberB",
           "myTeam": {
             "id": 1,
             "name": "developerGroup",
             "members": [
               1,
               2,
               {
                 "id": 3,
                 "name": "memberC",
                 "myTeam": {
```

```
              "id": 1,
              "name": "developerGroup",
              "members": [
                1,
                2,
                3
              ]
            }
          }
        ]
      }
    },
    3
  ]
}
},
2,
3
]
}
```

어떤가요? 원하는 결과인가요? `@JsonIdentitfyInfo` 애너테이션을 이용해 클래스에 있는 `id` 값을 이용해 이미 직렬화를 마친 객체라면 `id`를 기록하도록 만들었습니다. JSON이 객체가 나와야 할 자리에 숫자가 나오면 이를 해당 객체의 `id`로 인식하고 `id`로 객체를 참조하게 한 것입니다. 그런데 출력된 JSON 데이터를 보면 알겠지만 데이터 구조가 눈에 들어오지 않아서 영 탐탁치 않습니다. 직렬화 결과가 불만족스럽고 문제를 억지로 해결했다는 느낌을 지울 수 없습니다.[2]

무한 루프는 개발자가 메서드 호출 과정을 신경 쓴다고 해결할 수 있는 문제가 아닙니다. 더불어 직렬화/역직렬화 상황에서만 발생하는 것도 아닙니다. 소프트웨어는 복잡계라서 언제, 어디서, 어떤 식으로 부작용이 발생할지 모릅니다. 그러므로 순환 참조로 인해 발생할 잠재적 위험을 안고 갈 이유가 없습니다. 이 같은 순환 참조 문제를 해결하는 방법은 간단합니다. 순환 참조를 만들지 않으면 됩니다. 순환 참조를 만들지 않았다면 애초에 순환 참조로 인해 발생할 무한 루프 문제를 신경 쓰지 않아도 될 것입니다.

---

2   `@JsonIdentityInfo` 애너테이션을 Team 클래스에도 지정하면 조금 더 자연스러운 JSON 데이터를 얻을 수 있습니다. 하지만 얼마나 자연스러운 JSON 데이터를 얻을 수 있는가보다는 억지로 문제를 해결하고 있다는 점에 초점을 맞췄으면 합니다.

5.1.2 시스템 복잡도

순환 참조는 시스템의 복잡도를 높입니다. 이것은 앞에서 설명했던 순환 참조로 인해 발생할 수 있는 의존성 전이 확장 문제와도 비슷한 맥락인데, 워낙 중요한 개념이므로 한 차례 더 예시를 들어 설명하겠습니다. 시스템 복잡도가 높아진다는 문제는 의존성 전이 확장보다는 조금 더 실무적인 문제입니다.

예를 들어, 이전의 Team-Member 관계에서 '팀 내 모든 구성원의 월급을 합산해 주세요'라는 요구사항이 생겼다고 가정해 봅시다. 그래서 누군가 다음과 같은 코드를 작성했습니다.

코드 5.4 Member 클래스에 모든 팀원의 월급을 합산해서 반환하는 메서드를 추가

```java
@Data
class Team {

    private long id;
    private String name;
    private List<Member> members;
}


@Data
class Member {

    private long id;
    private String name;
    private Team myTeam;
    private int salary;

    // 팀 내 모든 팀원의 월급의 합을 반환합니다.
    public int calculateTeamMemberTotalSalary() {
        int result = 0;
        for (Member member : myTeam.getMembers()) {
            result += member.salary;
        }
        return result;
    }
}
```

보다시피 Member 클래스에 소속된 팀의 전체 월급이 얼마인지 알 수 있는 메서드가 추가됐습니다. 그런데 뭔가 이상하지 않나요? 팀원이 팀 내 전체 구성원의 월급을 알 수 있는 시스템이라니 현실 세계에선 벌어질 수 없는 살짝은 이상한 상황입니다.

알고 있습니다. 독자 여러분은 이 같은 억지스러운 코드를 만들지 않을 것입니다. 하지만 중요한 것은 잘 못된 설계로 인해 '이런 코드가 만들어질 수도 있다'라는 사실입니다. 어떤 요구사항이 있을 때 무의미하 고 불필요한 방법으로 구현할 수 있다는 사실은 개발할 때 확실한 노이즈입니다. 부적절한 구현 방법으 로 인해 더 나은 구현 방법이 있는데도 개발자들이 자꾸 잘못된 방법으로 구현하게 만듭니다. 시스템의 복잡도가 높아진다는 것은 단순히 코드의 복잡도가 증가한다는 것만 의미하는 것이 아니라 이러한 개발 자가 겪는 논리적 혼란도 포함하는 말입니다.

의미상으로 그렇게 되어서는 안 되는 코드는 컴파일 타임에 아예 만들어지지 않게 해야 합니다. 참조 관 계가 제대로 돼 있었다면 애초에 이런 고민을 할 필요가 없었을 것입니다. 예를 들어, 양방향으로 참조하 던 Team-Member 관계를 다음과 같이 바꿨다고 가정해 봅시다.

코드 5.5 식별자를 대신 갖고 있게 해서 양방향 참조를 제거

```java
@Data
class Team {

    private long id;
    private String name;
    private List<Member> members;
}

@Data
class Member {

    private long id;
    private String name;
    private long myTeamId;
    private int salary;
}
```

보다시피 Member 클래스는 더 이상 myTeam 변수를 갖고 있지 않습니다. 대신 소속된 팀 정보가 무엇인지 는 알기 위해 팀의 id 값을 myTeamId 변수로 가지고 있게 했습니다. 이 코드에서 팀원은 팀 정보가 필요 할 때 앞으로 myTeamId 값을 이용해 TeamRepository에서 Team 객체를 불러올 것입니다. 직접 참조에서 간접 참조로 바뀐 것입니다.

그렇다면 코드 5.5에서 '팀 내 모든 구성원의 월급을 합산해 주세요'라는 요구사항이 들어왔다면 어디에 만들어졌을까요? 아마도 자연스럽게 Team 클래스의 메서드로 구현됐을 것입니다. 그리고 그렇게 개발하 는 것은 꽤나 적절해 보입니다.

이번에는 반대로 생각해 봅시다. Team이 팀원 목록을 가지고 있을 필요가 없다고 판단하고 코드 5.6처럼 Team 클래스에 있던 팀원 목록 변수를 제거해 보는 것입니다. 그럼 Team에서 팀원 목록을 가져올 수 없게 됐지만 Member 클래스는 Team 타입 변수인 myTeam 변수를 갖고 있어도 괜찮아집니다. 이런 식으로 순환 참조를 바로잡기 위해 불필요한 참조를 없앨 수도 있습니다.

코드 5.6 상위 객체에 있던 하위 객체에 대한 참조를 제거해서 순환 참조를 제거

```java
@Data
class Team {

    private long id;
    private String name;
    // Team이 갖고 있던 members가 사라졌습니다.
}


@Data
class Member {

    private long id;
    private String name;
    private Team myTeam;
    private int salary;
}
```

그렇다면 이럴 때 '팀 내 모든 구성원의 월급을 모두 합산해 주세요'라는 요구사항이 들어왔을 때 어떻게 하면 될까요? 간단합니다. Team 객체만으로는 팀원의 월급을 모두 확인할 수 없으니 TeamService 컴포넌트에서 구현하면 됩니다.

코드 5.7 필요한 경우 저장소에서 데이터를 직접 가져온다.

```java
@Service
@RequiredArgsConstructor
class TeamService {

    private final MemberService memberService;

    public long getTeamSalary(long id) {
        return memberService.findByTeamId(memberId).stream()
            .mapToLong(Member::getSalary)
```

```
            .sum();
    }

}
```

순환 참조가 있으면 어떤 객체에 접근할 수 있는 접근 경로가 너무 많아집니다. '접근 경로가 많다'라는 말은 언뜻 보면 좋게 들릴 수도 있으나 소프트웨어 설계에서는 그렇게 좋은 말은 아닙니다. 경로가 많다는 것은 의존 관계가 복잡하게 얽혀 있다는 의미이기 때문입니다. 이는 어떤 객체를 수정할 때 개발자들이 만들어낸 온갖 창의적인 접근 경로를 모두 고려해야만 한다는 뜻입니다. 따라서 접근 경로가 많아진다는 것은 복잡도가 높아지는 원인이 됩니다. 그러므로 가능한 한 도메인 모델들에 단일 진입점을 만들어서 필요한 객체가 있을 때 단방향으로 접근하도록 만드는 것이 좋습니다.

기타: 메모리 누수

순환 참조의 문제점을 찾다보면 빠지지 않고 나오는 이야기 중 하나가 메모리 누수와 관련된 내용입니다. 바로 순환 참조가 메모리 누수(memory leak)를 유발한다는 것입니다. 일반적으로 알려진 사실은 다음과 같습니다.

> **순환 참조의 문제점에 빠지지 않고 나오는 이야기 메모리 누수**
>
> 참조 횟수 계산 방식(reference counting)을 사용하는 GC(garbage collector: 가비지 컬렉터)에서 순환 참조는 메모리 누수를 유발할 수 있습니다. 참조 횟수 계산 방식은 객체의 참조가 생성되거나 제거될 때마다 객체의 참조 횟수를 증가시키거나 감소시키는 방식을 말합니다. 만약 객체의 참조 횟수가 0이 되면 그 객체는 더 이상 사용되지 않는 것(garbage)으로 간주하고 메모리에서 삭제 대상이 됩니다. 그런데 순환 참조가 발생하면 문제가 생깁니다. 순환 참조 상황에서는 서로가 서로를 참조하고 있기 때문에 이들의 참조 횟수는 항상 0보다 큽니다. 따라서 GC는 순환 참조된 객체를 삭제 대상으로 영원히 인식하지 못하고 해당 객체는 영원히 메모리 영역에 남게 됩니다.

그런데 JVM을 사용하는 자바 개발자들에게는 이 같은 지적이 반은 맞고 반은 틀렸습니다. 왜냐하면 JVM 환경에서 GC는 생각보다 훨씬 더 똑똑하게 동작하기 때문입니다. 예를 들면, 다음과 같은 클래스와 실행 코드가 있다면 어떨까요?

코드 5.8 순환 참조를 보여주는 예제

```java
public class CircularReferenceTest {

    class Node {

        public Node next;
    }
```

```java
    @Test
    public void 순환_참조_테스트() {
        // 메모리 모니터링을 위해 불필요한 메모리는 정리하고 시작
        System.gc();

        int testObjectCreation = 1_000_000;
        List<Node> firstNodes = new ArrayList<>();

        // 순환 참조가 있는 다수의 인스턴스들을 할당
        for (int i = 0; i < testObjectCreation; i++) {
            Node firstNode = getCircularChainObject();
            firstNodes.add(firstNode);
        }

        // 선행 노드에서 연결 고리를 끊어 순환 참조만 남김
        firstNodes.forEach(firstNode -> firstNode.next = null);

        // firstNode 뒤에 있는 후행 노드들은 영원히 제거되지 않을까요?
        System.out.println("BEFORE");
        System.gc();
        System.out.println("AFTER");
    }

    private Node getCircularChainObject() {
        Node a = new Node();
        Node b = new Node();
        Node c = new Node();
        a.next = b;
        b.next = c;
        c.next = b;
        return a;
    }
}
```

보다시피 getCircularChainObject를 이용해 순환 참조가 있는 객체를 100만 개 만들었습니다. 그러고 나서 선행 노드에서 연결 고리를 모두 끊어 순환 참조가 있는 b ↔ c만 남기고 b, c에 더 이상 접근할 수 없게 했습니다. b, c를 메모리에서 삭제 대상으로 만든 것입니다.

그리고 이 같은 상황에서 참조 횟수 계산 방식을 사용하는 GC라면 System.gc()를 호출한 이후에도 힙 메모리 영역에 변화가 없어야 할 것입니다. 하지만 이 코드를 실행하고 메모리 모니터링을 하면 다음과 같은 차트가 나타납니다.

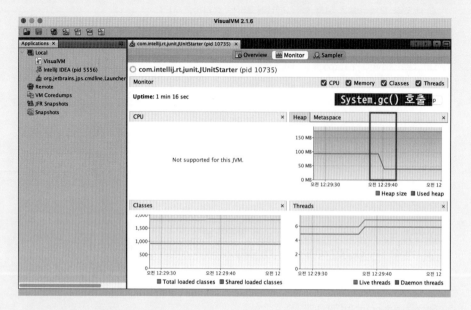

그림 5.1 VisualVM[3]으로 확인한 테스트 케이스의 힙 메모리 영역 변화

예상과 달리 System.gc()를 호출한 결과, 메모리가 정리됐습니다. 왜냐하면 JVM 환경에서 사용되는 기본 GC가 참조 횟수 계산 방식만 쓰고 있지는 않기 때문입니다. JVM의 GC는 마크-앤드-스위프(mark-and-sweep)라는 조금 더 개선된 알고리즘을 사용합니다. 이 알고리즘에 따르면 삭제 대상이 되는 객체를 찾기 위해 'mark'와 'sweep'라는 두 가지 단계를 거칩니다.

1. Mark(표시) 단계: 이 단계에서는 모든 루트(root) 객체부터 시작해 참조되는 모든 객체를 따라가며 각 객체를 '마킹'합니다. 루트 객체는 전역 변수나 스택에 있는 변수와 같이 항상 접근 가능한 객체를 의미합니다.

2. Sweep(삭제) 단계: 이 단계에서는 모든 객체를 조사하면서 마킹되지 않은 객체를 메모리에서 제거합니다. 마킹되지 않은 객체란 어떤 루트 객체로부터도 참조되지 않는, 즉 프로그램에서 더 이상 사용되지 않는 객체를 의미합니다.

이러한 마크-앤드-스위프 알고리즘을 사용하는 JVM에서는 참조 횟수 계산 방식에서 발생하는 순환 참조 문제를 해결합니다. 그 이유는 마크-앤드-스위프 알고리즘이 객체가 더 이상 사용되지 않는지 판단하는 기준이 참조 횟수가 아

---

3 VisualVM은 JVM에서 실행 중인 애플리케이션을 모니터링하고 프로파일링하는 도구입니다. 이를 통해 메모리 사용량, 스레드 활동, CPU 사용량 등을 실시간으로 확인하고 분석할 수 있습니다. 참고: https://visualvm.github.io/

니라 '루트 객체로부터의 접근 가능성(reachability)'이기 때문입니다. 즉, 객체가 서로 순환 참조를 하더라도 그 객체들이 루트 객체로부터 접근 가능하지 않다면 삭제 대상이 될 수 있습니다.

그러므로 JVM을 사용하는 스프링/JPA 개발자에게 '순환 참조로 인해 메모리 누수가 발생할 수 있고, 그래서 이것이 순환 참조를 피해야 하는 이유다'라고 선뜻 말하기는 어렵습니다.

5.2 순환 참조를 해결하는 방법

순환 참조가 나쁘다는 것은 알았습니다. 그렇다면 어떻게 하면 순환 참조를 해결할 수 있을까요? 가장 확실한 방법은 순환 참조 자체를 만들지 않는 것입니다.

5.2.1 불필요한 참조 제거

이 방법은 이미 코드 5.5와 코드 5.6을 통해 살펴봤습니다. 불필요한 참조를 제거한다는 것은 양방향 참조가 꼭 필요한지 재고해 본다는 의미입니다. 그래서 꼭 필요하지 않은 참조를 제거하거나 필요에 따라 관계를 표현하긴 해야 한다면 한쪽이 다른 한쪽의 식별자를 갖고 있게 해서 간접 참조 형태로 관계를 바꾸는 것입니다.

그래서 이 방법이 무엇인지 조금 더 깊이 이야기하기 위해 Team-Member를 JPA 엔티티로 만들어서 이야기를 진행해 보겠습니다.

코드 5.9 TeamJpaEntity 클래스에 members 변수가 꼭 필요할까?

```java
@Data
@NoArgsConstructor
@Entity(name = "team")
class TeamJpaEntity {

    @Id
    private String id;
    @Column
    private String name;
    @OneToMany(mappedBy = "myTeam")     꼭 필요할까요?
    private List<MemberJpaEntity> members;
}
```

```
@Data
@NoArgsConstructor
@Entity(name = "member")
class MemberJpaEntity {

    @Id
    private String id;
    @Column
    private String name;
    @ManyToOne
    @JoinColumn(name = "my_team_id")
    private TeamJpaEntity myTeam;
}
```

코드 5.9를 보면 TeamJpaEntity와 MemberJpaEntity 클래스는 양방향 매핑으로 순환 참조가 있습니다. 그러면 이제 TeamJpaEntity 클래스에 있는 팀원 목록이 꼭 필요한지 고민해 봅니다. 'List<MemberJpaEntity> members' 선언은 꼭 필요할까요? 프로젝트마다 상황이 다르겠지만 TeamJpaEntity 클래스가 팀원 목록을 모두 갖고 있는 것이 조금은 과하다는 생각이 들 수 있습니다. 게다가 코드 5.9에서는 앞으로 TeamJpaEntity 클래스의 객체를 JPA를 통해 불러올 때마다 'n+1 쿼리'[4]가 발생할 수 있는 위험 부담도 생깁니다.

그래서 TeamJpaEntity 클래스에서 members 변수를 제거했다고 가정해 봅시다. 그러면 이제 팀에 소속된 팀원 목록은 앞으로 어떻게 불러와야 할까요? 간단합니다. 특정 팀에 소속된 팀원 목록이 필요할 때는 MemberJpaRepository.findByTeamId(teamId) 같은 메서드를 호출해 팀원 목록을 가져오면 됩니다.

페이지를 조금만 뒤로 펼쳐서 137쪽의 코드 5.3도 생각해 봅시다. 마찬가지로 곰곰이 생각해 보면 서비스가 서로를 참조할 이유가 없습니다. TeamJpaRepository 클래스가 findByMemberId 같은 메서드를 지원한다면 TeamService 컴포넌트는 MemberService 컴포넌트에 의존할 필요가 없습니다. 또 반대로 MemberJpaRepository 클래스가 findByTeamId 같은 메서드를 지원한다면 MemberService 컴포넌트는 TeamService 컴포넌트에 의존할 필요가 없습니다.

---

4 n+1 쿼리란 데이터베이스에서 필요한 정보를 한 번에 가져오는 대신 여러 번의 추가 쿼리로 데이터를 요청해 가져오는 상황을 의미합니다. 예를 들어, 개발자는 부모 객체를 가져올 때 이에 속하는 자식 객체들을 모두 JOIN해서 한번에 가져오길 원할 수 있습니다. 하지만 ORM이 이 동작을 수행할 때 부모 객체를 가져오는 쿼리 하나, n개의 자식 객체를 가져오는 쿼리 n개를 만들어 데이터베이스에 요청할 수 있습니다. 분명 이것은 개발자의 의도와 다른 동작입니다. 그래서 n+1 쿼리 문제는 불필요한 데이터베이스 부하와 성능 저하를 초래할 수 있는 문제이기 때문에 ORM을 사용하는 개발자들이 항상 경계해야 하는 문제입니다.

이처럼 생각보다 많은 부분에서 사람들은 불필요한 참조를 만듭니다. 약간만 집중해서 의식적으로 추적해 보면 불필요한 참조 관계를 상당히 많이 제거할 수 있을 것입니다.

5.2.2 간접 참조 활용

순환 참조를 제거하는 데 간접 참조를 활용할 수도 있습니다. 예를 들면, 코드 5.9를 다음과 같이 수정할 수도 있습니다.

코드 5.10 MemberJpaEntity는 소속된 팀의 식별자를 갖고 있는 것으로 충분하지 않을까?

```java
@Data
@NoArgsConstructor
@Entity(name = "team")
class TeamJpaEntity {

    @Id
    private String id;
    @Column
    private String name;
    @OneToMany(mappedBy = "myTeam")
    private List<MemberJpaEntity> members;
}

@Data
@NoArgsConstructor
@Entity(name = "member")
class MemberJpaEntity {

    @Id
    private String id;
    @Column
    private String name;
    @Colum(name = "my_team_id")
    private long myTeamId;
}
```

MemberJpaEntity 클래스가 갖고 있던 TeamJpaEntity 클래스로의 참조를 없애고 myTeamId 변수를 뒀습니다. 그리고 이 같은 코드에서 팀원은 팀이 필요할 때 TeamJpaRepository.findById(teamId) 같은 메서드를 호출해 팀 정보를 불러올 수 있습니다. 이처럼 간접 참조를 활용한다는 의미는 기존에 직접 참조하던 것을 참조 객체의 식별값을 이용해 참조하도록 바꾼다는 의미입니다. 따라서 직접 참조가 사라지므로 불필요한 참조를 제거한다는 첫 번째 방법과도 유사한 전략입니다.

> ⓘ **한 방 쿼리보다 단순한 쿼리**
>
> '이러한 방식을 활용해 객체 간의 불필요한 의존 관계를 제거하세요'라는 조언을 드리면 공통적으로 나오는 질문이 있습니다. 바로 '그럼 SQL 쿼리가 여러 번 발생할 수 있는 것 아닌가요?'라는 질문입니다.
>
> 네, 맞습니다. 간접 참조를 사용하면 시스템에 SQL 쿼리 몇 줄이 더 추가될 수 있습니다. 그런데 짧은 쿼리가 몇 줄 추가되는 것은 생각보다 그렇게 큰 문제가 되지 않습니다. 왜냐하면 데이터베이스는 여러분의 생각보다 더 빠른 속도로 동작하기 때문입니다. 게다가 간접 참조에 사용하는 식별자는 보통 기본키로 인덱싱돼 있고, 시스템 곳곳에 마련된 다양한 캐싱 장치가 쿼리 속도를 높여주기도 합니다. 그런데 참조 관계가 복잡해서 데이터베이스에서 복잡한 쿼리가 실행된다면 그러한 캐싱 장치를 활용하기도 어려워집니다. 따라서 복잡하고 긴 쿼리를 한 번 사용하는 것보다 오히려 짧은 쿼리를 여러 번 사용하는 편이 더 빠를 수 있습니다.
>
> 대부분의 개발자들은 어떤 문제를 해결하려 할 때 한 방에 해결할 수 있는 복잡한 로직이나 한방에 데이터를 가져올 수 있는 '한 방 쿼리' 등을 만들어 문제를 해결하려는 경향이 있습니다. 하지만 오히려 약간 중복이 발생하더라도 단순한 로직을 여러 번 사용하거나, 짧은 쿼리를 여러 번 실행하는 편이 유리할 수 있습니다. 단순함은 굉장한 무기입니다. 단순해야 가독성과 유지보수성이 높아집니다. 단순함을 전제로 시스템을 최적화해야 합니다. 그러는 편이 최적화에 훨씬 더 유리하며 버그도 적게 만들 수 있습니다.[5]

5.2.3 공통 컴포넌트 분리

만약 서비스 같은 컴포넌트에 순환 참조가 있고, 그것이 각 컴포넌트의 설정상 필수적이라면 어떻게 이 문제를 해결할 수 있을까요? 가장 간단하고 효과적인 방법으로 다음과 같이 공통 컴포넌트를 분리하는 방법이 있습니다.

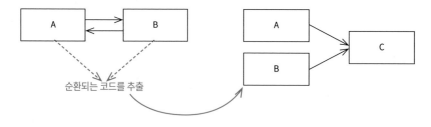

그림 5.2 순환되는 코드만 분리해서 새로운 컴포넌트를 만든다.

---

5   다만 이 논리가 항상 통하는 것은 아닙니다. 시스템의 특징과 요구사항에 따라 상황이 다를 수 있기 때문입니다. 그래서 트레이드오프를 계산해야 하는데, 순환 참조를 없앴을 때 얻을 수 있는 이점이 너무나 명확해서 어떻게든 없애는 방향으로 고민해 보는 것을 권장합니다.

즉, 양쪽 서비스에 있던 공통 기능을 하나의 컴포넌트로 분리하는 것입니다. 그리고 나서 양쪽 서비스가 공통 컴포넌트에 의존하도록 바꾸면 순환 참조가 없어집니다. 이 단순한 아이디어는 대부분의 컴포넌트 간 순환 참조 문제를 해결할 수 있을 정도로 강력합니다.

이 방법의 또 다른 장점으로는 공통 기능을 분리하는 과정에서 책임 분배가 적절하게 재조정된다는 점입니다. 컴포넌트의 기능적 분리는 결과적으로 과하게 부여됐던 책임을 분산하며, 그 결과 기능적 응집도를 높이는 효과를 가져옵니다. 이 과정을 통해 전체 시스템 설계가 단일 책임 원칙에 더욱 부합하는 설계로 진화합니다. 각 컴포넌트의 역할과 책임이 명확히 구분되는 것입니다.

5.2.4 이벤트 기반 시스템 사용

서비스를 공통 컴포넌트로도 분리할 수 없다면 이벤트 기반 프로그래밍을 시스템에 적용할 수 있습니다. 시스템에 이벤트 기반 프로그래밍을 적용한다는 것은 시스템 설계를 다음과 같이 변경한다는 것입니다.

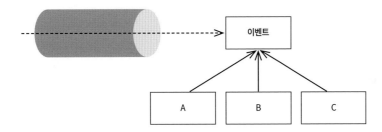

그림 5.3 이벤트 큐를 바라보는 구조

1. 시스템에서 사용할 중앙 큐를 만듭니다.

2. 필요에 따라 컴포넌트들이 중앙 큐를 구독하게 합니다.

3. 컴포넌트들은 자신의 역할을 수행하던 중 다른 컴포넌트에 시켜야 할 일이 있다면 큐에 이벤트를 발행합니다.

4. 이벤트가 발행되면 큐를 구독하고 있는 컴포넌트들이 반응합니다.

5. 컴포넌트들은 이벤트를 확인하고 자신이 처리해야 하는 이벤트라면 이를 읽어 처리합니다.

6. 컴포넌트들은 자신이 처리하지 않아도 되는 이벤트라면 무시합니다.

이 구조에서 서비스는 더 이상 서로를 상호 참조하지 않습니다. 대신 이벤트와 이벤트 큐에 의존합니다. 이벤트와 이벤트 큐가 인터페이스이자 곧 메시지가 되는 것입니다. 이벤트 기반 시스템은 객체 간의 통신을 이벤트로 이뤄지게 해서 결합을 느슨하게 만들어 순환 참조를 피할 수 있게 도와줍니다. 이벤트 기반 시스템은 컴포넌트들의 상호 의존성을 끊어내면서도 시스템 설계를 단순하게 만들어 줍니다.

그렇다면 이러한 이벤트 시스템은 어떻게 구현하면 좋을까요? 직접 구현하는 것도 좋지만 스프링을 이용하면 이러한 이벤트 시스템을 쉽게 구현할 수 있습니다. 스프링에서 지원하는 ApplicationEvent, ApplicationEventPublisher, EventListener[6] 등을 이용하면 됩니다. 다음 예제를 봅시다.

코드 5.11 스프링을 이용하면 중앙 큐를 고민하지 않고 이벤트 기반 시스템을 손쉽게 구현할 수 있다.

```java
public class EventB extends ApplicationEvent {
    public EventB(Object source) {
        super(source);
    }
}


@Component
@RequiredArgsConstructor
class ServiceA {

    private final ApplicationEventPublisher eventPublisher;

    public void doSomething() {
        eventPublisher.publishEvent(new EventB(this));
    }
}

@Component
class ServiceB {

    @EventListener
    public void handleEventB(EventB eventB) {
        // 이벤트 처리 로직
    }
}
```

이렇게 구현된 코드에서 serviceA.doSomething()을 호출하면 serviceB.handleEventB()가 연쇄적으로 실행됩니다. 스프링에서 지원하는 ApplicationEventPublisher를 이용해 이벤트를 발행하면 스프링은 발행된 이벤트 타입을 확인합니다. 그러고 나서 @EventListener 애너테이션으로 지정된 메서드 중 매개변수 타입이 일치하는 메서드를 호출합니다.

---

6   더 자세한 내용이 궁금하다면 https://www.baeldung.com/spring-events를 참고하세요.

간단한 예시를 들고자 스프링 프레임워크의 기능을 활용해 설명했지만 이벤트 기반 시스템은 반드시 스프링의 도움이 있어야만 적용할 수 있는 기법은 아닙니다. 중앙화된 큐를 만들어 두기만 한다면 어디서든 적용할 수 있습니다. 또한 이벤트 큐에 쌓인 이벤트를 어떻게 처리하느냐에 따라 동기 처리로 만들 수도 있고, 비동기 처리로 만들 수도 있습니다. 그래서 이러한 방식의 프로그래밍을 이벤트 기반 프로그래밍(EDP: Event-driven Programming)이라고 합니다.

조금만 더 나아가볼까요? 이벤트 큐를 전역 변수로 두고 사용하는 것이 아니라 카프카(Kafka) 같은 메시지 시스템을 이용해 구현한다면 어떨까요? 이벤트 큐로 '중앙 시스템 인프라'를 이용하는 것입니다. 이렇게 되면 이벤트 기반 시스템이 단일 서버에서만 동작하는 것이 아니라 멀티 서버에서 동작하게 할 수 있을 것입니다. 여러 서버가 이벤트를 이용해 통신할 수 있는 것입니다.

그리고 이러한 설계 방식으로 멀티 시스템을 구성하는 방식을 가리켜 이벤트 기반 아키텍처(EDA: Event-Driven Architecture)라고 합니다. 이 설계 방식은 시스템 각각이 곧 기능이 되는 MSA(Microservice Architecture: 마이크로서비스 아키텍처) 환경에서 자주 선택되는 전략이기도 합니다.

다만 기존에 운영하던 시스템이 있다면 이 방식을 적용할지 여부에 대해 매우 조심스럽게 접근해야 합니다. 왜냐하면 이벤트 기반 시스템은 설계의 근간을 바꾸는 것이기 때문입니다. 따라서 이미 개발이 완료된 프로젝트에 이 방법을 섣부르게 적용하려 하면 오히려 설계의 일관성이 깨질 수도 있습니다. 따라서 먼저 앞에서 소개한 방법들을 적용해 보세요. 불필요한 참조 관계를 제거하고, 간접 참조를 이용하고, 공통 컴포넌트로 분리해 보는 것입니다. 순환 참조를 제거하면 시스템이 훨씬 단순해질 것입니다.

5.3 양방향 매핑

앞서 '양방향 매핑이라는 개념이 순환 참조라는 죄악의 면죄부처럼 사용되고 있다'라고 이야기한 바 있습니다. 네, 맞습니다. JPA에 양방향 매핑이라는 개념이 있는 것은 맞지만 그게 곧 양방향 매핑을 적극적으로 사용해도 된다는 의미는 아닙니다. 종종 어떤 분들은 양방향 매핑을 만들면서도 본인이 순환 참조를 만들어 내고 있다는 사실을 인지하지 못하는 경우도 많습니다.

한 번 더 강조합니다. 순환 참조는 어떻게 해서든 없애는 것이 좋으며, 대부분 없앨 수 있습니다. 순환 참조를 사용하는 데는 정말 신중에 신중을 기해야 하며, 같은 맥락으로 양방향 매핑도 사용할 때 신중에 신중을 기해야 합니다.

양방향 매핑이라고 해서 순환 참조가 아닌 것은 아닙니다. 그렇다면 양방향 매핑은 왜 존재하는 것일까요? 양방향 매핑을 받아들일 때는 다음과 같이 받아들이는 것이 좋습니다.

☆ 양방향 매핑은 도메인 설계를 하다가 '어쩔 수 없이' 나오는 순환 참조 문제에 사용하는 것이 바람직합니다.

양방향 매핑을 사용하지 않아도 얼마든지 개발이 가능합니다. JPA는 수단일 뿐입니다. 따라서 수단인 JPA로 인해 시스템 설계가 영향을 받아서는 안 됩니다. 심지어 영향을 받아 만들어진 설계 결과물이 안 좋은 방향이라면 더더욱 받아들여서는 안 됩니다. 우리는 순환 참조가 없는 도메인 먼저 구성해야 합니다. 그리고 그다음에 JPA를 연동하는 방식으로 개발해야 합니다. JPA는 애플리케이션의 핵심이 아닙니다. 이 내용은 이후에 있을 2부 '스프링과 객체지향 설계'에서 좀 더 자세히 다룰 테니 지금은 여기까지만 하겠습니다.

ⓘ **양방향 매핑에 대한 다른 시각**

하이버네이트 4.3 버전 문서에서는 양방향 매핑을 하이버네이트를 사용하는 모범 사례로 소개합니다.[7] 그래서 의아함을 갖고 그 이유를 읽어보면 'SQL 쿼리를 만들기 쉽기 때문에'라는 것을 확인할 수 있습니다. 하지만 앞에서 이야기했듯이 양방향 매핑은 순환 참조에 해당합니다. 그러니 가급적 피하는 것이 좋습니다.

물론 양방향 매핑을 무조건 사용하지 말라는 것은 아닙니다. 양방향 매핑을 사용하는 것이 좋은 상황도 분명 있습니다. 예를 들어, 도메인 객체와 영속성 객체를 분리한다면[8] 도메인 객체는 순환 참조를 만들지 않되 영속성 객체는 쿼리를 쉽게 만들기 위해 양방향 매핑을 사용할 수도 있습니다. 이런 경우 양방향 매핑을 사용하는 것이 모범 사례가 될 수도 있습니다. 하지만 ORM을 표방하는 JPA의 특성상 대부분의 개발자는 JPA 엔티티를 도메인 객체로 사용하려는 경향이 있습니다. 그러한 이유로 대부분의 경우 양방향 매핑이 JPA를 사용하는 모범 사례가 되기는 어렵습니다.

ⓘ **연관관계의 주인**

양방향 매핑에 관한 이야기를 하면 빠지지 않고 나오는 개념이 있습니다. 바로 '연관관계의 주인'이라는 개념입니다. 그런데 이 개념은 보면 볼수록 받아들이기가 난해합니다. 우선 출처부터가 특이합니다. 객체지향에서 나온 것도 아니고 데이터베이스에서도 나온 개념도 아닙니다. 태생부터가 ORM에서 시작된 개념이며, 오롯이 객체지향과 데이터베이스의 패러다임 불일치 문제를 해결하기 위해 나온 개념입니다.

그래서 이 개념이 만들어진 배경에 관해 설명하려면 사실 객체지향에는 양방향 참조라는 개념이 없다는 것을 미리 알고 있어야 합니다. 객체지향에는 사실 완전한 의미의 양방향 참조가 존재하지 않습니다. 단방향 참조가 양쪽으로 존재하는 것일 뿐입니다. 즉, 클래스 상으로는 양방향 참조를 하고 있을지 몰라도 실제로는 양방향이 아닐 수도 있습니다. 다음 예제는 클래스상으로 서로를 참조하는 것처럼 보이지만 실제로는 양방향이 아닌 경우를 보여줍니다.

---

7 출처: https://docs.jboss.org/hibernate/core/4.3/manual/en-US/html/ch26.html
8 10.3.2절 '구분하기 전략' 참조

```
Team teamA = new Team();

Team teamB = new Team();

Member memberA = new Member();

teamA.addMember(memberA);

memberA.setMyTeam(teamB);
```

그리고 위 코드는 다음과 같이 표현할 수 있습니다.

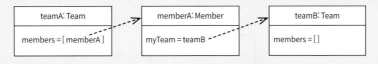

그림 5.4 클래스 상으로는 양방향 참조가 반드시 있을 것처럼 보여도 실제로는 양방향 참조가 아닐 수 있다.

그런데 이와 반대로 관계형 데이터베이스에서는 실제로 양방향 관계가 있습니다. 즉, 데이터베이스와 객체지향에는 관계를 표현하는 데 있어 패러다임 불일치가 발생합니다. 그래서 데이터베이스 상에 하나로 표현되는 개념을 객체지향으로 끌고와서 두 개로 표현하려 하니 여러 부작용이 생겼던 것입니다. 그래서 이러한 불일치를 해소하기 위해 어쩔 수 없이 관계의 소유를 정해야 했고, 그 결과로 관계를 소유하는 쪽과 소유하지 않는 쪽으로 나눠야만 했던 것입니다.

모쪼록 연관관계의 주인이라는 개념은 그 자체가 모호하고 받아들이기 어렵습니다. 그런데 애초에 순환 참조를 만들지 않으면 연관 관계의 주인이 누구인지 신경 쓸 필요가 없어집니다. 억지로 문제를 해결하려 할 필요가 없습니다. 부자연스러운 상황은 아예 만들지 않게 해서 피하는 것이 낫습니다.

5.4 상위 수준의 순환 참조

순환 참조는 객체뿐만 아니라 패키지 사이나 시스템 수준에서도 발생할 수 있는 문제입니다. 그리고 이러한 순환 참조 문제가 패키지나 시스템 수준에서 발생한다면 이는 객체 간 순환 참조보다 더 큰 문제를 야기할 수 있습니다.

예를 들어, 서로 다른 회사에서 만든 시스템이 양방향으로 API 호출을 주고받는 상황을 상상해 봅시다. 그런데 이 두 시스템이 인터페이스 같은 추상 계층 없이 직접 의존하는 형태로 코드가 작성돼 있으면 어떨까요? 다시 말해 비즈니스 로직에 다른 회사에서 만든 시스템을 호출하는 코드가 하드 코딩 형태로 작성돼 있다면 어떻게 될까요? 어느 날 갑자기 그 회사가 경영 악화로 시스템 서비스를 중단하겠다고 선언해버리면 우리 시스템도 돌연 서비스를 중단해야 할지 모릅니다.

이 같은 이야기가 비단 시스템 수준에서만 벌어지는 일은 아닙니다. 패키지 수준에서도 똑같이 발생할 수 있습니다. 자바에서 패키지는 네임스페이스를 구분짓고 클래스를 계층적으로 구분하기 위해 만들어진 것이지만 패키지를 잘 구성한다면 모듈 시스템처럼 만들 수도 있습니다.[9] 즉, 잘 만들어진 패키지는 그 자체로 분리해서 새로운 서비스를 만들 수 있을 정도로 **독립적**입니다.

그래서 우리는 패키지나 모듈, 시스템에서 발생하는 순환 참조를 경계하고 독립된 무언가를 만들 수 있어야 합니다. 그리고 이렇게 독립된 무언가를 만드는 것은 퍼즐 조각을 만드는 것과 유사합니다. 예를 들어, 다음과 같은 퍼즐 조각이 있으면 어떨까요?

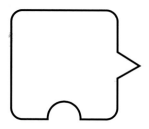

그림 5.5 일반적인 퍼즐 조각

이렇게 만들어진 퍼즐 조각은 파여진 홈에 맞는 다른 퍼즐 조각이 있기만 하다면 얼마든지 연결해서 사용할 수 있을 것입니다. 독립적이라는 것은 이런 의미입니다. 내가 사용하는 것과 나를 사용하는 것을 분리해서 생각하고, 언제든 다른 퍼즐 조각으로 교체될 수 있게 하는 것입니다. 반면 순환 참조가 있는 경우를 퍼즐 조각으로 표현하면 다음과 같이 표현할 수 있습니다.

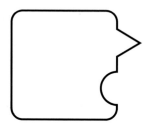

그림 5.6 난해하게 생긴 퍼즐 조각

한쪽에 파여진 홈과 돌출된 부분이 몰려 있는 형태입니다. 그래서 이런 퍼즐 조각은 재사용하기 어렵습니다. 더불어 독립적이지도 않습니다. 왜냐하면 이 퍼즐 조각에 정확히 일치하는 새로운 퍼즐 조각을 찾

---

9   모듈 시스템에 관한 설명은 9장 '모듈'을 참고해 주세요.

기란 사실상 불가능한 일이기 때문입니다. 결국 이 퍼즐 조각을 다른 시스템에 이식하려면 한 쌍이 되는 퍼즐 조각도 함께 이식돼야 합니다. 즉, 두 퍼즐 조각은 사실상 한몸처럼 항상 붙어 다닐 것입니다.

패키지나 시스템, 모듈 수준에서 순환 참조가 발생하면 분리와 유연성이 제한됩니다. 따라서 개발자는 클래스뿐만 아니라 이러한 상위 수준에서 발생하는 순환 참조를 방지하기 위해 주의해야 합니다. 순환 참조는 명백한 안티패턴입니다. 순환 참조를 이용해 개발하는 것은 일시적으로 편리할 수는 있지만 클린 코드 관점에서 다양한 문제를 만듭니다. 순환 참조 자체를 만들지 않아서 순환 참조로 발생할 수 있는 문제를 미연에 차단해야 합니다. 그렇게 하는 것이 시스템의 독립성과 유지보수성, 확장성을 높일 수 있는 길입니다.

CRC 카드

혹시 CRC 카드를 아시나요? 1980년대에 나온 CRC 카드는 이제는 너무 오래돼서 잘 소개되지 않는 편인데, 간혹 일부 컴퓨터 공학과의 '소프트웨어 공학' 수업에서 한 번씩 언급되기도 합니다. 저 또한 개인적으로는 시스템 디자인에 관심이 많아서 관련 자료를 찾아볼 때 한 번씩 보는 정도였습니다.

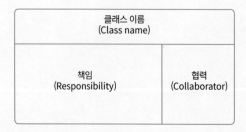

그림 1 CRC 카드의 생김새

CRC 카드의 생김새는 단순합니다. 먼저 클래스를 하나 만들기로 했다면 포스트잇 같은 사각형 종이를 하나 준비합니다. 종이의 공간을 3개로 나누고, 공간별로 필요한 내용을 적습니다. 이렇게 하면 하나의 클래스가 완성되는 것입니다.

제가 처음 이 CRC 카드라는 다이어그램을 접했을 때 든 솔직한 생각은 '낡았다'였습니다. 그도 그럴 것이 이론 자체도 너무 오래됐고, 이 다이어그램을 사용하는 것을 거의 본 적이 없기 때문입니다. 그나마 있는 자료들도 너무 오래돼서 참고조차 불가능한 실제로 낡은 자료들이었고요. 그런데 객체지향을 공부하면 할수록 이 다이어그램에는 훨씬 많은 것들이 담겨 있다는 사실을 깨달았습니다.

이를 설명하고자 다음과 같이 정말 간단하게 CRC 카드를 하나 만들어 봤습니다.

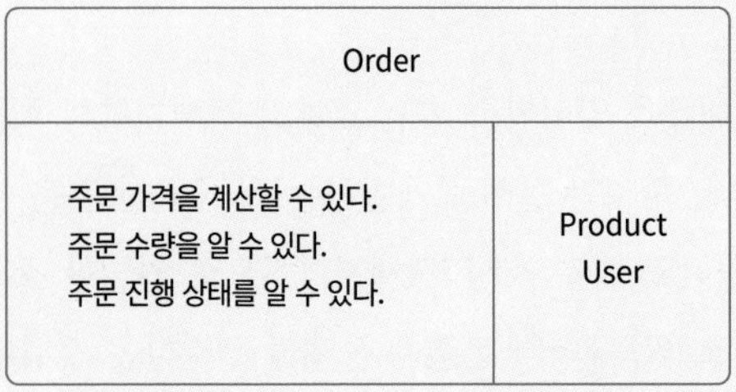

그림 2 정말 간단한 CRC 카드

어떤가요? 조금 다르게 보이지 않나요? 네, 맞습니다. 사실 이 다이어그램은 객체지향의 모든 것을 표현하고 있습니다. 상단에는 클래스의 이름이 적혀 있고, 왼쪽에는 객체가 맡아야 할 책임이 적혀 있으며, 이에 필요한 협력 객체가 오른쪽에 적혀 있습니다. 객체지향의 핵심 원리인 역할-책임-협력이 모두 들어 있는 것입니다.

CRC 카드가 객체지향의 핵심 원리를 모두 포함하고 있다는 말은 어찌 보면 매우 당연한 말입니다. 왜냐하면 CRC 카드라는 이름부터가 'Class-Responsibility-Collaboration 카드'의 약어이기 때문입니다.[1] 즉, CRC 다이어그램은 책임과 협력을 강조하는 다이어그램입니다.

종종 어떤 소프트웨어 수업에서는 이미 만들어진 코드를 CRC 코드로 변환하는 연습을 하곤 합니다. 그런데 그런 식의 접근은 의미없는 행동입니다. 맥락을 보면 알겠지만 CRC 카드는 설계 단계에서 사용하는 도구입니다. 설계 단계에서 개발자들이 구현에 집착하지 않고 객체의 본질에 집중할 수 있게 도와줍니다. CRC 카드를 통해 어떤 역할, 어떤 책임, 누구와 협력해야 하는지를 작성하는 것입니다. 1980년대부터 고안된 이 다이어그램은 현재도 사용할 수 있을 만큼 객체지향의 핵심을 잘 보여줍니다.

---

1   CRC 카드의 첫 글자인 Class를 애로 사항으로 보기도 합니다. 클래스는 객체지향의 핵심이 아니기 때문입니다. 더불어 Class-Responsibility-Collaboration만으로는 객체지향의 핵심 원리인 '역할-책임-협력' 중 '역할'이 강조되지 않습니다. 따라서 현대에 와서 CRC를 Candidate-Responsibility-Collaboration으로 해석하기도 합니다. Candidate는 '후보'라는 뜻인데 포스트잇에 적히는 대상을 '어떤 역할을 수행할 후보'라고 보는 것입니다.

실용주의

지금까지 객체지향과 관련된 내용을 알아봤습니다. 그리고 객체지향의 핵심 가치인 역할–책임–협력의 중요성을 계속 강조해 왔습니다. 하지만 실제로 개발하는 데 중요한 것은 이러니 저러니 해도 구현 능력입니다. 왜냐하면 우리가 만들려고 하는 것이 '객체지향적으로 완벽한 소프트웨어'가 아니라 '동작하는 소프트웨어'이기 때문입니다. 소프트웨어의 본질은 문제를 해결하는 것입니다. 객체지향은 수단일 뿐입니다.

☆　소프트웨어는 일단 돌아가야 합니다.

또한 모든 코드를 다 객체지향으로 만들라는 의미도 아닙니다. 객체지향이라고 해서 무조건 좋은 코드인 것은 아닙니다. 객체지향은 오히려 코드의 가독성이 떨어지는 측면도 분명 있고, 간단하게 바로 해결할 수 있는 문제를 괜히 어렵게 해결하는 측면도 있습니다. 게다가 각 구현체의 내부 알고리즘이 정확히 어떤지 알 수 없으니 어딘가 불안하기도 합니다.

요구사항이 너무나도 명확하고 누가 봐도 더 이상 확장되지 않을 기능이라면 if-else로 해결하는 편이 유리할 수 있습니다. 굳이 모든 코드에 객체지향을 접목하고, 디자인 패턴을 이용해 해결할 필요가 없습니다. 무분별한 추상화는 애꿎은 클래스 파일과 코드의 양만 늘립니다.

혹시 여러분은 소프트웨어를 개발하면서 switch 문과 다중 if 문을 자제하라는 조언을 들어본 적 있나요? 이는 객체지향을 설명하면서 자주 이야기되는 대표적인 조언 중 하나입니다. 실제로 다형성 원리를 이용하면 switch 문과 다중 if 문을 모두 제거할 수도 있습니다. 하지만 굳이 그렇게 해야 하나요? 그렇다면 switch 문과 다중 if 문이 존재하는 이유가 뭐죠?

요점은 간단합니다. 섞어서 써야 한다는 것입니다. 당연한 말이지만 객체지향은 절차지향과 섞어서 쓸 수 있습니다. 어떤 코드에서는 객체지향을 적용하는 것이 좋고, 어떤 코드에서는 절차지향을 적용하는 것이 좋습니다. 절차지향 역시 확실한 장점이 있습니다. 데이터 위주로 생각해서 클래스를 만들고 함수를 실행하는 방식은 굉장히 직관적이고 이해하기도 쉽습니다.

개발 과정에서 개발자가 마주하는 모든 일은 결국 트레이드오프이며, 실용적인 방법을 찾아 적용하는 일입니다. 엄격한 원칙주의자보다는 느슨한 실용주의자가 백배 천배 낫습니다. 객체지향과 절차지향 역시 하나의 기법일 뿐이며, 상황에 따라 적절히 섞어서 사용해야 합니다.

1부 전반에 걸쳐 객체지향을 강조하고 '이건 잘못됐고 이건 괜찮다'라는 식의 논지를 펼쳤습니다. 이런 논지를 펼친 이유는 우리가 사용하는 언어가 자바라는 객체지향 프로그래밍 언어임에도 객체지향을 너무 모르고 있다는 생각이 들었기 때문이었습니다. 하지만 실은 잘못된 코드는 없습니다. 요구사항에 부합하는 코드는 모두 괜찮은 코드입니다.

대신 이러한 이론적 배경을 알고 있을 때 우리는 다른 개발자가 작성한 코드의 의도를 더 잘 읽을 수 있게 됩니다. 더불어 스프링도 조금 더 잘 이해할 수 있게 됩니다. 그래서 2부에서는 안티패턴으로 알려진 스프링 사례들을 함께 살펴보고 어떤 식으로 개선할 수 있는지 알아보겠습니다.

2부

스프링과 객체지향 설계

스프링 프레임워크(Spring framework, 이하 '스프링'으로 표기)는 자바 기반의 오픈소스 애플리케이션 프레임워크로서 J2EE(Java 2 Enterprise Edition) 환경에서 시스템 개발을 쉽게 하고 유지보수성을 높이기 위해 개발됐습니다. 스프링 이전에 사용하던 J2EE의 EJB(Enterprise Java Beans)는 엔터프라이즈 환경에서 안정성과 확장성을 제공하는 훌륭한 기술 스택이었지만 그만큼 무겁고 사용하기도 어려워서 비효율적이었습니다. 더불어 EJB는 EJB의 핵심 기술인 컨테이너 기술이 EJB의 제공 업체(vendor)마다 구현이 달랐고 그로 인해 EJB를 사용하는 프로그램 자체가 특정 벤더의 기술에 종속되는 문제가 발생할 수 있었습니다.

스프링은 이러한 한계와 단점을 극복하고자 개발됐습니다. 스프링은 경량화된 구조와 간소화된 설정, 제어 역전, 자동화된 의존성 주입 등의 기능을 제공함으로써 EJB가 갖고 있던 단점을 해결했습니다. 그렇게 스프링은 EJB라는 겨울 속에서 고군분투하던 개발자들에게 그 이름과도 같이 '봄(spring)'처럼 등장했습니다. 그리고 그 결과는 여러분들도 아시다시피 대성공이었습니다.

스프링은 정말로 훌륭한 라이브러리이자 프레임워크입니다. 특히 '스프링 부트(Spring Boot)'의 등장은 스프링의 사용성을 몇 배나 끌어올렸습니다. 게다가 인터넷에 공개된 양질의 스프링 교육 자료 덕분에 스프링의 진입 장벽은 더욱더 낮아졌습니다. 오늘날 스프링은 자바를 대표하는 성숙한 프로젝트가 됐고, 네트워크나 서버와 관련된 배경 지식이 부족해도 자바를 알고 있는 개발자라면 누구나 쉽게 백엔드 서버를 개발할 수 있게 도와주는 프레임워크가 됐습니다.[1]

그러나 누구나 쉽게 서버를 만들 수 있게 된 만큼 사용자가 많아지면서 스프링을 잘못 사용하는 사례도 늘어났습니다. 스프링의 개발 철학이나 스프링을 뒷받침하는 기본적인 지식을 습득하지 않고도 서버를 개발할 수 있게 되면서 많은 개발자가 이러한 기초 지식을 학습할 기회를 놓쳤기 때문입니다.

그래서 이 책의 2부에서는 스프링을 배운 지 얼마 안 된 개발자들이 쉽게 놓치는 부분을 먼저 살펴보려고 합니다. 개발자들이 자주 저지르는 실수와 안티패턴을 살펴보고, 스프링과 관련해서 자주 오해하는 개념인 '서비스 컴포넌트'에 관해 이야기해 보려 합니다.

나아가 스프링을 사용하는 대부분의 조직에서 사용 중인 레이어드 아키텍처에 관해서도 함께 살펴보겠습니다. 레이어드 아키텍처를 잘못 사용한 사례를 지적하고, 더 나은 방식은 어떤 방식이며, 아키텍처를 어떻게 진화시킬 수 있는지도 함께 살펴보겠습니다. 2부를 읽고 나면 다음과 같은 질문에 대답할 수 있게 됩니다.

---

1 엄격히 말해서 스프링은 백엔드 서버만을 개발하기 위한 도구는 아닙니다. 스프링이 주로 백엔드 애플리케이션을 만드는 용도로 사용되긴 하지만 스프링 자체는 어떤 애플리케이션을 개발할 때에도 사용할 수 있는 '경량 애플리케이션 프레임워크'를 표방하고 있습니다. 이는 자바로 개발되는 어떤 프로그램도 부담없이 스프링을 사용해 개발할 수 있게 하겠다는 말입니다.

2부에서 다루는 내용

- 트랜잭션 스크립트란?

- 레이어드 아키텍처란?

- 서비스는 왜 서비스라고 부를까?

- 서비스는 왜 생성자 주입을 사용해야 할까?

- 모듈이란 뭘까?

- 패키지는 어떻게 구분하는 것이 좋을까? 레이어, 도메인 순서로 구성하는 것이 좋을까, 도메인, 레이어 순서로 구성하는 것이 좋을까?

- 애플리케이션의 핵심은 무엇일까, 스프링? JPA?

CHAPTER

06

안티패턴

2부에서 가장 먼저 소개할 내용은 스프링 개발자가 많이 저지르는 '구조적 실수'입니다. 개발에는 정답이 없지만 '이렇게 개발하면 유지보수나 확장성 관점에서 좋지 못하다'라고 알려진 안티패턴은 있습니다. 그 래서 이번 절에서는 이러한 안티패턴에 어떤 것이 있는지 살펴보고, 이를 통해 더 나은 설계는 무엇인지 함께 살펴보겠습니다.

앞으로 소개할 안티패턴은 기초적이지만 누구나 실수할 법한 내용입니다. 독자 여러분이 한 번쯤 겪어 봤거나 고민해봤을 법한 주제로 안티패턴을 선정했으므로 '혹시 나도 그동안 이렇게 개발하지 않았나?' 라는 생각을 하면서 읽어도 좋겠습니다.

6.1 ┃ 스마트 UI

스마트 UI 패턴은 에릭 에반스(Eric Evans)의 저서 《도메인 주도 설계》(위키북스, 2011)에서 소개돼 유 명해진 안티패턴입니다. 에릭 에반스가 말하는 스마트 UI(User Interface: 유저 인터페이스)는 다음과 같은 특징을 가진 코드를 말합니다.

1. 스마트 UI는 데이터 입출력을 UI 레벨에서 처리합니다.

2. 스마트 UI는 비즈니스 로직도 UI 레벨에서 처리합니다.

3. 스마트 UI는 데이터베이스와 통신하는 코드도 UI 레벨에서 처리합니다.

즉, 스마트 UI란 시스템의 UI 레벨에서 너무 많은 업무를 처리하고 있는 경우를 의미합니다.

그런데 여기까지 읽은 독자 여러분은 이런 의문을 가질 수 있습니다. 우리는 백엔드 개발자입니다. 그런데 갑자기 왜 UI를 이야기하는 것일까요? 백엔드 개발자는 UI를 다룰 필요가 없지 않나요? 더군다나 요즘의 백엔드는 주로 REST API 서버로 만들어집니다. 그러니 백엔드 개발자 입장에서 UI는 더더욱 신경 쓸 필요가 없어 보입니다. 그런데 왜 이 타이밍에 UI 이야기를 하는 것일까요?

이유는 간단합니다. 백엔드 개발자도 '백엔드 개발자의 UI'를 신경 써야 하기 때문입니다. 그리고 여기서 말하는 백엔드 개발자의 UI는 일반 사용자가 흔히 생각하는 GUI 같은 것이 아닙니다. 바로 백엔드 API를 뜻합니다!

설명을 이어가기 전에 오해의 여지가 있으니 확실히 하고 넘어가겠습니다. API와 UI는 분명 다른 용어입니다. API는 'Application Programming Interface'의 약자이고 애플리케이션 프로그래밍을 위해 마련된 인터페이스를 뜻합니다. 반면 UI는 'User Interface'의 약자이고 사용자를 위해 마련된 인터페이스를 뜻합니다. 그래서 이 둘은 누군가에게 소프트웨어를 사용하는 방법을 알려주기 위해 만들어진 인터페이스라는 점에서 같지만 목표하는 대상이 다릅니다.

하지만 백엔드 개발자 입장에서 이 두 용어를 바라보면 이야기가 달라집니다. 백엔드 개발자는 이 둘을 맥락상 같은 의미로 해석할 수 있습니다. 왜냐하면 백엔드 서버의 사용자는 프런트엔드 개발자나 협력 서비스의 백엔드 개발자이고, 이들과 의사소통하기 위해 사용되는 인터페이스가 API이기 때문입니다.

고객은 버튼이나 입력 폼 같은 GUI(Graphical User Interface: 그래픽 유저 인터페이스)를 통해 시스템과 소통합니다. 마찬가지로 우리의 동료 개발자들도 API를 통해 시스템과 소통합니다. 따라서 API도 서버를 사용하는 사용자(프런트엔드 개발자, 협력 서비스의 백엔드 개발자)의 인터페이스가 될 수 있습니다. 그러니 API는 백엔드 개발자의 UI입니다.

좋습니다. 여기까지 이해했다면 이제 스마트 UI가 스프링 개발자에게는 어떤 의미인지 이해할 수 있습니다.

백엔드 개발자에게 API는 UI라고 했습니다. 그리고 컨트롤러(Controller)는 API를 만드는 컴포넌트입니다. 그렇다면 컨트롤러는 스프링에서 UI를 만드는 도구라고 볼 수 있습니다.

또 한편 스마트 UI는 UI 수준에 너무 많은 업무 로직이 들어가 있는 것을 뜻한다고 했습니다. 그렇다면 스마트 UI는 컨트롤러의 핸들러 메서드에 지나치게 많은 로직이 들어있는 경우를 뜻하겠네요. 따라서 이러한 맥락에서 본다면 스마트 UI는 '스마트 컨트롤러'라고 부를 수도 있을 것입니다.

지지부진한 설명을 듣는 것보다 예시를 보는 편이 이해하는 데 더 도움이 될 것입니다. 예를 들어, 어떤 API를 만들 때 다음과 같은 코드를 작성한다면 스마트 UI를 만든 것입니다. 이 예제 코드는 어떤 카페 (cafe)라는 커뮤니티 시스템이 있고, '카페 게시판에 글을 남길 수 있는 기능'이 있는 상황을 가정하고 있습니다.

코드 6.1 대표적인 스마트 UI 예시

```java
@RestController
@RequiredArgsConstructor
@RequestMapping("/v1/cafe/{cafeId}/boards/{boardId}/posts")
public class PostController {

    private final CafeMemberJpaRepository cafeMemberJpaRepository;
    private final BoardJpaRepository boardJpaRepository;
    private final PostJpaRepository postJpaRepository;
    private final PostRender postRender;

    @PostMapping()
    @ResponseStatus(CREATED)
    @PreAuthorize("hasRole('USER')")
    public Success<PostViewModel> create(
        @PathVariable long cafeId,
        @PathVariable long boardId,
        @RequestBody @Valid PostCreateRequest postCreateRequest,
        @Injected UserPrincipal userPrincipal) {
        long userId = userPrincipal.getId();
        long currentTimestamp = Instant.now().toEpochMillis();

        // 카페의 회원인지 검증합니다.
        CafeMember cafeMember = cafeMemberJpaRepository
            .findByCafeIdAndUserId(cafeId, userId)
            .orElseThrow(() -> new ForbiddenAccessException());
        User user = userJpaRepository
            .findById(userId)
            .orElseThrow(() -> new UserNotFoundException());
        Cafe cafe = cafeMember.getCafe();
        Board board = boardJpaRepository
            .findById(boardId)
            .orElseThrow(() -> new BoardNotFoundException());
```

```
        Post post = new Post();
        post.setTitle(postCreateRequest.getTitle());
        post.setContent(postCreateRequest.getContent());
        post.setCafe(cafe);
        post.setBoard(board);

        // API 호출자를 게시물의 작성자로 입력합니다.
        post.setWriter(user);

        // 게시물의 작성 시간에 현재 시각을 입력합니다.
        post.setCreatedTimestamp(currentTimestamp);
        post.setModifiedTimestamp(currentTimestamp);
        post = postJpaRepository.save(post);

        // 카페의 가장 최신 게시물 시간을 현재 시각으로 변경합니다.
        cafe.setNewPostTimestamp(currentTimestamp);
        cafe = cafeJpaRepository.save(cafe);
        return Success.create(postRender.render(post));
    }

}
```

스마트 UI가 어떤 의미인지 감이 오나요? 코드 6.1의 PostController.create() 메서드를 봅시다. 하나의 핸들러 메서드에 이 API 요청을 처리하기 위한 모든 로직이 들어 있습니다. 다음은 이 핸들러 메서드에서 처리하는 내용을 정리한 것입니다.

1. 카페의 회원인지 검증합니다.

2. API 호출자를 게시물의 작성자로 입력합니다.

3. 게시물의 작성 시간에 현재 시각을 입력합니다.

4. 카페의 가장 최신 게시물 시간을 현재 시각으로 변경합니다.

정리하면 코드 6.1의 핸들러는 어떤 값을 검증하고, 입력하고, 변경하고, 저장합니다.

그런데 이러한 로직은 분명 비즈니스 로직입니다. 그래서 이러한 로직이 UI 수준인 컨트롤러 컴포넌트에 위치해서는 안 됩니다.

일반적으로 UI는 사용자의 입출력을 위한 창구로만 사용돼야 합니다. 입력을 받고 이를 뒷단으로 넘겨 비즈니스 로직을 실행하는 역할 정도만 해야 합니다. 하지만 스마트 UI 패턴을 따르는 코드에서는 그렇지 않습니다. 컨트롤러 같은 UI 코드에 과한 책임이 할당돼 있습니다. 즉, 스마트 UI는 비즈니스 로직을 UI 수준에서 갖고 있는 경우를 뜻합니다.

따라서 스마트 UI에서 말하는 '스마트'는 UI 코드가 정말로 똑똑하게 동작해서 그렇게 부르는 것이 아닙니다. 이는 사실 지나치게 많은 일을 처리하고 있는 상황을 비꼬는 표현입니다.

그림 6.1 모든 일을 다 처리하는 직원

스마트 UI 관련 설명을 듣다 보면 저는 어떤 가상의 조직에서 '모든 일을 다 하느라 고군분투하고 있는 직원'이 머릿속에 떠오릅니다. 과연 이런 직원이 있는 조직을 스마트하다고 볼 수 있을까요? 직원 개인은 스마트하다고 볼 수 있겠지만 조직 전체는 스마트하다고 볼 수 없을 것입니다.

스마트 UI 방식으로 개발된 애플리케이션은 설계에 구조라고 부를 만한 것이 존재하지 않습니다. 모든 코드가 오롯이 기능이 동작하게 만드는 데만 초점을 맞춰 작성됩니다. 그러한 탓에 사실상 모든 API는 어떤 스크립트를 실행하고 응답하는 수준에 그칩니다. 그래서 이러한 코드는 당연히 확장성이 떨어지고 유지보수성도 떨어집니다. 이러한 이유로 스마트 UI는 안티패턴입니다.

우리는 스마트 UI 패턴 사례를 통해 '컨트롤러'의 역할은 무엇이 돼야 하는지 다시 한 번 생각해 볼 수 있습니다. 조금 전에도 말했듯이 컨트롤러 같은 UI 코드는 사용자의 입출력을 받고 어떤 비즈니스 로직을 실행할지 결정하는 역할만 해야 합니다. 즉, 컨트롤러의 역할을 재정의하면 다음과 같다고 할 수 있습니다.

- API 호출 방식을 정의합니다.

- 어떤 비즈니스 로직을 실행할 것인지 결정합니다.

- API 호출 결과를 어떤 포맷으로 응답할지 정의합니다.

컨트롤러의 가장 큰 역할은 엔드포인트를 정의하고 API 사용자의 요청을 받아 그 결과를 응답 포맷에 맞춰 반환하는 것입니다. 컨트롤러에 비즈니스 로직이 있어서는 안 됩니다. 데이터베이스 관련 로직이 있어도 안 됩니다. 왜냐하면 이러한 로직을 컨트롤러에 두는 것이 컨트롤러의 목적과 다르기 때문입니다. 이는 명백히 책임을 과하게 부여하는 행동입니다.

물론 스마트 UI에 단점만 있는 것은 아닙니다. 이렇게 개발하는 데도 분명 장점이 있습니다. 우선 이 방식을 이용하면 빠르게 개발할 수 있습니다. 그래서 생산성이 높습니다. 모든 코드가 하나의 메서드에 집중돼 있으므로 이해하기도 쉽고 작성하기도 쉽습니다. 따라서 애플리케이션의 흥망성쇠가 어떨지 감이 오지 않아 조직에서 시스템을 빠르게 개발하고 결과를 확인한 뒤 의사결정을 하려 한다면 이 접근 방식으로 개발하는 것이 유용합니다. 즉, 이 방식은 흔히 이야기하는 MVP(Minimum Viable Product: 최소 기능 제품)를 만들 때 유용합니다.

하지만 실무에서 클라이언트가 요청하는 요구사항들은 이런 방법을 써서 해결해도 지속될 수 있을 만큼 단순하지 않습니다. 처음에는 빠르게 개발할 수 있어 좋을지 몰라도 시스템이 성장하면 필연적으로 시스템의 사용자 기대치가 더 높아지고 요구사항은 점점 더 복잡해집니다. 그 결과, 처음에는 간단하게 작성했던 코드도 이 기능 저 기능이 더해져 금세 지저분해집니다. 그로 인해 나중에 가서는 정말로 중요한 것은 눈에 안 들어오고 코드를 작성한 사람만 이해할 수 있는 코드가 됩니다.

더불어 스마트 UI는 객체지향보다 절차지향 프로그래밍에 가까운 사례입니다. 코드 6.1을 다시 보면 객체들은 협력하지 않습니다. 애초에 객체라고 부를 만한 것이 존재하지 않습니다. User, Cafe, Board, Post 객체들은 그냥 데이터 덩어리일 뿐이고 모든 코드가 PostController 컴포넌트의 create 핸들러 메서드에서 처리됩니다. 데이터를 보고, 판단하고, 저장해서, 응답을 반환하기까지 객체들은 능동적으로 협력하지 않습니다. PostController.create 메서드 호출은 그저 데이터베이스에 CRUD를 수행하는 또 다른 절차를 실행할 뿐입니다.

따라서 스마트 UI는 분명한 안티패턴입니다. 우리는 이 패턴을 반면교사 삼아 그동안 만든 컨트롤러는 어땠는지 생각해 봐야 합니다. 컨트롤러의 역할은 무엇인지 다시 한번 고민해 보고, 실제로 그 역할만 하고 있는지 돌이켜봐야 합니다. 기능 개발을 빨리 해야 하는 조직에서 이 패턴은 해결책이 될 수도 있겠지만 여러분의 목표가 유지보수 가능한 코드와 객체지향이라면 스마트 UI나 스마트 컨트롤러 같은 코드가 만들어지는 상황을 반드시 피해야 합니다.

6.2 양방향 레이어드 아키텍처

두 번째로 소개할 안티패턴은 '양방향 레이어드 아키텍처(bidirectional layered architecture)'입니다. 이는 레이어드 아키텍처(layered architecture)를 지향하는 프로젝트에서 많이 발생하는 안티패턴이며, 레이어드 아키텍처에서 정의한 레이어들의 의존 관계에 양방향 의존이 발생하는 경우를 칭합니다.

그런데 이를 설명하려면 레이어드 아키텍처를 먼저 설명할 필요가 있습니다. 그러니 먼저 레이어드 아키텍처를 개략적으로 알아봅시다.

레이어드 아키텍처는 소프트웨어 시스템을 설계하는 방식 중 하나로, 이름에서도 알 수 있듯이 '레이어'라고 불리는 분류 체계를 사용합니다. 그리고 이 아키텍처를 따르는 애플리케이션은 개발하기 전에 레이어를 먼저 정의하는데, 보편적으로 다음과 같은 3개의 레이어를 사용합니다.

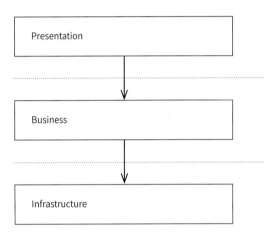

그림 6.2 보편적으로 알려진 레이어드 아키텍처

1. **프레젠테이션 레이어(presentation layer)**: 이 레이어에서는 사용자와의 상호작용을 처리하고 결과를 표시하는 역할을 담당합니다. 그리고 이 역할을 처리하는 대표적인 스프링 컴포넌트가 하나 있는데, 바로 컨트롤러 컴포넌트입니다. 따라서 이 레이어는 쉽게 설명해서 컨트롤러 같은 컴포넌트가 모이는 곳이라 볼 수 있습니다.

2. **비즈니스 레이어(business layer)**: 이 레이어에서는 애플리케이션의 비즈니스 로직을 처리하는 역할을 합니다. 그래서 데이터의 유효성 검사, 데이터 가공, 비즈니스 규칙 적용 등의 일이 이 레이어에서 이뤄집니다. 이러한 성격 때문에 스프링에서는 주로 서비스 컴포넌트가 이곳으로 모입니다.

3. **인프라스트럭처 레이어(infrastructure layer)**: 이 레이어에서는 외부 시스템과의 상호작용을 담당합니다. 예를 들어, 대표적인 외부 시스템으로 데이터베이스가 있습니다. 그래서 스프링에서 데이터에 접근하는 기술인 JDBC(Java Database Connectivity)나 ORM 프레임워크인 JPA, 하이버네이트 관련 코드들이 이 레이어에 배치됩니다. 따라서 이 레이어에 주로 들어가는 코드는 데이터를 저장하거나 조회하는 등의 일을 수행하는데, 그러한 이유로 이 레이어는 좁은 의미에서 '영속성 레이어(persistence layer)'라고 불리기도 합니다.[1]

---

1   이외에도 이 레이어에는 외부 시스템과 통신하기 위해 사용하는 WebClient 관련 컴포넌트가 배치되기도 합니다. 이처럼 이 레이어에 영속성 컴포넌트만 배치되는 것은 아니기 때문에 더 포괄적인 의미로 '인프라스트럭처 레이어'라고 부르는 것이 더 적합합니다.

⚠️ 여기서 설명한 레이어드 아키텍처와 각 레이어에 대한 내용은 보편적으로 알려진 내용을 기반으로 합니다. 그러나 이는 일부 다른 학습 자료와 구분 방법이나 설명하는 내용이 다를 수 있음을 미리 알려드립니다.

레이어드 아키텍처는 다수의 아키텍트들의 경험에 의해 만들어진 설계 방식입니다. 그래서 개발자마다 이 아키텍처를 받아들이고 이해하는 수준이 모두 다릅니다. 이러한 이유로 레이어드 아키텍처를 사용하고 있다는 프로젝트들도 하나하나 뜯어보면 그 형태가 모두 제각각입니다. 심지어 레이어의 이름과 목적도 조직마다 다릅니다. 어떤 조직에서는 레이어를 하나 더 추가해 4개로 분류하고, 또 어떤 조직에서는 레이어를 더 세분화해서 5개로 분류해서 사용하기도 합니다. 레이어드 아키텍처에서 레이어를 얼마나 세분화하고 통합할 것이냐는 답이 정해져 있지 않은 온전히 조직의 선택입니다.

그러니 지금은 레이어드 아키텍처에 대해 대략적으로 이해하고 넘어갑시다. 상세한 내용은 8장 '레이어드 아키텍처'에서 다룰 예정입니다.

레이어드 아키텍처는 이렇게 구성한 레이어들을 바탕으로 각 유형에 해당하는 코드를 각기 대응하는 레이어에 배치합니다. 그리고 그림 6.2와 같은 방식으로 레이어의 상하 관계를 나눕니다. 상위 레이어가 하위 레이어를 사용하는 방식으로 코드를 작성하기 위해서입니다.

설명을 조금만 더 보강해 봅시다. 레이어드 아키텍처를 기반으로 프로젝트를 구성한 예시를 보겠습니다. 레이어드 아키텍처를 따르는 대부분의 프로젝트는 다음과 같은 패키지 구조를 따릅니다. 레이어에 대응하는 패키지를 먼저 만들고(presentation, business, infrastructure) 이에 맞는 스프링 컴포넌트들을 패키지에 넣는 방식입니다.

코드 6.2 레이어드 아키텍처를 따라 만든 패키지 구조

```
project
└─ src/main/java
    └─ com.demo.cafe
        ├─ presentation
        │   ├─ UserController.java
        │   ├─ CafeController.java
        │   ├─ BoardController.java
        │   └─ PostController.java
        ├─ business
        │   ├─ UserService.java
        │   ├─ CafeService.java
        │   ├─ BoardService.java
        │   └─ PostService.java
        ├─ infrastructure
        │   ├─ UserJpaRepository.java
```

```
|   |── CafeJpaRepository.java
|   |── BoardJpaRepository.java
|   └── PostJpaRepository.java
└── core
    |── User.java
    |── Cafe.java
    |── Board.java
    └── Post.java
```

코드 6.2를 보면 레이어에 대응하는 패키지를 만든 것을 확인할 수 있습니다. presentation 패키지에는 스프링의 컨트롤러 컴포넌트가 들어가게 했고, business 패키지에는 서비스 컴포넌트가 들어가게 했습니다. 마찬가지로 infrastructure 패키지에는 JpaRepository 관련 코드가 들어가도록 배치했습니다.[2]

그렇다면 레이어드 아키텍처를 이렇게 구성할 때 얻을 수 있는 장점은 무엇일까요? 가장 큰 장점은 '단순하고 직관적인 구조'라는 것입니다. 즉, 어떤 컴포넌트를 개발하거나 찾아야 할 때 컴포넌트를 어디에 위치시켜야 할지 고민할 필요가 없습니다. 컴포넌트의 유형이 무엇인지만 떠올리면 어떤 레이어에 위치해야 하거나 접근해야 하는지 바로 알 수 있습니다. 덕분에 기능 개발이 쉬워집니다.

코드 6.2와 같은 구조를 사용했을 때 기능 개발이 쉬워지는 이유를 예시를 통해 이해해 봅시다. 만약 코드 6.2처럼 구성된 프로젝트의 개발자라면 새로운 기능을 개발해달라는 요청이 왔을 때 어떤 식으로 접근해 개발하면 될까요? 여러분에게 API 엔드포인트를 하나 추가해 달라는 요청이 왔다고 가정하고 이를 어떻게 처리해야 할지 상상해 보세요.

가장 먼저 엔드포인트를 위한 컨트롤러를 만듭니다. 그리고 나서 컨트롤러가 실행할 서비스를 만듭니다. 마지막으로 서비스에서 데이터를 가져오기 위해 리포지터리(Repository)를 만듭니다. 그러니 결국 컨트롤러, 서비스, 리포지터리만 만들면 API를 하나 만들 수 있겠네요!

그럼 이제 코드 6.2를 보며 이 컴포넌트들을 어디에 배치해야 할지 생각해 봅시다. 각 컴포넌트들의 위치는 너무나 명확합니다. 컴포넌트의 타입에 따라 presentation, business, infrastructure 패키지에 위치시키면 됩니다. 따라서 개발자가 구조적으로 깊게 고민할 필요가 없습니다. 개발자가 고민할 일은 '엔드포인트는 어떻게 생겼는지'와 '비즈니스 로직은 어떻게 만들면 될지' 정도입니다. 그러니 (단기적으로) 개발이 쉬워지는 것입니다.

---

2   실제로 프로젝트를 구성한다면 코드 6.2보다 훨씬 많은 클래스와 하위 패키지가 필요할 것입니다. 하지만 이해를 돕기 위해 설명에 방해되는 요소들을 일부로 생략했으니 참고하길 바랍니다. 더불어 레이어드 아키텍처를 위한 패키지 구성을 이렇게 하는 것은 좋은 사례가 아닙니다. 오히려 잘못된 방식으로 사용하고 있는 것에 가깝습니다. 이에 대한 근거와 더 나은 사용 사례는 8장 '레이어드 아키텍처'와 9장 '모듈'에서 더 깊이 살펴보겠습니다.

어떤가요? 정말 간단하지 않나요?

좋습니다. 여기까지가 일반적으로 잘 알려진 레이어드 아키텍처에 관한 설명이자 사용 사례입니다. 물론 '이게 올바른 접근법인가요?'라고 묻는다면 글쎄요. 하고 싶은 말은 정말 많습니다만 지금 이 주제에 관해 이야기해버리면 이야기가 산으로 가버립니다.

그러므로 이 주제에 대해서는 나중에 이야기하고, 일단은 원래의 이야기로 돌아가 봅시다. 우리는 '양방향 레이어드 아키텍처'라는 안티패턴을 학습하고 있었습니다. 그리고 이를 위해 레이어드 아키텍처가 무엇인지 아주 잠깐만 살펴봤습니다. 그러니 이제 '양방향 레이어드 아키텍처'가 무엇이고, 이번 절에서 다룰 내용을 본격적으로 알아보겠습니다.

양방향 레이어드 아키텍처는 레이어드 아키텍처를 지향해 개발했지만, 레이어드 아키텍처가 반드시 지켜야 할 가장 기초적인 제약을 위반할 때를 지칭하는 말입니다. 그리고 여기서 가장 기초적인 제약이란 **'레이어 간 의존 방향은 단방향을 유지해야 한다'**라는 것입니다.

예를 들어 설명하겠습니다. 간혹 레이어드 아키텍처를 사용하는 조직에서는 편의상 하위 레이어에 있는 컴포넌트가 상위 레이어에 존재하는 모델을 이용하는 경우가 발생합니다. 다음은 하위 레이어인 서비스 계층에서 상위 레이어인 API 레이어의 모델에 접근하는 대표적인 사례입니다.

코드 6.3 PostCreateRequest는 API 레이어의 모델인데 비즈니스 레이어에서 사용하고 있습니다.

```java
@Service
@RequiredArgsConstructor
public class PostService {

    private final CafeMemberJpaRepository cafeMemberJpaRepository;
    private final BoardJpaRepository boardJpaRepository;
    private final PostJpaRepository postJpaRepository;

    @Transactional
    public Post create(
        long cafeId,
        long boardId,
        long writerId,
        PostCreateRequest postCreateRequest) {   // API 요청을 받는 모델인데 비즈니스 레이어에서 사용함
        long currentTimestamp = Instant.now().toEpochMillis();
        CafeMember cafeMember = cafeMemberJpaRepository
            .findByCafeIdAndUserId(cafeId, writerId)
```

```
            .orElseThrow(() -> new ForbiddenAccessException());
        User writer = userJpaRepository
            .findById(writerId)
            .orElseThrow(() -> new UserNotFoundException());
        Cafe cafe = cafeMember.getCafe();
        Board board = boardJpaRepository
            .findById(boardId)
            .orElseThrow(() -> new BoardNotFoundException());
        Post post = new Post();
        post.setTitle(postCreateRequest.getTitle());
        post.setContent(postCreateRequest.getContent());
        post.setCafe(cafe);
        post.setBoard(board);
        post.setWriter(writer);
        post.setCreatedTimestamp(currentTimestamp);
        post.setModifiedTimestamp(currentTimestamp);
        post = postJpaRepository.save(post);
        cafe.setNewPostTimestamp(currentTimestamp);
        cafe = cafeJpaRepository.save(cafe);
        return post;
    }

}
```

PostCreateRequest 클래스는 API 레이어의 모델입니다. API로 들어오는 요청을 @RequestBody 애너테이션을 이용해 매핑하려고 만든 객체인데, 하위 레이어에 존재하는 서비스 컴포넌트로 전달해 서비스에서 이를 사용하고 있는 상황입니다. 이 상황을 그림으로 표현하면 다음과 같습니다.

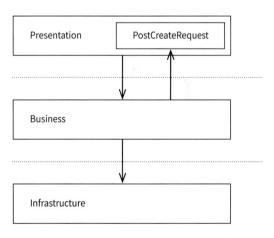

그림 6.3 프레젠테이션 레이어와 비즈니스 레이어에 양방향 의존 관계가 생겼습니다.

비즈니스 레이어에 위치한 서비스 컴포넌트가 프레젠테이션 레이어에 위치한 객체에 의존하는 바람에 두 레이어 간에 양방향 의존 관계가 생겼습니다. 이처럼 레이어 간에 양방향 의존성이 생긴 상황을 가리켜 '양방향 레이어드 아키텍처'라고 부릅니다.

그리고 이것이 바로 또 하나의 안티패턴입니다. 이런 일이 발생해서는 안 됩니다! 왜냐하면 이렇게 될 경우 애써 정한 레이어의 역할이 의미가 없어지기 때문입니다. 다시 말해 계층이 무너집니다.

이것은 좋게 말해 양방향 의존이지 실은 순환 참조입니다. 그래서 레이어 간 양방향 의존성이 생겼다는 말은 아키텍처 수준에서 순환 참조가 생겼다는 말과 같습니다.

그런데 기억을 돌이켜 봅시다. 5장 '순환 참조'에서 컴포넌트 간 순환 참조가 발생했다는 것은 사실상 '해당 컴포넌트들이 하나의 컴포넌트가 됐다는 선언이다'라고 설명한 바 있습니다. 따라서 같은 논리를 그대로 사용할 수 있습니다. 레이어 간에 양방향 의존성이 생겼다는 말은 분리된 레이어가 하나로 통합됐다는 선언과 같습니다. 그러므로 양방향 레이어드 아키텍처는 레이어드 아키텍처에서 제일 중요한 계층 관계가 사라진 상황이라고 표현할 수 있습니다.

양방향 레이어드 아키텍처에서 레이어는 더 이상 레이어라 부를 수 없습니다. 레이어가 컴포넌트를 구분하는 역할밖에 하지 못하기 때문입니다. 그러니 차라리 폴더라고 부르는 편이 나을 것입니다. 나아가 양방향 레이어드 아키텍처는 아키텍처라고 볼 수조차 없습니다. 왜냐하면 우리는 폴더에 맞춰 컴포넌트를 배치하는 것을 보고 아키텍처라고 부르지 않기 때문입니다.

그렇다면 레이어 간에 양방향 참조가 생겼을 때 이를 해결하는 방법은 무엇일까요? 다양한 방법이 있지만 여기서는 크게 두 가지 방법을 소개하겠습니다.

6.2.1 레이어별 모델 구성

첫 번째 해결 방법은 레이어별로 모델을 따로 만드는 것입니다. 코드 6.3의 상황을 예시로 들자면 비즈니스 레이어에서 사용할 PostCreateCommand 모델을 추가로 만드는 것입니다. 이 모델은 프레젠테이션 레이어에 존재하는 PostCreateRequest 모델에 대응하는 모델입니다.

코드 6.4 PostCreateRequest 클래스에 대응하는 PostCreateCommand 클래스 생성

```
@Data
@JsonIgnoreProperties(ignoreUnknown = true)
public class PostCreateRequest {

    private String title;
```

```
    private String content;
}

---

@Data
@Builder
public class PostCreateCommand {

    private String title;
    private String content;
    private Long writerId;
}
```

PostCreateCommand 클래스는 비즈니스 레이어에 위치합니다. 여기서는 다음과 같은 명명 규칙을 사용했습니다.

1. ~Request 클래스는 API 요청을 처리하는 모델입니다.

2. ~Command 클래스는 서비스에 어떤 생성, 수정, 삭제 요청을 보낼 때 사용하는 DTO입니다.

이처럼 Request와 Command 클래스를 구분하고 컨트롤러는 서비스에 요청을 보낼 때는 PostCreate Request 클래스를 PostCreateCommand 클래스로 변경해 서비스의 메서드를 호출합니다. 이제 애플리케이션은 다음과 같은 구조로 바뀝니다.

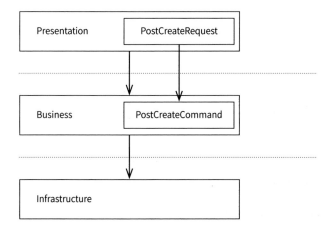

그림 6.4 레이어별 모델 구성 방식을 적용

의존 방향이 단방향이 되고 순환 참조가 사라졌습니다! 간단하면서도 효과적인 해결책입니다!

게다가 이 방법을 사용하면 얻을 수 있는 또 다른 장점이 있습니다. 바로 클라이언트가 API 요청을 보내는 시점의 요청 본문(request body)과 서비스 컴포넌트에서 사용하는 DTO를 분리할 수 있게 됐다는 점입니다. 무슨 뜻인지 이해하기 위해 또 다른 예를 들어봅시다. 만약 `PostCreateRequest` 클래스에 `writerId`라는 멤버 변수가 있었다고 가정해 봅시다. 서버 입장에서 클라이언트가 보내는 이 값을 신뢰할 수 있을까요?

그렇지 않습니다. 왜냐하면 악의적인 사용자가 이 값을 조작해서 API 요청을 보낼 수 있기 때문입니다. 예를 들어, 악의적인 사용자는 `id`가 1번이지만 API 요청을 보낼 때는 `writerId` 값을 3으로 지정해서 보낼 수 있습니다. 그렇게 되면 내가 작성한 내용을 마치 타인이 작성한 것처럼 보이게 만들 수 있습니다. 따라서 `PostCreateRequest` 클래스에는 작성자를 뜻하는 `writerId` 같은 멤버 변수가 있어서는 안 됩니다. 나아가 `cafeId`, `boardId` 같은 값도 멤버 변수로 들어가서는 안 됩니다.

이러한 상황을 막기 위한 방어 로직이 시스템이 있느냐 없느냐의 문제가 아닙니다. 처음부터 이렇게 신뢰할 수 없는 값은 아예 존재조차 하지 않는 것이 좋습니다.[3]

하지만 동시에 이러한 값은 분명 비즈니스 레이어에서 필요한 값입니다. 작성자가 누구인지 알아야 글을 발행할 수 있고, 게시글이 어느 카페의 어느 게시판 소속인지 알아야 글을 작성할 수 있으니 말입니다.

그러니 가장 간단한 해결책은 클라이언트의 요청을 받는 모델과 실제로 객체를 생성하는 DTO 모델을 분리하는 것입니다. 그리고 그 해결책이 바로 '레이어별 모델 구성하기'입니다. `PostCreateRequest` 클래스에는 `writerId` 필드를 넣지 않고 `PostCreateCommand` 클래스에는 이 값을 갖고 있게 합니다. 그리고 `PostCreateCommand` 클래스에서 사용할 `writerId` 값은 `UserPrincipal` 같은 값에서 가져오면 됩니다.

```
PostCreateCommand.builder()
    .title(postCreateRequest.getTitle())
    .content(postCreateRequest.getContent())
    .writerId(userPrincipal.getId())
    .build();
```

---

3 같은 논리로 요청 본문 클래스들이 id 필드를 갖고 있는 것도 부자연스럽습니다. 혹시 PostUpdateRequest 같은 DTO에 id 값을 그대로 받아서 아무런 검증 없이 JPA의 save 메서드를 호출하고 있지는 않겠죠? 만약 그렇다면 악의적인 사용자가 id를 변조해서 API 요청을 보내 대참사가 일어날 수 있습니다.

다시 말해, PostCreateCommad 클래스에 필요한 정보를 꼭 PostCreateRequest 클래스에서만 가져올 필요는 없습니다. 이것은 객체의 역할을 분리한 것입니다. PostCreateRequest 클래스는 '@RequestBody 애너테이션을 처리한다'는 역할에만 집중하게 합니다. 한편 PostCreateCommand 클래스는 프로그램에 필요한 도메인 객체를 만들기 위해 필요한 정보를 가지고 있는 것에만 집중하도록 합니다.

어떤가요? 여러모로 괜찮은 방법이지 않나요?

하지만 이 방식에도 분명한 단점이 있습니다. 대표적인 단점 중 하나는 작성해야 하는 코드의 양이 늘어난다는 것입니다. 예를 들어, PostCreateCommand 클래스와 관련된 예시를 다시 살펴봅시다. Post 클래스와 연관된 데이터 모델은 벌써 3개가 생겼습니다.

- Post
- PostCreateRequest
- PostCreateCommand

그나마 3개에서 멈추면 다행입니다. 지금은 도메인 모델을 생성하는 데 사용할 DTO를 2개만 추가했지만 나중에 수정에 사용할 DTO까지 추가로 만든다면 데이터 모델은 5개로 더 늘어날 것입니다. 그래서 결과적으로 레이어별로 각기 다른 DTO를 갖게 한다면 (CRUD를 위한 4개의 DTO × 레이어 개수)만큼 클래스가 더 생성될 것입니다.

작성해야 하는 코드가 늘어난다는 것은 조직 관점에서 비용이 증가한다는 의미입니다. 그러니 모델은 적당히 세분화되고 적당히 통합돼야 합니다. 그래서 그 사이에서 균형을 잡는 것이 매우 어려운 일입니다. 더 안타까운 사실은 DTO를 어디까지 세분화할 것이냐는 문제에는 마땅한 정답이 없다는 것입니다.

> ⓘ **코드 중복과 코드 유사성**
>
> 일각에서는 이런 식으로 작업하면 데이터 중복이 많아지니 피해야 하는 것 아니냐는 의견을 내놓기도 합니다. 맞는 말입니다. 이러한 DTO는 도메인 모델과 데이터의 형태가 매우 유사할 것입니다. (Post와 PostCreateRequest, PostCreateCommand 클래스를 비교해 보세요.) 그런데 이 주장은 살짝 모호합니다. 왜냐하면 코드 중복과 코드 유사성은 다른 것이기 때문입니다.
>
> 필요에 따라 만들어진 코드는 말 그대로 필요하니까 존재하는 것이 당연합니다. 중복은 역할과 책임, 구현 등이 비슷할 때를 보고 중복이라 부릅니다. 그래서 데이터 형태가 유사하다고 해서 중복이라 보기는 어렵습니다. 목적도 같고 해결 방법이 같을 때 중복이라고 부릅니다.
>
> 유사한 데이터를 여러 개 만드는 것을 두려워하지 마세요. 몇몇 멤버 변수가 겹친다고 데이터 모델을 어정쩡하게 공유하는 것보다 역할과 책임에 따라 확실하게 모델을 구분하는 편이 훨씬 낫습니다.

6.2.2 공통 모듈 구성

두 번째로 소개할 방법은 5장 '순환 참조'에서 순환 참조를 해결하는 방법을 설명하면서 소개했던 것과 같습니다. 공통으로 참조하는 코드를 별도의 모듈로 분리하는 것입니다. 다시 말해 모든 레이어가 단 방향으로 참조하는 공통 모듈을 만들고, PostCreateRequest 클래스 같은 모델을 거기에 배치하는 것입니다.

예를 들어, PostCreateRequest 클래스를 core 패키지로 옮기고 모든 레이어가 이 core라는 모듈에 의존하도록 변경하면 어떻게 될까요? 이를 그림으로 표현해 봅시다.

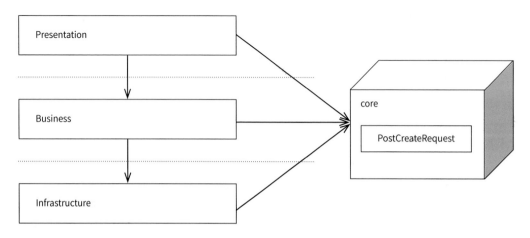

그림 6.5 공통 모듈 구성 방식을 적용

그림 6.5는 두 레이어가 바라보는 모델을 공통 모듈로 분리함으로써 이 문제를 해결했습니다. 간단하지만 가장 확실한 방식입니다. 공통 모듈로 분리한다는 전략은 범용적으로 사용할 수 있는 유틸성 클래스들을 한곳에 모아둘 때 유용합니다.

물론 이 같은 설명이 영 석연치 않은 분도 있을 것입니다. 당연합니다. 왜냐하면 이는 문제를 해결한 것이 아니라 회피한 것처럼 보이기 때문입니다. 그래서 그림 6.5를 보면서 다음과 같은 의문이 들 수 있습니다.

- core 모듈은 레이어라고 봐야 할까요?
- core 모듈이 레이어라면 그림 6.5처럼 모든 레이어가 바라보는 하나의 레이어를 두는 것은 괜찮을까요? (이는 6.3절 '완화된 레이어드 아키텍처'로 이야기가 이어집니다.)

질문에 모두 명확히 대답하기가 어렵습니다. 왜냐하면 '공통 모듈 구성'을 설명하기 위해 제시한 그림 6.5에서 core 모듈의 역할이 현재로선 모호하기 때문입니다. 그리고 레이어드 아키텍처에서 말하는 '레이어'의 정의 또한 모호하기 때문입니다. 레이어드 아키텍처에서 말하는 '레이어'란 무엇일까요? 레이어와 모듈의 차이는 무엇일까요?

이 질문에 답하려면 또 다른 부연 설명이 필요합니다. 하지만 그 설명을 시작하면 이야기가 또 다른 길로 새어버리니, 대신 'core 모듈은 레이어인가?'에 대한 질문에 대해서만 이렇게 답하고 넘어가겠습니다. 6.2.2절 '공통 모듈 구성'에서 제시한 해결책으로 공통 코드를 한 곳에 모으라는 것은 공통으로 참조할 수 있는 모듈을 만들어 보라는 것이지 공통된 레이어를 만들라는 의미가 아닙니다. 그러한 맥락에서 core는 모듈이며 레이어가 아닙니다.

알듯 말듯 모호한 설명을 자꾸 반복해서 저도 지금 당장 이 내용을 바로잡고 싶습니다. 하지만 아직은 때가 아닙니다. 그러니 당장은 '순환 참조가 발생했을 때 공통 모듈로 분리할 수 있다'라는 아이디어만 기억하고 넘어갑시다. (상세한 내용은 8장 '레이어드 아키텍처'와 9장 '모듈'에서 알아보겠습니다.)

6.3 완화된 레이어드 아키텍처

완화된 레이어드 아키텍처(relaxed layered architecture)를 소개하기에 앞서 질문을 하나 하겠습니다.

> 컨트롤러가 리포지터리를 사용하는 것은 괜찮을까요?

다시 말해, 다음과 같은 구조로 코드를 작성할 수 있게 허용해도 괜찮을지 묻는 것입니다.

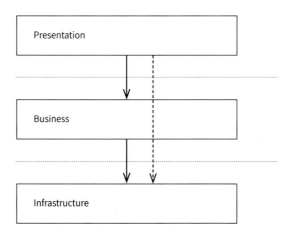

그림 6.6 컨트롤러가 리포지터리를 참조한다.

이 질문의 답을 먼저 이야기하자면 '컨트롤러가 리포지터리를 사용할 수 있게 하는 것은 좋지 못하다'입니다. 왜냐하면 일반적으로 이처럼 2개 이상의 레이어를 건너뛰어 통신하는 구조도 안티패턴으로 분류하기 때문입니다.

그래서 이처럼 상위 레이어에 모든 하위 레이어에 접근할 수 있는 권한을 주는 구조를 가리켜 완화된 레이어드 아키텍처'라고 부릅니다. 완화된 레이어드 아키텍처란 완화됐다(relaxed)는 표현 그대로 '레이어드 아키텍처이기는 한데 제약을 조금 완화했다'라는 의미입니다. 그리고 여기서 말하는 제약은 '레이어간 통신은 인접한 레이어에서만 이뤄져야 한다'입니다.

코드 6.5를 보면 프레젠테이션 레이어에 위치한 컨트롤러가 인프라스트럭처 레이어에 위치한 JpaRepository를 멤버 변수로 가지고 있습니다. 즉, 프레젠테이션 레이어가 인프라스트럭처 레이어에 의존합니다. 이로 인해 전형적인 완화된 레이어드 아키텍처 코드가 만들어졌습니다.

코드 6.5 컨트롤러가 리포지터리를 참조하는 코드

```java
@RestController
@RequiredArgsConstructor
@RequestMapping("/v1/cafe/{cafeId}/boards/{boardId}/posts")
public class PostController {

    private final CafeMemberJpaRepository cafeMemberJpaRepository;
    private final BoardJpaRepository boardJpaRepository;
    private final PostJpaRepository postJpaRepository;
    private final PostRender postRender;

    // 중략
}
```

그러면 이제 코드 6.5를 보면서 왜 이러한 유형의 코드가 안티패턴으로 규정되는지 그 이유를 생각해 봅시다. 잠깐만 생각해 보면 그 답을 얻을 수 있습니다. 왜냐하면 코드 6.5 같은 코드에서는 스마트 UI 같은 코드가 만들어지기 때문입니다. 컨트롤러가 코드 6.5처럼 생겼다면 앞선 코드 6.1 같은 코드가 나올수밖에 없습니다.

게다가 이런 구조에서는 기능 개발을 위한 코드가 어디에 어떻게 들어가야 할지 한눈에 파악하기 힘듭니다. 예를 들어, 비즈니스 로직은 어디에 들어가야 할까요? 레이어드 아키텍처를 설명하면서 원칙적으로 비즈니스 로직은 비즈니스 레이어에 들어가야 하지만 이러한 규칙은 완화된 레이어드 아키텍처에서는 의미가 없습니다. 코드 6.1을 보면 컨트롤러에 비즈니스 로직이 들어가 있습니다.

따라서 비즈니스 로직은 개발자의 기분에 따라 그날그날 매번 다른 곳에 작성됩니다. 컨트롤러에도 작성되고 서비스에도 작성되고 도메인에도 작성됩니다. 결국 비즈니스 로직이 역할과 책임에 따라 유의미한 객체 한 곳으로 모이는 것이 아니라 중구난방으로 위치하게 됩니다. 그래서 완화된 레이어드 아키텍처는 안티패턴입니다.

그렇다면 이번에는 '만약 프로젝트에 프레젠테이션 레이어는 비즈니스 레이어에만 의존한다는 제약이 있었다면 어땠을까?'를 생각해 봅시다. 즉, 프로젝트가 완화된 레이어드 아키텍처를 사용하지 않고 레이어 의존 관계를 엄격하게 관리했다면 어땠을까요?

컨트롤러는 리포지터리에 접근할 수 없으니 저장소에서 데이터를 불러오고 저장하는 비즈니스 로직이 비즈니스 레이어에 작성됐을 것입니다. 그리고 그 결과, 컨트롤러는 API 요청을 받아 서비스를 실행하고 응답을 반환하는 역할에만 충실했을 것입니다. 덕분에 스마트 UI 같은 코드가 만들어지지 않았을 것입니다. (물론 항상 그런 것은 아닙니다.)

그래서 레이어드 아키텍처에는 '레이어 간 통신은 인접한 레이어끼리 이뤄져야 한다' 같은 제약이 있는 것입니다. 그러니 딱 하나만 강조하겠습니다. **컨트롤러가 리포지터리를 사용해서는 안 됩니다.** 다시 말해 프레젠테이션 레이어가 인프라스트럭처 레이어에 의존하게 해서는 안 됩니다.

레이어드 아키텍처는 정말 많은 곳에서 사용하는 아키텍처이지만 그만큼 잘못 사용하는 사례도 많습니다. 그래서 이번 절에서는 대표적인 오용 사례인 양방향 레이어드 아키텍처와 완화된 레이어드 아키텍처에 관해 소개했습니다. 그렇지만 레이어드 아키텍처에 관한 이야기는 이제 시작입니다. 8장 '레이어드 아키텍처'에서는 레이어드 아키텍처에 관해 조금 더 깊이 알아볼 예정입니다. 일반적으로 사용하고 있는 사례를 분석해 보고 잘못된 부분을 짚어 가며 조금 더 나은 방향으로 바로잡아 보겠습니다.

하지만 아직 소개해야 할 안티패턴이 하나 더 남아 있습니다. 그러니 이야기를 마저 이어가 보겠습니다.

6.2.2절 '공통 모듈 구성'에서 소개한 그림 6.5를 다시 한번 보면서 이 내용을 조금만 더 이어서 살펴봅시다. 그림 6.5는 완화된 레이어드 아키텍처일까요, 아닐까요? 무슨 이야기인지 이해되지 않는 분들은 그림 6.5를 재배치한 그림 6.7을 보면 이 질문이 무슨 의미인지 이해할 수 있을 것입니다.

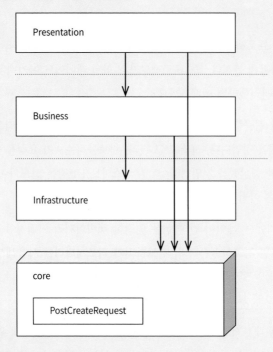

그림 6.7 그림 6.5를 세로로 재배치

그림 6.5를 재배치한 그림 6.7을 보면 마치 완화된 레이어드 아키텍처를 따르는 것처럼 보입니다. 즉, core 모듈이 프레젠테이션, 비즈니스, 인프라스트럭처 레이어가 참조하는 공통 레이어인 것처럼 보이고, 그래서 프레젠테이션 레이어와 비즈니스 레이어는 2개 이상의 레이어를 건너뛰어 core '레이어'에 의존하는 것처럼 보입니다.

하지만 그림 6.7에서 core 모듈은 레이어를 의도한 것이 아니었다는 점에 유의하세요. 이는 우리가 숨쉬듯이 사용하는 스프링, Lombok, common-lang3처럼 프로젝트에서 공통으로 사용하는 모듈입니다.

레이어드 아키텍처에서 말하는 '레이어 간 통신은 인접한 레이어끼리 이뤄져야 한다'라는 제약은 '레이어'에서 발생하는 제약입니다. 레이어와 모듈은 다릅니다. 그런 의미에서 그림 6.7은 완화된 레이어드 아키텍처가 아니라고 볼 수 있습니다.

6.4 트랜잭션 스크립트

네 번째로 소개할 안티패턴은 트랜잭션 스크립트(transaction script)입니다. 혹시 앞선 6.1절 '스마트 UI'에서 스마트 UI를 사용하는 애플리케이션은 '모든 API는 어떤 스크립트를 실행하고 응답하는 수준의 역할만 한다'라고 했던 것을 기억하시나요? 트랜잭션 스크립트는 그 내용의 연장입니다.

트랜잭션 스크립트는 비즈니스 레이어에 위치하는 서비스 컴포넌트에서 발생하는 안티패턴입니다. 트랜잭션 스크립트는 서비스 컴포넌트의 구현이 사실상 어떤 '트랜잭션이 걸려있는 스크립트'를 실행하는 것처럼 보일 때를 말합니다.

예를 들어, 코드 6.3의 '게시물 작성 코드'를 다음과 같이 작성했다고 가정해 봅시다.

코드 6.6 모든 비즈니스 로직을 갖고 있는 서비스

```java
@Service
@RequiredArgsConstructor
public class PostService {

    private final CafeMemberJpaRepository cafeMemberJpaRepository;
    private final BoardJpaRepository boardJpaRepository;
    private final PostJpaRepository postJpaRepository;

    @Transactional
    public Post create(
        long cafeId,
        long boardId,
        PostCreateCommand postCreateCommand) {
        long currentTimestamp = Instant.now().toEpochMillis();
        CafeMember cafeMember = cafeMemberJpaRepository
            .findByCafeIdAndUserId(cafeId, postCreateCommand.getWriterId())
            .orElseThrow(() -> new ForbiddenAccessException());
        User writer = userJpaRepository
            .findById(postCreateCommand.getWriterId())
            .orElseThrow(() -> new UserNotFoundException());
        Cafe cafe = cafeMember.getCafe();
        Board board = boardJpaRepository
            .findById(boardId)
            .orElseThrow(() -> new BoardNotFoundException());
```

```
            Post post = new Post();
            post.setTitle(postCreateCommand.getTitle());
            post.setContent(postCreateCommand.getContent());
            post.setCafe(cafe);
            post.setBoard(board);
            post.setWriter(writer);
            post.setCreatedTimestamp(currentTimestamp);
            post.setModifiedTimestamp(currentTimestamp);
            post = postJpaRepository.save(post);
            cafe.setNewPostTimestamp(currentTimestamp);
            cafe = cafeJpaRepository.save(cafe);
            return post;
        }

    }
```

코드 6.6은 코드 6.3이 갖고 있던 양방향 레이어드 아키텍처 문제를 '**레이어별 모델 구성**'을 이용해 해결했습니다. 그렇다면 코드 6.6은 괜찮은 코드일까요?

아쉽지만 아닙니다. 왜냐하면 여전히 코드가 어떤 스크립트를 실행하는 수준이기 때문입니다. 코드 6.6은 스마트 UI의 코드와 큰 차이가 없습니다.[4] 비즈니스 로직을 컨트롤러에서 서비스 컴포넌트로 옮겼을 뿐 여전히 절차지향적이고 객체라고 부를 만한 것이 없습니다. 그나마 유의미하게 변경된 점이라면 스크립트 코드에 @Transactional 애너테이션이 추가된 정도입니다.

그래서 이러한 코드를 보고 트랜잭션 스크립트라고 합니다. 서비스 컴포넌트의 동작이 사실상 트랜잭션이 걸려있는 거대한 스크립트를 실행하는 것처럼 보이기 때문입니다. 어떻게 보면 스마트 UI와 비슷한 맥락으로 트랜잭션 스크립트는 '스마트 서비스'라고 부를 수도 있습니다. 나아가 코드 6.6 같은 트랜잭션 스크립트 코드는 객체지향보다 절차지향에 가까운 사례이기 때문에 절차지향의 문제점을 그대로 가집니다. 변경에 취약하고 확장에 취약하며 업무가 병렬 처리되기 어렵습니다.

이러한 트랜잭션 스크립트 같은 코드는 서비스의 역할이 무엇인지, 아니면 객체지향을 스프링에 어떻게 적용해야 하는지 모르는 개발자들이 개발할 때 많이 만들어집니다. 그래서 특히나 스프링을 배운 지 얼마 안 된 개발자들이 코드를 작성하면 이런 유형의 코드가 만들어집니다.

---

4   물론 시스템의 전체적인 품질은 나아지긴 했습니다. 컨트롤러의 역할은 이제 PostService.create()만 호출하면 되는 형태로 변경됐을 테니까요.

그래서 이 같은 패턴을 피하려면 서비스의 역할이 무엇인지 재고해야 합니다. 서비스란 무엇이고 서비스의 역할이 어떤 것인지 이해해야 이 패턴을 피할 수 있습니다. 그래서 이에 관한 내용이 바로 다음 장인 7장 '서비스'에 준비돼 있습니다. 하지만 7장에 들어가기 전에 에피타이저로 먼저 살펴보면 좋을 법한 내용이 하나 있습니다. 여러분께 질문을 하나 할 테니 한번 답변해 보길 바랍니다.

비즈니스 로직은 어디에 위치해야 할까요?

단순하게 생각하면 비즈니스 로직은 서비스 컴포넌트에 있는 것이 맞는 것처럼 보입니다. 왜냐하면 서비스 컴포넌트는 비즈니스 레이어에 위치하는 컴포넌트이고, 비즈니스 레이어는 비즈니스 로직이 있는 공간이기 때문입니다. 그래서 비즈니스 로직은 서비스 컴포넌트에 위치하는 것이 자연스러워 보입니다. 하지만 이 답변의 반은 맞고 반은 틀렸습니다.

더 나은 답변은 '비즈니스 로직은 도메인 모델에 위치해야 한다'입니다. 도메인 모델이라는 말이 아직 익숙하지 않다면 Cafe, Post, Board, User 같은 객체들을 떠올리면 됩니다. 비즈니스 로직은 이러한 객체들이 갖고 있어야 합니다! 능동적인 객체가 협력하는 것을 강조했던 객체지향을 떠올리면 이것은 당연한 이야기입니다!

아주 중요한 내용이므로 강조하겠습니다. 비즈니스 로직이 처리되는 '주(main)' 영역은 도메인 모델이어야 합니다. 서비스 컴포넌트가 아닙니다. 서비스는 도메인을 불러와서 도메인에 일을 시키는 정도의 역할만 해야 합니다.

트랜잭션 스크립트 같은 코드가 발생하는 이유는 간단합니다. 개발자가 '서비스는 비즈니스 로직을 처리하는 곳'이라 생각하고 있기 때문입니다. 이러한 생각을 갖고 있는 개발자는 애플리케이션의 모든 비즈니스 로직을 서비스에 작성합니다. 그리고 객체 모델을 서비스의 비즈니스 로직을 실행하기 위한 데이터 저장 공간 수준으로 인식합니다. 그래서 트랜잭션 스크립트 같은 절차지향적인 코드가 만들어집니다.

두 명의 개발자를 예시로 들어 이를 설명해 보겠습니다. 개발자 A는 비즈니스 로직을 서비스 컴포넌트에서 처리해야 한다고 생각합니다. 또 다른 개발자 B는 비즈니스 로직을 처리하는 곳을 도메인이라고 생각합니다.

개발자 A가 작성하는 코드는 다음과 같은 형태로 작성될 확률이 높습니다.

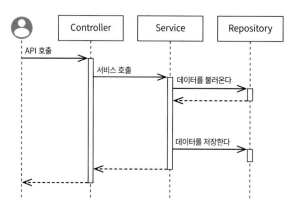

그림 6.8 개발자 A가 만드는 코드의 시퀀스 다이어그램

개발자 A가 만드는 서비스는 다음과 같은 방식으로 동작합니다.

1. 리포지터리에서 데이터를 불러온다.

2. 데이터를 보고 비즈니스 로직을 처리한다.

3. 리포지터리에 데이터를 저장한다.

4. 컨트롤러에 응답한다.

개발자 A에게 객체는 그저 데이터베이스에 있는 데이터와 매핑하기 위한 존재일 뿐입니다. 따라서 애플리케이션에는 도메인 모델이라고 부를 만한 것이 없습니다. 이는 애플리케이션이 전혀 객체지향적이지 않다는 의미입니다. 그러니 이러한 개념 모델에서 객체지향을 활용하기란 어렵습니다. 서비스의 로직은 점점 길어지고 비대해져서 서비스가 뚱뚱해지고(fat) 애플리케이션은 트랜잭션 스크립트에 가까워집니다.

이러한 인지 모델에서는 독자 여러분이 배운 객체지향과 관련된 지식을 사용하기도 힘듭니다. 한번 생각해 봅시다. 1부 '객체지향'의 내용은 위의 다이어그램의 어디에 적용하면 될까요? 아마 마땅한 곳을 찾기 어려울 것입니다. 기껏해야 서비스 컴포넌트를 객체지향적으로 만들려고 노력하는 정도겠네요. 하지만 이마저도 서비스 컴포넌트를 아무리 열심히 리팩터링해도 객체지향에 가까워지는 것이 아니라 절차지향적인 메서드를 그냥 잘게 쪼개고 있다는 느낌밖에 들지 않을 것입니다.

서비스의 역할이 무엇인지와 애플리케이션의 본질이 무엇인지 모른다면 이런 현상은 계속 반복됩니다. 그래서 스프링 프로젝트에 객체지향을 도입하기 위해서는 각각이 무엇인지를 먼저 이해해야 합니다. 애플리케이션의 본질은 도메인입니다. 서비스가 아닙니다. 서비스는 도메인을 위한 무대일 뿐입니다. 그러니 서비스는 도메인이 협력할 무대만 제공하고 그 이상의 역할을 하지 않는 것이 좋습니다.

이 같은 내용을 이해하고 있다면 여러분이 열심히 배운 객체지향을 어디에 적용해야 할지도 이제는 답할 수 있게 됩니다. 객체지향과 관련된 내용은 도메인 수준에서 적용하면 됩니다![5]

이 내용은 너무나도 중요하니 책을 마무리하는 순간까지 계속 강조하겠습니다. 애플리케이션의 본질은 도메인입니다. 이 외에 스프링 같은 프레임워크나 JPA는 사소하고 기계적인 부분에 불과합니다. 그러므로 애플리케이션에 도메인 객체가 없다면 도메인 객체를 먼저 만드는 작업을 해야 합니다.

데이터 덩어리로 간주되는 구조체를 도메인 객체로 만들고, 서비스 로직에 있는 비즈니스 로직을 도메인으로 옮겨야 합니다. 디자인 패턴이나 SOLID를 논하기 전에 능동적인 도메인을 만드는 것이 먼저입니다. 그리고 나서 도메인끼리 협력하게 만들어야 합니다. 그러니 제발 비즈니스 로직을 도메인이 처리하게 해주세요.

☆ 제발 비즈니스 로직을 도메인이 처리하게 해주세요.

그러면 이제 또 다른 개발자인 개발자 B를 살펴봅시다. 개발자 B는 비즈니스 로직을 처리하는 곳을 도메인이라고 생각합니다. 이러한 개발자가 작성하는 코드는 다음과 같은 흐름으로 작성될 확률이 높습니다.

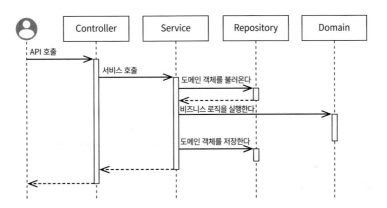

그림 6.9 개발자 B가 만드는 코드의 시퀀스 다이어그램

개발자 B가 작성하는 코드에서 비즈니스 로직을 처리하는 공간은 도메인입니다. 서비스는 도메인을 실행하는 역할만 합니다. 개발자 B의 인지 모델에서 리포지터리의 역할은 단순히 데이터를 불러오는 곳이 아니라 도메인 객체를 불러오는 곳이 됩니다. 그래서 서비스 코드는 주로 다음과 같은 형태로 동작합니다.

---

5   물론 서비스 컴포넌트나 다른 스프링 컴포넌트도 객체지향을 추구해야 합니다.

1. 리포지터리에서 도메인 객체를 불러온다.

2. 도메인 객체에 일을 시킨다.

3. 리포지터리에 도메인 객체를 저장한다.

4. 컨트롤러에 응답한다.

개발자 A와 개발자 B의 인지 모델에는 큰 차이가 없는 것처럼 보이지만 이 미묘한 생각의 차이가 애플리케이션의 전체 품질에 큰 차이를 만듭니다. 절차지향이었던 코드를 객체지향으로 만듭니다. 서비스가 서비스의 역할을 하게 만들며, 도메인 모델이 서로 협력하게 만듭니다.

☆ 서비스는 도메인 객체나 도메인 서비스라고 불리는 도메인에 일을 위임하는 공간이어야 합니다.

이를 잘 기억하고, 다음 장인 7장 '서비스'에서 이제 서비스란 무엇이고, 서비스의 역할은 왜 위와 같이 정의해야 하는지 함께 살펴봅시다.

서비스

6장에서는 스프링 사용자가 자주 겪을 수 있는 안티패턴을 살펴봤습니다. 이 가운데 6.4절 '트랜잭션 스크립트'에서는 서비스에 관한 이야기도 조금씩 했는데, 마지막에는 굉장히 중요한 이야기를 많이 했습니다. 이를 다시 한번 복기하자면 '서비스의 역할은 도메인 객체나 도메인 서비스라고 불리는 도메인에 일을 위임하는 공간이어야 한다'였습니다. 이는 서비스의 역할은 다음과 같이 크게 3가지 종류의 일을 해야한다는 의미입니다.

1. 도메인 객체를 불러옵니다.
2. 도메인 객체나 도메인 서비스에 일을 위임합니다.
3. 도메인 객체의 변경 사항을 저장합니다.

그렇다면 서비스 컴포넌트가 왜 이러한 역할을 해야 하는지 그 이유를 살펴봅시다. 그리고 도메인 서비스란 무엇이며, 스프링에서 서비스는 왜 서비스라고 부르는지, 서비스 컴포넌트에 추가적으로 기대하는 역할이나 책임은 무엇인지 파헤쳐 봅시다.

7.1   Manager

서비스를 설명하기 전에 다음 질문에 한번 답해 봅시다.

컨트롤러는 '제어부'이고 리포지터리는 '저장소'이며 컴포넌트는 '구성 요소'입니다. 이러한 컴포넌트는 모두 영문명을 한글로 번역하면 그 역할이 무엇인지 바로 알 수 있는 수준이라 이해하기가 크게 어렵지 않습니다. 그런데 서비스란 무엇일까요? 스프링에서 서비스는 왜 서비스라고 부르는 것일까요?

대부분의 개발자가 서비스라는 컴포넌트를 그렇게 많이 사용하면서도 이 컴포넌트를 왜 서비스라고 부르는지 알지 못합니다. 그리고 정확히 무엇을 처리하는 공간인지도 모릅니다. 그래서 이 질문의 그나마 유의미한 답변은 '서비스는 비즈니스 서비스를 처리하는 곳입니다'라는 식의 답변입니다.

그러나 애석하게도 이런 답변은 충분한 답변이 되지 못합니다. 이러한 답변은 '서비스가 무엇인가요?'라는 질문에 '서비스는 서비스입니다'라고 답하는 것과 다를 바 없기 때문입니다. 우리가 궁금한 것은 '서비스는 왜 서비스라고 부르는가?'이며, 나아가 '대체 서비스란 무엇인가?'입니다.

이에 대한 해답을 얻으려면 스프링의 @Service 애너테이션이 작성된 실제 코드를 찾아 가야 합니다. 그곳에 해답이 적혀 있습니다. 그래서 여기에 그 내용을 가져왔습니다. 다음은 스프링 프로젝트의 깃허브 리포지터리에서 찾은 @Service 애너테이션 코드에 적힌 주석입니다.

```
/**
 * Indicates that an annotated class is a "Service", originally defined by Domain-Driven
 * Design (Evans, 2003) as "an operation offered as an interface that stands alone in the
 * model, with no encapsulated state."
 *
 * <p>May also indicate that a class is a "Business Service Facade" (in the Core J2EE
 * patterns sense), or something similar. This annotation is a general-purpose stereotype
 * and individual teams may narrow their semantics and use as appropriate.
 *
 * <p>This annotation serves as a specialization of {@link Component @Component},
 * allowing for implementation classes to be autodetected through classpath scanning.
 *
 * @author Juergen Hoeller
 * @since 2.5
 * @see Component
 * @see Repository
 */
@Target(ElementType.TYPE)
@Retention(RetentionPolicy.RUNTIME)
@Documented
@Component
public @interface Service {
```

그림 7.1 스프링 프로젝트에서 확인한 @Service 애너테이션의 코드 주석[1]

---

1   출처: https://github.com/spring-projects/spring-framework/blob/main/spring-context/src/main/java/org/springframework/stereotype/
    Service.java, 단축 URL: https://bit.ly/servicean

주석 내용을 번역하면 다음과 같습니다.

> 이 애너테이션은 애너테이션이 지정된 클래스가 '서비스'임을 지칭하는 데 사용합니다. 서비스는 도메인 주도 설계(DDD: Domain-Driven Design)에서 시작된 개념으로, '캡슐화된 상태 없이, 모델과는 독립된 동작을 제공하는 인터페이스'입니다.
>
> 혹은 이 애너테이션이 지정된 클래스는 J2EE 패턴 중 하나인 '비즈니스 서비스 파사드'나 그와 유사한 것처럼 사용될 수도 있음을 의미합니다. 이 애너테이션은 매우 일반적인 용어로 각자의 사정에 맞게 의미를 좁혀 사용할 수 있습니다.

이를 요약하면 다음과 같습니다.

- @Service는 에릭 에반스의 DDD에서 영감을 받아 만들어진 애너테이션이다.[2]
- 서비스는 J2EE 패턴 중 하나인 비즈니스 서비스 파사드처럼 사용될 수 있다.

주석을 읽어 보면 스프링의 **@Service** 애너테이션은 DDD에서 영감을 받아 만들어진 것이라고 합니다.

좋습니다. 실마리를 얻었습니다. 스프링 서비스는 DDD에서 파생된 개념이라 합니다. 그렇다면 그다음 할 일은 간단합니다. 이제 DDD를 알아보면 됩니다. DDD를 공부하면 어딘가에서 DDD에서 말하는 '서비스'란 무엇인지 배울 수 있을 것입니다. 그러니 이번에는 DDD가 무엇인지부터 함께 봅시다. DDD를 공부하면 스프링의 서비스도 무엇인지 이해할 수 있게 될 것입니다.

DDD는 '도메인 주도 설계'라는 말 그대로 도메인을 중심에 놓고 소프트웨어를 설계하는 방법을 알려주는 개발 방법론입니다. 이 방법론에서는 개발자가 복잡한 도메인을 이해하고 설계하는 방법을 알려줍니다. 그리고 도메인 전문가라고 부르는 사람과 소통하는 법, 도메인 문제를 해결할 설계 패턴, 도메인 모델링 방법 등을 알려줍니다.

그런데 보다시피 '도메인'이라는 용어가 자주 등장합니다. 이 용어는 10장 '도메인'에서 더 자세히 살펴보겠지만 지금은 최대한 기억을 끌어올려 앞서 2.4.1절 '도메인 엔티티'에서 소개했던 설명을 떠올려 봅시다. 2.4.1절 '도메인 엔티티'에서 도메인은 '비즈니스 영역이다'라고 설명했습니다. 그런데 여기에 조금만 더 설명을 보태겠습니다. 도메인(domain)이란 비즈니스 영역이자 우리가 해결하고 싶은 문제 영역(domain)입니다. 왜냐하면 우리가 소프트웨어를 개발하는 이유가 곧 도메인에서 발생하는 문제를 해결하기 위함이기 때문입니다.

---

2   마찬가지로 Repository 코드에 적힌 주석도 읽어보면 DDD에서 영향을 받은 개념이라는 사실을 알 수 있습니다. 참고: https://github.com/spring-projects/spring-framework/blob/main/spring-context/src/main/java/org/springframework/stereotype/Repository.java, 단축 URL: https://bit.ly/sprrepo

예를 들어, 은행 시스템을 생각해 봅시다. 도메인이란 비즈니스 영역이라 했습니다. 그러니 이 시스템의 도메인은 '은행'이라고 볼 수 있습니다. 그러면 이제 이 은행 시스템에서 일을 해야 하는 백엔드 개발자를 생각해 봅시다. 이 개발자에게 요구되는 역량은 단순히 개발 능력일까요? 개발자는 개발만 잘하면 될까요?

그렇지 않습니다. 은행 시스템을 개발하는 개발자는 은행에서 사용하는 '신용', '예금', '여신' 같은 용어를 잘 이해하고 있어야 합니다. 이외에도 은행 업무가 어떻게 돌아가는지 알고 있어야 합니다. 아무리 개발을 잘하는 개발자라도 은행 업무를 이해하고 있지 않다면 은행 시스템을 만들지 못합니다. 그러므로 은행 시스템에서 근무하고 있는 백엔드 개발자라면 당연히 일반인보다 '은행'에 관해 더 잘 알고 있어야 합니다. 그리고 내가 만드는 프로그램이 은행 도메인의 어떤 문제를 해결하려고 하는지 잘 알고 있어야 합니다.

그렇기 때문에 DDD 세상에서는 '개발자는 개발만 잘하면 된다'라는 말이 통하지 않습니다. DDD 세상의 개발자는 도메인에 대해서도 잘 알고 있어야 합니다. DDD 세상의 훌륭한 소프트웨어 개발자는 소프트웨어 개발의 목적이 도메인에서 발생하는 문제를 해결하기 위한 것임을 잘 알고 있기 때문입니다.

그런데 현실적으로 이 세상에 개발도 잘하고 은행 업무 시스템을 이해하고 있는 개발자가 몇이나 될까요? 일반적으로 개발자들은 개발 외에 다른 도메인에 대해서는 잘 알고 있지 못합니다. 그래서 이 세상의 모든 도메인을 전부 잘 알고 있으며, 개발도 잘하는 개발자를 찾기란 거의 불가능합니다. 따라서 DDD 세상의 개발자에게 요구되는 능력은 도메인 자체를 사전에 알고 있는 것이 아닙니다. 그 대신 도메인을 분석하고 탐색할 수 있는 능력이 요구됩니다.

그래서 개발자가 소프트웨어가 해결하려는 비즈니스 영역을 이해해하는 과정을 보고 '도메인 탐색'이라 부릅니다. 그렇다면 개발자는 도메인 지식을 어디서 얻을 수 있을까요? 인터넷 상의 자료를 조사해서 지식을 얻을 수도 있겠지만 가장 확실한 방법은 도메인 이해도가 높은 사람에게 직접 물어보는 것입니다.

즉, 대부분의 도메인 탐색 과정은 '도메인 전문가'라고 불리는 집단과 소통하면서 이뤄집니다. 그리고 여기서 말하는 '도메인 전문가'는 해당 비즈니스 영역에 이미 종사 중이거나 이해도가 높은 사람을 말합니다. (은행으로 치면 '은행원'을 도메인 전문가라고 볼 수도 있겠네요.)

이러한 이유로 DDD에서는 도메인 전문가와 개발자의 협력을 강조합니다. 도메인 전문가와 자주 소통하고, 서로 사용하는 용어를 통일하고, 지식의 간극을 줄이라고 말합니다. 그렇게 해서 도메인에 존재하는 핵심 개념들을 추출하라고 말합니다. 그리고 이를 위해 '이벤트 스토밍(event storming)' 같은 방법론을 제시합니다.

도메인을 탐색하고, 탐색한 내용을 바탕으로 소프트웨어를 설계한다. 이것이 DDD의 주요 골자입니다.

DDD를 개략적으로 살펴봤으니 다시 화제를 원래대로 돌립시다. 이제 DDD에서 정의하는 '서비스'란 무엇인지 알아볼 차례입니다. DDD에는 도메인 문제를 해결하기 위해 제안하는 몇 가지 컴포넌트가 있습니다. 그리고 그중에는 서비스(service)라고 불리는 컴포넌트가 있습니다. 다음은 DDD의 창시자 에릭 에반스가 서비스를 설명하면서 쓴 글입니다.

> 자신의 본거지를 ENTITY나 VALUE OBJECT에서 찾지 못하는 중요한 도메인 연산이 있다. 이들 중 일부는 본질적으로 사물이 아닌 활동(activity)이나 행동(action)인데, 우리의 모델링 패러다임이 객체이므로 그러한 연산도 객체와 잘 어울리게끔 노력해야 한다.
>
> – 에릭 에반스[3]

이것이 바로 스프링 서비스의 정체입니다. **서비스는 도메인 객체가 처리하기 애매한 '연산' 자체를 표현하기 위한 컴포넌트입니다.**

이를 이해하기 위해 잠깐 1부 '객체지향'의 내용을 돌이켜 봅시다. 객체지향에서 객체들은 능동적이어야 한다고 했습니다. 그리고 객체는 어떤 일을 처리할 때 자신의 상태를 수동적으로 알려주기만 하는 것이 아니라 상태를 갖고 있는 객체가 스스로 일을 처리할 수 있어야 한다고 했습니다. 또한 6.4절 '트랜잭션 스크립트'에서 비즈니스 로직은 서비스에 위치하기보다 도메인이 돼야 한다고 했습니다. 더불어 비즈니스 로직은 도메인 객체가 처리해야 한다고 했습니다.

결국 이 둘은 매우 유사한 말을 하는 것입니다. 둘 다 객체가 능동적으로 동작해야 한다는 것을 강조합니다. 그리고 대부분의 비즈니스 로직이 객체지향을 따르는 도메인 객체에 존재해야 한다는 것을 강조합니다.

---

3 출처: 《도메인 주도 설계》(위키북스, 2011), 107쪽

그런데 시스템을 개발하다 보면 분명 시스템을 구성하는 데 필요한 로직이지만 로직을 도메인 세상 속 객체에 녹이기 어려울 때가 있습니다. 예를 들어, 물건을 파는 어떤 사이트를 상상해 봅시다. 이 서비스에는 상품(Product), 쿠폰(Coupon), 사용자(User)의 마일리지(Mileage)라는 도메인이 있습니다. 그리고 물건의 가격을 계산하기 위해 다음과 같은 계산식을 사용합니다.

> 가격 = 상품 가격 − (상품 가격 × 쿠폰 최대 할인율) − 사용자 마일리지

그래서 이에 맞춰 누군가 가격 계산 로직을 다음과 같이 작성했다고 가정해 봅시다.

코드 7.1 가격 계산 로직을 서비스에 표현(의사 코드)

```java
@Service
@RequiredArgsConstructor
public class ProductService{
  private final UserJpaRepository userJpaRepository;
  private final ProductJpaRepository productJpaRepository;
  private final CouponJpaRepository couponJpaRepository;

  public int calculatePrice(long userId, long productId) {
    User user = userJpaRepository.getById(userId);
    Product product = productJpaRepository.getById(productId);
    List<Coupon> coupons = couponJpaRepository.getByUserId(userId);

    // 최대 할인율을 찾는다.
    Coupon target;
    for (Coupon coupon : coupons) {
      if (target == null || coupon.getDiscount() > target.getDiscount()) {
        target = coupon;
      }
    }

    // 적용 가능한 쿠폰이 있다면 적용한다.
    int price = product.getPrice();
    if (target != null) {
        int discountAmount = price * target.getDiscount();
        price -= discountAmount;
    }

    // 사용자의 마일리지도 반영한다.
```

```
    price -= user.getMileage();

    return price;
  }
}
```

그렇게 어렵지도 않고 그럭저럭 괜찮죠? 사용자가 갖고 있는 쿠폰 중 할인율이 가장 높은 쿠폰을 찾고, 찾았다면 상품의 가격에서 할인액(상품가격 × 쿠폰 할인율)만큼 차감합니다. 마지막으로 사용자의 마일리지를 사용해 최종 가격을 산정합니다. 이는 앞서 제시한 가격 계산 알고리즘과 정확히 일치합니다. 코드의 목적도 이해할 수 있고 명료해서 동작하는 데 큰 문제가 없을 것입니다.

그런데 6장 '안티패턴'을 학습하고 온 우리는 코드 7.1 같은 코드가 아쉽습니다. 코드 7.1은 전형적인 트랜잭션 스크립트 코드이기 때문입니다. 6.4절 '트랜잭션 스크립트'에서 이러한 코드의 문제점을 이미 한 차례 함께 살펴봤습니다. 그리고 '서비스에 있는 비즈니스 로직을 도메인 객체가 처리하게 만들라'라는 조언까지 듣기도 했습니다.

그러면 이제 이 조언을 코드에 반영해 봅시다. '서비스에 있는 비즈니스 로직을 도메인 객체가 처리하게 만들라'라는 조언에 따라 가격 계산 로직을 도메인 객체가 처리하도록 만들어 보겠습니다. 이 로직은 Product, Coupon, User라는 세 가지 도메인 모델 중 어디로 들어가는 것이 좋을까요? 각각에 가격 계산 로직이 들어간다면 도메인 객체에 다음과 같은 인터페이스가 생긴다는 의미입니다. 어떤 형태로 개발하는 것이 가장 나을까요?

- user.calculatePrice(coupons, product) → 유저가 가격을 계산한다.
- coupon.calculatePrice(user, product) → 쿠폰이 가격을 계산한다.
- product.calculatePrice(user, coupons) → 상품이 가격을 계산한다.

각각 언뜻 보면 모두 말이 되는 것 같으면서도 어색합니다.

안타깝게도 가격을 계산하는 로직은 모든 도메인 객체가 처리하기 애매합니다. 왜냐하면 이러한 로직을 능동적인 객체에 표현하는 것 자체가 어렵기 때문입니다. 가격 계산 로직은 그 자체로 '연산'이며 행동입니다. 그래서 객체로 표현되기 어렵고 '계산식'과 같은 형태로 표현되는 것이 오히려 더 자연스럽습니다.

그렇다면 이 문제는 어떻게 해결하는 것이 좋을까요? 이러한 로직은 어쩔 수 없이 트랜잭션 스크립트 같은 코드를 유지해야 할까요?

아닙니다. 해결할 수 있습니다. 심지어 해결책도 간단합니다. 갖고 있는 도메인 객체에 로직을 밀어 넣을 수 없다면 새로운 클래스를 만들고 그쪽으로 밀어 넣으면 됩니다! 예를 들어, '계산식'을 표현하는 이 문제는 다음과 같이 해결할 수 있습니다.

코드 7.2 가격 계산식을 갖고 있는 매니저를 만들면 된다.

```
@Service
@RequiredArgsConstructor
public class ProductService {
  private final UserJpaRepository userJpaRepository;
  private final ProductJpaRepository productJpaRepository;
  private final CouponJpaRepository couponJpaRepository;

  public int calculatePrice(long userId, long productId) {
    User user = userJpaRepository.getById(userId);
    Product product = productJpaRepository.getById(productId);
    List<Coupon> coupons = couponJpaRepository.getByUserId(userId);

    PriceManager priceManager = new PriceManager();
    return priceManager.calculate(user, product, coupons);
  }
}
```

PriceManager라는 매니저 클래스를 만들고 비즈니스 로직을 이 클래스 안으로 옮겼습니다. 코드를 매니저라는 클래스로 위임한 것입니다. 어떤가요? 정말 간단한데 괜찮은 해결책이지 않나요?

앗, 그런데 잠깐만요. 매니저 클래스를 만들어 해결한 것까지는 좋습니다. 그런데 우리는 서비스가 무엇인지 이야기하고 있지 않았나요? 그런데 갑자기 왜 매니저 클래스 이야기를 하는 것일까요?

왜냐하면 이렇게 만들어지는 '매니저(Manager)'가 바로 서비스이기 때문입니다. 다시 말해 PriceManager는 PriceService와 같은 이름입니다.

> 이따금 서비스는 특정 연산을 수행하는 것 이상의 의미는 없는 모델 객체로 가장해서 나타나기도 한다. 이 같은 "행위자(doer)"는 이름 끝에 "Manager"와 같은 것이 붙는다.
> — 에릭 에반스[4]

---

4 출처: 《도메인 주도 설계》(위키북스, 2011), 108쪽

PriceManager, UserManager, PostManager, CafeManager… 이러한 컴포넌트의 이름을 보면 어떤 생각이 드나요? 그리고 어떤 의도로 만든 건가요? 일반적으로 클래스 이름의 접미어에 Manager가 나오면 접두어에 있는 모델을 관리하는 클래스를 뜻합니다.

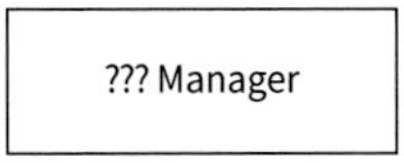

```
??? Manager
```

그림 7.2 ???Manager란 무슨 뜻일까?

클래스 이름의 접미어에 Manager가 나오면 일반적으로 어떤 모델에 강하게 연관돼 있으며, 모델에 관련된 부가적인 논리 로직을 제공하는 공간으로 해석됩니다. 마찬가지로 서비스도 어떤 모델과 강력하게 연관돼 있지만 모델과 관련된 부가적인 논리 로직을 갖고 있는 공간입니다.

> 서비스 클래스는 곧 매니저 클래스다. 그리고 로직 자체가 '연산'이라서 어떠한 객체도 갖고 있기도 어려운 경우에 만들어지는 클래스가 서비스다.

좋습니다. 여기까지 이해했다면 다음으로 넘어갑시다.

그렇다면 이제 스프링 컴포넌트에서 말하는 서비스가 무슨 말인지 이해할 수 있게 됐습니다. 스프링 컴포넌트에서 말하는 서비스도 마찬가지입니다. 스프링의 서비스도 로직 자체가 연산이라서 어떠한 객체도 갖고 있기 힘들어서 만들어진 클래스입니다. 스프링의 서비스 컴포넌트도 곰곰이 생각해 보면 모두 다음과 같은 일을 처리하고 있을 것입니다.

1. 저장소에서 데이터를 불러옵니다.
2. 네트워크 호출 결과를 정리해서 객체에 넘겨줍니다.
3. 저장소에 데이터를 저장합니다.

아시다시피 이러한 로직은 모두 그 자체로 '연산'입니다. 그래서 이를 도메인 객체에 넣기 어렵습니다. 하지만 동시에 애플리케이션이 가치를 전달하기 위해서는 이러한 코드가 반드시 필요합니다. 결국 코드를 지울 수는 없으며, 어딘가에는 반드시 존재해야 합니다.

그래서 애플리케이션에 꼭 필요하지만 '연산' 그 자체로는 어떠한 객체도 갖고 있기 애매해서 만들어지는 별도의 클래스가 있습니다. 그것이 바로 서비스이고 매니저인 것입니다. 따라서 ProductService의 또다른 이름은 ProductManager입니다. 그리고 이것이 스프링 서비스 컴포넌트의 정체입니다.

그러므로 코드 7.2에는 2개의 서비스가 있다고 볼 수 있습니다. 하나는 스프링 컴포넌트를 이용해서 만든 ProductService이고 또 다른 하나는 가격 계산 로직을 표현하기 위해 만든 PriceManager입니다. 그러한 맥락에서 코드 7.2는 ProductService가 PriceService(=PriceManager)를 실행시키고 있으므로 서비스가 서비스를 실행하고 있다고 볼 수 있습니다. 재밌지 않나요?

조금만 더 심화해 봅시다. 서비스가 서비스를 실행시키는 것은 좋은데, 이 둘을 구분할 필요가 있어 보입니다. 양쪽 모두 어떤 도메인 객체로 표현하기 애매한 연산 로직을 모아둔 클래스인 것은 맞지만 그 성격이 조금씩 다르기 때문입니다. PriceManager는 도메인 시스템을 구축하기 위해 존재합니다. 그리고 가격을 계산한다는 점과 가격을 계산하는 비즈니스 업무 규칙을 갖고 있으므로 '도메인'에 가까운 로직입니다.

한편 ProductService는 다릅니다. 스프링에서 사용하는 @Service 애너테이션으로 만들어진 ProductService는 도메인에 필요한 비즈니스 업무 규칙을 갖고 있다기보다 애플리케이션이 돌아가는 데 필요한 연산을 갖고 있는 서비스입니다. 그래서 도메인보다 '애플리케이션의 실행'에 초점을 맞춰 개발된 서비스라고 볼 수 있습니다.

따라서 목적이 다르므로 이 둘을 구분하겠습니다. 앞으로 ProductService 같은 서비스는 '애플리케이션 서비스'라고 부르겠습니다. 서비스인데 애플리케이션을 구축하기 위해 만들어진 서비스임을 뜻합니다. 이와 유사한 논리로 PriceManger 같은 서비스를 보고 '도메인 서비스'라고 부르겠습니다. 서비스인데 도메인 구축을 위해 만들어진 서비스임을 뜻합니다. (헷갈린다면 스프링의 @Service 애너테이션이 사용된 서비스는 애플리케이션 서비스이고 그렇지 않은 서비스는 도메인 서비스라고 이해해도 됩니다.)

이야기가 슬슬 복잡해지니 지금까지 살펴보는 내용을 한 차례 정리하겠습니다.

- 스프링의 서비스는 DDD의 서비스에서 유래됐다.
- DDD에서 도메인은 비즈니스 영역이며 문제 영역이다.
- DDD에서 서비스는 도메인 문제를 해결하기 위한 패턴 중 하나다.
- 서비스는 객체가 처리하기에 애매한 연산 로직을 갖고 있는 컴포넌트다.
- 도메인 개발에 필요하지만 객체로 표현하기 애매한 로직을 처리하는 서비스를 '도메인 서비스'라 한다.
- 애플리케이션 개발에 필요하지만 객체로 표현하기 애매한 로직을 처리하는 서비스를 '애플리케이션 서비스'라고 한다.

이제 갓 스프링을 배우고 실무에 들어서는 개발자들이 가장 많이 하는 실수 중 하나는 서비스의 역할을 오해하고 트랜잭션 스크립트 같은 코드를 만드는 것입니다. 왜냐하면 이러한 개발자들이 생각하는 서비스는 '비즈니스 로직을 처리하는 곳' 정도이기 때문입니다.

틀린 말은 아닙니다. 서비스는 도메인 객체가 처리하기 애매한 도메인 연산 로직을 처리하는 컴포넌트라 했습니다. 그러니 도메인 (연산) 로직을 처리하는 서비스는 비즈니스 로직을 처리하는 곳이라 볼 수도 있을 것입니다. 하지만 본래의 목적이 그게 아니니 '서비스는 비즈니스 로직을 처리하는 곳'이라는 말이 완전히 맞는 말도 아닙니다.

표 7.1 도메인 vs. 도메인 서비스 vs. 애플리케이션 서비스

분류	역할	주요 행동	예시
도메인	비즈니스 로직을 처리	▪ 도메인 역할을 수행한다. ▪ 다른 도메인과 협력한다.	User, Product, Coupon
도메인 서비스	비즈니스 '연산' 로직을 처리	▪ 도메인 협력을 중재한다. ▪ 도메인 객체에 기술할 수 없는 연산 로직을 처리한다.	PriceManager
애플리케이션 서비스	애플리케이션 '연산' 로직을 처리	▪ 도메인을 저장소에서 불러온다. ▪ 도메인 서비스를 실행한다. ▪ 도메인을 실행한다.	ProductManager

이 셋을 구분하고 각 역할을 이해하는 것이 중요합니다. 정말 많은 스프링 개발자들이 비즈니스 로직이라는 이름하에 서비스 컴포넌트에 모든 코드를 작성합니다. 하지만 알고 보면 그렇게 작성한 대부분의 코드는 사실 도메인 객체가 처리해야 하는 경우가 많습니다. 서비스에 존재하는 복잡한 비즈니스 로직은 유의미한 객체를 만들고 그 객체 안으로 넣어야 합니다. 도메인이 비즈니스 로직을 갖고 있어야 합니다.

절차지향으로 동작하는 시스템을 객체지향으로 만들려면 풍부한 도메인 객체를 만드는 작업을 먼저 해야 합니다. 그렇게 만들고 난 뒤에 스프링의 서비스 컴포넌트는 도메인을 불러오고 도메인들이 협력하는 공간을 제공하기만 하도록 변경해야 합니다.

그렇다면 이 내용을 확장해 재미있는 해석을 한 가지 더할 수 있습니다. 만약 코드 7.1 같은 스크립트 방식의 애플리케이션을 코드 7.2처럼 변경하면 어떻게 될까요? 다시 말해, 주요 비즈니스 로직을 도메인과 도메인 서비스들이 모두 처리하게 만들면 어떻게 될까요? 스프링의 서비스 컴포넌트는 저장소에서 객체를 불러오고, 객체에 일을 시키고, 객체를 반환하는 정도의 일만 처리하는 공간으로 변모하게 될 것입니다.

그러면 이제 스프링의 @Service 애너테이션에 달려있던 주석 중 하나인 'J2EE의 비즈니스 서비스 파사드 패턴처럼 사용할 수 있다'라는 말을 해석할 수 있습니다.

> J2EE의 비즈니스 서비스 파사드 패턴처럼 사용할 수 있다 = 도메인과, 도메인 서비스의 파사드처럼 사용할 수 있다.

스프링 서비스는 도메인과, 도메인 서비스의 파사드(facade: 정면)처럼 사용할 수 있는 공간입니다. 왜 냐하면 비즈니스 로직을 갖고 있는 곳이 도메인과 도메인 서비스이기 때문입니다.

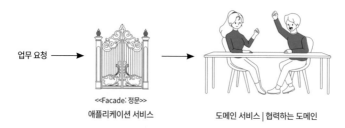

업무 요청 →

<<Facade: 정문>>
애플리케이션 서비스

도메인 서비스 | 협력하는 도메인

그림 7.3 복잡한 무언가를 가려줄 뿐인 파사드

달리 말하면 스프링 서비스의 역할이 원래 딱 이 정도여야 한다는 의미이기도 합니다. 그러므로 스프링의 서비스 컴포넌트에 너무 많은 역할이 할당돼서는 안 됩니다!

그래서 이번 절에서는 서비스의 필요성과 서비스의 정의가 무엇인지 알아봤습니다. 그러면 이제 다시 첫 질문으로 돌아가 보겠습니다.

- 서비스란 뭘까요?

- 서비스는 왜 서비스라고 부를까요?

이제 이 질문에 어느 정도 대답할 수 있게 됐을까요? 그렇다면 충분합니다!

ⓘ **다양한 서비스**

이외에도 서비스에는 애플리케이션 서비스, 도메인 서비스 등 다양한 유형의 서비스가 있습니다. 그런데 이러한 모든 유형의 서비스를 알 필요는 없습니다. 왜냐하면 서비스는 무언가를 구성하기 위해 필요하지만 어딘가에 넣기는 애매한 로직 집합 정도로 해석하면 충분하기 때문입니다. 그래서 가져다 붙이기 나름입니다.

예를 들어, 또 다른 대표적인 서비스로 인프라스트럭처 서비스(infrastructure service)라는 것이 있습니다. 이는 인프라스트럭처를 구성하는 데 필요하지만 어딘가에 넣기는 애매한 로직 집합입니다. 그게 전부입니다. 따라서 서비스를 상세히 분류하고 그것을 외우는 것 또한 의미가 없는 행동입니다.

서비스보다 도메인 모델

서비스가 무엇인지 설명할 수 있게 됐나요? 그렇다면 다행입니다!

그런데 번복해야 하는 사실이 하나 있습니다. 실은 앞에서 거짓말을 하나 했습니다. 잠깐 페이지를 이전으로 넘겨서 198쪽의 코드 7.1을 다시 한 번 봐주시기 바랍니다. '가격 계산 로직'을 어느 도메인으로 옮기는 것이 좋을지 물어보면서 예시로 보여줬던 그 코드 말입니다.

앞에서는 가격 계산 로직을 옮길 만한 적절한 도메인을 찾지 못해 PriceManager라는 클래스를 만들었습니다. 그리고 그렇게 해서 만들어진 코드가 코드 7.2였습니다. 하지만 사실 이 로직은 도메인 객체로 옮길 수 있습니다. 다시 말해 연산이라고 생각했던 '가격 계산 로직'은 도메인 객체로 표현할 수 있습니다.

그런데 이상하죠? 대체 어디로 옮길 수 있다는 말일까요? '가격 계산 로직'을 도메인 객체 어딘가에 넣기 애매하다는 것을 이미 앞에서 확인하지 않았나요?

- user.calculatePrice(coupons, product)

- coupon.calculatePrice(user, product)

- product.calculatePrice(user, coupons)

다시 봐도 어느 곳에 들어가든 부자연스럽습니다. 그런데 이제와서 이러한 비즈니스 '연산' 로직을 도메인 객체로 옮길 수 있다니, 이게 도대체 무슨 말일까요?

사실 정답은 의외로 간단합니다. 기존의 도메인 객체로 비즈니스 연산 로직을 옮길 수 없다면 새로운 도메인을 만들면 됩니다. 예를 들어, 코드 7.1은 다음과 같이 변경할 수 있습니다.

코드 7.3 PriceManager보다 Cashier

```
@Service
@RequiredArgsConstructor
public class ProductService {
  private final UserJpaRepository userJpaRepository;
  private final ProductJpaRepository productJpaRepository;
  private final CouponJpaRepository couponJpaRepository;

  public int calculatePrice(long userId, long productId) {
    User user = userJpaRepository.getById(userId);
    Product product = productJpaRepository.getById(productId);
```

```
        List<Coupon> coupons = couponJpaRepository.getByUserId(userId);

        Cashier cashier = new Cashier();
        return cashier.calculate(user, product, coupons);
    }
}
```

Cashier(점원)라는 도메인 모델을 새로 만들고 Cashier가 가격을 계산하는 로직을 갖고 있게 했습니다. 이렇게 함으로써 도메인 서비스로 만들어졌어야 할 것 같은 클래스를 도메인으로 만들 수 있습니다. 이로써 코드 7.3은 코드 7.2에 비해 조금 더 능동적인 객체들이 협력하는 공간이 됐습니다. 객체지향에 가까워진 것입니다.

그런데 조금 이상합니다. 사실 코드 7.2와 코드 7.3은 클래스 이름만 다를 뿐입니다. 분명 내부적인 코드 구현도 같을 것입니다. 그런데 평가가 다릅니다. PriceManager 클래스는 서비스고 Cashier 클래스는 도메인 모델이랍니다. 고작 이름 하나 다를 뿐인데요. 평가가 다른 것이 뭔가 억울하지 않나요?

충분히 이해합니다. 이상하게 느껴질 수 있습니다. 하지만 이 둘은 명백히 다릅니다. 왜냐하면 클래스의 이름은 생각보다 더 많은 것을 결정하기 때문입니다.

클래스의 역할은 클래스의 이름을 짓는 순간부터 결정됩니다. 코드 7.3을 먼저 봅시다. Cashier라는 이름에서 알 수 있듯 이 객체는 점원의 역할을 수행하며 능동적으로 일할 것 같습니다. 반면 코드 7.2는 어떤가요? PriceManager라는 이름을 들으면 PriceManager가 가격과 관련된 연산 로직만 갖고 있을 것처럼 느껴집니다. 그래서 이 클래스로 만들어진 객체는 객체지향이라는 역할극에 어떤 유의미한 인물로 나오는 것이 아니라 그저 계산식을 여러 개 갖고 있는 장치처럼 사용될 것 같습니다. 따라서 PriceManager 클래스는 유의미한 도메인 객체로서 확장되기 어렵습니다.

더불어 PriceManager 클래스는 앞으로 시스템이 성장하면서 가격과 관련된 모든 연산 로직이 모이는 곳이 될 확률이 높습니다. 그래서 모든 동작이 수동적인 객체들한테 값을 가져와 연산 로직을 수행하는 방식으로 동작할 것입니다. 결국 PriceManager 클래스는 알고리즘 덩어리가 되어 절차지향적인 코드가 될 확률이 높습니다.

> 오늘날 흔히 하는 실수는 행위를 적절한 객체로 다듬는 것을 너무나도 쉽게 포기해서 점점 절차적 프로그래밍에 빠지는 것이다.
> ─ 에릭 에반스[5]

---

5   출처: 《도메인 주도 설계》(위키북스, 2011), 107쪽

물론 이렇게 말해도 Cashier는 PriceManager와 행동이 같기 때문에 아직은 Cashier의 역할이 도메인 서비스에 가까운 상태입니다. 대신 도메인이 모델로 발전할 수 있는 출발점에 있는 상태라는 것을 말하고 싶은 것입니다. 그리고 도메인이 모델로 발전할 수 있는 출발점에 있으므로 PriceManager는 Cashier로 표현하는 것이 객체지향 관점에서 더 나은 표현이라는 것을 말하고 싶은 것이고요.

그러면 여기서 우리가 얻을 수 있는 교훈이 하나 더 있습니다.

바로 도메인과 도메인 서비스는 이름으로 결정되는 것이 아니라는 것입니다. 도메인과 도메인 서비스를 구분 짓는 것은 행동으로 결정됩니다. 다시 말해 접미어에 Service나 Manager가 없다고 해서 이 클래스가 더 이상 서비스가 아니게 되는 것이 아닙니다. 마찬가지로 접미어에 Service가 나온다고 해서 이 클래스가 서비스가 되는 것도 아닙니다.

이러한 맥락에서 클래스 이름을 지을 때 서비스를 표현하기 위해 컴포넌트 이름에 접미어로 Service나 Manager를 쓰는 것은 무의미합니다. 왜냐하면 Service라는 이름이 클래스에 붙어 있지 않다고 해서 서비스가 아니게 되는 것은 아니기 때문입니다.

복잡하고 모호한 설명이 반복되니 헷갈릴 수 있습니다. 그래서 새로운 구심점을 제시하겠습니다. 결국 스프링을 다루는 우리가 개발하면서 중요하게 생각해야 하는 것은 객체지향입니다. 객체지향 관점에서 서비스와 스프링을 바라봐야 합니다. 그래서 객체지향을 추구하는 스프링 개발자가 서비스를 어떻게 취급해야 하는지 두 가지 조언을 하겠습니다.

> ☆ **객체지향으로 보는 서비스**
> 1. 서비스는 가능한 한 적게 만들고, 얇게 유지해야 합니다.
> 2. 서비스보다 풍부한 도메인 모델을 만들어야 합니다.

서비스를 얇게 유지하라는 조언을 조금 더 직관적으로 말하자면 서비스에 있는 로직의 길이가 최대한 짧은 상태를 유지하라는 의미입니다. 코드 7.2는 코드 7.1보다 훨씬 코드의 길이가 짧습니다. 그러니 코드 7.2는 얇은 서비스입니다. 반면 코드 7.1은 뚱뚱한(fat) 서비스입니다. 그리고 뚱뚱한 서비스보다 얇은 서비스가 훨씬 좋습니다.

그러니 서비스를 얇게 유지하라는 조언은 서비스에 있는 비즈니스 로직을 도메인 객체로 옮기라는 말과 같습니다. 서비스 코드를 작성할 때는 현재 작성 중인 코드가 '기존 도메인 객체에 들어갈 수는 없는지'와 '새로운 도메인 모델로 만들 수는 없는지'를 고민해 보는 것이 좋습니다.

이것은 어렵지 않습니다. 서비스에 코드를 작성하기에 앞서 조금만 더 생각해 보면 됩니다. 지금 작성하는 코드가 사실 도메인 모델의 코드가 될 수 없는지 조금만 더 생각하는 것으로 객체지향에 한걸음 더 가까워질 수 있습니다. 그리고 우리가 겪는 대부분의 비즈니스 로직은 사실 도메인 객체로 표현할 수 있었다는 것을 알게 될 것입니다. 애플리케이션 서비스보다 도메인 서비스로 만드는 것이 유리하며, 도메인 서비스보다 도메인 모델로 만드는 것이 유리합니다.

☆ **개발 우선순위**

도메인 모델 〉 도메인 서비스 〉 애플리케이션 서비스

요약하면, 개발 우선순위를 정할 때 위와 같은 순서를 따르고, 가능한 한 앞에 있는 클래스로 먼저 만들려고 노력하면 됩니다. 이러한 개발 우선순위를 사용할 때 얻을 수 있는 또 다른 이점 중 하나는 코드의 의존성이 명확하게 드러나기 때문에 테스트 작성이 용이해진다는 것입니다. 즉, 도메인 모델은 도메인 서비스보다 테스트하기 쉽고, 도메인 서비스는 애플리케이션 서비스보다 테스트하기 쉽습니다.

테스트에 관해서는 3부 '테스트'에서 더 자세히 알아볼 것입니다. 하지만 맛보기로 아주 조금만 테스트 관점에서 미리 생각해 봅시다. 왜 도메인 모델은 도메인 서비스보다 테스트하기 쉽고, 도메인 서비스는 애플리케이션 서비스보다 테스트하기 쉬울까요?

이는 애플리케이션 서비스의 역할을 상기해 보면 쉽게 이해할 수 있습니다. 애플리케이션 서비스는 애플리케이션을 구축하는 데 필요하지만 도메인 모델로 표현하기 까다로운 연산 로직을 갖고 있는 객체라 했습니다. 그래서 데이터베이스 연동 같은 코드가 포함된 스프링 서비스 컴포넌트가 여기에 해당합니다. 즉, 애플리케이션 서비스는 JPA와 관련된 저장소 코드나 네트워크 호출 같은 까다로운 외부 연동을 수행할 확률이 높습니다. 그러니 테스트하기 어렵습니다. 상식적으로 외부 연동을 테스트 환경에서 재현하기란 매우 까다로운 일이기 때문입니다.

한편 도메인 모델이나 도메인 서비스는 그렇지 않습니다. 이러한 도메인 코드는 특정 인프라에 의존하지 않습니다. 그러므로 테스트하기 쉽습니다. 우리가 평소에 개발하는 것처럼 객체를 만들고 그 객체에 일을 시키기만 하면 되기 때문입니다.

아직 이 같은 내용이 이해되지 않아도 괜찮습니다. 이와 관련해서는 8장 '레이어드 아키텍처'부터 시작해서 3부 '테스트'에 준비된 내용이 많습니다. 그러니 그때 더 자세히 알아보겠습니다.

7.3 작은 기계

다음으로 서비스에 관한 새로운 시각을 하나 소개하려고 합니다.

> 첫 번째 객체는 한번 생성하면 여러 번 사용하지만 그 자신은 바꿀 수 없다. 생명 주기도 매우 단순하다. 한번 생성하면 특정 작업을 하는 작은 기계처럼 영원히 실행할 수 있다. 이러한 객체를 서비스라 한다.
> – 마티아스 노박(Matthias Noback)[6]

이를 정리하면 다음과 같습니다.

- 서비스는 한번 생성하면 여러 번 사용하지만 그 자신은 바꿀 수 없다.
- 서비스는 작은 기계처럼 영원히 실행할 수 있다.

'한번 생성하면 여러 번 사용하지만 그 자신은 바꿀 수 없다'라는 말을 들으면 어떤 생각이 드나요? 혹시 '불변성'이 떠오르지 않나요? 맞습니다. 이 말은 서비스는 불변해야 한다는 것을 가리킵니다.

애초에 서비스는 무엇이라 했나요? 객체로 표현하기 애매한 '연산' 로직의 집합이라 했습니다. 다시 말해 서비스는 어떤 가변 상태를 갖는 객체가 아니라 '계산식' 그 자체입니다. 그러니 서비스는 불변이어야 합니다. 서비스 메서드의 실행은 항상 같은 논리를 사용합니다. 그래서 같은 입력에 항상 같은 응답이 나와야 합니다. 불변성은 서비스에 기대하는 주요 특징 중 하나입니다.

그러면 이와 관련해 이해할 수 있는 격언이 하나 있습니다. 스프링을 사용하다 보면 '서비스를 필드 주입[7] 이나 수정자 주입을 이용해서 초기화하지 말고 생성자 주입을 사용하라'라는 격언을 자주 접할 수 있습니다. '서비스는 불변해야 한다'라는 말을 이해한 분들이라면 이제 이 격언이 존재하는 이유를 이해할 수 있습니다.

코드 7.4 필드 주입 사례

```java
@Service
public class ProductService {

  @Autowired
  private UserJpaRepository userJpaRepository;
```

---

6 출처: 《오브젝트 디자인 스타일 가이드》(위키북스, 2022), 32쪽
7 코드 7.4처럼 특정 필드를 지정해 의존성 주입을 적용하는 경우를 말합니다.

```
@Autowired
private ProductJpaRepository productJpaRepository;

@Autowired
private CouponJpaRepository couponJpaRepository;

public int calculatePrice(long userId, long productId) {
  User user = userJpaRepository.getById(userId);
  Product product = productJpaRepository.getById(productId);
  List<Coupon> coupons = couponJpaRepository.getByUserId(userId);

  Cashier cashier = new Cashier();
  return cashier.calculate(user, product, coupons);
  }
}
```

코드 7.4는 필드 주입을 이용해 의존성 주입을 받은 상황을 보여줍니다. 그리고 일반적으로 이렇게 필드 주입이나 수정자 주입을 이용해 의존성 주입을 받는 코드는 좋은 사례가 아니라고 많이 알려져 있습니다.

그래서 보통 다음과 같은 이유를 들어 필드 주입이나 수정자 주입 대신 생성자 주입을 사용하라고 안내합니다. 그리고 서비스에 필드 주입이나 수정자 주입 대신 생성자 주입을 사용해야 하는 이유로 보통 다음과 같은 근거를 들어 이야기합니다.

1. 생성자 주입을 사용하면 명시적으로 의존성을 표현할 수 있다.
2. 생성자 주입을 사용하면 테스트하기가 쉬워진다.
3. 생성자 주입을 사용하면 순환 의존성을 방지할 수 있다.

그런데 이러한 이유는 생성자 주입을 사용했을 때 얻을 수 있는 부수적인 이점일 뿐입니다. 실은 이보다 생성자 주입을 사용해야 하는 조금 더 근본적인 이유가 있습니다. 바로 **서비스는 원래 불변해야 하기 때문입니다.**

앞의 인용구를 쓴 마티아스 노박의 말대로 서비스는 한번 생성하면 그 자신은 바뀌어서는 안 됩니다. 서비스의 상태가 변경된다면 서비스는 영원히 같은 일을 할 수 없습니다. 서비스는 불변성을 유지하고 예측할 수 있는 컴포넌트가 돼야 합니다. 같은 입력에는 항상 같은 결과만 나와야 합니다. 항상 똑같이 움직이는 '기계'처럼 동작해야 합니다. 서비스는 견고해야 합니다. 그리고 얇고 작아야 합니다. 이러한 이유로 서비스는 생성자 주입을 사용해야 합니다.

필드 주입과 수정자 주입을 사용하는 서비스는 클래스를 불변으로 만들지 못합니다. 그래서 원론적으로 서비스를 정의할 때 이 두 주입 방식을 이용해 클래스를 만들지 않는 것이 옳습니다.[8]

하지만 그럼에도 여전히 필드 주입을 고수하는 개발자들이 있습니다. 사실 몇 년 전까지만 해도 저도 필드 주입을 고수했던 사람 중 한명이었습니다. 그래서 누구보다 그런 분들이 왜 아직도 필드 주입을 고수하는지 그 이유를 잘 알고 있습니다. 필드 주입을 고수하는 분들에게 '아직도 필드 주입을 사용하는 이유가 무엇이냐?'라고 물어보면 보통 다음과 같이 대답할 것입니다.

1. 생성자가 존재하는 것이 미관상 미관상 깔끔하지 않다.

2. 생성자 주입을 사용하면 필요한 컴포넌트가 생길 때마다 생성자에도 매개변수를 할당해야 해서 귀찮다.

3. 생성자 주입을 사용하면 순환 의존성을 못 만들어서 불편하다.

미관상 깔끔하지 않다는 의견에 대해서는 제가 어떻게 드릴 말이 없습니다. 미적 기준은 개인마다 다르니 반박하기 힘듭니다. 저도 같은 이유로 필드 주입을 고수했습니다. 하지만 어느날 @RequiredArgsConstructor 애너테이션과 final 키워드를 이용하면 충분히 코드를 미관상 예쁘게 만들 수 있다는 것을 알게 된 이후로 이 생각을 버렸습니다. 그러니 혹시라도 미관상의 이유로 필드 주입을 고수하고 있다면 재고해볼 필요가 있습니다.

그런데 두 번째 논지와 세 번째 논지는 논리적으로 반박할 수 있습니다. 왜냐하면 이렇게 느끼는 것이 당연하고 오히려 시스템이 발전하기 위해서는 좋은 신호이기 때문입니다.

두 번째 주장처럼 혹시 생성자 주입을 사용해서 필요한 컴포넌트가 생길 때마다 생성자에 매개변수를 추가하는 것이 귀찮다고 느꼈나요? 그렇다면 제대로 느낀 것입니다. 이는 서비스 컴포넌트를 개발할 때 서비스에 무작정 의존성을 추가하지 말라는 신호입니다. 의존성을 넣기 전에 한번 더 고민해 보세요. 생성자 주입을 사용하면 개발자는 생성자에 매개변수를 추가하기 전 '이 의존성이 정말로 필요한 것인가?'를 한 번 더 고민할 수 있습니다. 그러니 의존성을 관리한다는 측면에서 생성자 주입은 오히려 더 효과적입니다.

---

8 참고: https://www.baeldung.com/java-spring-field-injection-cons

의존성을 추가하는 것은 생각보다 무게감이 있는 작업입니다. 의존성을 추가하는 결정은 신중해야 합니다. 의존 관계를 고려하지 않고 개발할 경우 스파게티 코드가 만들어지기 때문입니다. 무작정 의존성을 추가하지 마세요. 기존의 컴포넌트로 해결할 수 없는지 생각해 보세요. 필요하다면 컴포넌트를 분리하세요.

다음으로 세 번째 주장을 살펴봅시다. 스프링에서 생성자 주입을 사용하면 스프링이 실행될 때 컴포넌트 사이에 순환 의존성이 생기지는 않았는지를 판단하는 로직이 동작합니다. 예를 들어, 두 개의 서비스가 존재하고 두 서비스가 생성자 주입으로 서로를 주입하려 하면 애플리케이션을 실행했을 때 다음과 같이 순환 참조가 있어 실행하지 못한다는 에러가 발생하며 프로그램이 종료됩니다.

```
***************************
APPLICATION FAILED TO START
***************************

Description:

The dependencies of some of the beans in the application context form a cycle:


┌─────┐
│  serviceA defined in file [/Users/test/.../services/ServiceA.class]
↑     ↓
│  serviceB defined in file [/Users/test/.../services/ServiceB.class]
└─────┘
```

누군가는 이 기능을 보고 생성자 주입을 사용하면 순환 참조를 만들지 못해 불편하다고 불만을 토로합니다. 그래서 이 기능이 존재하는 것 자체가 이들의 세 번째 주장이자 생성자 주입을 안 하려는 근거로 사용됩니다.

하지만 이렇게 고맙고 좋은 기능을 싫어할 이유가 있을까요? 이 기능 덕분에 개발자는 실수로라도 순환 의존성을 만들지 못하게 됩니다. 순환 의존성이 왜 문제가 되는지는 4.2절 '의존성'과 5장 '순환 참조'에서 자세히 살펴봤으니 이에 대한 설명은 넘어가겠습니다.

서비스에 필드 주입을 사용하는 것은 분명히 좋지 않습니다. 사용하기 편할 수는 있으나 모든 면에서 서비스의 목적에 반합니다. 오죽했으면 스프링 팀의 시니어 개발자인 올리버 드롯보움(Oliver Drotbohm)은 본인의 X(트위터)에 스프링에서 단 하나의 기능을 없앨 수만 있다면 필드 주입을 제거하고 싶다고 말했습니다.

그림 7.4 필드 주입을 제거하고 싶다고 이야기한 스프링 개발자[9]

그가 이렇게 이야기하게 된 배경이 바로 앞에서 설명한 내용입니다. 즉, 서비스는 영원히 같은 일을 하는 작은 기계여야 합니다. 그러기 위해서는 한번 생성된 후 상태가 변하지 않아야 합니다. 기계적으로 같은 입력에 항상 같은 결과를 반환하며, 예측할 수 있고 일관된 동작만 수행하는 컴포넌트로 개발돼야 합니다. 그러므로 서비스는 당연히 생성자 주입을 사용해야 합니다.

7.4 조언

이번 장에서는 서비스와 관련해 짧지만 중요한 이야기를 나눴습니다. 지금까지 살펴본 내용을 이미 어디선가 한 번쯤 접해 봤다면 바로 이해했겠지만 처음 공부하는 내용이라면 모호하고 헷갈릴 수 있습니다. 그래서 '대충은 알겠는데, 그럼 이제 서비스를 어떻게 다뤄야 한다는 거지?'라는 생각이 드는 분들을 위해 다음과 같은 조언을 드립니다.

☆ **서비스와 관련된 행동 조언**

1. 서비스의 멤버 변수는 모두 final로 만드세요.

2. 서비스에 세터가 존재한다면 지우세요.

3. 서비스는 반드시 생성자 주입으로 바꾸세요.

4. 서비스의 비즈니스 로직을 도메인에 양보하세요.

5. 서비스를 얇게 유지하세요.

이 다섯 가지 조언을 여러분의 프로젝트로 돌아가 적용해 보길 바랍니다. 장담컨대 여러분의 코드베이스를 더 나은 방향으로 만들어 줄 것입니다.

---

9   출처: https://twitter.com/odrotbohm/status/320135513560465410

물론 각 조언들을 바로 적용하기는 생각보다 어려울 것입니다. 예를 들어, 서비스를 생성자 주입으로 변경하는 작업은 서비스 컴포넌트에 순환 의존성이 있다면 적용하기 까다로울 수 있습니다. 그렇지만 지금부터 하나하나 바로잡으면 됩니다. 순환되는 부분을 독립된 컴포넌트로 분할하고, 책임 범위를 좁히는 방향으로 코드를 변경하면 됩니다. 그러면 컴포넌트들이 점점 단일 책임 원칙을 지키는 방향으로 변경될 것입니다.

네 번째 조언인 비즈니스 로직을 도메인에 양보하는 것도 생각보다 어려울 것입니다. 처음 이 작업을 한다면 로직을 옮길 적당한 도메인을 찾는 것조차 어려울 수 있습니다. 그래서 코드를 이쪽에 넣었다 저쪽에 넣었다 하며 계속 수정할 수도 있습니다. 아니면 새로운 도메인을 만들었다 지우기를 반복할 수도 있습니다. 이것도 괜찮습니다. 이러한 모든 과정이 객체지향에 관한 이해도를 높여줄 것입니다.

서비스에 관해 하고 싶었던 이야기는 어느 정도 마무리한 것 같습니다. 그러면 이제 이러한 기본 지식을 바탕으로 더 많은 이야기를 할 수 있게 됐습니다. 지금까지 설명한 내용을 바탕으로 다음 장에서는 레이어드 아키텍처에 관해 이야기해 봅시다.

CHAPTER
08

레이어드 아키텍처

이번 장에서는 예고한 대로 레이어드 아키텍처를 살펴보겠습니다. 물론 6.2절 '양방향 레이어드 아키텍처'에서 이미 레이어드 아키텍처를 한 차례 살펴봤습니다. 그러니 레이어드 아키텍처가 무엇이고, 각 레이어가 보편적으로 어떤 의미로 사용되는지 설명하는 지루한 과정을 반복하지는 않겠습니다. 대신 여기서는 일반적인 개발자들이 생각하는 레이어드 아키텍처는 무엇이며, 그로 인해 발생하는 문제점을 살펴보겠습니다. 그리고 레이어드 아키텍처를 어떤 식으로 개선할 수 있는지 함께 살펴보겠습니다.

8.1 레이어드 아키텍처의 최소 조건

레이어드 아키텍처는 단순하면서도 직관적인 구조 덕분에 스프링 입문자들을 위한 학습 자료에서 가장 많이 소개되는 아키텍처입니다. 레이어드 아키텍처는 애플리케이션을 레이어로 나누고 각 레이어에 역할을 정합니다. 대표적인 레이어에는 프레젠테이션, 비즈니스, 인프라스트럭처 같은 레이어가 있고 이는 6.2절 '양방향 레이어드 아키텍처'에서 살펴봤습니다.

그런데 레이어드 아키텍처와 관련해 한 가지 꼭 유념해야 할 사실이 있습니다. 이토록 유명한 레이어드 아키텍처를 만든 사람은 존재하지 않는다는 사실입니다. 이 아키텍처는 누군가의 철학에 의해 만들어진 아키텍처가 아닙니다. 그보다 여러 개발자의 필요에 의해 발전된 아키텍처입니다. 그래서 레이어드 아키텍처를 이해하는 깊이와 수준이 개발자마다 천차만별입니다.

누군가는 레이어드 아키텍처를 헥사고날(hexagonal) 아키텍처 수준으로 사용합니다. 반면 누군가는 이 아키텍처를 폴더를 관리하는 수준으로밖에 사용하지 못합니다. 이게 무슨 뜻이냐면 애써 구분한 레이어를 마치 파일을 구분하기 위한 폴더 정도로밖에 이해하지 못한다는 의미입니다. 레이어에 대응하는 패키지를 만들고, 거기에 대응하는 스프링 컴포넌트를 배치하는 수준입니다. 그래서 174쪽의 코드 6.2 같은 구조의 프로젝트가 만들어집니다.

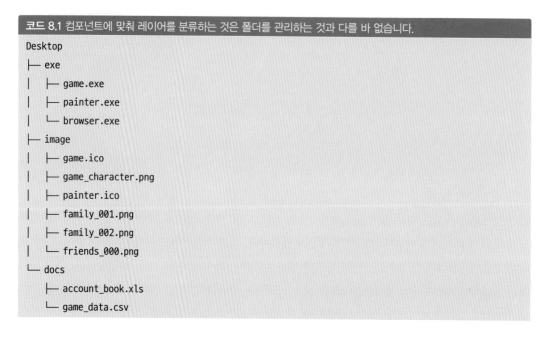

코드 8.1 컴포넌트에 맞춰 레이어를 분류하는 것은 폴더를 관리하는 것과 다를 바 없습니다.

```
Desktop
├── exe
│   ├── game.exe
│   ├── painter.exe
│   └── browser.exe
├── image
│   ├── game.ico
│   ├── game_character.png
│   ├── painter.ico
│   ├── family_001.png
│   ├── family_002.png
│   └── friends_000.png
└── docs
    ├── account_book.xls
    └── game_data.csv
```

코드 6.2는 코드 8.1처럼 마치 이미지 폴더, 텍스트 폴더, 실행 파일 폴더를 만들고 확장자에 맞춰 파일들을 배치한 것과 다름없습니다. 주먹구구식으로 컴포넌트를 개발해 놓고 이를 '레이어'라는 이름으로 포장된 패키지에 배치하고 있을 뿐입니다. 그러니 이러한 접근은 '레이어드 아키텍처'를 사용했다고 할 수 없습니다. '레이어 구조'를 사용한 것 뿐입니다. 그 누구도 폴더를 관리하는 것을 보며 아키텍처를 관리하고 있다고 부르지 않을 것입니다. 그래서 레이어드 구조는 아키텍처라고 볼 수 없습니다.

그러한 의미에서 레이어드 아키텍처에서 중요한 것은 레이어 유형을 외우고 그에 맞게 컴포넌트를 배치하는 것이 아닙니다. 그보다 다음과 같은 사항을 지키는 것이 중요합니다.

1. 레이어 구조를 사용한다.

2. 레이어 간 의존 방향은 단방향으로 유지한다.

3. 레이어 간 통신은 인접한 레이어에서만 이뤄지게 한다.

레이어드 아키텍처에서는 이 같은 제약 조건이 중요합니다. 왜냐하면 아키텍처는 제약 조건으로 만들어지기 때문입니다.

조금 이야기를 벗어나 봅시다. 방금 저는 레이어 구조를 사용하는 것뿐만 아니라 '레이어 간 의존 방향을 단방향으로 유지한다', '레이어 간 통신은 인접한 레이어에서만 이뤄지게 한다' 같은 제약이 추가돼야 레이어드 아키텍처라고 부를 수 있게 된다고 이야기했습니다. 이 말인 즉 레이어 '구조'에 제약을 더했더니 '아키텍처'가 됐다는 의미입니다.

❓ 그렇다면 아키텍처란 무엇일까요?

전 세계를 돌아다녀도 '아키텍처가 무엇이냐?'라는 질문에 선뜻 답변할 수 있는 사람은 많지 않을 것입니다. 그래서 막상 질문하고 보니 너무 어려운 질문을 했다는 생각이 드네요. 이 질문에 답하기 어려운 이유는 단순합니다. 바로 이 원론적이고 추상적인 질문에는 실제로 정답이 없기 때문입니다.

정답이 없기 때문에 저 또한 아직도 아키텍처란 무엇인지 고민하고 있습니다. 한때는 이 질문의 해답을 얻겠다고 정말 많이 찾아 다니기도 했고요. 그래서 수많은 자료를 찾아봤지만 애석하게도 이 질문에 명쾌한 해답을 주는 자료는 찾을 수 없었습니다. 혹시나 어디선가 아키텍처를 정의하는 내용을 찾게 되더라도 그 설명은 지나치게 범용적이라서 쓸모가 없다거나 집약적이라서 다양한 상황을 포함하지 못하는 경우가 많았습니다. 내지는 '내가 생각하기에 아키텍처란 이런 것 같다'라는 식의 두루뭉술한 의견만 있을 뿐이었고요.

그렇다면 열심히 찾아다녔음에도 아무런 성과를 얻지 못했을까요? 아키텍처가 무엇인지는 영원히 이해할 수 없는 것일까요?

다행히도 그렇진 않았습니다. 열심히 찾아다녀도 '아키텍처가 무엇이냐?'라는 질문에 명쾌한 해답을 얻을 순 없었지만, 대신 아키텍트들이 아키텍처를 설명할 때 공통으로 말하는 내용을 취합해 아키텍처란 무엇인지를 대략 이해할 수 있었습니다. 그리고 아키텍트들이 아키텍처를 설명할 때 항상 빠지지 않고 말하는 한 가지 특징은 바로 '제약 조건(constraint)'입니다.

> 아키텍처는 정책과 제약 조건을 이용해 목적을 달성합니다.

아키텍처는 제약 조건을 이용해 개발자가 해도 되는 것과 하지 말아야 하는 것을 결정합니다. 더 나아가, 해서는 안 되는 일이 개발 단계에서 일어나지 않게 원천적으로 차단합니다.

제약 조건이라는 말이 어렵다면 규칙이라고 이해하면 쉽습니다. 우리는 코드베이스에 일관된 규칙을 적용함으로써 코드를 일관되게 유지할 수 있습니다. 즉, 규칙이 설계를 만듭니다. 그러니 아키텍처는 형태가 아니라 정책에 가깝습니다.

이러한 이유로 개인적으로 아키텍처는 '정책과 제약을 정하는 과정'이라고 해석합니다. 그래서 아키텍처를 적용한다는 것은 제약 조건을 만든다는 것이며, 이를 프로젝트에 적용해 코드를 일관되고 논리적으로 만드는 것이라 생각합니다.

결론적으로 아키텍처를 이해하기 위해서는 그만큼 제약 조건을 이해하는 것이 중요합니다. 그러므로 레이어드 구조를 레이어드 아키텍처로 만들기 위해서는 레이어드 아키텍처에만 있는 제약 조건을 이해하고 사용하는 것이 중요합니다. 그리고 레이어드 아키텍처에만 있는 제약 조건은 '레이어 구조를 사용한다', '레이어 간 의존 방향은 단방향으로 유지한다', '레이어 간 통신은 인접한 레이어에서만 이뤄지게 한다' 같은 것들입니다.

제약 조건 이야기가 나왔으니 하나만 더 이야기해 봅시다. '아키텍처는 정책과 제약 조건을 이용해 목적을 달성합니다'라는 말에는 주목할 만한 점이 하나 더 있습니다. 바로 **'목적을 달성하기 위해'** 제약 조건을 사용한다는 것입니다.

목적   정책 & 제약 조건

그림 8.1 목적을 달성하기 위해 만들어진 정책과 제약 조건

이 말인 즉, '목적이 무엇인가?'에 따라 같은 아키텍처를 사용하더라도 제약 조건은 달라질 수 있다는 의미입니다. 우리는 실용적인 측면에서 프로젝트의 목적을 달성하기 위해 제약 조건을 취사선택할 수 있습니다.

예를 들어, 레이어드 아키텍처에서 중요한 세 가지 제약 조건을 설명했지만 항상 이 세 가지를 지켜야 하는 것은 아닙니다. 프로젝트 마감일이 촉박해서 빠르게 개발해야 한다면 '레이어 간 통신은 인접한 레이어에서만 이뤄지게 한다'를 적용하지 않을 수 있습니다. 이는 곧 프로젝트의 구조로 완화된 레이어드 아키텍처를 채택할 수도 있다는 말입니다.[1]

따라서 제약 조건도 수단일 뿐입니다. 제약 조건을 사용하는 것은 아키텍처의 특징일 뿐입니다. 그것이 아키텍처를 정의하지는 않습니다.

---

1   반대로 그게 아니라 안정성이 최우선시되는 프로젝트에서는 더 강력한 정책, 더 엄격한 제약 조건을 사용할 수도 있습니다.

그렇다면 레이어드 아키텍처를 위한 최소 제약 조건은 무엇일까요? 개발자마다 의견이 분분하겠지만 저는 다음과 같은 제약 조건이 레이어드 아키텍처를 만드는 최소 조건이라 생각합니다.

1. 레이어 구조를 사용한다.

레이어드 아키텍처를 사용하므로 레이어 구조를 사용하는 것은 당연합니다.

2. 레이어 간 의존 방향은 단방향으로 유지한다.

레이어 간 의존 방향이 양방향이 되면 레이어가 사라집니다. '양방향 의존이 어떻게 레이어를 사라지게 만드는가?'에 관해서는 6.2절 '양방향 레이어드 아키텍처'에서 이미 살펴봤으므로 생략하겠습니다.

8.2 잘못된 레이어드 아키텍처

앞에서 '아키텍처란 무엇인가'라는 질문을 통해 레이어드 아키텍처가 무엇인지 살펴봤습니다. 이번 절에서는 일반적으로 레이어드 아키텍처를 따르는 프로젝트에서 생길 수 있는 문제점과 한계에 관해 살펴보겠습니다.

⚠ 시작하기 전에 오해할 수 있을 것 같아서 미리 알립니다. 누차 이야기하지만 레이어드 아키텍처의 제창자는 없습니다. 그래서 같은 레이어드 아키텍처여도 프로젝트마다 상황이 다를 수 있습니다. 그러므로 지금부터 말하는 문제점은 레이어드 아키텍처에 대한 이해도가 낮아 레이어드 아키텍처를 잘 사용하지 못하는 프로젝트에 한정해서 생기는 문제입니다. 레이어드 아키텍처를 표방하는 모든 프로젝트에 이번 절에서 설명하는 문제가 있는 것은 아닙니다.

이번에도 질문으로 이야기를 시작해 보겠습니다.

❓ 여러분에게 계정(Account) 시스템의 백엔드를 만들어 달라고 했을 때 여러분은 어떤 작업부터 하실 건가요?

여러분이 계정 시스템의 백엔드 개발자로 프로젝트에 참여했다고 가정하고 짧게 1분 정도 고민해 보길 바랍니다. 계정 시스템을 만들려면 어떻게 해야 할까요? 어떤 접근법으로 시스템을 만들면 좋을까요?

보통 이러한 질문에 대한 대답은 두 가지 유형으로 나뉩니다.

- **유형 1**: JPA 엔티티 우선. JPA 엔티티를 어떻게 만들지 고민합니다.
- **유형 2**: API 엔드포인트 우선. 계정 시스템의 API 엔드포인트를 어떻게 만들지 고민합니다.

아쉽게도 두 접근법 모두 문제가 있습니다. 그래서 각 답변에 어떠한 문제가 있는지 함께 살펴봅시다.

8.2.1 JPA 엔티티 우선 접근

JPA 엔티티 우선 유형이란 '계정 시스템을 만들어 달라'라는 요청에 데이터베이스 테이블을 어떻게 만들지 고민하거나 JPA 엔티티가 어떻게 생겨야 하는지 고민했다는 의미입니다. 즉, 다음과 같은 코드를 먼저 작성해야겠다고 생각했다면 이 유형의 대답을 한 것입니다.

코드 8.2 JPA 엔티티를 어떻게 만들지 고민한 경우

```java
@Data
@Entity(name = "account")
public class AccountJpaEntity {

    @Id
    @GeneratedValue(strategy = GenerationType.IDENTITY)
    private Long id;

    @Column(unique = true)
    private String email;

    @Column
    private String nickname;
}
```

대부분의 개발자가 데이터 모델링이라는 이유로 JPA 엔티티나 데이터베이스의 테이블을 미리 작성합니다. 그런데 이제는 여러분도 이해할 것입니다. 이러한 접근 방식은 전혀 객체지향스럽지 않습니다. 왜냐하면 '데이터 구현을 어떤 식으로 하겠다', 'DDL을 어떤 식으로 작성하겠다' 같은 대답은 1부 '객체지향'에서 그토록 지적했던 데이터 위주의 사고 방식을 하는 것이기 때문입니다.

하지만 이러한 해설에 한 가지 의아해할 수 있는 점이 있습니다. 코드 8.2처럼 JPA 엔티티를 만들려고 했다는 것이 왜 데이터베이스의 테이블을 작성하려 했다는 것과 같다고 취급되는 것일까요? 이 둘은 사용하는 언어도 자바와 SQL로 다른데 말이죠.

왜냐하면 실제로 JPA 엔티티를 만들면 결국 SQL 형태로 DDL이 만들어지기 때문입니다. 그래서 JPA 엔티티를 먼저 떠올렸다는 말은 사실 DDL을 어떻게 만들지 고민했다는 말과 다를 바 없습니다. 즉, 코드 8.2는 다음의 코드 8.3과 같은 DDL을 만든 것과 다름없습니다.

코드 8.3 account 테이블을 어떻게 만들지 고민한 경우

```sql
CREATE TABLE account (
    id BIGINT AUTO_INCREMENT PRIMARY KEY,
```

```
    email VARCHAR(255) UNIQUE NOT NULL,
    nickname VARCHAR(255)
);
```

대다수의 스프링 사용자가 '임의의 시스템을 만들어 달라'라는 요청을 받으면 코드 8.3처럼 DDL을 떠올리거나 코드 8.2처럼 JPA 엔티티를 어떻게 만들지 떠올립니다. 그리고 이러한 접근 방식으로 시스템을 만들면 데이터 위주의 사고를 따랐을 때 발생하는 문제가 고스란히 발생합니다. 어떤 문제가 생기는지는 1부 '객체지향'에서 많이 다뤘으므로 여기서 더 다루지는 않겠습니다.

그보다는 'JPA 엔티티를 어떻게 만들지 먼저 고민한다'라는 대답이 데이터 위주의 사고, 절차지향적인 사고를 유도한다는 점에 주목합시다. 이러한 접근법으로 시스템을 개발하면 그토록 열심히 학습했던 객체지향을 스프링 프로젝트로 가져오지 못하게 됩니다. 그래서 JPA부터 고민해서 시스템을 만들겠다는 접근법은 시스템 개발을 위한 첫걸음으로 삼기에 적합하지 않습니다.

그런데 이번 장에서 우리는 레이어드 아키텍처에 관해 이야기하고 있지 않았나요? 분명 그랬는데 왜 갑자기 '시스템 개발을 시작할 때는 JPA부터 고민하지 마라' 같은 말을 하는 것일까요?

왜냐하면 '잘못된 레이어드 아키텍처'에 익숙한 사람일수록 이처럼 JPA나 데이터베이스를 우선시하는 방향으로 생각하게 되는 경우가 많기 때문입니다. 노골적으로 말해 저는 오늘날 스프링을 제대로 다루지

못하고 있는 프로젝트에서 발생하는 대다수의 문제가 이처럼 잘못된 레이어드 아키텍처를 따르고 있기 때문이라 생각합니다. 그러면 여기서 말하는 잘못된 레이어드 아키텍처란 무엇일까요? 이번엔 이를 같이 살펴봅시다.

대다수의 스프링 개발자에게 레이어드 아키텍처가 무엇인지 떠올려 보라고 하면 보통 다음과 같은 그림을 떠올립니다. 분리된 계층과 이에 대응하는 스프링 컴포넌트를 생각하는 것입니다.

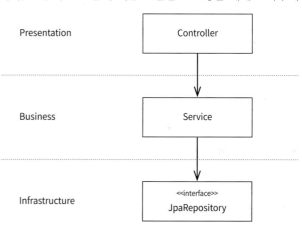

그림 8.2 잘못된 레이어드 아키텍처

이 인지 모델이 바로 잘못된 레이어드 아키텍처입니다!

잘못된 레이어드 아키텍처는 레이어를 지나치게 추상화합니다. 그래서 각 레이어가 무엇을 설명하고 싶은지 알 수 없습니다. 다른 한편으로 레이어에 대응하는 스프링 컴포넌트는 또 구체적으로 정해져 있습니다. 정리하면 그림 8.2 같은 인지 모델에서 레이어는 목적이 모호한데, 레이어의 실체는 구체적인, 편의주의를 추구하고 있습니다. 그래서 이러한 인지 모델을 갖고 시스템을 개발하면 많은 문제가 발생합니다.

대표적인 문제가 지금처럼 **데이터베이스 위주의 사고**를 하게 된다는 것입니다. 그림 8.2에서 상향식 접근법을 적용해보세요! 가장 하단에 무슨 레이어가 위치하나요?

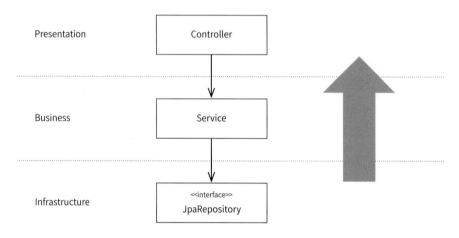

그림 8.3 인프라스트럭처 레이어부터 접근해 개발하는 방식

그림 8.2에서 가장 하단에 위치하는 레이어가 인프라스트럭처 레이어이기 때문에 대다수의 개발자가 이 레이어를 가장 먼저 만들려고 합니다. 인프라스트럭처 레이어를 먼저 만들고, 그다음 비즈니스를 만들고, API 엔드포인트를 열어 서비스를 실행하도록 시스템을 만들려고 하는 것입니다. 이것은 지극히 자연스럽고 당연한 접근법이라 생각합니다. 하지만 이 접근 방식은 틀리지 않았을지언정 적어도 잘못됐습니다.

그런데 인프라스트럭처 레이어를 먼저 만들면 어떤 문제가 있을까요?

가장 먼저 생각할 수 있는 문제는 데이터베이스 테이블이 먼저 만들어지지 않을 경우 아무런 개발도 시작할 수 없게 된다는 것입니다! 그런 경험 있지 않나요? 어떤 기능을 만들기 위해 동료와 협업해야 하는데, 공유하는 JPA 엔티티나 `JpaRepository`가 만들어지지 않아서 일이 중단되는 경험 말입니다. 다시 말해 상위 레이어인 비즈니스 레이어의 서비스 컴포넌트는 JPA 엔티티와 그 기반이 만들어지기 전까지 아무런 작업을 시작할 수 없습니다. 업무가 병렬 처리되지 못하는 것입니다. 이렇게 되면 유연한 설계와 확장성을 확보해서 업무 효율을 높이겠다던 SOLID의 목적은 어디로 사라진 거죠?

더불어 JPA 엔티티를 만들겠다는 말은 곧 DDL을 만들겠다는 말과 사실상 같은 말이라고 했습니다. 그렇다면 이 말과 조금 전에 한 말을 합하면 'CREATE TABLE 같은 DDL이 나오기 전까지는 업무가 병렬로 처리되지 않는다'라는 의미가 됩니다. 이는 확실히 안 좋은 신호입니다. 기능을 만들기 위해서 데이터베이스가 먼저 만들어져야 한다는 말은 소프트웨어 개발 의사결정에 데이터베이스가 깊이 관여한다는 의미이기 때문입니다.

그래서 이러한 접근법으로 만들어진 애플리케이션은 요구사항에 맞는 데이터베이스가 선정되는 것이 아니라 데이터베이스에 맞는 기능을 개발하는 방향으로 발전할 수밖에 없습니다. 이런 상황을 보고 '프로그램이 데이터베이스에 종속됐다'라고 합니다.

결론적으로 JPA 엔티티를 우선적으로 개발하겠다는 것은 그림 8.2 같은 레이어드 아키텍처에서 그림 8.3처럼 상향식 접근 방식을 사용하겠다는 의미입니다.[2] 그러니 시스템을 만들어야 할 때 JPA 엔티티를 먼저 떠올리는 것은 그다지 좋은 전략이 아닙니다.

8.2.2 API 엔드포인트 우선 접근

API 엔드포인트 우선 유형이란 '계정 시스템을 만들어 달라'라는 요청을 받았을 때 다음과 같은 엔드포인트를 먼저 만들어야겠다고 생각하는 유형을 말합니다.

코드 8.4 엔드포인트를 어떻게 만들지 먼저 상상하는 경우

```
@RestController
@RequiredArgsConstructor
@RequestMapping("/accounts")
public class AccountController {

    private final AccountService accountService;

    @GetMapping
    public ResponseEntity<List<AccountResponse>> findAll() {
        List<Account> accounts = accountService.findAll();
        return new ResponseEntity<>(
            AccountResponse.from(accounts),
            HttpStatus.OK);
    }
}
```

---

2   더 정확히 말하면 접근 방향의 문제라기보다는 인지 모델 자체의 문제입니다. 상세한 내용은 뒤에서 좀 더 자세히 설명하겠습니다.

```java
@GetMapping("/{id}")
public ResponseEntity<AccountResponse> getById(@PathVariable Long id) {
    Account account = accountService.getById(id);
    return new ResponseEntity<>(
        AccountResponse.from(account),
        HttpStatus.OK);
}

@PostMapping
public ResponseEntity<AccountResponse> create(
    @RequestBody AccountRequset accountRequest
) {
    Account createdAccount = accountService.create(accountRequest);
    return new ResponseEntity<>(
        AccountResponse.from(createdAccount),
        HttpStatus.CREATED);
}

@DeleteMapping("/{id}")
public ResponseEntity<Void> deleteById(@PathVariable Long id) {
    accountService.deleteById(id);
    return new ResponseEntity<>(HttpStatus.NO_CONTENT);
}
}
```

이 유형의 개발자는 시스템을 인터페이스 관점에서 어떻게 사용해야 할지를 먼저 떠올립니다. 그래서 컨트롤러를 먼저 생각합니다. 핸들러를 어떻게 작성해야 할지 고민하고 어떤 매개변수가 필요한지를 고민합니다. 더 구체적으로 요청의 형태(RequestBody)나 응답(ResponseEntity)은 어때야 하는지 고민합니다.

그래서 생각의 흐름이 컨트롤러가 어떻게 만들어져야 하는지를 고민한 뒤, 비즈니스 로직을 고민하고, 마지막으로 인프라스트럭처와 JPA 엔티티를 고민하는 방식으로 이뤄집니다. 그러므로 이 같은 생각을 먼저 했던 분들은 그림 8.2 같은 레이어드 아키텍처에서 하향식 접근법을 택한 것이라 볼 수 있습니다.

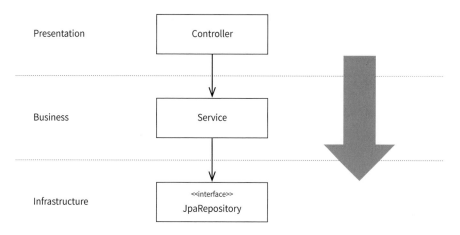

그림 8.4 프레젠테이션 레이어부터 접근해 개발하는 방식

개인적으로 이러한 접근 방식이 JPA 엔티티를 우선하는 접근 방식보다 조금 더 낫긴 하다고 생각합니다. 왜냐하면 엔드포인트를 고민한다는 것은 시스템에 어떤 것이 필요한지 고민한다는 의미이기 때문입니다. 이는 자연스럽게 개발자가 계정 시스템이 갖춰야 할 요구사항을 파악하게 만듭니다. 시스템을 도메인 요구사항 관점에서 보기 시작한다는 의미입니다. 그러니 이 방식은 JPA 엔티티를 우선했던 방식보단 낫다고 볼 수 있습니다.

그러한 의미에서 '계정 시스템을 만들어 달라'라는 요청은 실은 3장 '행동'에서 등장했던 '자동차라는 클래스를 만들어 달라'라는 요청과 유사합니다. 왜냐하면 이 질문의 해답도 역질문이 돼야 하기 때문입니다. '계정 시스템을 만들어 달라'라는 요청만으로는 클라이언트가 원하는 바가 무엇인지 파악할 수 없습니다. 이러한 유형의 질문은 너무 추상적입니다. 그러니 이 질문에는 '어떻게 하겠다'라는 답변이 나오는 것이 아니라 '계정 시스템에는 어떤 요구사항이 있나요?' 같은 역질문이 나와야 합니다.

그렇다면 이제 모든 문제가 해결됐다고 봐도 될까요? 하향식 접근법으로 시스템을 개발하기만 하면 되는 것일까요? 애석하게도 상황이 더 나아졌을 뿐, 모든 문제가 해결된 것은 아닙니다. 왜냐하면 이런 접근 방식은 결국 시스템이 특정 프레임워크에 종속되는 결과를 낳기 때문입니다. 좀 더 쉽게 말해서 프로젝트가 스프링 프레임워크에 종속될 수 있습니다.

API 엔드포인트를 고민한다는 것은 기술 스펙을 결정하는 일입니다. 왜냐하면 도메인이 무엇인지 파악하기 전부터 이미 API 서버를 만들겠다는 목적을 드러내는 것과 같기 때문입니다. 하지만 우리의 시스템은 API 서버뿐만 아니라 다양한 유형의 서버가 될 수 있습니다. 웹소켓(websocket)용 서버가 될 수도 있고, 원격 호출을 위한 gRPC 서버가 될 수도 있고, 메시지 큐의 컨슈머(consumer)가 될 수도 있습니다. 그렇기 때문에 우리는 '스프링 API 서버 개발자'라고 불리는 것이 아니라 백엔드 서버 개발자라고 불립니다. 이상적으로 이러한 기술 스펙은 도메인 요구사항을 분석하고 거기에 대응하는 해결 수단으로 선택돼야 하는 것이 맞습니다.

결국 API 엔드포인트를 고민하는 것은 도메인 요구사항이 무엇인지 파악하는 데 도움을 줄 수 있을 뿐, 딱 거기까지입니다. 물론 대부분 어차피 스프링을 이용할 것이고 API 서버를 만들게 될 수도 있습니다. 하지만 이러한 생각의 차이가 시스템과 개발자의 한계를 결정합니다.

덧붙여 혹시나 API 서버를 개발할 것이 무조건 확실하다 할지라도 이 접근법에는 한계가 있습니다. 왜냐하면 요청과 응답의 형식을 어떻게 표현할지 고민하다 보면 자연스럽게 요청과 응답에 어떤 데이터가 들어가야 하는지를 고민하게 되기 때문입니다. 그래서 결국 데이터 위주의 생각을 먼저 하게 될 가능성이 높아집니다. 그리고 그 결과는 트랜잭션 스크립트 같은 코드가 탄생하는 것이고요.

물론 실력 있는 개발자라면 오롯이 컴포넌트나 시스템의 입출력에 집중해 코드를 작성함으로써 이러한 문제를 피할 수 있을 것입니다. 그리고 단번에 객체지향스러운 결과물을 얻을 수 있을 것입니다. 하지만 속상하게도 대부분의 프로젝트가 그렇지 못할 텐데, 이는 확신할 수 있습니다. 왜냐하면 '트랜잭션 스크립트라는 용어가 존재한다'라는 사실이 '이미 많은 사람이 잘못된 방식으로 개발하고 있다'라는 사실을 증명하기 때문입니다.

우리는 한 번에 객체지향스러운 코드를 얻기 위한 첫 단추로 무엇부터 고민해야 하는지를 알고 싶습니다. 데이터베이스나 UI 같은 프레젠테이션 레이어의 세부사항에 의존하지 않는, 조금 더 시스템의 본질에 가까운 무언가에 더 힘을 쏟고 싶습니다. 그러니 결과적으로 이 방식 또한 그렇게 좋은 접근법은 아닙니다.[3]

8.2.3 본질을 다시 생각하기

결과적으로 그림 8.2 같은 잘못된 레이어드 아키텍처 구조에서 상향식 접근 방식이든 하향식 접근 방식이든 썩 괜찮은 결과를 얻지 못한다는 결론에 다다릅니다. 상향식 접근 방식에서는 JPA를 먼저 고민하게 되어 프로그램이 JPA에 지나치게 의존하게 됩니다. 반대로 하향식 접근 방식에서는 컨트롤러를 먼저 고민하게 되어 프로그램이 스프링에 지나치게 의존하게 됩니다.

---

3   저는 여기서 'API 엔드포인트 우선 접근은 그렇게 좋은 접근법이 아니다'라고 주장했지만 이 말에 정면으로 반박하는 용어로 'API–First Design'이라는 용어도 있습니다. 이에 관한 철학을 살펴보는 것도 재밌으니 기회가 되면 살펴보길 바랍니다. 참고: https://swagger.io/resources/articles/adopting–an–api–first–approach/

'지나치게 의존한다'라는 말은 애플리케이션이 그것 없이는 설명할 수 없는 상태라는 말입니다. 다시 말해 스프링이나 JPA에 지나치게 의존하는 애플리케이션은 스프링이나 JPA 없이 애플리케이션을 설명할 수 없는 상태라는 뜻입니다. 그래서 이를 또 달리 말하면 스프링이나 JPA가 없으면 애플리케이션이 성립하지 않는다는 말이기도 합니다.

잠깐 다른 이야기를 해봅시다. 여러분은 어떤 개발자가 되고 싶나요? 스프링 개발자? 백엔드 개발자? 아니면 애플리케이션 개발자?

이 질문은 여러분의 커리어 패스를 물어보는 질문이기 때문에 제가 '여러분은 이런 개발자가 돼야 합니다'라고 강력하게 주장할 수는 없습니다. 하지만 여러분이 만약 스프링을 다루는 개발자에서 끝나고 싶지 않고 진정한 의미의 '백엔드' 개발자로 성장하고 싶다고 생각했다면 제가 여러분에게 조언하고 싶은 말이 하나 있습니다. 진정한 의미의 백엔드 개발자는 스프링이나 JPA 없이도 성립할 수 있는 애플리케이션을 만들 수 있어야 한다는 것입니다.

스프링이나 JPA 없이도 성립할 수 있는 애플리케이션을 만들 수 있어야 하는 이유를 설명하기 위해 가정을 하나 해보겠습니다. 그럴 가능성은 정말 희박하겠지만 스프링이나 JPA가 갑자기 유료화를 선언한다면 어떻게 될까요? 게다가 그 금액이 도저히 감당히 안 되는 수준이라면 어떨까요? 만약 그렇다면 스프링이나 JPA를 사용하던 애플리케이션을 다른 프레임워크로 변경하는 결정을 내려야 할 겁니다. 그런데 그런 상황에서 애플리케이션이 스프링과 JPA에 강결합돼 있다면 프레임워크를 변경하는 과정은 사실상 우리가 지금까지 개발했던 애플리케이션을 거의 새로 만드는 수준에 가까울 것입니다.

그러니 스프링과 JPA가 없는 상태에서도 애플리케이션을 만들 수 있어야 합니다. TCP/IP를 직접 구현해서 웹 서버를 만들 수 있어야 한다는 의미가 아닙니다. 애플리케이션이 특정 기술에 종속되지 않아야 한다는 것입니다. 그러기 위해서는 순수 자바 코드로 객체지향적인 애플리케이션을 먼저 만들 수 있어야 한다는 의미입니다. 스프링 같은 웹 프레임워크나 JPA 같은 영속성 라이브러리는 그 애플리케이션에 얹힐 뿐이어야 합니다.

우리는 만들고자 하는 애플리케이션의 본질이 무엇인지 잘 생각해 봐야 합니다. 애플리케이션의 본질은 스프링이나 JPA가 아닙니다. 이에 관한 해답은 이전부터 많이 언급해 왔으니 이젠 알 것입니다. 애플리케이션의 본질은 도메인입니다. 애플리케이션을 개발한다는 것은 도메인을 파악하고, 이에 따른 도메인 모델을 구성하고, 도메인 모델을 표현하는 데 적합한 언어를 선택하고, 도메인 모델을 만들고, 도메인 기능을 제공할 기술을 선택한다는 것입니다.

아키텍처에 관해 이야기할 때 '세부 사항에 대한 결정은 최대한 뒤로 미뤄라'라는 격언이 있습니다. 스프링과 JPA는 세부 사항입니다. 그럼에도 우리는 기술 스택을 미리 정해두고 프로젝트를 시작하는 실수를 자주 저지릅니다. 하지만 실은 그 반대가 돼야 합니다. 도메인에 따른 기술 스택이 결정돼야 합니다.

불행인지 다행인지 오늘날 JVM 언어를 다루는 백엔드 개발자들은 서버를 만들 때 스프링과 JPA를 쓸 것임이 너무나 확실합니다. 하지만 사실 이러한 기술 스택을 결정하는 일이 이렇게 빨리 프로그램을 만드는 초기에 결정돼서는 안 됩니다. 목적에 맞는 기술 스택을 찾고 장단을 비교해서 선택을 최후의 최후까지 미룰 수 있어야 합니다.[4] JPA가 아니라 MyBatis를 쓸 수 있습니다. 스프링이 아니라 Play 프레임워크를 쓸 수도 있습니다.[5] RDB가 아니라 NoSQL을 쓸 수도 있습니다.

소프트웨어의 본질이 무엇인지는 10장 '도메인'에서 자세히 다루겠습니다. 지금은 한시라도 빨리 이 잘못된 레이어드 아키텍처를 어떤 식으로 진화시켜야 하는지 소개해야겠습니다. 잘못된 레이어드 아키텍처를 진화시켜서 '시스템 개발을 위한 첫 단추는 어디가 돼야 하는가?'라는 질문의 해답부터 알아봅시다.

8.3 진화하는 아키텍처

앞에서 그림 8.2 같은 잘못된 레이어드 아키텍처에서는 상향식 접근법도 부자연스럽고 하향식 접근법도 부자연스럽다는 것을 배웠습니다. 그렇다면 대체 어떻게 하라는 것일 걸까요? 레이어드 아키텍처를 사용하면 객체지향적인 코드는 나올 수 없는 것일까요?

당연히 아닙니다. 레이어드 아키텍처를 사용하면서도 객체지향을 챙길 수 있습니다. **시스템 개발의 첫 시작을 도메인으로 두면 됩니다.** 도메인의 중요성은 여기저기서 너무나 자주 이야기해서 이제 지겨울 수도 있습니다. 하지만 너무나도 중요한 터라 계속 강조해도 부족함이 없습니다. 애플리케이션에서 가장 중요한 것은 도메인입니다. 그래서 시스템 개발은 도메인 분석과 도메인 개발에서 출발해야 합니다.

이 점을 염두에 두고 이제 그림 8.2의 레이어드 아키텍처를 어떻게 진화시켜야 하는지 논의해 봅시다.

8.3.1 인지 모델 변경하기

조금 전 시스템 개발의 첫 시작은 도메인이어야 한다고 했습니다. 그렇다면 이 말을 다시 레이어드 아키텍처로 갖고 돌아와 봅시다. 그림 8.2에서 개발의 첫 시작인 도메인을 개발하려면 어떤 레이어부터 개발하는 것이 좋을까요?

---

4 그렇다고 세부 사항에 관한 결정을 무조건 뒤로 미루라는 이야기는 또 아닙니다. 너무나 명확한 결정은 그냥 초반에 빠르게 결정하는 것도 훌륭한 전략입니다. 강조하고 싶은 바는 지나치게 빠른 결정으로 인해 애플리케이션이 세부 사항에 강결합되고 세부 사항이 없으면 성립이 안 되는 애플리케이션이 되는 것을 막아야 한다는 것입니다.

5 자바 진영의 또 다른 웹 프레임워크입니다. 참고: https://www.playframework.com/

1. 프레젠테이션 레이어

2. 비즈니스 레이어

3. 인프라스트럭처 레이어

앞선 예시에서 프레젠테이션 레이어와 인프라스트럭처 레이어는 아니라고 했으니 소거법으로 접근하면 비즈니스 레이어라고 대답하는 것이 맞을 것입니다.

맞습니다. 도메인을 개발하려면 비즈니스 레이어부터 개발하면 됩니다.

그런데 뭔가 이상하다는 생각이 들 수 있습니다. 일반적으로 비즈니스 레이어에 대응하는 컴포넌트는 스프링의 서비스 컴포넌트입니다. 그렇다면 비즈니스 레이어부터 개발하라는 이야기는 스프링 서비스 컴포넌트부터 개발하라는 이야기일까요? 그런데 방금 전까지는 도메인을 먼저 개발해야 한다고 말하지 않았나요? 이건 어떻게 된 일이죠?

이러한 오해는 비즈니스 레이어를 잘못 해석할 때 발생합니다. 서비스 컴포넌트는 분명 비즈니스 레이어에 속하는 컴포넌트이지만 '비즈니스 레이어 = 서비스 컴포넌트'인 것은 아닙니다. 비즈니스 레이어는 도메인까지 포함하는 개념입니다. 애초에 지금껏 계속 설명했듯이 도메인이란 비즈니스 영역입니다. 그러니까 도메인은 비즈니스 레이어에 포함되는 개념인 것이 맞습니다.

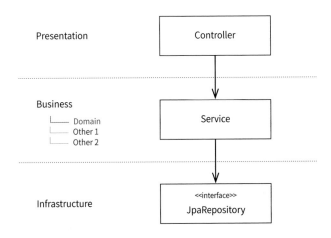

그림 8.5 비즈니스 레이어가 도메인을 포함합니다.

따라서 애플리케이션 개발을 위한 첫걸음으로 비즈니스 레이어, 그리고 비즈니스 레이어 중에서도 도메인을 가장 먼저 개발해야 합니다.

생각보다 정말 단순하고 허무한 이야기입니다. 그런데 이러한 사실을 모두 알고 있음에도 우리는 계속 해서 잘못된 접근을 하고 있었습니다. 왜 그랬던 것일까요? 그 이유는 단순합니다. 레이어드 아키텍처에 대한 '**인지 모델**'이 잘못됐기 때문입니다. 다시 말해 그림 8.2만으로 레이어드 아키텍처를 이해하는 것은 무리가 있으며, 너무나 많은 오해를 만들어냅니다.

애플리케이션의 핵심은 도메인이라 했습니다. 그런데 그림 8.2와 그림 8.5 이전에 나온 레이어드 아키텍 처에 관한 그림을 모두 살펴보세요. 그 어디에도 도메인을 언급하고 있지 않을 것입니다. 물론 비즈니스가 도메인을 포함하는 개념이긴 하지만 도메인이 다이어그램에 표현되지 않으니 진짜 중요한 핵심이 눈에 들 어오지 않는 문제가 발생하는 것입니다. 그러니 그림 8.2 같은 인지 모델은 한계가 분명합니다!

그렇다면 이제 이 인지 모델을 변형해 봅시다. 도메인이 눈에 안 들어온다고 하니 도메인 레이어를 바깥 으로 드러내 보는 것입니다. 그렇다면 레이어드 아키텍처에 대한 인지 모델은 다음과 같이 변경할 수 있 습니다.

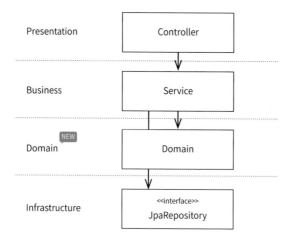

그림 8.6 도메인 레이어를 바깥으로 드러내기

비즈니스 레이어에서 도메인을 분할했습니다. 그리고 이를 도메인 레이어(domain layer)라는 이름으로 인지 모델에 추가했습니다. 도메인 레이어는 비즈니스 도메인을 표현하는 클래스가 모이는 곳입니다. 이 공간의 객체들은 역할과 책임을 가지고 서로 협력합니다. 다시 말해 도메인 레이어의 객체지향적인 도메 인 모델들이 활동하는 공간입니다.

언뜻 보면 이 도메인 레이어는 코드 6.2에서 본 패키지 구조의 core 패키지에 해당하는 것처럼 보일 수 있습니다. 맞는 말입니다. 도메인 레이어는 종종 common, core 같은 이름의 패키지로 작성됩니다. 하지 만 그렇다고 해서 이 둘이 같을 순 없습니다. 이 둘은 엄연히 다릅니다.

패키지 이름이 common, core 같은 이름이라면 이는 무엇을 나타낼까요? 프로젝트에서 사용하는 공통 코드들을 한 군데에 모아서 관리하겠다는 뜻입니다. 그래서 이러한 패키지에는 유틸 클래스나 설정을 위한 클래스들이 들어갈 수 있습니다.

하지만 이는 도메인 레이어의 목적과 다릅니다. 도메인 레이어의 목적은 공통 코드를 한 군데에 모으는 것이 아닙니다. 애플리케이션에서 사용하는 주요 도메인 객체들을 표현하는 것입니다. 그러니 이 둘은 목적이 다릅니다. 그래서 이 둘을 제대로 구분짓지 않는다면 초기에는 비슷한 형태로 표현될지 몰라도 프로젝트 개발 막바지에 이르러서 평가할 때는 결과물이 다른 형태로 표현될 가능성이 있습니다.

더불어 패키지와 '레이어'는 다릅니다. 레이어를 표현하기 위한 수단으로 패키지를 사용할 수 있지만,[6] 그렇다고 해서 패키지 하나하나가 레이어드 아키텍처의 모든 레이어에 대응해야만 하는 것은 아닙니다. 예를 들어, 프로젝트를 다음과 같이 구성할 수도 있습니다.

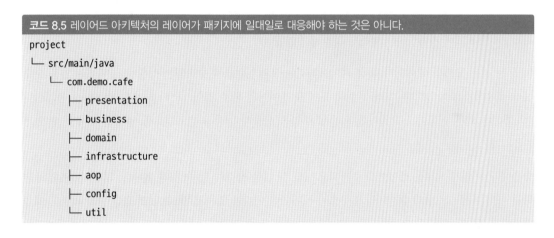

코드 8.5 레이어드 아키텍처의 레이어가 패키지에 일대일로 대응해야 하는 것은 아니다.
```
project
└── src/main/java
    └── com.demo.cafe
        ├── presentation
        ├── business
        ├── domain
        ├── infrastructure
        ├── aop
        ├── config
        └── util
```

보다시피 프로젝트 안에 다양한 패키지가 존재합니다.[7] 레이어드 아키텍처에서 말하는 각 레이어가 패키지로 정의돼 있고, 동시에 프로그램 개발에 필요한 설정 클래스를 모아두는 config 패키지, 유틸리티 클래스를 모아둔 util 패키지, AOP(Aspect Oriented Programming: 관점 지향 프로그래밍)[8] 관련 코드를 모아두는 aop 패키지가 정의돼 있습니다.

이처럼 모든 패키지가 레이어드 아키텍처에서 말하는 레이어에 일대일로 대응해야 하는 것은 아닙니다. 애초에 레이어드 아키텍처에서 말하는 레이어라는 것은 패키지나 모듈 같은 형태가 아니라 개념입니다.

---

6   레이어를 표현하는 데 모듈을 사용할 수도 있습니다.

7   이러한 패키지 구성은 어떤가요? 마음에 드나요? 프로젝트에 패키지를 어떻게 구성하면 좋을지는 9.2절 '패키지 구조'에서 살펴보겠습니다.

8   코드를 수정하지 않고 부가 기능을 추가하는 방식으로 개발할 수 있는 프로그래밍 기법을 의미합니다. AOP를 이용하면 애너테이션을 지정하는 것만으로 메서드에 반복되는 추가 작업을 수행하게 할 수 있어 아주 유용합니다.

그러니 패키지나 모듈이 레이어가 되기 위해서는 레이어드 아키텍처에서 각 레이어의 요구사항을 잘 이해하고 이를 따라야만 합니다. 그리고 core 패키지는 도메인 레이어의 요구사항인 '주요 도메인을 모은다'라는 목적을 달성하기 부적합하기에 레이어라 보기 힘든 것입니다.

그렇다면 도메인 레이어는 애플리케이션에서 사용하는 주요 도메인 객체를 모아두기만 하면 되는 걸까요? 도메인 레이어에 요구되는 또 다른 요구사항은 없을까요?

아닙니다. 아직 하나 남았습니다. common, core 같은 패키지가 도메인 레이어가 되려면 한 가지 조건을 더 지켜야 합니다. 이 레이어에 있는 객체들을 작성할 때는 '**순수 자바 코드**'로 작성해야 한다는 점입니다. 이것은 도메인 레이어를 외부 라이브러리에 의존하지 않고 자유롭게 만들기 위함입니다.

순수 자바 코드로 작성돼 있다는 말을 약간만 보충해 설명하겠습니다. 쉽게 말해, 이 레이어에 작성된 클래스에는 @Entity 같은 JPA 애너테이션이 지정돼 있지 않아야 한다는 말입니다. 그리고 이 레이어에 작성된 클래스에는 @Service 같은 스프링 애너테이션도 지정돼 있지 않아야 합니다. 또 마찬가지로 다른 외부 라이브러리에 강결합하는 형태로 의존해선 안됩니다.

이 모든 것은 도메인 레이어가 특정 라이브러리나 프레임워크에 종속되는 상황을 피해 도메인을 순수하게 유지하기 위함입니다. 그러기 위해 도메인 레이어의 외부 라이브러리 사용은 엄격하게 통제합니다. 혹여나 외부 연동이 필요하다면 의존성 주입을 사용해 연동된 컴포넌트를 언제든 교체할 수 있게 만듭니다.

좋습니다. 이렇게 새로운 레이어를 추가하고 나면 더 많은 생각을 할 수 있게 됩니다. 그림 8.6처럼 표현하고 나니 이제 시스템의 핵심이라고 부르는 도메인이 어디에 있는지 알 수 있게 됐습니다. 덕분에 애플리케이션 개발을 위한 출발점이 어딘지도 확실하게 답할 수 있습니다. 우리는 도메인 레이어에 존재하는 도메인 모델을 먼저 만들고, 이외의 나머지 레이어들을 차근차근 개발하면 됩니다.

그런데 헷갈리기 시작합니다. 비즈니스 레이어는 도메인 레이어를 포함하는 개념이라 했는데 이 둘이 나란히 존재한다는 것이 조금 이상하게 느껴지지 않나요? 맞습니다. 이상합니다. 왜냐하면 그림 8.6은 아직 틀린 그림이기 때문입니다. 비즈니스 레이어에서 도메인 레이어가 분리돼 나왔으니 그림 8.6에 있는 비즈니스 레이어는 이름이 변경돼야 합니다. 도메인 없는 비즈니스 레이어는 비즈니스 레이어라고 부를 수 없습니다.

그래서 비즈니스 레이어의 이름을 애플리케이션(Application; 응용) 레이어라는 이름으로 변경하겠습니다. 애플리케이션 레이어에는 애플리케이션을 구성하는 데 필요한 컴포넌트가 모입니다. 대표적으로 애플리케이션 서비스 같은 스프링의 서비스 컴포넌트가 이곳으로 모입니다.

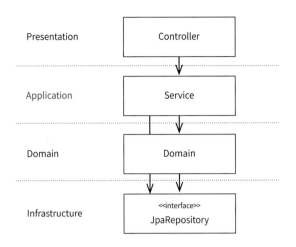

그림 8.7 비즈니스 레이어의 이름을 애플리케이션 레이어로 변경

이렇게 정리하고 보니 훨씬 괜찮아졌습니다. 그리고 이제 여러분은 이러한 사실을 바탕으로 한 가지 더 흥미로운 사실을 이해할 수 있게 됐습니다.

> 비즈니스 레이어 = 애플리케이션 레이어 + 도메인 레이어

비즈니스 레이어는 애플리케이션 레이어와 도메인 레이어를 합친 것이라는 사실입니다! 여러분은 이제 비즈니스 레이어를 설명해 보라는 질문에 '비즈니스 서비스를 처리하는 곳입니다' 같은 재귀적인 답변을 하지 않을 수 있게 됐습니다. 그것보다 조금 더 구체적이고 실무적인 답을 할 수 있게 됐습니다. 비즈니스 레이어가 무엇인지 이렇게 해체하고 나서야 이해할 수 있게 된다는 것이 참 역설적이고 재밌지 않나요?

더불어 이렇게 레이어 체계를 변경하고 나면 얻을 수 있는 긍정적인 변화가 하나 더 있습니다. 7장 '서비스'에서 서비스는 도메인을 불러오고 도메인 레이어에 존재하는 객체에 일을 시키는 역할 정도만 해야 한다고 했던 것을 기억하나요? 이제는 그 관계와 역할이 아키텍처 자체에 드러납니다! 애플리케이션 서비스는 도메인에 있는 코드를 실행하는 역할을 합니다.

게다가 7장 '서비스'에서는 '서비스는 J2EE 패턴 중 하나인 비즈니스 서비스 파사드처럼 사용될 수 있다'라고도 했습니다. 그림 8.7은 이제 이 말도 그대로 반영합니다. 말 그대로 애플리케이션 레이어에 위치한 서비스 컴포넌트는 이제 도메인 레이어의 파사드가 됐습니다.

너무 훌륭하지 않나요? 이것이 우리가 원하던 방향입니다! 인지 모델을 약간만 변경했을 뿐인데 인지 모델이 우리의 의도를 보여줄 수 있게 변했습니다.

이야기를 다시 도메인 레이어로 돌려봅시다. 아직 도메인 레이어에 관해 이야기할 내용이 조금 더 남았습니다. 방금 전 도메인 레이어를 추가하면서 이 레이어의 두드러진 특징 중 하나는 레이어 안에 존재하는 클래스가 외부 라이브러리에 종속되지 않는 **순수 자바 코드**로 작성되는 점이라고 했습니다.

여기서 '순수 자바 코드'를 강조하는 이유는 도메인 레이어가 JPA나 스프링에 의존하지 않을 때 얻을 수 있는 또 다른 장점이 하나 있기 때문입니다. 도메인 레이어에 있는 클래스가 외부 라이브러리에 종속되지 않을 수 있다면 도메인 레이어는 외부 라이브러리 없이도 개발할 수 있게 됩니다!

다시 말해 도메인 레이어를 스프링이나 JPA 없이도 개발할 수 있습니다. 그러니 시스템 설계 초기에는 도메인에 집중해 도메인을 먼저 설계하고 JPA나 스프링 같은 외부 라이브러리는 나중에 선택하게 할 수 있습니다.

예를 들어, 여러분의 시스템이 아직 JPA를 사용할지, MyBatis를 사용할지 정하지 않은 상황이라고 가정합시다. 그림 8.2 같은 잘못된 레이어드 아키텍처 인지 모델을 갖고 있었다면 어디서부터 시스템을 개발해야 할지 막막할 수 있지만 이제는 괜찮습니다. 그림 8.7 같은 인지 모델을 갖고 있다면 JPA 없이도 시스템을 만들 수 있습니다.

지금까지 계정 시스템 예시를 계속 들어왔으니 이번에도 이 예시를 계속 이어가 봅시다. 계정 시스템에 필요한 도메인 모델은 다음과 같이 만들어질 수 있습니다.

코드 8.6 계정을 표현한 도메인 모델

```java
@Builder
@RequiredArgsConstructor
public class Account {

    public final Long id;
    public final String email;
    public final String nickname;

    public Account withNickname(String nickname) {
        return Account.builder()
            .id(this.id)
            .email(this.email)
            .nickname(nickname)
            .build();
    }
}
```

Account는 도메인 레이어에 위치한 도메인 모델입니다. 계정을 표현하는 모델인데, 설명을 간소화하기 위해 데이터 중심의 클래스로 만들었습니다. 코드 8.6은 코드 8.2와 유사하지만 결정적으로 이 클래스는 JPA를 사용하고 있지 않습니다. 스프링이나 JPA의 도움 없이 작성된 순수 자바 클래스입니다.[9]

이렇게 도메인을 먼저 구성하고 나중에 필요할 때 스프링 웹 프레임워크나 JPA 같은 기술을 추가하면 됩니다! 그리고 생각해 보면 원래 이렇게 개발하는 것이 맞습니다.

여러분이 처음으로 자바를 배웠던 때를 떠올려 봅시다. 개발에 대해 아무것도 몰랐을 때는 'public static void main(String[] args)' 메서드가 정의된 메인 클래스에 필요한 클래스를 자유롭게 만들어 곧잘 개발했습니다. 그때는 필요할 때마다 아무것도 상속하지 않는 클래스들을 만들고 해당 클래스에 메서드를 추가해서 바로바로 실행했습니다. 게다가 스프링이나 JPA 같은 기술의 도움 없이도 시스템을 개발할 수 있었습니다. 그런데 언젠가부터 클래스는 스프링 컴포넌트 중 하나여야 하고, JPA 엔티티 중 하나여야 한다는 강박에 사로잡히게 됐습니다.

너무나 당연한 말이지만 클래스를 만드는 데 스프링이나 JPA의 애너테이션이 반드시 필요한 것은 아닙니다. 클래스가 컨트롤러, 서비스, 리포지터리 같은 스프링 컴포넌트 중 하나일 필요가 없습니다. JPA 엔티티일 필요도 없습니다.[10] 오히려 이런 프레임워크에 종속되지 않고 자유롭게 개발하는 편이 더 자연스러운 개발 형태인 것입니다.

'스프링이나 JPA는 애플리케이션의 본질이 아니다'라고 했던 말이 이제는 조금 이해되지 않나요? 왜냐하면 이런 것 없이도 애플리케이션은 원래 개발이 가능하기 때문입니다!

중요한 사실이니 꼭 기억합시다. 우리는 JPA나 스프링 없이도 도메인 레이어에 애플리케이션에 필요한 주요 기능들을 개발할 수 있습니다. 그러니 이제 앞으로 어떤 시스템을 만들어 달라는 요청을 받으면 이 도메인 레이어를 어떻게 만들지부터 고민하면 됩니다. 풍부한 도메인 객체들을 먼저 만들고, 나중에 그 객체들을 뒷받침할 JPA 엔티티나 스프링 컴포넌트를 추가하면 됩니다.

---

9   물론 코드 8.6은 외부 라이브러리인 롬북을 사용하고 있습니다. 그러므로 순수 자바 클래스라고 보기 어렵습니다. 개인적으로는 표현력 측면에서 '롬북 정도는 사용해도 괜찮지 않나?'라는 입장입니다. 하지만 조금 더 엄격한 조직에서는 롬북을 사용하는 것도 반대합니다.

10 종종 클래스를 만들면서 '그러면 이 클래스는 스프링의 어떤 컴포넌트가 돼야 하나요?', '이 클래스에는 JPA의 어떤 애너테이션을 지정해야 하는 건가요?'라며 물어보는 분들이 있습니다. 대체 스프링이나 JPA가 없으면 시스템을 개발할 수 없다는 믿음이 퍼진 것은 언제부터일까요?

코드 8.6에서 추가로 설명하고 싶은 부분이 하나 있습니다. 바로 withNickname이라는 수정 메서드입니다. 자세히 보면 Account 클래스는 멤버 변수를 모두 불변으로 선언하고 있습니다. Account를 불변 객체로 만든 것은 객체의 신뢰성을 보장하기 위함일 것입니다.

그런데 개발하다 보면 불변 객체의 값을 변경하고 싶을 때가 분명 있습니다. 하지만 당연하게도 불변 값은 변경할 수 없습니다. 그래서 불변 객체는 이 문제를 수정 메서드를 호출했을 때 withNickname처럼 새로운 객체를 반환하는 방식으로 해결합니다. 그리고 이는 분명 일반적인 가변 값을 수정하는 세터(setter)와 사용성이 조금 다릅니다.

일반적으로 수정자라고 불리는 'set~()' 메서드는 해당 객체에 지정한 변수 값을 변경한다는 의미를 담고 있습니다. 그래서 불변 객체인 Account 클래스의 nickname 멤버 변수를 수정하는 수정 메서드를 setNickname처럼 짓는 것은 또 다른 오해를 만들 수 있습니다. 그러한 까닭에 불변 값의 수정자는 새로운 객체를 반환한다는 의미를 담아 전치사 with로 메서드 이름을 시작하기도 합니다.

시간이 흘러 이제 영속성 라이브러리로 JPA를 사용하기로 선택한 상황을 가정해 봅시다. JPA를 사용하기로 선택함으로써 다음과 같은 추가적인 JPA 엔티티를 만들 수 있습니다.

코드 8.7 JPA를 사용하기로 하면서 추가된 JPA 엔티티

```java
@Data
@Entity
public class AccountJpaEntity {

    @Id
    @GeneratedValue(strategy = GenerationType.IDENTITY)
    private Long id;

    @Column(unique = true)
    private String email;

    @Column
    private String nickname;

    public static AccountJpaEntity from(Account account) {
        AccountJpaEntity result = new AccountJpaEntity();
        result.id = account.getId();
        result.email = account.getEmail();
        result.nickname = account.getNickname();
        return result;
    }
}
```

```java
    public Account toModel() {
        return Account.builder()
            .id(this.id)
            .email(this.email)
            .nickname(this.nickname)
            .build();
    }
}
```

AccountJpaEntity 클래스는 인프라스트럭처에 위치하는 클래스이며, Account 클래스에 대응하는 영속성 객체입니다. Account 클래스를 저장소에 저장하고 싶을 때 AccountJpaEntity 클래스로 변환해서 저장소에 저장할 수 있게 합니다. 불러올 때도 마찬가지입니다. AccountJpaEntity 클래스로 불러오고 Account 클래스로 변환합니다.

그래서 코드 8.7에는 객체를 변환하기 위한 from 메서드와 toModel 메서드가 있습니다. 각각 도메인 객체를 영속성 객체로 변환하고 영속성 객체를 도메인 객체로 변환하는 작업을 담당합니다. 이렇게 영속성 객체와 도메인 객체를 변환할 때 사용하는 메서드를 가리켜 매핑 메서드라고 합니다.

주목할 점은 JPA의 @Entity 애너테이션을 도메인 모델인 Account 클래스에 지정하지 않고 분리된 영속성 객체를 만들었다는 점입니다. 도메인 모델의 순수성을 유지하기 위함입니다.

이제 이렇게 만들어진 영속성 객체는 애플리케이션 레이어에서 다음과 같이 사용할 수 있습니다.

코드 8.8 영속성 객체를 사용해 표현되는 애플리케이션 서비스

```java
@Service
@RequiredArgsConstructor
public class AccountService {

    private final AccountJpaRepository accountJpaRepository;

    @Transactional
    public Account updateNicknameById(long id, String nickname) {
        // 영속성 객체를 불러와 도메인 객체로 변환
        Account account = accountJpaRepository.findById(id)
            .orElseThrow(() -> new NotFoundException("account", id))
            .toModel();

        // 도메인 객체에 작업을 위임
```

```
        account = account.withNickname(nickname);

        // 영속성 객체를 도메인 객체로 변환
        accountJpaRepository.save(AccountJpaEntity.from(account));
    }
}
```

애플리케이션 서비스인 `AccountService` 컴포넌트는 `accountJpaRepository.findById` 메서드를 이용해 영속성 객체를 가져온 후 `toModel` 메서드를 사용해 도메인 모델로 변환합니다. 변환한 도메인 모델은 목적에 맞는 역할을 수행한 후 `AccountJpaEntity.from` 메서드를 사용해 다시 이를 영속성 객체로 변환해 리포지터리에 저장합니다.

이렇게 해서 도메인 영역 개발과 스프링/JPA를 이용한 개발을 분리해서 개발할 수 있게 됐습니다. 도메인 영역을 먼저 개발하고 기술 스택인 JPA나 MyBatis 같은 것을 선택할 수 있게 됐습니다. 이는 확실히 굉장한 변화입니다.

슬슬 이야기를 한 차례 정리할 필요가 있습니다. 여기서는 도메인 레이어를 도입함으로써 레이어드 아키텍처에 대한 우리의 인지 모델을 변경했습니다. 그랬더니 그토록 열심히 배웠던 객체지향을 활용할 곳이 어딘지 드디어 알 수 있게 됐습니다. 시스템 개발의 출발점이 어딘지 알 수 있게 된 것입니다. 이 모든 의문의 해답은 도메인 레이어입니다!

여러분이 열심히 배운 객체지향과 관련된 지식은 도메인 레이어에서 마음껏 펼치면 됩니다. 능동적인 객체와 협력하는 도메인 모델을 도메인 레이어에 만들면 됩니다. 스프링, JPA는 그다음입니다. 특정 기술에 종속되지 않는 순수한 공간을 제대로 만들 수 있어야 합니다.

내용을 마무리하기 전에 마지막으로 주의할 점을 하나 이야기하겠습니다. 바로 도메인 레이어가 인프라스트럭처 레이어 위에 존재하지만 도메인 레이어는 인프라스트럭처 레이어를 참조하지 않는다는 사실입니다. 더 나아가 도메인이 의존하는 외부 레이어가 존재하지 않습니다. 도메인의 화살표 방향에 집중하면서 그림 8.7을 한 번만 다시 봐주세요. 즉, 도메인 레이어는 JPA 라이브러리나 스프링 라이브러리를 임포트해서는 안 됩니다. 이는 도메인 레이어와 다른 레이어와의 결합을 완전히 끊어내기 위함입니다.

그런데 우리의 인지 모델이 여기서 완성된다면 얼마나 좋을까요. 하지만 아쉽게도 아직 멀었습니다. 코드 8.8은 아직 리팩터링할 부분이 남았습니다. 그리고 우리의 인지 모델에도 아직 석연치 않은 부분이 있습니다. 그런데 이 부분은 장소를 옮겨 다시 다루는 편이 좋겠습니다. 어떤 부분을 리팩터링해야 하고 인지 모델을 어떻게 더 발전시켜야 하는지는 바로 다음 절인 8.3.2절 'JPA와의 결합 끊기'에서 살펴보겠습니다.

8.3.2 JPA와의 결합 끊기

가장 먼저 코드 8.8에서 지적하고 싶은 점은 이렇게 개발된 애플리케이션 서비스가 JPA에 의존적이라는 점입니다. 즉, `AccountService` 컴포넌트는 JPA가 없으면 설명할 수 없는 컴포넌트입니다. 왜냐하면 `AccountService` 컴포넌트가 `AccountJpaRepository` 컴포넌트와 `AccountJpaEntity` 클래스를 사용하고 있기 때문입니다. 그렇다면 이 상황을 이대로 뒀을 때 어떤 문제가 발생할 수 있는지 알아봅시다.

시간이 10년 정도 흘러서 JPA를 대체할 만한 획기적인 라이브러리가 나왔다고 해봅시다. 편의상 이 새로운 라이브러리의 이름은 'NEW-CONNECT'라 부르겠습니다. 벤치마크 자료를 보니 NEW-CONNECT의 성능이 JPA보다 100배나 빠르다고 합니다! 그래서 프로젝트에 사용된 모든 JPA 관련 코드를 시대의 흐름에 맞춰 NEW-CONNECT로 변경하기로 결정했습니다.

그렇다면 다시 그림 8.7을 봅시다. 만약 인프라스트럭처 레이어에 위치한 JPA 코드를 건드린다면 변경에 따른 영향 범위가 어디까지일까요? 그림 8.7에 변경하려는 코드를 연한 청록색(JpaRepository)으로 표현하고, 이러한 변경에 영향을 받는 코드를 짙은 청록색(Controller, Service)으로 표현했습니다.

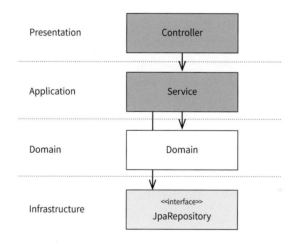

그림 8.8 인프라스트럭처 레이어에 위치한 코드를 변경할 때 그 영향력이 미치는 범위

정답은 프레젠테이션 레이어와 애플리케이션 레이어입니다. 의존성 그래프로 인해 결정되는 영향 범위에 관해서는 이전의 4.2절 '의존성'에서 자세히 살펴봤습니다. 그러니 그 이유에 관한 설명은 건너뛰고 영향을 받는 각 레이어를 한 번 평가해 봅시다.

먼저 프레젠테이션 레이어부터 봅시다. 다행스럽게도 이 레이어는 영향이 좀 덜할 것입니다. 중간에 애플리케이션 레이어라는 완충재가 있기 때문입니다. 물론 이것은 우리가 완화된 레이어드 아키텍처를 사용하지 않고 있다고 가정했을 때 할 수 있는 말입니다. 그렇지 않고 컨트롤러에서 JPA 엔티티를 사용하고 있거나 JPA 리포지터리 관련 코드를 사용하고 있다면 이야기가 좀 달라질 것입니다.

반면 애플리케이션 레이어를 봅시다. 그림 8.8에서 애플리케이션 레이어는 인프라스트럭처 레이어에 직접 의존합니다. 그래서 영속성 라이브러리의 변화 같은 변경 사항에 직접적으로 영향을 받습니다. 이것이 무슨 의미인지 코드를 보면서 이야기해봅시다. JPA가 아닌 NEW-CONNECT를 사용하게 됐을 때 코드 8.8의 어떤 코드가 영향을 받게 될까요?

코드 8.9 아직 인프라스트럭처 레이어의 코드에 영향을 받는 애플리케이션 서비스

```
@Service
@RequiredArgsConstructor
public class AccountService {

    private final AccountJpaRepository accountJpaRepository;        더 이상 JPA의 Repository를 사용하지
                                                                   않으니 영향을 받습니다.

    @Transactional
    public Account updateNicknameById(long id, String nickname) {
        // 영속성 객체를 불러와 도메인 객체로 변환              JPA의 @Entity로 개발된
        Account account = accountJpaRepository.findById(id)       AccountJpaEntity의 toModel
            .orElseThrow(() -> new NotFoundException("account", id))  메서드를 실행하고 있으므로
            .toModel();                                            영향을 받습니다.

        // 도메인 객체에 작업을 위임
        account = account.withNickname(nickname);

        // 영속성 객체를 도메인 객체로 변환                      JPA의 Repository를 사용하고 있고
        accountJpaRepository.save(AccountJpaEntity.from(account));  JPA @Entity를 사용하고 있으니 영향을
    }                                                             받습니다.
}
```

보다시피 사실상 모든 코드가 영향을 받는다고 볼 수 있습니다. 지금의 애플리케이션 서비스는 인프라스트럭처 레이어의 변경에 정말 취약합니다. 그러니 NEW-CONNECT를 사용하도록 변경한다는 결정은 사실상 모든 서비스 코드를 점검해야 하는 결과를 낳습니다. 즉, 현재의 구조에서 인프라스트럭처 레이어가 변경된다면 애플리케이션을 유지보수하는 것이 어려워진다는 것입니다!

무슨 의미인지 와 닿지 않는다고요? 조금 더 직설적으로 이야기해 봅시다. JPA 이전에 어떤 영속성 라이브러리가 있었나요? JdbcTemplate이 있었고, JdbcTemplate을 좀 더 잘 사용하기 위한 iBatis[11]가 있었고, iBatis의 버전이 올라가 이름이 바뀐 MyBatis도 있었습니다. 그러다 근래에 와서야 JPA가 성행하면서 입지를 굳힌 상황입니다.

그런데 과연 JPA는 몇 년이나 사용될까요? JPA는 자바 영속성 라이브러리의 마지막 기술이 될 수 있을까요? 장담할 수 없습니다. 최근 몇 년간 JPA는 사용 편의성 덕분에 무척이나 가파르게 성장했습니다. 하지만 완전무결해 보이는 JPA에도 지금은 사소해 보이는 단점들이 분명히 있습니다. 그러니 몇 년 뒤가될지는 모르겠지만 높은 확률로 이 단점을 보완할 새로운 라이브러리가 나올 것입니다. (혹은 JPA에 중요한 메이저 버전 업데이트가 발생해서 새로운 버전의 JPA는 인터페이스가 완전히 바뀐 새로운 라이브러리가 될 수도 있습니다.)

현업에 있다 보니 MyBatis를 사용하고 있는 조직에서 'MyBatis를 JPA로 변경하기 위해 노력해 봤지만 실패했다'라는 이야기를 종종 듣습니다. 그리고 실패하는 이유로 항상 '너무 많은 코드가 MyBatis에 결합돼 있기 때문에 JPA로 변경하는 것이 불가능하다'라는 점이 거론됩니다.

이 이야기를 남의 일로 보기는 어렵습니다. 만약 우리가 코드 8.9 같은 코드를 작성한다면 언젠가 JPA를 NEW-CONNECT로 대체하려 할 때 우리도 똑같이 하소연하고 있을 것입니다. 그러지 않기 위해서는 애플리케이션이 영속성 라이브러리 같은 외부 라이브러리에 너무 강결합돼 있어서는 안 됩니다. 다시 말해 인프라스트럭처 레이어의 구성이 달라져도 애플리케이션 레이어가 영향을 받지 않는 구조로 애플리케이션을 설계해야 합니다.

그래서 우리는 애플리케이션 레이어에 위치한 AccountService 컴포넌트가 인프라스트럭처 레이어에 위치한 JPA에 의존하는 상황을 제거하고 싶습니다. 그렇다면 이 문제는 어떻게 해결하면 좋을까요? 사실 이와 관련해서는 여러 차례 언급해온 터라 이미 해결책을 눈치챈 분들도 있을 것입니다. 바로 의존성 역전을 사용하는 것입니다.

---

11 MyBatis에 앞서 데이터베이스와 자바 객체 간 매핑을 쉽게 처리하기 위해 만들어진 자바 프레임워크. 참고: https://ko.wikipedia.org/wiki/IBATIS

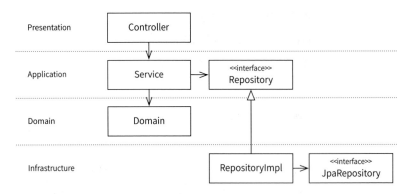

그림 8.9 애플리케이션 레이어와 인프라스트럭처 레이어에 의존성 역전을 적용

그림 8.9를 보면 우선 애플리케이션 레이어에 Repository라는 인터페이스를 새롭게 배치했습니다. 이는 JpaRepository와 결이 다른 인터페이스인데, 아무런 상속 관계를 갖지 않는 순수한 인터페이스입니다. 그리고 이 인터페이스의 구현체는 인프라스트럭처 레이어에 위치합니다. 구현체는 JpaRepository를 이용해 도메인을 불러옵니다.

무슨 의미인지 이해되지 않는다면 그림 8.9를 코드로 반영한 다음 예시를 봅시다.

코드 8.10 변경된 서비스 코드

```java
@Service
@RequiredArgsConstructor
public class AccountService {

    private final AccountRepository accountRepository;

    @Transactional
    public Account updateNicknameById(long id, String nickname) {
        Account account = accountRepository.findById(id);
        account = account.withNickname(nickname);
        accountRepository.save(account);
    }
}
```

코드 8.11 애플리케이션 레이어에 존재하는 리포지터리 코드

```java
public interface AccountRepository {
```

```
    public Account findById(long id);

    public void save(Account account)
}
```

코드 8.12 인프라스트럭처 레이어에 존재하는 리포지터리 코드

```
@Repository
@RequiredArgsConstructor
public class AccountRepositoryImpl implements AccountRepository {

    private final AccountJpaRepository accountJpaRepository;

    @Override
    public Account findById(long id) {
        return accountJpaRepository.findById(id)
            .orElseThrow(() -> new NotFoundException("account", id))
            .toModel();
    }

    @Override
    @Transactional
    public void save(Account account) {
        accountJpaRepository.save(AccountJpaEntity.from(account));
    }
}
```

그 밖의 도메인 모델(예: Account)이나 JPA 엔티티(예: AccountJpaEntity)는 코드 8.6, 코드 8.7과 같습니다. 어렵지 않은 코드이니 조금만 주의해서 보면 이해할 수 있을 것입니다. 코드를 얼추 이해했다면 다음 질문에 답해보길 바랍니다.

- 코드 8.10의 AccountService는 JPA에 의존하나요?

- 코드 8.10의 AccountService는 인프라스트럭처 레이어에 의존하나요?

- 코드 8.11의 AccountRepository는 JPA에 의존하나요?

위 질문의 답은 모두 '아니다'입니다.

가장 먼저 AccountRepository 인터페이스부터 봅시다. AccountRepository 인터페이스에서는 JPA 엔티티나 JpaRepository 같은 JPA 관련 코드를 사용하지 않습니다. 오직 도메인 모델만을 사용해 표현됩니다. 덕분에 인프라스트럭처 레이어에 위치하지 않아도 되고 AccountRepository 인터페이스를 사용하는 AccountService 컴포넌트가 인프라스트럭처 레이어에 의존하지 않아도 됩니다.[12]

다음으로 코드 8.10의 AccountService 컴포넌트를 봅시다. AccountService 컴포넌트는 도메인을 사용해 표현된 AccountRepository 인터페이스에 의존하게 됨으로써 더 이상 JPA와 관련된 코드가 존재하지 않습니다. 그러면서 동시에 이전과 완전히 똑같은 기능을 제공합니다. JPA를 사용하면서도 JPA에 의존하지 않는 애플리케이션 서비스를 얻게 된 것입니다.

이런 마법 같은 일이 일어날 수 있는 이유는 스프링 프레임워크가 AccountService 컴포넌트의 멤버 변수인 accountRepository에 AccountRepositoryImpl로 생성된 객체를 자동으로 주입하기 때문입니다. 스프링의 장점이 바로 이것입니다. 스프링의 의존성 주입은 타입을 기반으로 동작하기 때문에 인터페이스를 구현한 구현체가 알아서 주입됩니다. 그 덕분에 인프라스트럭처의 구현을 신경 쓰지 않은 채 역할과 책임만 갖고도 애플리케이션을 개발할 수 있게 됩니다. 그러니 어느 날 갑자기 JPA가 역사의 뒤안길로 사라지더라도 우리는 집중해야 할 곳이 어디인지 명확히 알 수 있습니다. AccountRepositoryImpl 컴포넌트에만 집중해 상위 인터페이스인 AccountRepository에 할당된 책임을 JPA가 아닌 NEW-CONNECT가 맡도록 변경하면 됩니다.

더불어 이렇게 변경하고 나면 얻을 수 있는 또 하나의 놀라운 장점이 있습니다. 바로 프로젝트가 더 이상 데이터베이스의 형태에도 영향을 받지 않게 된다는 점입니다! 즉, 더 이상 우리의 주력 데이터베이스가 꼭 RDB일 필요가 없어졌습니다. MongoDB를 사용해도 되고, 다른 NoSQL을 사용해도 되고, 그냥 다른 RDB를 사용해도 됩니다! 원한다면 영속성 라이브러리도 MyBatis를 사용해도 됩니다!

우리의 아키텍처는 역할과 책임에 집중하고 있습니다. 그러므로 어떤 데이터베이스를 사용하든 그 데이터베이스와 영속성 라이브러리가 AccountRepository 인터페이스가 맡은 역할과 책임을 온전히 수행할 수 있기만 하면 됩니다.

예를 들어, 프로젝트를 진행하던 도중 주력 데이터베이스를 MySQL에서 MongoDB로 변경했다고 가정해봅시다. 그림 8.9와 같은 구성에서 우리가 해야 할 일은 간단합니다. JPA를 지우고, 어떤 MongoDB

---

12 AccountRepository 인터페이스는 애플리케이션 레이어에 위치한다는 점에 유의해야 합니다. AccountRepository가 인프라스트럭처 레이어에 위치하지 않고 애플리케이션 레이어에 위치하는 이유는 상위 모듈이 하위 모듈에 의존하지 않게 한다는 의존성 역전 원칙을 달성하기 위해서입니다. AccountRepository 인터페이스가 인프라스트럭처 레이어에 위치한다면 애플리케이션 레이어가 결국 인프라스트럭처 레이어에 의존하는 꼴이 돼버립니다.

라이브러리를 사용할지 선택합니다. 그다음 `AccountRepositoryImpl` 컴포넌트를 MongoDB 라이브러리 코드로 변경하면 됩니다. 따라서 애플리케이션 레이어에 존재하는 코드와 도메인 레이어의 코드는 건드리지 않아도 됩니다.

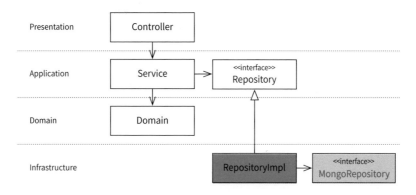

그림 8.10 주력 데이터베이스를 MongoDB로 변경한 후 JPA에서 MongoDB 라이브러리로 변경해도 애플리케이션의 항상성을 유지할 수 있다.

이는 레이어 간 연결에 의존성 역전을 적용함으로써 유연한 설계를 얻게 된 결과입니다. 혹시나 기억나지 않는 분들을 위해 다시 한번 강조합니다. 의존성 역전은 경계를 만드는 기술입니다. 변경에 의한 영향 범위가 더 이상 확산되지 않게 도와줍니다. 이 단순하면서도 강력한 기술이 애플리케이션을 어떻게 유연하게 만드는지는 여러 번 곱씹어 볼 만합니다.

8.3.3 웹 프레임워크와의 결합 끊기

애플리케이션 레이어와 인프라스트럭처 레이어에 의존성 역전을 적용함으로써 애플리케이션이 더 이상 JPA와 강결합되지 않게 변경할 수 있었습니다. 더불어 데이터베이스의 형태에도 영향을 받지 않는 애플리케이션 설계를 얻을 수 있었습니다. 그렇다면 이 원리를 똑같이 프레젠테이션 레이어에도 적용할 수 있지 않을까요? 다시 말해 레이어드 아키텍처를 다음 그림과 같이 진화시킨다면 어떨까요?

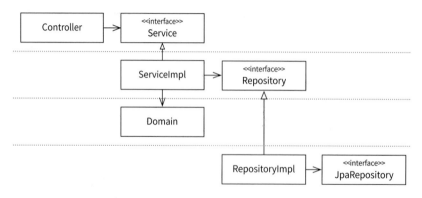

그림 8.11 프레젠테이션 레이어에 의존성 역전을 적용

이를 코드로 표현하면 다음과 같습니다.

```
코드 8.13 닉네임을 변경하는 엔드포인트를 갖고 있는 AccountController

@RestController
@RequiredArgsConstructor
@RequestMapping("/accounts")
public class AccountController {

    private final AccountService accountService;

    @PatchMapping("/{id}")
    public ResponseEntity<Account> patchProperties(
        @PathVariable long id,
        @RequestBody PatchAccountRequest request
    ) {
        if (StringUtil.notEmpty(request.getNickname())) {
            Account account = accountService.updateNicknameById(id, nickname);
        }
        return ResponseEntity.ok(updatedAccount);
    }
}
```

조금 억지스러운 코드지만 예제를 계속 이어서 설명하고자 컨트롤러를 이렇게 구성해 봤습니다.

AccountService는 이제 프레젠테이션 레이어의 인터페이스입니다.

```java
public interface AccountService {

    public Account updateNicknameById(long id, String nickname);

}
```

그리고 AccountService 인터페이스의 구현을 애플리케이션 레이어에서 구현하게 했습니다.

```java
@Service
@RequiredArgsConstructor
public class AccountServiceImpl implements AccountService {

    private final AccountRepository accountRepository;

    @Override
    @Transactional
    public Account updateNicknameById(long id, String nickname) {
        Account account = accountRepository.findById(id);
        account = account.withNickname(nickname);
        accountRepository.save(account);
    }
}
```

어떤가요? 상당히 괜찮은 의견이지만 이와 관련해서 상반된 두 가지 해석이 나올 수 있습니다. 하나는 이 방법을 긍정하는 해석이고 또 다른 하나는 부정하는 해석입니다.

긍정적 해석

첫 번째로 '의존성 역전을 적용해 그림 8.11은 그림 8.9보다 더 유연한 구조를 갖게 됐으니 긍정적이다'라고 보는 해석입니다.

이는 분명 타당한 해석입니다. 의존성 역전은 경계를 만드는 기술이고, 변경에 의한 영향 범위를 최소화할 수 있는 기술이라고 했으니 이 주장에는 이견이 있을 수 없습니다. 더불어 이 주장을 뒷받침할 수 있는 사실이 하나가 있으니 바로 '헥사고날 아키텍처'입니다.[13]

---

13 국내 번역서에서는 이를 '육각형 아키텍처'라고 번역합니다. 하지만 이 책에서는 가급적 원어를 사용하는 것을 지향하기에 이하 '헥사고날 아키텍처'라고 부르겠습니다.

만약 이 해석에 따라 레이어드 아키텍처를 그림 8.11로 진화시킨다면 우리의 레이어드 아키텍처는 이제 핵사고날 아키텍처로 진화했다고 평가할 수 있게 됩니다.

그런데 레이어드 아키텍처를 이야기하다가 갑자기 생뚱맞게 핵사고날 아키텍처를 이야기하는 것일까요? 독자 여러분 중에 핵사고날 아키텍처가 무엇인지 모르는 분들도 있을 테니 수박 겉핥기로 빠르게 훑어봅시다.

핵사고날 아키텍처는 알리스테어 콕번(Alistair Cockburn)이 만든 아키텍처 패턴입니다. 핵사고날 아키텍처는 로버트 C. 마틴이 저술한 《클린 아키텍처》[14]의 실무판이라고도 불리는데, '포트-어댑터 패턴'이라는 것을 사용해 클린 아키텍처의 목표를 달성합니다.[15]

핵사고날 아키텍처는 애플리케이션의 핵심인 내부 세계(도메인)와 바깥 세계(예: 웹 요청, 데이터베이스 호출 등)를 나눠 각각을 어떻게 다뤄야 하는지에 대해 주목합니다. 이 둘을 명확하게 분리하고, 도메인이 외부 세계와 완전히 독립적으로 동작하게 만듭니다.

핵사고날 아키텍처는 그림 8.12와 같은 방식으로 애플리케이션을 설계하는 것을 의미합니다.

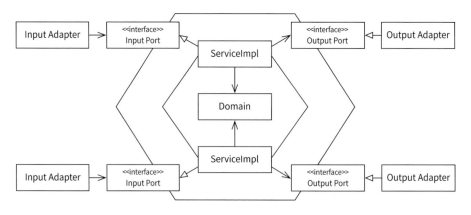

그림 8.12 핵사고날 아키텍처

좌측의 입력(input) 영역은 애플리케이션을 사용하는 사용자들의 입력을 표현한 것입니다. 예를 들면, 사용자가 백엔드 서버를 대상으로 API 호출을 하는 상황이라고 생각하면 됩니다. 사용자는 입력 어댑터(input adapter)를 통해 API 호출을 하고, 입력 어댑터는 입력 포트(input port)를 통해 입력받은 내용을 ServiceImpl 컴포넌트로 전달합니다.

---

14 부록 C '클린 아키텍처' 참조
15 부록 A '포트-어댑터 패턴' 참조

ServiceImpl 컴포넌트는 우리가 알던 애플리케이션 서비스입니다. 데이터베이스에서 도메인을 가져오고, 네트워크 호출을 하고, 도메인에 업무를 위임하는 역할을 합니다.

우측의 출력(output) 영역은 도메인을 영속화하거나 다른 시스템을 호출하는 상황을 표현한 것입니다. 예를 들어, ServiceImpl 컴포넌트는 출력 포트(output port)를 통해 데이터베이스에서 도메인을 가져옵니다. 출력 포트의 구현체는 출력 어댑터(output adapter)로 구현돼 있습니다. 이는 마치 Repository 인터페이스와 RepositoryImpl 클래스 같은 관계입니다.

여기까지가 헥사고날 아키텍처의 개략적인 내용입니다. 이 이상 헥사고날 아키텍처에 관해 자세히 설명하는 것은 이 책의 범위를 벗어나는 내용이므로 더 이상 다루지 않겠습니다. 대신 하고 싶었던 이야기를 마저 진행하겠습니다. 그렇다면 이제 헥사고날 아키텍처를 설명하는 그림 8.12와 그림 8.11을 잘 비교해 보길 바랍니다.

그림 8.12와 그림 8.11은 사실 같은 그림이라는 점을 알 수 있을 것입니다.

무슨 의미인지 이해되시나요?

그림 8.11에서 계층 구조를 없애고 컴포넌트를 그림 8.12처럼 재배치해 보세요. 그림 8.12와 같은 그림을 얻을 수 있을 것입니다. 잘 이해되지 않는 분들을 위해 역으로 그림 8.12에 대응하는 컴포넌트를 그림 8.11의 명칭으로 바꿔서 다시 그려봤습니다.

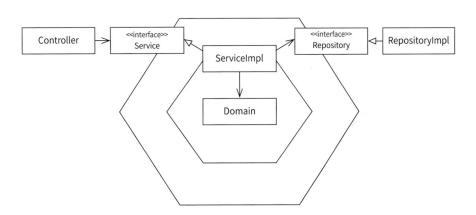

그림 8.13 헥사고날 아키텍처를 레이어드 아키텍처에 대응하기

이렇게 다이어그램을 변경하고 나니 컴포넌트가 의존하는 방향과 유형(화살표의 방향, 화살표의 생김새)이 완전히 일치합니다. (그림을 해석하는 데 방해되는 상하 대칭 내용은 일부러 제거했습니다.)

레이어드 아키텍처를 발전시켰더니 헥사고날 아키텍처에 가까운 결과를 얻을 수 있게 된 것은 우연이 아닙니다. 왜냐하면 지금까지 이 책에서 레이어드 아키텍처를 진화시켜 온 과정이 클린 아키텍처와 헥사고날 아키텍처가 나오게 된 배경을 답습한 것이기 때문입니다.

헥사고날 아키텍처에서는 외부 세계를 다루는 방법을 표현하고자 포트-어댑터 패턴을 사용했다고 이야기했습니다. 그런데 실은 포트-어댑터 패턴을 사용한 것이 아니라 의존성 역전을 사용한 것입니다. 앞에서 이야기했지만 의존성 역전의 또 다른 이름이 포트-어댑터 패턴이기 때문입니다.

더 할 수 있는 이야기가 많지만 일단은 이 시점에서 이야기를 정리하겠습니다. 모쪼록 여러분께 드리고 싶은 이야기는 프레젠테이션 레이어와 애플리케이션 레이어에도 의존성 역전을 적용해도 된다는 것입니다. 그리고 이렇게 진화시킨 레이어드 아키텍처는 시스템의 변경 사항이 최소화되고, 유지보수 및 테스트가 용이해진다는 것입니다. 더불어 점점 헥사고날 아키텍처와 닮아져 갑니다.

이 주제에 관해서는 다음과 같은 책을 추천해 드리니 한번쯤 읽어보셔도 좋습니다.

- 《클린 아키텍처》(인사이트, 2019)
- 《만들면서 배우는 클린 아키텍처》(위키북스, 2021)
- 《만들면서 배우는 헥사고날 아키텍처 설계와 구현》(위키북스, 2022)

ⓘ **스프링 프레임워크**

이렇게 프레젠테이션 레이어에 의존성 역전을 적용하면 애플리케이션과 스프링 웹 프레임워크의 결합도 끊을 수 있게 됐다고 평가할 수 있습니다.

단, 이 말을 오해하면 안 됩니다. 애플리케이션은 웹 프레임워크인 spring-web과 결합이 끊어진 것일 뿐입니다. 스프링 프레임워크(springframework)와 결합이 끊어진 것은 아닙니다. 우리는 여전히 @Service, @Repository, @Component 같은 애너테이션을 사용하고 있습니다. 그러니 애플리케이션은 아직 스프링에 결합된 상태입니다.

이는 스프링 프레임워크와 스프링 웹 프레임워크를 같은 프레임워크라고 생각할 때 발생하는 문제입니다. 그런데 사실은 그렇지 않습니다. 스프링 프레임워크 자체는 웹 서버를 만들기 위해 개발된 프레임워크가 아닙니다! 이외에도 스프링은 정말 많은 자바 프로젝트에서 사용될 수 있습니다. 스프링 프레임워크의 핵심 가치는 IoC(Inversion of Control) 컨테이너라는 것이며, DI를 훌륭하게 지원하는 도구라는 것입니다.

부정적 해석

앞의 긍정적 해석에 이어 이번에는 부정적 해석입니다. 이 해석에서는 굳이 프레젠테이션 레이어에 의존성 역전을 적용할 필요가 있느냐고 주장합니다. 이 주장의 요지는 간단합니다. 프레젠테이션 레이어에 의존성 역전을 적용한다고 해도 얻을 수 있는 이점이 모호하다는 것입니다. 즉, 의존성 역전을 적용한 후 코드의 유지보수성과 코드의 재사용성이 올라갔다고 평가할 수 있을까요?

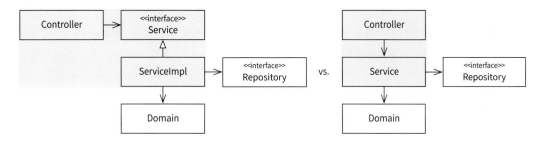

그림 8.14 의존성 역전을 적용할 때 vs. 의존성 역전을 적용하지 않을 때

이에 관해 이야기하기에 앞서 잠깐 다른 이야기를 해봅시다. 국내에서 스프링을 이용해 백엔드를 개발한다고 하면 대부분 API 서버를 만드는 것을 생각합니다. 하지만 앞서 이야기한 것처럼 실은 그렇지 않습니다. 스프링은 API 서버를 만들기 위한 프레임워크가 아니기 때문입니다.

그렇다면 가령 애플리케이션 레이어 입장에서 프레젠테이션 레이어가 변경되는 경우를 한번 상상해 봅시다. 웹 애플리케이션을 만들고 있었다고 가정하고, 어느 날 요구사항이 바뀌어서 시스템이 웹 애플리케이션이 아니라 메시지 시스템의 컨슈머 역할을 하는 애플리케이션으로 개발돼야 한다고 해봅시다. 그럼 이러한 요구사항을 반영하려면 애플리케이션을 어떻게 변경해야 할까요?

간단합니다. 실행 주체를 컨트롤러에서 메시지 리스너(listener)로 변경하면 충분합니다. 어차피 비즈니스 로직은 모두 도메인과 서비스 컴포넌트에 존재하므로 실행 주체를 변경하는 것만으로도 다른 앱을 만들 수 있습니다. 이것이 프레젠테이션 레이어를 만든 이유입니다.

그런데 이는 프레젠테이션 레이어에 의존성 역전을 적용하든, 적용하지 않든 같습니다! 즉, 프레젠테이션 레이어의 요구사항이 변경되는 상황에서 우리의 애플리케이션은 의존성 역전을 적용하든 적용하지 않든 이미 충분히 자유롭습니다.

이는 의존성 역전을 적용함으로써 얻을 수 있는 이점이 상위 레이어를 하위 레이어로부터 독립시킬 때 극대화되기 때문입니다. 다시 말해, 프레젠테이션 레이어를 하위 레이어인 애플리케이션 레이어, 도메인 레이어의 변경으로부터 독립시키고 싶을 때 의존성 역전을 적용하는 것이 유의미합니다. 그렇지 않은 경우는 그 효과가 굉장히 미미합니다.

그런데 상식적으로 프레젠테이션 레이어는 그대로인데 애플리케이션 레이어가 변경되는 일이 일어나긴 정말 어렵습니다! 왜냐하면 애플리케이션의 본질인 애플리케이션, 도메인 레이어가 다른 형태로 변경될 일은 없기 때문입니다.

더불어 프레젠테이션 레이어의 코드는 보통 재사용될 수도 없습니다. 그러니 의존성 역전을 적용했을 때 얻을 수 있는 이점은 더더욱 희석됩니다.

'프레젠테이션 레이어의 코드는 재사용될 수도 없다'라는 말이 무슨 뜻인지 이해하기 위해 예를 들어 보겠습니다. 여러분이 '카페' 시스템을 만들고 있고, 이 시스템은 카페에 게시물을 생성, 수정, 삭제 조회할 수 있는 엔드포인트를 제공해야 한다고 해봅시다. 그래서 다음과 같은 형태의 엔드포인트를 만들었습니다.

코드 8.16 카페 시스템에 사용할 간단한 엔드포인트

```
GET /api/cafe/1/posts
POST /api/cafe/1/posts
PUT /api/cafe/1/posts/1
DELETE /api/cafe/1/posts/1
```

보다시피 이렇게 만들어진 간단한 엔드포인트에도 애플리케이션의 도메인이 표현됩니다. 그러니 프레젠테이션 레이어의 코드를 재활용하지 못합니다. 코드 8.16에 맞춰 작성된 컨트롤러를 어떤 시스템에서 재활용할 수 있죠? 오직 카페 서비스밖에 사용하지 못합니다.

게다가 API 통신에 사용되는 요청 본문이나 응답 본문도 도메인을 따라갈 수밖에 없습니다. 어찌 보면 당연합니다. API는 도메인 시스템을 사용하기 위한 인터페이스이기 때문입니다.

즉, 컨트롤러와 핸들러를 다른 프로젝트에서 사용한다는 것은 사실상 도메인이 완전히 일치하는 시스템일 때나 가능한 일입니다. 이러한 이유로 프레젠테이션 레이어에 의존성 역전을 적용하는 것이 무의미하다는 주장이 있는 것입니다.

⚠ 스프링에 한정하면 개인적으로도 이러한 부정적인 해석에 손을 들어주고 싶습니다. 의존성 역전의 가장 큰 이점은 이 원칙을 적용하고 나면 하위 모듈을 플러그인처럼 갈아끼울 수 있게 된다는 점입니다. 하지만 애석하게도 프레젠테이션 레이어에 의존성 역전을 적용하고 난 뒤 하위 모듈인 애플리케이션 레이어와 이하 모듈은 갈아끼우고 싶어도 그럴 수 없습니다. 그런 일은 거의 발생하지 않기 때문입니다.

불필요한 추상화는 개발 속도만 늦출 뿐입니다. 더불어 의존성 역전을 적용해 애플리케이션 서비스가 프레젠테이션 레이어에 존재하는 인터페이스를 구현하도록 하면 애플리케이션 레이어 입장에서 의존하는 레이어가 2개로 늘어나 버립니다. 그런데 애플리케이션 레이어는 도메인 레이어를 참조하는 것만으로도 충분합니다. 괜히 프레젠테이션 레이어도 의존하게 만들 이유가 없습니다.

또한 정상적으로 만들어진 애플리케이션 서비스는 원래부터 프레젠테이션 레이어와 결합하지 않습니다. 그러므로 우리의 도메인은 여전히 웹 프레임워크에 독립적입니다.

그림 8.9와 같은 상황에서 애플리케이션이 혹시나 메시지를 처리하는 애플리케이션으로 변경돼야 하더라도 이에 대처할 수 있습니다. 애플리케이션 레이어와 이하 레이어는 프레젠테이션 레이어에 자유롭기 때문입니다. 따라서 이 레이어에는 오히려 의존성 역전을 적용하지 않는 편이 더 좋을 수 있다는 것이 개인적인 견해입니다. 나아가 오히려 이래야 프레젠테이션 레이어에 변경이 있더라도 영향 범위를 애플리케이션 레이어로 확장시키지 않을 수 있기 때문에 유지보수 측면에서도 유리하다고 생각합니다.

평가

결과적으로 프레젠테이션 레이어에 의존성 역전을 적용할지 말지는 개발자마다 의견이 다를 수 있습니다. 앞에서 긍정적 의견과 부정적 의견으로 나눠서 살펴봤는데, 정리하면 다음과 같습니다.

긍정적 의견

- 경계를 강제할 수 있게 됩니다.

- 외부 세계와 내부 세계에서 벌어지는 모든 일에 일관된 패턴을 적용할 수 있습니다.

- 프레젠테이션 레이어에 있는 컴포넌트를 테스트해야 할 때 테스트가 쉬워집니다.

부정적 의견

- 의존성 역전을 적용했을 때 얻을 수 있는 실효성이 모호합니다.

- 의존성 역전을 적용하지 않아도 도메인 모델은 외부 세계에 독립적입니다.

- 애플리케이션 레이어가 프레젠테이션 레이어에 의존하는 것이 부자연스럽습니다.

양측의 의견이 모두 정당합니다. 그래서 어느 쪽이 맞거나 틀리다고 말할 수 없습니다. 애초에 아키텍처의 세계에는 정답이란 것이 존재하지 않습니다. 오롯이 문제 상황과 문제 상황에 부딪혔을 때 해결해 가는 과정만이 존재할 뿐입니다.

아키텍처는 종착지가 아니라 여정에 더 가까우며, 고정된 산출물이 아니라 계속된 탐구 과정에 더 가까움을 이해해야 좋은 아키텍처가 만들어진다.

– 케블린 헤니[15]

---

16   출처: 《클린 아키텍처》(인사이트, 2019), 추천사 xix

그렇기에 원리를 이해하고 해결 방법을 아는 것이 중요합니다. 문제 상황에 부딪혔을 때 문제를 해결할
수 있는 방법과 그 이유를 최대한 많이 알아둬야 하는 것입니다.

결국 소프트웨어를 개발하면서 벌어지는 모든 의사결정은 트레이드오프 싸움입니다. 그러므로 정해진
무언가를 무작정 따르기보다 문제 상황에 놓였을 때 선택할 수 있는 가능성을 나열하고 장단을 비교해
적용 여부를 판단하면 됩니다. 이 같은 과정이 반복되다 보면 그러한 경험이 곧 여러분의 개발 노하우로
자리 잡을 것입니다.

8.4 새로운 접근법

슬슬 레이어드 아키텍처 이야기를 정리할 때가 됐습니다. 하지만 그 전에 다시 첫 질문으로 돌아가 봅시
다. 저는 레이어드 아키텍처의 문제점을 지적하면서 '계정 시스템'을 만들어야 한다면 어디서부터 개발을
시작할 것인지 물었습니다. 그리고 중간에 이에 대한 해답으로 도메인 레이어부터 개발하면 된다고 이야
기했습니다.

그렇다면 이처럼 도메인부터 시작하는 개발 방법을 어떤 접근법이라 불러야 할까요? 그림 8.15를 보면
서 이야기해 봅시다.

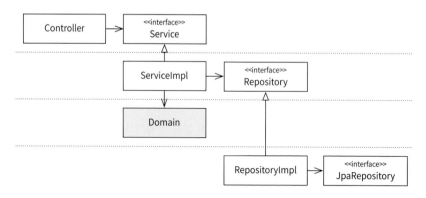

그림 8.15 프로그램을 개발할 때는 도메인 레이어부터 시작하면 된다.

도메인부터 개발을 시작한다는 말은 그림 8.15처럼 프로그램에 필요한 여러 요소 중 다른 무엇도 아닌
도메인을 먼저 개발하겠다는 의미입니다. 그런데 이 접근법은 상향식 접근이라 부르기도 애매하고 하향
식 접근이라 부르기도 애매합니다. 왜냐하면 시작이 중간부터이기 때문입니다.

그런데 과연 그럴까요? 아닙니다! 그림 8.15에서 도메인 레이어부터 개발한다는 것은 명백한 상향식 접근법입니다. 이 부분이 이해되지 않는다면 도메인 레이어에 존재하는 도메인 모델을 잡고 아래로 쭉 당겨본다고 생각해 보세요. 그러면 다음과 같은 형태가 될 것입니다.

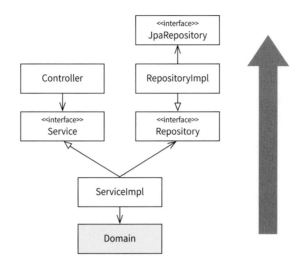

그림 8.16 도메인부터 시작하는 것은 상향식 접근법이다.

보다시피 도메인이 가장 아래에 위치하도록 바뀌었습니다.

혹시 도메인을 우선 개발하는 상황에서 어떻게 개발해야 한다고 했는지도 기억나시나요? 분명 '도메인을 개발하고, 애플리케이션 서비스를 개발하고, 그다음 애플리케이션 서비스가 사용할 인터페이스를 구성한다. 그리고 마지막으로 이에 대응하는 컨트롤러, JPA를 만들어 시스템을 완성해야 한다'라고 했습니다. 그리고 이는 그림 8.16의 상향식 접근법을 그대로 따른다고 볼 수 있습니다.

재밌는 점은 그림 8.15와 그림 8.16은 같은 그림이라는 것입니다. 그리고 그림 8.16과 헥사고날 아키텍처도 같은 그림입니다.

이처럼 아키텍처를 암기하는 게 아니라 이해하고 나면 좀 더 넓은 시야를 갖게 될 수 있습니다. 불필요한 레이어 경계도 지우고 컴포넌트의 위치를 바꿔가며 이야기를 계속 변주할 수 있게 됩니다. 따라서 아키텍처를 보면서 아키텍처가 어떻게 생겼는지 외우는 것보다 아키텍처를 해석할 수 있는 것이 우선입니다.

아키텍처의 핵심은 생김새가 아닙니다. 어디까지가 어떤 레이어인지, 이게 육각형 모양인지, 팔각형 모양인지가 중요한 것이 아닙니다. **'왜 이런 형태를 띠고 있는지'**가 중요합니다.

8.5 빈약한 도메인

저는 종종 이런 이야기를 동료나 후배 개발자들에게 이야기합니다. 그래서 이런 이야기에 영감을 받고 실무로 돌아간 분들이 꽤나 있는데 간혹 다음과 같은 피드백을 주는 분들이 있습니다.

> '아키텍처를 변경해 봤지만 큰 차이를 못 느꼈다.'

도메인 레이어를 만들고 비즈니스 로직을 도메인에 최대한 옮겨보고, 인프라스트럭처 레이어와 애플리케이션 레이어에 의존성 역전을 적용해 봤지만 큰 차이를 못 느꼈다는 것입니다. 혹은 오히려 작성해야 하는 코드가 더 늘어나서 불편해졌다고 불만을 토로하기도 합니다.

맞습니다! 프로젝트의 성격에 따라 복잡한 아키텍처를 적용하는 것이 더 손해인 경우도 분명 있습니다.

예를 들어, 개인 프로젝트로 'TODO 애플리케이션'[17]을 만들고 있다고 가정해 봅시다. 이렇게 간단한 애플리케이션을 만드는 경우라면 복잡한 아키텍처를 적용하는 것은 오히려 짐입니다. TODO 애플리케이션에는 복잡한 로직이라는 것이 존재하지 않습니다. 데이터를 저장하고 불러오고 수정하는 일밖에 안 합니다. 그러니 객체라고 부를 만한 것이 필요없을 수 있습니다. 단순한 도메인에는 트랜잭션 스크립트 방식을 이용해서 개발하는 편이 훨씬 유리할 수 있습니다.

그렇다면 더 나아가 TODO 애플리케이션에서는 애플리케이션 레이어와 인프라스트럭처 레이어에 의존성 역전을 적용할 필요도 없을 것입니다. 왜냐하면 이 애플리케이션은 어차피 1년도 운영하지 않을 확률이 높기 때문입니다. 1년 안으로 JPA를 뛰어넘을 무언가가 나올 확률은 지극히 낮습니다. 혹시나 나온다고 하더라도 JPA 기술만으로 애플리케이션을 1년 운영하는 데는 큰 무리가 없습니다. 차고 넘칩니다.

즉, 여러모로 단순한 애플리케이션을 만드는 데 복잡한 아키텍처를 적용하는 것은 오버 엔지니어링(over-engineering)[18]에 속합니다. 대부분의 소프트웨어 개발은 언더 엔지니어링(under-engineering)[19]으로 이뤄지는 경우가 많으므로 항상 이를 조심해야 하지만 마찬가지로 오버 엔지니어링도 반드시 경계해야 합니다.

---

17 할일(to-do)을 기록하는 메모 애플리케이션. 저연차 개발자들이 스프링이나 리액트를 배울 때 이 주제로 데모용 애플리케이션을 만들 때가 많습니다.

18 요구사항보다 과한 스펙에 맞춰 개발하는 경우를 지칭하는 말입니다.

19 요구사항보다 부족한 스펙으로 개발되거나 시스템이 유지보수될 것을 고려하지 않고 개발하는 경우를 지칭하는 말입니다.

어떤 개념을 공부하는 단계에서 간단한 프로젝트에 새로 배운 개념을 적용하는 것이라면 이러한 행동이 유의미한 일일 수 있지만 실무라면 이야기가 조금 다릅니다. 실무에서 발생하는 모든 시간 투자는 전부 비용으로 연결됩니다. 그러므로 프로젝트의 성공 실패를 장담할 수 없는 상황이라면 복잡한 아키텍처와 유연한 설계보다 고정된 기술 스택과 직관적인 아키텍처를 사용하는 편이 더 낫습니다.

저 또한 이러한 주장에 크게 공감합니다. 그래서 이번 절을 준비했습니다. 대신 이러한 주장들은 다음과 같은 말들로 반박될 수 있다는 사실 또한 염두에 두시길 바랍니다.

프로젝트의 성공 실패를 장담할 수 없습니다

프로젝트 초기 단계라 프로젝트가 성공할지 실패할지 장담할 수 없고, 그래서 빠르게 개발한 뒤 시장의 반응을 보고 싶은 것이라면 트랜잭션 스크립트나 스마트 UI를 이용해 빠르게 개발하는 편이 더 나을 수 있습니다. 하지만 그렇게 가치 증명을 하고 나면 그 이후는 다른 전략을 택해야 합니다. 서비스가 성장하면서 안정적인 운영과 기능 확장, 트래픽 확장이 더 중요해지는 시기가 반드시 오기 때문입니다.

그러므로 프로젝트 초반에는 빠른 개발이 주요 미덕이었을지라도 어느 정도 프로젝트가 안정화되고 나면 프로젝트를 언젠가 확장할 수 있는 상태로 빠르게 전환해야 합니다. 그렇지 않으면 뒤쫓아 오는 후발 주자에게 새로운 기회를 모두 빼앗길 수 있습니다. 왜냐하면 후발 주자는 여러분이 만든 서비스의 단점을 보완한 더 나은 설계를 들고 등장할 것이 분명하기 때문입니다. 여러분이 열심히 검증한 비즈니스 모델과 서비스를 죽 쒀서 개 줄 필요는 없을 것입니다.

요구사항이 단순합니다

'서비스의 요구사항이 단순해서 복잡한 아키텍처를 적용할 필요가 없어요'라고 말하는 것은 '우리 서비스는 빈약한 도메인을 갖고 있어요'라고 털어놓는 것과 다를 바 없습니다. 즉, '우리가 만들고 있는 프로젝트는 조금 규모가 큰 TODO 애플리케이션에 불과해요'라고 시인하는 것은 아닌지 반문해야 한다는 말입니다.

빈약한 도메인을 가진 서비스가 시장에서 성공할 수 있을지, 저는 잘 모르겠습니다. 분명 빈약한 도메인을 갖고도 성공하는 경우가 있기 때문에 도메인의 복잡도가 서비스의 성공 여부를 결정한다고 볼 수는 없습니다. 하지만 보편적으로 빈약한 도메인만 가지고 서비스를 성공시키기 어렵다는 것은 누구나 공감하리라 봅니다.

혹시나 빈약한 도메인을 가지고 성공하더라도 문제는 여전합니다. 요구사항이 단순하다는 말은 '누구나 쉽게 유사한 서비스를 만들어 경쟁에 뛰어들 수도 있다'라는 말과 같기 때문입니다. 결과적으로 단순한 서비스의 시장은 포화 상태로 이어질 것입니다. 그리고 경쟁 제품 이상의 무언가를 보여주려면 시스템은 결국 다양하고 복잡한 요구사항을 처리할 수 있어야 합니다. 그러므로 성공한 서비스는 진화하면서 대개 요구사항이 점점 복잡해질 수밖에 없습니다.

이야기가 길었는데, 지금까지 보편적으로 잘 알려진 잘못된 레이어드 아키텍처에서 그나마 나은 레이어드 아키텍처로 차근차근 진화시켜 봤습니다.

8장을 시작하기 전 레이어드 아키텍처에는 제창자가 없어서 다양한 해석이 존재한다고 했던 말을 기억하시나요? 그 말은 이런 뜻이었습니다. 그림 8.2(221쪽), 그림 8.9(242쪽), 그림 8.11(246쪽)은 모두 깊이가 제각각이지만 레이어드 아키텍처입니다. 장담컨대 조금만 더 찾아보면 분명 지금 이야기한 구조 말고도 더 상세한 분류, 더 유연한 구조를 갖는 레이어드 아키텍처가 존재할 것입니다.[20]

모든 상황에 적합한 아키텍처란 존재하지 않습니다. 그러니 시스템의 복잡도와 요구사항에 따라 애플리케이션을 진화시켜 보길 바랍니다. 설계가 뻣뻣해 보이는 지점에 유연함을 조금씩 적용해 보길 바랍니다. 그러면 그것이 여러분의 해답이 될 것입니다. 아키텍처에는 정답이 없으며, 문제와 문제 해결 과정만이 존재할 뿐이라는 점을 명심하길 바랍니다.

---

20 이번 이야기를 풀어내면서 특히나 난처했던 점이 그림 8.2, 그림 8.9, 그림 8.11을 어떻게 불러야 할지였습니다. 그리고 보편적으로 생각하는 레이어드 아키텍처를 나타낸 그림이 어디에 가까운지도 알아야 했습니다.

모듈

질문을 하나 하겠습니다. 9장을 시작하기에 앞서 아래 질문에 대해 30초 정도 고민해 보고 이야기를 읽어보면 좋겠습니다.

❓ 모듈이나 모듈 시스템이란 무엇일까요?

이 질문을 했을 때 얻을 수 있는 일반적인 답변은 다음과 같습니다.

- 모듈은 독립된 코드 묶음이다.

- 자바에서 모듈 시스템은 패키지다.

- 자바 9에서 모듈 시스템은 `module-info.java`다.

이러한 답변은 모두 어딘가 모호합니다. 왜냐하면 답변이 모두 모듈이나 모듈 시스템이 무엇인지 설명하기보다 자바의 몇 가지 기능에 빗대어 모듈이 무엇인지 설명하기 때문입니다. 궁금한 것은 모듈과 모듈 시스템이 무엇이냐입니다. 자바에서 모듈에 대응하는 것이 무엇이냐가 아닙니다. 심지어 이 가운데 '자바에서 모듈 시스템은 패키지다'라는 답변은 틀렸습니다. 자바의 패키지 시스템은 모듈 시스템이 될 수 없습니다.

즉, 모듈과 모듈 시스템이 무엇인지 알고 있다면 다음과 같은 질문에 대답할 수 있어야 합니다.

- 소프트웨어에서 말하는 모듈이나 모듈 시스템이란 무엇일까요?

- 자바의 패키지는 왜 모듈 시스템이 될 수 없을까요?

- 자바 9부터 추가된 모듈 시스템(module-info.java)은 무엇이고 왜 추가된 것일까요?

- 자바 9부터 모듈 시스템(module-info.java)이 추가됐다면 자바 9 이전에는 모듈 시스템이 없었다고 봐야 할까요?

이번 장에서는 이러한 질문에 답변해 보겠습니다. 이를 위해 먼저 모듈과 모듈 시스템에 관해 알아보겠습니다. 나아가 자바가 발전해 온 발전 과정에 엮어 자바 9부터 모듈 시스템이 추가된 배경에 관해서도 설명하겠습니다.

9.1 모듈성

우선 무엇보다도 명확하게 짚고 넘어가야 할 질문이 하나 있습니다. 바로 '모듈이란 무엇인가?'입니다.

모듈(module)이란 무엇일까요? 모듈이라는 용어는 참 추상적입니다. 왜냐하면 이 용어가 소프트웨어 공학에서만 사용되는 것이 아니라 모든 공학 분야, 나아가 일상에서도 사용되기 때문입니다. 그리고 이 때 사용하는 모듈이라는 용어는 일반적으로 '어떤 목적을 수행하기 위해 분리된 작은 구성 단위'를 의미합니다.

그래서 이 용어는 여러모로 쓰임새가 많습니다. 실제로 '모듈'이라는 용어는 정말 많은 곳에서 사용되는데, 그 쓰임새가 어찌나 다양한지 여러 일반 어휘와 혼합돼 새로운 단어를 만드는 데 사용되기까지 합니다.

- 모듈 선반

- 모듈 디자인

- 모듈러 하우스

- 태양광 모듈

- 레고 모듈

모두 어떤 큰 개체의 일부를 뜻하는 용어로 사용됩니다. 이러한 정의는 모듈이 사용되는 대부분의 상황을 이해하는 데 사용될 수 있다는 장점이 있습니다. 하지만 소프트웨어 개발에 사용될 수 있을 만큼 쓸모 있지는 않습니다. 의미가 너무 범용적이기 때문입니다. 따라서 질문을 '모듈이란 무엇일까요?'에서 '소프트웨어 공학에서 말하는 모듈이란 무엇일까요?'로 바꿔 이야기를 진행해 보겠습니다.

소프트웨어 공학에서 말하는 모듈이란 무엇일까요? 이 질문에 대해 일반적으로 들을 수 있는 답변은 또 다음과 같습니다.

1. **모듈은 프로그램의 기본 구성 요소다.**

    누군가는 모듈에 대해 '프로그램의 기본 구성 요소'라고 답합니다. 그런데 아시다시피 이러한 정의는 이전 답변과 마찬가지로 지나치게 넓은 의미를 갖고 있기 때문에 여전히 모듈이 무엇인지 설명하지 못합니다. 예를 들어, 객체지향에서 프로그램의 기본 구성 요소는 객체입니다. 그렇다면 우리는 객체 하나하나를 모두 모듈이라고 불러야 할 것입니다. 그런데 객체를 모두 모듈이라 보는 것은 조금 지나친 해석 같아 보이면서도 얼추 맞는 의미인 것 같아 모호합니다. 그러니 이러한 답변은 효용성이 없는 답변입니다.

2. **특수한 목적을 가지고 만들어지는 라이브러리다.**

    또 다른 누군가는 모듈을 '특수한 목적을 가지고 만들어지는 라이브러리'라고 답합니다. 그런데 이 정의도 이상합니다. 왜냐하면 이러한 정의는 너무 집약적이기 때문입니다. 만약 이러한 정의를 따른다면 라이브러리를 사용하지 않는 모든 애플리케이션은 모듈이 없다고 평가해야 할 것입니다. 그런데 실제로 그런가요? 소프트웨어를 개발하면서 라이브러리를 만들지 않아도 '모듈을 만든다'라고 자주 표현합니다. 따라서 라이브러리가 아니어도 모듈이 될 수 있습니다.

그러므로 소프트웨어 공학에서 모듈은 프로그램의 기본 구성 요소이면서 라이브러리를 포괄하는 조금 더 큰 규모의 용어입니다.

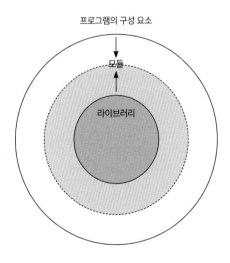

그림 9.1 모듈이란 무엇인가?

즉, 모듈이란 라이브러리와 프로그램의 구성 요소 사이에 위치하는 개념입니다.

하지만 이러한 설명은 모듈을 설명하기에는 여전히 모호합니다. 왜냐하면 누군가는 점선으로 된 동심원의 반지름이 다른 사람에 비해 짧을 것이며, 또 다른 누군가는 바깥 원에 가까울 것이기 때문입니다. 사람마다 의미상의 편차가 있기 때문에 이 정의는 효용성이 없습니다. 그리고 저도 모듈이 무엇인지를 이런 식으로 정의하고 싶지 않습니다. 단지 이 이야기를 꺼낸 이유는 '그만큼 사람마다 모듈이라는 개념을 받아들이는 수준이 다르다'라는 말을 하고 싶었기 때문입니다.

모두가 모듈에 관해 다르게 생각합니다. 그러니 비교적 명확한 기준이 필요합니다. 그래서 이에 대한 저의 대답은 다음과 같습니다.

> 소프트웨어 관점에서 모듈이란 독립성(independence)과 은닉성(hiding)[1]을 만족하며 연관된 코드들의 묶음입니다.
>
> **1. 독립성**: 모듈은 독립적이어야 한다.
>
> **2. 은닉성**: 모듈의 사용자는 모듈의 내부 구현을 몰라도 된다. 공개된 인터페이스를 이용해 모듈과 통신한다.

이때 독립성과 은닉성 같은 특성을 모듈성이라 부릅니다. 즉, 연관된 코드 묶음은 모듈성을 만족할 때 모듈이 될 수 있습니다.[2]

그럼 이제 독립성과 은닉성에 관해 자세히 설명할 차례입니다. 그런데 잠깐, 이 개념을 설명하기 전에 모듈 시스템을 먼저 설명하는 편이 이야기를 진행하는 데 도움이 될 것 같습니다. 그러니 모듈 시스템이 무엇인지부터 설명하겠습니다.

> 모듈 시스템이란 연관된 코드 묶음이 '모듈성'을 갖출 수 있게 도와주는 시스템적인 해결책입니다. 모듈성을 지원하기 위해 모듈 시스템은 다음과 같은 기능을 필수적으로 지원해야 합니다.
>
> **1. 의존성 관리**: 모듈을 사용하기 위해 어떤 의존성이 필요한지 명시할 수 있어야 한다.
>
> **2. 캡슐화 관리**: 모듈은 불필요한 구현을 외부로 드러내지 않아야 한다.

모듈은 독립성과 은닉성을 만족합니다. 그리고 모듈 시스템은 모듈을 만들기 위한 시스템으로서 모듈에 대한 의존성 관리와 캡슐화 관리 기능을 제공해야 합니다.

모듈 시스템이 이 같은 기능을 제공해야 하는 이유는 각각 독립성과 은닉성에 대응해서 생각할 수 있습니다. 무슨 의미냐면 모듈이 독립성을 보장하기 위해 모듈 시스템은 **'모듈 차원의'** 의존성 관리를 할 수

---

1   은닉성 자체를 번역하면 'hiding'입니다. 은닉성이 데이터에 적용되면 데이터 은닉(data hiding)이라 부르며, 정보에 적용되면 정보 은닉(information hiding)이라 부릅니다. 9장 모듈에서 말하려는 은닉성은 구현 은닉(implementation hiding)을 뜻합니다.

2   모듈의 특징으로 독립성과 은닉성만 있는 것은 아닙니다. 예를 들어, 일반적으로 모듈에는 '재사용 가능성(재사용이 가능해야 한다)', '테스트 용이성(테스트가 쉬워야 한다)', '유지보수성(유지보수가 쉬워야 한다)' 같은 특징도 있습니다. 하지만 여기서는 이러한 특징을 일부러 나열하지 않았습니다. 왜냐하면 독립성과 은닉성만으로 모듈이 가져야 하는 대부분의 특징과 기능들을 설명할 수 있기 때문입니다.

있어야 한다는 말입니다. 그리고 모듈이 은닉성을 보장하기 위해 모듈 시스템은 '**모듈 차원의**' 캡슐화 관리를 할 수 있어야 한다는 말입니다.

방금 설명한 내용이 조금 헷갈릴 수 있으니 다음과 같이 정리하겠습니다.

- 모듈은 연관된 코드의 묶음이 모듈성을 갖춘 경우 모듈이라고 부를 수 있다.
- 모듈성에는 독립성과 은닉성이라는 특징이 있다.
- 모듈성을 갖출 수 있게 도와주는 시스템이 모듈 시스템이다.
- 모듈 시스템은 모듈성 중 독립성을 지원하기 위해 의존성 관리 기능을 지원할 수 있어야 한다.
- 모듈 시스템은 모듈성 중 은닉성을 지원하기 위해 캡슐화 관리 기능을 지원할 수 있어야 한다.

이 내용을 바탕으로 이제 예제를 함께 보면서 이해해 봅시다. 다음은 모듈 시스템을 지원하는 대표적인 프런트엔드/백엔드 프레임워크인 앵귤러(Angular)와 NestJS의 코드입니다. 타입스크립트로 작성돼 있지만 문법이 자바와 유사하므로 코드를 이해하는 데 크게 문제가 없을 것입니다.

코드 9.1 앵귤러 프레임워크의 모듈 관리 시스템

```
import { NgModule } from '@angular/core';
import { RouterModule } from '@angular/router';
import { UserComponent } from './user.component';
import { UserInfoComponent } from './user-info.component';

@NgModule({
    declarations: [UserComponent, UserInfoComponent],
    imports: [RouterModule],
    exports: [UserComponent],
})
export class UserModule {}
```

앵귤러 프레임워크에는 @NgModule이라는 데코레이터[3]가 있습니다. 이것은 어떤 클래스를 앵귤러 모듈로 선언할 때 사용하는 데코레이터인데, 모듈 클래스 상단에 @NgModule 데코레이터를 지정해 해당 클래스를 앵귤러 모듈로 만들 수 있습니다. 그리고 @NgModule에는 해당 클래스를 앵귤러의 모듈 클래스로 선언하는 데 필요한 정보를 나열합니다.

---

3 데코레이터(decorator)는 타입스크립트 같은 언어에서 함수, 클래스, 혹은 속성에 추가 기능을 부여하는 기능입니다. 자바의 애너테이션과 문법과 기능 측면에서 비슷하며, 로깅, 유효성 검사, 라우팅 등을 깔끔하게 처리하는 데 활용됩니다.

예를 들어, 코드 9.1에서 UserModule 클래스를 앵귤러 모듈로 선언하기 위해 @NgModule에 어떤 정보를 제공했고 각 정보가 어떤 의미인지 간략히 확인해 봅시다. 우선 declarations 프로퍼티를 봅시다. 이는 해당 모듈에 UserComponent, UserInfoComponent 클래스가 선언돼 있음을 의미합니다. 즉, UserModule 은 UserComponent, UserInfoComponent 클래스를 사용하는 것으로 보입니다. 다음으로 imports 프로퍼티를 보면 RouterModule이라고 적혀 있는데, 이는 이 모듈을 사용하기 위해서는 RouterModule이라는 모듈이 필요하다는 것을 의미합니다. 아마도 declarations 프로퍼티에 정의된 컴포넌트에서 해당 컴포넌트를 사용하고 있는 듯합니다. 다음으로 exports 프로퍼티를 보면 declarations 프로퍼티에서 선언한 UserComponent가 적혀 있습니다. 이는 해당 컴포넌트를 외부로 공개하겠다는 의미입니다. 이제 UserModule 클래스를 임포트하는 다른 모듈에서는 UserComponent를 사용할 수 있습니다.

재미있는 점은 UserModule 클래스에서는 UserComponent와 UserInfoComponent 클래스가 선언돼 있음에도 UserComponent 클래스만 외부로 공개했다는 점입니다. 그래서 모듈의 사용자는 UserComponent 클래스는 사용할 수는 있어도 UserInfoComponent 클래스를 사용할 수는 없습니다.

다음으로 NestJS 프레임워크의 모듈 관리 시스템을 살펴봅시다. NestJS 프레임워크에서는 모듈을 정의하기 위해 @Module 데코레이터를 사용하는데, 이는 앵귤러의 모듈 관리 시스템과 매우 유사합니다.

코드 9.2 NestJS 프레임워크의 모듈 관리 시스템

```
import { Module } from '@nestjs/common';
import { CommonModule } from '../common/common.module';
import { CatsController } from './cats.controller';
import { CatsService } from './cats.service';


@Module({
  controllers: [CatsController],
  providers: [CatsService]
  imports: [CommonModule],
  exports: [CatsService],
})
export class CatsModule {}
```

코드 9.2에서 개발자는 @Module 데코레이터를 이용해 CatsModule 클래스를 NestJS의 모듈 클래스로 만들었습니다. @Module 데코레이터 안에 어떤 내용이 작성돼 있는지 봅시다. controllers 프로퍼티에 CatsController가 적혀 있고 providers 프로퍼티에는 CatsService가 적혀 있습니다. 이 모듈에 두 클

래스가 컴포넌트로 선언돼 있음을 표현한 것입니다. 다음으로 imports 프로퍼티를 봅시다. 여기에는 CommonModule이 적혀 있습니다. 이는 CatsModule이 CommonModule을 필요로 하고 있고 있음을 나타냅니다. CatsController나 CatsService 컴포넌트가 해당 모듈에 의존하는 것으로 보입니다. 마지막으로 exports 프로퍼티를 보면 providers에서 선언한 CatsService가 선언된 것을 확인할 수 있습니다. 이는 앵귤러 프레임워크와 마찬가지로 CatsModule을 임포트하면 CatsService를 사용할 수 있게 된다는 의미입니다.

정리하면 두 코드에서는 각각 @NgModule과 @Module이라는 모듈 시스템을 이용해 모듈을 정의합니다. 개발자는 @NgModule과 @Module이라는 모듈 시스템을 통해 이 모듈의 이름은 무엇이고, 어떤 클래스가 선언돼 있으며, 어떤 외부 모듈에 의존하는지, 내부 컴포넌트 중 어떤 컴포넌트를 외부로 공개할지 정의합니다.

그러면 여기서 @NgModule과 @Module 데코레이터에 공통적으로 존재하는 프로퍼티인 imports, exports에 주목해 봅시다. 여기서 imports와 exports는 어떤 의미로 사용됐나요?

- imports 프로퍼티는 '이 모듈은 어떤 외부 모듈에 의존하고 있는지'를 나타냅니다. 즉, imports 프로퍼티는 모듈의 의존성을 관리하는 데 사용되며, 해당 모듈을 사용하기 위해 어떤 부수적인 모듈이나 컴포넌트가 필요한지를 선언하는 역할을 합니다.

- exports 프로퍼티는 '이 모듈 중 어떤 컴포넌트만 외부로 노출할 것인지'를 나타냅니다. 즉, exports 프로퍼티는 모듈의 캡슐화를 위해 사용되며, 해당 모듈을 임포트하면 어떤 컴포넌트를 사용할 수 있는지 나열하는 역할을 합니다. 중요한 것은 그 덕분에 외부로 공개할 컴포넌트를 제한할 수 있으며, 따라서 모듈 수준의 캡슐화가 이뤄질 수 있었다는 것입니다.

'모듈 시스템은 모듈 차원의 의존성 관리와 캡슐화 관리가 이뤄질 수 있어야 한다'는 말이 이제 무슨 뜻인지 이해되시나요? 예시가 복잡했다면 조금 더 쉬운 예를 들어보겠습니다. 사실 굳이 앵귤러 프레임워크나 NestJS 같은 예를 들지 않아도 됩니다. 코드 9.1과 코드 9.2처럼 ES Modules[4] 같은 자바스크립트의 모듈 시스템을 이용하는 경우 파일 자체가 모듈처럼 동작합니다. 그래서 또 다른 예를 함께 보겠습니다. ES Modules를 따르는 자바스크립트 파일은 다음과 같은 형태로 작성됩니다.

---

4   ES Modules는 ECMAScript 표준의 일부로, 자바스크립트의 공식적인 모듈 시스템입니다. import와 export 구문을 사용해 모듈을 정의하고 파일 간에 모듈을 공유할 수 있게 해줍니다.

```
// my.js
import * as log4js from "log4js";

const logger = log4js.getLogger();

function printFoobar() {
  logger.info("foobar");
}

export function printHelloWorld() {
  logger.info("Hello world!");
}
```

코드 9.3을 보면 import 문을 이용해 my.js에는 log4js라는 라이브러리가 필요하다는 것을 명시하고 있습니다. 그리고 그 아래에 log4js를 이용해 로그를 출력하는 printFoobar, printHelloWorld 함수가 정의돼 있습니다. 두 함수에는 큰 차이가 없지만 printHelloWorld 함수는 export하는 한편 printFoobar 함수는 export하지 않습니다. 그래서 my.js를 import하는 파일에서는 printHelloWorld 함수에 접근해 이 함수를 사용할 수 있지만 printFoobar는 사용할 수 없습니다. (이러한 모듈 관리 방식은 자바스크립트 계열인 타입스크립트에서도 동일하게 사용하는 방식이기 때문에 코드 9.1과 코드 9.2에서도 나타나는 특징입니다.)

따라서 모듈 수준의 의존성 관리와 캡슐화란 이처럼 개발자가 어떤 모듈을 정의하면서 해당 모듈에 필요한 의존 모듈이 무엇인지 명시할 수 있고, 해당 모듈을 배포할 때도 모든 내용을 배포하는 것이 아니라 일부만 배포할 수 있는 것을 의미합니다. 이를 위해 모듈 시스템은 모듈이 가진 독립성과 은닉성을 보장하기 위해 의존성 관리와 캡슐화 관리를 모듈 수준에서 지원할 수 있어야 합니다.

이렇게 해서 자바스크립트 및 타입스크립트 기반의 프레임워크를 사례로 들면서 모듈 수준의 의존성 관리와 캡슐화 관리가 어떻게 이뤄지는지 알아봤습니다. 그렇다면 이제 다음 질문에 답할 수 있을 것입니다.

❓ 자바의 패키지 시스템은 모듈 시스템이라고 볼 수 있을까요?

정답은 '아니요'입니다. 왜냐하면 자바의 패키지 시스템은 패키지 수준의 의존성 관리와 캡슐화 관리 기능을 지원하지 않기 때문입니다. 자바의 패키지 시스템은 연관성 높은 코드를 묶는 수단에 불과합니다. 좀 더 노골적으로 말해 자바의 패키지는 폴더에 가깝습니다. (물론 약간의 추가 기능이 있긴 합니다.)

자바의 패키지 시스템을 모듈 시스템이라고 부를 수 있으려면 패키지 수준의 의존성 관리와 캡슐화 관리가 필요합니다. 하지만 안타깝게도 이를 뒷받침할 기능적 해결책이 부족합니다. 그래서 패키지는 모듈 시스템이 되지 못합니다.[5]

대신 자바에는 더 확실한 모듈 시스템이 존재합니다. 바로 `module-info.java`라고 하는 모듈 디스크립터(module descriptor)입니다.[6]

코드 9.4 모듈 디스크립터 예시(module-info.java)

```
module myproject.main {
    requires org.apache.httpcomponents.httpclient;
    exports com.myorg.myproject.model;
}
```

코드 9.4를 보면 모듈 디스크립터에 개발자가 `myproject.main`이라는 이름으로 모듈의 이름을 정의하고, `requires`를 이용해 외부 의존성을 관리하는 것을 확인할 수 있습니다. 또한 `exports`로 외부로 노출할 모듈 내 인터페이스 패키지를 관리하는 것도 확인할 수 있습니다. `myproject.main`이라는 모듈에는 수많은 패키지가 있을 텐데, 이렇게 특정 패키지만 외부로 노출함으로써 모듈 수준의 캡슐화 관리라는 목표를 달성하고 있는 것입니다. 이는 앞에서 살펴본 앵귤러 프레임워크나 NestJS 프레임워크 예제와 구조적으로도 상당히 유사하다는 점을 알 수 있습니다.

그런데 독자 여러분 중에는 자바를 사용하고 있음에도 코드 9.4 같은 모듈 디스크립터가 낯선 분도 있을 것입니다. 왜냐하면 이 기능이 공식적으로 도입된 것은 자바 9 버전부터이기 때문입니다. 그래서 자바 8을 포함해서 이전 버전을 사용하고 있던 분들이라면 이러한 모듈 디스크립터의 존재를 몰랐을 수 있습니다.

그래서 그런 분들이라면 이 이야기를 듣고 또 다른 의문이 들 것입니다. 뭔가 이상하다는 생각이 들지 않나요? 모듈 디스크립터가 자바 9 버전부터 추가된 기능이고, 패키지 시스템을 모듈 시스템이라고 부를 수 없다면 자바 8 버전 이전에는 모듈 시스템이 존재하지 않았다고 봐야 합니다. 이게 정말일까요? 자바 8 버전 이전에는 모듈 시스템이 없었다고 봐야 할까요?

---

5 "자바의 패키지 시스템은 패키지 수준의 의존성 관리와 캡슐화를 할 수 없기 때문에 모듈 시스템이 될 수 없다."라는 주장은 반대로, 어떤 시스템이 존재할 때 그 시스템을 이용해 의존성 관리와 캡슐화 관리가 된다면 모듈로 볼 수 있다는 의미입니다. 그러니 저는 이러한 관점에서 클래스를 모듈로 볼 수 있다고 생각합니다. 왜냐하면 클래스는 `import`로 클래스 수준의 의존성 관리를 하고 `public`, `private` 접근 제어자로 클래스 수준의 캡슐화를 관리하기 때문입니다.

6 자바 9부터 도입된 기능으로, 모듈의 이름, 의존성, 인터페이스, 서비스를 정의하는 데 사용됩니다. 참고: https://www.oracle.com/kr/corporate/features/understanding-java-9-modules.html

네, 그렇습니다. **실제로 자바 9가 나오기 전까지는 모듈 시스템이 존재하지 않는다고 평가하기도 합니다.**

다소 급진적인 주장이라 받아들이기 어려울 수 있습니다. 하지만 자바 9부터 공식적인 모듈 시스템이 도입됐다는 사실이 '자바 8 버전 이전에는 모듈 시스템이 존재하지 않았음'을 증명합니다. 그리고 패키지 시스템은 모듈 시스템이 될 수 없다는 사실을 증명합니다.

이러한 사실을 바탕으로 얻을 수 있는 또 다른 인사이트가 하나 있습니다. 우리는 이제 자바 9 버전부터 모듈 디스크립터라는 시스템이 도입된 이유도 이해할 수 있습니다. 단순합니다. 바로 패키지와 JAR[7] 시스템만으로 모듈다운 모듈을 만들기 어려웠기 때문입니다.

그러니 이제 조금 불편한 이야기를 해야겠습니다. 안타깝게도 여러분 중 자바 8을 사용하는 분이 있다면 엄격히 말해서 제대로 된 의미의 모듈 시스템을 다뤄보지 못한 것일 수 있습니다. 왜냐하면 연관된 코드를 모아둔다고 해서 그것이 모듈이 되는 것은 아니기 때문입니다. 모듈이 되기 위해서는 모듈 수준의 의존성 관리와 캡슐화가 반드시 뒤따라야 합니다.

그렇다면 실무에서 여전히 자바 8을 사용하고 있고 그로 인해 모듈 시스템을 못 쓰는 상황이라면 어떻게 해야 할까요? 모듈 시스템을 이용하지 못하는 사실에 낙담해야 할까요? 아닙니다. 저는 지금 '패키지 시스템은 모듈 시스템이 아니니 패키지는 함부로 다뤄도 상관없다'라는 이야기를 하는 것이 아닙니다. 그보다 모듈 시스템이 추구하는 가치를 조금 더 깊이 이해하고 '패키지를 모듈에 가깝게 써야 한다'라는 말을 하고 싶은 것입니다.

그럼 다음 주제로 넘어가기 전에 지금까지 이야기한 내용을 정리하겠습니다.

ⓘ **모듈과 모듈 시스템**

- 모듈은 모듈성을 만족합니다.
- 모듈성은 독립성과 은닉성이라는 특징이 있습니다.
- 모듈 시스템은 코드 묶음이 모듈성을 갖출 수 있게 도와주는 시스템입니다.
- 모듈 시스템은 기능적으로 모듈 수준의 의존성 관리와 캡슐화 관리가 가능해야 합니다.
- 패키지와 모듈은 다릅니다.
- 패키지 시스템은 모듈 시스템이 아닙니다.
- 패키지를 만들 때도 모듈처럼 독립성과 은닉성을 추구하는 것이 좋습니다.

---

7   자바 프로그램이나 라이브러리를 배포할 때 사용할 수 있는 파일 형식

이어지는 절에서는 앞에서 간단하게 설명하고 넘어간 '독립성'과 '은닉성'이 무엇인지 상세하게 살펴보겠습니다.

> 모듈과 모듈 시스템은 다릅니다. 모듈 시스템은 모듈을 만들기 위한 수단 중 하나일 뿐입니다. 그러니 모듈은 모듈 시스템 없이도 만들 수 있습니다. 생각해 보세요. 모듈 시스템이 없던 자바 8 이전에도 우리는 모듈이라고 불리는 코드 묶음을 잘 만들어 사용해 왔습니다. 그러니 자바 8 이전에 모듈 시스템이 존재하지 않았다고 해서 모듈이라는 개념도 없었다고 볼 수는 없습니다. 게다가 실제로 자바 8을 이용해 만들어진 수많은 프로젝트들이 멀티 모듈이라는 방식을 이용해 개발됐습니다.
>
> 정리하면, 자바의 모듈 시스템인 모듈 디스크립터는 이미 존재하는 모듈 생태계에 더 나은 의존성 관리와 좀 더 강력한 캡슐화 등을 지원하기 위해 추가된 보조적인 수단입니다. 모듈 디스크립터의 사용 예는 다음과 같습니다.

코드 9.5 멀티 모듈 환경에서의 모듈 디스크립터 사용법

```
project
├── modulea
|   └── src/main/java
|              ├── com.myorg.myproject.modulea
|              └── module-info.java
├── moduleb
|   └── src/main/java
|              ├── com.myorg.myproject.moduleb
|              └── module-info.java
└── modulec
    └── src/main/java
               ├── com.myorg.myproject.modulec
               └── module-info.java
```

module-info.java 파일은 모듈 디렉터리의 루트 디렉터리(src/main/java)에 위치합니다. 그리고 하나의 모듈 디렉터리는 하나의 module-info.java 파일만 갖습니다.

모듈 디스크립터 사용법에 대한 흔한 오해 중 하나는 module-info.java를 패키지마다 하나씩 둘 수 있다고 생각하는 것입니다. 즉, 다음과 같은 방식으로 사용하는 것은 불가합니다.

코드 9.6 모듈 디스크립터의 잘못된 사용법

```
project
└── src/main/java
          └── com.myorg.myproject
```

```
            ├── packagea
            |   └── module-info.java
            ├── packageb
            |   └── module-info.java
            └── packagec
                └── module-info.java
```

module-info.java 사용법에 관한 자세한 내용은 https://www.baeldung.com/java-modularity를 참고하기 바랍니다.

9.1.1 독립성

'모듈은 독립적이어야 한다'라는 의미는 모듈이 다른 모듈이나 컴포넌트에 강하게 의존하지 않고 각 모듈을 개별적으로 수정하거나 교체할 수 있어야 한다는 뜻입니다. 그리고 모듈이 독립적이어야 하는 이유는 유지보수를 용이하게 하고, 확장성을 높이고, 코드의 재사용성을 높이기 위함입니다. 독립적인 모듈은 개발 과정에서의 효율성을 높이고 시스템 전체의 안정성을 유지하는 데 도움이 됩니다. 또한 코드를 테스트하기 쉽게 만들 수 있어 전체 시스템의 품질을 높이는 데 기여합니다.

그래서 모듈은 독립적이어야 합니다. 그리고 이 말은 곧 다음과 같이 풀이할 수 있습니다.

- 모듈을 사용하기 전에 필요한 의존성을 알 수 있어야 한다.
- 모듈의 의존성이 모두 준비된다면 모듈을 사용하는 데 아무런 문제가 없어야 한다.

게다가 이 같은 해석은 '모듈이 독립적이려면 의존성을 관리할 수 있어야 한다'라는 명제로 이어집니다.

그런데 모듈의 독립성을 이야기하면서 갑자기 '의존성 관리'라는 키워드가 나와서 머릿속이 복잡해진 분이 있을 것입니다. 그래서 이것부터 이야기해 봅시다. 모듈의 독립성은 왜 '의존성을 관리해야 한다'로 이어질까요? 예를 들어, 다음은 모듈은 아니지만 '독립성'이라는 키워드를 설명하는 데 좋은 재료인 자바의 패키지와 클래스를 이용한 예시입니다. 보다시피 두 개의 클래스 파일이 있습니다.

코드 9.7 account 패키지에 들어있는 Account 클래스

```java
package com.myproject.account;


public class Account {


}
```

```
package com.myproject.post;

import com.myproject.account.Account;

public class Post {

    Account writer;
}
```

코드 9.7과 코드 9.8은 서로 다른 패키지에 위치한 코드입니다. 코드 9.7에서는 계정을 나타내는 Account 클래스가 com.myproject.account 패키지에 선언된 것을 알 수 있습니다. 한편 코드 9.8에서 는 게시물을 뜻하는 Post 클래스가 com.myproject.post 패키지에 선언돼 있습니다. 그렇다면 com.myproject.account와 com.myproject.post 패키지를 비교했을 때 어떤 패키지가 더 독립적이라고 할 수 있을까요?

어떤 패키지가 더 독립적인지 알기 위해 각 패키지의 의존 관계를 생각해 봅시다. com.myproject.post 패키지에 있는 Post 클래스는 게시물 작성자가 누구인지를 표현하기 위해 Account 클래스를 사용합니다. 따라서 com.myproject.post 패키지는 com.myproject.account 패키지에 의존합니다. 실제로 이 관 계는 코드 9.8의 import 문을 통해 확인할 수 있습니다.

한편 com.myproject.account 패키지는 다른 패키지나 클래스에 의존하지 않습니다. 그러니 하나라도 더 외부 패키지에 의존하는 com.myproject.post 패키지가 com.myproject.account 패키지에 비해 독 립성이 떨어진다고 평가할 수 있습니다.

단, 이 말을 오해해서는 안 됩니다! com.myproject.post 패키지가 독립적이지 않다는 의미가 아닙니다. 단지 상대적으로 독립성이 떨어진다는 것일 뿐입니다. 다른 패키지에 의존한다고 해서 '이 패키지는 독 립적이지 않다'라고 평가한다면 이는 곧 모든 패키지를 원시 타입(primitive type)만 이용해서 개발하 라는 의미가 됩니다. 이는 명백히 불합리합니다. 왜냐하면 어떤 시스템(패키지나 모듈)을 개발하든 외부 시스템에 의존해야 하는 상황이 생길 수밖에 없기 때문입니다.

코드 9.7과 코드 9.8은 그러한 상황을 잘 보여줍니다. Post와 Account 클래스는 다른 도메인이므로 다 른 패키지로 분리돼 있는 것이 자연스럽습니다. 하지만 Post 클래스는 게시물 작성자를 표현하기 위해 Account 객체를 멤버 변수로 반드시 갖고 있어야 합니다.

그래서 독립성을 이해하기에 앞서 이 말을 가장 먼저 이해해야 합니다. '어떤 시스템이 독립적이어야 한다'라는 말은 대상이 외부 시스템과 완전히 격리돼야 한다는 말이 아닙니다. 독립적인 무언가를 만들기 위해 완전히 고립된 시스템을 만들어야 한다면 이는 시스템 간의 협력 자체를 부정하는 말이 됩니다. 하지만 그렇지 않습니다. '독립적이다'라는 말은 외부에 의존하는 상황이 생기는 것 자체를 부정하지 않습니다! 외부에 의존할 때 강한 의존이 생기는 것을 피하라는 의미일 뿐입니다.

그러니 '독립적이어야 한다'는 말은 다음과 같이 이해하는 것이 훨씬 바람직합니다.

- 최대한 내부에서 해결하라.
- 외부에는 강하게 의존하지 마라.
- **외부 시스템을 사용한다면 외부 시스템의 사용을 명시하라.**

여기서 '외부 시스템을 사용한다면 외부 시스템의 사용을 명시하라'라는 말이 중요합니다.

여기서 '시스템'이라는 용어를 이제 모듈이라는 용어로 치환해서 생각해 봅시다. 그럼 모듈은 독립적이어야 한다는 말은 최대한 내부 모듈에서 해결하라는 의미이고, 외부 모듈에는 강하게 의존하지 말고, 외부 모듈을 사용한다면 외부 모듈의 사용을 명시하라는 말이 됩니다. 그래서 모듈이 독립성을 보장하려면 모듈의 하위 의존성을 드러내고 관리해야 하는 것입니다. 독립적인 모듈은 모듈에 사용된 하위 의존성이 무엇인지 알 수 있습니다! 이것이 모듈 시스템에 '의존성 관리 기능'이 반드시 필요한 이유입니다.

그런데 이 논지가 잘 이해되지 않을 수 있습니다. 모듈의 하위 의존성을 명시하는 것이 어떻게 모듈의 독립성을 보장하는 결과로 이어질 수 있는 것일까요? 이를 이해하려면 예시를 함께 살펴보는 것이 좋겠습니다. 사실 하위 의존성을 명시해서 독립된 모듈을 얻은 사례는 이미 여러분도 경험적으로 알고 있습니다.

여러분이 많이 사용하는 spring-boot-starter를 생각해 봅시다. 일반적으로 이 라이브러리는 독립적이라고 평가할 수 있습니다. 왜냐하면 이 라이브러리는 메이븐(Maven)이나 그레이들(Gradle) 같은 패키지 관리 도구를 이용해 손쉽게 가져와 사용할 수 있고 이를 가져오면서 특별히 어려운 설정 작업을 추가로 하지 않아도 되기 때문입니다. 그런데 spring-boot-starter는 과연 오롯이 혼자만의 힘으로 만들어진 라이브러리일까요?

당연하게도 아닙니다. 이 라이브러리에도 정말 다양한 하위 모듈들이 사용됩니다. 다음 그림은 mvnrepository.com에서 확인할 수 있는 spring-boot-starter@3.1.2의 하위 의존성입니다.

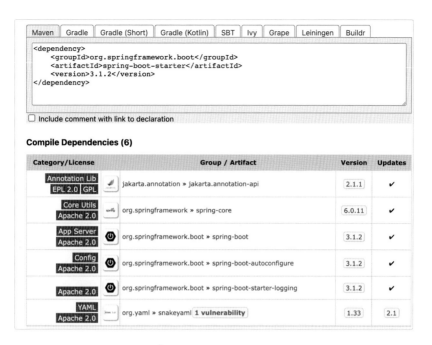

그림 9.2 spring-boot-starter@3.1.2의 하위 의존성[8]

이외에도 하위 라이브러리들이 또 다른 하위 라이브러리에 의존하고, 그 하위 라이브러리가 또 다른 하위 라이브러리에 의존합니다. 즉, 우리가 독립적이라고 평가하는 spring-boot-starter도 수많은 라이브러리에 의존합니다. 하지만 우리는 이를 크게 신경 쓰지 않습니다. 이는 메이븐이나 그레이들 같은 패키지 관리 도구가 하위 의존성을 추적해 주기 때문입니다. 심지어 이러한 패키지 관리 도구는 추적된 하위 의존성을 알아서 가져오기까지 합니다. 그렇다면 이러한 도구들은 하위 의존성을 어떻게 추적할 수 있는 것일까요?

이것은 우리가 `pom.xml`이나 `build.gradle`에 의존할 라이브러리를 나열하는 것처럼 각 라이브러리도 자신의 하위 의존성을 어딘가에 명확히 정의하고 있기 때문입니다! 즉, `pom.xml`이나 `build.gradle`에 의존성을 추가하는 행위는 애플리케이션 개발에 필요한 라이브러리를 가져오기 위한 것뿐만 아니라 애플리케이션이 필요로 하는 외부 의존성이 무엇인지 설명하기 위한 목적도 있습니다. 다시 말해, 이는 애플리케이션의 사용법을 알려주는 것과 같습니다. '이 애플리케이션을 사용하고 싶다면 애플리케이션을 실행하는 데 필요한 하위 의존성을 모두 가져와라'라고요.

---

8 출처: https://mvnrepository.com/artifact/org.springframework.boot/spring-boot-starter/3.1.2

그래서 이 이야기는 모듈에도 그대로 적용할 수 있습니다. 모듈은 모듈의 하위 의존성을 어딘가에 명시함으로써 모듈의 사용법을 사용자에게 알려줄 수 있습니다. 의존성을 명시하는 행위는 '이 모듈을 사용하고 싶다면 모듈을 실행하는 데 필요한 하위 의존성을 모두 가져와라'라고 적어두는 것과 같습니다.[9] 그래서 의존성을 명확히 하는 것만으로도 모듈을 독립적으로 만들 수 있습니다. (물론 의존성을 명시한다고 해서 모듈이 무조건 독립적으로 변하는 것은 아닙니다. 중요한 것은 의존성을 관리하라는 것입니다.)

> ⓘ **하위 의존성 추적 기능으로 얻을 수 있는 또 다른 이점**
>
> 패키지 관리 도구에 관한 이야기가 나온 김에 이와 관련된 이야기를 하나 해보겠습니다. 모듈의 의존성을 추적할 수 있게 된다면 모듈을 불러오는 것을 자동화할 수 있을뿐더러 하위 모듈의 중복 검사와 불필요한 의존성이 있는지도 검사할 수 있게 됩니다. 그리고 어떤 하위 모듈에 보안 취약점이 생기거나 문제가 생겼을 때 이를 사용하는 상위 모듈이 무엇인지 파악하기도 쉬워집니다.
>
> 더 나아가 동적 로딩도 가능해집니다. 예를 들어, 자바스크립트에는 트리 셰이킹(tree shaking)이라는 개념이 있습니다. 트리 셰이킹은 애플리케이션에서 사용되지 않는 코드를 식별해 제거함으로써 번들(bundle)[10] 파일의 크기를 줄이고 성능을 향상시킵니다.[11]
>
> 트리 셰이킹을 통해 최종 번들에는 프로젝트에 진짜로 필요한 코드만 포함됩니다. 덕분에 웹사이트를 불러오는 속도가 더 빨라질 수 있습니다. 그리고 이는 당연하게도 페이지 로딩 속도가 생명인 프런트엔드 프로젝트에 어마어마한 이점입니다.

마지막으로 모듈의 시작은 연관된 코드 묶음이었다는 사실도 잊지 말아야 합니다. 모듈이 높은 응집도를 추구해야 하는 것은 당연합니다. 모듈에 필요한 의존성을 명시한다고 무조건 독립적인 모듈이 되는 것은 아닙니다. 모듈의 독립성을 보장하기 위해서는 의존하는 모듈이 무엇인지 명확히 하면서도 연관된 코드만 모이도록 해야 합니다. 응집도가 낮은 모듈은 상상하기 어렵습니다.

9.1.2 은닉성

일반적으로 은닉성은 객체지향에서 캡슐화를 소개할 때 언급되는 개념입니다. 그래서 일부 개발자들은 은닉성과 캡슐화가 클래스 수준에서만 일어나는 일이라고 착각하기도 합니다.

---

9   이를 다른 말로 하면 하위 의존성을 모두 불러오면 해당 모듈은 정상적으로 동작하는 것이 보장돼야 한다는 의미이기도 합니다.

10   여러 개의 소스코드 파일과 의존성을 하나의 파일로 결합하는 프로세스를 말합니다. 자바스크립트에서는 웹팩(webpack) 같은 모듈 번들러가 많이 사용됩니다.

11   트리 셰이킹은 모듈 시스템인 ES Modules를 기반으로 하며, 트리 셰이킹 과정에서 모듈 번들러인 웹팩이 함께 사용됩니다. 트리 셰이킹이라는 용어는 나무를 흔들어 죽은 잎사귀를 떨어뜨린다는 표현에서 비롯됐습니다.

하지만 이 훌륭한 개념은 모듈이나 패키지 수준까지 발전할 수 있습니다. 더 나아가 API 서버까지도 확장할 수 있습니다. 모듈은 은닉성을 추구해야 합니다. 모듈이 은닉성을 추구해야 한다는 말은 클래스가 은닉성을 추구하는 것처럼 모듈 수준의 캡슐화가 가능해야 한다는 말입니다. 즉, 우리는 모듈을 외부에 공유하더라도 공개된 인터페이스 이외에 불필요한 정보를 숨길 수 있길 원합니다.

그렇다면 근본적으로 우리가 은닉성을 추구해야 하는 이유는 뭘까요? 여기에는 다양한 이유가 있습니다. 이를 하나씩 상세히 설명하는 것도 좋겠지만 그보다는 다른 이유에 관해 이야기해 보겠습니다. 개인적으로 저는 은닉성을 추구하는 이유가 '그래야 작업하기 편하기 때문'이라 생각합니다. 이게 무슨 이야기인지 설명하기 위해 법칙을 하나 소개하겠습니다. 바로 '하이럼 법칙(Hyrum's law)'입니다.

> API 사용자가 충분히 많다면 계약을 어떻게 했는지는 크게 중요하지 않습니다. 시스템의 모든 관측 가능한 행동은 사용자에 의해 결정될 것입니다. [12]
> – 하이럼 라이트(Hyrum Wright)

이 법칙은 'API를 사용하는 사용자가 충분히 많다면 개발자의 설계 의도는 더 이상 중요하지 않습니다.'라고 의역할 수 있습니다. 왜냐하면 사용자는 API를 온갖 해괴망측한 방법으로 사용할 것이기 때문입니다. 결과적으로 API에는 개발자의 초기 의도와는 다른 새로운 책임이 추가로 할당됩니다. 이는 개발자가 어딘가에 명시한 공식적인 책임은 아니지만 사용자들이 워낙 많기 때문에 만들어진 암묵적인 책임입니다. [13]

문제는 이렇게 생긴 암묵적인 책임과 부담이 고스란히 API 개발자의 몫이라는 것입니다. 개발자는 암묵적인 책임이 공식적인 역할이 아님에도 이를 함부로 건드리지 못합니다. API에 할당된 암묵적인 책임을 기대하고 사용하는 사용자가 많기 때문입니다. 하물며 암묵적인 책임이 사실은 의도하지 않은 버그일 때도 마찬가지입니다.

예를 들어, 개인적으로 은닉성과 관련해서 꼭 이야기하고 싶은 자바 패키지 시스템의 문제점이 하나 있습니다. 바로 어떤 라이브러리를 가져오면 해당 라이브러리에 있는 모든 클래스를 사용할 수 있게 된다는 점입니다. [14]

---

12 원문: "With a sufficient number of users of an API, it does not matter what you promise in the contract: all observable behaviors of your system will be depended on by somebody." 출처: https://www.hyrumslaw.com/
13 구글의 엔지니어인 하이럼이 사용자가 충분히 많아질 때 이러한 현상이 생기는 것을 경험적으로 관측하고 언급한 내용이라 하이럼 법칙이라는 이름이 붙었습니다.
14 최신 라이브러리는 그렇지 않습니다. 더불어 메이븐을 이용해 이를 통제하는 라이브러리도 있지만 대부분 그렇게 하지 않습니다.

라이브러리 사용자가 라이브러리의 모든 사용 권한을 갖게 되는 것은 마냥 좋게 느껴질 수도 있지만 실은 그렇지 않습니다. 이는 생각보다 많은 문제를 야기합니다. 이를 이해하기 위해 그림 9.3을 봅시다. 그림 9.3은 A라는 프로젝트가 B 라이브러리에 있는 Temp 클래스를 참조하는 상황을 묘사합니다.

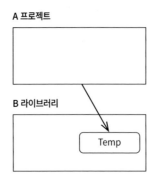

그림 9.3 A 프로젝트가 B 라이브러리에 있는 Temp 클래스를 참조합니다.

이러한 상황에서 B 라이브러리의 메이저 버전이 업데이트됩니다. 그리고 해당 라이브러리가 업데이트되면서 Temp 클래스를 삭제했습니다. Temp 클래스에 버그가 있었고 더 이상 필요없어졌기 때문입니다. 그런데 메이저 버전을 업데이트하고 나니 A 프로젝트 개발자로부터 다음과 같은 클레임을 받게 됩니다.

- 우리는 Temp 클래스를 많은 곳에서 이용하고 있다. 향후 이 클래스를 다시 지원해 줄 계획은 있는가?
- 왜 마음대로 Temp 클래스를 삭제하냐. 버전을 업데이트했더니 호환이 안 된다. Temp 클래스를 다시 원상복구시켜 달라.

B 라이브러리 개발자 입장에서는 난감할 수밖에 없습니다. Temp 클래스에 있는 버그를 반드시 제거해야 하기 때문입니다. 더불어 Temp 클래스는 이름부터가 '임시' 클래스인데, 이 클래스를 외부 사용자들이 왜 사용하고 있는지 도저히 이해할 수가 없는 겁니다.

그런데 한편으로 A 프로젝트의 개발자 입장을 생각해 보면 이 상황이 이해하지 못할 일은 또 아닙니다. A 프로젝트의 개발자도 난감할 것입니다. A 프로젝트 개발자 입장에서 Temp 클래스를 사용했던 이유는 그냥 그렇게 개발할 수 있었기 때문입니다. 그러니 당연히 사용해도 되는 것이라고 생각했을 뿐입니다. 그런데 이제 와서 '스펙이 아니었으니 삭제하겠습니다'라니요. 양측 모두 억울한 상황입니다.

사용자의 행동은 예측할 수 없습니다. 하물며 모듈의 사용자도 마찬가지입니다. 혹시 '모듈의 사용자는 일반 사용자가 아니라 개발자니까 항상 합리적으로 사용하지 않을까?'라고 생각하나요? 이러한 기대는 오산입니다. 오히려 개발자들이 더 지독합니다.

예를 들어, 파이썬 업계에는 '몽키 패치(monkey patch)'라는 개념이 있습니다. 이는 파이썬이 동적 언어이기 때문에 가능한 코딩 기법 중 하나인데, 프로그램이 실행되는 런타임에 동적으로 코드를 수정해서 기존 클래스나 모듈, 함수 등의 동작을 변경하는 것을 말합니다.

자바를 다루는 여러분이라면 기존 코드를 변경해서 사용할 수 있는 기능이 있다는 것이 도저히 상상이 안 될 수 있습니다. 그리고 코드를 '실행했을 때 동작이 바뀌면 안 되는 것 아닌가?'라고 생각할 수 있습니다. 그런데 이 기법은 생각보다 아주 유용합니다. 예를 들어, 이 기능은 외부 라이브러리에 있는 버그를 임시로 수정하는 데 아주 유용합니다.

이상적으로 외부 라이브러리에 버그가 있다면 오픈소스 프로젝트에 찾아가서 이를 수정하는 PR(Pull Request)을 올리고, 머지된 후 수정 버전이 배포되기까지 기다릴 수 있을 것입니다. 하지만 일정이 촉박한 프로젝트에서 이러한 일련의 과정이 진행되길 기다리는 것은 현실적으로 무리가 있습니다. 그래서 파이썬의 몽키 패치는 이럴 때 아주 유용합니다. 신규 버전을 기다리지 않고도 자신의 프로젝트에서 버그를 바로 수정해 외부 라이브러리를 정상적으로 사용할 수 있습니다!

하지만 이 테크닉에도 어두운 면이 있습니다. 몽키 패치가 버그를 임시로 수정하는 정도에서 끝나면 다행이겠지만 일부 사용자는 이 기법을 이용해 기존 라이브러리나 프레임워크의 동작을 멋대로 수정해 사용하기도 합니다. 심지어 라이브러리나 프레임워크가 지원하지 않는 기능을 입맛대로 더하기도 합니다. 어떤 몽키 패치는 너무 유명해서 깃허브 Gist[15]를 통해 많은 사람에게 공유되기도 합니다.[16]

몽키 패치는 사용자가 어디까지 모듈 개발자의 의도를 벗어나 사용할 수 있는지 보여주는 좋은 사례입니다. 사용자가 있는 한, 한번 외부로 드러난 인터페이스는 쉽게 삭제할 수 없습니다. 수정하기도 힘듭니다. 모든 사용자를 위한 하위 호환성을 보장해야 하기 때문입니다. 그래서 어떤 기능을 외부로 공표한다는 것은 모듈 개발자 입장에서는 굉장히 부담스러운 작업입니다.

결론적으로 모듈 수준의 인터페이스 관리가 필요하다고 할 수 있습니다. 모듈을 사용한다는 의미가 모듈의 모든 기능을 사용할 수 있게 된다는 의미가 돼서는 안 됩니다. 모듈의 사용자는 모듈이 책임지는 공개된 일부 기능에만 접근할 수 있어야 합니다. 그래야만 모듈의 내부 구현이 변경되더라도 모듈의 사용자에게 주는 영향 범위를 최소화할 수 있게 됩니다.

---

15 깃허브에서 짤막한 코드를 공유할 수 있는 기능입니다.

16 이러한 이유인지는 모르겠지만 어떤 파이썬 오픈소스의 커뮤니티에서는 '이 라이브러리를 몽키 패치해서 사용하고 있었는데, 이번 버전 업데이트로 인해 몽키 패치 코드가 제대로 동작하지 않게 됐다. 수정해달라'라는 글이 올라오기도 합니다. (물론 대부분 몽키 패치한 코드는 라이브러리에서 의도한 스펙이 아니니 받아들여지지 않습니다.)

ⓘ **마이크로서비스 아키텍처**

오늘날 IT 업계에서는 시스템을 마이크로서비스 아키텍처(Microservice Architecture; MSA)로 만드는 것이 유행입니다. MSA를 간단히 설명하면 어떤 시스템을 만들 때 하나의 거대한 서버를 만드는 것이 아니라 더 작은 단위의 독립된 애플리케이션을 여러 개 만들어 하나의 시스템이 동작하게 만드는 것을 의미합니다. 이때 이렇게 작고 독립적으로 만들어진 애플리케이션들을 마이크로서비스(microservice)라고 하는데, MSA에서는 이러한 마이크로서비스들이 유기적으로 연결돼 서로 협력하고, 이를 기반으로 거대한 시스템을 동작하게 만듭니다.

그렇다면 MSA 환경에서는 마이크로서비스들을 곧 모듈로 볼 수도 있습니다.

- MSA의 독립성
  - 마이크로서비스는 거대한 시스템의 독립된 일부 도메인입니다.
  - 마이크로서비스는 외부 서비스와 협력합니다. 그리고 협력하는 시스템 목록을 관리합니다.
- MSA의 은닉성
  - 마이크로서비스의 내부 구현은 외부로 드러나지 않습니다. 오직 공개된 외부 인터페이스(예: API)만을 통해 외부 서비스와 협력합니다.

따라서 MSA 환경에 존재하는 마이크로서비스는 전체 서비스의 하위 모듈이라 볼 수 있습니다. 즉, MSA는 거대한 시스템을 세분화된 모듈 단위 시스템으로 만들고자 하는 시도입니다.

9.2 패키지 구조

지금까지 모듈과 모듈 시스템에 관해 이야기했습니다. 그리고 모듈이 갖춰야 하는 모듈성의 특징과 모듈 시스템이 갖춰야 하는 지원 기능이 무엇인지도 함께 살펴봤습니다. 나아가 패키지는 모듈이 아니며 자바의 패키지가 모듈 시스템이 될 수 없는 이유도 살펴봤습니다. 동시에 패키지를 모듈처럼 만들려면 어떤 가치를 추구해야 하는지도 알아봤습니다.

이번에는 조금 다른 이야기를 해봅시다. 이번에 다룰 내용은 자바 프로젝트의 패키지 구조에 관한 것입니다. 모듈과 직접적으로 연관된 내용은 아니지만, 결이 많이 비슷하고 모듈이 무엇인지 알게 된 지금 곁들여 생각해보면 좋을 것 같아 준비했으니 가볍게 읽어주시길 바랍니다.

일반적으로 스프링을 기반으로 하는 프로젝트를 보면 크게 두 가지 방식으로 패키지 구조를 구성하는 것을 볼 수 있습니다. 하나는 패키지를 구성할 때 계층이 먼저 나오는 '계층 기반 구조'이고, 또 다른 하나는 '도메인 기반 구조'입니다. 계층 기반 구조에서는 패키지 이름이 `com.company.project.layer.*` 같은 형태로 구성됩니다. 한편 도메인 기반 구조에서는 패키지 이름이 com.company.project.domain.* 같은 형태로 만들어집니다.

그런데 혹시 다음과 같은 고민을 해보신 적 있나요?

> ❓ 스프링 프로젝트의 패키지 구조는 어떤 식으로 구성하는 게 더 좋을까요?
> - 계층 기반 구조: 계층 이름이 먼저 나오는 패키지 구성 방식
> - 도메인 기반 구조: 도메인 이름이 먼저 나오는 패키지 구성 방식

이번 절에서는 패키지를 구성할 때 사용하는 대표적인 두 가지 패키지 구성 전략에 관해 알아보겠습니다. 각 전략의 장단점도 살펴보고, 각 전략을 어떨 때 사용하는 것이 좋은지도 함께 고민해 봅시다.

9.2.1 계층 기반 구조

계층 기반 구조는 레이어드 아키텍처를 사용하는 프로젝트에서 자주 보이는 패키지 구성 방식입니다. 최상단 패키지에 레이어드 아키텍처의 계층을 두고 해당 계층에 대응하는 컴포넌트를 아래에 넣는 방식으로, 프로젝트의 패키지를 다음과 같이 구성한다는 의미입니다.

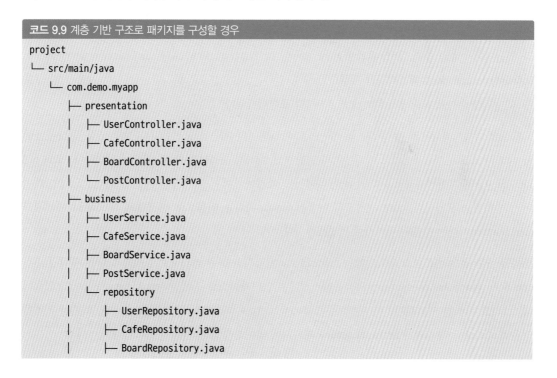

코드 9.9 계층 기반 구조로 패키지를 구성할 경우
```
project
└─ src/main/java
   └─ com.demo.myapp
      ├─ presentation
      │  ├─ UserController.java
      │  ├─ CafeController.java
      │  ├─ BoardController.java
      │  └─ PostController.java
      ├─ business
      │  ├─ UserService.java
      │  ├─ CafeService.java
      │  ├─ BoardService.java
      │  ├─ PostService.java
      │  └─ repository
      │     ├─ UserRepository.java
      │     ├─ CafeRepository.java
      │     ├─ BoardRepository.java
```

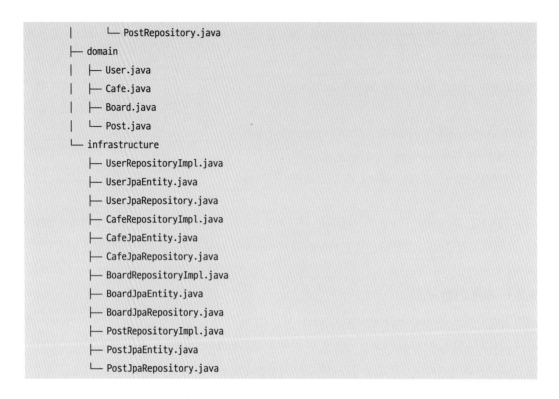

```
|          └─ PostRepository.java
├─ domain
|    ├─ User.java
|    ├─ Cafe.java
|    ├─ Board.java
|    └─ Post.java
└─ infrastructure
     ├─ UserRepositoryImpl.java
     ├─ UserJpaEntity.java
     ├─ UserJpaRepository.java
     ├─ CafeRepositoryImpl.java
     ├─ CafeJpaEntity.java
     ├─ CafeJpaRepository.java
     ├─ BoardRepositoryImpl.java
     ├─ BoardJpaEntity.java
     ├─ BoardJpaRepository.java
     ├─ PostRepositoryImpl.java
     ├─ PostJpaEntity.java
     └─ PostJpaRepository.java
```

경우에 따라 각 패키지 아래에 연관된 도메인을 한 번 더 묶어 또 다른 하위 패키지를 구성할 수도 있습니다. 예를 들면, infrastructure.user, infrastructure.cafe, infrastructure.board, infrastructure.post 패키지처럼 세분화할 수도 있다는 의미입니다. 하지만 여기서는 계층 기반 구조를 최대한 단순하게 표현하기 위해 코드 9.9처럼 표현했습니다.

코드 9.9에서는 최상단의 패키지가 곧 레이어드 아키텍처의 계층을 표현합니다. 이는 6장 '안티패턴'에서 살펴본 코드 6.2의 레이어드 아키텍처의 일반적인 패키지 구조(174쪽)와 매우 유사합니다. 코드 6.2와 코드 9.9의 차이점이라고 한다면 8장 '레이어드 아키텍처'에서 이야기한 '의존성 역전', '도메인 레이어'가 반영된 정도입니다. core 패키지의 이름이 domain이라는 이름으로 변경됐고, business 패키지가 application이라는 이름의 패키지로 변경됐습니다.

주목할 만한 점은 비즈니스 레이어에는 repository 패키지가 하위 패키지로 들어가 있다는 사실입니다. com.demo.myapp.business.repository 패키지에는 인터페이스로 작성된 Repository가 들어가 있습니다. 그리고 이러한 인터페이스의 구현체는 infrastructure 패키지에 작성돼 있습니다. 의존성 역전을 적용해 business 패키지가 infrastructure 패키지에 의존하지 않게 만들기 위함입니다.

그럼 이러한 계층 기반 구조를 사용할 때 얻을 수 있는 장단점을 평가해 봅시다. 무엇보다 가장 두드러지는 큰 장점은 이해하기 쉽고 사용하기 쉽다는 점입니다. 패키지 구조가 레이어드 아키텍처의 인지 모델을 그대로 따르고 있습니다. 그래서 각 레이어에 관한 약간의 이해와 이에 대응하는 스프링 컴포넌트가 무엇인지만 알면 누구나 쉽게 개발할 수 있습니다.

반면 계층 기반 구조 방식의 단점 또한 너무나 명확합니다. 도메인이 눈에 들어오지 않는다는 점입니다. 패키지 구조를 봐도 이 애플리케이션이 어떤 애플리케이션인지 알 수 없습니다. 더불어 애플리케이션에 어떤 도메인이 사용되는지 파악하려면 모든 계층을 열어보고 정리해야만 합니다. 그래서 도메인 관점의 응집도가 떨어지고, 그 결과 비즈니스 코드를 한곳에 모아 볼 수 없습니다.

그렇다면 도메인 관점의 응집도가 떨어지고 비즈니스 코드를 한곳에 모아 볼 수 없다는 것은 무슨 뜻일까요? 생각해 봅시다. `UserService.java`는 `User.java`를 기반으로 작성되고, `UserController.java`는 `UserService.java`를 기반으로 작성됩니다. 그렇기 때문에 어떤 도메인과 관련된 코드는 내부 구현이 필연적으로 결합돼 있을 수밖에 없습니다. 그러니 이러한 코드는 한곳으로 모이는 것이 자연스러울 겁니다.

그런데 코드 9.9는 어떤가요? 이러한 코드가 하나의 패키지에 모여 있나요? 한 번 사용자(user) 도메인 관련 클래스를 모두 모아 봅시다.

코드 9.10 계층 기반 구조로 패키지를 구성할 때 연관 도메인 클래스의 분포

```
com.demo.myapp.domain.User.java
com.demo.myapp.service.UserService.java
com.demo.myapp.service.repository.UserRepository.java
com.demo.myapp.controller.UserController.java
com.demo.myapp.infrastructure.UserRepositoryImpl.java
com.demo.myapp.infrastructure.UserJpaEntity.java
com.demo.myapp.infrastructure.UserJpaRepository.java
```

보다시피 그렇지 않습니다. 연관 클래스가 각기 다른 패키지에 분산돼 관리되고 있습니다.

이상하지 않나요? 패키지는 논리적으로 연관된 클래스 파일들을 모아 놓는 공간입니다. 그런데 도메인이라는 단위만큼 확실한 논리적 연관 관계가 존재할까요? 그러니 코드 9.9는 도메인 관점에서 볼 때 응집도가 떨어진다고 평가할 수 있습니다.

따라서 정리하자면 계층 기반 구조는 다음과 같은 특징을 갖고 있다고 할 수 있습니다.

1. 계층 기반 구조는 쉽습니다.

2. 계층 기반 구조는 도메인이 눈에 들어오지 않습니다.

3. 계층 기반 구조는 프로젝트를 구성하는 주요 단위를 계층으로 보고 있습니다.

9.2.2 도메인 기반 구조

다음으로 소개할 패키지 구조는 도메인 기반 구조입니다. 이는 프로그램의 패키지 구조를 다음과 같이 만든다는 의미입니다.

코드 9.11 도메인 기반 구조로 패키지를 구성할 경우

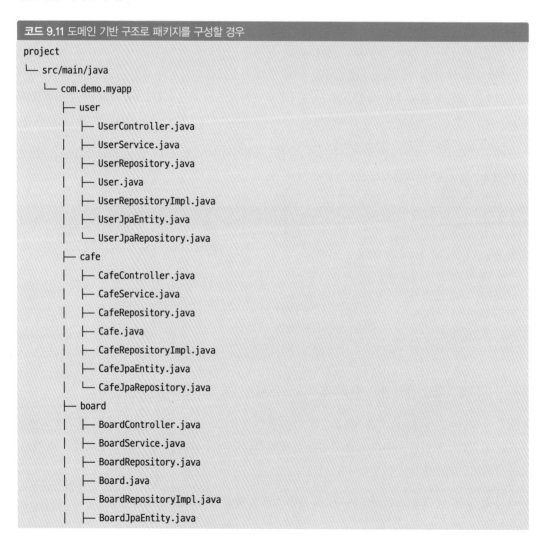

```
project
└─ src/main/java
   └─ com.demo.myapp
      ├─ user
      │  ├─ UserController.java
      │  ├─ UserService.java
      │  ├─ UserRepository.java
      │  ├─ User.java
      │  ├─ UserRepositoryImpl.java
      │  ├─ UserJpaEntity.java
      │  └─ UserJpaRepository.java
      ├─ cafe
      │  ├─ CafeController.java
      │  ├─ CafeService.java
      │  ├─ CafeRepository.java
      │  ├─ Cafe.java
      │  ├─ CafeRepositoryImpl.java
      │  ├─ CafeJpaEntity.java
      │  └─ CafeJpaRepository.java
      ├─ board
      │  ├─ BoardController.java
      │  ├─ BoardService.java
      │  ├─ BoardRepository.java
      │  ├─ Board.java
      │  ├─ BoardRepositoryImpl.java
      │  ├─ BoardJpaEntity.java
```

```
    |     └── BoardJpaRepository.java
    └── post
          ├── PostController.java
          ├── PostService.java
          ├── PostRepository.java
          ├── Post.java
          ├── PostRepositoryImpl.java
          ├── PostJpaEntity.java
          └── PostJpaRepository.java
```

코드 9.9를 도메인 기반 구조에 맞춰 코드 9.11로 재배치했습니다. 도메인 기반 구조에서는 패키지 최상단에 프로그램이 사용하는 도메인이 오도록 구성합니다. 그리고 각 도메인에 대응하는 코드를 이 패키지의 하위 항목으로 분류합니다.

이러한 구성의 가장 큰 장점은 도메인 코드를 한곳으로 모음으로써 비즈니스 코드가 여기저기 산재되지 않게 됐다는 것입니다. 더불어 프로젝트의 패키지 최상단에 도메인을 드러낸 덕분에 패키지 구조만 보고도 이 프로젝트가 어떤 도메인을 사용하고 있는지 알 수 있게 됐습니다. 코드 9.11의 최상단 패키지의 이름을 확인해 보세요. 이 프로젝트는 어떤 프로젝트인가요? 사용자, 카페, 게시판, 게시물이라는 도메인이 사용되는 것을 보아 카페와 관련된 프로젝트겠네요.

그래서 패키지 구조만으로도 도메인을 강조할 수 있기 때문에, 당연하게도 이러한 도메인 기반 구조는 DDD를 이용하는 프로젝트에서 자주 사용됩니다.

하지만 코드 9.11에는 단점도 분명히 있습니다. 코드 9.11을 보면 도메인 기반 구조로 변경했더니 계층이 눈에 안 들어 오게 된 것입니다. 이로 인해 계층별로 대응되는 스프링 컴포넌트가 어디에 있는지도 눈에 안 들어옵니다. 이것은 분명 좋은 현상이 아닙니다. 그래서 다음과 같이 도메인 아래에 계층 패키지를 두도록 구조를 한 번 더 개선해 봤습니다.

코드 9.12 도메인 → 계층 기반 구조로 패키지를 구성할 경우

```
project
└── src/main/java
      └── com.demo.myapp
            ├── user
            │    ├── presentation
            │    │    └── UserController.java
            │    ├── application
            │    │    ├── UserService.java
```

```
│   │   └─ repository
│   │       └─ UserRepository.java
│   ├─ domain
│   │   └─ User.java
│   └─ infrastructure
│       ├─ UserRepositoryImpl.java
│       ├─ UserJpaEntity.java
│       └─ UserJpaRepository.java
├─ cafe
│   ├─ presentation
│   │   └─ CafeController.java
│   ├─ application
│   │   ├─ CafeService.java
│   │   └─ repository
│   │       └─ CafeRepository.java
│   ├─ application
│   │   └─ Cafe.java
│   └─ infrastructure
│       ├─ CafeRepositoryImpl.java
│       ├─ CafeJpaEntity.java
│       └─ CafeJpaRepository.java
├─ board
│   ├─ presentation
│   │   └─ BoardController.java
│   ├─ application
│   │   ├─ BoardService.java
│   │   └─ repository
│   │       └─ BoardRepository.java
│   ├─ domain
│   │   └─ Board.java
│   └─ infrastructure
│       ├─ BoardRepositoryImpl.java
│       ├─ BoardJpaEntity.java
│       └─ BoardJpaRepository.java
└─ post
    ├─ presentation
    │   └─ PostController.java
    ├─ application
    │   ├─ PostService.java
```

```
|   └── repository
|       └── PostRepository.java
├── domain
|   └── Post.java
└── infrastructure
    ├── PostRepositoryImpl.java
    ├── PostJpaEntity.java
    └── PostJpaRepository.java
```

최상단을 도메인으로 두고 바로 아래에 계층을 구분하기 위한 패키지를 오도록 변경했습니다. 이로써 '도메인 → 계층' 기반 구조가 탄생했습니다. 최상단에 도메인이 배치됐고, 도메인 패키지는 독립성을 얻게 되며 계층에 따라 컴포넌트를 볼 수 있게 됐습니다.

그래서 마찬가지로 정리하자면 도메인 기반 구조(도메인 계층 기반 구조)는 다음과 같은 특징을 갖고 있다고 할 수 있습니다.

1. 도메인 기반 구조는 계층 기반 구조보다는 복잡해집니다.

2. 도메인 기반 구조는 도메인이 눈에 들어옵니다.

3. 도메인 기반 구조는 프로젝트를 구성하는 주요 단위를 도메인으로 보고 있습니다.

9.2.3 정리

정리하면 계층 기반 구조는 사용하기 쉽지만 도메인이 눈에 잘 들어오지 않는다는 단점이 있습니다. 한편 도메인 기반 구조는 도메인이 눈에 잘 들어오지만 계층 기반 구조에 비해 패키지 구성이 점점 복잡해진다는 단점이 있습니다.

더불어 두 패키지 구성 방식은 프로젝트를 구성하는 주요 단위가 무엇인지도 다르게 봅니다. 계층 기반 구조에서는 계층을 주요 단위로 보는 한편, 도메인 기반 구조에서는 도메인을 프로젝트의 주요 단위로 봅니다. 그래서 이러한 이유에서 '도메인'을 중요시하는 소프트웨어 개발 세계에서는 도메인 기반 패키지 구조를 조금 더 선호하는 경향이 있습니다.

이러한 이유로 마치 도메인 기반 구조가 항상 정답인 것처럼 느껴질 수 있고, 실제로 많은 강의와 자료에서 도메인 기반 구조로 프로젝트를 개발할 것을 권장합니다. 하지만 항상 이것이 정답인 것은 아닙니다. 왜냐하면 실제로는 계층 기반 구조와 도메인 기반 구조에 우열이 없기 때문입니다.

작은 규모의 프로젝트라면 단순하고 직관적인 계층 기반 구조로 개발하는 것이 유리하며[17], 큰 규모의 프로젝트라면 비즈니스 도메인의 복잡성을 관리하기 위해 도메인 기반 구조로 개발하는 것이 유리합니다.

그러니 어떤 패키지 구성 방식이 올바른지는 모범 답안이 정해져 있지 않습니다. 은탄환(silver bullet)[18]은 존재하지 않습니다. 아키텍트 입장에서 소프트웨어 개발은 프로젝트의 규모와 성격을 고려해 적절한 개발 방법을 선택하는 과정의 연속입니다. 그래서 모든 문제에 통용될 수 있는 정답이란 존재하지 않고 여러 해결책과 각 해결책의 장단점만이 있을 뿐입니다. 따라서 어떤 하나의 정답을 찾기보다 프로젝트가 추구하는 목표가 무엇인지를 되뇌고 이를 어떻게 하면 달성할 수 있을지를 생각하는 편이 낫습니다.

다만 이야기를 이렇게 정리하면 누군가는 맥 빠지는 결말이라 느낄 것입니다. 왜냐하면 9.2절 '패키지 구조'를 시작할 때만 해도 저는 마치 어떤 방식으로 개발하는 것이 좋은지 정답을 알려줄 것처럼 말했기 때문입니다. 하지만 안타깝게도 개발에는 정답이 정해져 있지 않습니다. 그래서 대부분의 경우 열린 결말로 끝날 수밖에 없습니다. 그러니 이번에도 정답을 제시하는 것보다 새로운 관점을 제시하는 방향으로 글을 정리하려 합니다.

우리는 이제 모듈이 무엇인지 알게 됐고 덕분에 프로젝트를 모듈 단위로도 바라볼 수 있게 됐습니다. 그러니 이 생각을 패키지 구조를 선택할 때도 사용해 봅시다.

어떤 패키지 구조가 정답인지 아닌지를 판단하기보다 현재 진행 중인 프로젝트의 주요 단위가 무엇인지를 생각해 보고, 이를 바탕으로 모듈 관리 전략을 수립해서 패키지 구조를 선택하자는 의미입니다.

다시 말해 만약 프로젝트의 주요 단위가 계층인 것 같다는 생각이 든다면 충분히 계층을 모듈로 바라볼 수 있습니다. 그렇다면 계층 기반 패키지 구조를 선택해도 됩니다. 단, 계층별 독립성과 은닉성을 제대로 관리하기만 하면 됩니다.

반대로 프로젝트의 주요 단위가 도메인인 것 같다면 도메인 단위로 모듈을 구성할 수 있습니다. 이렇게 될 경우 도메인 기반 패키지 구조를 선택하면 됩니다. 그런 다음, 이 경우도 마찬가지로 도메인 패키지의 독립성과 은닉성을 제대로 관리하기만 하면 됩니다.

---

17 계층 기반 구조가 가진 '쉽고 직관적이다'라는 특징을 무시해선 안 됩니다. '쉽고 직관적이다'라는 장점은 계층 기반 구조로 만들었을 때 생기는 단점들이 모두 사소한 것처럼 느껴지게 만들만큼 어마어마하게 큰 장점입니다.

18 '은탄환'이란 소프트웨어 공학에서 일관되게 발생하는 문제를 바로 해결할 수 있는 보편적이고 완벽한 가상의 해결책을 의미합니다. 괴물인 늑대 인간을 처치할 유일한 무기인 은탄환에 빗대어 설명한 것으로, 소프트웨어 세계에서도 괴물 같은 문제를 해결하고자 모두가 은탄환을 찾아 나섭니다. 하지만 이내 곧 "모든 괴물을 처치할 수 있는 은탄환은 존재하지 않는다"라는 결론에 다다릅니다. 그래서 복잡한 실제 문제를 해결할 수 있는 간단하고 완벽한 해결책이 존재하지 않음을 표현하기 위해 '은탄환은 존재하지 않는다'라고 말합니다. 이 용어는 프레드 브룩스의 논문에서 유래했습니다. (참고: Brooks, Fred P. (1986). "No Silver Bullet — Essence and Accident in Software Engineering". 《Proceedings of the IFIP Tenth World Computing Conference》: 1069–1076.)

프로젝트의 패키지 구조를 선택할 때 중요한 것은 패키지 구조의 생김새가 아닙니다. 모듈화 단위가 무엇인지를 생각하고, 이를 바탕으로 패키지를 구성해 독립성과 은닉성을 제대로 관리하는 것입니다. 그러니 패키지 구조를 선택할 때 아래의 두 가지 기준을 사용해 선택하길 권장합니다.

- 프로젝트의 규모는 어떤가?
- 프로젝트를 어떤 방향으로 모듈화하고 싶은가?

9.3 패키지와 모듈

이번 장은 여담으로 꼭 하고 싶었던 이야기를 한 번 더 강조하면서 마무리하겠습니다.

1. 모듈과 모듈 시스템이 무엇인지 알아야 합니다.
2. 모듈과 패키지의 차이점을 알아야 합니다.
3. 필요하다면 패키지도 모듈성을 추구해야 합니다.

그런데 이쯤에서 마지막으로 이런 의문이 들 수 있습니다.

> '패키지는 모듈이 아니다'라고 했는데, 왜 패키지도 모듈성을 추구해 모듈처럼 사용해야 할까요? 그냥 모듈을 모듈처럼 사용하고 패키지를 패키지처럼 사용하면 되지 않을까요?

좋은 의문입니다. 저도 이 생각에 크게 공감하는 바입니다.

하지만 명심하세요. 모듈이 추구하는 가치인 독립성과 은닉성은 소프트웨어 개발의 기본 원리입니다.[19] 더불어 시스템의 복잡도를 낮추고 확장성을 높일 수 있다는 것이 검증된 확실한 전략입니다. 그러니 '어떤 대상을 모듈화하겠다'라는 생각으로 접근하는 것보다 그냥 언제 어디서든 독립성과 은닉성을 습관적으로 추구하는 것이 좋습니다. 다시 말해 매 개발 단계마다 모듈성을 따져 보는 것이 좋습니다. 패키지를 만들면서도 모듈성을 따져보고, 클래스를 만들면서도 모듈성을 따져보고, API 서버를 만들면서도 모듈성을 따져보는 것이 좋습니다.

---

19 뉴렐릭(New Relic)에서 조사한 자료에 의하면 2022년을 기준으로 자바로 개발된 48% 이상의 프로젝트가 여전히 자바 8, 자바 7 버전을 사용하고 있는 것으로 확인됐습니다. 국내에서는 현실적인 이유로 여전히 자바 5 버전에 머무르는 경우가 많으니 그 비율이 48%를 넘을 것으로 보입니다. 참고: https://newrelic.com/resources/report/2022-state-of-java-ecosystem

생각할 게 많아져서 부담스러울 것 같나요? 괜찮습니다. 생각보다 어렵지 않습니다. 개발하면서 각 단계마다 의존성과 캡슐화를 조금만 더 신경 쓰면 됩니다. 나머지는 이전에 해왔던 것과 똑같습니다. 연관된 코드만 모으면 됩니다.

도메인

1부 '객체지향'부터 2부 '스프링과 객체지향 설계'까지, 도메인에 관해 지속적으로 이야기를 나눴습니다. 그리고 그럴 때마다 가능한 한 이야기의 흐름을 해치지 않는 선에서 도메인에 관한 설명도 틈틈이 해왔습니다. 그런데 이제는 조금 더 확실하게 도메인이 무엇인지 알아볼 때가 됐습니다.

일반적으로 소프트웨어 공학에서 말하는 '도메인'은 애플리케이션이 해결하고자 하는 문제 영역을 의미합니다. 그런데 이처럼 추상적이고 딱딱한 설명이 와 닿지 않을 것입니다. 그래서 조금 더 서술적인 설명을 바탕으로 이를 이해해 봅시다. 더불어 도메인에 관한 저의 개인적인 견해도 함께 풀어볼 테니 한번 들어봐주시길 바랍니다. 그리고 백엔드 개발자 입장에서 도메인은 어떻게 바라보는 것이 좋은지 이야기하고, 애플리케이션을 개발한다는 말이 왜 도메인을 개발한다는 말과 같은 뜻인지, '애플리케이션의 본질은 스프링이나 JPA가 아니라 도메인이다'라는 말은 왜 존재하는지 등을 이야기하겠습니다.

10.1 소프트웨어 개발의 시작

도메인에 관한 이야기를 풀기 전에 소프트웨어 개발이 어떻게 시작되는지 먼저 이야기해 봅시다. 물론 '소프트웨어를 개발하기 위해서는 자바를 설치하고, 메이븐으로 스프링을 내려받아야 합니다. 그리고 개발은 이렇게 하며 깃으로 협업을 하고…' 같은 이야기를 하려는 것이 아닙니다. 비즈니스 관점에서 소프트웨어 개발이 시작되는 이유를 이야기하고 싶은 것입니다. 즉, 사업가 입장에서 소프트웨어 시스템을 만들게 되는 계기를 먼저 이해해 봅시다.

사업가는 소프트웨어를 왜 만들려고 하는 걸까요? 요새 IT로 사업하는 게 대세라서? 아니면 소프트웨어를 만드는 것이 다른 하드웨어나 프로덕트를 만드는 것보다 저렴하고 비교적 쉬운 일이라서?

그럴 수도 있지만 대체로 아닙니다. 왜냐하면 일반적으로 비즈니스는 '소프트웨어를 만들어야겠다'라는 전제로 시작되지 않기 때문입니다. 비즈니스는 현실 세상에서 벌어지는 문제에서 출발합니다. 즉, 사용자가 겪는 문제를 해결해주는 것이 비즈니스입니다. 소프트웨어는 그러한 해결책 중 하나로 선택될 뿐입니다.

우리는 살아가면서 다양한 문제를 겪고 고민합니다. 예를 들어, 저는 은행에 가서 상담받는 것을 너무나 어려워합니다. 상담을 받으면서 나오는 용어들이 하나같이 불친절하고 어려워서 이해가 안 되기 때문입니다. 그래서 항상 '조금 더 쉽게 설명해 주는 은행은 없나?'라는 생각을 합니다.

또 다른 예로 어딘가를 가야 할 때 어떤 이동 수단을 사용할지, 언제 이동해야 길이 안 막히고 빨리 갈 수 있을지, 무료한 시간은 어떻게 달랠 수 있을지, 사진을 예쁘게 찍는 방법은 없을지 등을 고민하기도 합니다. 세상에는 이처럼 사용자가 겪는 수많은 고민이 있습니다. 그리고 이러한 모든 고민은 사용자가 겪는 문제입니다.

그리고 이때 사업가가 등장합니다. 제 기준에 '사업가'라는 사람은 이러한 대다수의 사람들이 겪는 문제와 고민을 분석, 해결하는 사람입니다. 예를 들어, 불과 몇 년 전만 해도 타 은행 간 송금을 하려면 수수료가 발생했습니다. 그래서 수수료를 좀 아껴보겠다고 돈도 모아서 보내고 그랬던 기억이 납니다. 그러자 그때 나왔던 앱이 무엇이었나요? 바로 수수료 없이 송금할 수 있던 간편 송금 앱이었습니다.

또 다른 예로 앞에서 이동 수단과 관련된 고민이 있었는데, 이 고민의 해결책으로 지도나 모빌리티 앱이 등장했습니다. 지도와 모빌리티 앱도 시작은 '목적지까지 어떻게 갈 것인가?'에서 시작한 것입니다.

이 논리는 지금 당장 여러분의 스마트폰에 있는 앱이나 데스크톱에 설치된 모든 프로그램에 적용할 수 있습니다. OTT와 영상 플랫폼, 게임 앱들은 '무료한 시간을 어떻게 하면 달랠 수 있을까?'에서 시작한 해결책입니다. 사진 필터 앱은 어떤가요? 클라우드 스토리지 앱은 어떤가요? 가계부 앱은 어떤가요? 쇼핑 앱은 어떤가요? 개중에는 의미 없이 만들어진 프로그램도 있긴 하겠지만 곰곰이 생각해 보면 대부분 어떤 문제가 있고 그 문제를 프로그램이 해결하고 있음을 알 수 있습니다.

이러한 맥락에서 IT 사업가란 사람들이 겪는 문제를 분석하고, 이에 맞는 솔루션을 생각하고, 그걸 소프트웨어로 구현하는 사람들이라고 볼 수 있습니다.[1]

이 이야기를 조금만 더 확장해 봅시다. IT 업계에 있다 보면 유독 스타트업과 관련된 소식을 더욱 자주 접합니다. 그리고 동시에 '린 스타트업', '린 방식의 업무 스타일'과 같은 내용도 자주 접합니다. 그래서 저도 이에 흥미가 생겨 이 내용을 공부하고 찾아보기도 했습니다. 그리고 제가 이해한 '린'이란 다음과 같았습니다.

ⓘ **린(lean)**

'lean'을 직역하면 '군더더기 없는'이라는 뜻으로서 '린 스타트업' 등에 사용되는 '린'이라는 용어는 일본의 자동차 회사인 도요타(Toyota)의 린 생산(lean production) 사례를 통해 크게 유명해졌습니다. '린 생산'이란 생산 공정을 군더더기 없이 처리하겠다는 의미이고, 마찬가지로 '린 방식의 업무 스타일'은 군더더기 없이 업무를 수행하겠다는 의미입니다. 그리고 여기서 말하는 '군더더기 없음'이란, 불필요한 지출을 최소화하겠다는 의미입니다.

그렇다면 또 다른 용어인 린 스타트업은 무슨 뜻일까요? 이는 에릭 리스(Eric Ries)가 주창한 스타트업의 관리 및 제품 개발 방법론입니다. 앞의 논리를 그대로 따르자면 린 스타트업은 군더더기 없는 스타트업을 의미하겠네요. 그래서 실제로 린 스타트업은 기업이 제품이나 서비스를 만들 때 군더더기 없이 개발하는 방법을 알려줍니다. 적은 비용과 시간을 들여 간단한 실험을 하고, 이를 통해 고객들의 요구사항을 빠르게 파악하라고 합니다. 그리고 고객의 피드백을 이용해 지속적으로 제품을 개선하라고 합니다.

정리하면 '군더더기 없이 일하는 방식'을 뜻하는 린 방식의 업무 스타일이란 다음과 같습니다.[2]

1. 사용자의 문제 상황을 인식한다.
2. 문제 상황에 따라 어떤 솔루션을 제공하면 좋은 반응을 얻을 것이라고 가설을 세운다.
3. 가설이 맞다면 결과가 어떤 지표로 반영될 것이라고 가정한다.
4. 가설을 검증할 수 있는 가장 빠른 방법을 생각하고 이를 실험한다.
5. 사용자와 지속적으로 소통하면서 가설의 방향성을 지속적으로 조정, 확장한다.

린 방식의 업무 스타일에서는 사용자가 겪는 문제를 강조합니다. 그리고 사용자의 문제를 해결할 수 있는 해결책을 만들어야 함을 강조합니다.

---

1 모든 사업가들이 이렇게 일한다는 의미는 아닙니다. 스타트업이나 기업들이 어떤 식으로 사업을 시작하는지에 관해 설명하고 싶었던 것입니다. 그리고 더 나아가 이미 성공한 제품들도 알고 보면 보편적인 사람들이 겪는 문제를 해결하고 있어 성공한 것임을 알려드리고 싶었습니다.

2 좀 더 자세한 내용은 위키백과의 '린 스타트업' 페이지를 참고하세요. 참고: https://ko.wikipedia.org/wiki/린스타트업

다시 말해 전통적인 사업가든 린 방식을 추구하는 사업가든 오늘날 대부분의 사업은 고객의 문제에서 출발합니다. 이들은 고객이 겪는 문제를 파악하고, 요구사항을 분석하고, 요구사항을 정리해 솔루션을 만듭니다. 솔루션은 하드웨어 제품이 될 수도 있고 소프트웨어 제품이 될 수도 있습니다.

그렇다면 여기서 우리가 개발자로서 짚고 넘어가야 하는 사실이 하나 있습니다. 바로 우리가 솔루션을 개발하는 단계에서는 이미 솔루션을 제공하려는 대상, 즉 목표하는 고객이 존재하는 경우가 많다는 것입니다. 더불어 고객이 겪는 문제 상황도 이미 정의돼 있는 경우가 많습니다. 왜냐하면 문제 정의가 먼저 이뤄지고, 그다음 해결책을 만들기 때문입니다.

좋습니다. 이제 드디어 하고 싶은 이야기가 나왔습니다. **사용자들이 겪는 문제 영역이 바로 도메인입니다.** 그리고 문제 영역이 곧 비즈니스 영역이므로 도메인은 비즈니스 영역을 의미하기도 합니다. 따라서 도메인은 문제 영역이자 비즈니스 영역입니다.

그러면 이러한 사실에 기인해 돌이켜볼 만한 질문이 있습니다. 바로 '개발자의 역할은 무엇인가?'입니다. 이런 맥락을 이해한다면 개발자의 역할은 단순히 요구사항에 맞는 애플리케이션을 개발해 주는 것이 아닙니다. 그보다는 고객이 겪는 문제 상황을 소프트웨어로 해결해 주는 사람인 것입니다. 즉, 개발자는 도메인을 분석하고, 고객이 겪는 문제를 인지하고, 이에 맞는 도메인 솔루션을 개발해줄 수 있어야 합니다! 개발만 잘한다고 좋은 개발자인 것이 아닌 것입니다!

● 일반 **애플리케이션**

⊘ 도메인 **애플리케이션**

그림 10.1 개발하려는 대상: 일반 애플리케이션(X), 도메인 애플리케이션(O)

우리가 개발해야 하는 것은 그냥 애플리케이션이 아닙니다. '도메인' 애플리케이션입니다. 그러므로 도메인이 무엇인지를 잘 파악하고 있어야 합니다. 눈앞의 코드를 어떻게 작성할지만 고민해서는 안 됩니다. 도메인을 제대로 이해하지 못하면 프로덕트의 품질은 전체적으로 낮아질 수밖에 없습니다. 다시 말해, 도메인이 갖고 있는 특성과 요구사항을 이해하지 못한 채로 개발된 소프트웨어는 무용지물이 될 확률이 높습니다.[3]

이러한 배경으로 만들어진 것이 도메인 주도 설계입니다. 에릭 에반스의 저서 《도메인 주도 설계》는 책 제목부터 많은 의미를 함축하고 있습니다. 즉, '도메인이 주도해서 설계해야 한다'라는 의미가 담겨있습니다. 좋은 개발자는 코드만 잘 짜지 않습니다. 도메인을 분석하고, 사용자들이 겪는 문제를 인지해 소프트웨어적인 해결책을 제시할 수 있습니다.[4]

---

3 다양한 앱을 사용하다 보면 '이걸 대체 어떻게 써먹으라고 만든 거야?'라는 생각이 들게 하는 앱이 종종 있지 않나요?

4 도메인 주도 설계에 관한 자세한 설명은 《도메인 주도 설계》(위키북스, 2011)를 참고하세요.

10.2 | 애플리케이션의 본질

방금 전 아주 유의미하고 중요한 이야기를 하나 했습니다. 우리는 그냥 애플리케이션을 개발하지 않습니다. '도메인 애플리케이션'을 개발합니다. 이를 반드시 기억하길 바랍니다.

오늘날 자바를 다루는 수많은 백엔드 개발자들이 자신을 소개할 때 범하는 실수 중 하나는 스스로를 '스프링 개발자'라고 소개하는 것이라 생각합니다. 그런데 이런 식의 소개는 무엇을 개발할 수 있는지, 어떤 개발을 해봤는지 아무것도 설명하지 못합니다.

자신을 스프링을 잘 다루는 개발자라고 소개하는 것은 괜찮습니다. 자신을 스프링 전문가라고 소개해도 괜찮습니다. 하지만 스프링만 다룰 줄 아는 개발자라고 소개하는 것은 바람직하지 못합니다. 왜냐하면 우리는 '도메인 개발자'이기 때문입니다.

앞에서 스프링 같은 프레임워크는 애플리케이션의 핵심이 아니며, JPA 또한 핵심이 아니라는 이야기를 했습니다. 그리고 애플리케이션의 본질은 도메인이라는 이야기도 했습니다. 이는 스프링과 JPA는 애플리케이션 개발을 위한 수단에 불과하다는 말입니다. 그렇다면 스프링과 JPA는 왜 애플리케이션의 본질이 될 수 없는 걸까요?

상황을 하나 가정해 봅시다. 여러분에게 신규 프로젝트를 만들어 달라는 요청이 들어왔습니다. 여러분은 가장 먼저 무엇부터 하고 싶나요? 30초 정도의 짧은 시간 동안 백엔드 개발자로서 어떤 일을 가장 먼저 하고 싶은지 생각해 봅시다.

잠깐 생각해 봤나요? 그렇다면 여러분이 생각한 생각이나 일 중에 혹시 다음과 같은 일이 있지 않았나요?

- API 서버를 만들어야 할 테니 스프링 웹을 미리 설정해 둬야겠다.
- 인증은 JWT(JSON Web Tokens)를 사용할 테니 기존에 사용하던 인증 코드를 미리 옮겨둬야겠다.
- JPA나 QueryDSL을 사용할 테니 관련 의존성도 미리 설정해 둬야겠다.
- 테스트를 위한 H2 데이터베이스도 미리 설정해 둬야겠다.

이러한 접근 방식은 앞서 우리가 열심히 진화시켜 왔던 레이어드 아키텍처의 하향식 접근에 해당합니다.

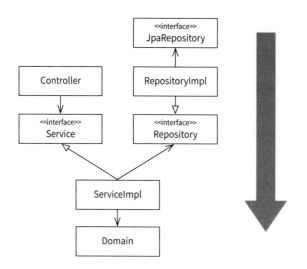

그림 10.2 하향식 접근

레이어드 아키텍처로 치면 프레젠테이션 레이어나 인프라스트럭처 레이어에서 벌어질 일을 먼저 생각하고 있는 것입니다. 그런데 이러한 접근은 그다지 바람직한 방식이 아닙니다. 그리고 이제는 왜 이런 말을 하는지 이해하실 것입니다. 왜냐하면 이러한 생각에는 모두 어떤 가정이 있기 때문입니다. '스프링을 사용할 것이다', '웹 서버를 만들 것이다', 'JPA를 사용할 것이다', 'RDB를 사용할 것이다', 'JWT를 사용할 것이다', '인증을 넣을 것이다' 같은 가정 말입니다. 심지어 'JWT를 사용하겠다', 'Querydsl을 사용하겠다' 같은 말은 내부 구현을 어떻게 할지도 미리 상세히 정하는 경우입니다.

그런데 아직 도메인 분석이 끝나지도 않았습니다! 앞의 질문을 다시 읽어 보세요. '신규 프로젝트를 만들려면 무엇부터 해야 하나요?'라는 질문은 대체 무엇을 물어보는 건가요? 이 질문만 봐서는 무슨 프로젝트를 만들고 싶은 건지, 도메인이 무엇인지 전혀 알 수 없습니다. 그러므로 이러한 상황에서 세부 구현을 미리 결정해 두는 것은 너무 성급한 일입니다. 모든 기능은 도메인을 바탕으로 결정해야 합니다.

즉, 도메인을 먼저 생각해야 합니다! 도메인을 분석하고 도메인의 요구사항을 정리하는 것이 먼저여야 합니다. 시스템의 설계와 패턴, 세부 구현은 분석한 도메인을 바탕으로 선택해야 합니다. 그러므로 이 질문의 대답도 "'그래서 도메인이 뭔가요?'라는 역질문을 한다'가 정답일 것입니다.

혹시 아직도 도메인 위주의 생각을 못 하셔서 자책 중인가요? 괜찮습니다. 솔직히 저도 도메인 위주의 사고방식에 아직 익숙하지 않습니다. 그리고 자바 개발자 입장에서 현재 스프링과 JPA를 능가하는 다른 대안을 찾기란 매우 어렵습니다. 더불어 현재 대부분의 프로젝트에서는 인증에 JWT를 사용하고 있으니 다음 프로젝트에서도 이를 사용할 확률이 매우 높을 것입니다.

덧붙여 아시다시피 프로젝트 초반에 프로젝트를 세팅할 때 이러한 반복적인 설정 작업을 하는 것은 재미가 없습니다. 설정 작업은 공식 가이드를 그대로 따라 해도 제대로 되지 않는 경우가 허다합니다. 그러니 개발이 본격적으로 시작될 때를 대비해 바로 개발에 들어갈 수 있는 초기 환경 설정을 미리 하고 싶을 것입니다. 그 심리를 저도 이해합니다. 프로젝트 초반부터 불쾌한 경험이 쌓이는 것을 피하고 싶은 것이겠죠.

그러니 이 같은 반응은 지극히 정상입니다. 그리고 이 말이 사실이라는 것을 방증하듯 당장에 오픈소스 커뮤니티를 둘러봐도 수많은 보일러플레이트(boilerplate)[5] 프로젝트가 존재하는 것을 확인할 수 있습니다. 더불어 미리 개발해 둔 코드가 있고 익숙하다면 이를 재사용해야겠다는 생각이 드는 것은 지극히 자연스럽습니다.

그래서 '이러한 접근법이 틀렸다'라는 말을 하고 싶은 것도 아닙니다. 그보다 '중요한 것에 더 집중해 보자'는 말을 하고 싶은 것입니다. 우리의 역할은 도메인 애플리케이션을 만드는 것입니다. 그러니 도메인이 제일 중요합니다. 프로젝트 설계자 입장에서 프로젝트에 사용될 구현이나 도구는 선택사항이어야 합니다. 이를 전제로 설계에 임해야 유연한 결과물을 얻을 수 있습니다.

도메인의 유형에 따라 도구와 구현은 달라질 수 있습니다. 예를 들어, 인증에 JWT가 사용되지 않을 수 있습니다. JPA가 사용되지 않을 수도 있습니다. 프로젝트가 단순하다면 영속성 객체를 별도의 컨텍스트로 관리하는 JPA가 부담스러울 수 있으니까요. 그렇다면 단순하게 `JdbcTemplate`을 이용해 빠르게 개발하는 것이 해결책이 될 수 있습니다.

데이터베이스가 꼭 RDB일 것이라고 장담할 수도 없습니다. 도메인 성격상 MongoDB 같은 도큐먼트 데이터베이스를 반드시 사용해야 한다면 프로젝트의 비용을 절감하기 위해 별도의 RDB를 띄우지 않을 수도 있으니까요. 그렇다면 프로젝트에 필요한 메타데이터도 그냥 MongoDB에서 관리하게 할 수 있습니다. 데이터베이스 또한 도메인의 성격에 따라 결정될 수 있는 문제라는 것입니다.

결과적으로 '스프링이나 JPA 같은 프레임워크를 사용해서 개발한다'라는 것을 전제로 설계하는 것을 피해야 합니다. 설계 단계에서 이러한 결정들이 성급하게 내려진다면 결과물은 당연히 이에 의존하는 형태로 나올 수밖에 없습니다. 즉 결국 프로젝트의 결과물이 프레임워크 없이는 설명할 수 없는 지경에 이른다는 것입니다.

다시 말해, 결과물을 돌이켜봤을 때 다음과 같은 반응이 나오면 안 됩니다.

---

5   보일러플레이트란 새로운 소프트웨어 프로젝트를 시작할 때 기본적으로 필요한 구성 요소나 의존성, 기능 등을 미리 갖춰놓은 프로젝트를 말합니다. 이러한 프로젝트를 이용하면 반복적인 설정 작업을 건너뛸 수 있으므로 빠르게 개발에 집중할 수 있게 됩니다.

이러한 반응이 나오는 설계는 피해야 합니다. 이보다는 다음과 같은 반응이 나올 수 있게 설계하는 것이 좋습니다.

프로젝트 설계는 도메인을 설명할 수 있어야 합니다. 아키텍처만 봐도 어떤 도메인을 다루는지 알 수 있게 만들어야 한다는 것입니다. 그래서 이를 두고 로버트 C. 마틴의 《클린 아키텍처》에서는 '소리치는 아키텍처'라고 부릅니다. 도메인을 표현하는 아키텍처는 '이건 어떤 도메인을 위한 프로젝트야!'라고 소리치고 있는 것처럼 보인다고 해서 그렇게 부릅니다.

앞서 9.2절 '패키지 구조'에서 계층 기반으로 애플리케이션을 만들 경우 도메인이 눈에 들어오지 않으며 레이어드 아키텍처를 사용했다는 점만이 부각된다는 사실을 확인했습니다. 그리고 동시에 이를 도메인 기반 구조로 변경할 경우 이 프로젝트가 어떤 도메인을 다루고 있는지 부각되도록 변경할 수 있다는 사실 또한 확인했습니다.

이와 마찬가지로 설계와 설계를 통해 만들어진 애플리케이션은 어떤 도메인을 다루고 있는지를 부각할 수 있어야 합니다. 그렇기 때문에 스프링과 JPA는 애플리케이션의 핵심이 아닌 것입니다. 애플리케이션이 '이 프로젝트는 스프링으로 만들어진 거야!'라고 소리쳐서는 안 되기 때문입니다.

저도 압니다. 실제로 개발에 투입되면 도메인을 개발하는 것보다 스프링이나 JPA를 연동하는 데 더 많은 시간을 쏟게 될 수도 있습니다. 하지만 그렇다고 해서 그것들이 애플리케이션의 핵심 가치가 되는 것은 아닙니다. 기술은 언젠가 익숙해지면 금방 할 수 있게 됩니다.

이제 정리하겠습니다. 애플리케이션에서 도메인을 제외한 다른 부분은 도메인을 해결하기 위한 도구이자 수단일 뿐입니다. 따라서 중요한 것은 사용자에게 어떤 형태로 비즈니스 가치를 전달할 수 있는가, 그리고 그러기 위한 도메인 분석과 도메인 설계입니다.

⚠ 핵심이 아니라고 해서 중요하지 않다는 의미는 아닙니다. 프레임워크와 라이브러리를 잘 다루는 것 또한 매우 중요합니다. 그래서 다시 한번 강조합니다. 이 책은 여러분이 프레임워크와 라이브러리를 이미 웬만큼 다루고 있다는 것을 전제로 합니다. 그래서 그다음 단계로 무엇이 중요한지를 설명하고 있는 것입니다. 요구사항을 충족하는 최소한의 기능 개발을 할 수 있는 능력은 반드시 갖춰야 합니다.

10.3 도메인 모델과 영속성 객체

도메인에 관한 이야기를 한 차례 했으니 이와 관련해서 '도메인 모델'에 관해서 이야기하고 싶은 주제가 있습니다. 바로 '도메인 모델과 영속성 객체는 구분해야 하는가?'입니다. 이 내용은 다시 말하면 '도메인 모델과 JPA 엔티티는 구분해서 개발해야 하는가?'에 관한 내용이기도 합니다.

2장 '객체의 종류'에서 도메인 모델과 JPA 엔티티, 그러니까 영속성 객체의 차이점에 관해 다양한 이야기를 나눴습니다. 더불어 8.3.1절 '인지 모델 변경하기'에서 도메인 모델(예: Account)과 영속성 객체(예: AccountJpaEntity)를 구분해서 사용하는 방법에 관해서도 배웠습니다. 기억이 나지 않는다면 234쪽의 코드 8.6과 236쪽의 코드 8.7을 참고하길 바랍니다.

그럼 이야기를 편하게 진행하기 위해 이처럼 도메인 모델과 영속성 객체를 구분하는 방식을 편의상 '구분하기 전략'이라고 부르겠습니다.

> 구분하기 전략: 역할에 따라 도메인 모델과 영속성 객체를 나눕니다. 이는 '계정'이라는 모델이 있을 때 도메인 모델로서 존재하는 Account 클래스와 데이터베이스 영속화를 담당하는 영속성 객체인 AccountJpaEntity 클래스를 분리해서 관리하겠다는 의미입니다.

그런데 이러한 구분하기 전략이 아닌 다른 전략을 사용할 수도 있습니다. 만약 여러분이 이 책을 통해 도메인 모델과 영속성 객체의 차이점을 처음 알게 됐고, 원래 이 둘을 제대로 구분 지어 생각하지 않았다면 이전에 작성한 코드에서는 도메인 모델과 영속성 객체를 분리하지 않았을 것입니다.

다시 말해 코드 8.6과 코드 8.7처럼 Account, AccountJpaEntity 클래스를 분리하지 않고 하나의 클래스에 두 개념을 합쳐서 사용했을 것입니다. 이처럼 도메인 모델과 영속성 객체를 하나의 통합된 클래스로 관리하는 방식을 '통합하기 전략'이라고 부르겠습니다.

> 통합하기 전략: 도메인 모델과 영속성 객체를 하나의 클래스로 관리합니다. 즉, Account 클래스 하나에 두 객체의 역할이 들어갈 수 있게 합니다. 이 전략을 사용하는 프로젝트에서 Account 클래스는 도메인 모델이면서 동시에 영속성 객체입니다. 다시 말해 프로젝트가 JPA를 사용하고 있다면 @Entity 애너테이션을 Account 클래스에 등록해서 사용하고 있음을 의미합니다.

이번 절에서는 이러한 '구분하기 전략'과 '통합하기' 전략을 알아보고 어떤 전략이 더 나은 전략일지 비교 분석해 보겠습니다.

먼저 원활한 진행을 위해 다음과 같은 요구사항을 가정하겠습니다.

- 계정(account)이라는 도메인이 있습니다.

- 계정은 닉네임을 변경할 수 있어야 합니다.

- 계정은 데이터베이스에 저장되고 불러올 수도 있어야 합니다.

이제 '통합하기 전략'과 '구분하기 전략'에서 모델을 각각 어떻게 구현하고, 어떤 논리를 펼치고 있는지 살펴봅시다.

10.3.1 통합하기 전략

앞에서 이야기한 것처럼 통합하기 전략은 클래스 하나에 도메인 모델과 영속성 객체의 역할을 모두 몰아넣겠다는 의미입니다. 그래서 다음과 같은 코드를 만들겠다는 의미와 같습니다.

코드 10.1 통합하기 전략을 사용해 Account 객체를 표현

```java
@Data
@Entity(name = "account")
public class Account {

    @Id
    @GeneratedValue(strategy = GenerationType.IDENTITY)
    private Long id;
    @Column(unique = true)
    private String email;
    @Column
    private String nickname;

    public void changeNickname(String nickname) {
        this.nickname = nickname;
    }
}
```

코드 10.1의 Account 클래스는 도메인 모델의 요구사항인 비밀번호를 변경하는 코드로 구성되고 영속성 객체로서의 역할을 하기 위해 JPA 엔티티로 등록돼 있습니다. 도메인 모델과 영속성 객체를 통합한 것입니다.

통합하기 전략의 장점을 알아보기 위해 구분하기 전략에서 지적되는 단점을 생각해 봅시다. 구분하기 전략에서는 유사한 모델을 똑같이 두 번 만들어야 합니다. 그리고 영속성 객체를 도메인 모델로 매핑하는 메서드도 추가로 필요합니다. 예를 들면, 코드 8.7의 from 메서드와 toModel 같은 메서드가 필요하다는 말입니다. 어려운 작업이 아니라서 별것 아니라고 생각할 수 있지만 똑같은 클래스를 두 벌 만드는 것은 생각보다 사소한 노동을 많이 필요로 합니다.

개발은 결국 비용 싸움입니다. 그리고 개발자의 시간은 비용입니다. 이는 같은 코드를 여러 벌 만드느라 개발 속도가 5% 정도만 지연되더라도 조직 차원에서 굉장한 비용을 낭비하는 결과로 이어질 수 있게 된다는 말입니다.

통합하기 전략에서는 이러한 문제가 발생하지 않습니다. 하나의 클래스만 잘 관리하면 됩니다. 따라서 통합하기 전략은 구분하기 전략에 비해 개발 속도가 빠르다는 장점이 있습니다.

더불어 JPA의 역할이 ORM이라는 점을 상기했을 때 통합하기 전략을 선택하는 것은 매우 자연스러운 선택입니다. 여기서 ORM은 object-relational mapping(객체-관계 매핑)의 줄임말입니다. 즉, 시작부터가 관계형 데이터를 객체지향에서 말하는 Object에 그대로 매핑해서 사용하기 위해 만들어진 라이브러리인 것입니다. 따라서 ORM의 목적을 고려했을 때 도메인 모델과 영속성 객체를 분리하려는 시도는 잘못된 것일 수 있습니다.

다만 이 전략을 사용할 경우 클래스의 책임이 제대로 눈에 들어오지 않는다는 단점이 있습니다. 도메인 모델에 영속성 객체와 관련된 코드가 들어 있으면 개발자는 데이터베이스 위주의 사고를 하기 쉽습니다. 예를 들어, 요구사항 변경이나 도메인 모델이 확장돼야 할 때 프로젝트에서 통합하기 전략을 사용하고 있다면 도메인을 어떻게 변경할지보다 데이터베이스 스키마 변경이나 마이그레이션 걱정을 먼저 하게 될 것입니다. 그래서 도메인 모델이 커질수록 모델을 관리하기가 어려워집니다.

10.3.2 구분하기 전략

앞에서 이야기한 것처럼 구분하기 전략을 사용하겠다는 의미는 도메인 모델을 위한 클래스와 영속성 객체를 위한 클래스를 분리하고 다음과 같은 코드를 만들겠다는 의미입니다.

코드 10.2 구분하기 전략을 사용해 도메인 객체를 표현

```
@Builder
public class Account {

    private Long id;
    private String email;
```

```
    private String nickname;

    public void changeNickname(String nickname) {
        this.nickname = nickname;
    }
}
```

참고로 코드 8.6(234쪽)처럼 Account 클래스의 멤버 변수를 모두 final로 만들 수도 있지만 최대한 코드 10.1과 차이를 두지 않기 위해 이번에는 모든 변수를 가변 값으로 뒀습니다.

코드 10.3 구분하기 전략을 사용해 영속성 객체를 표현

```
@Data
@Entity(name = "account")
public class AccountJpaEntity {

    @Id
    @GeneratedValue(strategy = GenerationType.IDENTITY)
    private Long id;
    @Column(unique = true)
    private String email;
    @Column
    private String nickname;

    public static AccountJpaEntity from(Account account) {
        AccountJpaEntity result = new AccountJpaEntity();
        result.id = account.getId();
        result.email = account.getEmail();
        result.nickname = account.getNickname();
        return result;
    }

    public Account toModel() {
        return Account.builder()
            .id(this.id)
            .email(this.email)
            .nickname(this.nickname)
            .build();
    }
}
```

코드 10.3은 코드 8.7과 같지만 읽는 데 불편함이 없도록 전문을 중복해서 작성했습니다. 그래서 코드 설명은 생략하겠습니다.

누군가는 '이 전략을 사용할 거면 ORM을 사용하는 이유가 뭐냐?'라고 반문할 것입니다. 왜냐하면 데이터를 불러와서 영속성 객체로 변환하고, 이를 도메인 모델에 그대로 매핑할 것이라면 구태여 ORM을 사용할 이유가 없기 때문입니다.

맞습니다. 구분하기 전략을 사용할 것이라면 굳이 ORM을 사용할 이유가 없습니다. 그런데 그것이 구분하기 전략이 추구하는 바입니다! 애초에 구분하기 전략은 도메인이 ORM 같은 특정 라이브러리에 의존하지 않게 하기 위해 만들어진 전략입니다. 그렇게 해서 애플리케이션의 데이터베이스 접근 라이브러리를 MyBatis나 `JdbcTemplate`으로도 교체가 가능하게 만들려 했던 것입니다.

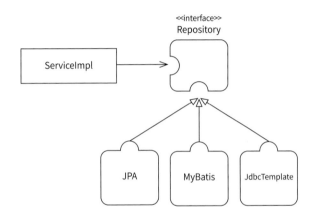

그림 10.3 구분하기 전략에서는 MyBatis, `JdbcTemplate`을 이용해도 같은 패턴을 사용할 수 있다.

더 나아가 구분하기 전략에서는 애플리케이션이 관계형 데이터베이스에도 의존하지 않습니다. 클래스를 구분했던 이유는 이처럼 도메인의 책임과 데이터 영속의 책임을 구분해 유연함을 얻기 위해서였습니다.

게다가 통합하기 전략은 단일 책임 원칙을 위반합니다. 당연한 이야기입니다. 코드 10.1의 `Account` 클래스에는 책임이 두 개 이상 존재합니다. 도메인 모델로서의 역할과 영속성 객체로서의 역할을 통합했기 때문입니다. 그러니 두 개 이상의 액터가 존재하고, 따라서 단일 책임 원칙을 위반합니다.

다만 작성해야 하는 코드가 많아진다는 점은 확실한 단점입니다. 더불어 이렇게 되면 ORM이 갖고 있는 다양한 혜택을 누리기가 어려워집니다. 그래서 번거로운 작업을 더 해야 할 수 있다는 것도 사실입니다.

changeNickname 메서드의 위치는 왜 AccountJpaEntity 클래스가 아니라 Account 클래스일까요?

이 메서드는 도메인에 요구되는 요구사항입니다. 그래서 도메인 로직입니다. 그리고 도메인 로직은 도메인 모델이 처리하는 것이 자연스럽습니다. 만약 도메인 로직이 영속성 객체에 위치한다면 통합하기 전략과 다를 바 없어집니다.

영속성 라이브러리가 JPA에서 MongoDB로 바뀌듯이 영속성 객체의 형태가 바뀐다고 해도 도메인 로직이 영향을 받아서는 안 됩니다. 그래서 changeNickname 같은 도메인 로직은 도메인 모델인 Account가 갖고 있어야 하는 것이 자연스럽습니다. 영속성 객체가 도메인 로직을 갖게 된다면 영속성 코드의 변경이 도메인 로직에 영향을 줄 수 있게 된다는 의미가 됩니다. 따라서 영속성 객체에는 데이터 영속화와 관련된 코드만 들어가야 합니다.

10.3.3 평가

앞에서 이야기한 내용을 정리하면 다음과 같습니다.

- **통합하기 전략**
  - 도메인과 영속성 객체를 통합합니다.
  - 작성해야 하는 코드의 양이 줄어듭니다.
  - 도메인이 영속성 라이브러리에 강결합됩니다.

- **구분하기 전략**
  - 도메인과 영속성 객체를 분리합니다.
  - 작성해야 하는 코드의 양이 늘어납니다.
  - 도메인과 영속성 라이브러리가 분리됩니다.

2부 '스프링과 객체지향 설계'에서 설계 문제를 이야기할 때 라이브러리에 강결합되는 상황은 피해야 한다고 주장했습니다. 그렇다면 도메인이 영속성 라이브러리에 강결합된다고 말하는 '통합하기 전략'이 '구분하기 전략'과 비교해서 항상 부정적인 결과를 낳게 될까요?

그렇지 않습니다. 여러분의 지난 경험을 돌이켜 보세요. 이 두 모델을 분리해서 사용하지 않았음에도 개발하는 데 크게 문제가 없었을 것입니다. 따라서 두 전략 중 어느 것이 옳고 그른지 확정할 수는 없습니다.

은탄환은 없습니다. 설계에서 발생하는 모든 문제는 트레이드오프가 존재하는 선택의 영역입니다.

CHAPTER

11

알아두면 유용한 스프링 활용법

2부를 마무리하기에 앞서 아직 소개하지 못한 스프링과 관련된 코딩 테크닉과 개념을 소개하려고 합니다. 이는 스프링을 이용하는 개발자들이 알아두면 좋지만 의외로 모르는 분이 많아 꼭 소개하고 싶었던 내용입니다. 이전 장에서 다루기 애매했던 내용들을 이번 장에서 다루고자 합니다. 또한 2부를 진행하는 과정에서 이야기하지 못했던 그 밖의 내용을 두서없이 풀어보겠습니다.

11.1 타입 기반 주입

스프링에서 @Autowired 애너테이션을 이용한 의존성 주입은 타입을 기반으로 동작합니다. 의존성 주입이 필요할 경우 스프링 컨테이너는 타입을 기반으로 빈(bean)을 찾는다는 말입니다. @Autowired 애너테이션은 일치하는 타입의 빈을 찾아 이를 주입하고, 만약 해당하는 빈을 찾지 못한다면 NoSuchBeanDefinitionException 에러를 던집니다.[1][2]

예를 들어, 다음과 같은 서비스 코드가 있다고 가정해 봅시다.

---

1 이와 반대로 이름이 일치하는 빈을 먼저 찾고, 그다음에 타입이 일치하는 빈을 찾게 하려면 @Resource 애너테이션을 이용하면 됩니다.

2 생성자 주입을 사용할 경우 기본적으로 @Autowired 애너테이션을 이용한 주입 방식이 사용됩니다.

CHAPTER 11 _ 알아두면 유용한 스프링 활용법   303

```java
@Service
@RequiredArgsConstructor
public class NotificationService {

    private final NotificationChannel notificationChannel;

    // do something...
}
```

그리고 NotificationChannel은 다음과 같은 인터페이스입니다.

```java
public interface NotificationChannel {

    void notify(Account account, String message);
}
```

이 인터페이스를 구현하는 구현체는 다음과 같습니다.

```java
@Component
public class EmailNotificationChannel implements NotificationChannel {

    @Override
    public void notify(Account account, String message) {
        // account에 등록된 email로 내용이 message인 메일을 전송합니다.
    }
}
```

이때 NotificationService 컴포넌트의 멤버 변수 notificationChannel에는 EmailNotification Channel 빈이 들어갑니다. 왜냐하면 당연하게도 EmailNotificationChannel 빈이 Notification Channel 타입이기 때문입니다. 타입 기반으로 동작한다는 말은 바로 이런 뜻입니다.

이는 스프링을 사용하는 개발자들에게 너무나 당연한 내용입니다. 그래서 굳이 이러한 이야기를 재차 언급하는 이유가 궁금할 수 있습니다. 그런데 이러한 기능을 이용해 어떤 일을 할 수 있는지 알게 되면 스프링을 조금 재밌게 받아들일 수 있습니다.

그러면 이야기를 시작하기에 앞서 생각해볼 문제가 하나 있습니다. 스프링이 이렇게 동작할 경우 스프링 컨테이너를 초기화하는 과정에서 동작이 모호해질 수 있는 지점이 하나 있습니다. 예를 들어, 주입하려는 타입이 코드 11.2처럼 추상 타입이라고 생각해 봅시다. 그렇다면 프로그램에 이 추상 타입을 상속하거나 구현하는 빈이 여러 개일 수 있습니다. 그럴 때 스프링은 어떻게 동작할까요? 어떤 빈을 주입할지 어떻게 선정할까요?

이처럼 어떤 빈을 주입해야 할지 선택할 수 없는 상황이 생길 경우 스프링은 NoUniqueBeanDefinitionException 에러를 던집니다. 그래서 이를 극복하기 위해 @Qualifier나 @Primary 같은 애너테이션이 제공되는데, 두 애너테이션 모두 주입할 수 있는 빈이 여러 개일 때 사용할 수 있는 애너테이션입니다. @Qualifier 애너테이션을 이용하면 @Qualifier("emailNotificationChannel")처럼 주입하려는 빈을 지정할 수 있습니다.[3] @Primary 애너테이션을 이용하면 타입이 일치하는 빈이 여러 개일 때 특정 빈을 가장 우선해서 주입하게 할 수 있습니다.

그렇다면 이번에는 내용을 확장해 봅시다. 앞의 예시처럼 코드 11.2 같은 추상 타입이 존재하고 이를 상속하거나 구현하는 빈이 여러 개라고 가정합시다. 그런데 이때 주입받으려는 변수가 다음과 같이 List<**추상타입**>이라면 어떻게 될까요?

코드 11.4 인터페이스 배열을 멤버 변수로 주입받는 애플리케이션 서비스

```
@Service
@RequiredArgsConstructor
public class NotificationService {

    private final List<NotificationChannel> notificationChannels;   // NotificationChannel을 구현하는 모든
                                                                     // 빈이 List의 요소로 들어감

    // do something...
}
```

스프링이 List 타입의 멤버 변수를 주입하려 할 때는 타입과 일치하는 모든 스프링 빈을 찾아 List의 요소로 넣어주는 방식으로 처리합니다! 정말 똑똑하고 유용한 기능이 아닐 수 없습니다.

그럼 이제부터 이야기가 재밌어집니다. 스프링의 이러한 동작 원리를 이해하면 사용할 수 있는 테크닉이 하나 있습니다. 예시를 먼저 봅시다. 우선 **NotificationService** 컴포넌트가 다음과 같이 작성됐다고 가정합시다.

---

3   아무런 값을 지정하지 않으면 변수의 이름과 일치하는 빈을 찾습니다.

```java
@Service
@RequiredArgsConstructor
public class NotificationService {

    private final EmailNotificationChannel emailNotificationChannel;
    private final SlackNotificationChannel slackNotificationChannel;
    private final ChatNotificationChannel chatNotificationChannel;

    public void notify(Account account, String message) {
        switch (account.getNotificationType()) {
            case EMAIL:
                emailNotificationChannel.notify(account, message);
                break;
            case SLACK:
                slackNotificationChannel.notify(account, message);
                break;
            case CHAT:
                chatNotificationChannel.notify(account, message);
                break;
            default:
                throw new IllegalStateException("알림 채널을 인식할 수 없습니다.");
        }
    }
}
```

이러한 유형의 코드는 아시다시피 확장에 닫혀 있다고 평가할 수 있습니다. 왜냐하면 새로운 요구사항이 들어왔을 때 확장에 취약하기 때문입니다. 예를 들어, 여기에 푸시 알림을 지원해야 하는 새로운 요구사항이 들어왔다고 가정해 봅시다. 그렇다면 코드는 다음과 같이 두 번의 코드 작성과 수정이 필요합니다.

```java
@Component
public class PushNotificationChannel implements NotificationChannel {

    @Override
    public void notify(Account account, String message) {
        // account에 내용이 message인 푸시 알림을 전송합니다.
    }
}
```

위와 같이 푸시 알림을 위한 새로운 컴포넌트를 작성하고, 새로운 요구사항을 지원하기 위해 Notifica
tionService 컴포넌트를 다음과 같이 수정합니다.

코드 11.7 새로운 요구사항으로 애플리케이션 서비스가 영향을 받는다.

```java
@Service
@RequiredArgsConstructor
public class NotificationService {

    private final EmailNotificationChannel emailNotificationChannel;
    private final SlackNotificationChannel slackNotificationChannel;
    private final ChatNotificationChannel chatNotificationChannel;
    private final PushNotificationChannel pushNotificationChannel;

    public void notify(Account account, String message) {
        switch (account.getNotificationType()) {
            case EMAIL:
                emailNotificationChannel.notify(account, message);
                break;
            case SLACK:
                slackNotificationChannel.notify(account, message);
                break;
            case CHAT:
                chatNotificationChannel.notify(account, message);
                break;
            case PUSH:
                chatNotificationChannel.notify(account, message);
                break;
            default:
                throw new IllegalStateException("알림 채널을 인식할 수 없습니다.");
        }
    }
}
```

그런데 알다시피 이는 OCP 위반 사례입니다. 이 코드가 왜 OCP를 위반하는지는 4.1.2절 '개방 폐쇄 원
칙'을 참고하길 바랍니다.

이러한 코드는 그나마 해석이라도 가능하니 수정하기가 어렵지 않습니다. 하지만 문제는 실무에서 발생하는 대부분의 코드가 이보다 훨씬 복잡한 형태를 띠는 경우가 많다는 것입니다. 그래서 이러한 유형의 코드는 확장이 어렵습니다. 어떨 때는 코드가 너무 얽혀 있어 어떤 코드를, 어떻게 수정해야 할지 감이 오지 않는 경우도 많습니다.

그런데 코드가 처음부터 다음과 같은 형태로 작성돼 있었다면 어땠을까요?

코드 11.8 switch가 아닌 for 문으로 멤버 변수를 순회하도록 변경

```
@Service
@RequiredArgsConstructor
public class NotificationService {

    private final List<NotificationChannel> notificationChannels;

    public void notify(Account account, String message) {
        for (NotificationChannel notificationChannel : notificationChannels) {
            if (notificationChannel.supports(account)) {
                notificationChannel.notify(account, message);
            }
        }
    }
}
```

그리고 NotificationChannel 인터페이스는 다음과 같이 작성돼 있습니다.

코드 11.9 NotificationChannel에 supports 메서드가 추가됐다.

```
public interface NotificationChannel {

    boolean supports(Account account);

    void notify(Account account, String message);
}
```

EmailNotificationChannel, SlackNotificationChannel, ChatlNotificationChannel 컴포넌트는 각각 이 인터페이스를 구현합니다.

```
코드 11.10 기존 컴포넌트들도 isSupport를 지원하도록 변경
@Component
public EmailNotificationChannel implements NotificationChannel {

    @Override
    public boolean supports(Account account) {
        return account.getNotificationType() == NotificationType.EMAIL
    }

    @Override
    public void notify(Account account, String message) {
        // account에 내용이 message인 메일을 전송합니다.
    }
}
```

NotificationChannel 인터페이스를 구현하는 각 컴포넌트의 대략적인 구현은 모두 같을 테니 EmailNotificationChannel 컴포넌트만 의사 코드로 작성해 봤습니다.

그럼 설계상으로 어떤 변화가 생겼는지 눈치챘나요? 이제 푸시 알림 같은 새로운 요구사항이 생겨도 NotificationService 컴포넌트를 수정할 필요가 없어집니다! OCP를 지킬 수 있게 된 것입니다.

예를 들어, 이전 예제와 마찬가지로 시스템이 푸시 알림을 위한 채널을 새롭게 지원해야 한다고 가정하면 개발자가 할 일은 간단합니다. 코드 11.10 같은 푸시 알림용 컴포넌트를 만들고, 이를 스프링 빈으로 등록하기만 하면 됩니다.

```
코드 11.11 새로운 요구사항을 처리하기 위해 만들어진 푸시 알림 컴포넌트
@Component
public PushNotificationChannel implements NotificationChannel {

    @Override
    public boolean supports(Account account) {
        return account.getNotificationType() == NotificationType.PUSH
    }

    @Override
    public void notify(Account account, String message) {
        // account에 내용이 message인 푸시 알림을 전송합니다.
    }
}
```

새롭게 추가한 PushNotificationChannel 컴포넌트는 NotificationChannel 타입이므로 Notification Service 컴포넌트의 List<NotificationChannel> notificationChannels 멤버 변수에 자동으로 주입됩니다. 그러므로 NotificationService 컴포넌트 쪽 코드를 수정하지 않고도 푸시 알림을 지원할 수 있게 됩니다. 코드 수정을 최소화한 채로 시스템의 동작을 확장할 수 있게 된 것입니다.

스프링의 타입 기반 주입을 활용하면 SOLID에서 말하는 OCP를 프레임워크 수준에서도 적용할 수 있게 됩니다. 이는 OCP를 학습했지만 스프링에서 이를 어떤 식으로 적용할 수 있는지 감을 못 잡는 분들에게 꼭 소개하고 싶었던 테크닉이므로 알아두면 좋습니다.

11.2 자가 호출

자가 호출(self invocation)은 어떤 객체가 메서드를 처리하는 와중에 자신이 갖고 있는 다른 메서드를 호출하는 상황을 의미합니다. 예를 들어, 다음의 Something 클래스를 보면 doSomething1 메서드가 같은 클래스 내의 doSomething2 메서드를 호출합니다. 이는 전형적인 자가 호출 상황입니다.

코드 11.12 자가 호출의 예

```java
class Something {

    public void doSomething1() {
        doSomething2();
    }

    public void doSomething2() {
    }
}
```

이러한 자가 호출은 굉장히 빈번하게 일어나는 일이면서 별다른 문제가 없는 상황이지만 스프링의 빈 메서드에서 자가 호출이 일어나면 이야기가 다릅니다. 스프링의 빈 메서드에서 발생하는 자가 호출은 개발자의 의도에서 벗어나는 결과를 만들 수 있습니다. 특히 자가 호출되는 메서드에 AOP 애너테이션이 지정돼 있을 경우 문제가 됩니다. 예를 들어, 다음과 같은 스프링 컴포넌트가 있다고 해봅시다.

```
@Controller
@RequiredArgsConstructor
class MyController {

    private final MyService myService;

    @GetMapping
    @ResponseStatus(OK)
    public Object doSomething() {
        myService.doSomething1();
        return null;
    }
}

@Service
@RequiredArgsConstructor
class MyService {

    public void doSomething1() {
        doSomething2();
    }

    @Transactional
    public void doSomething2() {
        // do something...
    }
}
```

코드의 완결성보다는 MyController 컴포넌트가 MyService 컴포넌트의 MyService.doSomething1 메서드를 호출하고, doSomething1 메서드 안에서 자가 호출로 doSomething2 메서드를 호출하는 상황이라는 점에 주목합니다. 또한 MyService.doSomething2 메서드에 @Transactional 애너테이션이 적용된 점도 주목합니다. 아마도 개발자는 doSomething2 메서드가 트랜잭션 상태로 동작하길 원했던 것 같습니다.

하지만 애석하게도 이 상황에서 doSomething2 메서드에 적용된 트랜잭션은 제대로 동작하지 않을 수 있습니다. 왜냐하면 자가 호출이 발생하면 호출되는 메서드에 적용된 AOP 애너테이션이 동작하지 않기 때문입니다. 다시 말해 doSomething2 메서드는 doSomething1 메서드의 자가 호출로 실행되므로 doSomething2 메서드에 걸린 @Transactional 애너테이션의 부가 기능이 실행되지 않습니다.

이것은 스프링의 AOP가 프록시를 기반으로 동작하기 때문에 발생하는 현상입니다. 스프링 AOP는 프록시 객체를 만들어 추가 동작을 삽입하는 방식으로 AOP의 부가 기능이 동작하게 합니다. 그래서 메서드에 지정된 AOP 애너테이션이 수행되려면 반드시 이 프록시 객체를 통해 메서드가 실행돼야 합니다.

그림 11.1 자가 호출은 프록시를 거치지 않는다.

이러한 탓에 메서드를 자가 호출하는 상황에서는 프록시의 부가 기능이 실행되지 못합니다. 프록시를 거치지 않고 클래스에 정의된 메서드를 곧바로 호출하기 때문입니다.

자가 호출은 스프링을 개발하면서 자주 발생하는 비교적 잘 알려진 실수 유형입니다. 하지만 이를 접해보지 못한 분들도 많기에 이번 장에서 다뤄봤습니다.

📝 그런데 @Transactional 같은 애너테이션을 사용하기 위해 이 프록시 객체를 직접 다뤄본 적이 없을 것입니다. 즉, 우리는 MyService 컴포넌트를 프록시로 선언한 적도 없고 MyController 컴포넌트에서 MyService 타입의 변수는 프록시 객체로 주입받겠다고 선언한 적도 없습니다. 그럼에도 이제껏 @Transactional 같은 AOP 애너테이션을 잘 써왔습니다. 이것은 어떻게 된 일일까요?

이는 스프링이 AOP를 위한 프록시를 만들고, 프록시 객체를 생성하고, 타깃 객체 대신 프록시를 실행하는 등의 모든 동작을 자동으로 처리하기 때문입니다! 스프링은 컨테이너를 초기화할 때 AOP를 적용해야 하는 객체들을 선별합니다. 그리고 AOP를 적용해야 하는 컴포넌트가 있다면 컨테이너에 컴포넌트 빈을 생성하는 동시에 프록시 객체도 함께 생성합니다.

이렇게 만들어진 프록시 객체는 원본 빈 객체의 메서드 호출을 감싸는 형태로 대신 호출됩니다. 그렇게 해서 AOP에서 말하는 횡단 관심사(cross-cutting concern)를 타깃 객체의 메서드가 호출되기 전이나 후에 적용합니다. 다시 말해 AOP 애너테이션이 지정된 메서드의 호출은 타깃 객체의 메서드를 직접 호출하는 것이 아니라 프록시 객체를 통해 간접 호출되는 것입니다.

@Transactional 애너테이션을 예로 들어 AOP가 어떻게 동작하는지 이해해 봅시다. 이 애너테이션을 사용하는 스프링 컴포넌트는 컴포넌트 빈 객체가 생성되면서 이에 대응하는 프록시 빈 객체도 함께 만들어집니다. 이 프록시 빈은 원

본 객체에서 @Transactional 애너테이션이 적용된 메서드가 호출되는 것을 감시합니다. 그러다 해당 메서드가 호출되는 순간 해당 메서드 호출이 try-catch-finally로 감싸진 채로 실행되도록 만듭니다. 이를 통해 트랜잭션의 시작, 커밋, 롤백과 같은 작업들이 수행될 수 있게 합니다. 자세한 내용은 공식 AOP 문서를 참고하길 바랍니다.

참고: https://docs.spring.io/spring-framework/reference/core/aop.html

3부

테스트

소프트웨어 공학에서 말하는 테스트는 소프트웨어의 품질과 기능을 확인하고 버그를 찾아내는 과정을 말합니다. 이 과정은 시스템의 안정성과 성능 등 다양한 측면을 평가하고 문제점을 발견하기 위해 반드시 필요합니다. 그래서 오늘날 많은 프로젝트에서는 개발된 시스템을 배포하기 전 어떤 방법으로든 테스트를 거치게 하고 있습니다.

이때 테스트는 시스템을 어떻게 검증하느냐에 따라 크게 두 가지로 분류할 수 있습니다.

1. 수동 테스트(manual testing)

2. 자동 테스트(automated testing)

수동 테스트는 테스트 담당자가 소프트웨어를 직접 실행해보고 각각의 기능을 평가하며 구현된 기능이 요구사항에 부합하는지 검증하는 과정을 말합니다. 테스트 담당자는 사용자 관점에서 소프트웨어를 다양한 시나리오를 토대로 실행합니다. 덕분에 수동 테스트는 검증 과정에서 소프트웨어의 사용자 경험을 직접 평가할 수 있습니다.

자동 테스트는 테스트 스크립트나 도구를 사용해 소프트웨어를 자동으로 테스트하는 과정을 말합니다. 예를 들어, 자동 테스트는 다음과 같은 코드로 작성될 수 있습니다.

코드 12.1 자동 테스트 예시

```java
public class CalculatorTest {

    @Test
    void 덧셈을_할_수_있다() {
        // given
        Calculator calculator = new Calculator();
        long a = 10;
        long b = 20;

        // when
        long result = calculator.add(a,b);

        // then
        assertThat(result).isEqualTo(30);
    }
}
```

이와 같이 테스트를 위해 만들어진 코드를 '테스트 코드'라고 합니다. 테스트 코드는 테스트를 자동으로 할 수 있는 방법 중 하나입니다. 코드 12.1은 자바 코드를 테스트하기 위해 JUnit이라는 테스트 라이브러리를 이용해 만들어진 코드입니다. JUnit의 @Test 애너테이션을 이용하면 특정 메서드를 테스트 메서드로 만들 수 있습니다. 테스트 메서드는 프로그램 전체를 실행하지 않고도 실행할 수 있습니다. 이 덕분에 개발자는 짧은 단위로 코드를 실행하고 결과를 확인할 수 있습니다.

다음으로 코드의 마지막에 then 주석과 함께 assertThat이라는 정적 메서드를 이용하고 있는 것에 주목합시다. 이는 테스트의 검증 과정으로, 테스트 수행 결과가 기댓값과 일치하는지 확인하는 것입니다. 이 코드 덕분에 개발자는 테스트를 수행할 때마다 원하는 결괏값이 나왔는지 매번 눈으로 확인하지 않아도 됩니다. 두 값이 일치한다면 테스트 코드는 무사히 실행이 종료될 것이고 아니라면 개발자에게 테스트가 실패했음을 알리는 신호를 줄 것입니다.[1]

이렇게 만들어진 CalculatorTest 클래스 덕분에 이제 Calculator 클래스의 add 메서드는 자동으로 테스트할 수 있는 코드가 됐습니다. 직접 일일이 애플리케이션을 실행해보고 Cacluator.add 메서드를 직접 실행해 값을 눈으로 확인하지 않아도 된다는 의미입니다. CalculatorTest 클래스의 테스트 메서드를 실행하는 것만으로도 Calculator.add 메서드가 의도대로 동작하는지 확인할 수 있습니다.

자동 테스트는 수동 테스트와 다르게 인간의 개입이 적어 정확성이 높습니다. 그리고 반복적인 검증 업무를 줄이고 빠르게 수행될 수 있어 개발자가 코드를 검증하는 데 걸리는 시간도 줄일 수 있습니다.

그런데 자동 테스트의 예로 든 코드 12.1을 보면 알 수 있듯이 자동 테스트는 수동 테스트와 다르게 코드를 작성하거나 스크립트를 작성하는 형태로서 소프트웨어 개발과 여러모로 닮아 있습니다. 그래서 자동 테스트는 개발자의 테스트 숙련도에 따라 테스트 품질이 결정됩니다. 더불어 초기 설정과 유지보수에 많은 시간이 소요될 수 있습니다.

그래서 이번 3부 '테스트'에서는 개발자로서 테스트를 어떻게 바라봐야 할지에 관해 주로 이야기하려고 합니다. 좀 더 구체적으로 '자동 테스트'에 관한 이야기를 해보겠습니다. 3부를 읽은 독자 여러분은 다음과 같은 질문에 대답할 수 있게 됩니다.

---

[1] 코드 12.1은 AssertJ라는 테스트 검증 라이브러리를 추가로 사용했습니다. 코드 12.1의 마지막에 있는 assertThat 메서드가 바로 AssertJ의 검증 메서드입니다. 이와 유사한 인터페이스가 JUnit에도 있지만 AssertJ를 이용하면 조금 더 가독성이 높은 코드를 작성할 수 있습니다.

3부에서 다루는 내용

- 테스트는 왜 필요한가?
- Regression(회귀)이란?
- 단위 테스트란?
- 통합 테스트란?
- 소형/중형/대형 테스트란?
- 테스트 대역이란?
- 테스트 가능성이란?

자동 테스트

자동 테스트에 관해 이야기하기 앞서 인수 테스트(acceptance test)라는 용어에 대해 잠깐 살펴봅시다. 여기서 말하는 인수란 引受(끌 인, 받을 수)입니다. '인수인계'할 때 사용되는 그 '인수'와 같은 용어입니다. 그래서 인수 테스트는 시스템이 비즈니스 요구사항을 만족해서 소유권을 넘기기 전에 수행하는 테스트 단계를 뜻합니다. 다시 말해 인수 테스트란 시스템을 인수인계하기 전에 시스템이 비즈니스 요구사항과 일치하는지 마지막으로 검증하는 테스트 단계라는 의미입니다.[1]

인수 테스트 단계에 수행할 테스트는 일반적으로 테스트 수행 절차와 기댓값이 적힌 체크리스트로 관리됩니다. 이 체크리스트를 이용해 프로덕트를 하나하나 따져가며 요구사항에 부합하는지 판단하는 것입니다. 요구사항에 부합한다면 체크리스트에 있는 테스트를 '성공'으로 체크하고 아니면 '실패'로 체크합니다. 이러한 체크리스트는 엑셀 같은 도구를 이용해 관리하기도 하며, 테스트 관리 도구 등을 사용해 관리하기도 합니다.

---

1   이런 말들이 모두 어렵다면 인수 테스트를 '수락 테스트'라 불러도 좋습니다.

그림 12.1 인수 테스트 과정을 도와주는 시스템인 케이스북(casebook)[2]

인수 테스트는 체크리스트를 작성하고 테스트 성공 여부를 사람이 육안으로 판단하는 경우가 많기 때문에 많은 사람들이 '인수 테스트는 사람이 하는 테스트'라고 생각합니다. 하지만 꼭 그런 것은 아닙니다. 인수 테스트는 테스트 단계 중 가장 마지막에 수행하는 '단계'를 지칭하는 말입니다. 그러니 인수 테스트 과정에는 수동 테스트가 있을 수도 있고 자동 테스트가 있을 수도 있습니다.

인수 테스트는 최종 단계에 하는 테스트이기 때문에 시스템을 고객에게 전달하기 전 '사용자 관점'에서 전체 시스템을 검증할 수 있는 좋은 기회입니다. 그러므로 무척 중요하고 높은 품질의 소프트웨어를 얻기 위해 이 과정을 어떻게 처리할지 잘 설계해야 합니다. 또한 시스템의 정상 동작을 보증하기 위해서는 최대한 실제 환경에 가까운 테스트 환경을 구성하거나 테스트 데이터를 미리 잘 쌓아두는 등의 작업을 해야 합니다. 이것이 많은 기업에서 CBT(closed beta test) 환경이나 스테이징(staging) 환경을 만들어 사용하는 이유입니다.

그런데 이렇게 중요한 인수 테스트를 잘못 설계하면 문제가 생깁니다. 예를 들어, 개발자들이 흔히 저지르는 실수 중 하나는 인수 테스트 과정의 테스트를 대부분 수동 테스트로만 구성하는 것입니다. 인수 테스트가 수동 테스트만으로 만들어진다면 작업자들이 인수 테스트를 수행하는 데 너무나 많은 비용이 들 수 있습니다. 그래서 소프트웨어의 품질을 높이기 위해 수행하는 테스트 때문에 조직 전체의 퍼포먼스가 낮아져 되려 품질이 낮아지는 결과로 이어질 수 있습니다.

---

2 인수 테스트를 팀원들과 함께 관리할 수 있는 오픈소스 프로젝트입니다. 참고: https://case-book.github.io/casebook/

이러한 문제가 발생할 수 있는 이유는 테스트 절차를 사람이 직접 수행하고 결과를 눈으로 확인하는 데는 많은 시간과 노력이 들기 때문입니다. 게다가 사람이 테스트를 수행하기 때문에 실수할 가능성도 있고, 테스트 도중 발생한 버그 상황을 눈치채지 못한 채 넘어갈 수도 있습니다. 결과적으로 수동 테스트만으로 구성된 인수 테스트를 수행하는 데 짧게는 한두 시간, 길게는 며칠이 걸리기도 합니다. (이때 발생하는 인건비를 생각해 보세요. 더불어 시간이 오래 걸리는 수동 테스트는 프로젝트의 병목 지점이 됩니다.)

개발자들이 인수 테스트 과정을 수동 테스트로만 꽉꽉 채우는 실수를 하는 것은 어찌 보면 당연한 현상이기도 합니다. 왜냐하면 인수 테스트가 보통 '최종 사용자에게 소프트웨어를 전달하기 전에 수행되는 테스트 단계'로 소개되기 때문에 개발자가 테스트 상황을 사용자 관점에서 '사용자의 액션에 화면이 대응하는 방식'으로 생각하게 되기 때문입니다. 즉, 테스트 작성자는 인수 테스트를 작성하면서 '어떤 버튼을 눌렀을 때 이러이러한 결과가 나와야 한다' 같은 식으로 생각하게 됩니다. 그래서 모든 테스트가 사람을 거치지 않고 수행될 수밖에 없는 형식으로 작성되는 것입니다.[3]

그런데 곰곰이 생각해보면 시스템의 모든 테스트가 반드시 사람의 손을 거쳐야만 이뤄지고 확인할 수 있게 설계될 필요는 없습니다. 예를 들면, '생성하기 버튼을 눌렀을 때, 데이터가 만들어졌음을 확인한다'라는 테스트 항목이 있다고 가정해 봅시다. 이는 '생성하기 API를 호출한 결과, A라는 응답을 줘야 한다'로 대체되거나 '생성하기 API를 호출한 후 조회 API를 호출한 결과, 생성된 데이터가 있음을 확인한다'로 대체할 수 있습니다. 그리고 이는 충분히 자동화할 수 있습니다.

수동 테스트에 관한 이야기가 나왔으니 수동 테스트의 문제점을 하나만 더 짚어 봅시다. 개인적으로 수동 테스트의 가장 큰 문제 중 하나는 테스트 자체가 소모적인 작업이라는 것입니다. 예를 들어, 어떤 새로운 기능을 개발했고 테스트까지 마친 후 배포했다고 가정해 봅시다. 그러면 이 기능은 앞으로 테스트할 필요가 없을까요?

아닙니다. 이전 배포 버전에서 테스트를 통과했다고 해서 이번에 새롭게 배포하는 버전에서도 이 기능이 정상적으로 동작하리라는 보장이 없습니다. 이를 확신하고 싶다면 반드시 테스트를 다시 해야 합니다. 그런데 이 과정을 매번 수동 테스트로 한다고 생각해 보세요. **한 번 만들어진 수동 테스트는 누적됩니다.** 그러니 해당 기능이 없어지는 그날까지 테스트 담당자는 이 일을 반복적으로 수행해야 합니다.

정리하면, 시스템이 성장하면서 수동 테스트는 절대 줄어들지 않고 늘어나기만 한다는 말입니다. (사실 모든 테스트가 그렇습니다.) 수행해야 할 테스트는 사라지지 않습니다. 그러니 동시에 테스트에 들이는 시간도 줄어들지 않고 계속 늘어납니다. 따라서 수동 테스트는 비용이 누적되며 소모적입니다.

---

3   이러한 까닭에 우스갯소리로 사실상 인수 테스트는 人手(사람 인, 손 수) 테스트라는 말도 있습니다.

물론 수동 테스트의 부담을 덜기 위해 조직별로 테스트를 전문으로 하는 QA팀을 두기도 합니다. 하지만 오늘날 많은 조직에서는 데브옵스(DevOps)[4]로 조직을 운영합니다. 그래서 개발자가 직접 테스트해야 하는 경우가 많습니다.[5] 그러니 이 부담을 오롯이 시스템 개발자가 떠맡게 되는 상황도 많습니다.

결과적으로 인수 테스트 단계를 어떻게 설계하느냐에 따라 이 과정이 개발팀에 부담을 주는 작업이 될 수도 있고 아닐 수도 있습니다. 그리고 '모든 테스트 과정을 수동으로 하겠다'라는 주장은 일시적으론 맞을 수 있으나 지속 가능한 방법이 아닙니다. 그래서 대안이 필요합니다. 그리고 그 대안이 바로 자동 테스트로서 인수 테스트의 일부를 대체하는 것입니다.

이름에서도 알 수 있듯이 자동 테스트는 소프트웨어를 이용해 자동으로 시스템을 검증하는 테스트를 말합니다. 자동 테스트는 여러 유형이 있으며 구현 방법도 다양합니다. 예를 들면, 앞서 언급한 '생성하기 API를 호출한 결과, A라는 응답을 줘야 한다'라는 항목은 Postman[6] 같은 도구를 이용해 자동 테스트로 만들 수 있습니다. 또는 꼭 Postman 같은 도구가 아니더라도 스크립트를 작성해 API를 실행하고 결괏값을 비교하는 방식으로 자동 테스트를 만들 수도 있습니다.

테스트를 자동화하는 데는 다양한 방법이 있습니다. 하지만 안타깝게도 이 책에서는 지면상 이러한 모든 자동 테스트 기법을 다루진 않을 것입니다. 대신 가장 보편적이고 일반적인 자동 테스트인 '테스트 코드'에 초점을 맞춰 이야기하겠습니다. 테스트 코드는 앞에서 본 코드 12.1 처럼 시스템의 일부를 검증하는 코드를 만들어 검증 과정을 자동화한 것을 말합니다.

아직 테스트 코드가 익숙하지 않은 분을 위해 테스트 코드에 관한 예시를 하나만 더 보겠습니다.

코드 12.2 서비스 컴포넌트를 테스트하는 테스트 코드

```java
public class SampleUserTest {

    @Test
    void email_password로_회원가입을_할_수_있다() {
        // given
        UserCreateRequest userCreateRequest = UserCreateRequest.builder()
            .email("kok202@kakao.com")
```

---

4 데브옵스(DevOps)는 개발(development)과 운영(operation)의 합성어로, 소프트웨어를 개발한 개발자가 운영까지 맡는 경우를 의미합니다. 그래서 나쁜 의미로 해석하면 단순히 개발자가 운영 업무까지 떠맡는 것으로 볼 수도 있습니다. 하지만 실제로는 그렇지 않습니다. 데브옵스는 소프트웨어 개발과 운영 간의 협력과 통합을 강조하는 문화, 철학, 방법론입니다. 데브옵스의 주요 목표는 소프트웨어의 개발과 배포를 더욱 신속하고 안정적으로 수행할 수 있게 하는 것입니다. 참고: https://ko.wikipedia.org/wiki/데브옵스

5 이 이야기는 엄밀히 말하면 선행 관계가 뒤바뀐 얘기입니다. 데브옵스를 하기 때문에 테스트를 직접 해야 하는 것이 아닙니다. 테스트가 자동화돼 있을 때 데브옵스를 할 수 있는 것입니다.

6 API 개발 및 테스트 도구로서 GUI를 통해 HTTP 요청을 생성해서 API 작업을 쉽게 실행할 수 있습니다. 참고: https://www.postman.com/

```
            .password("foobar")
            .build();

        // when
        UserService userService = UserService.builder()
            .registerMessageSender(new DummyRegisterMessageSender())
            .userRepository(userRepository)
            .build();
        userService.register(userCreateRequest);

        // then
        Optional<User> result = userRepository.findByEmail("kok202@kakao.com");
        // 가입됐는지 확인합니다.
        assertThat(result.isEmpty()).isFalse();
        // 이메일 인증이 대기 상태인지 확인합니다.
        assertThat(result.get().isPending()).isTrue();
    }
}
```

테스트하려는 대상 객체를 인스턴스화하고 해당 객체에 원하는 입력과 동작을 지정해 기댓값과 결괏값을 비교합니다. 이 같은 코드를 시스템에 수천, 수백 개 작성해서 시스템을 검증하게 하는 것입니다. 그래서 코드 12.1이나 코드 12.2 같은 코드를 테스트 코드라고 합니다.

테스트 코드는 코드 12.1처럼 어떤 클래스의 메서드가 제대로 동작하는지 확인하기 위해 작성하기도 합니다. 또한 코드 12.2처럼 어떤 서비스나 객체의 능동적인 행동의 결과를 확인하기 위해 작성하기도 합니다. 이렇게 작성된 자동 테스트를 실행하면 다음과 같은 형태로 결과를 보고받을 수 있습니다.

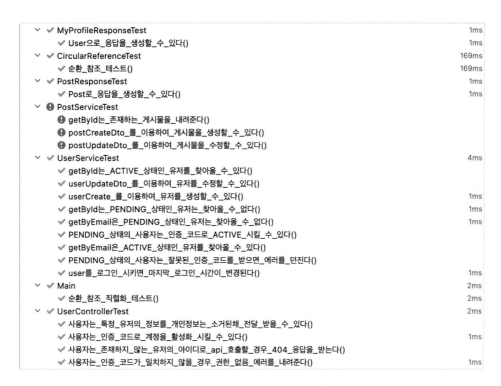

그림 12.2 성공한 테스트와 실패한 테스트

이처럼 자동 테스트를 실행하면 테스트의 성공/실패 여부를 확인할 수 있고, 테스트가 어떤 클래스의 어떤 메서드의 어떤 라인을 실행했는지도 확인할 수 있습니다. 또한 다음과 같이 전체 코드 중 테스트를 거친 코드의 비율을 나타내는 커버리지(coverage)도 확인할 수 있습니다.

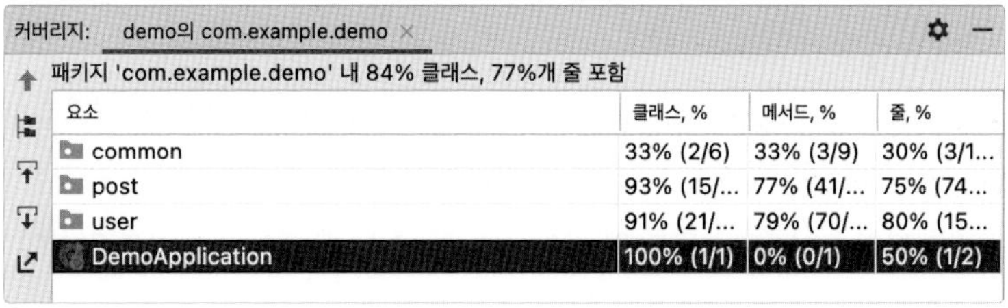

그림 12.3 테스트 커버리지

그렇다면 자동 테스트가 어떤 식으로 여러분을 도와줄 수 있는지를 한번 상상해 봅시다. 개발자가 코드를 변경합니다. 그러면 자동 테스트를 실행합니다. 여기서 자동 테스트는 테스트 코드겠네요. 테스트 코드는 개발자가 코드를 변경한 후 시스템에 이상이 생겼는지 확인합니다. 그 결과는 통과하거나 실패하거나 둘 중 하나일 것입니다.

그러면 시스템 내의 테스트가 모두 성공한 상황을 먼저 생각해 봅시다. 이는 시스템이 적어도 우리가 알고 있던 상황에 대해서는 정상적으로 동작한다는 의미입니다. 즉, 코드를 변경했어도 시스템이 이전과 같은 동작을 유지하고 있다는 의미입니다. 그러니 코드를 변경하더라도 안심할 수 있습니다. (물론 문제가 될 수 있는 상황을 테스트가 대부분 커버하고 있다는 가정하에 할 수 있는 말입니다.)

반대로 일부 테스트가 실패한 상황을 생각해 봅시다. 테스트가 실패했다는 것은 개발 과정에서 의도하지 않은 버그가 만들어졌다는 의미입니다. 즉, 테스트 실패로 시스템에 버그가 생겼다는 사실을 알 수 있습니다. 게다가 실패한 테스트를 열어보면 테스트에 사용된 입력과 기댓값을 알 수 있습니다. 그래서 문제가 생기는 상황이 어떤 상황인지 곧바로 알 수 있습니다. 빠른 피드백도 받을 수 있는 것입니다.

자동 테스트의 이점은 이뿐만이 아닙니다. 코드 12.2처럼 한 번 작성된 테스트는 개발자가 의도적으로 테스트를 지우지 않는 한 서비스가 종료되는 순간까지 계속 남아있을 것입니다. 이 점이 중요합니다. **자동 테스트는 수동 테스트와는 다르게 개발자에게 좋은 의미로 누적됩니다. 개발자의 부담을 오히려 줄여주는 방향으로 누적되는 것입니다.**

한 번 작성된 테스트는 시스템에 남아 코드가 추가되거나 변경될 때마다 테스트하려는 대상이 초기 설계 의도에서 벗어나지 않았는지를 적극적으로 검사합니다. 그렇게 해서 시스템의 안정성을 보장합니다.

물론 이렇게 훌륭한 자동 테스트도 개발자가 실행하지 않는다면 말짱 도루묵입니다. 그래서 조직에 따라 자동 테스트를 실행하는 것조차 자동화하는 경우도 있습니다. 예를 들어, 이미 수많은 오픈소스 프로젝트에서는 테스트 실행을 자동화하고 있습니다. 깃허브 액션(GitHub Action)[7] 같은 도구를 이용해 새로운 PR(Pull Request)이 올라오면 해당 코드베이스에서 전체 테스트를 실행하는 액션이 실행되게 하는 것입니다. 그렇게 해서 리뷰어들이 리뷰를 받기 전, 해당 PR에 문제가 있는지 여부를 PR의 커미터가 알 수 있게 합니다.

시스템의 안정성을 확보하는 데 필요한 테스트의 대부분을 자동화할 수 있다면 개발할 때 조금 더 확신을 갖고 개발할 수 있게 될 것입니다. 그러므로 우리는 테스트 중에서도 이러한 특징을 갖고 있는 자동 테스트에 주목해야 합니다. 자동 테스트를 왜 해야 하는지, 어떻게 해야 하는지를 알아야 합니다. 그래야 지속적인 시스템을 개발할 수 있게 됩니다.[8]

---

[7] 깃허브에서 제공하는 자동화 도구입니다. 깃과 관련된 요청이 들어올 때 원하는 동작을 자동으로 수행하게 할 수 있습니다.

[8] '지속적(continuous)'이라는 표현이 소프트웨어 분야에서는 굉장히 중요한 표현입니다. 이 개념은 CI/CD(Continuous Integration/Continuous Delivery)로 이어지기도 합니다. 참고: https://ko.wikipedia.org/wiki/CI/CD

12.1 Regression

해외 개발 커뮤니티를 들락거리다 보면 자주 접할 수 있는 용어가 하나 있습니다. 바로 'Regression'이라는 용어인데, 직역하면 '회귀'라는 뜻입니다.

개인적으로 이 용어를 보면 처음으로 이 용어를 접했을 때가 생각납니다. 제가 한창 딥러닝을 공부하고 있던 때였기에 처음에는 딥러닝의 회귀 분석(regression analysis)과 관련된 용어로 착각했습니다. 그래서 글의 문맥을 제대로 파악하지 못했던 것이 기억납니다. 하지만 이쪽 분야에 관해 조금 더 공부하면 할수록 Regression은 그런 의미가 아니었음을 깨달았습니다.

소프트웨어 개발 분야에서 사용하는 Regression이란 '시스템에서 정상적으로 제공하던 기능이 어떤 배포 시점을 기준으로 제대로 동작하지 않게 되는 상황'을 지칭합니다. 기능 개발이 제대로 돼 있지 않던 과거로 **되돌아갔다(회귀)**'라는 의미입니다. 그래서 Regression은 버그의 일종이며, Regression이라는 용어로 부르는 것보다 Regression bug(회귀 버그)라고 부르는 것이 좀 더 정확합니다.[9] 이러한 '회귀 버그'는 현업에서도 정말 많이 만들어지는 버그 유형 중 하나입니다.

개발자들은 '코드 중복을 없애기 위해서'나 '알고리즘 관리를 잘하기 위해서' 등 다양한 이유로 코드를 재활용합니다. 그리고 코드를 재활용하다 보면 재사용되는 코드가 필연적으로 해당 코드를 사용하는 클래스들의 암묵적인 이해관계에 얽히기 시작합니다. 그런데 이러한 이해관계는 눈에 잘 들어오지 않는 경우가 많습니다.

그래서 공통 코드의 수정은 매우 조심스러울 수밖에 없습니다. 수정된 공통 코드가 처음 만들어진 개발 의도를 벗어나면 의존하는 클래스들의 기대를 배신할 수 있기 때문입니다. 다시 말해 의도치 않게 회귀 버그 문제를 만들 수 있는 것입니다. 그렇다면 이러한 회귀 버그 문제는 어떻게 해결할 수 있을까요?

맞습니다. 테스트를 꼼꼼히 하면 됩니다. 테스트를 이용해 공통 코드가 초기 개발 의도를 지키고 있는지 능동적으로 감시하면 됩니다. 그래서 이러한 회귀 버그를 탐지하고자 만들어진 테스트를 가리켜 회귀 테스트(regression test)라고 합니다.

회귀 테스트 이야기가 나온 김에 잠깐만 다른 이야기를 해봅시다. 여러분은 혹시 신입사원으로 입사하거나 이직했을 때 다음과 같은 고민을 해 본 적이 있나요?

---

9   편의상 Regression bug를 줄여서 Regression이라 부르고 있는 것입니다.

새롭게 합류한 팀원은 이미 잘 돌아가는 서비스를 수정하는 작업이 두려울 수밖에 없습니다. 리뷰 문화가 잘 잡혀 있는 조직이라면 이 같은 부담이 줄어들겠지만 사실 코드 리뷰를 아무리 철저히 해도 사람이 저지르는 실수는 막기 힘듭니다. 버그는 예상하지 못해서 발생하니까요.

아니면 혹시 이러한 걱정은 새롭게 합류한 팀원의 능력이 부족해서 생기는 것이라 생각하나요? 아닙니다. 숙련된 개발자가 이직하더라도 비슷한 생각을 할 수 있습니다. 당연합니다. 프로젝트는 성장하면서 암묵적인 약속이나 맥락이 생겨나는 경우가 많습니다. 그런데 프로젝트와 관련이 없었던 사람은 이러한 맥락을 모른 채 개발합니다. 결국 이 문제는 연차와 무관하게 발생하는 문제입니다.

누군가는 프로젝트 맥락을 파악하지 못한 개발자들이 자신감 있게 개발하지 못하는 상황을 대수롭지 않게 여길 수 있습니다. 하지만 그렇게 생각해선 안 됩니다. 왜냐하면 이 문제를 방치하다가는 프로젝트의 규모를 키우거나 조직을 확장하려 할 때 큰 걸림돌이 될 수 있기 때문입니다. 생각해 보세요. 프로젝트 구조를 온전히 파악하기 전까지 자신감 있게 개발하지 못한다는 것은 어떤 숙련된 개발자가 와도 본인의 기량을 전부 발휘할 수 없다는 말입니다. 그러니 인력을 아무리 보강해도 시스템이 성장하지 못합니다. 회귀 버그가 두려워서 아무도 적극적으로 개발하지 못합니다. 그 결과, 기능 개발은 늦어지고 시스템이 성장하지 못합니다.

이러한 문제는 시스템의 규모가 커질수록 더욱 문제가 됩니다. 시스템은 성장하면서 새로운 도메인, 새로운 기능, 새로운 맥락, 암묵적인 규칙 등이 계속 더 추가될 수밖에 없기 때문입니다. 시간이 지날수록 신규 입사자가 학습해야 할 자료는 늘어나게 되고 이로 인해 신규 입사자의 온보딩은 점점 느려집니다.

배포할 때마다 회귀 버그가 발생할까봐 걱정된다면 개발자는 신규 기능을 소극적으로 개발하게 됩니다. 그로 인해 시스템은 장기적으로 지속이 불가합니다. 결국 코드 변경에 따른 부작용이 생겼는지 여부를 판단할 수 있는 시스템적인 해결책이 필요한데, 그것이 바로 자동화된 회귀 테스트입니다.

회귀 테스트도 중요하지만 여기서 더 중요한 것은 그 회귀 테스트가 가급적 자동으로 이뤄져야 한다는 것입니다. 왜냐하면 회귀 테스트를 사람이 직접 하는 것은 지나치게 비효율적이기 때문입니다. 시스템이 쌓아온 수많은 기능을 모두 사람이 테스트하려 한다면 발생하는 비용은 너무나 크고 무엇보다 부정확할 수도 있습니다.

자동화된 회귀 테스트가 있다면 프로젝트를 확장하고 유지보수하는 과정이 훨씬 단순해지고 쉬워집니다. 개발자는 신규 기능을 개발하고 난 뒤 테스트를 돌려보기만 하면 됩니다. 테스트를 실행하고 결과를 확인하는 것만으로도 시스템에 문제가 생겼는지 여부를 알 수 있습니다. 그러니 개발자는 새로운 기능을 개발하거나 리팩터링할 때마다 기존 기능이 망가지지는 않을까, 하는 불안감을 떨쳐내고 순간순간의 개발 활동에만 집중할 수 있게 됩니다.

따라서 자동화된 회귀 테스트를 마련하는 것은 시스템을 지속 가능하게 만드는 데 굉장히 중요합니다.

> ⓘ **코드 커버리지 100%**
>
> 이런 이야기를 하면 '그런데 이러한 목적을 달성하려면 테스트의 코드 커버리지가 100%는 돼야 가능한 것 아닌가?'라고 생각할 수 있습니다. 이것은 일부는 맞고 일부는 틀린 이야기입니다. 왜냐하면 회귀 테스트에서 중요한 것은 '개발자가 코드 변경 이후에 느끼는 안정감이 어떠냐'이기 때문입니다. 그렇다면 어느 정도의 안정감을 주는 것만으로도 회귀 테스트는 가치가 있습니다. 그러니 커버리지가 꼭 100%가 아니어도 됩니다.
>
> 우리는 모든 코드에 테스트를 넣기 위해 강박적으로 노력할 필요가 없습니다. 중요한 기능과 중요하지 않은 코드를 나눠 일부 코드에만 회귀 테스트를 적용해도 됩니다. 시스템적으로 회귀 버그를 방지할 수단이 있는 것과 없는 것은 천지 차이입니다. 더불어 이미 많은 프로젝트에서도 코드 커버리지가 100%가 아님에도 회귀 테스트의 효과를 누리고 있습니다.

12.2 의도

조금 전 Regression에 관해 설명하면서 공통 코드를 수정할 때 발생할 수 있는 문제에 관해 이야기했습니다. 그리고 '수정된 공통 코드가 처음 만들어졌을 때의 개발 의도를 벗어나면 의존하는 클래스들의 기대를 배신할 수 있다'라고 했습니다. 나아가 이러한 문제가 있는지 배포 전에 확인할 수 있게 만들어진 것이 회귀 테스트라는 이야기도 했습니다.

그런데 여기서 의문이 하나 듭니다. 우리는 타인이 작성한 코드에서 의도를 어떻게 파악할 수 있을까요?

가장 확실한 방법은 코드 작성자에게 가서 물어보는 방법입니다. 이 방법은 원초적이면서도 가장 확실합니다. 하지만 작성자 본인조차도 의도가 어땠는지 까먹은 경우라면 어쩌죠?[10] 혹은 코드 작성자가 이미 퇴사한 경우라면요? 커밋 내역을 찾아보거나 코드 리뷰 흔적을 찾아가며 의도를 추측하는 수밖에 없을 것입니다.

물론 누군가는 '의도를 파악하고 싶으면 그냥 코드를 읽어보면 되지 않냐'라고 답할 수도 있습니다. 하지만 코드를 읽는 것만으로 코드의 모든 의도를 파악할 수 없는 경우도 분명 있습니다. 제가 코드 리뷰를

---

[10] 생각보다 이러한 상황은 자주 발생합니다. 코드의 의도가 궁금해서 직접 물어보기 위해 코드 작성자가 누구인지 찾아보면 몇 년 전 내가 작성한 코드인 경우도 많습니다.

하면서 겪은 사례입니다. 어느 날 저는 평상시처럼 코드 리뷰를 하던 도중 다음과 같은 유형의 코드를 접했습니다. (맥락은 중요하지 않으니 자세한 내용은 생략했습니다.)

코드 12.3 코드를 읽어도 의도를 파악할 수 없는 코드

```
public void doSomething(long userId) {
    userRepository.getById(userId);

    // 이하 생략
}
```

`userRepository.getById(userId)` 메서드를 호출해서 저장소에서 객체를 불러왔음에도 반환값을 어디에 저장하지도 않고 사용하지도 않고 있던 것입니다.

저는 이 코드가 개발과 테스트 과정에서 생긴 부산물이며 마지막에 내용을 정리하는 단계에서 미처 정리하지 못한 코드가 남아 있는 것으로 이해했습니다. 그래서 '이 코드는 불필요해 보이니 지우는 게 좋을 것 같다'라는 리뷰를 남겼습니다. 그러자 이런 대답이 돌아왔습니다.

'getById 메서드의 내부 구현은 저장소에 값이 없으면 에러를 던지고 있더라고요.[11] 그래서 doSomething 메서드를 실행하기 전 user 테이블에 유저 객체가 있는지 없는지 확인하기 위해 getById 메서드를 호출하도록 만들었습니다.'

이 이야기를 듣고서 이 코드가 의도적으로 들어간 것임을 이해했습니다. 불필요해 보였던 코드도 사실 코드 작성자의 의도가 있었던 것이죠.

지금 같은 상황이라면 이처럼 리뷰를 통해 코드 작성자에게 의도를 직접 물어보면 됩니다. 그런데 만약 리뷰어가 이상한 점을 감지하지 못하고 이 코드가 코드베이스에 그대로 병합됐다면 어떨까요? 그리고 나서 2년이나 3년 뒤에 이런 코드를 본다면 저는 이 코드가 불필요한 코드인 것으로 이해하고 코드를 지우는 결정을 내렸을 것입니다. 그럼 doSomething 메서드에 있던 의도가 사라지고 이로 인해 예상치 못한 회귀 버그가 만들어졌을 것입니다.

코드 12.3은 'userRepository.getById'가 아닌 'userRepository.assertExistence' 같은 이름으로 메서드를 만들고 사용하게 했다면 조금 더 상황이 나았을지도 모릅니다. 아니면 getById 메서드 위에 주석

---

11 개인적으로 애용하는 컨벤션 중 하나로 find와 get을 구분하는 컨벤션이 있습니다. 이름이 find로 시작하는 메서드는 반환값이 존재하지 않을 수 있음을 뜻합니다. 그래서 find 메서드는 반환값이 Optional이거나 List일 때 사용합니다. 반면 이름이 get으로 시작하는 메서드는 반환값이 null이 아님을 보장합니다. 또한 찾고자 하는 모델이 없을 때는 '모델을 찾을 수 없다'라는 에러를 던집니다. 이 컨벤션을 지키면 반환값이 항상 null이 아니게끔 만들 수 있습니다.

으로 '데이터의 존재 유무를 파악하고자 작성한 코드입니다' 같은 내용을 작성했다면 조금 더 나았을지도 모릅니다.[12]

그런데 저는 지금 '코드를 어떻게 하면 더 잘 작성할 수 있는가?' 같은 이야기를 하고 싶은 것이 아닙니다. '코드를 읽어보는 것만으로는 코드 작성자의 모든 의도를 파악하지 못할 수 있다'라는 이야기를 하고 싶은 것입니다. 모든 글이 원작자의 의도에서 벗어나 곡해될 여지가 있는 것처럼 코드도 마찬가지입니다. 코드 작성자와 코드를 읽는 사람의 입장과 생각이 다르기 때문에 본래의 의도가 제대로 전달되지 않을 수 있습니다.

게다가 모든 개발자는 완벽하지 않고, 그렇기 때문에 언제든지 실수를 저지를 수 있다는 사실 때문에 이러한 혼란은 더욱더 가중됩니다. 코드를 작성하는 쪽에서도 무심코 의도를 감추는 실수를 하기도 하지만 코드를 읽는 쪽에서도 코드를 꼼꼼히 읽지 못해 의도를 오해하는 경우가 생깁니다.

결과적으로 작성된 코드만으로는 개발자의 의도를 정확히 파악할 수 없다는 사실로 인해 다음과 같은 악순환에 빠집니다.

- 악순환 A
    1. 불필요한 코드를 실수로 만듭니다.
    2. 2년 뒤 코드를 확인해 보니 불필요한 코드인 것으로 보여 이를 지우고 싶습니다.
    3. 회귀 버그를 만들까봐 두려운 나머지 일단은 그대로 둡니다.

- 악순환 B
    1. 반드시 필요한 코드가 있습니다.
    2. 2년 뒤 코드를 확인해 보니 불필요한 코드인 것으로 보여 이를 지우고 싶습니다.
    3. 코드를 지우고 회귀 버그가 만들어집니다.

테스트는 이 같은 상황을 예방하는 데 너무나 유용합니다. 왜냐하면 테스트는 개발자의 의도를 드러내는 최고의 방법이기 때문입니다. 예를 들어, 코드 12.3의 상황을 생각해 봅시다. 만약 PR된 코드에 다음과 같은 유형의 테스트도 있었다면 어땠을까요?

코드 12.4 의도를 드러낼 수 있는 테스트

```
public class SampleTest {
```

---

12 참고로 다른 코드에서도 데이터 유무를 확인하는 부분이 있어서 이 코드는 최종적으로 지우기로 했습니다.

```
    @Test
    void doSomething_호출시_유저가_없다면_에러를_던진다() {
        // given
        long userId = 1L;

        // when
        // then
        assertThatThrownBy(() -> {
            userService.doSomething(userId);
        }).isInstanceOf(ResourceNotFoundException.class);
    }
}
```

코드 12.4의 테스트는 doSomething 메서드를 호출한 결과, 유저가 없을 때 에러가 발생하는지 검사합니다. 이를 통해 doSomething 메서드가 데이터 유무를 판단한다는 의도를 알려줍니다. 덕분에 코드를 리뷰하는 사람 입장에서도 이 테스트를 보고 'getById 메서드 호출이 혹시 이 때문에 들어간 것은 아닐까?'라고 추측할 수 있게 됩니다.

더불어 이렇게 작성된 코드는 능동적으로 시스템을 감시합니다. 그래서 혹시나 저처럼 2년이나 3년 뒤에 누군가 doSomething 메서드에서 userRepository.getById를 호출하는 코드를 지우더라도 안심입니다. 왜냐하면 getById를 호출하는 코드를 지우더라도 이 테스트가 알아서 실패하고 코드를 지우면 안 된다는 사실을 알려줄 것이기 때문입니다.

이제 테스트가 의도를 드러내는 방법이라는 사실이 이해된다면 이를 바탕으로 또 다른 생각으로 이어질 수 있습니다. 코드를 작성하는 대부분의 개발자는 코드에 요구되는 의도와 요구사항을 이미 알고 있습니다. 그럼 이를 미리 작성하도록 하면 어떨까요? 즉, 의도를 드러내는 테스트를 먼저 작성하고, 거기에 부합하는 내부 구현을 작성하게끔 하는 것입니다.

눈치 빠른 분들은 알겠지만 이것이 바로 TDD(test-driven development: 테스트 주도 개발)입니다. TDD란 개발자가 실제 코드를 작성하기 전에 해당 코드의 테스트 케이스를 먼저 작성하게 하는 개발 방법론입니다. 개발자가 의도를 먼저 작성하도록 하고 이에 대한 구현을 나중에 한다는 것이 TDD의 주요 내용 중 하나입니다.[13] '테스트는 개발자의 의도를 드러내는 방법이다'라는 사실을 통해 TDD까지 이야기를 발전시킬 수 있다는 것이 재미있지 않나요?

---

13 이에 관한 내용은 17장 '테스트와 개발 방법론'에서 짤막하게 다룰 예정입니다.

테스트를 이용하면 객체에 할당된 책임과 의도를 기술할 수 있습니다. 즉, 어떤 객체의 책임과 의도를 테스트로 작성하는 과정에서 객체에 할당된 책임을 다시 볼 수 있게 됩니다. 우리가 작성하는 테스트는 '객체가 책임을 제대로 수행하는가?'에만 관심이 있습니다. 객체에게 고정된 입력을 주고 원하는 출력이 나오는지만 확인합니다. 내부 구현이 어떤지는 크게 신경 쓰지 않습니다. 그 결과, 테스트를 작성하면서 객체를 책임의 단위로 바라볼 수 있게 됩니다.

코드 12.3과 코드 12.4도 생각해 보면 실제로 그렇습니다. `getById` 메서드를 이용해 데이터 유무를 판단하든, `assertExistence` 메서드를 이용해 데이터 유무를 판단하든 뭐 어떤가요. 가독성 면에서 코드 품질이 약간 떨어지겠지만 이것들이 소프트웨어 설계를 평가하는 데 큰 영향을 주는 요소는 아닙니다. 객체는 부여받은 일만 제대로 하면 됩니다.

따라서 테스트를 의도를 드러내는 수단으로 바라볼 수 있고, 더 나아가 '**책임**'을 드러내는 수단으로 바라볼 수 있게 된다면 OOP에서 말하는 책임 주도 설계(responsibility-driven design)에 한층 더 가까워질 수 있습니다.

테스트가 의도와 책임이 될 수 있다는 것까지 이해했다면 테스트는 책임에 대한 '**계약**'이라는 말도 이해할 수 있을 것입니다. 개발자는 의도를 드러내기 위해 메서드가 책임질 부분을 모두 테스트로 작성합니다. 그리고 이렇게 작성된 테스트는 매번 똑같은 방식으로 시스템을 검증합니다. 이는 마치 계약서를 구성하는 각종 조항과 같습니다. 한 번 성사된 계약은 매번 똑같은 방식으로 객체에 할당된 책임을 감시할 것입니다. 그리고 검증이 실패한다면 이 사실을 여러분에게 즉각적으로 알릴 것입니다. 그러니 테스트는 책임에 대한 계약입니다.

그렇다면 이번에는 더 나아가서 테스트가 '**문서**'처럼 사용될 수 있다는 이야기도 이해할 수 있을 것입니다. 테스트는 코드가 어떤 책임을 담당하는지 드러내는 수단이면서 동시에 해당 책임을 실행하려면 어떤 입력을 줘야 할지 알려줄 수 있는 수단입니다. 개발자가 어떤 객체에 일을 시키고 싶을 때 테스트를 보면 되기 때문입니다. 테스트에는 어떤 출력을 원할 때 어떤 입력을 줘야 하는지, 어떤 입력을 주면 어떤 출력이 나오는지, 어떤 상황에서 에러가 발생하는지 등이 모두 적혀 있습니다. 그러니 테스트는 문서처럼 사용될 수 있습니다.

예를 들어, 자바에는 JavaDoc이라는 유용한 라이브러리가 있습니다. 메서드 상단에 주석을 작성하면 이를 문서처럼 만들어 주는 라이브러리입니다. 다음은 간단한 JavaDoc 사용 예입니다.

```java
/**
 * RGB 색 모델에서 색상을 표현하는 클래스입니다.
 * 이 클래스의 인스턴스는 초기화된 후에는 변경할 수 없습니다.
 */
@EqualsAndHashCode
public class Color {

    public final int r;
    public final int g;
    public final int b;


    /**
     * Color 클래스의 생성자입니다. RGB에 대응하는 값을 입력해 인스턴스를 초기화합니다.
     *
     * @param r Red (0 이상 255 이하 값)
     * @param g Green (0 이상 255 이하 값)
     * @param b Blue (0 이상 255 이하 값)
     * @throws IllegalArgumentException 입력한 값이 지정한 범위를 벗어날 경우 발생합니다.
     */
    public Color(int r, int g, int b) {
        if (r < 0 || r > 255 ||
            g < 0 || g > 255 ||
            b < 0 || b > 255) {
            throw new IllegalArgumentException("RGB should be 0 to 255");
        }
        this.r = r;
        this.g = g;
        this.b = b;
    }


    /**
     * 색상을 16진수 형식으로 변환합니다.
     *
     * @return 색상의 16진수 표현인 "#RRGGBB" 형식으로 값을 반환합니다.
     */
    public String toHex() {
        return String.format("#%02x%02x%02x", r, g, b);
    }
}
```

코드 12.5는 객체의 종류를 설명하면서 예시로 든 **toHex** 메서드에 JavaDoc 주석을 적용한 예입니다. JavaDoc을 이용하면 IDE 상에서 각 메서드와 클래스에 적어둔 주석을 볼 수 있고 이 내용을 바탕으로 규격화된 문서를 만들 수도 있습니다. 이제 **Color** 클래스를 사용하는 개발자는 주석이나 문서를 읽고 생성자와 메서드에 요구되는 매개변수가 무슨 의미인지, 반환값은 어떤 형식인지 알 수 있습니다. 특히 **toHex** 메서드의 반환값이 **String.format**의 형식만 보고는 곧바로 이해할 수 없는 문제가 있었는데, JavaDoc을 이용하니 어떤 형식으로 값이 나오는지 유추할 수 있습니다.

JavaDoc은 코드상에서 문서도 함께 관리할 수 있는 아주 유용한 도구입니다. 하지만 개인적으로 이 방법 말고 소개하고 싶은 괜찮은 방법이 하나 더 있습니다. JavaDoc에 명시된 스펙을 테스트로 작성해 보는 건 어떨까요? 코드 12.5는 다음과 같은 테스트로 작성될 수 있습니다.

코드 12.6 문서를 대신할 수 있는 테스트

```java
public class ColorTest {

    @Test
    public void 유효한_값이_입력될_경우_Color_객체를_만들_수_있다() {
        // given
        int r = 100;
        int g = 150;
        int b = 200;

        // when
        Color color = new Color(r, g, b);

        // then
        assertEquals(r, color.r);
        assertEquals(g, color.g);
        assertEquals(b, color.b);
    }

    @Test
    public void 유효하지_않은_값이_입력될_경우_에러가_발생한다() {
        // given
        int r = 150;
        int g = -10; // invalid
        int b = 300; // invalid
```

```
        // then
        assertThrows(IllegalArgumentException.class, () -> {
            // when
            new Color(r, g, b);
        });
    }

    @Test
    public void hex_코드_변환_값을_받아볼_수_있다() {
        // given
        Color color = new Color(255, 128, 0);

        // when
        String hex = color.toHex();

        // then
        assertEquals("#ff8000", hex);
    }
}
```

어떤가요? 코드 12.6은 JavaDoc에서 명시된 스펙을 테스트를 이용해 사용자에게 보여줍니다. 나아가 이를 검증까지 합니다. toHex 메서드는 실제 실행 결과가 어떤지도 확인할 수 있습니다. 코드 12.5에서 문서를 읽고 #RRGGBB 형식일 것이라고 확인하는 것보다 낫지 않나요?

테스트는 그 자체로 문서가 될 수 있습니다. 테스트는 개발자의 의도를 보여주는 수단이며, 계약의 내용을 가장 구체적이고 상세히 설명할 수 있는 수단입니다. 따라서 누구나 클래스에 할당된 책임이 무엇인지 테스트를 통해 확인할 수 있습니다.

12.3 레거시 코드

IT 업계에서 일한다면 레거시 코드(legacy code)라는 용어를 들어본 적이 있을 것입니다. 일반적으로 소프트웨어 공학에서 말하는 레거시 코드는 오래된 소프트웨어 시스템에 존재하는 코드를 가리킵니다. 그래서 레거시 코드라는 용어는 종종 현재의 기술 트렌드나 모범 사례(best practice)와 동떨어진 코드를 지칭하는 데 사용되기도 합니다. 아마 이 같은 설명에 대해 대부분의 개발자는 크게 이견이 없으리라 생각합니다.

그런데 곰곰이 생각하면 이 설명은 매우 이상합니다. 레거시(legacy: 유산)라는 뜻에 따라 어떤 코드를 레거시 코드라고 부르려면 코드가 얼마나 오래돼야 할까요? 2년 정도면 괜찮을까요? 너무 짧지 않나요? 5년 정도면 괜찮을까요? 10년 정도는 괜찮을까요? 아니 그보다 이 기준은 대체 누가 정하는 거죠?

'현재의 기술 트렌드를 따르지 못하는 코드다'라는 설명도 모호합니다. 트렌드라고 부르는 것은 대체 누가 만드는 건가요? 그리고 유행을 못 쫓아갔다는 이유로 코드의 가치가 낮게 평가되는 것은 괜찮은 것인가요? 가치 판단의 기준을 외부에 두는 것은 그다지 좋은 전략이 아닐 것입니다.

그런데 이 레거시 코드에 관해 모두가 애매모호한 정의를 반복하고 있을 때 너무나 확실하고 명확한 기준을 제시한 사람이 있습니다.

> 내게 레거시 코드란 단순히 테스트 루틴이 없는 코드다. 다만 이 정의는 다소 불완전하다.
> – 마이클 C. 페더스(Michael C. Feathers)[14]

마이클 페더스는 레거시 코드를 가리켜 테스트 루틴이 없는 코드라고 말합니다. 즉, 그의 정의에 따르면 하루 전에 작성한 코드일지라도 테스트가 없다면 레거시 코드로 분류될 수 있는 것입니다.

이 정의는 매우 간결하면서도 명쾌합니다. 더불어 레거시 코드가 갖고 있는 본질적인 문제점을 강조합니다. 일반적으로 오래된 코드를 레거시라고 분류하는 이유는 이해하기 어렵고, 변경하기 어렵다는 점 때문입니다. 그런데 이 문제는 테스트 코드를 통해 해결할 수 있습니다. 왜냐하면 앞에서 언급했듯이 테스트는 문서처럼 사용될 수 있고 개발자의 의도를 드러내는 수단이기 때문입니다.

단순히 코드가 오래됐다고 해서 그 코드를 유지보수하기 힘든 것이 아닙니다. 예상치 못한 오류를 탐지할 수단이 없어서 유지보수하기 어려운 것입니다. 이러한 상황에서 테스트 코드는 안전망 역할을 합니다. 즉, 테스트 루틴이 충분히 갖춰진 코드는 오래됐더라도 안정적이고 변경에 대응하기 쉽습니다. 테스트가 마련돼 있으면 오래된 기술 트렌드를 최신 기술 트렌드에 맞춰 변경하는 일조차 쉬워질 것입니다. 테스트는 코드가 시간이 지나도 레거시로 있지 않을 수 있게 도와줍니다.

> 리팩터링하기 전에 제대로 된 테스트부터 마련한다. 테스트는 반드시 자가진단하도록 만든다.
> – 마틴 파울러(Martin Fowler)[15]

---

14 출처: 《레거시 코드 활용 전략》(에이콘, 2018), 12쪽
15 출처: 《리팩터링 2판》(한빛미디어, 2020), 28쪽

이러한 사실에 기인해 《리팩터링》의 저자 마틴 파울러는 진정한 의미의 리팩터링이란 테스트가 반드시 동반돼야 한다고 말합니다. 그리고 코드를 변경한 결과로 입력에 따른 출력이 달라진다면 기능을 변경한 것이지 리팩터링한 것이 아니라고 말합니다.

따라서 리팩터링하기 전에는 반드시 해당 기능을 대표하는 입력과 출력이 한 쌍이 돼서 어딘가에 미리 기록돼 있어야 합니다. 그리고 코드가 변경될 때도 입력과 출력에 변화가 생겼는지 여부를 확인할 수 있어야 합니다. 테스트 코드만 있다면 리팩터링은 자유롭습니다.

레거시 코드는 코드가 언제 만들어졌느냐로 정해지지 않습니다. 코드의 유통기한을 임의로 정하는 것보다 검증 과정을 철저히 하는 것이 좋습니다. 어제 작성한 코드도 레거시가 될 수 있습니다. 그래서 우리는 고민해 볼 필요가 있습니다. 어제도, 오늘도, 테스트 없는 코드를 작성하면서 먼 훗날 누군가에게 부담이 될 새로운 레거시 코드를 계속 만들고 있던 것은 아니었는지 말입니다.

테스트 피라미드

테스트는 목적, 범위, 대상에 따라 여러 종류로 분류될 수 있습니다. 하지만 테스트를 분류하는 가장 일
반적이고 대중적인 분류 체계는 '테스트 피라미드'라고 불리는 3단 분류 체계입니다. 이 체계에서는 테스
트를 단위 테스트(unit test), 통합 테스트(integration test), E2E 테스트(end-to-end test)로 분류합
니다. 그리고 다음과 같은 피라미드 형태로 표현합니다.

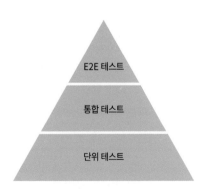

그림 13.1 전통적인 테스트 피라미드

테스트 피라미드의 y축은 테스트가 실제 사용자의 사용 사례와 얼마나 가까운지를 나타냅니다. 그래서
테스트 피라미드의 위쪽에 위치할수록 아래에 있는 테스트보다 사용자의 실제 환경에 가까운 테스트라
고 볼 수 있습니다. 이러한 이유로 피라미드의 꼭대기를 E2E 테스트가 아닌 API 테스트나 UI 테스트로
표기하기도 합니다.

테스트 피라미드의 각 계층에 대한 설명은 다음과 같습니다.

1. **단위 테스트(unit test)**

   단위 테스트는 소프트웨어를 구성하는 가장 작은 단위(unit)를 검증하는 테스트를 의미합니다. 여기서 말하는 'Unit'이란 통상적으로 함수, 메서드, 클래스 같은 개별적이고 작은 코드 조각들을 지칭합니다. 그래서 단위 테스트란 객체나 컴포넌트에 할당된 작은 책임 하나가 예상대로 동작하는지 확인하는 테스트라고 볼 수 있습니다.

2. **통합 테스트(integration test)**

   통합 테스트는 여러 컴포넌트나 객체가 협력하는 상황을 검증하는 테스트를 말합니다. 즉, 통합 테스트는 독립적으로 만들었던 객체들이 상호작용하면서 생길 수 있는 상황을 검증합니다. 그래서 객체지향 관점에서 본다면 통합 테스트는 객체들의 협력이 제대로 이뤄지는지 평가하는 단계입니다. 더불어 애플리케이션 서비스 관점에서 본다면 통합 테스트는 비즈니스 프로세스의 흐름을 검사하는 테스트라 볼 수 있습니다.

   통합 테스트를 조금 더 넓은 의미로 이해하면 서로 다른 모듈이나 시스템 간의 인터페이스를 테스트하는 것이라 볼 수 있습니다. 그래서 통합 테스트는 연동 시스템의 장애나 예외 상황이 발생했을 때 시스템이 어떻게 반응하는지 테스트하는 역할을 하기도 합니다.

3. **E2E 테스트(end-to-end test)**

   E2E 테스트는 실제 사용자 시나리오에서 시스템이 어떻게 동작하는지를 검증하는 테스트를 말합니다. 앞에서 이야기했듯이 E2E 테스트는 테스트 피라미드에서 가장 사용자에 가까운 테스트입니다. 그래서 E2E 테스트는 단위 테스트나 통합 테스트에 비해 사용자의 실제 상황과 최대한 비슷한 환경에서 테스트가 이뤄집니다.

   백엔드 개발자 입장에서 E2E 테스트는 종종 API 테스트라고 불리기도 합니다. 백엔드 서버를 실행하고 해당 서버에 필요한 하위 컴포넌트를 모두 구동한 뒤 API를 호출하는 방식으로 테스트를 작성하기 때문입니다. 개발자는 E2E 테스트를 통해 하위 컴포넌트와 레이어 사이의 상호작용을 확인할 수 있습니다. 덕분에 애플리케이션을 위한 하위 시스템이 모두 통합됐을 때 생길 수 있는 문제를 찾을 수 있습니다.

이처럼 테스트 피라미드는 테스트를 어떤 식으로 분류할 수 있는지 설명합니다. 그리고 각 분류가 시스템에 얼마나 분포해야 하는지 설명합니다. 테스트 피라미드에서 각 계층의 면적은 시스템에서 해당 유형의 테스트가 얼마나 분포돼야 하는지를 표현합니다. 즉, 단위 테스트가 제일 많아야 하고, 그다음으로 통합 테스트가 많아야 하고, 그다음으로 E2E 테스트가 많아야 합니다. 이상적으로 이 비율은 단위 테스트가 80%, 통합 테스트가 15%, E2E 테스트가 5% 정도가 좋다고 합니다.

더불어 테스트를 작성할 때 어떤 테스트부터 작성하는 것이 좋은지 선행 관계도 표현합니다. 피라미드를 만들 때 가장 아래부터 만들어야 하는 것처럼, 테스트 체계를 만들기 위해서는 단위 테스트를 먼저 만들고, 이를 기반으로 통합 테스트를 만들고, 또 통합 테스트를 기반으로 E2E 테스트를 만들어야 한다는 것을 나타냅니다.

테스트 피라미드의 피라미드 모양은 이처럼 다양한 인사이트를 제공합니다. 만약 이 분류 체계가 단순히 테스트를 분류하는 기준만 제시하고 끝났다면 이 분류 체계의 이름은 '테스트 3분류'였을 것입니다.

따라서 테스트 피라미드는 우리가 어디에 얼마나 집중해야 하는지를 알려줍니다. 우리는 테스트를 만들 때 단위 테스트를 가장 먼저, 그리고 가장 많이 작성해야 합니다. 그리고 이를 기반으로 통합 테스트를 작성해야 합니다. 또 이를 기반으로 E2E 테스트를 작성해야 합니다. 그렇게 테스트를 작성하고 뒤돌아 봤을 때 테스트의 비율이 피라미드 분포가 돼야 합니다.

종종 주변 개발자에게 이 같은 내용을 설명하면 너무 당연하다고 생각해서 쉽게 지나치는 경우가 많습니다. 그러니 한 번 더 강조하겠습니다. **단위 테스트가 중요합니다.** 이 사실이 굉장히 중요합니다. 전체 테스트에서 단위 테스트가 차지하는 비율이 제일 커야 합니다. 그리고 단위 테스트를 먼저 작성할 수 있어야 합니다. (그렇다고 통합 테스트와 E2E 테스트가 중요하지 않다는 말은 아닙니다.)

이 사실을 강조하는 이유는 대부분의 개발자에게 '자신의 프로젝트에 테스트를 넣어보세요'라고 하면 API 테스트부터 먼저 만들려는 경향이 있기 때문입니다. 이러한 개발자들은 시스템의 모든 테스트를 API 요청을 보낸 다음, 응답 결과가 기댓값과 일치하는지 확인하는 테스트만 작성하려 합니다.

이것이 잘못된 접근인 것은 아닙니다. 하지만 이런 접근은 복잡한 시스템의 동작을 지나치게 단순화해서 검증하려는 것이기 때문에 문제가 됩니다. 소프트웨어 시스템은 복잡계입니다. API 테스트만으로 시스템의 모든 테스트를 대변하게 만드는 것은 지나치게 비용이 많이 들고 불안합니다. 반드시 통합 테스트나 단위 테스트가 뒷받침돼야 합니다. 만약 이러한 기반 없이 E2E 테스트만 작성한다면 시스템은 여러 예외 상황을 커버하지 못하고 너무나 쉽게 실패할 것입니다. 그리고 테스트 단위가 너무 커서 테스트 실패의 이유도 특정할 수 없게 됩니다.

심지어 어쩌면 똑같은 테스트를 실행하더라도 어떤 때는 성공하고 어떤 때는 실패하는 테스트가 만들어질 수 있습니다. 이러한 테스트를 가리켜 비결정적 테스트(non-deterministic test)라고 합니다. 그리고 이러한 비결정적인 테스트는 테스트를 작성하면서 반드시 피해야 할 대표적인 테스트 안티패턴 중 하나입니다. 아무런 변경 사항도 없는데 테스트를 실행할 때마다 다른 결과를 보여준다면 테스트를 신뢰할 수 없기 때문입니다.[1]

---

1   더불어 종종 아무런 이유 없이 실패하는 테스트는 실패했을 때 실패한 이유가 무엇인지 명확하게 파악할 수도 없습니다. 이는 테스트가 주는 '빠른 피드백 루프'의 효과를 누리지 못하게 된다는 뜻입니다. 그렇지만 테스트가 아예 없는 것보다는 E2E 테스트라도 있는 편이 당연히 시스템의 안정성에 훨씬 도움이 됩니다.

다시 원래 이야기로 되돌아와서 우리는 지금 테스트 피라미드에 관해 이야기하고 있었습니다. 그리고 이를 위해 단위 테스트, 통합 테스트, E2E 테스트에 관해 간략히 알아보고, 이 중에서 단위 테스트가 가장 중요하다는 이야기를 하고 있었습니다.

그런데 사실 저는 이 전통적인 테스트 피라미드에 관한 설명이 불만족스럽습니다. 왜냐하면 각 계층에 대한 정의가 너무나 모호하고 말하고 싶은 바가 무엇인지 바로 와 닿지 않기 때문입니다.

단위 테스트에서 말하는 '단위'란 무엇인가요? 앞선 설명에서 단위란 통상적으로 함수, 메서드, 클래스 같은 작은 코드 조각을 지칭한다고 했습니다. 그런데 여기서 말하는 '작은' 코드 조각이란 얼마나 작아야 하는 거죠? 100줄 정도면 작은 건가요? 아니면 200줄?

또 통합 테스트는 무슨 말일까요? 어디까지 '통합'이 돼야 통합 테스트라고 볼 수 있는 걸까요? 누군가는 통합 테스트에서 말하는 통합을 '객체 간의 협력'으로 바라봅니다. 다른 한편으로 누군가는 통합을 '서버 간의 협력'으로 바라봅니다. 하지만 이 둘은 규모나 성격 면에서 너무나 큰 차이가 있습니다. 한쪽은 하나의 스레드에서 벌어지는 일인 반면, 또 다른 하나는 서버 대 서버 또는 프로세스 대 프로세스에서 벌어지는 일입니다. 그래서 이 둘을 '통합 테스트'라는 하나의 분류로 간주하는 것은 부적절해 보입니다.

더불어 '서버 간의 협력'을 테스트하는 것을 보고 통합 테스트라고 부를 수 있는 것은 맞긴 한가요? 서버 간 협력을 테스트한다는 의미는 E2E 통신이 발생한다는 의미입니다. 그렇다면 '서버 간의 협력'을 테스트하는 것은 'E2E 테스트를 통합해서 테스트한 것'이라고 볼 수 있습니다. 그러면 이는 통합 테스트인가요? E2E 테스트인가요?

오해하지는 않았으면 합니다. 저는 테스트 피라미드 자체를 비판하고 싶은 것이 아닙니다. 제가 하고 싶은 이야기는 그림 13.1 같은 테스트 피라미드가 인지 모델로써 한계가 있다는 것을 말하고 싶은 것입니다. '단위', '통합'이라는 용어가 주는 모호함 때문에 테스트를 정확하게 분류하지 못합니다.[2] 그래서 이 분류 체계에 따라 테스트를 분류했을 때 얻을 수 있는 효용 가치도 모호합니다.

따라서 이를 보완하는 새로운 인지 모델을 하나 소개하겠습니다. 단위 테스트나 통합 테스트 같은 모호한 용어보다 더 괜찮은 용어와 더 괜찮은 철학, 정의를 갖춘 모델입니다. 바로 '구글의 테스트 피라미드'입니다.

---

2 물론 조금 더 깊게 파고들면 명확한 정의가 있을지도 모릅니다. 하지만 이미 업계에 모호하고 잘못된 설명이 확대재생산돼 버렸습니다. 개인적으로는 잘못된 사실이 널리 확산됐다는 것이 인지 모델로서 한계가 있음을 증명한다고 봅니다.

13.1 구글의 테스트 피라미드

전통적인 테스트 피라미드 모델에서 사용하는 통합 테스트나 단위 테스트 같은 용어는 모호합니다. 그로 인해 각 분류를 바라보는 개발자의 시선도 약간씩 다릅니다. 반면 피라미드 모델이 보여주는 모양과 해석은 상당히 직관적이고 유용합니다. 그러니 새로운 인지 모델은 피라미드 모형을 그대로 가져가되 더 명확한 구분 체계를 갖도록 만드는 것이 더 좋을 것입니다.

그림 13.2는 《구글 엔지니어는 이렇게 일한다》(한빛미디어, 2022)에서 소개하는 구글의 테스트 피라미드 모델입니다.

그림 13.2 구글의 테스트 피라미드

인지 모델로서 그림 13.2는 그림 13.1과 명칭만 다를 뿐입니다. 구글의 테스트 피라미드 모델에서는 통합 테스트나 단위 테스트 같은 용어를 사용하지 않습니다. 대신 대형/중형/소형 테스트라는 용어를 사용합니다. 테스트의 크기에 따라 테스트를 분류하는 것인데, 여기서 말하는 테스트의 크기란 테스트를 실행하는 데 사용되는 리소스의 크기를 뜻합니다.

1. **소형 테스트**: 단일 서버, 단일 프로세스, 단일 스레드에서 동작하며, 디스크 I/O, 블로킹 호출(blocking call)이 없는 테스트를 의미합니다.
2. **중형 테스트**: 단일 서버에서 동작하되 멀티 프로세스, 멀티 스레드를 사용할 수 있는 테스트를 의미합니다.
3. **대형 테스트**: 멀티 서버에서 동작하는 테스트를 의미합니다.

이를 표로 정리하면 표 13.1과 같습니다.

표 13.1 소형, 중형, 대형 테스트의 허용 범위

	멀티 스레드	멀티 프로세스	멀티 서버
소형 테스트	X	X	X
중형 테스트	O	O	X
대형 테스트	O	O	O

각각에 관한 설명은 조금 뒤로 미루겠습니다. 지금은 우선 점유하는 리소스의 크기로 테스트를 분류하게 된 배경을 이해해 봅시다.

❓ 구글은 왜 테스트를 실행하는 데 사용되는 리소스의 크기로 테스트를 분류했을까요?

13.2 테스트 분류 기준

이를 이해하기 위해 입장을 바꿔 질문을 바꿔 봅시다. 여러분이 테스트 분류 체계를 새롭게 만드는 사람의 입장이 돼서 테스트 피라미드를 다시 보는 것입니다.

자, 여러분은 전통적인 테스트 피라미드 모델에 불만이 있고 이를 개선하고 싶습니다. 그래서 새로운 분류 체계를 만들고 싶습니다. 그렇다면 새로운 분류 체계에서는 어떠한 분류 기준이 사용되면 좋을까요?

❓ 새로운 테스트 분류 체계에 사용할 테스트 분류 기준은 무엇이 되면 좋을까요?

이 질문에 구글은 다음과 같이 답합니다.

1. 테스트가 결정적(deterministic)인가?
2. 테스트의 속도가 빠른가?

구글이 생각하는 테스트를 구분 짓는 주요 특징은 두 가지입니다. 바로 테스트의 결정성과 속도입니다. 왜냐하면 이 두 조건을 만족하는 테스트가 일반적으로 좋은 테스트라고 불리기 때문입니다. 즉, 구글이 생각하기에 테스트는 결정적이고 빠를수록 좋습니다.

테스트가 결정적이어야 한다는 말은 무슨 뜻일까요? 결정적이라는 어휘가 어렵다면 '일관된'이라는 표현으로 이해해도 좋습니다. 테스트가 결정적이어야 한다는 말은 테스트는 일관돼야 한다는 말과 같습니다. 이 말은 같은 코드를 대상으로 실행하는 테스트는 항상 같은 응답을 해야 한다는 의미입니다.

상식적으로 생각했을 때 이것은 너무나 당연한 말입니다. 코드베이스와 테스트를 변경하지 않았다면 테스트의 입력은 항상 같을 테니 기댓값도 항상 같을 수밖에 없기 때문입니다. 하지만 그렇지 못한 테스트가 분명 존재합니다. 어떤 테스트는 아침에 실행했을 때는 성공하고 저녁에 실행하면 실패합니다. 그래서 이러한 부류의 테스트를 비결정적인 테스트라고 하는데, 비결정적인 테스트는 실행 결과가 일관되지 않아 매번 다를 수 있습니다. 다시 말해 비결정적인 테스트는 코드베이스에 아무런 조작을 하지 않았음에도 어떤 때는 성공하고 어떤 때는 실패하는 테스트를 의미합니다.

일반적으로 이러한 비결정적인 테스트는 만들어지기 어려울 것처럼 보입니다. 맞습니다. 항상 비결정적으로 동작하는 테스트는 만들어지기 어렵습니다. 하지만 '비결정적으로 동작할 가능성이 있는 테스트'는 생각보다 많은 곳에서 자주 만들어집니다.

예를 들어, 스프링이나 JPA에 테스트를 넣는 법을 찾아본 적이 있다면 아마 JPA를 H2 데이터베이스와 연동해 테스트를 작성하는 내용을 본 적이 있을 것입니다.

> ⓘ **인메모리 관계형 데이터베이스 H2**[3]
>
> H2는 메모리상에서 데이터를 관리하는 인메모리(in-memory) 관계형 데이터베이스입니다. 인메모리 데이터베이스란 데이터를 주로 메모리에 저장하고 관리한다는 의미입니다. 그래서 데이터 처리 속도가 굉장히 빠르고 프로그램 자체도 경량화돼 있습니다. 이러한 특징 덕분에 H2는 애플리케이션 자체에 임베드하기 좋습니다.
>
> 대신 H2의 주 데이터 저장소가 메모리라는 점 때문에 H2에 저장한 데이터가 휘발될 위험성도 항상 있습니다. (물론 디스크 기반 저장 기능도 제공하긴 합니다.) 따라서 H2는 프로덕션 단계에서 사용할 만큼 안정적인 관계형 데이터베이스는 아닙니다. 하지만 스프링이나 JPA 환경에서 테스트에 사용하기에 아주 적합합니다. 빠르게 동작하며, 테스트에 임베드돼서 검증을 독립적으로 수행할 수 있기 때문입니다. 즉, H2를 내장한 테스트는 별도의 데이터베이스 서버를 두지 않아도 테스트를 수행할 수 있습니다.

H2를 이용하면 스프링에서도 테스트를 굉장히 쉽게 작성할 수 있습니다. 메이븐이나 그레이들에서 H2 의존성을 추가하고 테스트 프로퍼티에 JPA의 소스 데이터베이스로 H2를 사용하는 설정만 추가하면 됩니다. 이렇게 하는 것만으로도 테스트용 데이터베이스로 H2를 사용할 수 있습니다. 이 같은 설정을 적용하면 H2는 테스트를 위해 잠깐 실행됐다가 테스트가 종료되면 함께 종료될 것입니다. 다음은 H2를 이용한 스프링 및 JPA 테스트입니다.

---

3   https://www.h2database.com

```
@SpringBootTest
@TestPropertySource("classpath:test-application.properties")
public class PostServiceTest {

    @Autowired
    private PostService postService;

    @Test
    void postCreateDto_를_이용해_게시물을_생성할_수_있다() {
        // given
        PostCreate postCreate = PostCreate.builder()
            .writerId(1)
            .content("foobar")
            .build();

        // when
        Post result = postService.create(postCreate);

        // then
        assertThat(result.getId()).isNotNull();
        assertThat(result.getContent()).isEqualTo("foobar");
        assertThat(result.getCreatedAt()).isGreaterThan(0);
    }
}
```

PostService 컴포넌트를 테스트하기 위해 코드 13.1과 같이 작성했습니다. @SpringBootTest 애너테이션을 이용해 이 테스트를 스프링 부트 테스트 환경에서 동작하게 만들었고 @TestPropertySource 애너테이션을 이용해 테스트에 사용하는 설정 파일을 test-application.properties로 설정했습니다. 이제 테스트 메서드를 실행하면 테스트를 위한 스프링 컨테이너가 구동되고, JPA 리포지터리가 만들어지며, 이 리포지터리는 H2를 대상으로 연산을 수행할 것입니다. 다음은 이 테스트에서 사용할 스프링 설정입니다.

```
spring.datasource.url=jdbc:h2:mem:testdb;MODE=MySQL;DB_CLOSE_DELAY=-1
spring.datasource.driverClassName=org.h2.Driver
spring.datasource.username=sa
```

```
spring.datasource.password=
spring.h2.console.enabled=true

spring.jpa.hibernate.dialect=org.hibernate.dialect.MariaDBDialect
spring.jpa.database-platform=org.hibernate.dialect.H2Dialect
spring.jpa.hibernate.ddl-auto=create-drop
```

보다시피 `driverClassName`을 H2 드라이버로 지정했으며, `spring.datasource.url`에서 H2 설정이 지정된 것을 확인할 수 있습니다.

그러고 나서 테스트를 실행하면 그림 13.3과 같이 정상적으로 테스트가 통과하는 것을 확인할 수 있습니다.

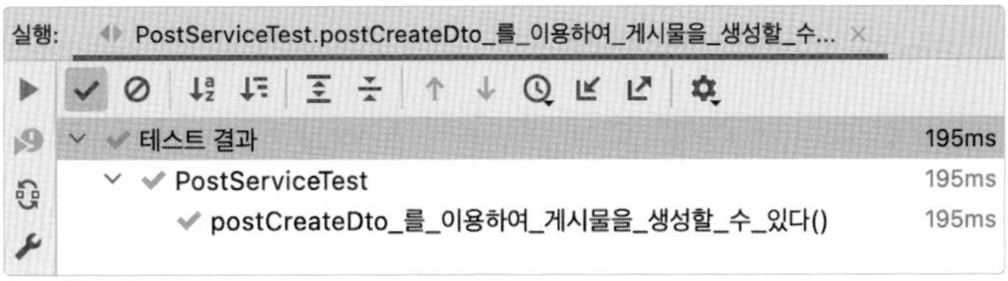

그림 13.3 H2를 이용한 테스트의 실행 결과

좋습니다. 이제 원래 이야기로 돌아갑시다. 앞에서 결정적인 테스트가 좋은 테스트이고, 비결정적으로 동작할 가능성이 있는 테스트로는 어떤 것이 있는지 예를 들고 있었습니다. 그러니 여기서 어떤 이야기를 하고 싶은지 눈치채셨을 거라 생각합니다. 바로 이러한 H2를 연동한 테스트는 비결정적으로 동작할 가능성이 있는 테스트입니다!

왜냐하면 이 테스트가 현재 개발 중인 코드베이스에만 영향을 받는 것이 아니기 때문입니다. 이 테스트는 H2 프로세스의 상태에도 영향을 받으며, 프로세스 간 통신 상태에도 영향을 받습니다. 그러니 코드를 변경하지 않았음에도 H2가 제대로 동작하지 않거나 통신이 단절될 때 검증에 실패합니다. 그래서 테스트가 비결정적으로 동작할 수 있습니다.

더불어 H2를 이용한 테스트는 테스트를 단독으로 실행할 때는 문제가 없다가도 병렬로 실행될 때 문제가 생길 수 있습니다. 여러 테스트가 동시에 단일 H2 서버에 접속해 테스트를 진행할 경우 그 과정에서 데이터가 뒤죽박죽 섞이게 되고, 테스트가 예상하지 못한 방향으로 실행될 수 있기 때문입니다.

비결정적인 테스트는 테스트의 신뢰도를 떨어뜨립니다. 더불어 테스트 실패 상황을 재현하기도 어렵습니다. 원인이 코드베이스 바깥에 있을 수도 있으므로 디버깅이 어렵기 때문입니다. 문제가 발생하는 지점을 정확히 찾기 어렵고, 그로 인해 버그를 수정한 후에도 제대로 수정된 것인지 확신할 수 없습니다.

따라서 테스트는 결정적일수록 좋습니다. 결정적인 테스트는 버그 상황을 재현하기 쉽습니다. 왜냐하면 버그가 발생했을 때 원인이 되는 입력이 무엇인지 바로 확인할 수 있기 때문입니다. 테스트의 주목적 중 하나는 시스템에 문제가 발생했을 때 문제가 되는 부분을 빠르게 진단할 수 있게 하기 위함입니다. 그리고 이를 위해서는 테스트가 같은 입력에 같은 결과를 보장해야 합니다.

좋은 테스트의 주요 특징 중 하나인 '테스트가 결정적이어야 한다'라는 이야기를 했으니 이제 다음 이야기를 해봅시다. 바로 좋은 테스트는 빨라야 한다는 것입니다. 즉, 테스트를 실행했을 때 테스트의 성공, 실패 여부를 빠르게 확인할 수 있어야 합니다.

사람들은 속도에 굉장히 민감합니다.[4] 그래서 테스트를 실행하고 결과를 받아보기 전까지 오랜 시간이 걸린다면 개발자들은 테스트를 실행하는 것에 부담을 느낍니다.

예를 들어, 앞에서 비결정적인 테스트를 소개하면서 H2를 이용한 테스트를 예로 들었습니다. 그런데 이처럼 데이터베이스를 연동한 테스트는 '비결정적으로 동작할 수 있다'라는 사실 외에도 너무나 확실하고 신경 쓰이는 결함이 또 하나 숨어 있습니다. 바로 테스트의 속도가 상대적으로 느리다는 것입니다.

데스크톱 PC의 성능에 따라 다르겠지만 H2를 이용한 테스트는 H2를 이용하지 않는 테스트보다 몇 배 느린 경향이 있습니다. 이를 직접 확인하기 위해 그림 13.3을 다시 한번 확인해 봅시다. 그림 13.3을 보면 코드 13.1의 테스트를 실행한 결과로 대략 200ms 정도 걸린 것을 확인할 수 있습니다. 어떤가요? 200ms면 빠른 것 같나요, 느린 것 같나요?

적당히 빠른 것 같기도 하지만 비교군이 없으니 말하기 어렵습니다. 그래서 12.2절 '의도'에서 소개한 코드 12.6을 실행해 봤습니다. 이 테스트의 실행 시간은 얼마였을까요? 실행해 보니 다음과 같은 값을 얻을 수 있었습니다.

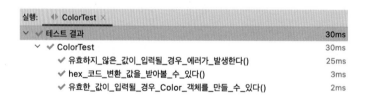

그림 13.4 코드 12.6의 테스트 실행 결과

---

4 익히 알려진 사실 중 하나로 일반 사용자가 어떤 웹사이트에 접속했을 때 로딩 시간이 3초 이상 걸리면 대부분의 사람들이 미련 없이 이탈한다고 합니다. 이는 사람들이 속도에 얼마나 민감하게 반응하는지 알려주는 사례라고 생각합니다.

코드 12.6의 실행 시간은 30ms였습니다. 수치는 데스크톱 PC의 성능에 따라 다를 수 있으니 절대적인 값에 주목하지 말고 상대적인 실행 속도 차이에 주목하기 바랍니다. 이처럼 데이터베이스를 연동한 테스트는 그렇지 않은 일반 테스트에 비해 상대적으로 많이 느린 편입니다.

물론 누군가는 200ms라는 수치를 보며 '이 정도면 충분히 빠르지 않나?'라고 생각할 수 있습니다. 하지만 현장에서 개발하는 시스템은 테스트 한두 개로 정의할 수 있을 만큼 간단한 시스템이 아닐 것입니다. 시스템을 검증하기 위해 테스트를 수백, 수천 개 작성해야 할 수 있습니다. 그렇다면 각 테스트마다 실행 시간이 0.2초 정도 걸린다고 쳐도 최소 20초, 최대 200초가 걸린다는 의미입니다. 20~200초라는 시간이 그렇게까지 긴 것은 아니지만 작업 흐름을 방해하기에는 충분한 시간입니다.[5]

이런 이야기를 하면 또 다른 누군가는 다음과 같이 반박하기도 합니다. '코드 13.1은 코드 12.6보다 훨씬 복잡한 코드니까 이러한 결과가 나오는 것이 당연한 것 아닌가요?'라고요. 물론 이 의견도 맞습니다. `postService.create` 메서드의 내부 구현은 데이터베이스에 데이터를 저장하기 위해 JPA와 하이버네이트가 연동돼 있을 것입니다. 그러니 두 코드의 복잡도는 다를 것입니다. 그런데 혹시 알고 계시나요?

코드 13.3 PostService는 실은 H2, JPA를 사용하지 않고 있었다.

```java
@Service
public class PostService {

    public Post create(PostCreate postCreate) {
        return Post.builder()
            .id(1L)
            .writer(User.builder().id(1L).build())
            .content(postCreate.getContent())
            .createdAt(10L)
            .build();
    }
}
```

사실 코드 13.1을 실행하기 위해 사용된 `PostService` 컴포넌트의 코드는 코드 13.3이 전부였습니다. 코드 13.1은 JPA를 쓰고 있지도 않았던 것입니다. `PostService` 컴포넌트는 데이터베이스에서 데이터를 불러오지도 않았고, 값을 데이터베이스에 저장하지도 않았으며, 객체를 인스턴스화하고 이를 그대로 반환할 뿐이었습니다. 그런데도 과연 코드 13.3이 코드 12.6보다 복잡하다고 할 수 있을까요?

---

5 물론 테스트 실행 도구가 테스트를 병렬 실행할 것이고, H2 같은 데이터베이스는 한번 실행된 이후 재사용될 테니 실행 시간이 이 정도로 정비례하는 값이 나오지는 않을 것입니다.

각 테스트에 대해 이러한 속도 차이가 발생하는 것은 근본적으로 코드의 복잡도 때문이 아닙니다. H2의 동작이 느려서도 아닙니다. 애초에 H2와 연동된 내용이 없으니까요. 코드 13.1이 코드 12.6보다 느렸던 것은 스프링 컨테이너가 컨테이너를 초기화하는 시간, H2라는 데이터베이스가 구동되거나 종료되는 데 걸리는 시간 때문입니다.

실제 JPA에서 데이터를 불러오고 데이터를 저장하는 코드로 테스트를 실행하면 어떨까요? PostService 컴포넌트를 다음과 같이 바꾸고 테스트를 실행해 봤습니다.

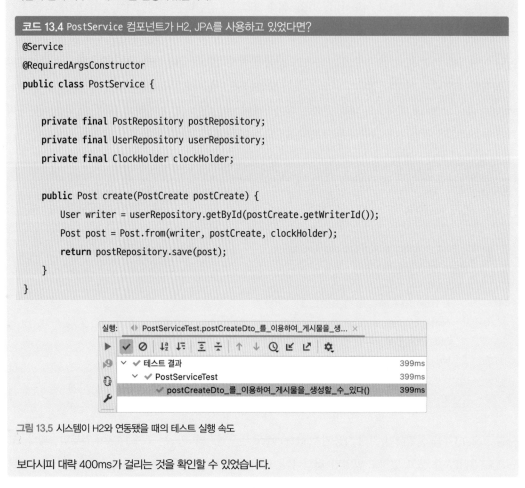

코드 13.4 PostService 컴포넌트가 H2, JPA를 사용하고 있었다면?

```java
@Service
@RequiredArgsConstructor
public class PostService {

    private final PostRepository postRepository;
    private final UserRepository userRepository;
    private final ClockHolder clockHolder;

    public Post create(PostCreate postCreate) {
        User writer = userRepository.getById(postCreate.getWriterId());
        Post post = Post.from(writer, postCreate, clockHolder);
        return postRepository.save(post);
    }
}
```

그림 13.5 시스템이 H2와 연동됐을 때의 테스트 실행 속도

보다시피 대략 400ms가 걸리는 것을 확인할 수 있었습니다.

테스트 속도가 느리면 개발자들은 테스트를 실행하는 데 부담을 느끼며, 그로 인해 테스트를 관리하고 싶다는 의욕도 크게 줄어듭니다. 개발자는 테스트를 실행하는 데 부담을 느끼지 않고 자주 실행할 수 있어야 합니다! 리팩터링하면서 실행해 보고, 코드를 리뷰하면서도 실행해 보고, 배포 직전에도 실행해 보

고, 퇴근하기 전에도 실행해 볼 수 있을 만큼 자주 실행할 수 있어야 합니다. 그리고 그러려면 테스트의 실행 결과를 빠르게 얻을 수 있어야 합니다.

이제 이야기를 원점으로 돌립시다. 앞에서는 '테스트를 분류하는 데 사용할 적합한 기준은 무엇인가?'에 관해 이야기하고 있었습니다. 그리고 그 기준으로 테스트는 결정적이어야 하고 속도가 빨라야 한다고 이야기했습니다. 왜냐하면 이 두 조건을 만족하는 테스트가 좋은 테스트이기 때문입니다.

그렇다면 이제 그다음을 고민해 봅시다. 테스트는 어떨 때 비결정적으로 변하고, 어떨 때 속도가 느려지는 것일까요? 테스트가 비결정적으로 동작하게 될 수 있는 상황은 다음과 같습니다.

비결정적인 테스트가 만들어지는 이유

1. 테스트가 병렬 처리를 사용할 경우
2. 테스트가 디스크 I/O를 사용할 경우
3. 테스트가 다른 프로세스와 통신할 경우
4. 테스트가 외부 서버와 통신할 경우

테스트는 병렬 처리를 하거나 블로킹 호출이 있는 상황에서 비결정적으로 동작할 수 있습니다. 테스트가 병렬 처리를 사용할 경우 각 스레드가 참조가 같은 객체를 사용할 때 실행 순서가 보장되지 않아 결과가 다르게 나올 수 있기 때문입니다. 그리고 테스트가 디스크 I/O를 사용할 경우에도 비결정적일 수 있습니다. 이는 파일 읽기/쓰기 결과가 다를 수 있기 때문입니다. 마찬가지로 다른 프로세스나 다른 서버와 통신하게 될 때도 통신에 문제가 생겨서 결과가 비결정적일 수 있습니다.

그렇다면 속도는 언제 느려질까요?

속도가 느린 테스트가 만들어지는 이유

1. 테스트가 블로킹 호출을 사용할 경우
2. 테스트가 디스크 I/O를 사용할 경우
3. 테스트가 다른 프로세스와 통신할 경우
4. 테스트가 외부 서버와 통신할 경우

테스트 속도도 마찬가지로 병렬 처리나 블로킹 호출이 있는 상황에서 느려집니다. 예를 들어, 당연한 이야기지만 테스트에 `Thread.sleep(500)` 같은 함수 호출이 있다면 테스트 실행 속도가 느려질 것입니다. 그리고 테스트에 디스크 I/O가 있거나 다른 프로세스나 서버와 통신하는 코드가 있다면 테스트 실행 속도가 느려질 것입니다.[6]

---

6 latency number와 관련된 내용입니다. 참고: https://gist.github.com/jboner/2841832

코드 13.3을 바라보는 테스트 코드 13.1이 느렸던 이유도 여기에 있습니다. 로직이 정말 간단해서 실제로 로직을 실행하는 데는 몇 밀리초도 걸리지 않지만 이 로직을 테스트하고자 스프링을 구동하고 H2를 실행하는 데 대부분의 시간이 소모됐으니까요. 그러니 테스트는 당연히 느릴 수밖에 없습니다.

정리하자면, 테스트는 블로킹 호출, 디스크 I/O, 다른 프로세스나 외부 서버와의 통신 등이 있을 때 느려지고 비결정적으로 동작합니다. 즉, 테스트가 점유하는 리소스에 따라 테스트의 형태가 결정됩니다.

그렇다면 이러한 사실을 바탕으로 구글의 테스트 피라미드에 관해 처음 설명했던 내용을 다시 한번 읽어 봅시다. 구글의 테스트 피라미드는 테스트에 사용되는 리소스를 기준으로 테스트를 분류한다고 했습니다

1. **소형 테스트**: 단일 서버, 단일 프로세스, 단일 스레드에서 동작하며, 디스크 I/O, 블로킹 호출이 없는 테스트를 의미합니다.

2. **중형 테스트**: 단일 서버에서 동작하되 멀티 프로세스, 멀티 스레드를 사용할 수 있는 테스트를 의미합니다.

3. **대형 테스트**: 멀티 서버에서 동작하는 테스트를 의미합니다.

그런데 구글이 테스트 분류를 위해 이와 같이 리소스를 기준으로 삼은 것은 단순히 '리소스를 적게 투입한 테스트일수록 좋은 테스트라서'가 아닙니다. 이 기준의 배경에는 좋은 테스트는 '결정적이어야 한다', '빨라야 한다' 같은 특징이 있기 때문입니다.

그러니 소형 테스트의 표면적인 목표는 테스트를 단일 서버, 단일 프로세스, 단일 스레드로 만드는 것이라 볼 수 있지만 실질적인 목표는 테스트를 결정적이고 빠른 테스트로 만드는 것에 있다고 볼 수 있습니다. 그래서 테스트에 디스크 I/O가 있어서도 안 되고 블로킹 호출이 있어서도 안 되는 것입니다. 이러한 조건에서 동작하는 테스트는 높은 확률로 결정적이고 빠를 것이기 때문입니다.

더불어 소형 테스트는 결정적이라는 장점 덕분에 또 다른 장점을 하나 더 얻을 수 있습니다. 소형 테스트는 몇 개가 있든 모든 테스트를 완전히 병렬로 실행할 수 있습니다. 그러니 소형 테스트의 실행 속도는 말도 안 되게 빨라질 수 있습니다. 가뜩이나 빠른 테스트를 묶어서 병렬로 실행할 수 있게 되니까요.

의미론적으로 소형 테스트는 단위 테스트와 거의 유사하다고 볼 수 있습니다. 테스트 분류 중 가장 좋은 유형의 테스트이며, 시스템에 존재하는 대부분의 테스트는 소형 테스트로 작성되는 것이 좋습니다.

그렇다면 누군가 '모든 테스트를 소형 테스트로 작성하면 되지 않나요? 굳이 중형 테스트와 대형 테스트라는 분류를 만든 이유가 뭔가요?'라고 물어볼 수 있습니다. 하지만 아쉽게도 모든 테스트를 소형 테스트만으로 작성할 수는 없습니다. 예를 들어, 시스템이 JPA와 연동된 상태에서 데이터를 실제로 잘 가져올 수 있는지 테스트하고 싶을 수 있습니다. 그래서 아시다시피 이럴 때 H2 같은 솔루션을 사용합니다.

그런데 테스트에 H2를 사용한다는 것은 H2를 위한 별도의 프로세스를 실행하겠다는 의미입니다. 그래서 이는 소형 테스트가 아닙니다. 테스트가 멀티 프로세스 환경에서 실행되고, 그로 인해 소형 테스트는 단일 프로세스에서 동작해야 한다는 제약에 위반되기 때문입니다. 그러므로 H2를 이용한 테스트는 중형 테스트입니다. 이것이 소형 테스트 이외에 다른 테스트 분류가 필요한 이유입니다.

중형 테스트는 소형 테스트보다 조금 더 완화된 기준을 사용합니다. 멀티 프로세스, 멀티 스레드의 사용을 허용하는 것입니다. 이로 인해 당연하게도 중형 테스트는 소형 테스트보다 느립니다. 스레드를 포크(fork)하거나 프로세스를 구동하는 데 시간이 걸리고 통신 비용도 발생하기 때문입니다. 더불어 그 과정에서 디스크 I/O나 블로킹 호출이 생길 수 있습니다. 그러니 레지스터, 메모리에서 모든 작업이 처리되는 소형 테스트보다 느릴 수밖에 없습니다.

더불어 결과도 항상 같을 것이라고 보장할 수 없게 됩니다. 멀티 스레드나 멀티 프로세스 환경에서는 테스트가 어떻게 상호작용하고 동작할지 알 수 없기 때문입니다. 이러한 까닭에 중형 테스트부터는 테스트를 병렬로 실행하기도 까다롭습니다.

중형 테스트는 전통적인 테스트 피라미드에서 통합 테스트에 대응되는 개념이라고 볼 수 있습니다. 하지만 이러한 중형 테스트에도 마지막 제약이 하나 남아있습니다. 바로 단일 서버에서 동작해야 한다는 점입니다. 그러므로 중형 테스트에서는 네트워크 호출이 여전히 불가합니다.

마지막으로 알아볼 테스트 분류는 대형 테스트입니다. 모든 테스트를 로컬 호스트에서만 처리할 수 있다면 좋겠지만 아쉽게도 그렇지 못한 상황이 분명히 있습니다. 그래서 대형 테스트부터는 중형 테스트가 갖고 있던 단일 서버 제약이 사라집니다. 즉, 테스트하는 데 서버를 여러 대 띄워야 한다면 이는 대형 테스트에 속합니다.

예를 들어, 개발자는 'API 서버가 실제로 머신에서 구동됐을 때 제대로 동작하는가?'를 테스트하고 싶을 수 있습니다. 그렇다면 머신에 API 서버를 실제로 구동하고 Postman 같은 도구를 이용해 네트워크 통신을 통해 테스트해야 합니다. 그래서 이렇게 실행하는 테스트를 대형 테스트라고 부릅니다. 대형 테스트는 결정적이지도 않고 느린 테스트가 되겠지만 전체적인 시스템의 안정적인 동작을 확인하려면 필요합니다. 대형 테스트는 전통적인 테스트 피라미드에서 E2E 테스트에 해당하는 경우입니다.

그래서 앞의 내용을 정리해 다음과 같은 기준으로 다시 한번 표를 작성해봤습니다. 각 테스트 분류를 리소스 기준이 아닌 의미론적 기준으로 분류하면 소형/중형/대형 테스트를 다음과 같이 분류할 수도 있을 것입니다.

표 13.2 테스트의 크기와 진짜 의미

	결정적인가?	빠른가?
소형	O	O
중형	X	△
대형	X	X

13.3 소형 테스트의 중요성

지금까지 새로운 테스트 피라미드 모델에 관해 알아봤습니다. 그래서 여기서는 이번 장을 마무리하면서 여러분이 반드시 기억해둘 만한 인사이트를 정리해 보려고 합니다.

> ☆ **기억해둘 만한 테스트 관련 인사이트**
>
> 1. 시스템에는 소형 테스트가 많아야 합니다.
> 2. 중형 테스트나 대형 테스트가 소형 테스트보다 많아지는 것은 바람직하지 않은 현상입니다.
> 3. 소형 테스트는 단일 스레드, 단일 프로세스, 단일 서버에서 실행되며, 디스크 I/O, 블로킹 호출이 없는 테스트입니다.
> 4. H2를 이용한 테스트는 중형 테스트입니다.

다시 한번 강조하겠습니다. 소형 테스트가 중요합니다. 소형 테스트의 중요성은 아무리 강조해도 지나치지 않습니다. 게다가 소형 테스트가 중요한 이유는 빠르고 결정적인 것 이외에도 더 있습니다. 소형 테스트를 작성하기 위해 노력하다 보면 6.4절 '트랜잭션 스크립트'에서 소개했던 트랜잭션 스크립트 같은 코드가 나올 확률이 줄어든다는 것입니다.

애플리케이션 서비스는 리포지터리와 통신하는 경우가 많습니다. 즉, 애플리케이션 서비스의 테스트는 중형 테스트가 될 확률이 높다는 의미입니다. 그래서 트랜잭션 스크립트의 테스트를 소형 테스트로 작성하는 것은 어려운 일입니다. 그러니 트랜잭션 스크립트에 있는 비즈니스 로직의 테스트를 소형 테스트로 만들기 위해서는 다른 접근법이 필요합니다.

이를 해결하는 가장 간단한 방법은 트랜잭션 스크립트가 갖고 있던 비즈니스 로직을 도메인으로 옮기는 것입니다. 비즈니스 로직을 도메인으로 옮기고 도메인을 테스트하는 것만으로도 일이 간단해집니다. 예를 들어, 7장 '서비스'에서 가격을 계산하는 로직을 테스트하고 싶을 때 코드 7.1의 `ProductService.calculatePrice` 메서드(198쪽)를 테스트하는 것보다 코드 7.3에서 만든 `cashier.calculate(user, product, coupons)` 메서드(205쪽)를 테스트하는 편이 더 쉬울 것입니다. `@SpringBootTest` 같은 스프링 애너테이션의 도움 없이 객체를 실제로 인스턴스화하고 메서드를 실행하기만 하면 되니까요. 그래서 능동적인 도메인을 만들수록 테스트가 쉬워지고 소형 테스트에 가까워집니다.

능동적인 도메인을 만들고, 그 도메인을 테스트하면 외부 프로세스나 외부 스레드의 간섭 없이 테스트할 수 있게 됩니다. 소형 테스트에 집중하면 도메인에 비즈니스 로직을 넣게 됩니다. 이로 인해 선순환

이 만들어지는 것입니다. 이것이 소형 테스트에 집중할 때 트랜잭션 스크립트 같은 코드가 사라지는 이유입니다.

그래서 여러분이 소형 테스트 없이 스프링이나 JPA 프로젝트에서 H2를 이용한 테스트만 열심히 작성하고 있다면 테스트에 대해 다시 생각해 보면 좋겠습니다. 중형 테스트도 분명 회귀 버그를 잡고 안정성을 높여준다는 측면에서 훌륭한 테스트입니다. 하지만 테스트를 사용했을 때 얻을 수 있는 여러 가치 중 아주 일부만 얻을 수 있습니다. 이와 관련된 내용은 15장 '테스트 가능성'에서 조금 더 자세히 살펴보겠습니다.

마지막으로 소형, 중형, 대형 테스트는 어떤 컴포넌트를 테스트하느냐에 따라 결정되는 것이 아니라는 점을 알려드립니다. 예를 들어, 저장소와 통신해야 하는 애플리케이션 서비스는 무조건 중형 테스트가 될 수밖에 없는 것처럼 보이지만 실은 그렇지 않습니다. 서비스 컴포넌트의 테스트도 소형 테스트로 만들 수 있습니다. 나아가 컨트롤러 컴포넌트의 테스트도 소형 테스트로 만들 수 있습니다. 다시 말해 소형, 중형, 대형 테스트는 어느 부분을 테스트하느냐보다 어떻게 테스트하느냐에 따라 결정된다는 것입니다.

그렇다면 어떻게 중형 테스트나 대형 테스트를 소형 테스트로 바꿀 수 있을까요? 이 주제에 대해서는 다음 장에서 소개할 '테스트 대역'이라는 것을 사용하면 됩니다.

테스트 대역

시스템에 테스트를 도입하기로 했다면 언젠가 반드시 마주할 수밖에 없는 개념이 있습니다. 바로 테스트 대역(test double)이라는 개념입니다.

저는 이 용어를 보면 'Regression'과 마찬가지로 제가 처음으로 이 용어를 봤을 때가 떠오릅니다. 과거의 저는 '테스트 대역'을 'test bandwidth'로 해석했습니다. 그래서 테스트 대역에서 말하는 '대역'이 대역폭 (帶域幅)을 뜻하는 줄 알았습니다. '네트워크 대역폭'에서 말하는 그 대역 말입니다.

그래서 혹시나 저처럼 이 '대역'이라는 용어가 익숙하지 않은 분도 있을 것 같아서 이 용어에 대한 설명부 터 하겠습니다. 테스트 대역에서 말하는 대역은 대역폭(bandwidth) 같은 것이 아닙니다. 말 그대로 영 화에 나오는 스턴트맨, '대역(代役)' 그 자체를 의미합니다.[1] 즉, 테스트 대역이란 오롯이 테스트를 위해 만들어진 진짜가 아닌 가짜 객체나 컴포넌트를 가리키는 용어입니다.

영화 속에서 대역이란 주연 배우를 대신해서 격한 스턴트 액션을 담당하거나 주연 배우가 하지 못하는 일을 대신하는 사람을 의미합니다. 이와 마찬가지로 테스트 대역은 실제 객체를 대신해서 행동하고 실제 객체가 하지 못하는 일을 대신합니다.

---

1 테스트 대역을 직역하면 'test double'입니다. 그래서 테스트 대역은 이를 그대로 읽어 '테스트 더블'이라고도 부릅니다. 그리고 double이라는 용어도 찾아보면 스턴트맨 같은 '대역'을 지칭한다는 것을 알 수 있습니다. double이 왜 대역을 지칭하는 용어인지 이에 관한 자세한 어원까지는 모르겠지만 아마도 '배우가 두 명 있다'라는 의미에서 이렇게 부르는 듯합니다.

예를 들어, 테스트를 작성하다 보면 어떤 코드는 테스트 단계에서 실제로 실행하기가 부담스러울 수 있습니다. 또는 '테스트하는 데 굳이 실제 객체를 사용해야 하나?'라는 생각이 들 수도 있습니다. 그럴 때 테스트 대역을 사용할 수 있습니다. 마치 스턴트맨이 실제 배우 대신 연기를 하는 것처럼 테스트에서도 비슷한 일을 할 수 있는 것입니다.

코드를 보며 이를 이해해 봅시다. 다음과 같은 서비스 코드가 있습니다. 서비스에 가입한 회원에게 이메일 인증을 위해 이메일을 발송하고 대기 상태로 데이터베이스에 저장하는 코드입니다.

코드 14.1 사용자가 시스템에 가입하는 상황을 표현하는 UserService

```java
@Service
@Builder
@RequiredArgsConstructor
public class UserService {

    private final UserRepository userRepository;
    private final VerificationEmailSender verificationEmailSender;

    @Transactional
    public User register(UserCreateDto userCreateDto) {
        User user = User.builder()
            .email(userCreate.getEmail())
            .nickname(userCreate.getNickname())
            .status(UserStatus.PENDING)
            .verificationCode(UUID.randomUUID().toString())
            .build();
        user = userRepository.save(user);
        verificationEmailSender.send(user);
        return user;
    }
}
```

코드 14.1은 사용자가 시스템에 회원가입을 하는 상황을 표현합니다. 데이터베이스에 저장할 사용자 정보를 만들고, 이때 상태는 '가입 보류(UserStatus.PENDING)' 상태로 지정합니다. 왜냐하면 저장하려는 사용자 정보가 아직 이메일 인증이 안 된 상태이기 때문입니다. 그다음 UserService 컴포넌트는 이 데이터를 저장합니다. 그리고 바로 뒤 가입 인증 메일을 보냅니다. 어려운 코드가 아니니 쉽게 이해할 수 있을 것입니다.

이야기를 편하게 진행하기 위해 UserService 컴포넌트는 8.3절 '진화하는 아키텍처'의 내용을 반영한 아키텍처를 따르고 있다고 가정하겠습니다. UserRepository와 VerificationEmailSender는 인터페이스입니다. UserRepository 인터페이스는 도메인을 반환하는 인터페이스이며, JpaRepository를 상속하지 않습니다. 즉, JPA와의 의존성도 끊어둔 상태입니다.

코드 14.1의 완성도는 일단 제쳐두고 UserService.register 메서드에 메일을 발송하는 코드가 있다는 사실에 주목해 봅시다. 그리고 상상해 봅시다. 이 코드의 테스트를 만들어 실행하면 어떤 일이 벌어질까요?

UserService.register 메서드에 대한 테스트를 잘못 구성했다가는 테스트를 실행할 때마다 실제 메일이 발송되는 대참사가 일어날 것입니다. 그리고 이것은 분명 우리가 원하는 상황이 아닙니다!

우리가 UserService.register 메서드에 대한 테스트를 작성하려는 목적이 무엇일까요? 실제로 메일이 제대로 발송되는지 테스트하고 싶을 수도 있겠지만 이는 이미 VerificationEmailSender.send 메서드의 테스트에서 확인하고 있을 것입니다. 그러므로 UserService.register 테스트에서도 굳이 SMTP 연결(메일 발송 연동)이 제대로 됐는지 확인할 필요가 없습니다. 따라서 'UserService.register 메서드를 실행한 결과, 사용자의 상태가 UserStatus.PENDING인 상태로 저장소에 제대로 저장되는가?'만 확인하면 됩니다.

요구사항을 정리해 봅시다. 우리는 메서드를 호출한 결과로 제대로 된 상태 값이 반영됐는지만 확인하고 싶습니다. 테스트를 실행할 때마다 메일이 실제로 발송되진 않았으면 합니다. 이럴 때 테스트 대역을 사용할 수 있습니다. 메일을 발송하는 컴포넌트인 VerificationEmailSender의 대역을 만들고 테스트할 때 UserService 컴포넌트가 이를 사용하게 만드는 것입니다.

예를 들어, VerificationEmailSender의 대역으로 다음과 같은 클래스를 만들어 봅시다.

코드 14.2 VerificationEmailSender 인터페이스를 상속해 상위 인터페이스의 동작을 무시하는 메서드를 구현한 테스트 대역 클래스

```java
public class DummyVerificationEmailSender implements VerificationEmailSender {

    @Override
    public void send(User user) {
        // do nothing...
    }
}
```

DummyVerificationEmailSender 컴포넌트는 대역처럼 동작하기 위해 VerificationEmailSender 인터페이스를 상속[2]합니다.

재밌는 건 이 대역 클래스의 send 메서드의 동작입니다. DummyVerificationEmailSender 컴포넌트를 보면 상위 인터페이스의 send 메서드를 오버라이딩하면서도 아무런 동작도 하지 않습니다. 그러면 이렇게 만들어진 대역은 어떻게 사용할 수 있을까요?

코드 14.3 서비스가 테스트 대역을 사용하는 테스트

```java
public class UserServiceTest {

    @Test
    public void 이메일_회원가입을_하면_가입_보류_상태가_된다() {
        // given
        UserCreateDto userCreateDto = UserCreateDto.builder()
            .email("foobar@localhost.com")
            .nickname("foobar")
            .build();

        // when
        UserService userService = UserService.builder()
            .verificationEmailSender(new DummyVerificationEmailSender())
            .userRepository(userRepository)
            .build();
        User user = userRepository.register(userCreateDto);

        // then
        assertThat(user.isPending()).isTrue();
    }
}
```

코드 14.2는 코드 14.3처럼 사용할 수 있습니다. 코드 14.3을 보면 UserService를 생성할 때 메일을 보내는 컴포넌트 객체인 verificationEmailSender 자리에 방금 만든 DummyVerificationEmailSender 클래스의 객체를 사용하도록 주입합니다. 이렇게 주입하는 객체에 테스트 대역을 넣어 사용할 수 있습니다. 그리고 그 효과는 매우 강력합니다. 이제 코드 14.3의 테스트는 UserService.register 메서드를 실

---

2 상속(extends)과 구현(implements)은 의미상 약간은 다르지만, 일반적으로 '구현'이라는 용어보다 상속이라는 용어가 더 익숙하므로 여기서는 상속과 구현을 구분하지 않고 혼용하겠습니다.

CHAPTER 14 _ 테스트 대역 **357**

행해도 메일을 보내지 않습니다. DummyVerificationEmailSender 클래스의 send 메서드는 아무런 동작도 하지 않기 때문입니다.

그래서 이때 실제 구현체가 들어가야 할 verificationEmailSender 자리에 대신 들어간 DummyVerificationEmailSender 객체를 테스트 대역이라고 합니다. 즉, 테스트 대역은 말 그대로 실제 객체를 대신하는 객체를 뜻합니다.

코드 14.3의 사례처럼 테스트 대역은 정말 간단한 해결책이면서도 그 효과는 무시할 수 없을 만큼 큽니다. 테스트 대역을 이용하면 테스트하기 위해 반드시 메일을 발송해야 할 것처럼 보였던 코드가 메일을 발송하지 않고도 테스트할 수 있게 됩니다. 다시 말해 API 호출을 해야만 테스트할 수 있을 것처럼 보였던 코드가 API 호출 없이도 테스트할 수 있게 됩니다. 그리고 이는 앞선 테스트 피라미드를 떠올리면 어마어마한 변화입니다! 왜냐하면 대형 테스트로 작성돼야 할 것처럼 보였던 테스트가 소형 테스트로도 작성될 수 있게 됐다는 뜻이기 때문입니다.

그런데 잠깐, 여러분이 무슨 생각을 하는지 알 것 같습니다. 여기까지 읽은 어떤 분은 '이렇게 작성한 테스트가 실효성이 있나?'라는 생각을 했을 것입니다. 왜냐하면 코드 14.3에서 UserService 컴포넌트는 실제 코드를 대변하지 않기 때문입니다.

맞는 말입니다. 실제 UserService 컴포넌트는 메일을 발송하겠지만 우리의 테스트 코드는 메일을 발송하지 않습니다. 게다가 대역은 실제 컴포넌트보다 훨씬 간단한 코드로 작성돼 있습니다. 그러니 코드 14.3은 실제 상황을 테스트했다고 볼 수 없습니다. 그래서 코드 14.3에 작성된 테스트는 실제 코드의 성능과 품질 문제를 완벽히 검증한다고 말할 수는 없습니다.

그럼에도 코드 14.3의 테스트가 의미 없는 것은 아닙니다. 왜냐하면 코드 14.3에서는 메일을 발송하는 부분 외의 나머지 UserService.register 메서드의 동작을 잘 검사하고 있기 때문입니다. 그리고 이는 우리가 테스트를 작성할 당시에 생각했던 요구사항과 일치합니다. 우리는 'UserService.register 메서드를 실행한 결과로 사용자의 상태가 UserStatus.PENDING인 상태로 저장소에 제대로 저장되는가?'가 궁금했습니다. 그리고 이 목적은 코드 14.3을 통해 충분히 알 수 있습니다.

테스트 대역의 장점은 이뿐만이 아닙니다. 테스트 대역을 이용하면 개발자가 테스트를 위한 격리되고 고정된 환경을 만들 수 있습니다. 다시 말해, 테스트 대역을 이용하면 복잡한 시스템의 테스트 환경을 예측 가능하게 만들 수 있다는 의미입니다. 예를 들어, 대역을 다음과 같이 만들 수 있습니다.

```
코드 14.4 타임아웃 상황을 재현하는 인증 메일 발송 컴포넌트
public class VerificationEmailSenderTimeout implements VerificationEmailSender {

    @Override
    public void send(User user) {
        throw new ConnectTimeoutException();
    }
}
```

테스트 대역을 활용해 외부 세계를 정상적인 상황, 장애 상황, 타임아웃 상황 등으로 연출할 수 있습니다. 덕분에 각 상황에서 시스템이 어떻게 동작해야 할지도 검증할 수 있게 됩니다. 이는 실로 어마어마한 장점입니다!

따라서 테스트 대역은 테스트를 안정적으로 만드는 데 필요하고 그 쓰임이 다양한 엔지니어링 기술입니다. 하지만 동시에 조심해야 하는 측면도 있습니다. 테스트 대역을 남용하면 테스트가 점점 실제 구현과 거리가 멀어지기 때문입니다. 실제 구현과 테스트에 거리감이 생겨 테스트가 시스템을 제대로 검증하지 못하는 상황은 결코 원하는 상황이 아닐 것입니다. 그래서 밸런스가 가장 중요합니다.[3]

그럼 이번에는 테스트 대역에 어떤 것들이 있는지 살펴봅시다. 영화에서도 주연 배우를 대체할 대역으로 스턴트맨, 마네킹, CG 등 다양한 대역이 있습니다. 이와 마찬가지로 소프트웨어 세계에서도 다양한 유형의 대역이 있습니다. 그리고 각 대역은 주로 대역이 '어떻게 동작하느냐'에 따라 구분됩니다. 대표적인 테스트 대역으로 다음과 같은 5가지가 있습니다.

표 14.1 테스트 대역의 5가지 유형

유형	설명
Dummy	아무런 동작을 하지 않습니다.
Stub	지정한 값만 반환합니다.
Fake	자체적인 로직이 있습니다.
Mock	아무런 동작을 하지 않습니다. 대신 어떤 행동이 호출됐는지를 기록합니다.
Spy	실제 객체와 똑같이 행동합니다. 그리고 모든 행동 호출을 기록합니다.

그러면 이제 각 테스트 대역의 유형을 자세히 살펴봅시다.

---

3 결국 테스트 대역을 사용한 테스트의 평가는 시스템의 상황과 유스케이스에 따라 다르게 결정될 수밖에 없습니다. 항상 맞는 답이라는 것은 존재하지 않습니다.

14.1 Dummy

Dummy(더미)는 테스트 대역 중에서도 가장 간단하고 뚜렷한 목적을 지닌 대역입니다. Dummy의 역할은 아무런 동작도 하지 않는 것입니다. Dummy 객체는 오롯이 코드가 정상적으로 돌아가게 하기 위한 역할만 합니다. 그리고 특정 행동이 일어나지 않게 만드는 데 사용됩니다.

앞에서 살펴본 코드 14.2 같은 코드가 대표적인 Dummy의 예입니다. `DummyVerificationEmailSender`의 `send` 메서드는 아무런 동작을 하지 않습니다. 이 클래스는 코드 14.3에서 `UserService`가 제대로 실행되고 메일이 실제로 발송되지 않게 하고자 만들어졌을 뿐입니다.

Dummy의 역할은 이것이 전부이기 때문에 더 이상 설명할 것이 없습니다. 대신 오해를 막기 위해 추가로 설명하고 싶은 것이 있습니다. Dummy는 코드 14.3의 예시처럼 꼭 멤버 변수에만 주입될 때 사용할 수 있는 것은 아닙니다. 이외에도 필수 매개변수가 포함된 메서드를 호출해야 하는 경우에도 사용할 수 있습니다.

예를 들어, 스프링에서 제공하는 `Filter`의 확장된 컴포넌트인 `GenericFilterBean`을 이용해 다음과 같은 컴포넌트를 만들었다고 해봅시다.

코드 14.5 Filter를 상속하는 코드

```java
public class SomethingFilter extends GenericFilterBean {

    @Override
    public void doFilter(
        ServletRequest servletRequest,
        ServletResponse servletResponse,
        FilterChain filterChain) throws IOException, ServletException {

        // text를 요청하는 request라면 응답의 Content-Type을 "text/plain"으로 만듭니다.
        if (servletRequest.getAttribute("giveMe").equals("text")) {
            servletResponse.setContentType("text/plain");
        }

        // 책임 연쇄 패턴에 따라 다음 필터를 실행하기 위해 필터 체인의 doFilter를 호출합니다.
        filterChain.doFilter(servletRequest, servletResponse);
    }
}
```

SomethingFilter 클래스는 요청의 "giveMe" 어트리뷰트가 "text"이면 응답의 Content-Type을 "text/plain"으로 만듭니다. 그렇다면 SomethingFilter 클래스의 doFilter 메서드가 제대로 동작하는지 테스트하고 싶을 때 테스트를 어떻게 작성할 수 있을까요? 즉, "giveMe" 어트리뷰트가 "text"일 때 SomethingFilter 클래스를 거치면 Content-Type이 "text/plain"으로 변했는지가 궁금합니다.

혹시 고작 이 3줄짜리 코드를 실행하고자 테스트에 @WebMvcTest 애너테이션[4]을 사용해 웹 계층 테스트를 만들려는 건 아니겠죠? 물론 그렇게 해도 되긴 하겠지만 더 간단한 방법이 있습니다. 코드 14.3처럼 SomethingFilter 클래스를 직접 인스턴스화하고 doFilter 메서드를 실행해 보면 됩니다. 그렇게 하는 것만으로도 테스트를 작성할 수 있습니다.

그러면 SomethingFilter 클래스를 직접 인스턴스화하고 doFilter 메서드를 실행하기 위해 doFilter 메서드가 어떤 방식으로 메시지를 받고 있는지 생김새를 봅시다. doFilter 메서드는 servletRequest, servletResponse, filterChain을 매개변수로 받습니다. 그리고 여기서 servletRequest, servletResponse는 SomethingFilter.doFilter 메서드를 실행하는 데 필요한 매개변수입니다.

하지만 매개변수 중 filterChain 값은 살짝 논외인 것처럼 느껴집니다. 왜냐하면 filterChain은 SomethingFilter 클래스가 책임 연쇄 패턴을 따르고 있다는 이유 하나만으로 매개변수에 포함된 것이기 때문입니다. 즉, **filterChain은 doFilter 메서드의 맨 마지막 filterChain.doFilter 코드를 실행하기 위해 존재할 뿐**입니다. 그리고 이는 우리의 관심사 밖입니다.[5]

우리가 실제로 관심 있는 것은 filterChain.doFilter 코드 이전의 동작입니다. 하지만 SomethingFilter 클래스의 doFilter 메서드를 실행하기 위해서는 filterChain 값이 매개변수로 의무적으로 들어가야 합니다. 만약 이 값이 null이라면 NullPointException이 발생할 테니까요. 바로 이 같은 상황에서 Dummy를 사용할 수 있습니다.

코드 14.6 Dummy를 사용해 filterChain.doFilter 호출이 동작하지 않게 할 수 있다.

```
public class SomethingFilterTest {

    @Test
    public void 요청에_text로_달라는_요청이_있으면_응답의_콘텐츠_타입은_Text_plain이다()
```

---

4 스프링 프레임워크에서 제공하는 테스트 애너테이션 중 하나로, 스프링 MVC 애플리케이션의 웹 계층을 테스트할 때 사용됩니다. 이 애너테이션은 Controller, ControllerAdvice, Converter, GenericConverter, Filter, WebMvcConfigurer, HandlerInterceptor 같은 웹 계층 컴포넌트를 테스트할 때 사용할 수 있습니다.

5 물론 테스트의 목적이 책임 연쇄 패턴에서 다음 필터를 실행하기 위해 doFilter를 제대로 호출하는지 검사하는 것이라면 이는 테스트의 관심 대상입니다.

```
        throws ServletException, IOException {
        // given
        ServletRequest servletRequest = new MockHttpServletRequest();
        servletRequest.setAttribute("giveMe", "text");
        ServletResponse servletResponse = new MockHttpServletResponse();

        // when
        SomethingFilter somethingFilter = new SomethingFilter();
        somethingFilter.doFilter(
            servletRequest,
            servletResponse,
            new FilterChain() {

                @Override
                public void doFilter(ServletRequest req, ServletResponse res) {
                    // do nothing
                }
            });

        // then
        assertThat(servletResponse.getContentType()).isEqualTo("text/plain");
    }

}
```

테스트 코드에서 메서드 호출의 마지막 filterChain 값에 아무런 동작을 하지 않는 익명 클래스가 들어
가게 했습니다.[6] 덕분에 SomethingFilter 클래스의 마지막 filterChain.doFilter 메서드 호출은 아무
런 동작도 하지 않을 것입니다.

이제 우리는 스프링의 GenericFilterBean도 테스트할 수 있게 됐습니다. 이처럼 테스트 대역은 꼭 멤버
변수에 주입될 때만 사용할 수 있는 기술이 아닙니다. 또 스프링 컴포넌트를 대체할 때만 사용할 수 있는
기술도 아닙니다. 메서드 호출 시 사용되는 매개변수에도 사용될 수 있고 도메인 객체를 사용하는 어디
서든 사용할 수 있습니다.

---

6 익명 클래스를 이용해 Dummy를 만든 이유는 별다른 뜻이 있다기보다 이렇게 Dummy를 만들 수도 있다는 것을 보여드리기 위함입니다. Dummy는
  주로 실제 코드의 일부분을 건너뛰기 위한 목적으로 자주 사용됩니다. 그래서 DummyVerificationEmailSender처럼 꼭 클래스를 만들 필요가 없
  습니다.

MockHttpServletRequest, MockHttpServletResponse는 뭔가요?

이 책은 테스트를 처음 공부하는 분들이 보더라도 코드를 이해할 수 있게 작성하려고 노력했습니다. 하지만 부득이하게 코드 14.6에서는 테스트를 처음 접하는 분이라면 생소하게 느낄 수 있는 MockHttpServletRequest, MockHttpServletResponse 같은 클래스가 사용됐습니다.

그래서 Mock(목)에 관한 설명을 아직 하지 않았는데 이러한 코드가 일찍 나온 것에 대해 양해를 구합니다. 가독성을 지키면서 실제로 동작하는 테스트를 작성하기 위해 외부 라이브러리 없이 ServletRequest와 ServletResponse를 인스턴스화하는 것은 너무나 힘든 일이라서 어쩔 수 없는 선택이었습니다.

Mock은 번역하면 '모방하다'라는 뜻이며 테스트 대역의 일종입니다. 그래서 지금은 '테스트를 위해 진짜 객체를 모방하는 객체를 만들어서 사용하고 있구나' 정도로 이해하고 일단은 넘어가 주길 바랍니다. 이에 관한 자세한 내용은 14.4절 'Mock'에서 이어집니다.

14.2 Stub

Stub(스텁)이라는 단어는 번역하면 '부본(副本)', '짧은 부분'이라는 뜻입니다.

누군가는 '부본'이란 말을 처음 접했을 테니 이에 관해 짧게 설명하겠습니다. 이는 원본과 비슷하게 만들어 참고로 보관하는 서류를 뜻하는 말입니다. 즉, 부본은 흔히 이야기하는 원본, 사본, 등본과 같은 문서의 종류 중 하나입니다. 쉽게 이야기하면 사본과 거의 같은 개념이라고 봐도 되겠네요.[7]

개발 세계에서 말하는 Stub도 마찬가지입니다. 개발 세계의 Stub은 원본을 따라한 부분과 마찬가지로 실제 객체의 응답을 최대한 비슷하게 따라하는 대역입니다. 여기서는 '응답을 최대한 비슷하게 따라한다'라는 점이 중요합니다. 그래서 Stub은 응답을 원본과 똑같이 반환하는 데만 집중합니다. 즉, 원본의 응답을 복제해 똑같은 응답으로 미리 준비하고 이를 바로 반환합니다.

정리하면 Stub은 미리 준비된 값을 반환하는 대역 객체를 가리킵니다. 이 테스트 대역은 Dummy처럼 실제 구현체의 코드를 실행하지 않는다는 점에서 유사하지만 Dummy보다는 조금 더 발전된 형태입니다. Dummy는 아무런 동작도 하지 않지만 Stub은 개발자가 의도한 미리 준비된 값을 반환합니다. 그렇게 해서 테스트가 원하는 방향으로 동작할 수 있게 합니다.

---

7 백과사전을 찾아보면 부본과 사본은 엄연히 다른 용어입니다. 하지만 Stub이라는 개념을 이해하는 데 두 용어가 무엇인지 정확히 구분 짓는 것은 크게 중요하지 않은 듯하므로 'Stub은 사본이다'라고 이해하고 넘어가도 됩니다.

Stub이 어떤 식으로 활용될 수 있는지 함께 살펴봅시다. 테스트를 작성하다 보면 어떤 객체의 메서드 호출 결과가 뻔한 것에 비해 동작이 지나치게 복잡한 경우가 있습니다. 예를 들면, 외부 서버에 API 요청을 보내는 작업을 생각해 봅시다. API 요청은 네트워크 자원을 사용하는 엄청난 고연산 작업입니다. 하지만 다음과 같은 API가 있고 테스트에서 이를 호출하고 있다면 어떨까요?

코드 14.7 고연산 작업에 비해 그 결과를 쉽게 예상할 수 있는 경우

```
[요청]
GET https://another-server/ping


[응답]
status: 200
body: {
  "content": "pong"
}
```

코드 14.7에서 서버는 ping 요청을 받으면 별다른 동작 없이 'pong' 메시지와 200 OK 응답을 반환합니다.

그래서 이 API 요청의 결과는 pong 응답으로 성공하거나, 다른 이유로 실패하는 것 중 하나입니다. 그러니 이런 상황에서는 테스트할 때마다 실제로 API 호출을 하는 것이 자원 낭비일 수 있습니다. 다시 말해 테스트할 때는 실제로 API 요청을 하는 것이 아니라 응답이 {"content": "pong"}으로 온다고 가정하고 테스트를 작성하는 편이 더 나을 수 있습니다.

또 다른 예를 들어 봅시다. JPA 같은 저장소에서 findById를 이용해 값을 불러오는 상황도 마찬가지입니다. 저장소에서 데이터를 불러오는 작업은 디스크 I/O, 네트워크 호출이 발생할 수 있는 고연산 작업입니다. 하지만 그 결과는 테스트 환경에 따라 쉽게 예상할 수 있습니다. 그래서 아예 디스크 I/O를 발생시키지 않고 처음부터 값을 제대로 불러오는 것을 가정한 채로 테스트를 작성하는 편이 더 나을 수 있습니다.

Stub은 이럴 때 사용할 수 있습니다. Stub은 미리 준비한 값을 그대로 반환해서 고연산 작업이 실제로 실행되지 않게 합니다.

코드 14.1의 예시를 확장해 봅시다. 이메일 인증을 받고 있으니 이메일 중복 체크 로직을 넣었다고 가정해 보는 것입니다. 그래서 다음과 같은 방향으로 코드를 간단하게 변경해 봤습니다.

```java
@Service
@Builder
@RequiredArgsConstructor
public class UserService {

    private final UserRepository userRepository;
    private final VerificationEmailSender verificationEmailSender;

    @Transactional
    public User register(UserCreateDto userCreateDto) {
        if (userRepository.findByEmail(userCreate.getEmail()).isPresent()) {
            throw new DuplicatedEmailException();
        }
        User user = User.builder()
            .email(userCreate.getEmail())
            .nickname(userCreate.getNickname())
            .status(UserStatus.PENDING)
            .verificationCode(UUID.randomUUID().toString())
            .build();
        user = userRepository.save(user);
        verificationEmailSender.send(user);
        return user;
    }
}
```

회원가입 시 이메일과 일치하는 사용자가 이미 저장소에 저장돼 있지는 않은지 findByEmail 메서드를 호출해서 확인합니다. 이제 코드 14.8을 대상으로 두 가지 테스트를 만들 수 있습니다. 하나는 사용자가 이미 있는 상황이고, 다른 하나는 사용자가 없는 상황입니다.

정리하면 다음과 같습니다.

1. findByEmail 메서드를 호출한 결과, 이메일이 일치하는 사용자를 찾을 수 있다면 UserService.register 메서드를 호출했을 때 DuplicatedEmailException이 발생한다.

2. findByEmail 메서드를 호출한 결과, 이메일이 일치하는 사용자를 찾을 수 없다면 UserService.register 메서드를 호출했을 때 사용자를 저장하고, 저장된 사용자 정보를 반환한다.

그러면 이제 앞서 말한 상황이 생깁니다. 각 테스트 상황에서 userRepository.findByEmail 메서드에 대해 기대하는 응답이 너무나 명확한 것입니다. 데이터가 있다면 사용자 정보가 들어간 Optional 값을 반환해야 하고, 데이터가 없다면 빈 Optional 값을 반환해야 합니다. 그래서 이 목적을 달성하고자 다음과 같은 Stub 객체를 만들어 사용할 수 있습니다.

코드 14.9 findByEmail 메서드를 호출한 결과, 데이터가 있는 케이스를 반환하는 Stub 클래스

```java
class StubExistUserRepository implements UserRepository {

    public Optional<User> findByEmail(String email) {
        return Optional.of(User.builder()
            .id(1L)
            .email(email)
            .nickname("foobar")
            .status(UserStatus.ACTIVE)
            .verificationCode("aaaaaaaaaaaaaaaaaaaaaaaaaaaaaaaa")
            .build());
    }

    public User save(User user) {
        return User.builder()
            .id(1L)
            .email(user.getEmail())
            .nickname(user.getNickname())
            .status(user.getStatus())
            .verificationCode(user.getVerificationCode())
            .build();
    }
}
```

코드 14.10 findByEmail 메서드를 호출한 결과, 빈 Optional 값을 반환하는 Stub 클래스

```java
class StubEmptyUserRepository implements UserRepository {

    public Optional<User> findByEmail(String email) {
        return Optional.empty();
    }

    public User save(User user) {
```

```
        return User.builder()
            .id(1L)
            .email(user.getEmail())
            .nickname(user.getNickname())
            .status(user.getStatus())
            .verificationCode(user.getVerificationCode())
            .build();
    }
}
```

이제 각각을 이용해 다음과 같이 테스트 코드를 작성할 수 있습니다.

코드 14.11 Stub을 사용하는 테스트

```
@Test
public void 중복된_이메일_회원가입_요청이_오면_에러가_발생한다() {
    // given
    UserCreateDto userCreateDto = UserCreateDto.builder()
        .email("foobar@localhost.com")
        .nickname("foobar")
        .build();

    // then
    assertThrows(DuplicatedEmailException.class, () -> {
        // when
        UserService userService = UserService.builder()
            .verificationEmailSender(new DummyVerificationEmailSender())
            .userRepository(new StubExistUserRepository())
            .build();
        User user = userRepository.register(userCreateDto);
    });
}

@Test
public void 이메일_회원가입을_하면_가입_보류_상태가_된다() {
    // given
    UserCreateDto userCreateDto = UserCreateDto.builder()
        .email("foobar@localhost.com")
        .nickname("foobar")
```

```
        .build();

    // when
    UserService userService = UserService.builder()
        .verificationEmailSender(new DummyVerificationEmailSender())
        .userRepository(new StubEmptyUserRepository())
    User user = userRepository.register(userCreateDto);

    // then
    assertThat(user.isPending()).isTrue();
}
```

이처럼 Stub은 아무런 동작도 하지 않았던 Dummy와는 다르게 실제 구현체의 응답을 흉내 냅니다. 그 렇게 해서 테스트 환경을 마음대로 조작합니다. 덕분에 Stub은 외부 연동을 하는 컴포넌트나 클라이언 트를 대체하는 데 자주 사용됩니다.

359쪽의 코드 14.4를 다시 한번 봅시다. `VerificationEmailSenderTimeout`을 사용하면 타임아웃으로 인한 메일 발송 실패를 실제로 다른 시스템을 호출하지 않고도 재현할 수 있게 했습니다. 그렇게 함으로 써 테스트 환경을 고정하고 격리시킨 것입니다. 덕분에 테스트는 항상 타임아웃인 상황을 가정한 채로 실행될 수 있고, 그로 인해 테스트는 결정적으로 동작합니다.

더불어 Stub은 외부 시스템과 협업하는 상황에서 테스트 코드를 작성할 때도 유용합니다. 예를 들어, 시 스템이 외부 시스템의 API 호출 결과를 받아서 처리해야 한다고 가정해 봅시다. 이런 상황에서 시스템을 어떻게 테스트할 수 있을까요? 외부 시스템의 API 개발이 완료되기를 주구장창 기다려야 할까요?

아닙니다. Stub을 사용하면 이 문제를 해결할 수 있습니다. 외부 시스템과 통신하는 클라이언트가 어떤 응답을 반환할지 합의된 내용을 바탕으로 Stub 객체를 만들면 되니까요. 그렇게 된다면 외부 시스템의 개발 완료를 기다리지 않고도 시스템이 정상적으로 동작하는지 미리 테스트할 수 있게 됩니다.

> ⓘ **Mockito를 이용한 Stub 생성**
>
> 오늘날 테스트 세계에 널리 퍼져 있는 오해 중 하나는 테스트 대역을 만들기 위해 Mockito[8] 같은 테스트 대역 프레임워 크를 사용해야만 한다고 생각하는 것입니다. (Mockito를 모르는 분들은 이 프레임워크를 사용하면 테스트 대역을 쉽게 만들 수 있다는 정도만 알아두고 넘어가 주세요.)

---

8 https://site.mockito.org/

하지만 앞에서도 확인했지만 Dummy, Stub 등의 테스트 대역을 구현하는 데 이러한 테스트 프레임워크가 꼭 필요하지는 않습니다. 오히려 테스트 프레임워크 없이 테스트 대역을 만들어 사용하는 편이 설계상 훨씬 자연스럽기도 합니다. Mockito는 테스트 대역을 쉽게 만들 수 있게 도와주는 도구일 뿐입니다. 그래서 Mockito 없이도 테스트 대역을 만들 수 있어야 하고 'Mockito가 없어서 테스트 대역을 못 만든다' 같은 말이 나와서는 안 됩니다.

다만 Mockito를 사용하면 Stub을 조금 더 쉽게 만들 수 있고 세부적인 동작 지정도 할 수 있다는 점은 분명합니다. 예를 들면, 코드 14.9의 findByEmail 메서드는 다음과 같은 코드로 대체할 수 있습니다.

> **코드 14.12** Mockito의 given 메서드를 이용하면 어떤 객체의 지정한 행동을 가로챌 수 있습니다. 그리고 메서드가 지정된 값만 반환하도록 만들 수 있습니다.

```
// given
given(userRepository.findByEmail("foobar@localhost.com"))
    .willReturn(Optional.of(User.builder()
        .id(1L)
        .email("foobar@localhost.com")
        .nickname("foobar")
        .status(UserStatus.ACTIVE)
        .verificationCode("aaaaaaaaaaaaaaaaaaaaaaaaaaaaaaaa")
        .build());

// when
// ...

// then
// ...
```

이처럼 Mockito를 이용하면 테스트 코드를 좀 더 단순화할 수 있습니다. 더불어 불필요한 대역 클래스들이 무분별하게 만들어지는 상황도 방지할 수 있습니다. 하지만 이 책에서는 앞으로 소개할 테스트 대역을 순수 자바 코드로만 만드는 모습을 먼저 보여드리겠습니다. 왜냐하면 Mockito를 사용하기 전에 적어도 이러한 동작들이 구체적으로 어떻게 이뤄지는지 알아야 하기 때문입니다.

마지막으로 Stub은 메서드 스텁(method stub)이라는 용어로 불리기도 하는데, 이는 Stub이 보통 어떤 객체의 특정 메서드의 행동을 다르게 유도하고 싶을 때 사용되기 때문입니다. Stub은 객체를 대체하기 위한 대역임에도 객체를 대신하기보다 메서드의 동작을 바꾸는 것으로 여겨질 때가 많습니다. 그러한 까닭에 Stub은 메서드 스텁이라는 용어로 불리곤 합니다.

14.3 | Fake

Dummy가 아무런 동작도 하지 않고, Stub은 미리 준비된 값을 반환하고 끝이라면, Fake(페이크)는 한 단계 더 발전된 유형의 테스트 대역입니다. Fake는 테스트를 위한 **자체적인 논리를 갖고 있습니다.**

예를 들어, 앞의 코드 14.9와 14.10에서는 `UserRepository` 인터페이스를 대상으로 Stub을 생성했습니다. 그런데 테스트를 작성하면서 이처럼 모든 테스트에 Stub을 사용하는 코드를 넣기란 너무나 힘든 일입니다. 게다가 바람직하지도 않습니다. 왜냐하면 Stub으로 만들어진 코드가 테스트의 대부분을 차지해서 테스트의 중요한 부분을 가리기 때문입니다.

테스트는 최대한 간결하고 보자마자 이해 가능한 형태로 작성해야 합니다! 이는 테스트 코드를 봤을 때 어떤 항목을 테스트하고 싶은 것이고, 그 테스트를 위해 어떤 것들이 필요하며, 이 테스트의 실행 결과에 대한 기댓값은 무엇인지를 바로 파악할 수 있어야 한다는 말입니다. 그러니 테스트를 위해 매번 Stub을 달리 해줘야 해서 테스트의 중요한 부분을 가리고, 그로 인해 테스트의 목적이 무엇인지 한눈에 파악할 수 없게 되는 것은 그다지 좋은 현상이 아닙니다.

그렇다면 Stub 대신 이런 대역 객체가 있다면 어떨까요? `UserRepository` 역할의 대역으로 사용될 객체인데, 데이터 저장을 위한 간단한 메모리 변수를 갖고 있게 하는 것입니다. 그리고 `UserRepository` 인터페이스에 읽기/쓰기 요청이 왔을 때 이 요청을 메모리 변수에 쓰고 불러오게 합니다. 그렇게 한다면 데이터베이스의 동작을 메모리 수준에서 흉내 낼 수 있을 것입니다!

코드 14.13 리포지터리를 대체할 수 있는 Fake

```java
public class FakeUserRepository implements UserRepository {

    private final long autoGeneratedId = 0;
    private final List<User> data = new ArrayList<>();

    @Override
    public Optional<User> findByEmail(long id) {
        return data.stream().filter(item -> item.getId().equals(id)).findAny();
    }

    @Override
    public User save(User user) {
        if (user.getId() == null || user.getId() == 0) {
            // create 동작
```

```
            User newUser = User.builder()
                .id(++autoGeneratedId)
                .email(user.getEmail())
                .nickname(user.getNickname())
                .address(user.getAddress())
                .verificationCode(user.getVerificationCode())
                .status(user.getStatus())
                .lastLoginAt(user.getLastLoginAt())
                .build();
            data.add(newUser);
            return newUser;
        } else {
            // update 동작
            data.removeIf(item -> item.getId() == user.getId());
            data.add(user);
            return user;
        }
    }
}
```

JPA의 동작을 최대한 흉내 내서 FakeUserRepository라는 클래스를 만들어 봤습니다. List로 선언된 data 멤버 변수를 이용해 save 메서드가 호출되면 데이터를 저장하고[9] findByEmail 메서드가 호출되면 조건과 일치하는 데이터를 불러오게 했습니다. 이제 이 코드를 이용해 다음과 같은 테스트 코드를 작성할 수 있게 됩니다.

코드 14.14 Fake를 사용하는 테스트

```
@Test
public void 중복된_이메일_회원가입_요청이_오면_에러가_발생한다() {
    // given
    UserCreateDto userCreateDto = UserCreateDto.builder()
        .email("foobar@localhost.com")
        .nickname("foobar")
        .build();
```

---

9 사실 save 메서드를 이렇게 작성하는 것은 좋지 않습니다. 코드 14.13을 보면 save 메서드는 id가 0일 때 create로 동작하고, 0이 아닐 때는 update 로 동작합니다. 그런데 이는 JPA의 동작을 따라 하는 것입니다. 그래서 Fake가 'JPA의 계약'에 의존적이라고 볼 수 있습니다. 더 괜찮은 방법을 제안 하자면 아예 UserRepository에서 save 메서드를 지우고 create와 update 코드를 분리하는 것입니다. 아니면 개발 가이드 어딘가에 이를 명시적 으로 적어두는 편이 바람직합니다.

```
    UserRepository userRepository = new FakeUserRepository();        미리 준비된 데이터를 Fake
    userRepository.save(User.builder()                                저장소에 넣음
        .id(1L)
        .email("foobar@localhost.com")
        .nickname("foobar")
        .status(UserStatus.ACTIVE)
        .verificationCode("aaaaaaaaaaaaaaaaaaaaaaaaaaaaaaaa")
        .build())


    // then
    assertThrows(DuplicatedEmailException.class, () -> {
        // when
        UserService userService = UserService.builder()
            .verificationEmailSender(new DummyVerificationEmailSender())
            .userRepository(userRepository)
            .build();
        User user = userRepository.register(userCreateDto);
    });
}


@Test
public void 이메일_회원가입을_하면_가입_보류_상태가_된다() {
    // given
    UserCreateDto userCreateDto = UserCreateDto.builder()
        .email("foobar@localhost.com")
        .nickname("foobar")
        .build();

    // when
    UserService userService = UserService.builder()
        .verificationEmailSender(new DummyVerificationEmailSender())
        .userRepository(new FakeUserRepository())
        .build();
    User user = userRepository.register(userCreateDto);

    // then
    assertThat(user.isPending()).isTrue();
}
```

잘 만들어진 Fake는 테스트의 가독성도 높여줄뿐더러 여러 테스트에서 재활용할 수 있습니다.

조금 더 과장해서 Fake는 로컬 환경의 서버 구성도 변화시킬 수 있을 만큼 강력합니다. 무슨 말인가 하면, 로컬 환경에서 개발할 때는 Fake 저장소를 사용하도록 만들 수 있다는 말입니다. 그렇게 해서 로컬 환경에서 데이터베이스와 연동하지 않고도 서버를 구동시킬 수 있습니다. 다음 예제를 봅시다.

코드 14.15 Fake는 로컬 프로필에서 사용할 수도 있다.

```
@Repository
@Profile("!local")
public class UserRepositoryImpl implements UserRepository {

    // ...
}


---


@Repository
@Profile("local")
public class FakeUserRepository implements UserRepository {

    // ...
}
```

코드 14.15는 스프링의 @Profile("local")을 이용해 프로필에 따라 다른 컴포넌트를 사용하게 하는 예시입니다. 이 애너테이션을 이용하면 프로필이 로컬 환경일 때 실제 구현체인 UserRepositoryImpl 컴포넌트 대신 FakeUserRepository 컴포넌트가 사용되게 할 수 있습니다. 마찬가지로 외부 API 서버와 연동하는 컴포넌트에도 이 같은 Fake를 적용할 수 있습니다.[10]

---

10 이렇게도 할 수 있다는 것이지, 이렇게 하라고 권장하는 것은 아닙니다. 개발 환경이 실제 배포 환경과 점점 멀어지는 것은 그렇게 좋은 방향이 아니기 때문입니다. 게다가 로컬에서 Fake가 실행되기 위해서는 Fake가 테스트 디렉터리 바깥 영역에 정의돼야 합니다. 그래서 어떤 개발자는 이것이 께름칙하다고 느낄 수 있습니다. 따라서 가능하면 테스트 환경이든, 로컬 환경이든 가능한 한 실제 구현 코드를 직접 실행해 보는 것이 가장 좋습니다.

이쯤에서 상기했으면 하는 사실이 하나 있습니다. 14장 '테스트 대역'을 시작하면서 설명했던 코드 14.3(357쪽)의 사례가 기억나시나요? 테스트 대역을 사용했더니 중형 테스트, 대형 테스트처럼 보였던 테스트가 소형 테스트로 바뀌었었습니다.

이게 얼마나 대단한 일인지 다시 한번 생각해 보면 좋겠습니다. 코드 14.11과 코드 14.14는 애플리케이션 서비스를 테스트하는 코드임에도 소형 테스트입니다. 이 코드들은 단일 서버, 단일 프로세스, 단일 스레드에서 동작하며, 디스크 I/O 같은 블로킹 호출도 없습니다.

게다가 항상 일관된 결과를 반환합니다. 스프링 프레임워크가 구동되길 기다릴 필요도 없고 JPA 로딩을 기다릴 필요도 없습니다. 그러니 테스트 속도도 굉장히 빠릅니다.

그런데 만약 이 코드를 테스트하기 위해 실제로 이메일을 보내고, H2를 이용해 저장소에 데이터를 저장했다면 어땠을까요? 테스트를 위해 H2라는 프로세스를 별도로 실행해야 했을 것입니다. 그리고 이메일을 보내야 하니 테스트를 외부 서버와 실제로 연동해서 API 통신을 해야 했을 것입니다. 그러면 이 테스트는 멀티 서버와 멀티 프로세스 환경에서 돌아가는 테스트가 됐을 테니 대형 테스트가 됐을 것입니다.

물론 이러한 중형/대형 테스트가 나쁘다는 말을 하려는 것이 아닙니다. 시스템의 안정성을 위해 중형 테스트도 대형 테스트도 필요합니다. 다만 시스템을 구성하는 대부분의 테스트가 중형/대형 테스트가 돼서는 안 된다는 말을 하고 싶은 것입니다. 가능하면 소형 테스트에 집중해야 하기 때문입니다.

대형, 중형, 소형 테스트는 테스트하려는 대상에 따라 결정되는 것이 아닙니다. 테스트 환경을 어떻게 구성하느냐에 따라 결정됩니다. 우리는 소형 테스트를 만드는 법을 알아야 합니다. 그리고 소형 테스트를 위한 테스트 환경을 구축하는 방법을 알아야 합니다. 이것은 너무나도 중요한 내용이므로 다시 한번 강조합니다.

☆ **잊지 말아야 할 사실**

1. 소형 테스트가 중요합니다.
2. 소형 테스트를 위해서는 도메인이 비즈니스 로직을 처리하는 것이 좋습니다.
3. 테스트 대역을 이용하면 중형/대형 테스트도 소형 테스트로 만들 수 있습니다.

14.4 Mock

다음으로 소개할 내용은 Mock(목)입니다. Mock은 번역하면 '모조품'이라는 뜻입니다. Dummy, Stub, Fake와 마찬가지로 테스트 대역 중 하나이며, 주로 메서드 호출이 발생했는지 여부를 검증하는 역할을 합니다.

테스트에 관심이 있는 스프링 개발자라면 한 번쯤은 Mockito라는 테스트 프레임워크에 관해 들어봤을 것입니다. Mockito는 자바로 작성된 오픈소스 테스팅 프레임워크로서, 테스트 대역을 쉽게 만들 수 있게 지원하는 역할을 합니다. Mockito를 이용하면 구현이 없는 객체(dummy)를 만들 수도 있으며, 특정 객체의 메서드 호출을 시뮬레이션하는 객체(stub)를 만들 수도 있습니다.

Mockito라는 이름을 듣자마자 눈치챘겠지만 Mockito라는 이름의 유래는 이번에 소개할 테스트 대역 중 하나인 Mock의 언어유희로 만들어진 것입니다. 그런데 Mockito라는 이름이 너무나 유명해져서 그런지 안타까운 사실이 하나 있습니다. Mock이라는 용어가 최근에는 테스트 대역과 거의 같은 의미로 사용되고 있다는 점입니다. 오늘날 우리는 Dummy도 Mock이라 부르고, Stub도 Mock이라 부르고, Fake도 Mock이라 부릅니다. 그만큼 Mock이라는 용어가 사실상 테스트 대역을 대표하는 단어가 돼버 렸습니다.[11]

그런데 엄밀히 말해서 테스트 대역과 Mock은 다릅니다. 왜냐하면 개념적인 차원에서 Mock은 테스트 대역의 부분집합일 뿐이기 때문입니다.

따라서 Mock과 관련된 자료를 읽을 때 'Mock은 테스트 대역과 같다'라고 생각하고 읽는다면 Mock의 의미를 두고 굉장히 혼란스러울 수 있습니다. 그러니 Mock에 관한 해석은 '관용적인 의미'와 '개념적인 의미'로 두 가지로 나누고 이해하길 권장합니다. 관용적인 의미에서 Mock은 테스트 대역과 거의 같은 의미입니다. 반면 개념적인 의미에서 Mock은 앞으로 함께 살펴보겠지만 테스트 대역의 부분집합이며, **메서드 호출이 발생했는지를 검증하기 위해 만들어지는 테스트 대역에 해당합니다.**

물론 '메서드 호출이 발생했는지 검증한다'라는 설명은 약간 왜곡된 설명입니다. 조금 더 자세히 설명하자면 Mock은 '메서드 호출 및 상호 작용을 기록하고, 실제로 상호 작용이 일어났는지, 어떻게 상호 작용이 일어났는지를 확인하는 데 사용되는 객체'를 말합니다. 정리하면 다음과 같습니다.

- Mock은 메서드 호출 및 상호 작용을 기록한다.
- Mock은 어떤 객체와 상호 작용이 일어났는지 기록한다.
- Mock은 어떻게 상호 작용이 일어났는지 기록한다.

Mock에 관한 설명을 읽다 보면 '상호 작용(interaction)'이라는 말이 굉장히 자주 사용되는 것을 알 수 있습니다. 그렇다면 테스트에서 말하는 상호 작용이란 무엇일까요? 그런데 상호 작용이 무엇인지 알아보기에 앞서 먼저 알아두면 좋은 개념이 있어 이를 먼저 설명하겠습니다.

---

11 이를 대변하듯이 테스트를 만들 때 테스트 대역을 이용하는 방식을 선호하는 개발자를 가리켜 Mockist라 부릅니다. 이와 반대로 실제 코드를 이용해 테스트하는 방식을 선호하는 개발자를 Classist라 부릅니다.

테스트에는 코드를 검증하는 데 사용할 수 있는 두 가지 테스트 접근 방식이 있습니다. 바로 상태 기반 검증과 행위 기반 검증이라는 개념입니다.

14.4.1 상태 기반 검증

상태 기반 검증(state-based verification)은 테스트의 검증 동작에 상태를 사용하는 것을 의미합니다. 즉, 상태 기반 검증으로 동작하는 테스트에서는 테스트를 실행한 후 테스트 대상의 상태가 어떻게 변화됐는지를 보고 테스트 실행 결과를 판단합니다. 다음 예제를 봅시다.

코드 14.16 상태 기반 검증을 사용하는 테스트

```java
@Test
void 유저는_북마크를_toggle_해서_제거_할_수_있다() {
    // given
    User user = User.builder()
        .bookmark(new ArrayList<>())
        .build();
    user.appendBookmark("foobar"); // 북마크를 미리 추가해둡니다.

    // when
    user.toggleBookmark("foobar");

    // then
    // user는 foobar를 북마크로 갖고 있어선 안 됩니다.
    assertThat(user.hasBookmark("foobar")).isFalse();
}
```

코드 14.16을 보면 user 객체는 최초에 "foobar"라는 문자열을 given 영역에서 추가해서 북마크에 "foobar"라는 값을 갖고 있게 만듭니다. 이후 toogleBookmark 메서드를 실행하고, 마지막에 user 객체의 북마크가 어떤 식으로 변화됐는지 확인합니다. 상태 기반 검증에서는 이처럼 테스트 이후 객체의 상태 변화에 주목합니다. 이를 그림으로 도식화하면 다음과 같습니다.

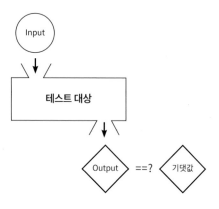

그림 14.1 상태 기반 검증

14.4.2 행위 기반 검증

행위 기반 검증(behaviour-based verification)은 테스트의 검증 동작에 메서드 호출 여부를 보게 하는 것을 의미합니다. 즉, 행위 기반 검증으로 동작하는 테스트에서는 테스트 대상이나 협력 객체, 협력 시스템의 메서드 호출 여부를 봅니다. 예를 들면, 코드 14.16을 행위 기반 검증으로 바꿔 다음과 같이 테스트할 수 있습니다.

코드 14.17 행위 기반 검증을 사용하는 테스트

```java
@Test
void 유저는_북마크를_toggle_해서_제거_할_수_있다() {
    // given
    User user = User.builder()
        .bookmark(new ArrayList<>())
        .build();
    user.appendBookmark("foobar"); // 북마크를 미리 추가해둡니다.

    // when
    user.toggleBookmark("foobar");

    // then
    // user.removeBookmark("foobar")가 호출됐는지 확인합니다.
    verify(user).removeBookmark("foobar");
}
```

코드 14.17은 코드 14.16과 then 절 이전까지는 내용이 같습니다. 하지만 마지막 단계인 then 절에서 Mockito 프레임워크의 정적 메서드중 하나인 `verify` 메서드를 이용해 `user.removeBookmark` ("foobar") 메서드가 실행됐는지 검증합니다. 메서드가 호출됐다면 이 테스트는 성공할 것이고, 호출되지 않았다면 이 테스트는 실패할 것입니다.

이처럼 행위 기반 검증에서는 주로 테스트 대상 객체나 협력 객체의 특정 메서드가 호출됐는지 검증합니다. 그래서 이를 협력 객체와 상호 작용했는지 확인한다고 해서 '상호 작용 테스트'라고도 합니다. 결국 테스트에서 말하는 상호 작용이란 객체 간의 협력이며, 이는 곧 협력 객체의 메서드 호출을 뜻합니다.

행위 기반 테스트(상호작용 테스트)를 도식화하면 그림 14.2처럼 볼 수도 있습니다. 이 테스트에서는 협력 객체의 특정 메서드가 호출됐는지 여부에 관심이 있습니다.

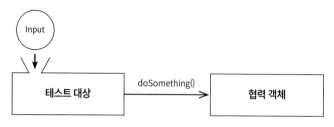

그림 14.2 행위 기반 검증

14.4.3 상태 기반 vs. 행위 기반

지금까지 상태 기반 검증과 행위 기반 검증에 관해 알아봤습니다. 그리고 상호 작용 테스트란 행위 기반 검증을 하는 테스트라는 것도 이해했습니다. 그렇다면 이 둘을 평가해 봅시다.

상태 기반 검증은 시스템의 내부 데이터 상태를 검증하는 테스트라 할 수 있습니다. 반면 행위 기반 검증은 주로 시스템의 내/외부 동작을 검증하는 테스트라 할 수 있습니다. 두 접근 방식은 시스템을 서로 다른 측면에서 시스템 품질을 보장하는 데 사용될 수 있기 때문에 적절히 잘 사용해야 합니다.

그런데 곰곰이 생각해 보면 일반적으로 행위 기반 검증을 이용해서 테스트를 작성하는 것은 그렇게 좋은 전략이 아니라는 것을 금방 알 수 있을 것입니다. 왜냐하면 '상호 작용 테스트', '행위 기반 검증' 같은 말로 포장했지만 이는 사실상 알고리즘을 테스트하는 것과 같기 때문입니다.

따라서 상호 작용 테스트가 많아지면 시스템 코드가 전체적으로 경직될 수 있습니다. 왜냐하면 테스트가 논리를 검증하고 있으므로 테스트 대상이 현재 코드 외에 다른 방법으로 개발하는 것이 불가능해지기 때문입니다. 이로 인해 객체에 할당된 책임을 달성할 수 있는 더 나은 방법이 떠올라도 이를 적용할 수 없게 만듭니다.

그러므로 가급적이면 테스트는 상태 기반 검증으로 작성하는 편이 좋습니다. 그렇게 해야 테스트를 책임 단위로 바라볼 수 있게 됩니다. 아키텍트 입장에 관심 있게 봐야 하는 것은 객체에 어떤 지령을 내렸을 때 '객체가 이 목표를 제대로 달성해왔는가?'입니다. 반면 상호 작용 테스트는 '어떻게 목표를 달성해왔는가?'에 집중합니다. 이는 우리의 코드가 객체지향과 멀어지게 만듭니다. 내부 구현에 집착하는 결과가 어떻게 객체지향과 멀어지게 만드는지는 1부 '객체지향'부터 계속 이어져 온 내용이니 여기까지 하겠습니다.

이쯤에서 원래 하던 이야기로 되돌아갑시다. 우리는 Mock에 관해 이야기하고 있었습니다. Mock은 개념적으로 메서드 호출 및 상호 작용을 기록하고, 실제로 상호 작용이 일어났는지, 어떻게 상호 작용이 일어났는지를 확인하는 데 사용되는 객체라고 했습니다. 테스트에서 말하는 상호 작용이 무슨 뜻인지 이해했다면 이제는 이 말들을 이해할 수 있을 것이라 생각합니다.

그렇다면 이번에는 코드 수준에서 Mock을 어떻게 구현하면 좋을지 생각해 봅시다. 그리고 이를 위해 회원가입할 때 이메일을 발송하는 예시를 확장해 봅시다. 이번에는 '실제로 메일을 발송하는 메서드가 실행되는가?'가 궁금합니다. 조금 더 노골적으로 말해 VerificationEmailSender.send() 메서드가 실제로 호출되는지 확인하고 싶습니다. 그렇다면 이러한 테스트를 어떻게 작성하면 좋을까요?

가장 간단한 해결책으로 다음과 같은 코드를 작성할 수 있습니다.

코드 14.18 실행 여부를 판단하는 Mock

```java
public class MockVerificationEmailSender implements VerificationEmailSender {

    public boolean isSendCalled = false;

    @Override
    public void send(User user) {
        this.isSendCalled = true;
    }
}
```

MockVerificationEmailSender 클래스의 send 메서드 구현을 봅시다. 이 메서드는 호출되면 멤버 변수 isSendCalled를 true로 변경합니다. 그리고 isSendCalled가 public으로 선언된 것에 주목합니다. 덕분에 우리는 테스트 검증 단계에서 이 값이 어떻게 변했는지 확인할 수 있습니다. 즉, 다음과 같은 형태로 상호 작용 테스트를 작성할 수 있게 된다는 의미입니다.

코드 14.19 Mock을 사용하는 테스트

```java
@Test
public void 이메일_회원가입을_하면_가입_보류_상태가_된다() {
    // given
    UserCreateDto userCreateDto = UserCreateDto.builder()
        .email("foobar@localhost.com")
        .nickname("foobar")
        .build();
    MockVerificationEmailSender verificationEmailSender = new MockVerificationEmailSender();

    // when
```

```
    UserService userService = UserService.builder()
        .verificationEmailSender(verificationEmailSender)
        .userRepository(new FakeUserRepository())
        .build();
    User user = userRepository.register(userCreateDto);

    // then
    assertThat(user.isPending()).isTrue();
    assertThat(verificationEmailSender.isSendCalled).isTrue();
}
```

코드 14.19는 맨 마지막에 verificationEmailSender 객체의 isSendCalled 값이 true로 변경됐는지 확인합니다. 그렇게 해서 send 메서드 호출 여부를 판단합니다. 그래서 이렇게 작성된 테스트 대역인 MockVerificationEmailSender를 가리켜 Mock이라고 부릅니다. 이처럼 Mock은 말 그대로 메서드 호출을 기록하고 상호 작용이 일어났는지 판단하는 대역입니다.

14.5 Spy

이번 장에서 마지막으로 소개할 테스트 대역은 Spy(스파이)입니다. Spy는 어휘 그대로 마치 영화 속 스파이와 같습니다. 실제 객체 대신 사용돼서 만약 실제 객체였다면 어떤 메서드가 호출되고 이벤트가 발생했는지 등을 기록하고 감시합니다. 더불어 메서드가 몇 번 호출됐는지, 메서드는 어떤 매개변수로 호출됐는지, 메서드 호출 순서는 어떤지 등 모든 것을 기록합니다.

따라서 개념적으로 Spy는 상호 작용을 검증하는 데 주로 사용됩니다. 그래서 Mock과 역할이 비슷하다고 볼 수 있습니다. 하지만 Mock과 Spy에는 결정적인 차이점이 하나 있습니다. 바로 '내부 구현이 진짜 구현체인가, 가짜 구현체인가?'의 차이입니다.

Mock으로 만들어진 객체는 기본적으로 모든 메서드 호출이 Dummy 또는 Stub처럼 동작합니다. 반면, Spy로 만들어진 객체는 기본적인 동작이 실제 객체의 코드와 같습니다. 즉, Spy는 실제 객체와 구분할 수 없습니다. 그러니 Spy는 실제 객체의 메서드 구현에 메서드 호출을 기록하는 부수적인 기능들이 추가되는 것이라 생각하면 좋습니다. (물론 원한다면 일부 메서드는 Stub으로 만들어 특정 메서드 호출에 대해 고정된 응답만 돌려주도록 만들 수도 있습니다.)

무슨 의미인지 헷갈리나요? 그렇다면 영화 속 스파이를 상상해 보세요. 영화 속 스파이는 마치 우리의 아군인 것처럼 행동합니다. 하지만 실상은 우리의 일거수일투족을 감시해 적에게 정보를 흘립니다. 마찬가지입니다. 테스트에서 Spy는 기본적으로 실제 객체인 것처럼 행동합니다. 하지만 실상은 테스트를 검증하는 데 필요한 정보를 모읍니다. 그리고 검증이 필요한 단계에서 이를 외부에 알립니다. 더불어 원활한 테스트 환경을 구축하기 위해 특정 코드가 원하는 대로 동작하도록 조작하기도 합니다.

그런 의미에서 Spy는 Mock, Fake, Stub, Dummy와 동작도 다른 형태이고 의미론적으로도 다릅니다. Mock, Fake, Stub, Dummy의 의미를 생각해 보세요. 각각 어떤가요? Mock은 모조품이고, Fake는 가짜이며, Stub은 부본이고 Dummy는 가짜 인형입니다. 즉, 모두 진짜가 아닌 가짜입니다. 따라서 모두 실제 객체를 대체할 만한 대역이 아닙니다.

Mock vs. Spy

Mock과 Spy의 차이점이 헷갈리는 분이 있다면 Mockito의 mock 메서드와 spy 메서드가 어떻게 동작하는지를 보면 훨씬 이해하기 쉬울 것입니다.

코드 14.20 Mockito의 Mock과 Spy

```java
@Test
public void mock_versus_spy() {
    // given
    List<Integer> mockedList = Mockito.mock(ArrayList.class);
    List<Integer> spyList = Mockito.spy(new ArrayList<Integer>());

    // when
    mockedList.add(1);
    spyList.add(1);

    // then.1
    // 둘 다 add 메서드가 호출된 것을 확인할 수 있습니다.
    verify(mockedList).add(1);
    verify(spyList).add(1);

    // then. 2
    // 하지만 List 객체의 내부 상태 변화가 다릅니다.
    assertThat(mockedList.size()).isEqualTo(0); // Mock에는 값이 들어있지 않습니다.
    assertThat(spyList.size()).isEqualTo(1); // Spy에는 실제로 값이 들어갑니다.
}
```

코드 14.20은 Mockito의 정적 메서드인 mock 메서드와 spy 메서드를 이용해 자바의 List 클래스를 테스트 더미로 만드는 모습을 보여줍니다. when 절에서는 이렇게 만들어진 두 대역 객체에 add 메서드를 호출해 데이터를 넣습니다.

add 메서드는 then. 1절에서 검증하는 데 사용됩니다. Mockito의 또 다른 정적 메서드인 verify 메서드를 이용하면 특정 객체의 특정 메서드가 실행됐는지 확인할 수 있습니다. 그래서 then. 1절에서는 mockedList와 spyList 객체를 대상으로 add(1) 메서드가 호출된 것인지를 검증합니다. 그리고 이는 when 절에서 실행된 메서드이기 때문에 mock과 spy 모두 검증에 통과합니다.

다음으로 then. 2절을 확인해 봅시다. 마찬가지로 이 검증도 통과합니다. 그런데 검증에 사용된 기댓값에 주목합니다. 각자 기댓값은 다른데 검증은 통과한 것을 보아 이 두 객체에 차이가 생겼음을 알 수 있습니다. 다시 말해 add 메서드를 호출한 결과, 두 객체의 길이가 달라진 것입니다!

mockedList 객체는 add 메서드를 호출했음에도 리스트의 길이가 증가하지 않았습니다. 반면 spyList 객체는 add 메서드를 호출한 결과, 실제로 길이가 증가했습니다. 왜냐하면 mockedList 객체의 add 메서드 호출은 호출된 내용을 기록할 뿐이지 실제로 동작까진 하지 않기 때문입니다. 반면 spyList 객체의 add 메서드 호출은 실제 데이터가 들어갑니다. Spy는 실제 구현을 갖고 있기 때문입니다. Mock은 가짜지만 Spy는 실제 구현체를 대체할 수 있다는 말은 바로 이런 뜻입니다.

추가로 given 절에서 Mock 객체를 만드는 방식과 Spy 객체를 만드는 방식에도 차이가 있음을 다시 한번 곱씹어 봅시다. Mock 객체는 어차피 메서드 호출을 검증하는 용도라서 내부 동작이 없습니다. 덕분에 인터페이스만 갖고도 Mock 객체를 만들 수 있습니다. 따라서 Mockito.mock 메서드는 대역을 만들기 위해 인터페이스나 클래스의 타입 정보를 매개변수로 요구합니다.

반면 Spy는 어떤가요? Mock과 다르게 Spy 객체는 실제 구현이 어떤지 알아야 합니다. 그래서 인터페이스만으로 Spy 객체를 만들 수 없습니다. 실제로 구현을 담당하는 구현 객체가 무엇인지를 알 수 있어야 합니다. 따라서 Mockito.spy 메서드는 인스턴스화된 실제 구현체를 매개변수로 요구하는 것입니다.

그렇다면 Spy는 어떻게 만들 수 있을까요? 앞선 회원가입 사례에서 UserRepository 역할에 사용될 대역을 Spy로 만드는 방법을 몇 가지 소개하겠습니다. 먼저 Spy를 구현하는 가장 간단한 방법은 상속을 이용하는 것입니다.

코드 14.21 UserRepositoryImpl 컴포넌트를 상속해 Spy를 만들 수 있다.

```
public class SpyUserRepository extends UserRepositoryImpl {

    public int findByEmailCallCount = 0;
    public int saveCallCount = 0;

    @Override
```

```
    public Optional<User> findByEmail(String email) {
        this.findByEmailCallCount++;
        return super.findByEmail(email);
    }

    @Override
    public User save(User user) {
        this.saveCallCount++;
        return super.save(user);
    }
}
```

SpyUserRepository 클래스가 인터페이스인 UserRepository를 구현(implements)하는 것이 아니라 구현체인 UserRepositoryImpl 컴포넌트를 상속(extends)하는 것에 주목하기 바랍니다. 덕분에 SpyUserRepository 클래스는 UserRepository 인터페이스를 구현하지 않아도 UserRepositoryImpl 컴포넌트에 상응하는 실제 구현 정보를 모두 가질 수 있습니다.

그다음으로 내부 구현을 함께 봅시다. 우선 눈에 띄는 것이 findByEmailCallCount, saveCallCount 같은 멤버 변수입니다. 이는 Mock과 마찬가지로 메서드 호출 횟수 같은 정보를 기록하기 위함입니다. 실제로 이 클래스의 메서드 내부 구현을 보면 메서드에 대응하는 호출 횟수를 하나 증가시키고 마지막엔 상위 객체인 UserRepositoryImpl의 구현을 그대로 실행하도록 하고 있습니다.

이게 전부입니다! 이렇게 하는 것만으로도 검증에 필요한 정보를 모으면서도 실제 객체의 동작을 그대로 유지할 수 있습니다. 게다가 Spy에 추가적인 역할을 더 할당할 수도 있습니다.

코드 14.21을 보면서 Spy가 어떤 일을 더 할 수 있는지 생각해 봅시다. 코드 14.21은 메서드 호출 횟수를 기록하는 정도로 끝났지만 이렇게 만들어진 Spy는 어떤 내용이든 담을 수 있습니다. 예를 들어, Stub처럼 어떤 메서드를 고정된 값만 반환하도록 변경해 우리가 원하는 방향으로 코드를 동작하도록 조작할 수 있습니다. 또 메서드가 어떤 인수로 호출됐는지도 기록할 수 있습니다. (이는 Mock과 마찬가지입니다.)

좋습니다. Spy는 상속을 이용해서 구현하면 되겠네요. 그런데 여기까지 읽은 독자 여러분 중에서 혹시 어떤 분은 코드 14.21을 보면서 '프록시 패턴을 사용하는 게 더 좋을 것 같은데?'라고 생각했을 수 있습니다. 맞습니다. Spy를 만드는 또 다른 방법은 프록시 패턴을 이용하는 것입니다. 예를 들어, SpyUserRepository 클래스는 다음과 같이 만들 수도 있습니다.

```java
@Repository
@RequiredArgsConstructor
public class SpyUserRepository implements UserRepository {

    public int findByEmailCallCount = 0;
    public int saveCallCount = 0;
    private final UserRepositoryImpl userRepositoryImpl;

    @Override
    public Optional<User> findByEmail(String email) {
        this.findByEmailCallCount++;
        return userRepositoryImpl.findByEmail(email);
    }

    @Override
    public User save(User user) {
        this.saveCallCount++;
        return userRepositoryImpl.save(user);
    }
}
```

이번에는 SpyUserRepository 클래스가 상속이 아닌 UserRepository 인터페이스를 구현하고 있습니다. 대신 실제 객체인 UserRepositoryImpl을 멤버 변수로 가지고 있습니다. 이외의 코드는 대부분 유사합니다. 코드 14.21과 마찬가지로 메서드 호출 관련 내용을 기록합니다. 그리고 내부 구현은 실제 객체의 메서드를 호출하게 해서 테스트 대역의 동작이 실제 객체의 동작과 같게 하고 있습니다.

이 모든 게 귀찮은가요? 그렇다면 Mockito를 이용해 다음과 같은 방식으로 Spy를 간단하게 만들 수도 있습니다.

```java
// UserRepositoryImpl 객체를 spy로 지정합니다.
UserRepository userRepositorySpy = spy(new UserRepositoryImpl());

// spy로 지정된 객체는 특정 메서드가 몇 번 호출됐는지 확인할 수 있습니다.
verify(userRepositorySpy, times(2)).findByEmail(anyString());

// findByEmail 메서드에 대해서만 스텁을 생성할 수도 있습니다.
```

```
given(userRepositorySpy.findByEmail("foobar@localhost.com"))
    .thenReturn(Optional.of(User.builder()
        .id(1L)
        .email("foobar@localhost.com")
        .nickname("foobar")
        .status(UserStatus.ACTIVE)
        .verificationCode("aaaaaaaaaaaaaaaaaaaaaaaaaaaaaaaaaa")
        .build()));
```

각 테스트 대역을 제대로 이해했다면 이제는 어느 방법으로 테스트 대역을 만들어도 좋습니다!

14.6 정리

지금까지 총 5개의 테스트 대역에 관해 설명했습니다. 지금까지 설명한 내용을 잘 이해했다면 이러한 테스트 대역들이 각각 다른 목적과 동작을 가지고 있으며, 테스트 대역은 테스트의 목적과 요구사항에 따라 달리 선택될 수 있다는 것도 알게 됐을 것입니다.

더불어 이번 장에서 각 테스트 대역을 만들 때 Mockito 같은 Mock 프레임워크의 도움 없이도 만들 수 있다는 것을 확인했습니다. Mockito는 테스트 대역을 간편하게 만들 수 있게 도와주는 도구일 뿐입니다.

그러니 책의 초반부에서 언급했던 내용을 다시 한번 상기하겠습니다. Mockito를 다루는 능력은 '기술'입니다. 기술을 잘 다룰 줄 아는 것은 분명 개인에게 엄청난 장점이지만 기반 지식 없이 익힌 기술은 활용도가 매우 떨어집니다. 조금만 환경이 변해도 그동안 익힌 기술의 이점들이 모두 사라지기 때문입니다.

예를 들어, 당장에 자바가 멸망하고 여러분이 타입스크립트나 파이썬 진영의 개발자로 합류해야 한다고 생각해 봅시다. 기반 지식이 없었다면 여러분이 익힌 Mockito에 관한 지식들은 모두 무용지물이 됩니다. 그래서 자바스크립트나 파이썬에서 사용하는 테스팅 프레임워크를 처음부터 다시 익혀야 했을 것입니다. 그러니 기술 이전에 개발을 배워야 한다고 강조하는 것입니다. 기술을 숙달하기 전에 이러한 기반 지식은 반드시 숙지해야 합니다.

마지막으로 하나만 더 하고 싶은 이야기가 있습니다.

> 테스트 대역을 잘 사용하려면 추상화가 잘 돼 있어야 합니다. 그리고 의존성 역전도 잘 적용돼 있어야 합니다.

이게 무슨 의미인지는 예시를 보며 이해해 봅시다. 회원가입 사례인 코드 14.1(355쪽)에서 여러분의 코드가 JpaRepository 인터페이스에 의존하고 있었다면 어떻게 됐을까요? 즉, UserRepository 인터페이스가 다음과 같은 형태였다면 어땠을까요?

코드 14.24 UserRepository 인터페이스가 JpaRepository 인터페이스를 상속해서 구현됐다면?

```java
public interface UserJpaRepository extends JpaRepository<UserJpaEntity> {

    Optional<UserJpaEntity> findByEmail(String email);

    UserJpaEntity save(UserJpaEntity user);
}
```

이러한 형태로 UserRepository 인터페이스가 작성돼 있었다면 크게 두 가지 문제가 있었을 것이라 생각합니다.

첫 번째로 테스트 대역을 순수 자바 코드로 만들려고 했을 때 난항을 겪었을 것입니다. 왜냐하면 JpaRepository 인터페이스와 그 상위 인터페이스에 구현된 모든 public 메서드(예: findById, flush, deleteAllInBatch 등…)를 구현해야 했을 것이기 때문입니다.

물론 순수 자바 코드를 이용하는 것이 아니라 Mockito 같은 프레임워크를 이용해 테스트 대역을 만들었다면 이는 크게 문제가 될 만한 요소가 아니었을 것입니다. 하지만 같은 문제를 해결하더라도 설계가 잘 잡혀 있어 프레임워크의 도움 없이도 문제를 해결할 수 있는 경우와, 설계가 제대로 돼 있지 않아 무조건 프레임워크의 도움을 받아야만 문제를 해결할 수 있는 경우는 분명히 다릅니다. (장담컨대 프레임워크의 도움 없이도 문제를 해결할 수 있는 경우가 더 높은 품질의 코드를 갖추고 있을 것입니다.)

둘째로 Repository가 JPA에 의존하는 형태였다면 테스트마저 JPA에 의존하는 형태로 작성됐을 것입니다. 그런데 시스템의 검증 방법조차 특정 라이브러리에 의존하는 방식으로 개발될 경우 시스템이 해당 라이브러리와 더 강하게 결합하는 형태가 됩니다. 그러므로 이는 옳지 않은 방향입니다.

훗날 JPA를 넘어서는 새로운 라이브러리가 등장해서 라이브러리를 교체해야 한다면 JPA와 결합된 테스트 코드는 모두 쓸모가 없어집니다. 영속성 라이브러리가 변경되면 관련된 테스트들은 모두 삭제한 후 새롭게 작성해야 합니다. 하지만 이상적으로 테스트는 코드베이스를 변경했을 때 회귀 버그가 발생하는지 여부를 확인하는 역할을 해야 합니다.

이 외에도 Mockito와 의존성 역전에 관해 테스트와 엮어서 하고 싶은 이야기는 많습니다. 하지만 바로 다음 장인 15장 '테스트 가능성'과 16장 '테스트와 설계'에 이와 관련된 더 상세히 준비된 내용이 있습니다. 그래서 이번 장은 여기서 마무리짓고 주제를 바꿔 이야기를 조금씩 더 풀어보겠습니다.

테스트 가능성

12장 '자동 테스트'에서는 테스트가 필요한 이유가 무엇인지 한차례 이야기를 나눴습니다. 그리고 그때 설명했던 테스트가 중요한 이유는 '회귀 버그 방지'였습니다. 그러나 실제로 테스트는 회귀 버그 방지 외에도 여러 이점을 제공합니다. 예를 들어, 테스트를 이용하면 전체 시스템의 품질을 향상시킬 수 있습니다.

그런데 이런 말을 들으면 '어떻게 테스트가 품질을 향상시켜줄 수 있다는 거지?'라고 생각할 수 있습니다. 지금까지 본 테스트는 이미 만들어진 시스템에 적용되어 실행되고 결과가 기댓값과 일치하는지 확인하는 역할 정도였습니다. 그러니 테스트가 품질을 보증할 수는 있어도 품질을 개선해줄 수는 없을 것 같습니다. 왜냐하면 테스트는 이미 만들어진 코드에 추가로 더 작성되는 요소이기 때문입니다.

조금 더 명확히 말하자면 테스트 자체는 검증의 수단에 불과합니다. 하지만 테스트를 '개발이 완료된 후 작성하는 것'이 아니라 '개발 전에 미리 작성하는 것', '개발을 하면서 함께 작성하는 것'으로 보기 시작하면 이야기가 달라집니다. 개발자는 테스트를 어떻게 하면 쉽게 작성할 수 있을지 고민함으로써 코드의 품질을 높일 수 있습니다.

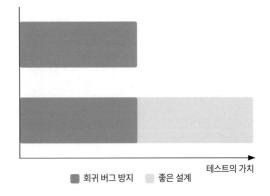

그림 15.1 테스트의 가치

이를 알고 있는 똑똑한 개발자들은 테스트를 사용하는 목적을 '회귀 버그 방지'에만 두지 않습니다. 테스트를 '좋은 설계를 얻기 위한 수단'으로 보고 좋은 설계를 얻기 위해 테스트를 사용합니다.

그러니 테스트를 사용하는 목적에는 크게 '회귀 버그 방지'와 '좋은 설계를 얻기 위함'이라는 두 가지 목적이 있다고 볼 수 있습니다. 여기서 회귀 버그 방지가 테스트를 사용했을 때 얻을 수 있는 기능적 장점에 집중한 것이라면 좋은 설계를 얻고자 테스트를 작성하는 것은 테스트를 사용할 때 얻을 수 있는 부수적인 가치에 더 집중하는 것이라 볼 수 있습니다.

그림 15.1은 우리가 테스트를 어떻게 바라보느냐에 따라 테스트의 가치가 다르게 결정될 수 있음을 나타냅니다. 테스트를 회귀 버그 방지를 위한 수단으로만 바라보면 테스트가 주는 가치를 온전히 누릴 수 없습니다. 반면 테스트를 좋은 설계를 갖춘 시스템을 얻기 위한 도구로 본다면 테스트가 주는 가치를 더 누릴 수 있게 됩니다.

이를 위해 여러분이 꼭 알아둬야 할 개념이 있습니다. 바로 **Testability(테스트 가능성)**라는 개념입니다. Testability는 테스트를 이용해 좋은 설계를 얻고자 하는 개발자라면 반드시 알아둬야 하는 개념입니다.

그래서 이번 장의 주제를 본격적으로 시작하기에 앞서 이번 장의 내용을 이야기를 먼저 요약하고 내용을 풀어보겠습니다. 이번 장에서 다루고자 하는 내용은 다음과 같습니다.

☆ **요약**

1. Testability: '테스트 가능성'이라는 뜻으로, 테스트하기 쉬운 코드일수록 Testability가 높습니다.
2. 테스트하기 쉬운 코드일수록 좋은 설계일 확률이 높습니다.

15.1 테스트를 어렵게 만드는 요소

단도직입적으로 말해서 Testability는 '테스트하기가 얼마나 쉬운가?'를 뜻하는 용어입니다. 그래서 테스트하기 쉬운 코드일수록 Testability가 높다고 말합니다. 또 반대로 테스트하기 어려운 코드는 Testability가 낮다고 말합니다. 그렇다면 어떤 코드가 테스트하기 쉬운 코드일까요? 반대로 어떤 코드가 테스트하기 어려운 코드일까요?

이 질문의 해답은 테스트하려는 대상의 입력과 출력에 있습니다. 테스트는 테스트하려는 대상의 입력을 쉽게 변경할 수 있고, 출력을 쉽게 검증할 수 있을 때 작성하기 쉽습니다. 반면 테스트하려는 대상에 숨겨진 입력이 존재하거나 숨겨진 출력이 있을 때 테스트를 검증하기가 어려워집니다.

그렇다면 테스트를 어렵게 만드는 숨겨진 입력과 숨겨진 출력이란 무슨 뜻일까요? 예시를 통해 살펴봅시다.

15.1.1 숨겨진 입력

예를 들어, 여러분의 시스템에 사용자가 로그인하면 현재 시각을 '사용자의 마지막 로그인 시각'으로 기록해야 하는 요구사항이 있다고 해봅시다. 이 요구사항을 반영하고자 다음과 같은 코드를 작성했습니다. 코드 15.1은 user.login 메서드를 실행하면 마지막 로그인 시각을 현재 시각으로 기록합니다.

코드 15.1 마지막 로그인 시각을 현재 시각으로 바꾸는 코드

```
@Getter
@Builder
public class User {

    private String email;
    private long lastLoginTimestamp;

    public void login() {
        // ...
        this.lastLoginTimestamp = Clock.systemUTC().millis();
    }
}
```

그렇다면 이 코드는 어떻게 테스트할 수 있을까요? 즉, login 메서드를 호출한 후 정말로 마지막 로그인 시각이 현재 시각으로 변경됐는지 확인하고 싶습니다.

코드 15.2 마지막 로그인 시각이 현재 시각으로 바뀌었는지 확인하는 테스트

```
public class UserTest{

    @Test
    public void 로그인을_호출할_경우_사용자의_마지막_로그인_시각이_갱신된다() {
        // given
        User user = User.builder()
            .email("foobar@localhost.com")
            .build();

        // when
```

```
        user.login();

        // then
        long expected = Clock.systemUTC().millis();
        assertThat(user.getLastLoginTimestamp()).isEqualsTo(expected);
    }
}
```

코드 15.2에서는 유저 객체를 만들고 곧바로 user.login 메서드를 실행합니다. 그리고 나서 마지막에 user의 마지막 로그인 시각이 변했는지를 확인합니다. 어떤가요? 이 테스트는 괜찮은가요?

아쉽게도 그렇지 않습니다. 왜냐하면 **이 테스트는 비결정적으로 동작하기 때문입니다.** 성능이 충분히 빠른 데스크톱이라면 이 테스트가 통과할 수도 있습니다. 하지만 그렇지 않은 데스크톱에서는 이 테스트가 실패할 것입니다. when 절에서 login 메서드를 실행하는 시점의 현재 시각과 then 절에서 마지막 로그인 시간을 검증하기 위해 불러온 현재 시각은 다를 수 있으니까요.[1] 따라서 이러한 테스트는 그럴듯해 보여도 좋은 테스트가 아닙니다.

그러면 이런 유형의 코드는 어떻게 테스트할 수 있을까요? 머리를 맞대어 봅시다. 마땅한 방법이 떠오르는 것은 아니지만 마지막 로그인 시각이 '어떻게 변경됐는지' 확인하는 것이 아니라 '변경됐는지' 정도만 확인하는 것이라면 간단한 해결책이 떠오릅니다. isGreaterThan(0) 같은 비교 메서드를 활용하는 것입니다.

코드 15.3 isGreaterThan을 사용해 시간을 검증하는 테스트

```
public class UserTest {

    @Test
    public void 로그인을_호출할_경우_사용자의_마지막_로그인_시각이_갱신된다() {
        // given
        User user = User.builder()
            .email("foobar@localhost.com")
            .build();

        // when
        user.login();
```

---

1   게다가 이 문제는 여러 테스트를 동시에 실행하는 경우 더더욱 부각될 것입니다. 왜냐하면 테스트를 병렬 실행하면서 데스크톱에 부하가 생기기 때문입니다.

```
        // then
        long expected = Clock.systemUTC().millis();
        assertThat(user.getLastLoginTimestamp()).isGreaterThan(0);
    }
}
```

이 방법도 아니라면 Clock의 systemUTC를 Mockito 같은 프레임워크를 이용해 강제로 Stub으로 만드는 방법이 있겠네요.

하지만 아시다시피 이러한 방법은 모두 부정확해서 임시방편으로 사용할 수 있을 뿐입니다. 그래서 시간을 사용하는 많은 코드에 모두 이런 식으로 대응하기란 불가능합니다. 그러니 무언가 다른 접근이 필요합니다. 따라서 '어떻게 강제로 테스트할 수 있을까?'보다 '왜 이런 일이 발생했을까?'를 생각해 봅시다. 근본적인 이유를 고민하는 것이 문제 해결에 도움이 됩니다.

이런 일이 발생한 이유는 코드 15.1이 'Testability가 낮은 코드'이기 때문입니다. 숨겨진 입력 때문에 코드 15.1은 코드가 단순한 것에 비해 테스트하기가 매우 어렵습니다. 그렇다면 숨겨진 입력이란 무슨 뜻일까요?

먼저 login 메서드를 봅시다. 메서드의 매개변수는 이 메서드를 실행하는 데 필요한 입력이 무엇인지 알려주는 수단이자 필요한 의존성이 무엇인지 알려주는 수단입니다. 그런데 login 메서드를 보면 아무런 매개변수도 요구하지 않습니다. 그래서 login 메서드를 실행하는 사용자 입장에서 이 메서드는 필요한 의존성이 없는 것처럼 보입니다. 하지만 내부 구현은 어떤가요? 실제로 그런가요?

그렇지 않습니다. login 메서드는 마지막 로그인 시각을 기록하기 위해 현재 시각을 알 수 있어야 합니다. 그러한 까닭에 Clock 클래스의 전역 메서드에 의존하고 있습니다. 다시 말해 login 메서드는 사실 Clock이라는 또 다른 입력이 있는 것입니다. 메서드를 실행하는 데 필요하지만 외부에서는 이를 알 수 없는 감춰진 입력. 이를 가리켜 숨겨진 입력이라 합니다.

숨겨진 입력은 외부 사용자가 코드를 사용할 때 코드가 어떤 식으로 동작할지 예상할 수 없게 만듭니다. 명시된 입력에 같은 값을 넣어 같은 코드를 실행해도 다른 결과가 나오기 때문입니다. 이는 코드 사용자가 코드를 제어할 수 없게 된다는 말이기도 합니다. 그래서 숨겨진 입력은 테스트를 작성하기 어렵게 만듭니다.

따라서 코드에 가급적 숨겨진 입력을 만들지 않는 것이 좋습니다. 그리고 의존하는 코드와 필요한 입력이 있다면 이를 외부로 드러내는 것이 좋습니다. 예를 들어, 코드 15.1이 다음과 같은 형태로 작성돼 있었다면 어땠을까요?

코드 15.4 숨겨진 입력을 드러내도록 바꾼 login 메서드

```java
@Getter
@Builder
public class User {

    private String email;
    private long lastLoginTimestamp;

    public void login(long currentTimestamp) {
        // ...
        this.lastLoginTimestamp = currentTimestamp;
    }
}
```

login 메서드를 실행할 때 현재 시각의 epochmillis[2]를 메서드의 인수로 받게 했습니다. 이제 login 메서드에는 더 이상 숨겨진 의존성이 없으며 숨겨진 입력도 없습니다. 그리고 이렇게 변경한 코드에 대해서는 테스트를 작성하기가 쉽습니다.

코드 15.5 숨겨진 입력이 드러나면 테스트하기 쉽다.

```java
public class UserTest {

    @Test
    public void 로그인을_호출할_경우_사용자의_마지막_로그인_시각이_갱신된다() {
        // given
        User user = User.builder()
            .email("foobar@localhost.com")
            .build();

        // when
        long currentTimestamp = Clock.systemUTC().millis();
        user.login(currentTimestamp);
```

---

2   epochmillis는 1970년 1월 1일 00:00:00 UTC부터 현재까지의 시간을 밀리초로 환산한 값입니다. 세계시에 영향을 받지 않는 절댓값이라 소프트웨어 개발에 자주 사용됩니다.

```
        // then
        assertThat(user.getLastLoginTimestamp()).isEqualsTo(currentTimestamp);
    }
}
```

코드 15.5는 login 메서드를 실행하면서 마지막 로그인 시각에 들어갈 시각을 넘겨줍니다. 그리고 검증 단계에서 이 값이 제대로 들어갔는지 확인합니다. 이를 통해 테스트는 시각을 검증할 수 있게 됐으며, 결정적으로 동작하도록 바뀌었습니다! 숨겨진 입력을 외부로 드러내는 간단한 코드 변경만으로도 테스트할 수 있도록 바뀐 것입니다.

그렇다면 코드 15.4와 코드 15.1을 비교해 봅시다.

- 코드 15.1은 Clock 클래스에 고정적으로 의존합니다.

- 코드 15.4는 현재 시각을 알기 위해 꼭 Clock 클래스를 사용하지 않아도 됩니다.

- 코드 15.1은 login 메서드가 Clock 클래스에 의존하고 있다는 사실을 외부에서 알 수 없었습니다.

- 코드 15.4는 login 메서드가 모종의 이유로 메서드 실행을 위해 현재 시각이 필요하다는 사실을 외부에서 알 수 있습니다.

따라서 코드 15.4는 코드 15.1보다 유연하며 더 명료합니다. 그러므로 코드 15.4는 코드 15.1보다 더 나은 코드라고 볼 수 있습니다.

그렇다면 여기서 주목할 만한 점이 하나 있습니다. 우리는 '어떻게 해야 테스트를 쉽게 할 수 있을까?'를 고민했습니다. 그랬더니 '숨겨진 입력이나 숨겨진 의존성 때문에 테스트하기 힘들다'라는 사실을 발견했습니다. 그래서 숨겨진 입력을 외부로 드러냈습니다. 그 결과, 코드는 테스트하기 쉬워졌으며 더욱 유연해졌고 명료해졌습니다.

즉, 테스트를 쉽게 하는 법을 고민했더니 '숨겨진 입력을 제거하라'라는 설계 원칙을 자연스럽게 따르게 된 것입니다! 코드 15.1을 좋은 설계로 바꾸기 위해 어떤 설계 원칙을 사용하면 좋을지 고민하지 않았습니다. 그보다 '어떻게 하면 테스트하기 쉬울까?'를 고민했습니다. 그랬더니 오히려 설계 원칙이 알아서 따라왔습니다.

이러한 결과는 어찌 보면 당연합니다. 왜냐하면 테스트를 작성함으로써 코드를 더 작은 단위로 바라보게 됐기 때문입니다. 코드를 바로바로 실행할 수 있게 됐고 코드의 작성자가 아닌 사용자로서 코드 사용 시 느낄 수 있는 불편함을 직접 느낄 수 있게 됐습니다.

우리는 종종 코드의 실행을 최후의 최후까지 미루다가 모든 코드를 완전히 작성하고 난 뒤에 코드를 실행하는 실수를 저지릅니다. 그런데 안타깝게도 이러한 작업 방식은 좋은 방식이 아닙니다. 왜냐하면 코드가 정상적으로 동작하는지 여부를 개발이 완전히 끝나고 나서야 알 수 있기 때문입니다. 그로 인해 이 코드가 괜찮은 코드인지 아닌지도 개발이 다 끝나고 나서야 확인할 수 있습니다. 피드백 루프가 긴 것입니다.

이렇게 긴 피드백 루프는 또 다른 문제를 야기합니다. 바로 피드백을 받아도 수정할 수 없게 된다는 것입니다! 왜냐하면 이미 모든 코드를 완성했기 때문입니다. 이미 완성된 코드는 변경하기 어렵습니다. 작은 코드 수정도 처음부터 다시 다 뜯어고쳐야 할 수도 있습니다. 하물며 피드백을 받은 내용이 경직된 설계로 수정이 필요한 것이라면 이는 더더욱 변경하기 어려울 것입니다.

그래서 피드백 루프는 짧아야 합니다. 우리가 처음 개발을 배웠을 때는 어땠나요? 이러한 피드백 루프가 굉장히 짧았습니다. 20줄 분량의 코드를 작성하고 실행 버튼을 눌렀고, 검정 바탕에 하얀 글씨로 된 결과를 바로바로 확인했습니다. 덕분에 문제가 생겨도 어디서 문제가 생겼는지 그 즉시 알 수 있었습니다.

한편 개발 경력이 쌓이면서 점점 어떻게 변해갔나요? 작성해야 하는 코드가 많아지고 마음이 앞서다 보니 코드를 전부 다 작성하고 난 다음에야 실행합니다. 변경된 코드의 줄 수가 200줄, 500줄… 더 늘어나서는 2,000줄이 되어서야 비로소 몇 번 실행해 보고 PR합니다. 그래서 이러한 피드백 루프가 길어지는 현상은 오히려 경력이 어느 정도 쌓인 개발자에게 자주 나타납니다.

그런데 누군가는 이러한 코드 변경을 보고 이렇게 생각할 수도 있습니다. 정말로 코드 15.4처럼 코드를 작성하면 모든 문제가 해결된 것일까요?

Clock 클래스 사용을 외부로 미뤘을 뿐이지 근본적인 문제가 해결된 것은 아니지 않나요?

맞는 말입니다. 이 말이 무슨 뜻이냐면 코드 15.4는 결국 어딘가에서 다음과 같은 형태로 사용되고 있을 것이라는 의미입니다.

코드 15.6 숨겨진 입력 문제가 발생하는 UserService 컴포넌트

```
@Service
@RequiredArgsConstructor
public class UserService {

    private final UserRepository userRepository;
```

```
    public User login(String email) {
        User user = userRepository.getByEmail(email);
        user.login(Clock.systemUTC().millis());
        user = userRepository.save(user);
        return user;
    }
}
```

그런데 이렇게 되면 UserService 컴포넌트는 코드 15.1과 똑같은 문제가 발생합니다. user 객체의 login 메서드는 테스트하기 쉬워졌을지언정 코드 15.6의 UserService 컴포넌트의 login 메서드는 여전히 테스트하기 어렵습니다.

그래서 코드 15.6의 테스트 코드를 작성해 본다고 생각해 봅시다.

코드 15.7 숨겨진 입력이 있는 UserService 컴포넌트는 테스트하기 어렵다.

```
public class UserServiceTest {

    @Test
    public void 로그인을_호출할_경우_사용자의_마지막_로그인_시각이_갱신된다() {
        // given
        UserRepository userRepository = new FakeUserRepository();
        userRepository.save(User.builder()
            .email("foobar@localhost.com")
            .build());

        // when
        UserService userService = UserService.builder()
            .userRepository(userRepository)
            .build();
        User result = userService.login("foobar@localhost.com");

        // then
        long expected = ???; // 기댓값에는 어떤 값이 들어가야 하죠?
        assertThat(result.getLastLoginTimestamp()).isEqualsTo(expected);
    }
}
```

코드 15.7은 UserService 컴포넌트를 테스트하기 위해 사용자를 미리 저장소에 넣어두고 로그인을 실행합니다. 그리고 나서 마지막 로그인 시각이 변경됐는지 확인합니다. 그런데 마지막 로그인 시각이 어떻게 변경됐는지 확인할 방법이 마땅치 않습니다.

즉, 숨겨진 의존성을 드러내는 것만으로는 아직 모든 문제를 해결하지 못합니다. 코드 15.7처럼 테스트가 힘들어지는 상황이 분명 있습니다. 그렇다면 이런 경우에는 어떻게 하면 좋을까요?

이에 대한 해답을 이미 여러분은 알고 있습니다. 바로 의존성 주입과 의존성 역전을 동시에 사용하는 것입니다. 예를 들어, UserService 코드와 그 이하 코드가 다음과 같이 작성돼 있다면 어땠을까요?

코드 15.8 시간을 처리하는 컴포넌트를 의존성 주입으로 받는다.

```java
@Service
@RequiredArgsConstructor
public class UserService {

    private final UserRepository userRepository;
    private final ClockHolder clockHolder;

    public User login(String email) {
        User user = userRepository.getByEmail(email);
        user.login(clockHolder.now());
        user = userRepository.save(user);
        return user;
    }
}
```

UserService 컴포넌트는 ClockHolder라는 타입의 변수를 의존성 주입을 통해 받습니다. ClockHolder는 다음과 같이 현재 시각을 알 수 있는 인터페이스입니다.

코드 15.9 현재 시각을 알려주는 메서드가 있는 ClockHolder

```java
public interface ClockHolder {

    long now();
}
```

다음으로, 이 인터페이스를 구현하는 스프링 컴포넌트를 만듭니다.

```java
@Component
public SystemClockHolder implements ClockHolder {

    @Override
    public long now() {
        return Clock.systemUTC().millis();
    }
}
```

이렇게 작성된 **UserService** 컴포넌트의 멤버 변수 **clockHolder**에는 코드 15.10에서 작성된 **SystemClockHolder** 클래스를 스프링이 알아서 인스턴스화하고 의존성을 주입해줄 것입니다. 즉, 코드 15.8은 코드 15.6과 기능적으로 완전히 같습니다.

하지만 이 코드에 대한 테스트를 다음과 같이 작성함으로써 결정적인 테스트를 만들 수 있습니다.

```java
public class UserServiceTest {

    @Test
    public void 로그인을_호출할_경우_사용자의_마지막_로그인_시각이_갱신된다() {
        // given
        final long current = 1672498800000L; // 2023-01-01 00:00:00+09:00
        ClockHolder clockHolder = new ClockHolder() {

            @Override
            public long now() {
                return currentTimestamp;
            }
        }
        UserRepository userRepository = new FakeUserRepository();
        userRepository.save(User.builder()
            .email("foobar@localhost.com")
            .build());

        // when
        UserService userService = UserService.builder()
            .userRepository(userRepository)
            .clockHolder(clockHolder)
```

```
        .build();
    User result = userService.login("foobar@localhost.com");

    // then
    assertThat(result.getLastLoginTimestamp()).isEqualsTo(current);
    }
}
```

코드 15.11에서는 ClockHolder 인터페이스에 대한 Stub을 생성합니다. 이렇게 함으로써 ClockHolder 인터페이스가 고정된 값만 반환하는 코드가 됐고, 이를 통해 테스트가 결정적으로 변했습니다.

이처럼 의존성 주입과 의존성 역전을 활용하면 똑같은 기능을 하면서도 유연한 변경이 가능하게 할 수 있습니다.

코드 15.11에서는 익명 클래스를 만들어 Stub을 생성하는 방법을 사용했지만 ClockHolder 역할에 사용될 대역을 다음과 같은 방식으로 만들 수도 있습니다.

코드 15.12 테스트 상황에서 범용적으로 사용 가능한 ClockHolder
```
public TestClockHolder implements ClockHolder {

    private long currentTimestamp = 0;

    @Override
    public long now() {
        return currentTimestamp;
    }

    public void setCurrentTimestamp(long currentTimestamp) {
        this.currentTimestamp = currentTimestamp;
    }
}
```

코드 15.12의 TestClockHolder 클래스를 사용하면 테스트 환경에서 시간이 흐르는 상황을 가정할 수도 있습니다. (테스트 중간중간 setCurrentTimestamp 메서드를 이용해 현재 시각을 바꾸면 됩니다.)

여기서 의존성 역전이 중요한 또 다른 이유가 나옵니다. 의존성 주입과 의존성 역전을 사용한 코드는 선택적으로 컴포넌트를 사용할 수 있습니다.

이것이 가능한 이유는 의존성 주입과 의존성 역전을 사용하는 코드가 인터페이스와 책임에 집중하기 때문입니다. 구현체에 의존하지 않고 책임에 따른 인터페이스에 의존하기 때문에 환경에 따라 다른 구현체가 실행되게 할 수 있습니다. 즉, 책임에 의존하면 같은 코드를 실행하면서도 배포 환경에서는 실제 구현체를 사용하게 만들고, 테스트 환경에서는 테스트 대역을 사용하도록 구성할 수 있습니다. 환경에 따라 컴포넌트를 교묘하게 갈아끼울 수 있게 되는 것입니다.

나아가 이러한 원칙은 UserService 컴포넌트에서만 사용할 수 있는 것이 아닙니다. 코드 15.4에서 User 객체의 login 메서드는 현재 시각을 epochmillis 값으로 받아 사용합니다. 하지만 같은 논리로 clockHolder를 메서드의 매개변수로 받게 할 수도 있습니다.

코드 15.13 ClockHolder 같은 인터페이스를 도메인 객체가 직접 사용할 수도 있다.

```java
@Getter
@Builder
public class User {

    private String email;
    private long lastLoginTimestamp;

    public void login(ClockHolder clockHolder) {
        // ...
        this.lastLoginTimestamp = clockHolder.now();
    }
}
```

코드 15.13은 login 메서드를 호출할 때 ClockHolder 타입의 매개변수를 받습니다. 그리고 이를 이용해 현재 시각을 받아와 마지막 로그인 시각으로 기록합니다. 덕분에 코드 15.13의 User.login 메서드에 대해서는 테스트를 작성하기가 쉽습니다. ClockHolder 역할로 코드 15.11처럼 Stub이나 코드 15.12의 TestClockHolder 객체를 넘겨줌으로써 마지막 로그인 시각이 어떻게 변했는지 확인할 수 있기 때문입니다.

그렇다면 코드 15.4와 코드 15.13 중 어떤 코드가 더 나은 코드일까요? 개발자마다 코드를 평가하는 방식은 다르겠지만 개인적인 해답은 '**어느 쪽이든 상관없다**'입니다.

왜냐하면 코드 15.4와 코드 15.13 모두 테스트하기 쉽기 때문입니다. 테스트하기 쉬운 코드는 의존성이 드러나 있는 코드이고, 그로 인해 유연한 코드일 확률이 높습니다. 그러므로 테스트하기 쉽다면 어느 쪽으로 개발해도 괜찮습니다. 여기서 몇 가지 깨달음을 얻을 수 있습니다.

테스트하기 쉬운 코드는 좋은 설계일 확률이 높다.

- 어떤 코드가 더 나은 방식인지 고민된다면 테스트하기 쉬운 쪽을 선택하라.

- 테스트하기 쉬운 코드라면 어떤 코드여도 괜찮다.

이 명제를 기억하길 바랍니다. 테스트하기 쉬운 코드는 좋은 설계일 확률이 높습니다.

지금까지 시간이 숨겨진 입력으로 존재할 때 어떤 문제가 발생하는지 살펴봤습니다. 그리고 숨겨진 입력을 외부로 드러내는 방법을 고민하면서 어떤 식으로 코드를 변경해야 테스트 작성이 쉬워지는지 배웠습니다.

시간과 관련된 코드는 대다수의 개발자가 실수하기 쉬운 코드 유형 중 하나입니다. 이러한 까닭에 테스트 강의나 자료의 초반부에는 '시간을 다루는 코드를 테스트하는 방법'과 '랜덤 요소를 사용하는 코드를 테스트하는 방법'과 같은 내용이 자주 포함됩니다. 이는 앞에서 설명한 내용을 스스로 깨닫게 하는 데 목적이 있습니다.

이제 의존성 주입과 의존성 역전을 사용하면 랜덤 요소를 사용하는 코드의 테스트도 쉽게 작성할 수 있을 것 같지 않나요? 이에 관해서도 살펴보면 좋겠지만 해당 내용까지 다루기에는 지면상 제약이 있습니다. 그래서 독자 여러분의 몫으로 남겨두겠습니다. 지금까지 설명한 내용을 잘 따라왔다면 랜덤을 다루는 코드의 테스트도 어렵지 않게 작성할 수 있을 것입니다.

15.1.2 숨겨진 출력

다시 화제를 원래대로 돌립시다. 이번 장에서는 Testability에 관해 이야기하고 있었습니다. 그리고 Testability는 테스트 가능성을 의미하고, 숨겨진 입력이 존재할 때 Testability가 낮아진다고 했습니다. 나아가 숨겨진 입력이 어떻게 테스트 가능성을 낮추는지도 확인했습니다. 숨겨진 입력을 바깥으로 드러내서 테스트하기 어려웠던 코드를 테스트하기 쉬워지도록 바꿔보기도 했습니다.

이번에는 숨겨진 출력이 있는 경우를 살펴보겠습니다. 그리고 숨겨진 출력이 있을 때 왜 테스트가 어려워지는지도 이해해 봅시다.

코드에 숨겨진 출력이 있다는 것은 어떤 의미일까요? 사용자 로그인 예시를 확장해 봅시다. 요구사항이 새로 생겼습니다. 감사(audit)를 위해 로그인한 사용자가 있다면 이를 로그로 기록해야 한다고 합니다. 그래서 다음과 같은 코드를 작성했습니다.

```
코드 15.14 숨겨진 출력이 있는 도메인 객체

@Getter
@Builder
public class User {

    private String email;
    private long lastLoginTimestamp;

    public void login(ClockHolder clockHolder) {
        // ...
        this.lastLoginTimestamp = clockHolder.now();
        System.out.println("User(" + email + ") login!");
    }
}
```

사용자가 로그인하고 로그인한 내용을 콘솔에 출력하고 있습니다. 우리는 코드 15.14의 login 메서드를
호출한 결과로 다음과 같은 메시지가 출력되길 원합니다.

```
User(foobar@localhost.com) login!
```

이제 코드 15.14의 테스트를 작성해 봅시다. 출력 메시지가 위와 같이 나오는지 확인하고 싶습니다. 하
지만 여러분은 코드 15.14의 출력 결과를 확인할 방법이 떠오르나요?

아시다시피 테스트 검증 단계에서는 이러한 부수적인 출력을 확인할 길이 없습니다. 로그 출력 결과는
표준 출력(System.out)을 확인해야 하기 때문입니다. 그런데 시스템 출력은 테스트 환경 밖에서 벌어지
는 일입니다. 그래서 이러한 출력은 자연스럽지 않습니다.

우리는 인터페이스를 정의하면서 입력(매개변수), 출력(반환값), 시그니처(메서드 이름)만을 사용해 메
서드를 정의합니다. 이는 인터페이스 계약이 이 세 가지만 이용해서 이뤄진다는 말입니다. 그래서 개발
자가 메서드를 보고 알 수 있는 것도 이 세 가지가 전부입니다. 개발자는 입력, 출력, 시그니처만 가지고
메서드의 동작과 호출 결과가 어떨지 추론해야 한다는 것입니다. 그러니 메서드 호출의 출력 결과는 반
환값을 통해 드러나는 것이 좋습니다. 최대한 많은 정보를 메서드 사용자에게 힌트로 제공해야 하기 때
문입니다. 그래야 메서드 사용자 입장에서 메서드를 호출한 후 어떤 출력을 받을 수 있을지 예상할 수 있
고, 실제 출력 결과를 바로바로 비교해 예상과 맞는지 확인할 수 있습니다.

그래서 숨겨진 출력이란 이런 뜻입니다. 숨겨진 출력은 코드 15.14처럼 메서드 호출 결과가 반환값이 아닌 경우를 가리킵니다. 즉, 반환값 외에 존재하는 모든 부수적인 출력을 숨겨진 출력이라 합니다. 숨겨진 출력의 대표적인 예로 지금처럼 메서드 호출 결과로 시스템 출력이나 로그 출력이 발생하는 경우가 있습니다. 그리고 이외에도 숨겨진 출력에는 메서드 구현에 전역 변수를 변경하는 경우가 있습니다. 다음은 메서드를 호출한 결과로 전역 변수를 변경해 숨겨진 출력이 만들어진 경우입니다.

코드 15.15 전역 변수를 변경하는 숨겨진 출력

```java
class GlobalVariable {

    public static String foo;
}

public class Something {

    public void doSomething() {
        // ...
        GlobalVariable.foo = "bar";
    }
}
```

시스템에 이 같은 숨겨진 출력 메서드가 너무 많다면 개발자는 메서드를 호출할 때마다 주춤할 수밖에 없습니다. 메서드를 호출한 결과로 어떤 결과가 나올지 깊게 고민해야 하기 때문입니다. 개발자는 메서드가 시스템에 영향을 주는 전역 변수를 변경하지는 않는지, 입력으로 건넨 객체의 상태를 변경하지는 않는지, 메서드를 호출한 객체의 내부 상태를 변경하지는 않는지, 부담되는 네트워크 호출을 하지는 않는지 등을 고민해야 합니다. 결과적으로 개발자는 메서드 호출 결과를 예측할 수 없게 됩니다.

물론 코드 15.14의 경우 출력을 검증할 방법이 있긴 합니다. 다음과 같은 방법을 이용하면 됩니다.

코드 15.16 시스템 출력을 검증하는 테스트

```java
public class UserTest {

    private final ByteArrayOutputStream outStream = new ByteArrayOutputStream();
    private final PrintStream originSystemOut = System.out;

    @Before
    public void 테스트_실행_전_outStream을_변경() {
```

```
        System.setOut(new PrintStream(outStream));
    }

    @Test
    public void 로그인시_System_out으로_감사_로그가_출력된다() {
        // given
        User user = User.builder()
            .email("foobar@localhost.com")
            .build();

        // when
        user.login(new ClockHolder() {
            @Override
            public long now() {
                // 2023-01-01 00:00:00+09:00
                return 1672498800000L;
            }
        });

        // then
        String result = outStream.toString();
        assertThat(result).contains("User(foobar@localhost.com) login!");
    }

    @After
    public void 테스트_실행_후_outStream을_복구() {
        System.setOut(originSystemOut);
    }
}
```

코드 15.16은 @Before 애너테이션을 이용해 클래스에 정의된 모든 테스트를 실행하기 전에 실행되는 메서드를 정의합니다. 그렇게 해서 System.out 출력을 우리가 다루기 쉬운 outStream으로 변경했습니다. 결과적으로 System.out에 출력되는 값을 outStream을 통해 들여다볼 수 있게 됨으로써 검증 단계에서도 확인할 수 있습니다.

하지만 개인적으로 추천하고 싶은 더 간단하고 나은 해결책이 있습니다. 숨겨진 입력을 드러낸 것과 마찬가지로 우리는 '숨겨진 출력'을 드러낼 수 있습니다. 구태여 테스트하기 어려운 상태를 유지하면서 코드 15.16 같은 어려운 코드를 만들 이유가 없습니다. 숨겨진 출력을 드러냄으로써 테스트를 훨씬 쉽게 작성할 수 있습니다. 그리고 그러는 편이 코드를 더 명료하게 만듭니다.

그래서 이 문제의 가장 간단한 해결책은 반환값을 이용하는 것입니다. 만약 User 클래스가 다음과 같았다면 어떨까요?

코드 15.17 숨겨진 출력을 가장 쉽게 드러내는 방법

```java
@Getter
@Builder
public class User {

    private String email;
    private long lastLoginTimestamp;

    public String login(ClockHolder clockHolder) {
        // ...
        this.lastLoginTimestamp = clockHolder.now();
        return "User(" + email + ") login!";
    }
}
```

코드 15.17은 login 메서드의 실행 결과로 로그로 출력할 메시지를 반환합니다. 이제 user.login 메서드를 호출하는 곳에서 System.out 메서드나 로거(logger)를 이용해 로그를 출력하기만 하면 됩니다. 덕분에 코드 15.17은 테스트하기가 쉽습니다.

그런데 이러한 해결책은 미묘합니다. 왜냐하면 login 메서드의 반환값이 String 타입이기 때문입니다. 그런데 고작 로그 때문에 반환 타입을 이렇게 바꾸는 것은 일반적이지 않습니다. 요구사항의 맥락을 모르는 사람이 본다면 login 메서드를 호출한 결과가 감사 로그를 위한 메시지일 것이라고 예측할 수 있을까요? 게다가 login 메서드에 로그 메시지를 반환값으로 넣을 수 있었던 것은 기존 코드가 반환 타입이 void인 메서드였기 때문입니다. 그래서 만약 그렇지 않고 반환하는 값이 이미 존재했다면 이러한 해결책은 답이 되지 못합니다.

그래서 또 다른 해결책을 하나 제시하겠습니다. 바로 반환값을 위한 DTO를 만드는 것입니다.

코드 15.18 login 메서드 반환용 DTO

```java
@Builder
public class LoginSuccess {

    public final String auditMessage;
    // 다른 값이 더 있는 경우 추가로 작성...
}
```

반환용 DTO에는 감사 로그를 남기기 위한 auditMessage 필드가 있습니다. 이렇게 만들어진 DTO를 login 메서드의 반환값이 되게 만듭니다.

코드 15.19 DTO를 반환하는 메서드

```java
@Getter
@Builder
public class User {

    private String email;
    private long lastLoginTimestamp;

    public LoginSuccess login(ClockHolder clockHolder) {
        // ...
        this.lastLoginTimestamp = clockHolder.now();
        return LoginSuccess.builder()
            .auditMessage("User(" + email + ") login!")
            .build();
    }
}
```

이제 코드 15.19는 테스트하기 쉽습니다! 반환값에서 auditMessage 변수가 어떻게 만들어졌는지 확인만 하면 되기 때문입니다. 더불어 LoginSuccess DTO에는 어떤 값이든 추가로 더 담을 수 있습니다. 덕분에 원래 메서드의 반환값이 이미 존재했어도 이 구조에서는 해결이 가능합니다. DTO에 함께 담으면 되기 때문입니다!

코드 15.19만으로도 충분하지만 이번에는 또 다른 해결책을 제시해 보겠습니다. 이벤트라는 클래스를 만들고 메서드의 반환값으로 이벤트를 반환하는 것입니다. 즉, User 클래스의 login 메서드가 다음과 같이 생겼다면 어떨까요?

```java
@Getter
@Builder
public class User {

    private String email;
    private long lastLoginTimestamp;

    public List<Event> login(ClockHolder clockHolder) {
        // ...
        this.lastLoginTimestamp = clockHolder.now();
        return Collections.singletonList(Event.builder()
            .type(EventType.AUDIT_LOG)
            .message("User(" + email + ") login!")
            .build());
    }
}
```

login 메서드를 호출하면 이벤트 배열이 반환됩니다. 그리고 이벤트 배열에는 감사용 로그를 출력해야한다는 메시지가 담겨 있습니다. 코드 15.20에서는 감사용 로그를 위한 이벤트 하나만 반환하지만 추후에 시스템이 커지면 배열에 다른 이벤트도 넣어서 반환값을 더 늘릴 수도 있을 것입니다.

이렇게 한다면 외부에서는 이 이벤트를 보고 로그를 출력할 수 있습니다. 아니면 아예 반환된 이벤트를 스프링의 ApplicationEventPublisher 같은 기능을 이용해 발행하면 더더욱 좋겠네요. 그렇게 한 뒤에 LogSystem 같은 컴포넌트를 만들고 이 컴포넌트에서 이벤트를 가져와 로그를 출력하도록 만드는 것입니다. 그렇게 개발한다면 로그 출력을 한 군데에서 관리할 수 있게 됩니다.[3]

물론 숨겨진 출력을 드러내겠다고 모든 메서드를 코드 15.20 같은 코드로 작성하는 것은 빈대를 잡으려다 초가삼간을 다 태우는 격입니다. 그리고 실은 시스템에서 숨겨진 출력은 완전히 없애지 못합니다. 왜냐하면 코드 15.19든 코드 15.20이든 결국 감사용 로그 메시지 값을 받아 System.out으로 출력하는 코드가 어딘가에는 적혀야 하기 때문입니다. 코드 15.19에서 UserService 컴포넌트가 user 객체의 login 메서드를 호출한다면 감사 메시지를 출력하는 코드는 UserService 컴포넌트 쪽에 위치해야 합니다. 그러면 숨겨진 출력으로 인해 테스트하기 어려워지는 똑같은 문제가 발생합니다. System.out.println 코드가 UserService 컴포넌트에 위치하게 되기 때문입니다.

---

3   더불어 LogSystem 컴포넌트에 스프링의 @Profile 애너테이션이 지정돼 있다면 환경에 따라 LogSystem 컴포넌트를 활성화/비활성화할 수 있습니다.

마찬가지로 코드 15.20에서 `UserService`가 `user` 객체의 `login` 메서드를 호출하고 반환값을 `ApplicationEventPublisher`로 발행한다면 이는 반환값 이외의 출력에 해당하기 때문에 숨겨진 출력에 해당합니다. 그리고 `LogSystem`이라는 컴포넌트도 반환값 이외의 출력인 `System.out`을 수행하는 컴포넌트가 되기 때문에 숨겨진 출력에 해당하는 컴포넌트가 됩니다.

그래서 저 또한 항상 코드 15.19나 코드 15.20 같은 코드를 작성해야 한다고 주장하고 싶은 것이 아닙니다. 제가 이야기하고 싶은 바는 '숨겨진 출력이 어떻게 코드를 테스트하기 어렵게 만드는가?'입니다. 그리고 테스트하기 쉬운 방향을 고민했더니 숨겨진 출력을 없애는 방법을 고민하기 시작했다는 것입니다. 실제로 '숨겨진 출력을 줄여야 한다'라는 격언은 함수형 프로그래밍의 주요 목표 중 하나입니다.

함수형 프로그래밍에서는 이러한 숨겨진 입출력을 일컬어 '부수효과(side-effect)'라고 합니다. 그리고 함수에 부수효과가 있으면 이를 '비순수 함수'라고 부르고, 부수효과가 없으면 '순수 함수'라고 부릅니다. 함수형 프로그래밍은 이 부수효과를 최대한 줄이는 방향으로 프로그래밍하는 것을 말합니다.

⚠ 시스템에 숨겨진 입력이나 숨겨진 출력을 완전히 없애기란 불가능합니다. 그래서 함수형 프로그래밍도 마찬가지로 부수효과를 줄이는 것에 집중하지, 부수효과를 완전히 없애는 것에 집중하지 않습니다. 애초에 이는 달성할 수 없는 목표이기 때문입니다.

프로그램에서 부수효과를 완전히 없애는 것이 달성할 수 없는 목표인 이유를 생각해 봅시다. 예를 들어, 메서드 호출로 자기 자신의 멤버 변수 값을 변경하는 객체가 있다고 가정해 봅시다. 그렇다면 이 메서드는 부수효과가 있다고 말할 수 있을 것입니다. 왜냐하면 숨겨진 출력이 존재하면 부수효과가 존재하는 것이고, 객체의 상태를 변경하는 것은 반환값 외의 출력이라서 숨겨진 출력에 해당하기 때문입니다. 그런데 아시다시피 우리는 이러한 코드를 정말 많이 작성하고 사용합니다.

더불어 회원가입 시 인증 메일을 보내는 것도 생각해 봅시다. '인증 메일을 보낸다'는 반환값 이외의 동작입니다. 그러니 숨겨진 출력이자 부수효과입니다. 그런데 이는 시스템에서 제거할 수 없습니다. 시스템에 필요한 동작이기 때문입니다. 그래서 사실 시스템의 모든 외부 연동은 부수효과를 동반한다고 볼 수 있습니다. API 요청을 보내는 상황만 생각해도 API 요청에는 요청 URL, 요청 메서드, 헤더 외에도 다양한 입력이 숨겨진 입력으로 사용되기 때문입니다. 예를 들어, 서버 간 네트워크의 상태도 숨겨진 입력이며 자바의 프록시 옵션도 숨겨진 입력입니다.

극단적으로 말해 부수효과가 없는 애플리케이션은 존재 가치가 없다고 볼 수도 있습니다. 그러므로 강박적으로 숨겨진 입출력을 제거하기 위해 아등바등 노력할 필요가 없습니다. 이러한 입출력을 줄이고 소프트웨어를 예측 가능하도록 만드는 목적에 집중하는 것이 더 중요합니다.

그렇다면 코드 15.17, 코드 15.19, 코드 15.20 중 어떤 코드가 더 나은 코드일까요? 제 답변을 드리자면 '모두 좋다'입니다. 왜냐하면 모두 테스트하기 쉬운 코드이기 때문입니다.

테스트하기 쉬운 코드라면 좋은 코드일 확률이 높습니다. 테스트 가능성에 집중하세요. 코드에서 숨겨진 입출력을 최대한 줄여 보세요. 그렇게 해서 테스트하기 쉬운 코드를 만들어 보세요. 다양한 설계 원칙들을 억지로 적용하려고 노력하지 않아도 자연스럽게 알아서 적용될 것입니다.

15.2 테스트가 보내는 신호

테스트를 작성하는 방법을 고민하다 보면 개발자가 느낄 수 있는 테스트가 보내는 몇 가지 신호들이 있습니다.

- 테스트의 입출력을 확인할 수 없는데? 이런 경우에는 어떻게 하지?
- private 메서드는 어떻게 테스트해야 하지?
- 서비스 컴포넌트의 간단한 메서드를 테스트하고 싶을 뿐인데, 이를 위해 필요도 없는 객체를 너무 많이 주입해야 하네?
- 메서드의 코드 커버리지를 100% 달성하려면 테스트해야 할 케이스가 너무 많아지는데?

이러한 모든 생각들이 바로 테스트가 보내는 신호입니다. 여러분이 테스트를 작성하는 방법을 고민하면서 위와 같은 생각을 했다면 테스트가 보내는 신호를 포착한 것입니다. 그리고 위와 같은 신호들은 한결같이 이런 말을 하고 있습니다.

'설계가 잘못됐을 확률이 높으니 좋은 설계로 변경해 봐'라고요.

예를 들어, 앞에서 예시로 든 신호는 각각 다음과 같이 해석할 수 있습니다.

> Q. 테스트의 입출력을 확인할 수 없는데? 이런 경우에는 어떻게 하지?
>
> A. 테스트의 입출력을 확인할 수 있는 구조로 코드를 변경해야 합니다. 만약 랜덤이나 시간 같은 숨겨진 입력이 존재한다면 외부로 드러내세요. 숨겨진 출력이 존재한다면 반환값을 이용해서 출력되도록 변경하세요. 그렇게 해서 테스트 환경에서도 코드를 제어할 수 있게 변경하세요.

> Q. private 메서드는 테스트하기 힘든데, 어떻게 테스트해야 하지?
>
> A. private 메서드는 테스트할 필요가 없습니다. private 메서드를 테스트하는 것은 내부 구현을 테스트하겠다는 것과 같은 말입니다. 우리는 책임을 기반으로 테스트를 작성해야 합니다. 그러니 인터페이스만 테스트해도 충분합니다.
> private 메서드를 테스트하고 싶은 생각이 든다면 이는 책임을 잘못 할당한 경우일 것입니다. 사실 public 메서드였어야 했다는 뜻이겠지요. 그러니 해당 메서드의 코드를 다른 객체에 할당하고 그 메서드를 public으로 선언하세요. 기존 메서드는 해당 객체와 협력하도록 코드를 변경하세요.

테스트를 작성하면서 이러한 신호를 포착할 수 있는 이유는 '코드 작성자' 입장에서 코드를 바라보는 것이 아니라 '코드 사용자' 입장에서 바라볼 수 있게 되기 때문입니다. 이러한 시점의 변화 덕분에 개발자는 코드를 알고리즘이 아닌 요구사항 위주로 바라볼 수 있게 됩니다.

그런데 애석하게도 대부분의 개발자는 이러한 테스트가 보내는 신호를 무시합니다. 테스트하기 어렵고 불편하다는 것을 느끼면서도 그냥 불편을 감수하고 테스트를 작성합니다. '테스트를 위해 구현 코드를 변경해야겠다'라는 생각을 하지 않습니다.[4] 그리고 구현 코드를 변경하지 않으면서 테스트를 강제로 할 수 있는 강력한 해결책을 찾아다닙니다.

예를 들면, 자바의 테스트 라이브러리 중에는 Mockito, PowerMock 같은 강력하고 강제력 있는 해결책이 있습니다. 그런데 이 둘은 너무나 강력한 나머지 개발자가 설계에 관해 고민할 수 있는 시간을 뺏어 버릴 정도입니다. 이로 인해 개발자는 의존성 역전과 의존성 주입의 필요성을 느끼지 못하게 됩니다.

오해하지 않길 바랍니다. 저는 Mockito 프레임워크나 PowerMock 라이브러리를 비판하고 싶은 게 아닙니다. 이 둘은 모두 훌륭한 라이브러리입니다. 특히 Mockito는 저도 아주 잘 사용하고 있습니다. 다만 '적어도 이 도구를 사용하면서 이 도구가 어떤 작업을 대신해 주고 있는지 알아야 한다'라고 말하고 싶은 것입니다.

---

4   물론 이미 배포된 코드를 대상으로 테스트 없이 리팩터링하는 것은 위험한 행동입니다. 지금 이야기하는 것은 배포 이전의 '개발 단계'를 이야기하는 것입니다.

오늘날 대부분의 저연차 개발자가 품게 되는 테스트에 관한 거대한 오해 중 하나는 '테스트를 공부한다 = 테스트 프레임워크를 공부한다'로 이해하는 것입니다. 그래서 테스트를 공부하면서 JUnit이나 Mockito의 인터페이스를 공부합니다. 그런데 더 중요한 것은 테스트 철학과 테스트를 통해 얻을 수 있는 것이 무엇인지 아는 것입니다.

> 테스트를 공부한다
>
> ≠ Mockito를 다루는 법을 공부한다
>
> ≠ JUnit을 공부한다

Mockito 없이도 테스트할 수 있어야 합니다. H2 없이도 테스트할 수 있어야 합니다. JUnit 없이도 테스트를 작성할 수 있어야 합니다. 그러니 '어떤 라이브러리를 사용할지'보다 '어떤 것을 테스트해야 할지', '어떻게 테스트해야 할지', '어떻게 코드를 작성해야 테스트가 쉬워질지'를 고민하는 것이 더 중요합니다. Mockito와 JUnit은 그다음입니다.

테스트를 작성하는 과정에서 테스트가 분명 여러분에게 계속해서 신호를 보낼 것입니다. 테스트와 많이 소통하길 바라고 테스트가 보내는 신호를 새겨듣고 설계에 반영해 보길 바랍니다.

테스트와 관련된 이야기도 이제 거의 끝나갑니다. 이 책을 통해 여러분께 전하고 싶은 내용을 대부분 다뤘다고 생각하지만 아직 남아 있는 주제가 있습니다. 그래서 다음 장에서는 테스트가 어떻게 좋은 설계를 만들 수 있도록 개발자의 생각을 유도하는지, 테스트와 SOLID를 엮어 이 둘의 상관관계를 살펴보겠습니다.

테스트와 설계

테스트와 소프트웨어 설계는 긴밀한 상관관계를 맺습니다. 이 두 요소는 소프트웨어 개발 프로세스의 핵심적인 부분이며, 서로 영향을 주고받으며 공존합니다. 다시 말해 이 둘은 상호보완적입니다.

이것이 당연한 이유는 좋은 소프트웨어 설계와 테스트가 추구하는 목표가 일정 부분 같기 때문입니다. 15장에서는 테스트의 목적이 회귀 버그 방지만이 아니라 시스템을 좋은 설계로 발전시키기 위함이라는 것도 알아봤습니다. 그리고 좋은 설계를 따랐을 때 테스트하기 쉬워지는 것도 함께 확인했습니다. 그래서 이 둘의 관계를 다음과 같은 다이어그램으로 표현할 수 있습니다.

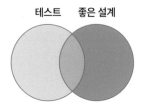

그림 16.1 테스트와 좋은 설계의 관계

즉, 테스트가 추구하는 가치와 좋은 설계가 추구하는 가치에 일정 부분 교집합이 있는 것입니다. 좋은 설계는 시스템이 모듈로 분해되고 각 모듈이 독립적으로 개발될 수 있게 하는 것을 추구합니다. 그렇게 해서 모듈화와 재사용성을 높이고 코드를 더 오래, 더 자주 사용할 수 있게 합니다. 나아가 시스템이 우연히 확장될 수 있는 것을 추구합니다.

확장할 수 있는 시스템이란 다양한 기능을 제공할 수 있다는 의미도 있지만 다양한 환경에도 이식할 수 있는 시스템이라는 뜻이기도 합니다. 따라서 좋은 설계를 따르는 시스템은 배포 환경이나 테스트 환경을 가리지 않고 이식이 가능합니다. 그 결과, 좋은 설계를 갖춘 코드는 대부분 테스트하기도 쉽습니다. 그러니 이 둘은 상호보완적입니다.

☆ **테스트와 좋은 설계**

1. 테스트하기 어려운 코드는 좋은 설계 원칙을 적용함으로써 테스트하기 쉽게 만들 수 있습니다.

2. 어떤 방식이 좋은 설계인지 헷갈린다면 테스트하기 쉬운 코드를 선택하면 됩니다.

우리는 테스트를 작성하면서 Testability가 낮은 코드를 보고 Testability를 높이는 방법을 고민합니다. 그리고 그 과정에서 다양한 설계 기법을 사용합니다. 의존성을 역전하고 의존성을 주입하고 디자인 패턴을 적용합니다.

반대도 마찬가지입니다. 좋은 설계가 무엇인지 갈팡질팡할 때 테스트가 답을 제시합니다. 예를 들어, 어떤 기능을 구현해야 하는데 구현 방식으로 A, B, C라는 세 가지 방법이 있다고 가정해 봅시다. 그리고 막연한 느낌으로 세 가지 방법 모두 괜찮아 보인다고 가정해 봅시다. 어떤 방법을 선택해서 개발하는 것이 더 좋을까요? 이때 테스트가 답을 알려줍니다. 테스트는 자연스러운 테스트[1]가 가능한 방식을 선택하라고 말합니다.

'테스트하기 쉬운 코드 = 좋은 설계'인 것은 아니지만 테스트하기 쉬운 코드는 높은 확률로 좋은 설계입니다. 그러니 테스트에 관한 고민이 여러분이 품고 있는 '좋은 설계는 어떤 설계지?' 같은 고민을 대다수 해결해 주리라 장담할 수 있습니다.

따라서 이번 장에서는 테스트가 어떻게 좋은 설계를 유도하는지, 그 이유를 살펴보려 합니다. 그리고 이를 위해 좋은 설계라고 했을 때 대표적으로 소개되는 SOLID와 테스트의 상관관계를 살펴보겠습니다. 테스트를 작성하면서 '테스트 가능성을 높이는 방법'과 '집중도 있는 테스트를 작성하는 것'을 추구하는 것만으로도 SOLID의 많은 철학을 지킬 수 있습니다. 그럼 테스트 코드가 어떻게 SOLID한 코드를 유도하는지 함께 알아봅시다.

---

1   여기서 말하는 자연스러운 테스트란 Mockito나 PowerMock 같은 라이브러리의 도움 없이 오롯이 설계로 이 문제를 해결할 수 있는 테스트를 의미합니다.

16.1 테스트와 SRP

먼저 테스트를 작성함으로써 단일 책임 원칙(single-responsibility principle; SRP)을 지키지 않았던 코드가 단일 책임 원칙을 지키는 방향으로 변경되는 예시를 봅시다. 코드 14.1의 예시를 확장해 다음과 같은 UserService 컴포넌트가 있다고 가정합시다.

코드 16.1 회원가입과 로그인 메서드가 포함된 UserService

```java
@Service
@Builder
@RequiredArgsConstructor
public class UserService {

    private final UserRepository userRepository;
    private final VerificationEmailSender verificationEmailSender;
    private final ClockHolder clockHolder;

    @Transactional
    public User register(UserCreateDto userCreateDto) {
        if (userRepository.findByEmail(userCreate.getEmail()).isPresent()) {
            throw new EmailDuplicatedException();
        }
        User user = User.builder()
            .email(userCreate.getEmail())
            .nickname(userCreate.getNickname())
            .status(UserStatus.PENDING)
            .verificationCode(UUID.randomUUID().toString())
            .build();
        user = userRepository.save(user);
        verificationEmailSender.send(user);
        return user;
    }

    @Transactional
    public User login(String email) {
        User user = userRepository.getByEmail(id);
        if (user.isActiveStatus()) {
            throw new UserIsNotActiveException();
```

```
        }
        user.login(clockHolder);
        user = userRepository.save(user);
        return user;
    }
}
```

사용자는 UserService 컴포넌트에서 회원가입을 할 수 있고 로그인도 할 수 있습니다. 로그인 메서드는 매개변수로 사용자의 이메일을 받습니다. 그리고 User 도메인을 불러와 상태가 '활성(active)' 상태인지를 확인합니다. '가입 보류' 상태나 '비활성' 상태에서 로그인을 못하게 만들기 위함입니다. 다음으로 user.login(clockHolder) 메서드를 실행합니다. 그렇게 해서 사용자의 마지막 로그인 시간에 현재 시각이 기록되게 합니다.

어떤가요? 새롭게 추가한 login 메서드가 UserService 컴포넌트에 있는 것은 자연스럽나요? 저는 그럭저럭 합리적인 선택이라 생각합니다. 왜냐하면 UserService 컴포넌트는 말 그대로 시스템의 사용자를 관리하는 컴포넌트이기 때문입니다. 그러므로 '사용자의 로그인'과 관련된 코드가 UserService 컴포넌트에 있는 것은 자연스러울 것입니다. UserService는 곧 UserManager이니까요. 그리고 UserManager가 login 메서드를 갖고 있는 것이 그렇게까지 부적절해 보이지 않습니다.

그런데 정말로 그럴까요? 그렇다면 이번에는 코드 16.1의 로그인 메서드를 테스트하는 코드를 만들어 봅시다. 로그인에 관한 테스트 케이스는 다음과 같이 총 세 가지로 나뉩니다.

1. 원하는 사용자가 존재하지 않는 경우
2. 사용자가 활성화 상태가 아닌 경우
3. 정상적으로 로그인에 성공한 경우

각 경우에 대응해 다음과 같이 테스트 코드를 작성해 봤습니다.

코드 16.2 회원가입, 로그인 테스트가 포함된 UserServiceTest

```
public class UserServiceTest {

    @Test
    public void 중복된_이메일_회원가입_요청이_오면_에러가_발생한다() {
        // 코드 14.14를 참조해주세요.
    }
```

```java
@Test
public void 이메일_회원가입을_하면_가입_보류_상태가_된다() {
    // 코드 14.14를 참조해주세요.
}


@Test
public void 존재하지_않는_사용자에_로그인하려면_에러가_발생한다() {
    // given
    final long current = 1672498800000L; // 2023-01-01 00:00:00+09:00
    ClockHolder clockHolder = new TestClockHolder();
    clockHolder.setCurrentTimestamp(current);

    // then
    assertThrows(UserNotFoundException.class, () -> {
        // when
        UserService userService = UserService.builder()
            .verificationEmailSender(new DummyVerificationEmailSender())
            .userRepository(new FakeUserRepository())
            .clockHolder(clockHolder)
            .build();
        User user = userRepository.login("foobar@localhost.com");
    });
}


@Test
public void 로그인하려는_사용자_아직_가입_보류_상태이면_에러가_발생한다() {
    // given
    UserCreateDto userCreateDto = UserCreateDto.builder()
        .email("foobar@localhost.com")
        .nickname("foobar")
        .build();
    UserRepository userRepository = new FakeUserRepository();
    userRepository.save(User.builder()
        .id(1L)
        .email("foobar@localhost.com")
        .nickname("foobar")
        .status(UserStatus.PENDING) // 이 유저는 가입 보류 상태입니다.
        .verificationCode("aaaaaaaaaaaaaaaaaaaaaaaaaaaaaaaaa")
        .build())
```

```java
        final long current = 1672498800000L; // 2023-01-01 00:00:00+09:00
        ClockHolder clockHolder = new TestClockHolder();
        clockHolder.setCurrentTimestamp(current);


        // then
        assertThrows(UserIsNotActiveException.class, () -> {
            // when
            UserService userService = UserService.builder()
                .verificationEmailSender(new DummyVerificationEmailSender())
                .userRepository(userRepository)
                .clockHolder(clockHolder)
                .build();
            User user = userRepository.login("foobar@localhost.com");
        });
    }


    @Test
    public void 사용자가_로그인하면_마지막_로그인_시간이_기록된다() {
        // given
        UserCreateDto userCreateDto = UserCreateDto.builder()
            .email("foobar@localhost.com")
            .nickname("foobar")
            .build();
        final long current = 1672498800000L; // 2023-01-01 00:00:00+09:00
        ClockHolder clockHolder = new TestClockHolder();
        clockHolder.setCurrentTimestamp(current);


        // when
        UserService userService = UserService.builder()
            .verificationEmailSender(new DummyVerificationEmailSender())
            .userRepository(new FakeUserRepository())
            .clockHolder(clockHolder)
            .build();
        User user = userRepository.login("foobar@localhost.com");


        // then
        assertThat(user.getLastLoginTimestamp()).isEqualTo(1672498800000L);
    }
}
```

코드 16.2는 코드 14.14를 확장한 코드입니다. 회원가입과 관련된 테스트 코드는 코드 14.14(371쪽)와 같으니 이를 참조해 주세요. 더불어 `TestClockHolder`, `FakeUserRepository`, `Dummy VerificationEmailSender` 같은 대역 클래스가 시스템에 있다는 가정하에 테스트 케이스를 작성했습니다. 길고 복잡해 보이는 코드처럼 보이지만 각 테스트만 놓고 보면 그리 어렵지 않은 수준입니다. 그러니 코드에 관해서는 별도로 설명하지 않겠습니다.

이 코드들은 결정적이며 무난히 잘 동작할 것입니다. 그런데 맹점이 하나 있습니다. 코드 16.2에 추가된 테스트 케이스에서 `UserService` 컴포넌트를 생성하고자 일일이 `VerificationEmailSender`의 대역인 `DummyVerificationEmailSender` 객체를 넣어주고 있습니다. 어떤가요? 이건 괜찮을까요?

코드 16.3 로그인에 필요하지 않은 DummyVerificationEmailSender 객체를 주입한다.

```
// when
UserService userService = UserService.builder()
    .verificationEmailSender(new DummyVerificationEmailSender())
    .userRepository(new FakeUserRepository())
    .clockHolder(clockHolder)
    .build();
User user = userRepository.login("foobar@localhost.com");
```

코드 16.1의 `login` 메서드의 구현을 보면 알겠지만 이 메서드는 `verificationEmailSender` 객체를 필요로 하지 않습니다. 그러므로 이는 로그인 메서드를 테스트하는 데 불필요한 의존성입니다. 그런데 사용하지도 않는 의존성에 테스트 대역을 넣는 것이 이상하다는 생각이 들지 않나요?

저는 '굳이 넣을 필요가 있을까?'라는 생각이 듭니다. 왜냐하면 코드 16.3을 보면 마치 로그인 메서드를 실행하기 위해서는 `UserService` 컴포넌트를 생성할 때 `verificationEmailSender` 객체를 반드시 넣어줘야 하는 것처럼 보이기 때문입니다.

그렇다면 불필요한 의존 객체에 아예 null이 들어가게 하는 것은 어떨까요?

코드 16.4 불필요한 의존성은 null로 지정하는 경우

```
// when
UserService userService = UserService.builder()
    .verificationEmailSender(null)
    .userRepository(new FakeUserRepository())
    .clockHolder(clockHolder)
    .build();
User user = userRepository.login("foobar@localhost.com");
```

verificationEmailSender 자리에 명시적으로 null을 지정했습니다. 이 방법이 싫다면 '.verification EmailSender(null)'조차 적지 않는 방법도 있습니다. (빌더 패턴에서 어떤 값을 명시적으로 지정하지 않는다면 기본값인 null이 들어갑니다.) 하지만 이 역시 좋은 방법은 아닙니다. 왜냐하면 이는 서비스의 취지를 어긋난 방향이기 때문입니다.

7장 '서비스'에서는 서비스가 신뢰할 수 있고 작은 기계처럼 영원히 동작할 수 있어야 한다는 사실을 배웠습니다. 그리고 이쯤에서 한번 더 강조하겠습니다. 서비스는 신뢰할 수 있는 컴포넌트여야 합니다. 그래서 서비스의 완전성을 해치는 멤버 변수가 null이 되는 상황은 피해야 합니다.

개발자는 서비스를 신뢰합니다. 그래서 개발자는 서비스 컴포넌트를 개발할 때 멤버 변수에 선언된 의존 객체의 값이 null일 것이라 생각하지 않습니다. 모든 멤버 변수에는 신뢰할 수 있는 객체가 반드시 들어 있을 것이라고 가정하고 개발합니다. 만약 이러한 가정이 성립하지 않는다면 서비스에 작성하는 코드에는 null 체크를 위한 조건문이 매번 빠지지 않고 들어가야 할 것입니다.

따라서 서비스 컴포넌트의 의존 객체에 null이 들어갈 수 있게 허용하는 것은 쉽게 용납해서는 안 되는 일입니다. 더구나 테스트가 문서처럼 활용될 수 있다는 사실을 고려했을 때 코드 16.4와 같은 코드는 마치 해당 의존 객체가 null이 될 수도 있다는 뜻으로 해석될 수 있어 혼란을 야기할 수 있습니다. 그러니 코드 16.4 같은 코드를 허용할 바에는 차라리 코드 16.3처럼 Dummy를 꾸준히 넣어주는 편이 낫습니다.

이 논리는 회원가입하는 메서드에도 똑같이 적용됩니다.

코드 16.5 회원가입하는 데 ClockHolder 객체는 필요하지 않다.

```
// when
UserService userService = UserService.builder()
    .verificationEmailSender(new DummyVerificationEmailSender())
    .userRepository(new FakeUserRepository())
    .clockHolder(clockHolder)
    .build();
User user = userRepository.register(userCreateDto);
```

마찬가지로 메서드 구현을 보면 회원가입하는 데 UserService 컴포넌트에 새롭게 추가된 clockHolder 객체는 필요하지 않습니다. 그런데 어떤가요? 로그인 메서드를 위해 UserService 컴포넌트에 clockHolder에 대한 추가 의존성이 생기는 바람에 기존에 작성한 회원가입과 관련된 테스트 코드는 모두 코드 16.5처럼 변경돼야 합니다. 이는 분명 불합리합니다.

즉, 코드 16.4를 작성하면서 '이 컴포넌트에 뭔가 문제가 있는 것 같은데?'라는 생각을 하기 시작한 것입니다. 그리고 이는 테스트가 신호를 보내는 신호입니다! 테스트는 계속해서 이렇게 말하고 있습니다. '이렇게 작성하면 불필요한 의존성이 생기니 이를 분리하는 것이 어떨까요?'라고요.

예를 들어, UserService 컴포넌트는 회원가입만을 위한 UserRegister 컴포넌트와 로그인을 담당하는 AuthenticationService 컴포넌트 정도로 분리할 수 있을 것입니다.

- 회원가입하려는 사용자를 위한 UserRegister 컴포넌트

- 로그인하려는 사용자를 위한 AuthenticationService 컴포넌트

코드 16.6 UserService 컴포넌트를 분할해서 별도의 컴포넌트로 작성

```java
@Service
@Builder
@RequiredArgsConstructor
public class UserRegister {

    private final UserRepository userRepository;
    private final VerificationEmailSender verificationEmailSender;

    @Transactional
    public User register(UserCreateDto userCreateDto) {
        if (userRepository.findByEmail(userCreate.getEmail()).isPresent()) {
            throw new EmailDuplicatedException();
        }
        User user = User.builder()
            .email(userCreate.getEmail())
            .nickname(userCreate.getNickname())
            .status(UserStatus.PENDING)
            .verificationCode(UUID.randomUUID().toString())
            .build();
        user = userRepository.save(user);
        verificationEmailSender.send(user);
        return user;
    }
}

@Service
```

```java
@Builder
@RequiredArgsConstructor
public class AuthenticationService {

    private final UserRepository userRepository;
    private final ClockHolder clockHolder;

    @Transactional
    public User login(String email) {
        User user = userRepository.getByEmail(id);
        if (user.isActiveStatus()) {
            throw new UserIsNotActiveException();
        }
        user.login(clockHolder);
        user = userRepository.save(user);
        return user;
    }
}
```

이 간단한 말을 하려고 길게도 설명했네요. 이처럼 우리는 테스트를 작성함으로써 의존성을 고민할 수 있습니다. 덕분에 불필요한 의존성을 체감할 수 있습니다.

그렇다면 실제로 단일 책임 관점에서 UserService 컴포넌트는 분리하는 것이 맞을까요? 네, 코드 16.1의 UserService 컴포넌트는 단일 책임을 위반하고 있었다고 볼 수 있습니다. 왜냐하면 UserService 컴포넌트를 사용하려는 주체가 시스템 미가입자와 시스템 가입자로 서로 다른 메시지를 보내는 두 명의 액터가 있다고 볼 수 있기 때문입니다.

'의존성을 고민한 결과, 단일 책임을 지키게 될 수 있다'라는 설명이 어딘가 와 닿지 않는다면 다른 이유를 들어 테스트가 단일 책임 원칙을 유도하는 이유를 설명해 보겠습니다. 혹시 코드 16.2를 보면서 회원가입을 위한 테스트와 로그인을 위한 테스트를 분리하고 싶다는 생각이 들지 않았나요?

코드 16.2를 다시 보면 UserServiceTest라는 이름 아래에 모든 테스트가 모여있어 어디서부터 어디까지가 어떤 상황을 테스트하고 싶은지 파악하기 어렵습니다. 테스트는 가능한 한 간결하고 그 목적이 분리되어 한눈에 테스트하려고 하는 것이 무엇인지 눈에 들어와야 합니다. 그래서 UserServiceTest 클래스는 테스트가 갖고 있는 '회원가입', '로그인'이라는 목적을 나눠 RegisterTest와 AuthenticationTest 클래스로 분리해 테스트를 관리하면 좋았을 것입니다. 만약 그렇게 작성했다면 각 테스트의 목적이 무엇인지를 훨씬 쉽게 이해할 수 있었을 테니까요.

```java
public class RegisterTest {

    @Test
    public void 중복된_이메일_회원가입_요청이_오면_에러가_발생한다() {
        // 코드 14.14를 참조해주세요.
    }

    @Test
    public void 이메일_회원가입을_하면_가입_보류_상태가_된다() {
        // 코드 14.14를 참조해주세요.
    }
}

public class AuthenticationTest {

    @Test
    public void 존재하지_않는_사용자에_로그인하려면_에러가_발생한다() {
        // 코드 16.2를 참조해주세요.
    }

    @Test
    public void 로그인하려는_사용자_아직_가입_보류_상태이면_에러가_발생한다() {
        // 코드 16.2를 참조해주세요.
    }

    @Test
    public void 사용자가_로그인하면_마지막_로그인_시간이_기록된다() {
        // 코드 16.2를 참조해주세요.
    }
}
```

이것은 UserService가 두 개의 컴포넌트로 분리될 수 있음을 암시합니다. 테스트 클래스가 컴포넌트 단위를 다시 고민하게 만든 것입니다. 이러한 이유로 테스트는 단일 책임 원칙을 고민하게 만듭니다.

⚠ 오해하지 않길 바랍니다. 이야기 전개를 따라오다 보면 마치 테스트를 위해 모든 컴포넌트를 최소 기능 단위로 분할해야 한다는 말처럼 들릴 수 있습니다. 하지만 그러한 주장을 하고 싶은 것이 아닙니다. 만약 '모든 컴포넌트를 최소 기능 단위로 분할해야 한다'라는 극단적인 논리를 시스템에 적용하게 된다면 시스템 내 모든 인터페이스는 하나의 메서드만 갖도록 개발돼야 합니다.

따라서 이러한 생각 흐름이 항상 옳은 것은 아닙니다. 중요한 것은 테스트를 작성함으로써 이러한 생각을 할 기회가 생겼다는 것입니다. 테스트는 신호만 보낼 뿐입니다. 이를 받아들일지 말지는 개발자의 몫입니다.

16.2 테스트와 ISP

테스트는 인터페이스 분리를 유도합니다. 이를 설명하기 위해 14장 '테스트 대역'에서 살펴본 회원가입 시 인증 메일을 보내는 예시를 조금만 비틀어 봅시다. 예를 들어, 회원가입 시 이메일을 보내는 부분에서 컴포넌트가 VerificationEmailSender 타입이 아닌 EmailSender라는 타입의 인터페이스를 사용하고 있었다고 가정해 보는 것입니다.

EmailSender는 다음과 같이 시스템에서 사용하는 '이메일'과 관련된 모든 명세를 갖고 있습니다.

코드 16.8 이메일 관련 책임을 모두 가지고 있는 EmailSender

```java
public interface EmailSender {

    // 이메일 인증 메일을 보낼 수 있습니다.
    void sendVerificationRequired(User user);

    // 회원가입 축하 메일을 보낼 수 있습니다.
    void sendWelcome(User user);

    // 광고 메일을 보낼 수 있습니다.
    void sendAdvertisement(User user);

    // 서비스 사용 비용을 메일로 보낼 수 있습니다.
    void sendCharge(User user);
}
```

어떤가요? 충분히 해볼 수 있는 가정이라 생각합니다. 만약 EmailSender가 코드 16.8처럼 작성됐다면 UserService 컴포넌트의 회원가입 코드는 다음과 같이 만들어졌을 것입니다.

```
@Service
@Builder
@RequiredArgsConstructor
public class UserService {

    private final UserRepository userRepository;
    private final EmailSender emailSender;

    @Transactional
    public User register(UserCreateDto userCreateDto) {
        if (userRepository.findByEmail(userCreate.getEmail()).isPresent()) {
            throw new EmailDuplicatedException();
        }
        User user = User.builder()
            .email(userCreate.getEmail())
            .nickname(userCreate.getNickname())
            .status(UserStatus.PENDING)
            .verificationCode(UUID.randomUUID().toString())
            .build();
        user = userRepository.save(user);
        emailSender.sendVerificationRequired(user);
        return user;
    }
}
```

이전부터 계속 봐오던 코드입니다. 코드 16.9는 코드 14.1과 큰 차이가 없습니다. 변수, 메서드의 시그 니처 정도만 변경됐을 뿐입니다.

그렇다면 이번에도 코드 16.8과 코드 16.9의 테스트 코드를 작성해 봅시다. 코드 16.9의 회원가입 메서 드를 테스트하기 위해서는 테스트 대역에서 설명했던 것과 마찬가지로 EmailSender에 Dummy가 필요 할 것입니다. 그래서 다음과 같이 DummyEmailSender 클래스를 만들어 봤습니다.

코드 16.10 EmailSender의 Dummy를 작성

```
public class DummyEmailSender implements EmailSender {

    void sendVerificationRequired(User user) { }
```

```
    void sendWelcome(User user) { }

    void sendAdvertisement(User user) { }

    void sendCharge(User user) { }
}
```

그런데 이렇게 Dummy를 만들고 나니 뭔가 위화감이 느껴지지 않나요? 아무리 Dummy라고는 하지만 회원가입을 테스트하는 데 필요없는 sendWelcome, sendAdvertisement, sendCharge 메서드는 왜 벌써 부터 구현해줘야 할까요?

인터페이스가 통합돼 있으니 이런 문제가 발생하는 것입니다. 테스트 관심사 밖에 있는 메서드도 불필요 하게 모두 구현해야 하는 것이죠.

설명이 와 닿지 않는 분들을 위해 예시를 조금만 더 심화해 봅시다. 이번에는 DummyEmailSender 클래스 가 아니라 FakeEmailSender 클래스를 만들어야 한다고 가정하는 것입니다.

그래서 테스트 요구사항을 변경하겠습니다. 테스트 결과, 사용자에게 전달되는 이메일은 어떻게 만들 어지는지 궁금해졌다고 합시다. 그러면 이제 Fake가 필요해집니다. 그래서 다음과 같은 코드를 작성합 니다.

코드 16.11 EmailSender의 Fake를 작성

```java
public class FakeEmailSender implements EmailSender {

    public Map<String, String> emails = new HashMap<String, String>();

    public void sendVerificationRequired(User user) {
        String content = VerificationEmailContentGenerator.generate(user);
        emails.put(user.getEmail(), content);
    }

    void sendWelcome(User user) { }

    void sendAdvertisement(User user) { }

    void sendCharge(User user) { }
}
```

EmailSender 인터페이스의 sendVerificationRequired 메서드가 호출되면 이제 FakeEmailSender는 갖고 있는 emails 멤버 변수에 이메일 정보와 실제 전송되는 메시지를 기록합니다. 덕분에 테스트 작성자는 FakeEmailSender 클래스의 emails 멤버 변수에 직접 접근해 어떤 이메일 사용자에게 어떤 내용의 메일이 발송됐는지 확인할 수 있습니다.[2]

그럭저럭 괜찮은 Fake를 만들었습니다. 그런데 나머지 메서드는 어떻게 하면 좋죠?

- 방법 1: sendWelcome, sendAdvertisement, sendCharge 메서드를 이대로 빈 메서드로 둔다.

  그런데 이대로 둔다면 Fake인 객체가 Dummy처럼 동작하는 메서드를 갖게 된다는 의미입니다. 이상하지 않나요?

- 방법 2: 기왕 Fake를 만든 김에 sendVerificationRequired 메서드와 마찬가지로 다른 메서드도 구현한다.

  그런데 회원가입 테스트를 작성하려는 데 불필요한 sendWelcome, sendAdvertisement, sendCharge 메서드의 Fake 구현을 왜 지금 만들어야 하죠?

- 방법 3: 구현하지 않은 메서드에 에러와 TODO 메시지를 남겨둔다.

코드 16.12 아직 구현되지 않은 메서드를 TODO와 throw를 이용해 표현한 Fake

```java
public class FakeEmailSender implements EmailSender {

    public Map<String, String> emails = new HashMap<String, String>();

    public void sendVerificationRequired(User user) {
        String content = VerificationEmailContentGenerator.generate(user);
        emails.put(user.getEmail(), content);
    }

    void sendWelcome(User user) {
        // TODO
        throw new RuntimeException("Method is not implemented.");
    }

    void sendAdvertisement(User user) {
        // TODO
        throw new RuntimeException("Method is not implemented.");
    }
```

---

2   물론 여기에는 EmailSender의 실제 구현체가 FakeEmailSender와 마찬가지로 인증 메일을 만드는 데 VerificationEmailContentGenerator의 정적 메서드인 generate를 사용한다는 가정이 들어가 있습니다.

```
    void sendCharge(User user) {
        // TODO
        throw new RuntimeException("Method is not implemented.");
    }
}
```

이건 그럭저럭 괜찮은 방법 같습니다. 하지만 3가지 방법 모두 현재 느끼는 불편함을 해결하기에는 약간씩 부족한 해결책입니다.

아니 그런데 왜 이런 고민을 하기 시작한 거죠? 애초에 우리는 회원가입과 관련된 테스트를 작성하고 싶을 뿐입니다. 그런데 Fake에서 가입 축하 메일을 보내는 방법이나 광고 메일을 보내는 방법, 비용 청구 메일을 보내는 방법을 어떻게 구현해야 할지 왜 '지금' 고민하고 있냐는 말입니다.

우리는 테스트를 만들 때 '우리가 테스트하고 싶은 것'에만 관심을 두고 싶습니다. 그 외의 불필요한 의존과 인터페이스에 관심을 두고 싶지 않습니다. 이는 마치 앞서 16.1절 '테스트와 SRP'에서 했던 고민과 유사합니다.

따라서 이번에는 테스트가 인터페이스를 분리하라는 신호를 보내고 있는 것입니다. 생각해 보면 VerificationEmailSender 인터페이스일 때에는 이런 고민을 할 필요가 없었습니다. 이런 고민을 시작하게 된 것은 코드 16.8의 EmailSender라는 통합된 인터페이스를 사용하고 나서부터입니다. 그러니 이러한 고민을 하고 싶지 않다면 처음부터 인터페이스는 상세히 분리하는 것이 좋습니다. EmailSender라는 통합된 인터페이스보다 VerificationEmailSender 같이 특수한 목적을 처리하는 인터페이스를 만드는 편이 테스트에 훨씬 유리하다는 것입니다.

그리고 이는 SOLID에서 말하는 인터페이스 분리 원칙(Interface segregation principle; ISP)에 부합합니다. 예를 들어, EmailSender 인터페이스를 전부 기능 단위로 나눠 다음과 같은 인터페이스로 분리했다고 가정해 봅시다.

- VerificationEmailSender
- WelcomeEmailSender
- AdvertisementEmailSender
- ChargeEmailSender

처음부터 이렇게 역할이 세분화돼 있었다면 테스트하기가 훨씬 쉬웠을 것입니다![3]

그런데 혹시 이렇게 인터페이스를 너무 상세히 나누면 구현 컴포넌트가 파편화되지 않을까 걱정되나요? 예를 들어, 앞에서는 메일 발송과 관련해 4개의 인터페이스로 분리할 것을 제시했습니다. 그렇다면 이를 각각 컴포넌트로 따로 만들 경우 메일 발송과 관련된 코드가 4군데로 파편화된다는 것인데 이는 분명히 관리하기가 어려울 것입니다!

그런데 이런 걱정을 했다면 괜찮습니다! 인터페이스를 세분화하더라도 이에 대한 구현 컴포넌트는 하나로 유지할 수 있습니다. 실제 컴포넌트를 모두 따로 만들 필요가 없습니다. 다음과 같이 컴포넌트를 만들면 되기 때문입니다.

코드 16.13 다양한 인터페이스를 구현하는 컴포넌트

```java
@Component
public class EmailSenderImpl implements
    VerificationEmailSender,
    WelcomeEmailSender,
    AdvertisementEmailSender,
    ChargeEmailSender {

    // ...
}
```

아시다시피 스프링 프레임워크의 `@Autowired` 애너테이션은 타입을 기반으로 동작합니다. 그래서 코드 16.13의 `EmailSenderImpl` 컴포넌트는 `WelcomeEmailSender` 역할에도 주입될 수 있고 `AdvertisementEmailSender` 역할 등에도 주입될 수 있습니다. 하나의 컴포넌트로 4개의 역할 중 어느 곳이든 주입이 가능한 것입니다.

그러면 이제 코드 16.13에 영감을 받아 Fake를 만드는 상상을 해봅시다.

코드 16.14 VerificationEmailSender만 구현하는 Fake

```java
public class FakeEmailSender implements VerificationEmailSender {

    public Map<String, String> mail = new HashMap<String, String>();
```

---

3 이 말을 오해하면 메서드 하나당 인터페이스를 새로 만들라는 의미로 이해할 수 있습니다. 그러나 그런 뜻은 아닙니다. 인터페이스는 적당히 통합되고 세분화돼야 합니다. 책에서 소개하는 예시는 극적인 상황을 보여드리기 위해 일부러 만들어진 것이라는 사실을 명심해 주세요. 균형을 잡는 것이 중요하고 그만큼 어렵습니다.

```
    public void sendVerificationRequired(User user) {
        String content = VerificationEmailContentGenerator.generate(user);
        emails.put(user.getEmail(), content);
    }
}
```

회원가입 테스트를 작성해야 한다면 일단 코드 16.14와 같은 Fake를 먼저 만듭니다. 회원가입 상황에서는 VerificationEmailSender 인터페이스의 구현만 있으면 되니까요.

인터페이스가 축소된 덕분에 이제 sendWelcome, sendAdvertisement, sendCharge 같은 메서드를 구현하려고 노력하지 않아도 됩니다. 게다가 회원가입 시나리오에서도 완전한 객체로서 그대로 사용할 수 있습니다!

그러면 이번에는 시간이 지나 광고 메일을 테스트해야 하는 상황이라고 가정해 봅시다. FakeEmailSender 클래스는 어떻게 바꾸면 될까요?

코드 16.15 AdvertisementEmailSender 인터페이스도 추가로 구현해야 하는 경우

```
public class FakeEmailSender implements
    VerificationEmailSender,
    AdvertisementEmailSender {

    public Map<String, String> emails = new HashMap<String, String>();

    public void sendVerificationRequired(User user) {
        String content = VerificationEmailContentGenerator.generate(user);
        emails.put(user.getEmail(), content);
    }

    void sendAdvertisement(User user) {
        // do something...
    }
}
```

코드 16.14를 확장해 그제야 AdvertisementEmailSender 인터페이스를 구현하면 됩니다. 필요할 때 확장이 가능해진 것입니다. 훨씬 유연하지 않나요?

더불어 이러한 전략을 사용할 경우 인터페이스가 꼭 하나의 컴포넌트로 관리될 필요가 없다는 장점도 생깁니다. 다시 말해 ChargeEmailSender 인터페이스에 대한 구현체가 필요해질 때쯤에는 코드 16.15의 FakeEmailSender 클래스를 사용하는 것이 아닌 FakeChargeEmailSender 클래스를 새로 만들어 사용하게 할 수도 있습니다. 즉, 인터페이스 분리 원칙을 지키면 우리는 구현체가 실제로 필요로 할 때 구현할 수 있습니다.

이렇게 해서 이번 절에서는 테스트를 작성함으로써 통합된 인터페이스가 있으면 테스트를 작성하는 것이 어려워진다는 점을 배웠습니다. 그리고 인터페이스를 분리하면 테스트를 위한 구현체를 구현하기 쉬워진다는 것도 배웠습니다. 그 결과, 코드가 인터페이스 분리 원칙을 지키는 방향으로 발전하게 될 수 있다는 것도 함께 살펴봤습니다.

이것이 가능해진 이유는 테스트가 기능 단위로 작성되는 경우가 많기 때문입니다. 그리고 테스트를 작성함으로써 기존에 코드를 작성하던 시각과 다른 시각을 제공하기 때문입니다.

꾸준히 강조하겠습니다. 테스트는 코드의 작성자가 아닌 코드의 사용자로서 코드를 더 세분화된 단위로 바라볼 수 있게 해줍니다. 결과적으로 개발자는 두 개의 시각으로 자신이 작성한 코드를 바라보게 됩니다. 그로 인해 코드의 재사용성과 확장성이 높아집니다.

> ⓘ **Repository 세분화하기**
>
> 같은 논리를 UserRepository 인터페이스 같은 Repository 코드에 적용해 보세요. Repository도 더 세분화할 수 있습니다. 그동안 저장소라는 이름하에 얼마나 많은 영속성 메서드가 한 곳으로 모였나요? 테이블 하나당 Repository 하나만 만들어 사용하진 않았었나요? 저장소도 필요에 따라 Reader, Writer 정도로 더 세분화할 수 있습니다.

16.3 테스트와 OCP, DIP

좋은 설계를 갖춘 시스템은 유연합니다. 여기서 '유연하다'의 의미는 시스템이 변화에 효과적으로 대응할 수 있다는 의미입니다. 그래서 좋은 설계로 개발된 시스템이라면 외부 요구사항이 변경돼 코드를 수정해야 할 때도 해당 코드 변경으로 인한 영향을 최소화할 수 있어야 합니다. 그래야만 변경된 코드로 인해 발생하는 예측 불가능성을 최소화할 수 있기 때문입니다.

그래서 설계 원칙에는 이러한 유연성을 강조하는 원칙이 정말 많습니다. 하지만 그중에서도 SOLID의 개방 폐쇄 원칙(open closed principle; OCP)에 주목해 봅시다. 개방 폐쇄 원칙은 원칙의 이름부터가 '확장에는 열려 있어야 하고 수정에는 닫혀 있어야 한다'입니다. 즉, 개방 폐쇄 원칙은 이름에서부터 '시스템은 유연하게 확장할 수 있어야 하고 변경으로 생길 수 있는 영향 범위는 최소화할 수 있어야 한다'라는 목표를 노골적으로 강조하고 있습니다.

개방 폐쇄 원칙을 따르는 시스템은 새로운 기능으로 확장해야 할 때 언제든 새로운 기능을 맞이할 준비가 돼 있습니다. 더불어 자유롭게 코드를 추가할 수 있으면서도 기존 코드를 건드리지 않아도 돼서 변경에는 닫혀 있습니다.

그렇다면 이제 테스트와 개방 폐쇄 원칙을 연결 지어 봅시다. 이번에는 조금 더 심화된 질문을 해보겠습니다. 우리는 유연한 코드가 중요하다는 것을 알고 있습니다. 그래서 코드를 작성하면서 나름대로 이를 신경 써서 개발하고 이를 위해 개방 폐쇄 원칙 등을 적용합니다. 그런데 그렇게 해서 만든 코드가 '유연한 설계'를 따르고 있는지 아닌지 어떻게 판단하면 좋을까요?

> **?** 유연한 코드를 만들었다는 것은 어떻게 확인할 수 있을까요?

가장 원시적이면서도 확실한 방법은 컴포넌트 간 의존 관계를 전부 파악해 보는 것입니다. 즉, 의존 관계를 추적해서 모든 컴포넌트의 대체 가능성과 확장 가능성을 판단해 보는 거죠.

하지만 이 방법은 생각만 해도 공수가 매우 큽니다. 게다가 들인 수고에 비해 조사 결과를 오래 활용할 수도 없습니다. 왜냐하면 설계는 계속 변하기 때문입니다. 코드가 변경되면 코드의 가치도 변합니다. 그러니 원천적으로 이 방법이 제대로 동작하려면 코드가 변할 때마다 가치 판단을 다시 해야 합니다. 그럴 때마다 이 원시적인 작업을 매번 할 수는 없습니다.

더불어 이 방법은 '설계가 유연하다, 아니다'를 객관적으로 말해주지 못합니다. 당연합니다. 대체 가능성이나 확장 가능성을 정량적으로나 정성적으로 측정할 수 있는 수단이 없기 때문입니다. 그래서 이러한 가치 판단은 개발자의 주관을 따를 수밖에 없습니다.

그러니 이 원시적인 방법 대신 지속 가능하고 객관적인 가치 판단 방법이 필요합니다. 이를 바탕으로 설계의 유연성을 지속적으로 점검하고 문제가 된다면 개선할 수 있을 것입니다.

이 같은 상황에서 활용할 수 있는 것이 있으니 바로 테스트입니다. 테스트를 이용하면 코드의 유연성과 확장성이 어떤지를 판단할 수 있습니다.

테스트가 코드의 유연성과 확장성을 평가하는 기준이 될 수 있는 이유는 간단합니다. 왜냐하면 테스트가 실행되는 환경은 배포 환경과 다르기 때문입니다(물론 두 환경을 통일할 수도 있습니다). 테스트 환경은 배포 환경의 요구사항과 다른 새로운 요구사항에 대처하는 곳입니다. 그리고 그 요구사항들도 세분화돼 있으며 매우 다양합니다.

그래서 테스트를 작성하는 개발자는 시스템을 개발할 때 배포 환경과 테스트 환경을 둘 다 고려해야 합니다. 그렇게 해서 시스템이 배포 환경과 테스트 환경에서도 원활하게 실행될 수 있게 만들어야 합니다. 그 결과, 코드는 여러 환경에서도 실행 가능한 코드가 됩니다. 유연해지는 것입니다.

14장 '테스트 대역'에서는 다양한 테스트 대역을 사용해 특정 컴포넌트를 대체하기도 하고 테스트 매개변수를 임의로 조작하기도 했습니다. 그런데 이러한 일이 경직된 설계를 갖춘 시스템에서도 가능한 일일까요?

회원가입 시나리오를 회고해 봅시다. 배포 환경에서 사용하는 실제 이메일 발송 컴포넌트 대신 이메일을 발송하지 않는 Dummy를 테스트 환경에 사용했습니다. 너무나 쉽게 변경할 수 있었기 때문에 감흥이 없었을 수 있으나 이 사실이 굉장히 중요합니다. 왜냐하면 이러한 사실 자체가 우리의 시스템이 환경에 따라 다른 컴포넌트를 사용할 수 있다는 증명이기 때문입니다. 자연스럽게 테스트 대역을 사용할 수 있는 시스템에서는 나중에 요구사항이 변경되거나 기존 컴포넌트를 새 컴포넌트로 교체할 수 있습니다. 테스트 대역을 사용했던 것처럼 새로운 컴포넌트를 만들고 이를 갈아끼우듯 교체하면 되기 때문입니다.

또 다른 예를 들어, 15.1.1절 '숨겨진 입력'에서 `login` 메서드에 `Clock` 클래스에 대한 의존이 숨겨져 있을 때 어떤 일이 발생했는지 회고해 봅시다. 시간을 다루는 클래스가 숨겨진 입력으로 들어가 있는 경우는 어땠나요? 그리고 이를 테스트하기 쉽게 만들었더니 어땠나요? 지금 당장 돌아가 코드 15.13(400쪽)과 코드 15.6(395쪽)을 비교해 보세요. 어느 쪽이 더 유연한 코드인가요?

테스트를 작성하기 위해서는 개발자가 시스템을 배포 환경이 아닌 테스트 환경에서도 돌아갈 수 있게 만들어야만 합니다. 이로 인해 테스트하기 쉬운 구조를 추구하는 것이 시스템이 다양한 환경에 대응할 수 있게 만드는 데 도움이 됩니다.

조금만 더 나아가 봅시다. 의존성 역전 원칙(dependency inversion principle; DIP)은 어떤가요? 의존성 역전 원칙이 추상화를 뜻하는 것은 아니지만 추상화를 통해서 유연성을 추구할 수 있습니다. 그래서 결국 의존성 역전 원칙을 추구하는 것 역시 시스템의 유연성을 높이는 일이라 볼 수 있습니다. 그런데 이런 의존성 역전 원칙도 테스트를 고민하다 보면 자연스럽게 따라옵니다.

테스트가 의존성 역전 원칙을 유도하는 예를 들어 봅시다. 만약 회원가입 사례에서 `UserService` 컴포넌트가 `VerificationEmailSender` 인터페이스 같은 추상에 의존하는 것이 아니라 구현체인 `VerificationEmailSenderImpl` 컴포넌트에 직접 의존하는 형태로 개발돼 있었다면 어땠을까요?

```
@Service
@Builder
@RequiredArgsConstructor
public class UserService {

    private final UserRepository userRepository;
    private final VerificationEmailSenderImpl verificationEmailSenderImpl;

    @Transactional
    public User register(UserCreateDto userCreateDto) {
        if (userRepository.findByEmail(userCreate.getEmail()).isPresent()) {
            throw new EmailDuplicatedException();
        }
        User user = User.builder()
            .email(userCreate.getEmail())
            .nickname(userCreate.getNickname())
            .status(UserStatus.PENDING)
            .verificationCode(UUID.randomUUID().toString())
            .build();
        user = userRepository.save(user);
        verificationEmailSenderImpl.send(user);
        return user;
    }
}
```

그렇다면 이제 코드 16.16의 register 메서드에 대한 테스트를 작성해 봅시다. 이전과 마찬가지로 이메일 발송에 사용하는 verificationEmailSenderImpl 역할에 주입할 테스트 대역을 다음과 같이 만들어 봤습니다.

```
public class DummyVerificationEmailSender
        extends VerificationEmailSenderImpl {

    public DummyVerificationEmailSender(...) {
        super(...)
    }
}
```

```
    @Override
    public void send(User user) {
        // do nothing
    }
}
```

DummyVerificationEmailSender 클래스는 구현체를 상속합니다. 이렇게 만들어진 DummyVerification EmailSender 클래스를 이용하면 앞서 테스트 대역을 활용했던 것처럼 이메일 발송을 무시하는 테스트를 작성할 수 있게 됩니다.

그런데 테스트가 의존성 역전 원칙을 유도하는 과정을 보여주고 싶었는데 의존성 역전 원칙 없이도 테스트를 작성할 수 있네요? 하지만 안타깝게도 이 방식은 권장하지 않습니다! 왜냐하면 이렇게 작성된 테스트는 구현체의 세부 구현에 의존하는 결과를 만들기 때문입니다.

DummyVerificationEmailSender 클래스는 실제 구현체인 VerificationEmailSenderImpl 컴포넌트에 직접 의존합니다. 따라서 이 테스트 대역은 VerificationEmailSenderImpl 컴포넌트의 변경에 자유롭지 못합니다. 구현체의 코드 변경에 따라 테스트가 영향을 받게 된다는 의미입니다.

단적인 예로 상위 클래스인 VerificationEmailSenderImpl 컴포넌트에 새로운 컴포넌트가 의존성으로 추가된다고 상상해 봅시다. DummyVerificationEmailSenderImpl 클래스의 생성자도 새로운 의존성을 받아주기 위해 새 매개변수를 추가해야 할 것입니다. (그게 아니라면 상위 클래스 생성자인 super() 호출에 null이 들어갈 것입니다. 그런데 이는 '서비스는 신뢰할 수 있고 완전해야 한다'라는 정의와 점점 멀어지는 일입니다.)

구현체를 상속해 테스트 대역을 만들려는 시도는 테스트를 복잡하게 만듭니다. 그러니 답은 간단합니다. 서비스가 추상에 의존하게 만들면 이런 고민을 할 필요가 없습니다. 역할에 의존하는 코드를 만들고 역할에 충실한 컴포넌트를 배포 환경이나 테스트 환경에 만들면 됩니다. 그러면 모든 고민이 해결됩니다.

이를 통해 테스트는 개발자가 역할에 집중할 수 있게 도와줍니다. 그 결과, 의존성 역전 원칙이 지켜집니다.

16.4 테스트와 LSP

지금까지 테스트에 관해 꽤 많은 이야기를 했습니다. 자동 테스트와 테스트의 목적, 대역, 테스트 가능성을 이야기했고 테스트가 왜 필요하고 어떤 식으로 테스트해야 하는지도 이야기했습니다. 그렇다면 이제 '어떤 것을 테스트해야 할지?'가 궁금할 것입니다.

이 질문의 답변은 꽤나 다양할 것입니다. 그중에서 특히나 많이 듣는 대답은 Right-BICEP과 CORRECT 원칙입니다. Right-BICEP은 어떤 것을 테스트해야 하는지 알려줍니다. CORRECT는 테스트 환경을 가정할 때 데이터의 경계 조건에는 어떤 것이 있는지를 알려줍니다.

ⓘ **Right-BICEP**

- Right: 결과가 올바른지 확인해 봐야 합니다.

- Boundary: 경계 조건에서 코드가 정상적으로 동작하는지 확인해 봐야 합니다.

- Inverse: 역함수가 있다면 이를 실행해 입력과 일치하는지 확인해 봐야 합니다.

- Cross-Check: 검증에 사용할 다른 수단이 있다면 이를 비교해 봐야 합니다.

- Error Conditions: 오류 상황에서도 프로그램이 의도한 동작을 하는지 확인해 봐야 합니다.

- Performance: 프로그램이 예상한 성능 수준을 유지하는지 확인해 봐야 합니다.

ⓘ **CORRECT**

- Conformance(적합성): 데이터 포맷이 제대로 처리되는지 확인해 봐야 합니다.

- Ordering(정렬): 출력에 순서가 보장돼야 한다면 이를 확인해 봐야 합니다.

- Range(범위): 입력에 양 끝점이 있다면 양 끝점이 들어갈 때 정상 동작하는지 확인해 봐야 합니다.

- Reference(참조): 협력 객체의 상태에 따라 어떻게 동작하는지 확인해 봐야 합니다.

- Existence(존재): null, blank 같은 값이 입력될 때 어떻게 반응하는지 확인해 봐야 합니다.

- Cardinality(원소 개수): 입력의 개수가 0, 1, 2, ⋯, n일 때 어떻게 동작하는지 확인해 봐야 합니다.

- Time(시간): 병렬 처리를 한다면 순서가 보장되는지 확인해 봐야 합니다.

그런데 이 원칙들을 상세히 설명하는 것도 좋겠지만 개인적으로 '어떤 것을 테스트해야 하느냐?'라는 질문에 더 어울리는 답변이 있습니다. 혹시 자동 테스트의 중요성을 강조하며 이야기한 내용이 기억나시나요? 우리는 개발을 마친 후 전체 테스트를 실행해 시스템의 안정성을 평가하고자 했습니다. 그렇게 해서 테스트가 시스템에서 이상 징후를 탐지하고 문제가 있다면 해당 정보를 우리에게 알려주길 원했습니다.

바로 여기에 답이 있습니다. 이를 위해 어떤 메서드나 시스템의 실행 결과를 미리 작성하고 유지했으면 하는 시스템의 모든 상태를 테스트로 작성해야 합니다.

> ☆ 유지하고 싶은 상태가 있다면 테스트로 작성하세요.

예를 들어, 14.2절 'Stub'에서 살펴본 코드 14.8(365쪽)을 통해 어떤 테스트들이 나올 수 있는지 생각해 봅시다.

1. 일치하는 이메일이 이미 존재할 때 중복된 이메일이 존재한다는 에러를 출력하는지 검증하고 싶습니다.
2. 이메일 회원가입을 마치면 사용자가 '가입 보류' 상태로 저장소에 저장됩니다.

두 테스트는 모두 회원가입 메서드에 기대하는 시스템의 상태입니다. 그렇다면 이러한 내용을 테스트로 만들어 시스템이 진화하더라도 그 가치가 유지될 수 있도록 합니다.

그래서 한 번 더 강조합니다. 시스템이 유지했으면 하는 모든 상태를 테스트로 작성해야 합니다.

나름 굉장히 중요한 이야기를 했는데, 지겹도록 듣는 이야기라 너무나 당연한 말처럼 들리고 별 감흥이 없을 수 있습니다. 하지만 시스템이 유지했으면 하는 모든 상태를 테스트로 작성하라는 조언을 다음과 해석하면 약간 다르게 느껴질 것입니다.

> 어떤 시스템에 응당 있어야 할 테스트 케이스가 없다면 해당 케이스는 시스템에서 유지하지 않아도 된다고 판단하는 것일 수 있다.

테스트는 시스템의 상태를 검증하는 수단입니다. 그러므로 개발자는 유지하고 싶은 상태가 있다면 역할과 책임 관점에서 개발자의 모든 의도를 테스트로 작성해둬야 합니다. 그렇게 해서 코드베이스가 변경됐을 때 잘못된 상태 변경이 있으면 테스트가 이 오류를 찾아낼 수 있어야 합니다.

이러한 맥락에서 어떤 케이스에 대응하는 테스트가 시스템에 없다는 것은 '해당 케이스는 지속적으로 감시하면서까지 유지할 필요가 없다'라고 말하는 것과 같을 수 있습니다. (물론 이는 프로젝트가 테스트가 어느 정도 완벽하게 갖춰졌을 때만 적용되는 해석이긴 합니다.) 그래서 다시 한번 이야기하겠습니다. 유지하고 싶은 상태가 있다면 테스트로 작성하세요. 코드 작성자의 모든 의도를 테스트로 드러내세요.

그렇다면 이제 이러한 배경을 바탕으로 테스트와 리스코프 치환 원칙(Liskov substitution principle; LSP)을 연결 지어 생각해 봅시다.

테스트는 시스템의 상태를 검증할 수 있습니다. 그런데 리스코프 치환 역시 시스템이 유지하고 싶은 상태 중 하나입니다! 그래서 테스트와 리스코프 치환 원칙은 궁합이 잘 맞습니다. 우리는 리스코프 치환을 검증하는 테스트를 작성함으로써 시스템이 리스코프 치환 원칙을 상시로 유지하고 있는지 검사할 수 있습니다.

기억이 안 나는 분들을 위해 먼저 리스코프 치환 원칙이 무엇인지 다시 한번 정리해 봅시다. 리스코프 치환 원칙은 상속을 통해 파생된 클래스가 기본 클래스를 대체할 수 있어야 한다는 원칙입니다. 우리는 이 원칙을 이해하고자 4.1.3절 '리스코프 치환 원칙'에서 Rectangle 클래스와 이를 상속하는 Square 클래스 사례를 살펴봤습니다. 그리고 당연해 보이는 상속 관계에서 어떻게 하면 이 원칙이 위반될 수 있는지도 살펴봤습니다.

그러면 이번에는 조금 더 실무적인 관점으로 이 원칙에 접근해 봅시다. 일반적으로 리스코프 치환 원칙이 깨지는 상황은 어떤 경우가 있을까요? 리스코프 치환 원칙을 어긴다는 말은 파생 클래스가 기본 클래스가 정해놓은 계약을 깨트린다는 말과 같습니다. 따라서 이 원칙이 깨지는 상황은 크게 두 가지로 정리할 수 있습니다.

1. 원칙을 지키고 있는 파생 클래스를 수정했더니 기본 클래스를 대체하지 못하는 경우
2. 새로운 파생 클래스가 처음부터 기본 클래스를 대체하지 못하는 경우

첫 번째 경우부터 봅시다. 이 경우 테스트는 어떤 도움을 줄 수 있나요? 리스코프 치환을 검증하는 테스트가 미리 작성돼 있었다면 파생 클래스가 수정됐을 때 원칙 검증이 바로 이뤄졌을 것입니다. 그 결과, 코드 변경으로 원칙이 깨지는 순간 테스트는 바로 회귀 버그를 감지하고 개발자는 이를 수정할 수 있을 것입니다. 즉, 우리가 유지하고 싶은 상태 중 하나인 리스코프 치환 검증을 테스트로 미리 작성해 둠으로써 원칙을 준수하고 있는지 여부를 능동적으로 감시할 수 있습니다.

두 번째 경우도 봅시다. 이번에는 새로운 클래스가 추가돼서 리스코프 치환을 위반하는 경우입니다. 이 경우는 앞선 사례와 조금 다릅니다. 앞선 사례에서 원칙 준수 여부를 감지할 수 있다고 말할 수 있었던 것은 테스트가 미리 작성돼 있다는 가정이 있었기 때문입니다. 그런데 새로운 파생 클래스를 추가하는 상황에서는 위반 감지를 탐지할 테스트가 없습니다.

그런데 과연 그럴까요? 아닙니다. 두 번째 경우에도 테스트를 이용해 리스코프 치환 원칙을 위반하는지 검사할 수 있습니다! 다음과 같은 테스트를 작성하면 됩니다.

```java
public abstract class RectangleLiskovTest {

    abstract Rectangle createSystemUnderTest();
    abstract long getSystemUnderTestArea();

    @Test
    public void 넓이를_계산할_수_있다() {
        // given
        Rectangle rectangle = createSystemUnderTest();

        // when
        long result = rectangle.calculateArea();

        // then
        assertThat(result).isEqualTo(getSystemUnderTestArea());
    }
}
```

코드 16.18처럼 기본 클래스에 대한 테스트 코드를 작성하는 것입니다. 여기서 주목할 점은 RectangleLiskovTest 클래스가 테스트 클래스임에도 추상 클래스이며 createSystemUnderTest나 getSystemUnderTestArea 같은 추상 메서드가 정의돼 있다는 것입니다.

이러한 RectangleLiskovTest 클래스는 다음과 같이 다른 테스트 코드에 적용해 활용할 수 있습니다.

```java
public class RectangleTest extends RectangleLiskovTest {

    @Override
    public Rectangle createSystemUnderTest() {
        return new Rectangle(10, 5);
    }

    @Override
    public long getSystemUnderTestArea() {
        return 50;
    }
}
```

```
---

public class SquareTest extends RectangleLiskovTest {

    @Override
    public Rectangle createSystemUnderTest() {
        return new Square(10);
    }

    @Override
    long getSystemUnderTestArea() {
        return 100;
    }
}
```

파생 클래스의 테스트나 기본 클래스의 테스트가 코드 16.18의 추상 클래스를 상속하도록 만드는 것입니다. 이렇게 하면 파생 클래스의 테스트를 실행하면서 동시에 상위에 선언된 코드 16.18의 '넓이를_계산할_수_있다()' 테스트를 함께 실행할 수 있습니다. 따라서 리스코프 치환을 함께 검증할 수 있게 됩니다.

코드 16.19의 RectangleTest와 SquareTest 클래스에는 테스트 케이스가 없습니다. 상위 추상 테스트 클래스의 추상 메서드만 오버라이딩하고 있을 뿐입니다. 하지만 테스트 케이스가 없는 것처럼 보여도 이 클래스는 테스트를 실행할 수 있습니다. 상위 클래스에 테스트가 선언돼 있기 때문입니다. 이 테스트를 실행하면 다음과 같은 결과를 얻을 수 있습니다.

그림 16.2 코드 16.19의 실행 결과

디자인 패턴으로 치면 이것은 테스트 코드에 템플릿 메서드 패턴을 적용한 사례라고 볼 수 있습니다.

다른 방법도 한 번 소개하겠습니다. 코드 16.18과 같은 방식으로 테스트를 작성할 경우 파생 테스트 클래스들의 세부 구현이 강제됩니다. 그래서 경우에 따라 이를 선호하지 않는 개발자가 있을 수 있습니다. 그렇다면 다음과 같이 인터페이스를 만들어서 사용하는 것도 한 가지 방법입니다.

```java
public interface RectangleLiskovTest {

    void 넓이를_계산할_수_있다();
}
```

이런 식으로 인터페이스를 미리 만들어 두고 파생 클래스를 테스트할 때는 테스트도 상위 인터페이스를 구현하도록 의무화하는 것입니다.

그렇게 되면 개발자는 의식적으로 파생 클래스의 리스코프 치환 테스트를 작성해야 한다고 느끼고 이를 챙기게 될 것입니다. 이 방법도 마음에 들지 않는다면 매개변수 값 변경 테스트(parameterized test)[4] 방식을 이용할 수도 있습니다.

그런데 이렇게 만들어진 테스트가 정말로 리스코프 치환 원칙을 지키는 데 도움이 될까요? 돌이켜 생각해 봤을 때 4.1.3절 '리스코프 치환 원칙'에서 본 사례에서 Square 클래스가 Rectangle 클래스를 대체할 수 없게 되는 상황은 setHeight 메서드를 호출한 후 넓이를 계산할 때였습니다. 하지만 우리가 16.4절 '테스트와 LSP'에서 함께 본 예시로는 이 상황을 해결하지 못합니다. 그래서 지금까지 소개한 방법들이 어딘가 반쪽짜리 해결책처럼 느껴집니다.

무슨 의미인지 상세히 설명하기 위해 예를 들어 봅시다. 4.1.3절에서 소개했던 사례에 대응하는 테스트 코드를 작성하려 한다고 생각해 봅시다. 정사각형을 만들고, 높이를 변경하고, 정사각형의 넓이를 계산하는 테스트를 다음과 같이 작성합니다.

```java
public class SquareTest {

    @Test
    public void 높이를_변경할_수_있다() {
        // given
        Square square = new Square(10);

        // when
        square.setHeight(5);

        // then
        assertThat(square.getHeight()).isEqualTo(5);
        assertThat(square.getWidth()).isEqualTo(???); // 기댓값은 몇일까요?
```

---

4   같은 시나리오의 테스트를 입력 값만 바꾸어 실행할 수 있는 방법입니다.

```
        assertThat(square.calculateArea()).isEqualTo(???); // 기댓값은 몇일까요?
    }
}
```

테스트를 작성하려고 보니 setHeight 호출 결과를 비롯해 getWidth, calculateArea 메서드의 호출 결과로 어떤 값이 나와야 할지 막막해졌습니다. 어떤 결과가 나와야 이 테스트 코드가 리스코프 치환을 꾸준히 검증하는 테스트가 될 수 있을까요?

애석하게도 이에 대한 해답은 아무도 모릅니다. 왜냐하면 setHeight(5)의 호출 결과로 square.getWidth()가 5가 된다면 이는 Rectangle의 setHeight와 다른 동작이 된다는 의미이니 리스코프 치환 원칙을 위반하고, square. getWidth()가 10이 된다면 이는 더 이상 정사각형이 아니게 되어 데이터 모순이 발생하는 사례가 되기 때문입니다. 그러니 어느 쪽으로 검증하든 잘못됐습니다.

즉, 테스트를 작성한다고 해서 Sqaure가 Rectangle로 대체될 수 없는 문제를 해결하지는 못합니다. 그러니 개발자는 코드 16.21처럼 테스트를 작성함으로써 뭔가 문제가 있다는 것을 빨리 인지할 수는 있어도 '리스코프 치환을 검증하는 테스트 작성'이라는 목표는 달성할 수 없습니다. 그렇다면 이 문제는 어떻게 해결할 수 있을까요?

답은 간단합니다. 애초에 부자연스러운 메서드의 치환 검증을 위해 노력하지 않으면 됩니다. 그리고 그런 고민을 할 시간에 치환이 가능한 자연스러운 구조를 만들어 그에 대한 테스트를 작성하도록 하려고 노력하면 됩니다.

예를 들어, Rectangle과 Square 클래스는 다음과 같이 변경하는 것이 좋을 것입니다.

코드 16.22 Rectangle과 Square 클래스가 사용할 공통적인 역할을 분리

```
interface AreaCalculable {

    long calculateArea();
}
```

Rectangle과 Square 클래스에 공통적으로 필요한 행동을 묶어 상위 인터페이스를 새로 정의했습니다. 이 인터페이스는 'AreaCalculable(넓이를 계산할 수 있음)'이라는 이름으로 지어봤습니다.

보통 Rectangle, Square 클래스의 상위 인터페이스로 도형을 뜻하는 'Shape'이라는 이름을 사용합니다. 하지만 개인적으론 'Shape'이라는 이름은 지나치게 범용적이라는 생각이 들었습니다. 그래서 역할에 집중해 이 같은 이름을 선택했습니다. 그러면 이제 각 클래스가 이를 구현하도록 만들어 보겠습니다.

코드 16.23 세터를 갖는 Rectangle

```
@Setter
@AllArgsConstructor
class Rectangle implements AreaCalculable {
```

```
    private long width;

    private long height;


    @Override
    public long calculateArea() {
        return width * height;
    }
}
```

Rectangle에는 요구사항대로 세터를 넣었습니다.

코드 16.24 Rectangle 클래스 대신 AreaCalculable 인터페이스를 구현하는 Square 클래스

```
@AllArgsConstructor
class Square implements AreaCalculable {

    private long length;

    @Override
    public long calculateArea() {
        return length * length;
    }
}
```

Square 클래스는 width, height 값을 나누어 관리할 필요가 없습니다. 그래서 길이(length)만 저장하도록 했습니다. 덕분에 이제 Square 클래스는 setWidth, setHeight 메서드 같은 불확실한 메서드를 처리할 필요가 없어졌습니다. 혹시나 Square 클래스에 세터 메서드가 필요해지더라도 이는 목적이 불분명한 setWidth, setHeight 같은 메서드가 아니라 setLength 같은 목적이 확실한 메서드로 표현될 것입니다.

결과적으로 테스트를 고민함으로써 리스코프 치환을 유지할 수 없는 설계의 잘못된 점을 발견했습니다. 그리고 구조를 변경해 리스코프 치환을 유지할 수 있고, 테스트할 수 있는 코드로 변경할 수 있었습니다.[5]

마지막으로 하나만 더 설명하겠습니다. 'IS-A 관계[6]가 성립하면 상속을 적용할 수 있다'는 말이 틀렸다는 이야기가 나오는 것도 이러한 탓입니다. 의미론적으로 'Square is Rectangle'이지만 시스템의 요구사항[7]에 따라 이 둘은 애초에 상속 관계여서는 안 되는 것일 수 있습니다.

---

1   4.1.3절 '리스코프 치환 원칙'에서 했던 말을 기억하시나요? '기본 클래스에 setHeight, setWidth 같은 세터 메서드가 있는 것 자체가 부자연스럽다'
    라는 이야기를 했었습니다. 그리고 동시에 'Rectangle 클래스에 이러한 세터 메서드가 존재하는 순간 리스코프 치환은 달성할 수 없는 목표다'라는
    이야기도 했습니다. 결과적으로 Rectangle 클래스에서 세터가 사라져야 한다는 말도 했고요(104쪽).

2   객체지향에서 상속을 표현하는 개념 중 하나로 'A는 B다'를 만족할 경우 A는 B를 상속할 수 있다는 개념입니다. 예를 들어, 'Dog is animal'이 성립하
    므로 Dog 클래스는 Animal 클래스를 상속할 수 있다는 의미입니다.

3   예: Rectangle 클래스는 반드시 setWidth, setHeight 메서드를 가지고 있어야 한다.

따라서 상속을 사용하는 것은 반드시 신중해야 합니다. 상속보다는 조합(composition)을 사용해야 합니다. 그리고 클래스를 상속하는 것보다는 인터페이스를 구현(implement)하는 것이 좋습니다. 나아가 인터페이스는 역할을 기반으로 만들어지는 것이 좋고요!

테스트와 개발 방법론

테스트를 공부하다 보면 빠지지 않고 나오는 개념이 하나 있습니다. 바로 TDD(test-driven development)입니다. TDD는 소프트웨어 개발 방법론 중 하나로, 개발자가 코드를 작성하기 전에 해당 코드의 테스트 케이스를 먼저 작성하게 한 후 해당 테스트를 통과할 수 있는 코드를 작성하는 방식으로 소프트웨어를 개발합니다. 그래서 TDD에서는 말 그대로 테스트 중심으로 소프트웨어를 개발합니다.

그리고 TDD에서 파생한 또 다른 개념이 하나 더 있습니다. 바로 BDD(behavior-driven development)입니다. BDD는 소프트웨어 개발 과정에서 비즈니스 요구사항과 소프트웨어의 행동을 강조하는 개발 방법론입니다. BDD에서 개발자는 비즈니스 의도를 명확하게 이해해야 하고, 스펙을 테스트 가능한 형태로 작성할 수 있어야 합니다. 그리고 이를 위해 개발팀과 비즈니스팀 간의 빈번한 의사소통을 강조합니다. 또한 테스트 케이스를 명세화할 때 Given-When-Then 같은 자연어로 구성된 시나리오를 사용할 것을 권장합니다.

TDD와 BDD는 코드의 안정성과 유연성을 높여 소프트웨어의 품질을 향상시킬 수 있는 가장 현대적인 개발 방법론입니다. 그리고 많은 기업과 개발팀에 채택돼 성공적으로 프로덕션 환경까지 적용된 검증된 방법론입니다. 그래서 이번 장에서는 TDD와 BDD에 관해 짧게나마 알아보겠습니다.

17.1　TDD

프로젝트에서 TDD를 이용하기로 한 경우 개발자는 Red, Green, Refactor라고 하는 세 단계를 거쳐 소프트웨어를 개발하게 됩니다.

- **Red 단계**

  첫 번째 단계인 Red 단계에서는 아직 구현되지 않은 기능을 테스트하는 케이스를 작성합니다. 즉, 다음과 같은 구현과 테스트를 먼저 만든다는 것입니다.

코드 17.1 구현보다 테스트를 먼저 만드는 Red 단계

```java
public class CalculatorTest {

    @Test
    public void sumAtoB는_a부터_b까지_숫자를_모두_더한_값을_반환한다() {
        // given
        long a = 1;
        long b = 100;

        // when
        long result = Calculator.sumAtoB(a, b);

        // then
        assertThat(result).isEqualTo(5050);
    }
}

---

public class Calculator {

    public static long sumAtoB(long a, long b) {
        throw new RuntimeException("Method is not implemented.");
    }
}
```

이 시점에서 테스트는 실패합니다. 당연합니다. 왜냐하면 아직 해당 기능이 구현돼 있지 않기 때문입니다. 그래서 이 단계는 테스트가 실패한다는 의미를 담아 Red 단계라 부릅니다.

- Green 단계

두 번째 단계인 Green 단계에서는 테스트를 통과시키기 위한 최소한의 코드를 작성합니다.

코드 17.2 테스트를 통과하는 실제 구현을 만드는 Green 단계

```java
public class Calculator {

    public static long sumAtoB(long a, long b) {
        long result = 0;
        for (long i = a; i <= b; i++) {
            result += i;
        }
        return result;
    }
}
```

중요하니 다시 한 번 강조겠습니다. Green 단계의 목표는 **'최소한'**의 코드 작성으로 테스트가 성공하게 만드는 것입니다. 이 단계에서는 코드의 품질에 신경 쓰지 않습니다. 오롯이 요구사항에 맞는 최소한의 기능을 개발해서 테스트를 통과시키는 데만 집중합니다.

- Refactor 단계

세 번째 단계인 Refactor 단계에서는 Green 단계에서 작성한 코드를 리팩터링합니다. 이 단계는 Blue 단계라고 불리기도 합니다. Green 단계에서 기능을 구현하는 데만 집중했다면 Refactor 단계에서는 코드의 가독성과 유지보수성, 성능을 높이는 데 집중합니다.

코드 17.3 구현 코드를 다듬는 Refactor 단계

```java
public class Calculator {

    public static long sumAtoB(long a, long b) {
        return (a + b) * (b - a + 1) / 2;
    }
}
```

이때 중요한 점은 리팩터링으로 인해 기능의 동작 방식이 변경돼서는 안 된다는 것입니다. 왜냐하면 **리팩터링은 '기능은 그대로 유지된 상태에서 코드의 구조만 변경하는 작업'**이기 때문입니다. 그렇기 때문에 진정한 의미의 리팩터링은 반드시 테스트가 보장된 상태에서 이뤄져야 합니다.

그러한 이유로 여기서 Green 단계를 '최소한'의 코드 작성으로 테스트를 통과시켜야 한다고 했던 이유를 엿볼 수 있습니다. 코드 변경으로 기능의 동작 방식이 변하지는 않았는지 확인하는 데 Green 단계에서 통과시킨 테스트를 사용

하기 위함입니다. Refactor 단계에서는 Green 단계에서 만든 테스트 코드를 이용해 코드를 변경하고, 테스트를 실행하는 과정을 계속 반복합니다.

그래서 TDD에서는 Green 단계를 따로 만들어 버그를 감지할 수 있는 테스트를 최대한 빨리 확보하는 데 집중합니다. 그리고 이를 십분 활용합니다. 자동 회귀 테스트가 있다면 개발자는 리팩터링하면서 과감하게 코드를 변경할 수 있습니다.

> ### ⓘ 두 개의 모자
>
> 개발자는 기능을 추가할 때와 리팩터링할 때 다른 유형의 뇌를 사용합니다. 다시 말해 기능을 추가할 때와 리팩터링할 때 개발자에게 요구되는 역량이 다르다는 의미입니다. 그래서 숙련된 개발자일지라도 개발할 때 이 둘을 함께 고려해가며 개발하기란 매우 어렵습니다.
>
> 애자일 창설 문서의 선언자 중 한 명이자 《테스트 주도 개발》의 저자 켄트 벡(Kent Beck)은 이를 두고 '두 개의 모자'에 비유합니다. 개발자에게 착용할 수 있는 두 개의 모자가 있는 것입니다. 하나는 기능을 추가할 때 사용할 수 있는 모자고 또 다른 하나는 리팩터링할 때 사용하는 모자입니다. 이 두 모자는 개발자가 선택할 수 있는 모드로 개발 모드와 리팩터링 모드라는 두 가지 모드가 있다는 것을 나타냅니다.
>
> 그러면서 켄트 백은 개발할 때 한 번에 하나의 모자만 선택해 개발해야 한다고 설명합니다. 이는 마치 현실에서 한 번에 두 개 이상의 모자를 쓰지 않는 것과 비슷합니다. 켄트 벡의 '두 개의 모자'는 개발할 때 목적이 무엇인지 먼저 생각해야 한다는 점을 강조합니다.

TDD에서는 개발 단계를 Red-Green-Refactor 단계로 나누고 이 단계를 반복합니다. '테스트를 먼저 작성한다', '기능을 구현한다', '리팩터링한다'가 TDD의 전부입니다. TDD를 하기 위해 특별한 도구가 필요하다거나 어려운 라이브러리가 필요한 것이 아닙니다. 그러니 TDD를 어렵게 느낄 필요가 없습니다.

그리고 테스트를 중요시하는 개발 방법론이기 때문에 테스트의 장점이 곧 TDD의 장점이 됩니다. 프로젝트에 TDD를 적용하면 개발 전에 테스트를 필수적으로 작성해야 하므로 소프트웨어의 기능을 견고하게 유지할 수 있습니다. 주요 기능에 테스트가 적용돼 있어 오류가 생겼을 때 빠르게 감지해 이를 수정할 수 있습니다.

열성적인 개발자들은 모두 자신이 작성한 코드가 좋은 형태의 코드이길 바랍니다. 그리고 실제로 TDD를 적용하면 좋은 형태의 코드가 나올 확률이 높습니다. 그러한 이유로 TDD가 IT 업계의 주류 개발 방법론으로 성장하게 된 것은 매우 자연스러운 흐름이었다고 생각합니다. 테스트는 내가 작성한 코드가 좋은 형태인지 알려주는 훌륭한 도구이며, 오류를 검증할 수 있는 수단입니다. 이와 관련해서는 16장 '테스트와 설계'를 통해 많은 이야기를 나눴으니 여러분도 납득하리라 생각합니다.

TDD의 이론적 배경과 실용성은 정말로 훌륭합니다. 그래서 모두가 TDD를 찬양합니다. 하지만 이러한 TDD도 단점은 분명히 있으니, TDD를 적용하려는 개발자들이 미리 알고 유의해야 할 사항이 하나 있습니다. 바로 'TDD를 적용하는 것이 어렵다'라는 점입니다.

TDD를 팀에 적용하기 위해서는 시스템을 개발하는 모든 팀원이 테스트 코드의 필요성을 느끼고 테스트가 필요한 이유에 대해 팀 내 문화적 공감대가 형성돼야 합니다. 더불어 팀원들 모두 테스트 코드 작성에 어느 정도 숙련된 상태여야 합니다. 즉, TDD를 적용하기 이전에 모든 팀원이 테스트를 잘 작성할 수 있어야 한다는 것입니다.

> ☆ TDD 이전에 테스트를 잘 작성할 수 있어야 합니다.

전통적인 개발 방식에 익숙한 팀에서 어느 날 갑자기 '우리는 앞으로 TDD를 할 것이다'라고 선언한다고 해서 곧바로 TDD를 프로젝트에 적용할 수 있는 것이 아닙니다. 왜냐하면 TDD를 시스템에 적용하기 이전에 팀원들 모두가 테스트부터 잘 작성할 수 있어야 하기 때문입니다.

더불어 TDD를 이용해 개발하면 초기 개발 속도가 느려질 수 있습니다. 이는 당연합니다. 기존 개발 방식에서는 기능 구현만 하면 됐겠지만 TDD에서는 테스트 코드도 작성해야 하기 때문입니다. 이는 단순히 생각해 봐도 일의 양이 두 배가 된다는 말입니다. 그러니 초기 개발 속도가 느려집니다.

그런데 이런 말을 하면 항상 나오는 반박이 있습니다. TDD 찬양론자들은 오히려 TDD를 이용해야 소프트웨어를 빠르게 개발할 수 있다고 말합니다. 그들은 이와 같은 주장을 하며 다음과 같은 근거를 들어 TDD를 이용할 때 개발 속도가 빨라지는 이유를 설명합니다.

1. TDD를 이용하면 디버깅 시간이 단축됩니다.

   미리 작성된 테스트를 이용하면 시스템에 발생한 문제를 빠르게 발견할 수 있습니다. 간혹 소프트웨어를 개발하다 보면 코드를 거의 다 작성하고 나서야 문제가 있음을 발견하는 경우가 많습니다. 그런데 이때 작성한 코드가 매우 길다면 어떤 문제가 발생할까요? 문제가 되는 부분을 특정하는 데까지 상당히 긴 시간이 소요될 것입니다. 어떤 때는 디버깅 시간이 개발 시간보다 더 길어질 것입니다.

   TDD에서는 이러한 상황이 생기는 것을 방지합니다. TDD에서는 코드를 작성하거나 수정하면 테스트를 상시로 실행하도록 권장합니다. 즉, TDD의 피드백 루프는 굉장히 짧고 빠릅니다. 덕분에 긴 개발을 마치고 나서야 문제가 생긴 것을 파악할 일이 생기지 않습니다. 혹시나 문제가 생기더라도 내가 방금 추가한 코드 때문에 발생한 문제라는 것을 바로 알 수 있습니다. 또한 테스트가 실패한 상황에 사용한 인수가 무엇인지 케이스를 읽어봄으로써 바로 확인할 수 있습니다. 그래서 문제를 재현하기도 매우 쉽습니다.

2. 테스트가 있는 프로젝트에서 개발자는 코드 변경에 주저하지 않게 됩니다.

TDD에서는 테스트를 먼저 작성하므로 모든 코드에는 테스트가 존재합니다. 이렇게 작성된 테스트는 상시로 실행될 수 있습니다. 따라서 코드 변경이 시스템에 부정적인 영향을 미치지 않았는지를 바로바로 확인할 수 있습니다. 이는 개발자가 자신감을 가지고 기존 코드를 수정할 수 있게 된다는 것입니다. 그래서 가독성을 해치는 불필요한 코드도 쉽게 정리할 수 있게 됩니다. 덕분에 코드는 좋은 품질로 유지될 수 있습니다.

3. 테스트는 코드의 문서 역할을 합니다.

테스트는 각 기능이 어떻게 동작하는지를 명확하게 설명합니다. 이로 인해 신규 인력을 투입해야 하거나 다른 팀과 협업해야 하는 상황이 생길 때 테스트를 통해 소통할 수 있게 됩니다. 덕분에 시스템 확장이 병렬로 이뤄질 수 있습니다. 협력에 용이하고 신입 사원의 온보딩에 용이하기 때문에 TDD를 따르는 시스템에서는 인력 충원이 곧 시스템의 성장 속도가 될 수 있습니다.

이러한 요인 덕분에 프로젝트에 TDD를 적용하면 프로젝트에서 공격적으로 기능을 확장할 수 있습니다. 그래서 TDD 방법론을 적용한 소프트웨어의 개발 속도는 장기적으로 그렇지 않은 소프트웨어보다 빠릅니다.

모두 맞는 말입니다. 실제로 현업자 입장에서 회귀 버그에 대한 공포는 이루 말할 수 없습니다. 테스트가 없는 프로젝트에 참여한 개발자는 시간이 흐를수록 기능 개발에 대한 부담을 몇 배로 느낍니다. 그로 인해 실제로 테스트가 없는 프로젝트는 시간이 지날수록 기능 추가가 점점 느려지고 배포 주기도 길어집니다. 이를 다이어그램으로 표현하면 다음과 같습니다.

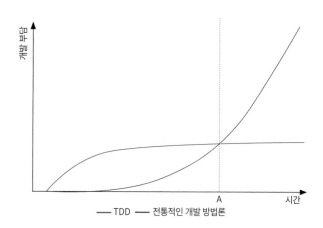

그림 17.1 시간에 따른 개발 부담: TDD vs. 전통적인 개발론

그렇다면 무조건 TDD를 이용하는 것이 이득이지 않을까요? 장기적으로 TDD는 개발 부담을 덜어줄 것이 확실하니까요.

그런데 마냥 그렇지는 않습니다. 이 논리를 따라가다 보면 조금 이상한 점이 있습니다. 그림 17.1에서 TDD의 효용가치가 전통적인 개발 방법론을 넘어서려면 A 지점을 넘어서야만 합니다. 하지만 스타트업의 경우 몇 개월 또는 몇 년을 채 버티지 못하고 사라지는 경우가 많습니다. 또한 정말로 많은 프로젝트가 A 지점을 넘어가기도 전에 무산되기도 합니다.

스타트업 개발자 입장에서는 프로젝트의 성공 실패 여부를 장담할 수 없습니다. 애초에 이들은 현재 개발 중인 프로젝트가 정말로 시장과 사용자가 원하는 프로젝트인지조차 긴가민가한 상태입니다. 그런데 과연 그런 프로젝트에 좋은 설계, 장기적으로 유지보수할 수 있는 설계가 필요할까요? 아닙니다. 이들에게 필요한 건 빠른 개발과 배포입니다. 왜냐하면 이들은 사용자의 반응을 빠르게 확인하고 비즈니스 가설을 빠르게 검증해야 하기 때문입니다.

이는 꼭 스타트업에만 해당되는 이야기가 아닙니다. 이번에는 스타트업이 아닌 다른 상황에 빗대어 생각해 봅시다. 여러분이 요구사항이 명확하지 않은 프로젝트에 참여해야 한다고 가정해 봅시다. 대략적인 방향성은 있는데 세부 요구사항들이 구체적이지 않은 상황입니다. 여러분은 이 프로젝트의 개발자입니다.

그렇게 모인 팀원들을 보니 모두 TDD에 굉장한 열망을 보입니다. 그래서 만장일치로 TDD를 채택하기로 했습니다. 그렇게 요구사항을 분석하고 테스트 코드도 열심히 작성했습니다. Red, Green, Blue 절차를 따라 개발도 완벽하게 수행했습니다.

그런데 며칠 후 클라이언트가 요구사항을 변경했다는 소식이 들려옵니다. 이제껏 열심히 만든 프로그램을 다시 보니, 이 요구사항을 충족시키려면 거의 처음부터 다시 개발해야 합니다. 이럴 땐 어떻게 해야 할까요?

방법이 없습니다. 이미 클라이언트와 합의된 내용이라면 다시 만들어야죠…. 그래서 눈물을 머금고 테스트 코드를 모두 지웁니다. 새롭게 작성된 요구사항에 맞춰 테스트를 다시 작성하고, 기능을 개발하고, 리팩터링합니다.

그렇게 또 며칠이 지납니다. 그런데 이번에는 기획자가 더 나은 방향이 떠올랐다며 새로운 기획을 들고 옵니다. 그리고 기획 내용을 들어보니 이번에도 이 기획에 맞춰 개발하려면 거의 처음부터 다시 개발해야 합니다.

그래서 여러분은 갑작스런 개편 소식에 '이미 개발해 놓은 내용이 많고, 개발 일정상 이건 불가능한 기획이다'라며 항의합니다. 하지만 동시에 막상 변경된 기획이 더 좋다는 생각도 들긴 합니다. 그렇게 줄다리기를 하는 와중에 결정적으로 개발 일정을 뒤로 미뤄도 된다는 말을 듣습니다. 그렇다면 어떻게 할건가요?

투항하기로 합니다. 한숨이 나오는 상황이지만 서비스 품질을 생각해 요구사항을 맞춰주기로 합니다. 그래서 여러분은 이번에도 눈물을 머금고 테스트 코드를 모두 지웁니다. 그리고 새롭게 작성된 요구사항에 맞춰 테스트를 다시 작성하고, 기능을 개발하고, 리팩터링합니다.

어떤가요? 아시다시피 이런 일은 IT 업계에서 일상다반사입니다. 사용자의 입맛에 맞춰 요구사항은 시시각각 변합니다. 그리고 이렇게 요구사항이 명확하지 않은 상황에서 TDD는 오히려 독이 됩니다. TDD가 코드를 수정하거나 확장하기에 좋은 방법론인 것은 맞지만 수정과 확장을 위한 전제 조건은 요구사항이 어느 정도 정해진 상태여야 한다는 것입니다. 초기 도메인 문제가 정확히 정해지지 않은 상황에서는 요구사항이나 인터페이스가 극단적으로 변경될 수도 있습니다.

그러므로 TDD 역시 모든 문제를 해결할 수 있는 은탄환이 아닙니다. 애초에 은탄환이라는 용어는 '소프트웨어 공학에 은탄환은 존재하지 않는다'라는 말을 하기 위해 만들어진 용어입니다. 그러니 TDD 또한 모든 프로젝트에서 사용할 수 있으며 사용하기만 하면 품질이 무조건 좋아지는 개발 방법론이 아닙니다.[5]

따라서 TDD나 테스트의 사용은 상황에 따라 결정해야 합니다. 무작정 TDD를 적용하려고 하거나 모든 코드에 테스트를 작성하려는 것은 효과적이지 않을 수 있습니다. 그러니 우선은 기능을 평상시처럼 개발하되 테스트의 필요성을 느낄 때 테스트 코드를 추가하고 점진적으로 TDD를 적용하는 방식이 더욱 유연한 접근일 수 있습니다. 너무 먼 미래를 바라보는 설계는 오버 엔지니어링이 될 수 있습니다.

17.2 BDD

BDD는 TDD에서 파생된 소프트웨어 개발 방법론입니다. BDD는 TDD에 '사용자 행동'이라는 가치를 덧붙이고 이를 강조합니다. 그래서 BDD에서는 사용자 행동을 '행동 명세' 같은 요구사항으로 먼저 만듭니다. 그리고 이것이 테스트로 표현될 수 있게 만듭니다. 즉, 테스트가 요구사항 문서이자 기획 문서가 될 수 있게 만드는 것입니다. BDD에서는 테스트의 단위가 사용자의 행동이며, 이에 맞춰 애플리케이션을 설계할 것을 강조합니다.

설명이 추상적인데 이를 풀어서 해석해 봅시다. 우선 BDD가 TDD에서 파생된 이론이라는 말은 BDD는 TDD가 갖고 있던 어떤 한계를 해결하고자 나온 이론이라는 뜻입니다. 그렇다면 TDD에는 어떤 한계가 있었을까요?

---

5   마찬가지로 테스트 코드도 비슷합니다. 테스트 코드가 중요하고 효과적인 것은 사실이지만 반드시 필요한 것은 아닙니다. 잊지 마세요. 테스트를 작성하는 것도 비용입니다.

TDD의 이론적 배경은 완벽에 가까워 보이지만 시스템 설계를 하기에 TDD만으로는 부족합니다. 왜냐하면 TDD가 무엇을, 어떻게 테스트해야 하는지 설명하지 않기 때문입니다. TDD에 관한 설명을 보면 TDD는 단순히 '테스트를 먼저 작성하고 구현을 작성한다'라고만 합니다. 그래서 어떤 테스트를 어떻게 테스트해야 하는지는 설명하지 않습니다. 즉, 개발자는 다음과 같은 방식으로 TDD에 접근할 수도 있습니다.

코드 17.3 맥락이 보이지 않는 테스트

```java
public class BankTest {

    @Test
    public void testAccountOperations() {
        Account account = new Account("12345", 100);
        assertThat(account.getAccountNumber()).isEqualTo("12345");
        assertThat(account.getBalance()).isEqualTo(100);

        account.deposit(50);
        assertThat(account.getBalance()).isEqualTo(150);

        account.withdraw(30);
        assertThat(account.getBalance()).isEqualTo(120);

        assertThatThrownBy(() -> ccount.withdraw(150)).isInstanceOf(IllegalArgumentException.class);
        assertThatThrownBy(() -> account.deposit(-50)).isInstanceOf(IllegalArgumentException.class);
        assertThatThrownBy(() -> account.withdraw(-50)).isInstanceOf(IllegalArgumentException.class);
    }
}
```

TDD를 사용하는 개발자는 Red 단계에서 코드 17.3 같은 테스트 코드를 먼저 작성할 수 있습니다. 그리고 이를 기반으로 Green-Refactor 단계에 대응하는 구현체(예: Account)와 메서드(예: deposit, withdraw, 게터 등)를 개발할 수 있습니다.

나쁜 코드는 아니지만, 어떤가요? 이러한 테스트는 잘 읽히나요? Account 클래스의 목적이 무엇이고 무엇을 테스트하고 싶은지 이해할 수 있나요? 테스트를 봐도 맥락을 파악하기가 어렵습니다.

이는 코드 17.3 같은 테스트 코드가 객체의 행동을 테스트하려는 것이 아니라 객체의 기능을 테스트하려고 작성됐기 때문입니다. 즉, 코드 17.3의 테스트 코드에서는 account 객체의 메서드가 제대로 동작하느냐에만 관심이 있습니다. 그 결과, 기술적인 측면의 검증에만 집중하는 테스트가 만들어지고 테스트 작성자만 아는 형태의 테스트가 만들어졌습니다.

그런데 우리가 이제까지 봐온 테스트는 어땠나요? 다음과 같은 형태로 작성되지 않았었나요?

코드 17.4 맥락을 포함하고 보여주는 테스트

```java
public class AccountTest {

    @Test
    public void 새로운_계좌가_생성되면_초기_잔액이_정확히_일치해야_한다() {
        // given
        Account account = new Account("12345", 100);

        // then
        assertThat(account.getAccountNumber()).isEqualTo("12345");
        assertThat(account.getBalance()).isEqualTo(100);
    }


    @Test
    public void 잔액이_100인_계좌에_50을_입금하면_잔액은_150이어야_한다() {
        // given
        Account account = new Account("12345", 100);

        // when
        account.deposit(50);

        // then
        assertThat(account.getBalance()).isEqualTo(150);
    }


    @Test
    public void 잔액이_100인_계좌에서_30을_출금하면_잔액은_70이어야_한다() {
        // given
        Account account = new Account("12345", 100);

        // when
        account.withdraw(30);

        // then
```

```java
            assertThat(account.getBalance()).isEqualTo(70);
    }


    @Test
    public void 잔액을_넘어서는_출금_요청을_하면_예외가_발생한다() {
        // given
        Account account = new Account("12345", 100);

        // then
        assertThatThrownBy(() -> {
            // when
            account.withdraw(150);
        }).isInstanceOf(IllegalArgumentException.class);
    }


    @Test
    public void 음수_금액을_입금하면_예외가_발생한다() {
        // given
        Account account = new Account("12345", 100);

        // then
        assertThatThrownBy(() -> {
            // when
            account.deposit(-50);
        }).isInstanceOf(IllegalArgumentException.class);
    }


    @Test
    public void 음수_금액을_출금하면_예외가_발생한다() {
        // given
        Account account = new Account("12345", 100);

        // then
        assertThatThrownBy(() -> {
            // when
            account.withdraw(-50);
        }).isInstanceOf(IllegalArgumentException.class);
    }
}
```

코드 17.4는 코드 17.3과 다르게 테스트를 세분화하고 Given-When-Then이라는 주석을 달아 '어떤 상황에서(given)', '어떤 동작이 주어질 때(when)', '요구되는 상태는 어떤 것인지(then)'를 명확히 하고 있습니다. 코드 17.4는 코드 17.3보다 훨씬 잘 읽히고 테스트의 목적이 무엇인지도 확실히 알 수 있습니다.

이처럼 테스트는 여러 형태로 작성될 수 있습니다. 그리고 테스트를 어떻게 작성하느냐에 따라 테스트 코드는 누구나 읽을 수 있는 코드가 되기도 하고, 그렇지 않은 코드가 되기도 합니다.

그렇다면 코드 17.3과 코드 17.4를 비교하며 어떤 차이가 있기에 가독성 면에서 변화가 생겼는지를 생각해 봅시다. 코드 17.4는 코드 17.3과 달리 어떤 점이 다른가요?

1. 테스트 케이스를 분리했습니다.

2. Given-When-Then 형식으로 테스트 케이스를 정형화했습니다.

이 같은 방식으로 코드 17.3을 개선함으로써 테스트 코드의 가독성을 높였습니다. 맞습니다. 이와 같이 테스트를 구성하는 것이 이번에 소개할 BDD 스타일의 테스트 작성 방식입니다.

하지만 오해는 하지 마세요. 테스트를 분리하고 Given-When-Then 주석을 추가한다고 해서 TDD가 곧바로 BDD가 되는 것은 아닙니다. Given-When-Then 형식으로 테스트를 작성하는 것은 BDD를 실천하는 여러 가지 방법 중 하나일 뿐입니다.

복잡한 설명은 이 정도로 하고 하고 싶은 말을 해야겠네요. 그래서 BDD란 대체 뭘까요? BDD를 이해하려면 TDD의 특징을 우선 이해해야 합니다. 그러니 아래 질문에 한 번 답해 보길 바랍니다.

> TDD를 따라 만들어진 코드는 객체지향적일까요?

정답을 먼저 말하자면 '아니다'입니다. 왜냐하면 TDD에 관한 설명 그 어디에도 객체지향과 관련된 내용이 없기 때문입니다. 생각해 보세요. TDD를 어떤 특정한 이론이라고 했나요? 테스트를 먼저 작성하고 구현체를 만드는 게 TDD라고 했습니다. 이것이 TDD의 전부입니다! **그러니 TDD는 객체지향을 보장하지 않습니다.**

TDD는 절차지향 프로그래밍에도 사용할 수 있고 함수형 프로그래밍에도 사용할 수 있습니다. 그래서 절차지향 언어인 C 언어를 사용하면서도 TDD를 할 수 있고, 함수형 언어인 엘릭서(Elixir)를 사용하면서도 TDD를 할 수 있습니다. 테스트를 먼저 작성하고 구현체를 만들면 그게 TDD이니까요.

다만 오해하지 않길 바랍니다. TDD가 객체지향을 보장하지 않기 때문에 부족한 이론이라는 뜻은 아닙니다. 애초에 모든 프로그램이 객체지향으로 만들어져야 할 필요가 없습니다. 그렇기 때문에 오히려 TDD는 모든 프로젝트에 사용할 수 있을 만큼 범용적인 이론이라 평가하는 것이 맞습니다.

하지만 객체지향을 추구하는 우리 같은 자바 개발자들에게 이러한 특징은 아쉽게 느껴지기도 합니다. 나아가 이것이 TDD의 한계처럼 느껴지기도 합니다. 그럼 방법이 없을까요? TDD를 하면서도 객체지향을 보장하는 방법 말입니다.

이 지점에서 구원 투수로 DDD(도메인 주도 설계)가 등장합니다.

> ☆ BDD는 TDD를 하면서도 객체지향적인 설계를 얻기 위해 만든 이론으로 TDD에 DDD를 얹은 것입니다.

생각해 보세요. TDD는 설계 이론입니다. 그리고 DDD는 객체지향 설계 이론입니다.

그렇다면 이 둘의 장점만 모아 합쳐보는 것은 어떨까요? 즉, 도메인 분석 단계에서 사용자 위주의 스토리를 만들고(DDD), 이를 바탕으로 테스트 코드를 작성해보는 것(TDD)입니다. 그렇다면 TDD도 하면서 객체지향도 챙길 수 있지 않을까요?

> ☆ 도메인 분석 단계에서 사용자 위주의 스토리를 만들고 이를 바탕으로 테스트 코드를 작성하도록 한다.

이 설명이 BDD의 모든 것을 담고 있습니다.

객체지향적인 프로그램을 만들고 싶을 때 TDD와 DDD는 상호보완적입니다. TDD는 기능을 테스트하고 구축함으로써 안정성과 유연성을 확보하는 데 중점을 두는 반면, 객체지향을 보장하지 않습니다. 한편 DDD는 도메인 모델을 중심으로 비즈니스 요구사항을 이해하고 설계하는 데 초점을 두어 객체지향을 추구할 수 있는 반면, 소프트웨어의 안정성을 확보하기 위한 시스템적인 해결책은 아닙니다. 그래서 이 둘은 찰떡입니다. TDD에 DDD의 이론을 차용하면 TDD가 고려하지 못하는 맥락적이고 서술적인 설계 내용을 보완할 수 있습니다.

이러한 배경에서 BDD가 탄생했습니다. TDD에 DDD를 끼얹은 것이 BDD입니다. 그래서 BDD는 DDD와 마찬가지로 개발자(개발팀)와 비개발자(비즈니스팀) 사이의 협업을 강조합니다. 그리고 테스트 코드를 문서로써 비개발자들이 열람할 수 있게 하고 유비쿼터스 언어를 만들어 의사소통에 문제가 없도록 해야 한다고 말합니다. 이를 통해 팀 전체가 공통된 언어와 이해를 토대로 프로젝트를 진행할 수 있어야 한다고 말합니다.

더불어 BDD는 공통된 언어를 바탕으로 요구사항 문서가 사용자 스토리 기반으로 작성돼야 한다는 것을 강조합니다. 여기서 '사용자 스토리 기반의 요구사항'이란 요구사항 문서를 다음과 같은 행동 명세에 맞게 작성하는 것을 의미합니다.

```
코드 17.5 행동 명세
제목: 명시적인 제목


서사
- 주체는 누구인가
- 주체가 원하는 것은 무엇인가
- 주체의 행동 결과는 무엇인가


시나리오 #1
- Given: 주어진 상황
- When: 시나리오가 발생하는 이벤트
- Then: 시나리오 실행에 따른 기댓값

시나리오 #2
- Given: 주어진 상황
- When: 시나리오가 발생하는 이벤트
- Then: 시나리오 실행에 따른 기댓값
```

행동 명세는 '어떤 사용자가 어떤 상황에서(given), 어떤 행동을 할 때(when), 그러면(then) 어떤 일이 발생한다'를 기술합니다.

이 형식의 멋진 점은 요구사항을 뚜렷하게 명시하면서도 테스트 코드로 작성하기가 편하다는 점입니다. 개발자는 행동 명세의 시나리오에 서술된 것처럼 Given-When-Then 형식으로 테스트를 작성하기만 하면 됩니다.[6] 결과적으로 행동 명세를 작성하면서 개발자와 비개발자의 협업 결과물로 나오는 요구사항은 요구사항 명세 같은 기획 문서가 아닌 테스트까지 연결될 수 있습니다.

정리하면 BDD에서 강조하는 것은 크게 4가지입니다.

1. 개발자와 비개발자 사이의 협업

2. 행동 명세(사용자 스토리 기반의 요구사항) 작성

---

6   BDD를 한다고 해서 반드시 이 형식에 맞춰 테스트를 작성해야 하는 것은 아니지만 이 형식은 테스트 문화가 어느 정도 업계에 자리 잡으면서 정형화된 형식 중 하나입니다.

3. 행동 명세의 테스트화

4. 테스트의 문서화

이러한 흐름을 통해 개발자가 작성하는 테스트는 사용자의 행동과 행동에 따른 결과를 검증하는 테스트가 됩니다. 즉, 테스트가 알고리즘을 테스트하는 것이 아닌, 행동과 역할을 검증하도록 변하는 것입니다. 그리고 이러한 테스트를 기반으로 설계가 뒤따라올 때 결과물은 객체지향에 좀 더 가까워질 수 있습니다.

이외에도 BDD는 코드 수준에서 벌어지는 개발 외적인 일에도 조금씩 관심을 두는데, 이에 대한 설명은 이 책의 범위를 벗어납니다. 그래서 BDD에 관한 설명은 여기까지 하겠습니다. BDD에 관한 자세한 내용이 궁금하다면 다른 자료를 참고하길 바랍니다.[7]

마지막으로 BDD를 선택한다고 해서 TDD를 적용하지 못하는 것이 아니며, 마찬가지로 TDD를 선택한다고 해서 BDD를 적용할 수 없는 것이 아님을 말씀드립니다. 이 둘은 같은 프로젝트에서도 양립할 수 있습니다.[8] 왜냐하면 BDD와 TDD 모두 시스템의 안정성을 높이면서 개발할 수 있는 '방법론' 중 하나일 뿐이기 때문입니다.

BDD에서는 사용자 스토리 기반의 요구사항과 기획 문서를 바탕으로 테스트 케이스를 작성하라고 합니다. 하지만 당연하게도 모든 테스트를 사용자 스토리 기반으로만 작성할 수 있는 것도 아닙니다. 분명 알고리즘을 테스트하기 위해 함수 단위로 테스트를 작성해야 할 수 있습니다. 그러면 그럴 땐 TDD를 사용하면 됩니다. 그러므로 BDD를 따르는 프로젝트라고 해서 모든 테스트를 BDD스럽게 작성하려고 억지를 부릴 필요가 없습니다.

개발 세계에서 알려주는 대부분의 조언은 그저 조언일 뿐입니다. 그래서 프로젝트의 상황에 맞는 해결책을 그때그때 선택하는 것이 더 중요합니다. 케블린 헤니의 말처럼 아키텍처란 '고정된 산출물이 아니라 계속된 탐구 과정'이니까요.

---

7   실무적인 관점에서 근래에는 BDD가 '사용자 위주의 시나리오 검증'이라는 원래 BDD의 철학과는 다르게 '테스트 대상의 행동에 따른 상태 검증'이라는 방향으로 좀 더 활용되는 경향이 강합니다. 참고하길 바랍니다.

8   대부분의 설계 이론이 그렇습니다. 함수형 패러다임을 적용한다고 해서 객체지향을 적용하지 못하는 것이 아니며, 객체지향을 적용한다고 해서 절차지향을 적용하지 못하는 것이 아닙니다. 모든 설계 이론은 양립할 수 있습니다.

오늘날 인터넷에는 코딩과 관련된 강의와 자료가 정말 많습니다. 유튜브에는 질 좋은 스프링/JPA 강의가 넘쳐나고, 여러 기업에서 만든 수준 높은 웨비나는 개발자에게 많은 영감을 줍니다. 심지어 블로그에도 개발과 관련된 좋은 글이 많습니다. 물론 개중에는 틀린 정보도 꽤 있지만 다행히 그것 이상으로 올바른 정보가 많아 교차 검증을 통해 정확한 내용을 확인해 볼 수 있습니다.

이처럼 지식을 학습하고, 공유하고, 토론하는 문화는 유독 IT업계에서 활발히 일어납니다. 이런 문화는 다른 업계에서는 쉽게 찾아볼 수 없습니다. 소프트웨어 개발은 그래서 더욱더 매력적입니다. 생산적인 활동을 하면서 생기는 고민과 해결책을 공유해 업계 전체가 더 나은 방향으로 나아가고 있으니까요.

그리고 이 독특한 문화는 '소프트웨어 장인정신'이라고 불리는 철학에서 나온 것입니다. 그렇기에 지식의 대물림을 위해 힘써준 선임 개발자분들에게 항상 감사합니다. 제가 지금 편하게 개발할 수 있는 것은 모두 선임 개발자분들의 노고 덕분입니다. 열악한 환경에서도 노력해 준 선임 개발자분들이야말로 제가 이 책을 마치며 가장 먼저 감사의 인사를 드려야 할 분들이라 생각했습니다.

'거인의 어깨 위에 선 난쟁이'라는 말이 있습니다. 처음 이 말을 접하고부터 이 말은 제가 발행하는 개발 관련 콘텐츠들의 모토가 됐습니다. 저 역시 한낱 작은 난쟁이일 뿐이지만 제가 하는 활동들이 제가 올라 탄 거인의 성장에 조금이라도 도움이 될 수 있기를 바랍니다.

책을 마칠 때가 돼서야 고백을 하나 하겠습니다. 이 책에서 저는 모든 것을 깨달은 이처럼 말했지만 전혀 그렇지 않습니다. 왜냐하면 이 책은 저의 흑역사를 모아둔 책이기 때문입니다. 객체지향 언어를 사용함에도 절차지향에 가까운 코드, 안티패턴에 가까운 코드, 테스트가 없는 코드. 모두 저의 과거이자 현재입니다.

저 또한 여전히 많은 실수를 하고 있고 수준 낮은 코드를 만들고 있습니다. 이론을 아는 것과 실천으로 옮기는 것은 다른 차원의 일이니까요. 그저 최대한 노력할 뿐입니다. 한편으로 저는 제가 정말 부족한 사람이라는 사실을 아는데, 이런 말을 여기에 적고 이렇게 책을 쓰고 있다는 것 자체가 민망하고 부끄럽습니다.

그럼에도 이렇게 책을 쓰고, 강의도 만들면서 다양하게 활동하는 이유는 지금이 아니면 쓸 수 없는 내용이라 생각했기 때문입니다. 저 역시 고민의 해답들을 이제서야 조금씩 얻어가고 있는 사람 중 한명으로서, 비슷한 고민을 하고 있을 독자 여러분이 진정으로 궁금한 부분이 무엇인지 가장 잘 아는 시기이니까요.

- 1부에서는 객체지향 프로그래밍의 핵심 원칙으로 출발해서 시스템에 객체지향 원칙을 반영하기 위해 어떤 것에 집중해야 하는지 알아봤습니다. SOLID를 이야기하며, 의존성의 중요성을 학습하고 순환 참조를 경계해야 한다는 것을 배웠습니다.

- 2부에서는 스프링을 사용할 때 많이 발생하는 안티패턴을 가장 먼저 살펴봤습니다. 그리고 더 나은 아키텍처를 적용하는 방법에 관해 이야기했습니다. 특히 의존성 역전을 아키텍처에 어떻게 녹여야 하는지 이야기했습니다.

- 3부에서는 테스트에 관해 학습했습니다. 회귀 버그와 테스트 대역 같은 개념을 살펴보고, 테스트 가능성이 무엇인지 이해하고 테스트와 설계가 어떤 상관관계를 갖는지 알아봤습니다.

독자 여러분의 수준에 따라 이미 아는 내용도 있을 것입니다. 혹은 모두 새로운 내용처럼 느낀 분도 있을 것입니다. 어느 쪽이든 좋습니다. 무엇이 됐든 이 책이 여러분께 부족했던 부분을 채워주는 미싱 링크의 역할을 하고 약간의 인사이트라도 제시했길 바랍니다.

갑작스럽지만 책을 마무리할 때가 돼서야 걱정이 하나 들기 시작했습니다. 혹시나 독자 여러분이 '코드를 작성하는 데는 정답이 정해져 있고 이렇게 코드를 작성해야만 하는구나', '이런 코드는 작성하면 안 되는구나', '이 방식은 틀렸구나' 같은 생각을 할까 걱정됩니다.

그러니 노파심에 한 번 더 강조합니다. 저는 이 책을 통해서 어떤 방식의 코드 작성은 '틀렸다', '하면 안 된다' 같은 주장을 하고 싶은 것이 아닙니다. 저는 문제 없이 돌아가는 모든 코드는 괜찮은 코드라 생각합니다. 어느 정도 유지보수가 가능한 형태로 비즈니스 가치만 제대로 전달할 수 있으면 된다고 생각합니다. 이것은 저의 개발 철학입니다.

그래서 누군가 자바를 사용해서 절차지향적인 코드를 작성하더라도 뭐라고 하지 않을 것입니다. 그리고 스프링 프레임워크를 사용하면서 트랜잭션 스크립트 같은 코드를 작성하더라도 '이 방식은 틀렸다'라고 말하지 않을 것입니다. 개발에 정답을 두는 것은 제가 가장 경계하는 부분이기도 합니다.

그런데 이러한 제 생각과 다르게 책의 일부에서 다소 격한 주장을 펼쳤음을 인정합니다. 책에서는 'A 개발 방법은 B 상황에서 문제가 되니 잘못됐다'라는 식의 논리 전개를 반복합니다. 그래서 앞뒤 문맥을 다 자르고 보면 'A 개발 방법은 잘못됐다'처럼 들릴 수 있습니다. 이야기를 전개하기 위해 필요한 부분이었다고 생각하지만 논지 강화를 위해 조금 과한 주장을 했다고도 생각합니다.

'A 개발 방법은 B 상황에서 문제가 되니 잘못됐다'라는 주장은 곧 'B 상황이 아니라면 A 개발 방법은 문제가 되지 않는다'라고도 해석할 수 있습니다. 그러므로 책의 내용을 그대로 흡수하기보다 각 내용을 비판적인 마음으로 여러분의 프로젝트 상황에 빗대어 가며 읽으시길 바랍니다. 그리고 취해야 할 내용과 취하지 않아도 될 내용을 구분해 보길 바랍니다. 경우에 따라 아무런 내용도 와 닿지 않거나 취하지 못할 수도 있을 것입니다. 괜찮습니다. 그렇게 자신만의 개발 철학을 쌓아가는 것이라 생각합니다.

마지막으로 이 책은 여러분이 필요한 기능은 모두 자유자재로 개발할 수 있는 상태라는 것을 전제로 서술했다는 점 또한 강조하겠습니다. 소프트웨어는 일단 돌아가야 합니다. 시스템은 시스템의 요구사항을 모두 만족해야 합니다. 누누이 강조하지만 시스템을 개발하는 이유는 사용자에게 가치를 전달하기 위함입니다. 그러니 '설계는 완벽하지만 돌아가지 않는다' 같은 평가가 나와서는 안 됩니다. 설계를 위해 소프트웨어를 개발해서는 안 된다는 말입니다. 그러므로 아키텍처와 테스트 코드를 고민하는 것은 이러한 기본 전제가 성립된 상태에서 이뤄져야 합니다.

길고 길었습니다. 이제는 책을 마무리할 때입니다. 언젠가 기회가 된다면 책을 꼭 한번 써보고 싶다고 생각했습니다. 그래서 좋은 기회가 이렇게 일찍 온 것에 너무나 감사할 따름입니다. 책이 나오기까지 도와준 분들이 많아 감사를 표할 분들이 너무 많은데, 책을 마무리하는 지금 가장 감사한 분들은 이 책을 구매해서 끝까지 읽어준 독자 여러분입니다. 감사합니다!

APPENDIX

부록

APPENDIX

A

포트-어댑터 패턴

의존성 역전 원칙은 포트-어댑터(ports and adapters) 패턴이라 불리기도 합니다. 물론 엄밀히 말해 의존성 역전 원칙과 포트-어댑터 패턴은 다른 개념입니다. 하지만 두 개념이 만들어진 이유와 결과가 상당히 비슷하니 그렇게 부를 수 있다는 말입니다. 그래서 포트 어댑터 패턴은 어떤 것이고 의존성 역전 원칙과 어떤 점에서 그리 유사하기에 그렇게 불리는지 함께 살펴봅시다.

우선 의존성 역전 원칙으로 만들어진 설계는 다음과 같은 형태입니다. (의존성 역전 원칙은 4.1.5절 '의존성 역전 원칙'과 4.2절 '의존성'에서 자세히 다뤘으므로 설명을 생략하겠습니다.)

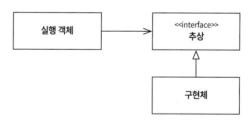

그림 A.1 의존성 역전 원칙에 따른 설계

다음은 포트-어댑터 패턴을 나타내는 일반적인 그림입니다.

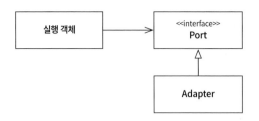

그림 A.2 포트-어댑터 패턴

그림 A.1과 그림 A.2를 보면 두 그림이 똑같다는 것을 알 수 있습니다. 각 객체를 가리키는 명칭만 다를 뿐입니다. 그래서 이것이 의존성 역전을 포트-어댑터 패턴이라 볼 수 있는 첫 번째 이유입니다.[1]

포트-어댑터 패턴은 두 시스템이 상호 작용할 때 가운데 추상(인터페이스)을 두고 통신하도록 만들어 시스템 간의 종속을 피하도록 만드는 것을 의미합니다. 이 패턴을 이용하면 기존 코드에 외부 라이브러리를 추가하거나 기능을 확장하려 할 때 기존 코드에는 영향이 가지 않게 할 수 있어 매우 유용합니다.

더불어 포트-어댑터 패턴의 목적은 의존성 역전 원칙이 추구하는 목적과 매우 유사합니다. 그리고 이것이 의존성 역전 패턴을 포트-어댑터 패턴이라 볼 수 있는 두 번째 이유입니다.

포트-어댑터 패턴에 관해 조금만 더 자세히 살펴봅시다. 포트-어댑터 패턴에서 '포트'는 시스템 가운데에 존재하는 인터페이스를 나타내며, '어댑터'는 포트에 의존하는 객체들을 의미합니다. 다시 말해 그림 A.2는 다음과 같이 해석할 수 있다는 뜻이기도 합니다.

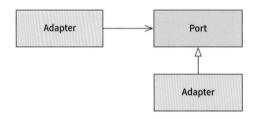

그림 A.3 포트-어댑터 패턴에서 나타내는 어댑터

그림 A.2처럼 꼭 포트를 구현하는 구현체만 어댑터로 볼 수 있는 것이 아닙니다. 포트를 사용하는 객체도 어댑터라 볼 수 있습니다. (왜 그런지는 잠시 후 A.2절 '입력 포트-입력 어댑터'에서 살펴볼 예정입니다.)

다만 그림 A.3처럼 표기하면 쓰임이 다른 두 어댑터를 구분하기가 너무 어려워집니다. 그래서 포트 어댑터 패턴에서는 포트를 사용하는 방향에 따라 이를 구분해서 부릅니다. 하나는 '출력 포트-출력 어댑

---

1 단, 완전히 같은 것은 아닙니다. 의존성 역전 원칙은 모듈 간 상하 관계까지 포함하는 내용입니다. 그러므로 이 둘이 완전히 같은 것은 아닙니다.

터'이고 또 다른 하나는 '입력 포트-입력 어댑터'입니다. 그렇다면 이번에는 각각에 대한 해석을 살펴봅시다.

A.1 출력 포트-출력 어댑터

가장 먼저 살펴볼 것은 '출력 포트-출력 어댑터' 관계입니다. 그림 A.3은 포트-어댑터 패턴 관점에서 다음과 같이 해석할 수 있습니다.

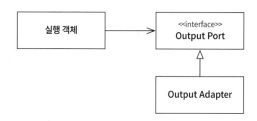

그림 A.4 출력 포트-출력 어댑터

포트를 출력 포트라 부르고 포트를 구현하는 구현체는 출력 어댑터라 부를 수 있습니다. 이때 포트와 어댑터라는 이름에 '출력'이라는 용어가 붙은 이유는 실행 객체 입장에서 포트에 메시지를 전달하는 행위가 어떤 새로운 결과를 출력하기 위함이기 때문입니다. 그래서 포트는 결과를 만드는 '출력 포트'로 볼 수 있고, 어댑터는 출력 포트를 구현한 '출력 어댑터'로 볼 수 있습니다.

명세(출력 포트)와 구현(출력 어댑터)을 분리함으로써 실행 객체는 구현에 의존하지 않게 변합니다. 덕분에 출력 어댑터의 변경은 자유로워집니다. 그렇다면 이것이 무슨 뜻인지 이해하기 위해 조금 더 친숙한 예를 들어 이해해 봅시다. 그림 A.4는 '청소부'와 '청소 도구'의 관계에 빗대어 설명할 수 있습니다.

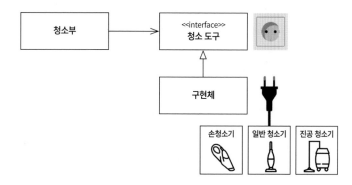

그림 A.5 언제든 출력 어댑터를 변경할 수 있다.

'청소부'는 실행 객체입니다. 청소부는 '청소 도구'라는 추상을 이용해서 청소하며, 그래서 청소부 입장에서 청소 도구는 무엇이 될지 모릅니다. '진공청소기'가 될 수도 있고 '손청소기'가 될 수도 있으며, '일반청소기'가 될 수도 있습니다. 청소부는 그저 '청소 도구'라는 추상을 사용할 뿐입니다.

이때 '청소 도구'는 출력 포트입니다. 그리고 '진공 청소기' 같은 구현체는 출력 어댑터입니다. 이러한 출력 어댑터는 콘센트에 꽂거나 빼는 것처럼 다른 어댑터로 쉽게 교체될 수 있습니다.

A.2 입력 포트–입력 어댑터

이번에는 반대로 그림 A.3을 포트와 포트에 메시지를 입력하는 실행 객체에 관해 생각해 봅시다. 포트는 외부에 포트의 구현체들을 사용하는 방법을 알려주는 규격입니다. 그리고 실행 객체 입장에서 포트는 결과를 만들기 위한 입력 포트입니다. 왜냐하면 모든 입력은 포트를 통해 이뤄지기 때문입니다. 그래서 이 관계는 '입력 포트–입력 어댑터' 관계라 볼 수 있습니다. 이를 그림으로 표현하면 다음과 같습니다.

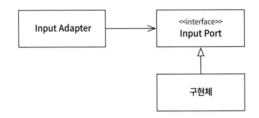

그림 A.6 입력 포트–입력 어댑터

그림 A.3은 그림 A.6처럼 볼 수 있습니다.

여기까지 설명하면 입력 포트라 부를 수 있는 것에 대해서는 납득하는데, 아직 실행 객체를 입력 어댑터라 부를 수 있는 것에 대해서는 납득하지 못하는 분이 있을 수 있습니다. 그런 경우 그림 A.6을 구현체 입장에서 바라봐 주길 바랍니다. 구현체는 자신을 실행할 실행 객체가 무엇이 될지 알 수 없습니다. 실행 객체는 얼마든지 다른 객체로 변경될 수 있기 때문입니다.

그렇기 때문에 구현체 입장에서 입력 포트를 통해 메시지를 전달하는 객체는 마치 출력 포트와 출력 어댑터 관계에서 그랬던 것처럼 시시각각 변하는 어댑터라 볼 수 있습니다. 입력 포트–입력 어댑터 관계도 출력 포트–출력 어댑터와 마찬가지로 어댑터의 변경이 자유롭습니다.

이 같은 설명이 어렵다면 조금 더 친숙한 예를 들어 이를 이해할 수 있습니다. 그림 A.5에서 그랬던 것처럼 그림 A.6을 '청소 도구'와 '도구를 사용하는 실행 객체' 관계에 빗대어 이해해 봅시다.

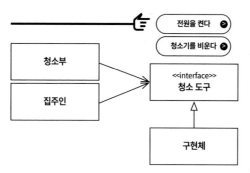

그림 A.7 청소 도구를 사용하는 객체도 바뀔 수 있다.

그림 A.7처럼 청소 도구 입장에서 청소를 하는 객체는 '청소부'가 될 수도 있고 '집주인'이 될 수도 있습니다. 그래서 '청소 도구'는 입력 포트입니다. 그리고 '청소부' 같은 실행 객체는 입력 어댑터입니다. 입력 어댑터는 손쉽게 다른 어댑터로 변경될 수 있습니다.

A.3 정리

포트 어댑터 패턴은 내부 시스템이나 컴포넌트가 외부 시스템과 통신하는 방식을 추상화합니다. 그리고 외부 시스템이 변경돼도 내부 시스템에 영향을 주지 않게 만듭니다. 이 목적은 의존성 역전 원칙과 같습니다. 따라서 의존성 역전은 포트-어댑터 패턴이라고 부를 수 있습니다.

참고로 포트-어댑터 패턴과 디자인 패턴에서 말하는 어댑터 패턴은 다른 것입니다. 포트-어댑터 패턴은 시스템 아키텍처 수준에서 외부 시스템과의 인터페이스를 추상화하는 데 사용됩니다. 한편 디자인 패턴의 어댑터 패턴은 클래스나 객체 간의 인터페이스 불일치를 해결하는 데 사용됩니다. 즉, 어댑터 패턴은 시스템에 새로운 라이브러리나 클래스가 도입될 때 기존 코드를 변경하지 않고 새로운 클래스를 통합하는 목적으로 사용됩니다.

물론 이 또한 개념적으로 약간 차이가 있을 뿐입니다. 인터페이스를 추상화하고 외부 시스템과의 결합을 최소화한다는 목적을 공유하고 있습니다. 따라서 이 둘도 엄격히 구분하는 것이 의미가 없을 수 있습니다.

> 포트 어댑터 ≠ 어댑터 패턴 ≠ 의존성 역전
>
> 하지만 서로 매우 유사하다.

클린 아키텍처

로버트 C. 마틴의 클린 아키텍처는 아키텍트를 꿈꾸는 전 세계 개발자에게 많은 영감을 줬습니다. 이 아키텍처는 객체지향의 SOLID 원칙을 기반으로 만들어졌으며, 소프트웨어 시스템을 설계하고 구조화하는 방법에 대한 원리와 가이드라인을 제공합니다.

로버트 C. 마틴이 제시하는 클린 아키텍처의 생김새는 대략적으로 다음과 같은 형태입니다.

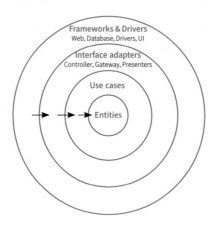

그림 B.1 로버트 C. 마틴이 제시하는 클린 아키텍처

클린 아키텍처를 구성하는 각 요소는 다음과 같습니다.

1. **Entities**: 시스템의 비즈니스 로직과 객체가 정의됩니다. 시스템의 핵심이므로 외부의 영향을 받지 않아야 하며, 가장 변하지 않아야 하는 영역입니다.

2. **Use cases**: 비즈니스 흐름과 엔티티 간의 상호작용을 관리합니다. 사용자의 요청을 처리하고 그에 따라 엔터티를 조작합니다.

3. **Interface adapters**: 외부 인터페이스와 Use Cases를 연결하는 역할을 합니다. 외부의 요청을 내부 형식으로 변환하거나 내부의 데이터를 외부 형식으로 변환합니다.

4. **Frameworks & Drivers**: 시스템의 외부와 상호 작용합니다. 주로 사용자와 상호 작용하거나 데이터베이스나 외부 서비스 등과 통신하는 역할을 담당합니다.

클린 아키텍처는 위와 같은 기준으로 시스템의 경계를 나누고, 이 경계의 방향이 항상 단방향이 될 것을 강조합니다. 더불어 의존 방향이 항상 바깥 원에서 안쪽 원을 향하도록 강조합니다. 내부의 원이 외부의 원에 관해 알아서는 안 된다는 말입니다. 그렇게 해서 각 영역별 관심사 분리라는 목적을 달성합니다.

특이한 점은 클린 아키텍처에서는 실제 개발 단계에서 구체적으로 어떤 식으로 개발하는지 설명하지 않는다는 것입니다. 클린 아키텍처는 개념적인 해결책만 제시할 뿐입니다. 이를 위한 실천적인 아키텍처는 따로 존재합니다. 대표적으로 헥사고날 아키텍처와 양파 아키텍처(onion architecture) 같은 것이 있습니다.

즉, 클린 아키텍처가 추상이라면 헥사고날 아키텍처나 양파 아키텍처는 구현체라고 볼 수 있습니다. 자신의 아키텍처 철학을 추상으로 제공하고 구현체는 여러 가지가 될 수 있게 하다니, 재밌지 않나요? 로버트 C. 마틴은 자신의 글에서도 본인이 소개한 소프트웨어 설계 전략을 그대로 반영하고 있는 것입니다.

소프트웨어 엔지니어

여러분이 학부생 시절에 만들었던 졸업 프로젝트는 어땠나요? 혹시 졸업 프로젝트를 경험해 보지 못했거나 경험이 없다면 간단하게 혼자서 만든 토이 프로젝트를 떠올려 보셔도 괜찮습니다. 그 프로젝트는 어땠나요? 그리고 그 프로젝트의 수명은 얼마였다고 생각하나요?

부끄럽게도 제가 학부생 시절에 만들었던 졸업 프로젝트는 수명이 1주일이었던 것 같습니다. 졸업 프로젝트를 시연하는 1주일만 정상적으로 돌아가면 된다는 생각으로 개발했으니까요. 더불어 혼자서 만들었던 토이 프로젝트들도 수명이 그렇게 길지 않았던 것 같습니다. 모두 '1, 2년 운영하다가 반응 없으면 접지 뭐'라는 생각으로 개발했고 실제로 그렇게 됐습니다. 그러니 토이 프로젝트들도 수명이 길어봐야 1년 정도였던 것 같습니다.

이처럼 모든 코드에는 기대 수명이 있습니다. 이 기대 수명은 코드의 성격마다 다른데 어떤 코드의 기대 수명은 30분이 되기도 하며, 1주일이 되기도 합니다. 조금 길다면 한 달이 되기도 하고, 정말 길게는 수년, 수 십년, 수백 년이 되기도 합니다. 예를 들어, 실무를 하다 보면 종종 간단하게 더미 데이터를 만들고자 일회성 스크립트를 만들기도 합니다. 이러한 스크립트는 수명이 30분 정도라고 볼 수 있습니다. 당장 오늘 30분 정도 사용하고 지울 거니까요. 또는 조금 신경 써서 상용 프로젝트에서 한 달 정도만 사용할 셸스크립트를 작성할 수도 있습니다. 그러면 이 코드는 수명은 최소 한 달, 길어야 1년 정도라고 볼 수 있습니다.

'소프트웨어 엔지니어'에 관한 주제로 이야기하면서 프로그램의 기대 수명을 이야기하는 이유는 '프로그램의 주요 요구사항', '개발 난이도', '요구사항의 복잡도 대비 얻을 수 있는 비즈니스 가치'가 무엇이냐에 따라 투자해야 하는 시간이 기대 수명에 따라 다르기 때문입니다. 그래서 당장 오늘 만들어서 오늘만 사용할 스크립트를 작성하면서 복잡한 테스트 코드를 작성할 필요는 없습니다. 더불어 이러한 코드에는 객체지향을 적용할 필요도 없습니다. 이 스크립트는 앞으로 꾸준히 유지보수할 대상이 아니기 때문입니다.

하지만 수십 수백 년을 목표로 하는 프로그램은 어떨까요? 여기서부터는 이야기가 조금 달라집니다. 일단 수십 수백 년이라는 긴 세월 동안 시스템 외부적으로 정말 많은 일이 있을 것입니다. 하다 못해 지난 10년을 돌이켜 봅시다. 자바의 LTS 버전은 8(2014년 출시)에서 21(2023년 출시)로 업데이트됐습니다. 게다가 2018년 중간에 한 번은 자바라는 프로그래밍 언어가 유료화된다는 괴담이 돌면서 자바를 사용하고 있는 모든 회사에서 사실 여부 파악을 위해 난리가 나기도 했습니다. 하물며 스프링의 메이저 버전은 또 지난 10년간 얼마나 올라갔나요?

시간이라는 변수는 시스템을 지속하기 어렵게 만드는 주요 원인 중 하나입니다. 그러니 수십 수백 년을 바라보는 프로그램이라면 당장 제대로 동작하는 것만 신경 쓸 것이 아니라 이러한 외부적인 변화에도 대응할 수 있어야 합니다. 가령 여러분이 속한 팀에 2005년부터 개발해서 현재까지 운영되고 있는 시스템이 있는데, 이 시스템이 아직까지 자바 5를 사용하고 있다고 가정해 봅시다. 그런데 어느 날 갑자기 자바 5에 취약점이 발견돼 이 시스템을 자바 13으로 한 번에 올려야 한다면 이 시스템은 지난 20년간 미뤄온 업데이트를 단기간에 무사히 마칠 수 있을까요? 당연히 그러지 못할 것입니다.

이는 단순히 프로그래밍 언어의 버전에서만 생기는 문제가 아닙니다. 코드의 내적 품질 관점에서도 조금만 신경을 덜 쓰면 금방 낡은 코드가 되고 시대에 뒤처집니다. 이런 이야기를 하면 MyBatis를 이야기하지 않을 수가 없네요. MyBatis와 JPA의 관계를 생각해 봅시다. 불과 몇 년 전까지만 해도 MyBatis는 자바 시장을 주도하는 가장 트렌디한 라이브러리였습니다. 그런데 지금은 어떤가요? 순식간에 JPA가 주류가 됐고, MyBatis는 거의 사장되다시피 했습니다. 그러므로 시스템을 지속 가능하게 만들기 위해서는 시간이라는 변수에 주목해야 합니다.

더불어 단순히 시스템을 개발하는 문제에서 벗어나 조직과 시스템의 성장을 고려했을 때도 시간이라는 변수는 우리에게 여러 화두를 던집니다. 성공한 조직과 시스템은 시간이 지나면서 규모가 커질 수밖에 없습니다. 사업을 더 크게 벌리기 위함입니다. 그런데 조직에서 채용을 자꾸 늘리는데 만약 시스템이 확장 가능하지 않은 구조라면 어떨까요? 이것 만한 낭패를 찾긴 어려울 것입니다. 시간이 지날수록 조직의 덩치만 커질 뿐 시스템이 사용자에게 줄 수 있는 가치는 그대로일 테니까요. 따라서 우리가 만드는 시스템이 수십 또는 수백 년을 바라보는 프로젝트가 되어야 한다면 그에 대응하는 장기적인 안목으로 개발에 임할 수 있어야 합니다.

긴 세월은 시스템을 그만큼 오래 유지하기 위해 개발자가 노력하고 고민해야 할 부분을 다르게 만듭니다. 긴 세월 동안 운영될 시스템을 만들어야 하는 개발자는 단순히 '이 기능이 동작하느냐 안 하느냐'만 고민해서는 안 됩니다. '수십 수백 년이 지나도록 사용자에게 비즈니스 가치를 온전히 전달할 수 있는 가?', '시스템 확장이 필요할 때 유연하게 확장 가능한가?' 등을 고민해야 합니다

이 같은 배경에서 《구글 엔지니어는 이렇게 일한다》(한빛미디어, 2022)에서는 구글이 생각하는 소프트웨어 엔지니어란 무엇인지를 소개합니다. 구글이 생각하는 소프트웨어 엔지니어는 프로그래머이면서 동시에 '시간', '확장', '트레이드오프'라는 세 가지 개념까지 생각하는 사람입니다. 그들이 말하는 소프트웨어 엔지니어는 장기적인 안목에서 수십 년, 수백 년 이상 운영될 수 있는 애플리케이션을 만들기 위해 노력하는 사람인 것입니다.

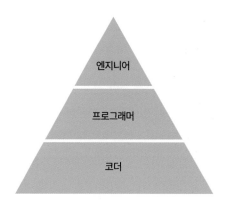

그림 C.1 엔지니어 vs. 프로그래머 vs. 코더

대체로 우리는 단기적인 시선으로 프로젝트를 진행하는 데 익숙합니다. 그래서 불행인지 다행인지 모르겠지만 이러한 단기적 시선은 굳이 학습하지 않아도 우리 모두 이미 갖춘 경우가 많습니다. 그러니 우리가 학습하고 고민해야 할 것은 프로그래머에서 엔지니어로 성장하는 데 필요한 장기적인 안목입니다. (물론 아직 단기적인 안목으로 개발이 불가능한 상태라면 단기적인 안목의 개발부터 할 수 있어야 하고요.)

여러분도 여러분의 현재 위치가 어디인지를 생각해 보고 어떻게 성장하고 싶은지 고민해 보길 바랍니다.

APPENDIX

D

실용주의

실무에서 소프트웨어를 개발하는 이유는 그냥 심심해서가 아닙니다. 대부분 명확한 목표가 있고 어떤 비즈니스 문제를 해결하기 위함입니다. 그러니 소프트웨어는 비즈니스 문제를 해결할 수 있어야 합니다. 사용자에게 어떤 비즈니스 가치를 전달할 수 있어야 합니다. 이러한 내용은 10장 '도메인'에서 자세히 다뤘습니다.

그런데 비즈니스 가치를 사용자에게 전달하는 방법에는 정말 다양한 방법이 있습니다. 어찌나 다양한지 그 방법이 굳이 소프트웨어가 아니어도 될 정도입니다. 우리는 비즈니스 문제를 해결하기 위해 평소 하는 것처럼 소프트웨어를 개발해서 가치를 전달할 수도 있지만 사용자가 겪는 문제를 오프라인에서 해결해줌으로써 가치를 전달할 수도 있습니다. 다시 말해, 비즈니스 가치를 전달하기 위한 도구가 꼭 소프트웨어일 필요는 없습니다.

그렇다고 오해해서는 안 됩니다. 소프트웨어를 개발하지 말고 오프라인으로 가치를 전달하라는 말을 하고 싶은 것이 아닙니다. 비즈니스 문제를 해결하기 위한 도구가 다양한 만큼, 소프트웨어로 문제를 해결하려 할 때 그 안에서도 정말 다양한 방법이 있다는 말을 하고 싶은 것입니다. 결국 우리의 목표는 가치를 전달하는 것이기 때문에 그 형태가 어떤지는 중요하지 않습니다.

그러니 당연하게도 소프트웨어 역시 정말 다양한 형태로 개발될 수 있습니다. 개발자의 목표는 소프트웨어를 만들어서 사용자에게 가치를 전달하는 것입니다. 그래서 사실 기능 개발을 어떻게 했는지는 그리 중요하지 않을 수 있습니다.

이것은 마치 지도 앱에서 '길 찾기' 기능을 사용하는 것과 닮았습니다. 길 찾기를 사용하면 정말 다양한 경로를 알려줍니다. 대중 교통을 이용하면 최저 비용, 최단 거리, 최저 환승 등의 경로가 있고, 운전을 할 수 있다면 고속도를 탈 수도 있고 아닐 수도 있습니다. 목표 지점까지 가는 방법이 다양합니다. 이를 토대로 금전적 상황이나 시간적 여유, 차량 운전 가능 여부 등 다양한 요소들을 고려해서 어떻게든 제 시간 안에 목표 지점에 도착하기만 하면 됩니다.

마찬가지로 우리의 목표가 '소프트웨어 개발'이 아니라 '비즈니스 가치 전달'이라는 사실을 기억해야 합니다. 개발자는 비즈니스 가치를 전달하기 위한 다양한 경로(개발 방법)를 분석합니다. 각각의 장단점을 파악하고 상황과 목적에 맞는 방법을 선택합니다. 그런 면에서 개발자는 트레이드오프를 분석하고 선택하는 사람이라고 정의할 수도 있습니다.

실제로 개발자라고 해서 코드를 작성하는 일만 하는 것은 아닙니다. 예를 들면, 다음과 같은 일을 하기도 합니다. 오늘날에는 관계형 데이터베이스를 대체할 수 있는 데이터베이스가 무척 많아서 이제는 관계형 데이터베이스조차 사용하기 익숙하다는 이유로 선택되지 않습니다. 데이터베이스를 선정하는 과정에서도 트레이드오프를 분석합니다. 그 과정에서 각 솔루션의 장단점을 비교하고 TPS(transaction per second)나 비용을 예상해서 요구사항을 처리하기에 가장 적합한 데이터베이스를 찾아 선정합니다.

그러니 코드를 작성할 때도 같은 태도를 취해야 합니다. 테스트를 사용하면 장기적으로 일의 양이 줄어든다는 것은 실무적으로 어느 정도 증명된 사실입니다. 하지만 소프트웨어 개발은 불확실성을 기반으로 진행되는 경우가 많습니다. 그러한 까닭에 프로젝트 자체가 장기적으로 운영되리라는 보장이 없습니다. 한편 단기적으로 테스트 작성에 소요되는 시간 때문에 개발 일정이 늘어질 수 있다는 것은 굉장히 큰 단점입니다. 그러니 모든 방법은 적용하기 전 트레이드오프를 먼저 고려해야 합니다. 무작정 '이런 아키텍처를 사용하는 게 좋은 방법이래', '자동 테스트가 그렇게 좋대' 같은 이유로 프로젝트에 도입하려는 것은 바람직하지 않습니다. 촉박한 프로젝트 개발 일정도 반드시 고려해야 합니다. 실용적인 측면에서 도구와 방법을 선택해야 합니다.

객체지향 이전에 절차지향이 유행하던 시절에도 훌륭한 소프트웨어들은 많이 만들어졌습니다. 트랜잭션 스크립트를 이용해서도 훌륭한 소프트웨어가 만들어졌습니다. 테스트 코드가 없던 시절에도 훌륭한 소프트웨어가 만들어졌습니다. 게다가 아무리 열심히 테스트 코드를 작성해도 모든 상황을 다 테스트할 수 있는 것도 아닙니다. 테스트 코드로 모든 버그를 잡을 수는 없다는 의미입니다. 애초에 버그는 예상치 못한 부분에서 발생하니까요.

이것은 어쩌면 부록 C '소프트웨어 엔지니어'와는 정확히 반대되는 내용이라고 생각할 수도 있습니다. 하지만 그 반대입니다. 오히려 '소프트웨어의 목적과 기대 수명을 고려해서 트레이드오프를 선택해야 한다'라는 말을 하고 싶은 것이기 때문에 같은 맥락입니다. 다른 점이 있다면 부록 C에서 말했던 '장기적인 안목을 길러야 한다'라는 말은 훈련에 관한 것이고, 지금 이야기하는 '실용적인 코드를 작성해야 한다'라는 말은 실천에 관한 것이라는 점 정도입니다.

잊지 마세요. 결국 소프트웨어에서 가장 중요한 것은 사용자에게 가치를 전달하는 것입니다. 사용자에게 가치를 전달하는 소프트웨어라면 이미 훌륭한 소프트웨어입니다. 그러니 돌아가는 코드라면 그럭저럭 괜찮은 코드입니다.

APPENDIX

E

참고 자료

본문의 내용을 설명하면서 여러 책과 자료를 인용했습니다. 모두 하나같이 좋은 책과 자료라서 가급적 원본을 보면서 추가로 공부하는 것을 권장합니다.

E.1 참고 도서

단 한 권의 책을 추천한다면

- 《구글 엔지니어는 이렇게 일한다》(한빛미디어, 2022)

DDD를 학습하고 싶다면

- 《도메인 주도 설계 첫걸음》(위키북스, 2022)

- 《도메인 주도 개발 시작하기》(한빛미디어, 2022)

- 《도메인 주도 설계》(위키북스, 2011)

객체지향을 학습하고 싶다면

- 《객체지향의 사실과 오해》(위키북스, 2015)

- 《오브젝트》(위키북스, 2019)

- 《오브젝트 디자인 스타일 가이드》(위키북스, 2022)

클린 아키텍처를 학습하고 싶다면

- 《클린 아키텍처》(인사이트(insight), 2019)

- 《만들면서 배우는 클린 아키텍처》(위키북스, 2022)

- 《만들면서 배우는 헥사고날 아키텍처 설계와 구현》(위키북스, 2022)

테스트를 학습하고 싶다면

- 《Effective Unit Testing》(한빛미디어, 2013)

- 《테스트 주도 개발로 배우는 객체지향 설계와 실천》(인사이트(insight), 2019)

- 《레거시 코드 활용 전략》(에이콘출판사, 2018)

- 《자바와 JUnit을 활용한 실용주의 단위 테스트》(길벗, 2019)

기타 추천하는 도서

- 《소프트웨어 장인》(길벗, 2015)

- 《리팩터링 2판》(한빛미디어, 2020)

- 《쏙쏙 들어오는 함수형 코딩》(제이펍, 2022)

- 《린 스타트업》(인사이트(insight), 2012)

E.2 기타 참고 자료

The Principles of OOD

http://butunclebob.com/ArticleS.UncleBob.PrinciplesOfOod
로버트 C. 마틴이 설명하는 SOLID를 확인할 수 있는 곳입니다.

Clean Coder Blog

https://blog.cleancoder.com
로버트 C. 마틴이 운영하는 블로그로서 정말 좋은 글이 많이 올라옵니다.

Should I Test Private Methods?

http://shoulditestprivatemethods.com/
private 메서드를 테스트해야 한다는 생각이 든다면 확인해 보길 바랍니다. 꼭 브라우저 개발자 도구를 열어 웹페이지 소스에 적혀 있는 주석도 확인해 보길 바랍니다.

[마틴 파울러] 소프트웨어 아키텍처의 중요성 (한글 자막)

@데브원영 DVWY, https://youtu.be/4E1BHTvhB7Y

마틴 파울러가 직접 설명하는 소프트웨어 아키텍처의 중요성입니다. 데브원영 님께서 직접 한글 자막까지 입혀주셨으니 꼭 한 번 보길 바랍니다.

[마틴 파울러] 리팩터링의 중요성 feat.테스트 코드를 짜는 이유(한글 자막)

@데브원영 DVWY, https://youtu.be/mNPpfB8JSIU

마찬가지로 마틴 파울러가 직접 설명하는 리팩터링의 중요성입니다.

ㄷㄷㄷ: Domain Driven Design과 적용 사례공유 / if(kakao)2022

@kakao tech, https://youtu.be/4QHvTeeTsj0

카카오에서 공유하는 DDD 적용 사례입니다.

[NHN FORWARD 22] DDD 뭣이 중헌디?

@NHN Cloud, https://youtu.be/6w7SQ_1aJ0A

NHN에서 공유하는 DDD 적용 사례입니다.

[NHN FORWARD 22] 클린 아키텍처 애매한 부분 정해 드립니다.

@NHN Cloud, https://youtu.be/g6Tg6_qpIVc

NHN에서 클린 아키텍처를 적용하면서 겪은 사례를 공유한 강의입니다. 실무자들의 깊은 고민이 엿보이는 영상이라 추천합니다.

최범균님의 유튜브 채널

https://www.youtube.com/@madvirus/

개발자로 성장하는 데 있어 제게 정말 많은 영감을 준 최범균 님이 직접 운영하는 유튜브 채널입니다. 수준 높은 내용과 설계에 대한 실무자의 견해를 무료로 공유하고 있으니 개발 공부를 할 때 참고하기 바랍니다. 적극 추천합니다.

연계 강의

이 책의 내용을 강의로도 확인할 수 있습니다. 약소하지만 아래의 할인 쿠폰을 제공해 드리니 많은 관심 바랍니다. :)

- 강의 제목: Java/Spring 주니어 개발자를 위한 오답노트
- 강의 URL: https://inf.run/6GQm
- 쿠폰코드: 13730-fe1df23ec290 / 할인금액: 5%(3,000원)
- 유효기간: 2048년 8월 16일

- 강의 제목: Java/Spring 테스트를 추가하고 싶은 개발자들의 오답노트
- 강의 URL: https://inf.run/zNci
- 쿠폰코드: 13731-a4fcb54f910e / 할인금액: 5%(3,000원)
- 유효기간: 2048년 8월 16일